böhlau

HOLM SUNDHAUSSEN

SARAJEVO
Die Geschichte einer Stadt

BÖHLAU VERLAG WIEN · KÖLN · WEIMAR

Für Bogga

Bibliografische Information der Deutschen Nationalbibliothek:
Die Deutsche Nationalbibliothek verzeichnet diese Publikation in der
Deutschen Nationalbibliografie; detaillierte bibliografische Daten
sind im Internet über http://dnb.d-nb.de abrufbar.

Umschlagabbildung: Blick auf Alifakovac mit Inat kuća;
Stadtplan von Sarajevo, Baedeker 1905.

© 2014 by Böhlau Verlag Ges.m.b.H & Co. KG, Wien Köln Weimar
Wiesingerstraße 1, A-1010 Wien, www.boehlau-verlag.com

Alle Rechte vorbehalten. Dieses Werk ist urheberrechtlich geschützt.
Jede Verwertung außerhalb der engen Grenzen des Urheberrechtsgesetzes ist unzulässig.

Umschlaggestaltung: (Büro) für Gestaltung, Wien
Satz: Bettina Waringer, Wien
Korrektorat: Gabriele Fernbach, Wien
Druck und Bindung: FINIDR, s.r.o., 737 01 Český Těšín
Gedruckt auf chlor- und säurefreiem Papier

ISBN 978-3-205-79517-9

INHALT

Tabellenverzeichnis 8
Hinweise 8

STATT EINES ANFANGS 9

1. SARAJEVO ALS OSMANISCHE STADT (1462–1878) 21
1.1. Gründung und Blütezeit 21
      Fromme Stiftungen – das Rückgrat osmanischer Städte 25
1.2. Bevölkerungsentwicklung 39
1.3. Gestaltung des urbanen Raums 44
      Mahala und „türkisches" Haus 48
1.4. Der rechtliche Status der Stadt 52
1.5. Der Islamisierungsprozess 59
      Kuripešićs Klage über das Elend der Christen 59
      Sklaverei und „Knabenlese" 62
      Religionswechsel und Bogomilen-These 66
      „Allahs Christen" 71
      Die Rolle der Derwische 73
1.6. Der Status der Nicht-Muslime 77
      Das „Schutzverhältnis" (dhimma) 77
      Orthodoxe, Franziskaner, Sepharden 80
      Die Haggada von Sarajevo 84
1.7. Parallelgesellschaften und -kulturen 85
      Kommunikationsräume und -barrieren 86
      Gemeinsamkeiten, Synkretismen, Hybriditäten 89
      Religionskonflikte 92
      Koexistenz und Toleranz 95
1.8. Das Wirtschaftsleben 97
      Zünfte 98
      Infrastruktur 99
      Sarajevo: ein „Wunder" 102
1.9. Zerstörung, Anarchie, Rebellionen 105
      Die Zerstörung Sarajevos 1697 105

		Die Krise der osmanischen Ordnung	108
		Räuber, Rebellen, Taugenichtse	113
		Sarajevo kontra Istanbul	119
		Das gewaltsame Ende des bosnischen Widerstands (1850/51)	125
		Die neue (Un-)Ordnung	128
1.10.		Das Ende einer Epoche	134
		Die wachsende Kluft zwischen den Glaubensgemeinschaften	134
		„Große Orientkrise" und Berliner Kongress (1875–1878)	141
		Die blutige „Pazifikation"	143

BILDTEIL 153

2. DAS „ÖSTERREICHISCHE" SARAJEVO (1878–1918) 169

2.1.	Beginn einer „Zivilisierungsmission"	170
	Der Spiritus rector: Benjamin von Kállay	174
2.2.	Begegnungen mit „Orientalen"	177
2.3.	Das Dilemma der Muslime: bleiben oder gehen?	187
2.4.	Bevölkerungsentwicklung und -merkmale	192
2.5.	Konfessionalismus	197
	Den Glaubenswechsel ermöglichen und verhindern	202
2.6.	Kállays gescheitertes Bosniaken-Konzept	205
2.7.	Nationalisierung und Politisierung der Glaubensgemeinschaften	213
	Kulturvereine und das Ende der „Ära Kállay"	213
	Von kultureller Autonomie zu politischen Parteien	216
2.8.	Sarajevos „zweites Gesicht"	220
	Modernisierung von Infrastruktur und Wirtschaft	220
	Die Architektur der k.u.k. Zeit	226
	Die „orientalischste Stadt auf dem Balkan"	230
2.9.	Das Attentat von 1914	232
	Die österreichisch-serbische „Todfeindschaft"	232
	Der 28. Juni und seine Folgen	236
	Interpretationen und Kontroversen	244

3. SARAJEVO IN JUGOSLAWIEN (1918–1992) 249

3.1.	Der Absturz (1919–1941)	249
	Vom österreichisch-ungarischen zum jugoslawischen „Völkerkerker"	250
	Die Teilung Bosniens 1939	255

    Sarajevos Absturz in die Bedeutungslosigkeit 256
    Muslimische Diskurse 261
3.2. Sarajevo als doppelt besetzte Stadt (1941–1945) 265
    Eskalation der Gewalt im kroatischen Ustascha-Staat 267
    Ein Krieg an vielen Fronten 276
    Die muslimische SS-Division „Handschar" 280
    Sarajevo zwischen Besatzung, Eigensinn und Widerstand 283
3.3. Aufschwung im Sozialismus (1945–1991) 289
    Das zweite Jugoslawien 289
    Das dritte Sarajevo und sein osmanisches Erbe 293
3.4. Die Nationswerdung der Muslime 297
3.5. Islamische „Wiedergeburt"? 301
3.6. Finis Iugoslaviae 306

4. Das postjugoslawische Sarajevo (1992–2013) 309
4.1. Der Bosnienkrieg: ein Überblick 309
4.2. Die Belagerung Sarajevos 324
    Belagerer und Verteidiger 335
    Sarajevo: Ein Ort des Hasses? 340
4.3. Die Nachkriegszeit 341
    Das neue Bosnien 341
    Das neue Sarajevo 349
4.4. Islamische Gemeinschaft und Islamisten 355

Statt eines Endes 361

Anhang 365
  Tabellen 5 bis 7 365
  Zeittafel 368
  Glossar der „Turzismen" 372
  Auswahlbibliografie 378
  Verzeichnis der Abbildungen 400
    Abbildungen im Text 400
    Tafelteil 402
  Personenregister 403

TABELLENVERZEICHNIS

1: Bevölkerung in Bosnien-Herzegowina nach Religionsgemeinschaften (1879–1910), S. 192
2: Bevölkerung der bosnisch-herzegowinischen Verwaltungskreise nach Religionszugehörigkeit 1910 (in v. H.), S. 193
3: Bevölkerung von Sarajevo (Stadt) 1885–1910 nach Religionsgemeinschaften, S. 195
4: Erwerbstätige und Unterhaltspersonen in Sarajevo 1910 nach Tätigkeitsbereichen, S. 196
5: Nationale/ethnische Zusammensetzung der Bevölkerung Bosnien-Herzegowinas (1948–1991), S. 365 [Anhang]
6: Bevölkerung von Stadt und Großraum Sarajevo 1991, S. 366 [Anhang]
7: Bevölkerung von Stadt und Kanton Sarajevo Ende 2003, S. 367 [Anhang]

HINWEISE

1. Namen und Begriffe aus der osmanischen Zeit (türkischer, arabischer oder persischer Herkunft) werden in der in Bosnien üblichen Lautform und Schreibweise benutzt. Ich orientiere mich dabei an Škaljićs Wörterbuch der Turzismen im Serbokroatischen (Škaljić, Abdulah: Turcizmi u srpskohrvatskom jeziku. Sarajevo 1966): also Čelebi statt Çelebi, beg statt bey, šeher statt şehir, sidžil statt sicil, vakuf statt vakıf (türk.) bzw. waqf (arab.) usw. Ausnahmen betreffen Begriffe, die in der deutschsprachigen Literatur eingeführt sind (z. B. Pascha, Wesir, Derwisch) oder die in der Fachliteratur zur islamischen Welt und in Lexika schneller in ihrer Originalform zu finden sind (z. B. dhimma, dhimmi), ferner Begriffe, die Škaljić nicht aufgenommen hat (z. B. devşirme oder devshirme). Im Glossar am Ende dieses Buches werden die im Text kursiv in Klammern gesetzten Begriffe mit kurzen Erklärungen zusammengeführt.
2. Die Auswahlbibliografie am Ende des Bandes enthält i. d. R. nur Arbeiten, die Sarajevo und Bosnien unmittelbar betreffen. In den Anmerkungen werden sie mit einem Kurztitel zitiert. Thematisch breiter angelegte Arbeiten (z. B. zur Geschichte des Osmanischen Reiches, Österreich-Ungarns, Jugoslawiens, zur Politik der Großmächte usw.) oder sehr spezielle Abhandlungen, die nicht in der Auswahlbibliografie enthalten sind, werden in den Anmerkungen vollständig zitiert.
3. Im Personenregister werden Namen von Autorinnen oder Autoren nur dann aufgeführt, wenn sie auch im laufenden Text (einschließlich des Textes in den Fußnoten) erwähnt wurden.
4. Alle zitierten Internetseiten wurden im Jahr 2012 oder im ersten Halbjahr 2013 aufgerufen.

STATT EINES ANFANGS

Nein, Sarajevo ist keine Stadt der Superlative wie Rom, Istanbul, London oder Paris. Oder wie Prag, Wien, Budapest oder Venedig. Mit fünfeinhalb Jahrhunderten ist Sarajevo noch ziemlich jung, obwohl es bereits zweimal am Rand des Grabes stand, am Ende des 17. und am Ende des 20. Jahrhunderts. Die drei Geißeln der Vormoderne – Epidemien, Feuer und Überschwemmungen – haben Sarajevo und seine Bewohner unzählige Male geplagt, von Kriegen ganz zu schweigen. „Seit ihrem Bestande wurde die Stadt nicht weniger als neunmal Opfer der Flammen, wobei sie ganz oder teilweise eingeäschert wurde", schrieb Ćiro Truhelka 1902.[1] Zu großen Teilen ist die Geschichte der Stadt daher eine Geschichte von Zerstörung und Wiederaufbau, erneuter Zerstörung und erneutem Wiederaufbau.

Auch eine Weltstadt ist Sarajevo nicht. 2012 lebten in der Stadt etwas mehr als 310.000 Einwohner auf einer Fläche von rund 141 qkm. Die Stadt ist arm. Viele Seitengassen im alten Teil sind verwahrlost. Von der Blütezeit Sarajevos im 16. Jahrhundert ist wenig geblieben. Zumindest nicht im Original. Dennoch: In Internetforen wurde Sarajevo Anfang des 21. Jahrhunderts als „absoluter Geheimtipp" gepriesen. Der Touristenführer „Lonely Planet" reihte Sarajevo 2010 zu den zehn schönsten Städten der Welt. Und in einer Internetumfrage über „The Best City to Visit 2012", zwanzig Jahre nach Beginn des Bosnienkrieges, erhielt Sarajevo die meisten Stimmen. Das darf man nicht überbewerten; das Ranking ändert sich ständig. Gleichwohl ist es bemerkenswert. Der 100. Jahrestag des Attentats von 1914 und die aus diesem Anlass geplanten Gedenkveranstaltungen und kulturellen Aktivitäten bescheren der Stadt neue Aufmerksamkeit und Besucherrekorde. Was hat Sarajevo, was andere Städte nicht haben?

Sarajevos Reiz beruht zunächst auf seiner überwältigenden Lage. Der Reisejournalist Heinrich Renner, der 1895 Bosnien und die Herzegowina durchquerte, geriet beim Anblick

---

1 „Diese Brandjahre, welche die Chronik mit Schauern verzeichnet, waren die Jahre 1480, 1560, 1566, 1644, 1697, 1746, 1847 und 1879." Zit. nach Levy: Sephardim, S. 143, Anm. 142. Tatsächlich gab es noch mehr Brände, die teilweise großen Schaden anrichteten und auch Menschenleben forderten (z. B. der Großbrand Ende Juni 1788).

der Stadt ins Schwärmen: „Anmuthiges Sarajevo! wie ein Diamant aus der Umfassung von Smaragden hebst du dich aus dem Grün der Ebene zu dem deiner Berge empor! Es giebt bald nicht eine schönere Lage, als sie Bosniens Hauptstadt bietet."[2] Sarajevo liegt eingebettet in ein nach Westen geöffnetes „Goldenes Tal"; von drei Seiten – im Norden, Osten und Süden – umrahmt von Hügeln und zerklüfteten Bergen, die in einiger Entfernung eine Höhe von 1.600 bis über 2.000 Meter erreichen. Die Stadt erstreckt sich entlang den Ufern der Miljacka (der „Lieblichen"), dort, wo diese aus ihrem Canyon heraustritt. Das mit rotbraunen Mineralien gefärbte Flüsschen entspringt fünf Wegstunden nordöstlich von Sarajevo, im mythenumwobenen Romanija-Gebirge, südlich der Ortschaft Pale, die von 1992–1996 als Hauptstadt der bosnischen Serben fungierte und heute zur Stadt „Ost-Sarajevo" gehört. Mit insgesamt 36 km Länge ist die Miljacka ein kleiner Fluss, der in früheren Jahrhunderten während der Schneeschmelze und bei starken Regenfällen – ungeachtet seines Namens – Teile der Stadt überflutete. Dem Ende des 19. Jahrhunderts regulierten Fluss sieht man seine einstige Wildheit und Gefährlichkeit nicht mehr an, schon gar nicht in den heißen Sommermonaten, wenn der Fluss fast ausgetrocknet ist. Westlich von Sarajevo mündet die Miljacka in die Bosna, die Bosnien seinen Namen gegeben hat und deren Quellen etwas weiter südlich am Fuß des Bergs Igman, nahe dem Thermalbad Ilidža sprudeln, einem Vorort von Sarajevo.

Die Stadt liegt rund 500 m über dem Meeresspiegel, auf etwa demselben Breitengrad wie Marseille, hat aber im Unterschied zu diesem ein gemäßigtes Kontinentalklima. Sie erstreckt sich von Osten nach Westen, von der Altstadt in Richtung Ilidža, und klettert seitwärts die Berghänge hinauf. Die heutige Stadt setzt sich aus vier Bezirken zusammen: Altstadt (Stari Grad), Zentrum (Centar), Neu-Sarajevo (Novo Sarajevo) sowie Neustadt (Novi Grad). Das bereits erwähnte „Ost-Sarajevo" gehört zwar zum Großraum Sarajevo, aber nicht zur heutigen Stadt. Es ist seit Ende 1995 Teil der Serbischen Republik in Bosnien-Herzegowina, während die „Stadt Sarajevo" sowie der gleichnamige Kanton auf dem Territorium der bosniakisch-kroatischen Föderation liegen. Wenn im Folgenden von „Sarajevo" die Rede ist, so bezieht sich dies – sofern nicht anders vermerkt – auf die heutige Stadt.

Wer die Biografie einer Stadt schreibt, setzt sich stets der Gefahr aus, seinen Helden zu idealisieren, seine Bedeutung zu überhöhen und einen möglichst schlüssigen Lebenslauf zu konstruieren. Ganz befreien kann man sich davon wohl nicht. Aber auch wer Sarajevo nicht verklärt, kann am architektonischen Erscheinungsbild erkennen, dass es sich nicht um eine Stadt „wie jede andere" handelt. Neben der geografischen Lage ist es das historische Erbe, dem Sarajevo seine Besonderheit verdankt. Verkörpert wird es – nicht allein, aber vor allem – von der Altstadt, die alle Merkmale eines „Erinnerungsorts" aufweist. (Der

---

2 Renner: Durch Bosnien, S. 47.

moderne Teil der Stadt hat dem Besucher dagegen wenig zu bieten. Seinetwegen fährt niemand nach Sarajevo.) Wofür die inkorporierte Vergangenheit der Altstadt symbolisch und identitätsstiftend steht, ist Gegenstand dieses Buches. Für die einen ist sie ein integraler Teil ihrer Heimat. Für die anderen repräsentiert sie etwas Fremdes, Bedrohliches und stellt ein Relikt des verhassten „orientalischen" Erbes dar. Einige rücken die religiöse Bedeutung in den Vordergrund, andere die kunstgeschichtliche und architektonische. Wieder andere wollen von beidem nichts wissen. Unter den ehemals osmanischen Städten im Balkanraum rangierte Sarajevo an vorderster Stelle. Aber im Unterschied zu anderen Städten (Saloniki, Athen, Belgrad, Sofia usw.), die nach der Befreiung von osmanischer Herrschaft (fast) vollständig „ent-osmanisiert" und eines Großteils ihrer Vergangenheit entkleidet wurden (so als hätte es diese nie gegeben), hat Sarajevo sein osmanisches Erbe bewahrt:[3] Zur Genugtuung der einen, zum Verdruss der anderen. Die Einwohnerschaft der Stadt – ähnlich der vieler anderer mittlerer und größerer Städte in der Gegenwart – war vielschichtig, multiethnisch, multireligiös, mit wechselnden und hybriden Identitäten. Was „multireligiös" und „multiethnisch" in unserem Kontext zu bedeuten hat, wird an anderer Stelle thematisiert. Vielfalt ist heute nichts Besonderes mehr. Doch hat(te) Sarajevo auch etwas Einzigartiges. Gemeint ist das jahrhundertelange Nebeneinander, Miteinander und Gegeneinander von Muslimen, Orthodoxen, Katholiken und Juden. Nur wenige Städte in Europa können Vergleichbares vorweisen. Jedenfalls nicht über einen so langen Zeitraum. Und wenn es so etwas gibt wie den „Genius loci", über den schon antike Schriftsteller räsoniert haben, dann hat er im Fall Sarajevos etwas mit diesem traditionsgesättigten Facettenreichtum, dieser großen Vielfalt auf kleinem Raum zu tun. „Sarajevo ist nicht irgendeine Stadt dieser Welt", schreibt der Belgrader Architekt und Stadtforscher Bogdan Bogdanović. „Es ist ein großartiges urbanologisches, architektonisches, anthropologisches Denkmal. Es ist schwer, wenn nicht sogar unmöglich, es mit irgendeiner anderen Stadt zu vergleichen. Sarajevo ist eine paradigmatische Stadt, ein lebendiger Beweis, dass man gemeinsam leben, denken, fühlen kann und konnte, und das in sehr ineinander verschränkten kulturellen Codes."[4] Die Koexistenz unterschiedlicher Religionen und Kulturen hat das Äußere der Stadt geprägt. Ob und in welcher Weise sie nach innen gewirkt hat, ist schwerer zu beantworten. Dass Menschen eine Stadt prägen, versteht sich von selbst, aber geht es auch umgekehrt? Hat der städtische Raum mit seiner Ausstrahlungskraft, seiner „Aura" Einfluss auf die Menschen, die in diesem soziokulturellen Raum sozialisiert wurden, sich darin bewegen und agieren, auf ihre Verhaltensweisen, gar auf ihre Wertvorstellungen? Moscheen, Kirchen und Synagogen

---

3   Zur Entosmanisierung balkanischer Städte vgl. u. a. Mazower, Marc: Salonica, City of Ghosts. Christians, Muslims and Jews, 1430–1950, London 2004.
4   Bogdanović, Bogdan: Architektur der Erinnerung, Klagenfurt 1994, S. 120.

gehören seit Jahrhunderten zum äußeren Erscheinungsbild Sarajevos und repräsentieren dessen vielschichtige gesellschaftliche und kulturelle Ordnung. Verhalten sich Menschen, die in einem solchen „Erfahrungsraum" aufwachsen und sich darin heimisch fühlen, anders als Menschen in einer kulturell homogenen Umgebung oder Menschen, die aus einer kulturell homogenen Ordnung in die Stadt gespült werden, ohne dort mental jemals anzukommen? Wie wirkt sich die Bewegung des physischen Körpers in einem sozialen Raum auf die „körperliche Erkenntnis" bzw. den „Habitus" der Akteure (im Sinne Pierre Bourdieus) aus?[5] Hat die Stadt selbst einen „Habitus" oder einen „Eigensinn", wie einige Stadtforscher behaupten?[6] Verfechter der Akteur-Netzwerk-Theorie (wie der französische Soziologe Bruno Latour) verstehen auch Dinge (z. B. Straßen, Plätze oder eine ganze Stadt) als handelnde Akteure, die zusammen mit menschlichen Akteuren in netzwerkartigen Handlungszusammenhängen agieren und so mit diesen zu einem „Aktanten", einem Vernetzungszusammenhang, verschmelzen.[7] Bilden Sarajevo und seine Bewohner also ein Netzwerk? Die Ausstrahlung der Gebäude, die Gruppierung der Wohnviertel, die Straßenführung sind Ausdruck eines Gestaltungswillens, der Erfahrungen generiert, Erfahrungen, die sich durch die andauernde Begegnung mit der Stadt permanent erneuern und verfestigen.

Oder ist der „Genius loci" doch nur eine Mystifikation? Jedenfalls ist er schwer zu fassen. Immer wenn du meinst, du hast ihn, ist er schon wieder weg. Der bosnische Schriftsteller Dževad Karahasan berichtet von einem Augenblick, in dem er begriff, „dass jede richtige Stadt eine Seele hat, eine Identität und, wie jene sagen würden, die vor dem Wort Seele zurückschrecken, ihren eigenen Stil. Eine Stadt hat Straßen und Plätze, Denkmäler und Gebäude, Brunnen und Parks, aber manche Städte, richtige Städte, haben dahinter oder innen drin auch ein platonisches Wesen, eine Seele, die alles umfasst und mehr ist als die Summe all dessen. Richtige Städte haben etwas, was sich nicht messen und einmauern und eben auch nicht abreißen lässt. Es kann nur vernichtet werden, etwa wenn die Stadt zerstört und aufgegeben wird. Aber vielleicht verliert sie ihre Seele nicht einmal dann, vielleicht ist die Seele einer Stadt untrennbar mit dem Genius des heiligen Ortes verbunden, an dem die Stadt entstanden ist, ein Geist, der nicht zerstört werden kann, der nichts vergisst und stets die Stadt von Neuem baut, gleichgültig, wie lange sie zerstört und entvölkert war".[8]

---

5   Vgl. Bourdieu, Pierre: Der Kampf um die symbolische Ordnung. Pierre Bourdieu im Gespräch mit Axel Honneth, Hermann Kocyba und Bernd Schwips, in: Ästhetik und Kommunikation 16. Jg./H. 61 (1985), S. 142–164.
6   Vgl. Lindner, Rudolf: Der Habitus der Stadt – ein kulturgeographischer Versuch, in: Petermanns Geographische Mitteilungen 147 (2002/03), S. 46–53.
7   Latour, Bruno: Eine neue Soziologie für eine neue Gesellschaft: Einführung in die Akteur-Netzwerk-Theorie, Frankfurt/M. 2007.
8   Karahasan, Dževad: Berichte aus der dunklen Welt. Frankfurt/M., Leipzig 2007, S. 86.

Zum Besonderen kommt das Allgemeine. Der Philosoph Martin Heidegger spricht im Zusammenhang mit dem „Genius loci" von einen „seinsversammelnden Ort", einem Ort, an dem alle Aspekte des Seins zusammenkommen. Ähnlich sieht es der eben zitierte Karahasan: Sarajevo sei zu einem „Mikrokosmos" geworden, „zu einem Zentrum der Welt, das, nach der Lehre der Esoteriker, die ganze Welt einschließt. Deshalb ist Sarajevo zweifellos eine innere Stadt in eben der Bedeutung, die die Esoteriker diesem Wort geben: Alles, was in der Welt möglich ist, existiert in Sarajevo, in verkleinerter Form zwar, reduziert auf seinen Kern, aber es existiert, weil Sarajevo das Innenzentrum der Welt ist…"9

Zu „allem, was in der Welt möglich ist", gehört das Gute ebenso wie das Böse. Mal steht das eine im Vordergrund, mal das andere. „Wer in Sarajevo die Nacht durchwacht, kann die Stimmen der Nacht von Sarajevo hören", schreibt Ivo Andrić, der 1961 den Nobelpreis für Literatur erhielt. „Schwer und sicher schlägt die Uhr an der katholischen Kathedrale: zwei nach Mitternacht. Es vergeht mehr als eine Minute (ich habe genau 75 Sekunden gezählt), und erst dann meldet sich, etwas schwächer, aber mit einem durchdringenden Laut die Stimme von der orthodoxen Kirche, die nun auch ihre zwei Stunden schlägt. Etwas später schlägt mit einer heiseren und ferneren Stimme die Uhr am Turm der Beg-Moschee, sie schlägt elf Uhr und zeigt elf gespenstische türkische Stunden an nach einer seltsamen Zeitrechnung ferner, fremder Gegenden. Die Juden haben keine Uhr, die schlägt, und Gott allein weiß, wie spät es bei ihnen ist, wie spät nach der Zeitrechnung der Sepharden und nach derjenigen der Aschkenasen. So lebt auch noch nachts, wenn alle schlafen, der Unterschied fort, im Zählen der verlorenen Stunden dieser späten Zeit. Der Unterschied, der all diese schlafenden Menschen trennt, die im Wachen sich freuen und traurig sind, Gäste empfangen und nach vier verschiedenen, untereinander uneinigen Kalendern fasten und alle ihre Wünsche und Gebete nach vier verschiedenen Liturgien zum Himmel senden. Und dieser Unterschied, der manchmal sichtbar und offen ist, manchmal unsichtbar und heimtückisch, ist immer dem Hass ähnlich, sehr oft aber mit ihm identisch."10

Ein düsterer Text. Die Passage stammt aus der Erzählung „Ein Brief aus dem Jahre 1920", geschrieben 1946. Man kann den Text lesen als Rückschau auf den Ersten Weltkrieg und als (nachträgliche) „Prophezeiung" dessen, was im Zweiten Weltkrieg geschehen ist, und man kann ihn lesen als Rückschau auf den Ersten und Zweiten Weltkrieg und als Prophezeiung dessen, was in der ersten Hälfte der 1990er-Jahre passieren sollte: als Vorschau aus der zweimaligen Rückschau. Andrić hat seine Worte nicht dem Ich-Erzähler, sondern dessen Freund in die Feder diktiert. Warum? Und wer ist der Freund? Andrić nennt ihn Max Löwenfeld.

---

9   Karahasan, Dževad: Tagebuch der Aussiedlung, Klagenfurt-Salzburg 1993, S. 10.
10   Andrić, Ivo: Brief aus dem Jahre 1920, in: Ders.: Die verschlossene Tür. Erzählungen, Wien 2003, S. 161–178; hier S. 175 f.

Dessen Vater war ein jüdischstämmiger Arzt aus Wien, der zum Christentum übergetreten war, seine Mutter die Tochter einer italienischen Baronin aus Triest und eines österreichischen Seeoffiziers, der von französischen Emigranten abstammte. Die Eltern haben sich vor dem Ersten Weltkrieg, als Bosnien zu Österreich-Ungarn gehörte, in Sarajevo niedergelassen. Dort wurde Max geboren, dort hat er Kindheit und Jugend verbracht, dort besuchte er das Gymnasium – ebenso wie der Ich-Erzähler, ebenso wie Ivo Andrić und der Attentäter von 1914. Nach dem Weltkrieg beschließt Max, Sarajevo und Bosnien für immer zu verlassen. „Bosnien ist ein Land der Angst und des Hasses. Lassen wir die Angst beiseite, die nur ein Korrelativ des Hasses ist, sein natürliches Echo. Sprechen wir vom Hass. Ja, vom Hass", schreibt Max dem Ich-Erzähler in seinem auf Deutsch verfassten Brief. Er möchte dem Freund seine „Flucht aus Bosnien" erklären und ahnt, dass dies kaum möglich ist. „Ich habe schon daran gedacht, mich selbst auf das Studium dieses Hasses zu verlegen...Vielleicht wäre das meine Aufgabe, da ich, obwohl meiner Herkunft nach ein Fremder, in diesem Land, wie man sagt, das Licht der Welt erblickt habe. Ich habe aber nach meinen ersten Versuchen und nach längerer Überlegung eingesehen, dass ich dazu weder Fähigkeit noch Kraft besitze. Von mir würde man, genauso wie von allen anderen, verlangen, mich für eine Seite zu entscheiden, zu hassen und gehasst zu werden, und das wollte ich nicht."[11]

Auch Andrić (1892–1975), der seinerseits aus Bosnien „floh", wollte es nicht. Aber es blieb ihm nicht erspart (wie vielen anderen vor und nach ihm). Andrić entstammte einer in Sarajevo beheimateten Handwerkerfamilie und wurde in Travnik geboren und katholisch getauft. Nach Absolvierung des Gymnasiums in Sarajevo studierte er an den Universitäten in Zagreb, Wien und Krakau, konnte das Studium aber wegen des beginnenden Ersten Weltkriegs nicht abschließen. Da er mit den Zielen des Attentäters von 1914 sympathisierte, saß er während des Kriegs in verschiedenen k.u.k.-Gefängnissen, zuletzt in Marburg a. d. Drau (Maribor), wurde anschließend in die bosnische Provinz verbannt und 1917 amnestiert. Nach dem Weltkrieg trat er in den diplomatischen Dienst des ersten jugoslawischen Staats, holte seine Promotion nach und war bei Beginn des Zweiten Weltkriegs als jugoslawischer Gesandter im nationalsozialistischen Berlin tätig. Danach ließ er sich in Belgrad nieder. Ob er ein bosnisch-kroatischer oder bosnisch-serbischer Schriftsteller war, ist seit Jahren Gegenstand heftiger Kontroversen, die auch die Gerichte beschäftigen. Andrić benutzte die ekavische („serbische") Variante des früheren Serbokroatischen bzw. Kroatoserbischen, während Kroaten und Bosniaken die ijekavische Variante benutzten, bevor sie die einst gemeinsame Sprache auseinanderdividierten. Andrićs Texte stecken voller Turzismen, von denen weder Kroaten noch Serben etwas wissen wollen. Von seinem Jugoslawentum ganz zu schweigen! Dessen ungeachtet wird Andrić in Zagreb (trotz ekavischer Sprache

---

11   Andrić, ebda., S. 171, 176.

und Bindung an Belgrad) als kroatischer, in Belgrad (trotz katholischer Taufe) als serbischer Autor gefeiert. Bosniakisch-muslimische Kritiker halten Andrić seit dem Bosnienkrieg, als seine Schriften, insbesondere das obige Zitat, politisch instrumentalisiert wurden, für einen Bosniaken-Hasser und für islamophob: Mit seinen Büchern habe er den Muslimen mehr Leid zugefügt als alle Armeen, die Bosnien heimgesucht und verwüstet haben![12] In Andrićs Roman „Wesire und Konsuln" (Travnička hronika) erscheint Bosnien während der napoleonischen Kriege zu Anfang des 19. Jahrhunderts in der Tat als verwahrloste, finstere und gottverlassene Provinz, zumindest aus der Sicht der französischen und österreichischen Konsuln in Travnik an der Lašva. Dasselbe gilt für den Roman über Omer-paša Latas, der die dramatischen Ereignisse in der Mitte des 19. Jahrhunderts schildert. Wie wir noch sehen werden, war dieses düstere Bild in vieler Hinsicht zutreffend. Beide Romane spielen in einer Zeit des schlimmsten Verfalls, den Andrić auf Grundlage zeitgenössischer Quellen – und häufig unter Verwendung einer Außenperspektive – nachzeichnet.[13] Anders verhält es sich mit seiner Dissertation („Die Entwicklung des geistigen Lebens in Bosnien unter der Einwirkung der türkischen Herrschaft"), die er 1924 an der Karl-Franzens-Universität in Graz verteidigte. Andrić hat diese Arbeit nie veröffentlicht. Erst nach seinem Tod erschienen das deutsche Original sowie Übersetzungen in mehrere Sprachen.[14] Die mit „Ausgezeichnet" bewertete Arbeit atmet den Geist der 1920er-Jahre. Vor dem Hintergrund der jugoslawischen Idee und des Untergangs des Osmanischen Reiches vermittelt sie ein durch und durch sowie in jeder Hinsicht negatives Bild der „Türkenherrschaft" in Bosnien, von den

---

12 So angeblich das Sarajevoer Akademiemitglied Muhamed Filipović, vgl. Ramadanovic, Jusuf: Ivo Andric's writer's block, in: SETimes, 4. 4. 2011. Zur Kritik an Andrićs Schilderung der bosnischen Muslime vgl. das umfangreiche (am Ende des Bosnienkriegs geschriebene und posthum veröffentlichte) Werk von Rizvić, Muhsin: Bosanski muslimani u Andrićevu svijetu, Sarajevo 1995 (http://de.scribd.com/doc/111690486/Muhsin-Rizvic-Bosnjaci-u-Andricevom-Svijetu). Rizvić interpretiert die pathologischen und morbiden Charakterzüge einiger Figuren aus Andrićs Werken als Selbstporträt des Autors, der eine Vorliebe für sadistische und oft sexuell perverse Szenen habe. Die bosniakischen Helden (der legendäre Alija Djerzelez, die Morić-Brüder u. a., vgl. etwa Andrićs Erzählung „Der Weg des Alija Djerzelez") würden in einem gänzlich anderen Licht dargestellt als in den Chroniken und anderen historischen Dokumenten. Vgl. Delić, Mehmed Meša: Korijeni Andrićevih moralnih devijacija, in: Bošnjaci net, 6. 1. 2011: http://www.bosnjaci.net/prilog.php?pid=40118

13 Dies sehen seine Kritiker anders. Vgl. Kurtović, Šukrija: „Na Drini ćuprija" i „Travnička hronika" od Ive Andrića u svijetlu bratstva i jedinstva, in: Sveske Zadužbine Ive Andrića 9-10 (1993/94), S. 387–440 sowie das eben erwähnte Werk von Rizvić. Gegenpositionen vertreten u. a. Jevtić, Miroljub: Islam u delu Ive Andrića, Beograd 2000; Rakić, Bogdan: The Proof is in the Pudding: Ivo Andrić and His Bosniak Critics, in: Serbian Studies. Journal of the North American Society for Serbian Studies 14 (2000), 1, S. 81–91; Gorup, Radmila J.: Reader as Critic: Ivo Andrić's Bosnian Chronicle, in: ebda.15 (2001), 2, S. 217–228.

14 Das Original mit serbischer Übersetzung erschien in Sveske Zadužbine Ive Andrića 1 (1982), H. 1.; erneut abgedruckt bei Tošović, Branko (Hg.): Der Nobelpreisträger Ivo Andrić in Graz, Graz-Beograd 2008, S. 215–363. Reprint des Originals: Klagenfurt 2011.

Anfängen bis zum Ende. Ausgehend von der Verfallszeit wird auf die gesamte Zeit der osmanischen Herrschaft geschlossen, als habe es keinerlei Wandel und Veränderung gegeben: vierhundert Jahre Stillstand! Damit folgte Andrić den antiislamischen und antiosmanischen Stereotypen des 19. Jahrhunderts.[15] Der Hauptgutachter der Dissertation, der Grazer Slawist Heinrich Felix Schmid, hat sich eine kritische Bemerkung nicht verkneifen können: „Die eine These des Verfassers, seine Negierung jeden kulturfördernden Einflusses von Islam und Türkentum, wird nicht unwidersprochen bleiben, trotz der vielfältigen Belege, mit denen sie Andrić stützt…"[16] Wohl wahr: An Widerspruch mangelt es nicht, wie wir noch sehen werden. Doch der Doktorand und zeitweilige Wissenschaftler Andrić ist vom Schriftsteller Andrić zu unterscheiden. Während die Dissertation als geschichtswissenschaftliches Werk zu lesen und gegebenenfalls zu kritisieren ist, sind die Erzählungen und Romane keine Geschichtsbücher, auch wenn sich Andrić darin historischer Quellen bediente. Seine schöpferische Fantasie galt der Ausgestaltung von Charakteren. Darin war er ein Meister. Wer seine Schriften ausschließlich durch die nationale und religiöse Brille liest, begibt sich auf das Niveau jener Vandalen, die eine wertvolle Handschrift, ein einzigartiges Baudenkmal oder ein anderes kulturelles Unikat nur durch das Prisma von Nationalismus, Ideologie oder Rassismus betrachten – und gegebenenfalls zerstören. Wie fast alles in Sarajevo und Bosnien ist somit auch Andrić heftig umstritten. Damit erfüllt sich, wovor Max Löwenfeld 1920 floh, um später an einem anderen Ort, unter anderen Konstellationen Opfer eines anderen Hasses zu werden. Unterschiede und Hass gibt es überall auf der Welt, denn Hass hat keine Nationalität. Andrić wusste das. Und deshalb blieb er zeit seines Lebens Bosnien und dessen „unbewältigter" Vergangenheit symbiotisch verbunden, obwohl er in Belgrad lebte. Fast alles, was er geschrieben hat – allen voran sein Roman „Die Brücke über die Drina" (Na Drini ćuprija) – betrifft seine engere Heimat und deren unerschöpfliche Komplexität. Er war der großartige Schriftsteller eines Landes, das dem Hass geopfert wurde und darin untergegangen ist. Nun spaltet Andrić, der „Serbo-Kroate" und Jugoslawe, seine Landsleute: Serben, Kroaten und Bosniaken! Die oben zitierten Zeilen über die Stimmen der Nacht von Sarajevo sind die am häufigsten zitierte Passage aus Andrićs Werk und wurden während des Bosnienkrieges (vor allem von serbischer Seite) oft zur „Begründung" der Gewalt herangezogen. Dies hat zeitgenössische Schriftsteller in den 1990er-Jahren zu weiteren „Briefen" provoziert, von denen an entsprechender Stelle noch zu sprechen sein wird.

International wird Sarajevo erinnert als Ort des Attentats von 1914, als Ort der Winterolympiade von 1984 und als belagerte Stadt in der ersten Hälfte der 1990er-Jahre, als Ort

---

15 Vgl. dazu allg. (mit Blick auf Asien) Osterhammel, Jürgen: Die Entzauberung Asiens. Europa und die asiatischen Reiche im 18. Jahrhundert, München 1998.
16 Das Gutachten ist der Ausgabe von 2011 beigefügt, S. 124.

der Toleranz[17] wie als Ort des Hasses, als „Damaskus des Nordens", „Jerusalem Europas", „Klein-Jerusalem" ebenso wie als Schauplatz schwerster Kriegsverbrechen. Und nicht zuletzt ist es auch ein literarischer Erinnerungsort.[18] Sarajevo ist die Hauptstadt Bosnien-Herzegowinas, das einst ob seiner Komplexität als „Jugoslawien im Kleinen" bezeichnet wurde. Jugoslawien gibt es nicht mehr. Auch das Bosnien vor dem Krieg 1992–1995 gibt es nicht mehr. Der Großraum Sarajevo ist geteilt in zwei Städte, zwischen zwei „Entitäten". Wenn Bosnien ein Jugoslawien im Kleinen war, dann war Sarajevo ein Bosnien im Kleinen – ein Alptraum für alle, die Einheitlichkeit und Eindeutigkeit lieben, das „Sodom und Gomorra des Serbentums".[19] Die israelische Anthropologin Fran Markowitz hat die Stadt mit einem Kaleidoskop verglichen: Je nach Blickwinkel ändert sich das Erscheinungsbild. Wie man hineinschaut, so schaut es heraus. Wer den Hass sucht, findet ihn, und wer das Miteinander sucht, findet es auch. Sarajevo wird begriffen als urbaner Lebensraum, als Erinnerungsort und Gedächtnisspeicher, als städtebauliches Kunstwerk, als lebender Organismus, als religiöser Ort und als Repräsentation von Macht. All dies und vieles mehr ist Sarajevo.

Wie soll oder kann man die Geschichte der Stadt schreiben? Vorstellbar ist eine chronologische Darstellung wichtiger Ereignisse, ein Verfahren, das nicht besonders interessant, eher ermüdend ist. Denkbar ist ein historischer Reiseführer, was ebenfalls nicht besonders interessant ist. Natürlich kann man in einer historischen Darstellung nicht auf die Chronologie verzichten, aber es gibt viele Phänomene, die sich auf einer Zeitschiene nicht genau verorten lassen. Reizvoller ist eine „gekreuzte Geschichte" mit einem multiperspektivischen Ansatz, jenseits der nationalen Narrative, die im Falle Sarajevos ohnehin keinen Sinn machen. Sarajevo war geradezu das Gegenbild einer „nationalen Hauptstadt". Das mag nicht so bleiben, aber für die Vergangenheit gilt es allemal. Die Geschichte Sarajevos ist einerseits Verflechtungsgeschichte, eingebettet in wechselnde Kontexte, mit unterschiedlichen Perspektiven und Deutungen. Andererseits beruhte das Leben in der Stadt bis in die zweite Hälfte des 19. Jahrhunderts hinein vor allem auf Segregation, die auch in der Gestaltung

---

17 Toleranz gilt vielen Autoren geradezu als Markenzeichen Sarajevos. Bei Hadžihasanović: Sarajevo- istine i mitovi tauchen die Begriffe „Toleranz, Pragmatismus, Offenheit" fast auf jeder Seite (mitunter mehrmals) auf. Sie wirken wie eine Beschwörungsformel.

18 Vgl. Völkl, Darinka S.: Sarajevo in der bosnischen Literatur, in: Ohnheiser, Ingeborg (Hg.): Wechselbeziehungen zwischen slawischen Sprachen, Literaturen und Kulturen in Vergangenheit und Gegenwart, Innsbruck 1996, S. 360–376; Richter, Angela: Die erinnerte Stadt. Sarajevo-Projekte in der südslavischen Dramatik und Prosa, in: Die Welt der Slaven 46 (2001), S. 347–358. Eine Sammlung von Texten über Sarajevo (aus Belletristik, Reiseberichten, Archivmaterialien, Legenden u. a.) bei Tomašević (Hg.): Sarajevo gdje je nekad bilo.

19 Das Zitat nach Hadžihasanović: Sarajevo, S. 9, 96 und passim. Der Autor beruft sich auf das Buch „Čista Srbija" (Reines Serbien) von 1992, das es nicht gibt. Der Belgrader Ethnologe Ivan Čolović hat das vermeintliche Buch 1992 in einem satirischen Artikel „Etničko čišćenje" (Ethnische Säuberung) erfunden (ebenso wie das von Hadžihasanović erwähnte „Militärische Ethnohygienische Institut", welches das Buch herausgegeben haben soll).

des städtischen Raums ihren Niederschlag fand. Die Geschichte Sarajevos stellt sich also als Wechselspiel von Segregation und Interaktion dar. Auf der einen Seite die Trennung nach Religionen, Professionen und Geschlechtern. Auf der anderen Seite die wechselseitige Ergänzung in Gestalt gesellschaftlicher Arbeitsteilung. In einem Punkt waren sich alle Stadtgesellschaften Sarajevos allerdings ähnlich: Sie waren durch und durch patriarchal geprägt. Frauen kamen im öffentlichen Leben als handelnde Subjekte selten vor. Die Geschichte Sarajevos war bis in die jüngere Vergangenheit hinein Männergeschichte. In vielen anderen Punkten überwogen die Unterschiede zwischen den Glaubensgemeinschaften. Doch das Schicksal der Stadt teilten alle Bewohner mehr oder minder gleichermaßen. Paradoxerweise und im Widerspruch zu unseren herkömmlichen Annahmen geriet das friedliche Nebeneinander in die Krise, just nachdem die Segregation (scheinbar?) überwunden war. Heute stellt sich die Frage, ob die Begriffe noch gelten (oder jemals gegolten haben), die zur Charakterisierung der Sozialbeziehungen in Sarajevo und Bosnien bemüht wurden: eine spezifische Form der Nachbarschaft (komšiluk),[20] die tatsächliche oder vermeintliche Fähigkeit der Bewohner zu Empathie und Mitleiden (merhametluk) oder der Begriff „Eigensinn" mit seinen vielfältigen Bedeutungen, die zwischen Autonomie gegenüber Anforderungen der Umwelt (z. B. des politischen Systems), Trotz, Widerspenstigkeit oder Sturheit oszillieren?

An Literatur jeglicher Art über Sarajevo – über einzelne Zeitabschnitte, Persönlichkeiten, Ereignisse, Objekte, über das religiöse, wirtschaftliche, kulturelle Leben usw. – herrscht kein Mangel. Die 1964 von Alija Bejtić zusammengestellte Bibliografie umfasst rund 450 Seiten.[21] Hinzu kommen die später erschienenen Arbeiten, insbesondere zur Belagerung der Stadt 1992–1996, sowie Arbeiten zur Geschichte Bosniens, ohne die eine Geschichte Sarajevos undenkbar ist. Bislang gibt es jedoch nur eine Geschichte der Stadt von ihrer Gründung bis zur Gegenwart, die wissenschaftlichen Ansprüchen auf hohem Niveau genügt: die 2006 veröffentlichte Monografie von Robert J. Donia, in der die osmanische Periode aber relativ knapp behandelt wird.[22] Vorsicht ist geboten bei Arbeiten, deren Autoren sich das Ziel gesetzt haben, Mythen zu dekonstruieren, sich aber darauf nicht beschränken, sondern

---

20 Vgl. u. a. die Arbeiten von Sorabji: Bosnian neighbourhoods revisited; Bringa: Being Muslim the Bosnian Way, und Baskar, Bojan: Komšiluk and Taking Care of the Neighbor's Shrine in Bosnia-Herzegovina, in: Albera, Dionigi/Couroucli, Maria (Hg.): Sharing Saved Spaces in the Mediterranean: Christians, Muslims and Jews at Shrines and Sanctuaries, Bloomington/Ind. 2012, S. 51–68. Komšiluk wird sowohl in einem weiteren wie einem engeren Sinn verwendet. Im weiteren Sinn bezeichnet es Nachbarschaft allgemein (über religiöse, ethnische/nationale Grenzen hinweg). Im engeren Sinn bezeichnet es eine benachbarte Gruppe von Haushalten, einen Ort sozialer, ritueller und ökonomischer Interaktion, dem das transreligiöse oder transethnische Element fehlt.
21 Bejtić: Bibliografija štampanih radova o Sarajevu.
22 Donia: Sarajevo. A Biography.

neue Mythen schaffen oder alte aufpolieren.[23] Das mag zur Festigung kollektiver Selbstvergewisserung und des Stolzes auf die Heimat (namentlich bei den Bosniaken) nach den traumatischen Erfahrungen in der ersten Hälfte der 1990er-Jahre und angesichts des Nachholbedarfs gegenüber Serben und Kroaten (sowie deren Mythen) verständlich sein, doch der Wissenschaft dient es nicht. Der römische Philosoph Seneca hat anscheinend etwas übersehen, als er schrieb: „Nemo patriam quia magna est amat, sed quia sua" (Niemand liebt sein Vaterland, weil es groß (bedeutsam), sondern weil es das seine ist). Das reicht vielen offenbar nicht.

Noch immer gibt es zahllose Ungereimtheiten in der Geschichte Sarajevos. Immer wenn man meint, eine Frage halbwegs geklärt zu haben, tauchen zwei oder drei neue auf, die alles wieder in Zweifel ziehen. Streckenweise gleicht die Geschichte Sarajevos einem Buch mit sieben Siegeln: ebenso geheimnisvoll wie faszinierend. Während der Niederschrift des vorliegenden Buches gab es immer wieder Augenblicke, in denen ich das Projekt am liebsten aufgegeben hätte: zu viele offene Fragen, zu viele Widersprüche, zu viele unbewiesene Behauptungen, zu viele Gerüchte! Die Ungereimtheiten beruhen nicht nur auf unterschiedlichen Wahrnehmungen und Interpretationen, sondern auch auf Quellenproblemen. Für die ältere, osmanische Zeit sind die Quellen sehr lückenhaft. Viele Urkunden fielen den Großbränden und Kriegen zum Opfer. Einen teilweisen Ersatz bieten die in den Archiven von Istanbul und Ankara sowie in Sarajevoer Einrichtungen (insbesondere im Historischen Archiv der Stadt[24] und in der Gazi-Husrev-beg-Bibliothek) aufbewahrten Kopien, die aber häufig erst später entstanden und nicht immer originalgetreu sind. Die wichtigsten davon wurden ins Serbokroatische übersetzt und veröffentlicht. Auch die in Auswahl publizierten und übersetzten osmanischen Steuerregister (*defter*) enthalten wertvolle, wenn auch oft widersprüchliche Informationen. Doch viele Register, die in Istanbul oder Ankara aufbewahrt werden, harren noch ihrer systematischen Erschließung. Ähnliches gilt für die Gerichtsprotokolle des Scheriatsgerichts in Sarajevo, die eine erstrangige Quelle für die ältere Stadtgeschichte darstellen.[25] Ein Teil ist verloren gegangen, doch andere haben überdauert. In der Gazi-Husrev-beg-Bibliothek in Sarajevo befinden sich 88 Protokollbücher (drei aus dem 16. Jahrhundert, der Rest aus dem Zeitraum 1762–1852), die bislang ebenfalls

---

23 Ein Musterbeispiel ist z. B. Hadžihasanović: Sarajevo – istine i mitovi.
24 Vgl. das Verzeichnis der Bestände im Historischen Archiv von Sarajevo, die zum Nationaldenkmal erklärt wurden: Fondovi i zbirke Historijskog arhiva Sarajevo, koji su proglašeni nacionalnim spomenikom: http://www.arhivsa.ba/files/nacionalni_spomenik.pdf. Ferner Dervišević, Mustafa: Vodič kroz fondove i zbirke istorijskog arhiva Sarajevo = Guide through holdings and collections of the historical archive Sarajevo, Sarajevo 2003.
25 Zur herausragenden Bedeutung des Scheriatsgerichts und des obersten Richters *(Kadi)* vgl. Čar-Drnda, Hatidža: Šerijatski sidžili i njihova zastupljenost u Bosni i Hercegovini, in: Anali Gazi Husrev-begove biblioteke 21/22 (2003), S. 85–94.

nicht umfassend erschlossen wurden.[26] Ausgewertet wurden dagegen die Aufzeichnungen der bosnischen Franziskaner, die teilweise auch für Sarajevo aufschlussreich sind, sowie das von Moritz Levy bearbeitete Vormerkbuch (Pinakes) der spaniolischen Judengemeinde in Sarajevo, das aber nur den späteren Zeitraum (1720–1810) abdeckt und teils hebräisch, teils halb hebräisch/halb spanisch (in hebräischer Kursivschrift) geführt wurde. Im Archiv der früheren Stadtrepublik Ragusa/Dubrovnik, die engste Handelsbeziehungen mit Sarajevo unterhielt und die dortigen Ereignisse sorgfältig beobachtete, finden sich wichtige Berichte zur Stadtgeschichte. Spärlich sind dagegen die bisher verfügbaren Quellen zur Geschichte des Alltags. Das liegt einerseits an den Verlusten infolge von Bränden und Kriegen sowie an der bisher vernachlässigten Auswertung der Gerichtsprotokolle, andererseits daran, dass die Schriftlichkeit in Bosnien bis Ende des 19. Jahrhunderts auf einen sehr kleinen Kreis von Gelehrten und Honoratioren beschränkt blieb, die sich in ihren Schriften (meist religiösen Inhalts) selten mit dem Alltag beschäftigten. Die reiche mündliche Überlieferung ist andererseits höchst unzuverlässig. Somit bleiben vor allem die Berichte von Reisenden, die zwar mitunter gute Beobachter waren, aber das, was sie sahen, aus der Perspektive von Fremden schilderten und häufig maßlos übertrieben. Etwa ab Mitte des 18. Jahrhunderts bis zum Beginn der österreichisch-ungarischen Herrschaft 1878 verdichten sich die Quellen, bleiben aber lückenhaft. Einzigartig ist die umfangreiche Chronik des Sarajevoer Gerichtsschreibers und Notars Mula Mustafa Bašeskija, die den Zeitraum von 1746 bis 1804 abdeckt. Sie ist in türkischer Sprache und arabischer Schrift verfasst und wurde von Mehmed Mujezinović ins Serbokroatische übersetzt. Vom Autor und seiner Chronik wird an anderer Stelle noch zu sprechen sein. Auch der von Tatjana Paić-Vukić ausgewertete Nachlass des *Kadis* am Scheriatsgericht in Sarajevo, Mustafa Muhibbi (um 1788–1854) bietet überaus interessante Einblicke in die damalige Zeit. Die Berichte der Konsuln Frankreichs und Österreichs vom Anfang sowie die Berichte der übrigen europäischen Diplomaten ab Mitte des 19. Jahrhunderts ergänzen unser Bild. Aus der österreichisch-ungarischen und jugoslawischen Zeit schließlich liegt eine überwältigende Fülle von Quellen unterschiedlichster Provenienz und unterschiedlicher Glaubwürdigkeit vor, die hier im Detail nicht vorgestellt werden sollen. Doch ihre Interpretation ist in vielen Fällen – immer dann, wenn es „heikel" wird – höchst umstritten. Und wie sich am Beispiel Andrićs bereits angedeutet hat, ist in Bosnien fast alles „heikel" und umstritten.

---

[26] Vgl. Gadžo-Kasumović, Azra: O sidžilima u Gazi Husrev-begovoj biblioteci, in: ebda., S. 41–83. Der Beitrag enthält eine Liste aller Protokollbücher mit kurzen Beschreibungen.

1. SARAJEVO ALS OSMANISCHE STADT
(1462–1878)

1.1. GRÜNDUNG UND BLÜTEZEIT

Im Unterschied zu anderen Städten auf dem Balkan, die bereits im Mittelalter oder früher bestanden hatten und während der osmanischen Herrschaft überformt wurden, gehört Sarajevo zu den relativ wenigen osmanischen Neugründungen in der Region bzw. zu jenen Plätzen, die sich erst unter osmanischer Herrschaft zu Städten oder stadtähnlichen Ortschaften entwickelten (wie Mostar, Travnik oder Počitelj). Zwar hat es im Gebiet der Stadt und ihrer Umgebung auch in vorosmanischer Zeit Märkte und Dörfer – namentlich an den Fernhandelswegen – gegeben, die jedoch infolge der osmanischen Überfälle und Eroberungszüge in den ersten Jahrzehnten des 15. Jahrhunderts z. T. verlassen und zerstört worden waren oder erst später in die expandierende Stadt eingemeindet wurden.[27] In mittelalterlichen Quellen wird das Gebiet von Sarajevo als Gau (župa) „Vrhbosna" (Hochbosnien) bezeichnet. Ob es sich dabei ausschließlich um eine Gebietsbezeichnung handelte oder ob es in diesem Gebiet auch eine Burg (grad) gleichen Namens mit einer dazugehörigen Siedlung gab und ob diese Siedlung – sofern es sie gab – in der Nähe der heutigen Lateinerbrücke am rechten Ufer der Miljacka oder etwas weiter westlich oder auch östlich (an der Stelle des heutigen Kastells) lag, ist immer wieder kontrovers diskutiert worden.[28] Eine zweifelsfreie Antwort gibt es bis heute nicht. Einige Autoren sind der Auffassung, dass Burg und „Stadt"

---

27 Wie z. B. der Marktflecken Trgovište – abgeleitet von „trg"=Markt – bzw. der Dienstagsmarkt Utorkovište – abgeleitet von „utorak"=Dienstag -, in der Nähe der Ali-paša Moschee, westlich der Altstadt.
28 Vgl. Kreševljaković: Stari bosanski gradovi; Skarić: Postanak Sarajeva; Šabanović: Postanak i razvoj Sarajeva. Zur Diskussion vgl. Hadžijahić: Vrhbosanje i Sarajevo. Nach Kreševljaković fiel die kleine Festung Vrhbosna (in Vratnik) 1435 in die Hände der Osmanen. Während der osmanischen Herrschaft diente sie weiter als Festung (mit einer Besatzung, die gegen Ende des 17. Jhs. 150 Soldaten zählte) sowie als Gefängnis. Die Festung musste wiederholt repariert werden. Die Stadtmauern mit den erhaltenen Türmen wurden erst nach dem Frieden von Passarowitz 1718 errichtet. Vgl. Kreševljaković: Stari bosanski gradovi. S. 15 f. Zur Geschichte des Befestigungs-Ensembles in Vratnik, das 2005 zum Nationaldenkmal erklärt wurde, vgl. die Expertise der Kommission zur Erhaltung von Nationaldenkmälern: http://www.kons.gov.ba/main.php?id_struct=50&lang=4&action=view&id=2547

Vrhbosna nicht existiert haben.²⁹ Und dies, obwohl Sarajevo noch mehrere Jahrzehnte nach seiner Gründung in westlichen Quellen als „Vrhbosna" oder „Vrhbosanje" tituliert wurde. So spricht z. B. Benedikt Kuripešić (oder Curipeschitz) in seiner deutsch geschriebenen Reisebeschreibung, auf die an anderer Stelle noch ausführlicher eingegangen wird, dass die Gesandtschaft des ungarischen Königs Ferdinand I., die er als Dolmetscher nach Konstantinopel begleitete, am 14. September 1530 „Verchbossen weit veldt" (also das weite Feld oder Tal von Sarajevo) und die „stat Verchbossen" durchquert habe.³⁰ Über die „Stadt" selbst verliert er kein Wort. Die Reihenfolge – erst das Tal, dann die „Stadt" – würde bedeuten, dass Vrhbosna im Osten gelegen hat. Aber ob es sich dabei um eine vorosmanische Burg mit Siedlung gehandelt hat, ist völlig unklar. Es ließen sich noch viele andere Beispiele für die Langlebigkeit des Namens „Vrhbosna" anführen. Das legt die Vermutung nahe, dass ein eingeführter Name, der ursprünglich eine Region bezeichnet hatte, auf einen Ort übertragen und auch dann noch benutzt wurde, als sich bereits ein neuer, aber als fremd empfundener Ortsname in Umlauf befand. Die Langlebigkeit topografischer Namen ist hinlänglich bekannt. Unstrittig ist, dass es im Umfeld von Sarajevo neben Märkten und Dörfern auch kleinere Burgen gab, darunter Hodidjed (oder Hodidid). Die Festung wurde 1434 oder 1435 dauerhaft von osmanischen Truppen eingenommen und diente fortan als Ausgangspunkt für militärische Streifzüge in die Herzegowina, nach Zentralbosnien und angrenzende Gebiete, später auch als Kerker, bis sie um 1825 aufgegeben wurde. In einem osmanischen Steuerregister von 1455 finden Hodidjed und das dazugehörige Dorf Bulagaj Erwähnung. Das Dorf wurde vermutlich 1459 vom bosnischen König Stjepan Tomaš zerstört, nachdem es ihm nicht gelungen war, die Burg von den Osmanen zurückzuerobern. Wo Hodidjed genau lag, ist abermals umstritten. Nach einer verbreiteten Theorie befand sich die Burg östlich des heutigen Sarajevo, im Tal der Miljacka, zwischen Sarajevo und Pale.³¹ Dagegen hat Alija Bejtić Indizien vorgetragen, denen zufolge sich die Burg auf einem Felsen oberhalb des Sarajevoer Stadtteils Vratnik befunden haben könnte, an der Stelle des heutigen „Weißen Kastells" (Bijela tabija).³² Aber hinreichende Sicherheit gibt es nicht.³³

In den Diskussionen über die „Vorgeschichte" Sarajevos geht es – wie auch in anderen Streitfragen – nicht zuletzt um Kontinuität oder Diskontinuität. Markiert die Gründung Sarajevos einen Neuanfang oder reichen die Wurzeln der Stadt in die vorosmanische Zeit

---

29 Šabanović: Postanak i razvoj Sarajeva, S. 72 ff.
30 Curipeschitz: Itinerarium (Ausgabe 1997), S. 55.
31 Vgl. u. a. Kreševljaković: Stari bosanski gradovi, S. 14 f.
32 Bejtić: Srednjevekovni grad Hodidid.
33 Eine weitere kleine Burg oder ein befestigter Hof – Dubrovnik (Doborwnich, Dobrownyk) – habe sich auf dem Berg Hum (im Nordwesten der heutigen Stadt) befunden. Sie wurde (nach Kreševljaković) 1404 erstmals erwähnt, 1463 von den Osmanen erobert und wahrscheinlich in der zweiten Hälfte des 17. Jhs. verlassen.

zurück? Gehört Sarajevo zum kontrovers diskutierten osmanischen/orientalischen Erbe oder bestand es bereits vorher als südslawische Siedlung? Diese Diskussionen sind engstens verbunden mit der Bewertung des osmanischen Erbes in den nationalen Narrativen von Bosniaken, Serben und Kroaten. Für die Stadtgeschichte Sarajevos sind sie nur als Marginalie von Bedeutung. Dass die Osmanen in der ersten Hälfte des 15. Jahrhunderts im Tal von Sarajevo nicht in einen menschenleeren Raum kamen, steht zweifelsfrei fest. Ebenso steht fest, dass Sarajevo nicht auf evolutionärem Weg aus einem vorosmanischen Marktflecken oder aus der Unterstadt einer Burg herausgewachsen ist, sondern dass es seine Entstehung und Entwicklung einem Gründungsereignis, einem Stiftungsakt verdankt.

Isa-beg Isaković (oder Ishaković), der Gründer von Sarajevo, war ein erfolgreicher osmanischer Heerführer und Administrator, dessen Leben – wie das anderer osmanischer Würdenträger – von Mobilität in einem ständig wachsenden Imperium geprägt war. Er erwarb ein großes Vermögen, das er in mehrere fromme Stiftungen an verschiedenen Orten (in Sarajevo, Novi Pazar und Skopje) einbrachte. Über seine Herkunft kann nur spekuliert werden. War er ein zum Islam konvertierter Slawe, ein Bruder von Stefan Vukčić-Kosača, einem herzegowinischen Adligen, oder ein Mitglied der Familie Pavlović, die vor den Osmanen über Ostbosnien geherrscht hatte? Oder war er Abkömmling einer türkischen Familie, die aus Anatolien stammte? Wie auch immer. Im Frühjahr 1439 ernannte ihn Sultan Murad II. zum Befehlshaber in der damaligen westlichen Grenzprovinz mit Sitz in Skopje (Makedonien) als Nachfolger seines Vaters Isak-beg. In den 1450/60er-Jahren amtierte Isa als Befehlshaber in der ostbosnischen Grenzmark (Bosansko krajište) und war an der Eroberung des mittelalterlichen bosnischen Königreichs durch Mehmed II. im Frühsommer 1463 beteiligt. Ein Zeitzeuge dieses Ereignisses war übrigens der Büchsenmacher Jörg aus Nürnberg, der seine Beobachtungen unter dem Titel „Geschicht von der Turckey" niederschrieb.[34] Im Zuge der vorangegangenen Streifzüge und Kriege, die sich über mehrere Jahrzehnte hingezogen hatten, war das Land stark entvölkert worden; viele Menschen waren geflohen oder verschleppt worden, zahlreiche Orte wurden geplündert und zerstört. Das osmanische Summarregister von 1455 verzeichnete in der (ost-)bosnischen Grenzmark neben der Festung Hodidjed 58 meistens schwach bewohnte und 18 menschenleere Dörfer, dazu 11 verlassene Hufen.[35] Sul-

---

34 Zur Schrift des Jörg von Nürnberg, der als Büchsenmacher nacheinander sowohl Herzog Stjepan Vukčić-Kosača als auch Sultan Mehmed II. und Papst Sixtus IV. diente, vgl. Džambo, Jozo: „Geschicht von der Turckey" Jörga iz Nürnberga s izvješćem propasti Bosne 1463. god., in: Zbornik radova sa Znanstvenog skupa u povodu 500. obljetnice smrti fra Anđela Zvizdovića, Sarajevo-Fojnica 2000, S. 239–258 + (Faksimile S. 259–273), und Prinzing, Günter: Zu Jörg von Nürnberg, dem Geschützgießer Mehmets II. und seiner Schrift „Geschicht von der Turckey", in: Sultan Mehmet II., Eroberer Konstantinopels, Patron der Künste. Hg. Neslihan Asutay-Effenberger/Ulrich Rehm, Wien-Köln-Weimar 2009, S. 59–75. Vgl. auch: Memoiren eines Janitscharen oder Türkische Chronik. Hg. Lachmann, Renate, Paderborn [u. a.] 2010, Kapitel 34, 35, S. 122 ff.

35 Šabanović: Krajište Isa-bega Ishakovića, S. 14–18, 60–66. Hier nach Džaja: Konfessionalität, S. 49.

tan Mehmed stieß daher 1463 mit seinem Heer nur noch auf wenig Gegenwehr seiner zumeist heillos zerstrittenen Gegner. „Bosnien fiel mit einem Flüstern", wie es in der Volksüberlieferung heißt. Die eroberten Gebiete wurden nun als *Sandžak*[36] in das Osmanische Reich inkorporiert. Zwar versuchte der ungarische König Matthias Corvinus 1464, im Norden Bosniens eine Militärgrenze gegen die Osmanen einzurichten, hatte aber nur partiellen Erfolg. Die von seinen Truppen belagerte nordostbosnische Festung Zvornik konnte von der osmanischen Besatzung – anscheinend mit Unterstützung der Muslime aus dem Raum Sarajevo – gehalten werden.[37] Doch dauerte es noch einige Jahrzehnte, bis mit der Einnahme der lang umkämpften ungarischen Festung Jajce (1527) ganz Bosnien unter die Herrschaft der Osmanen fiel.

Ab 1463/64 amtierte Isa als „*Sandžakbeg*"[38] im heutigen Sarajevo, das damit Militär- und Verwaltungszentrum der neuen, strategisch äußerst bedeutsamen Provinz wurde. Schon einige Jahre zuvor (1457) hatte er am linken Ufer der Miljacka eine Moschee errichten lassen, die älteste in der Stadt erhaltene, wenn auch später veränderte Moschee, die er Sultan Mehmed II. dem Eroberer geschenkt haben soll und die seither als „Kaisermoschee" (*careva džamija*) bezeichnet wird (Farbabb. 2). Etwa um dieselbe Zeit (oder etwas früher) soll Isa-begs Verwaltungsresidenz (*saraj*) entstanden sein, von der Sarajevo seinen Namen hat.[39] Dieser erste *Saraj* existiert nicht mehr. Ebenso wie zwei später errichtete Residenzen ist auch er den Flammen zum Opfer gefallen. Es wird vermutet, dass er sich unweit der Kaisermoschee, am Beginn des Ortsteils Bistrik in der Nähe des heutigen *Konaks* befunden haben soll. In einer zwischen dem 1. Februar und 3. März 1462 (noch vor der Eroberung Bosniens) ausgestellten Stiftungsurkunde (*vakufnama*) legte Isa-beg den Grundstein für die Zukunft Sarajevos (siehe unten).[40] Er selber ist 1470 gestorben; seine Grabstätte ist unbekannt.

---

36 Der bosnische Sandžak, der zunächst zur Großprovinz (Eyalet) Rumelien gehört hatte, wurde 1580 selbst ein Eyalet bzw. Pašaluk. Dementsprechend trugen die Statthalter zunächst den Titel „Beg" (mit einem Rossschweif als Rangabzeichen), später (ab 1731) trugen sie den Titel „Beglerbeg" (Beylerbey). Seit Sultan Süleyman erhielten sie den Rang eines Wesirs oder eines Paschas (mit zwei Rossschweifen).

37 Mehmed II. hat den Muslimen aus dem Raum Sarajevo als Dank für ihre militärische Leistung Steuererleichterungen gewährt, auf die im Abschnitt 1.6. noch zurückzukommen sein wird.

38 Befehlshaber eines Sandžaks. Der Begriff „beg", der uns in verschiedenen Kontexten im Folgenden immer wieder begegnen wird, weist mehrere Bedeutungen auf (vgl. den Eintrag in Škaljićs Wörterbuch: Turcizmi, S. 219), die nicht immer eindeutig abgrenzbar sind.

39 Es bestehen zwei Deutungen der Namensform „Sarajevo". Die einen leiten den Namen aus türk. saray und ova (Feld), also das Feld um den Saraj (Saray-ovasi) ab. Andere gehen davon aus, dass das Wort „saraj" mit dem slawischen Suffix -evo (oder -ovo) verbunden wurde, das sich auch in vielen anderen Ortsbezeichnungen (z. B. Smederevo etc.) findet. Erstmals taucht der heutige Name „Sarajevo" in einer Quelle von Anfang des 16. Jhs. auf. In der Zeit davor wurden unterschiedliche Namen verwendet: Vrhbosna, Vrhbosanje, Sarajo, Saraglio, Saraj-Bosna u. a. Šabanović: Dvije najstarije vakufname, S. 14, Anm. 7.

40 Zum Folgenden vgl. auch Mušeta-Aščerić, Vesna: Sarajevo – od kasabe do šehera, in: Dies.: Sarajevo, S. 143 ff.

FROMME STIFTUNGEN – DAS RÜCKGRAT OSMANISCHER STÄDTE

Für Entstehung und Entfaltung osmanischer Städte waren religiöse Stiftungen von herausragender Bedeutung. Das arabische Wort „waqf" (türkisch: vakıf, serbokroatisch: *vakuf*) bezeichnet ursprünglich das Herausziehen einer Sache aus dem allgemeinen Verkehr zugunsten eines gemeinnützigen Zwecks. Es handelt sich also um eine wohltätige Handlung zum Ruhm Allahs und des Stifters. Der Stifter *(vakif)* muss die völlig freie Verfügung über sein Vermögen besitzen. Der Gegenstand des „vakufs" und sein Gebrauch müssen islamrechtlich erlaubt sein. Nutznießer sind in erster Linie Muslime. Doch können auch nicht-muslimische Personen (allerdings nicht ausschließlich) begünstigt werden, sofern sie sich einer unbestimmten Allgemeinheit zurechnen lassen. Der Gegenstand der Stiftung darf nicht so beschaffen sein, dass er durch ordnungsgemäßen Gebrauch verschwindet. Nahrungsmittel z. B. können nicht Gegenstand einer Stiftung sein, wohl aber Äcker, die einen regelmäßigen Ertrag von Nahrungsmitteln erwarten lassen. Die Stiftung, die einen Verwalter haben, vom *Kadi* registriert und vom Sultan bestätigt werden muss, ist auf Ewigkeit angelegt, ihre Gegenstände – Moscheen, *Derwisch*-Zentren *(džamija, tekija)*, einfache Gebetshäuser *(mesdžid)*, niedere und höhere Koranschulen *(mekteb, medresa)*, öffentliche Bäder *(hamam)*, Herbergen *(han)*, Armenküchen *(imaret)*, Brunnen, Wasserleitungen, Bibliotheken usw. – dürfen nicht mehr veräußert werden. Der Stifter muss das für Errichtung und Erhalt seiner Stiftung erforderliche „Kapital" einbringen, z. B. die in seinem Eigentum befindlichen Handwerks- und Kaufmannsläden, Mühlen, Äcker oder sonstige Gegenstände, die durch Verpachtung dauerhaft Ertrag abwerfen. Ferner Bargeld, das mit 10–12 % Zinsen an „ehrliche" und wohlhabende Leute verliehen wurde. Im Kreditgeschäft Sarajevos spielte das Stiftungsvermögen eine wichtige Rolle.[41] In den Urkunden wird detailliert festgelegt, für welche sakralen und sozialen Zwecke das Vermögen verwendet werden darf. Bei Armenküchen und Herbergen z. B. wird Punkt für Punkt aufgelistet, welche Leistungen die Nutznießer erhalten sollen (z. B. die tägliche Ration an Brot, Fleisch, Zwiebeln, Pfeffer etc. oder wie viele Nächte ein Gast kostenlos übernachten durfte). Die Stifter legten auch fest, wie viele Personen in den gestifteten Objekten tätig sein und wie sie entlohnt werden sollten. Viele osmanische Würdenträger haben ihr großes Vermögen gestiftet. Später traten auch freigelassene Sklaven sowie wohlhabende Kaufleute und Handwerker als Stifter auf, nicht selten auch Frauen.[42] Zu den berühmten Stifterinnen gehörte Shahdidar, die Frau von Gazi Husrev-beg,

---

41 Sućeska: Vakufski krediti.
42 Vgl. Čar-Drnda, Hatidža: Društveni i pravni položaj žene muslimanke u osmanskoj Bosni, in: Znakovi vremena 10/37 (2007), S. 124–153 (auch abrufbar unter: http://www.ibn-sina.net/bs/component/content/article/53-broj-37/437-drutveni-i-pravni-poloaj-ene-muslimanke-u-osmanskoj-bosni.pdf. Die Autorin listet eine beachtliche Reihe von Stifterinnen in Sarajevo (und anderen Orten Bosniens) auf. Zu den Stifterinnen siehe auch Filan: Women Founders of Pious Endowments.

des bedeutendsten Stifters in Sarajevo und Bosnien.[43] Ohne die großen Stiftungen wäre Sarajevo nicht geworden, was es bis Ende des 17. Jahrhunderts war und von dessen Abglanz es bis heute lebt. Das ist die eine Seite. Die andere: Woher stammten die gewaltigen Vermögen der großen Stifter? Aus produktiver Arbeit stammten sie nicht. Erfolgreich geführte Eroberungskriege und die Abgaben der Untertanen waren die wichtigste Quelle der Vermögensakkumulation. Für besondere militärische Leistungen verlieh der Sultan eine Stabspfründe *(has)*, d. h. die Einkünfte aus einem „Großlehen".[44] So gehörten unter anderem die Steuereinnahmen aus Sarajevo zur Stabspfründe des bosnischen *Sandžakbegs* bzw. ab 1580 des *Beglerbegs/ Paschas*. Hinzu kamen Einkünfte aus privatem Landeigentum *(mulk)* sowie Kriegsbeute aus Raub- und Eroberungszügen und wertvolle Geschenke. Wer einmal zu Amt und Würden gekommen und reich geworden war, wurde immer reicher (konnte aber auch alles verlieren, wenn er beim Sultan in Ungnade fiel). Und es war nur recht und billig, dass die Stifter ihr Vermögen, das vor allem aus Landbesitz, Steuern und Kriegsbeute stammte, oder einen Teil ihres Vermögens an die Allgemeinheit zurückgaben. Aber warum taten sie das? Warum verwandten die hohen Würdenträger – ebenso wie die Sultane selbst – so viel Geld, Zeit und Energie auf die Errichtung imposanter Stiftungen? Was ist die Botschaft, die damit vermittelt werden sollte? Ungeachtet aller persönlichen Präferenzen der jeweiligen Stifter geht es in allen Fällen darum, nicht nur das persönliche Seelenheil der Stifter zu sichern (mittels einer Art von Sündenhandel),[45] sondern auch die Legitimität des Großherrn und die Legitimität derjenigen zu versinnbildlichen, die in seinem Auftrag handelten. Die Herrscher und ihre höchsten Diener sollten als Förderer der Religion, als Rechtgläubige und legitime Träger der Staatsgewalt ausgewiesen werden. Die Stifter waren daher bestrebt, sich selbst und den osmanischen Staat so eng wie möglich mit dem islamischen Glauben und dem islamischen Recht

---

43   Eine Zusammenstellung der für die Stadtgeschichte Sarajevos wichtigen Stifter *(vakif)* bei Dizdar, Majo: Sarajevski vakifi i njihovih vakufi 1462–2001. Od Isa-bega Ishakovića i Gazi Husref-bega do Adil-bega Zulfikarpašića, Sarajevo 2010.

44   Die Pfründe (aus spätlateinisch praebenda = das zu Gewährende) bezeichnet die Einkünfte aus einem Vermögenstitel zum Unterhalt einer Amtsperson. Das Vermögen selbst geht nicht in das Eigentum des Pfründners über. Im Osmanischen Reich blieb es Eigentum des Sultans, der das Nutznießrecht an seine Bediensteten auf begrenzte Zeit vergab. Oft wird in diesem Zusammenhang von „Lehen" gesprochen. Doch unterschied sich das osmanische „Lehenssystem" vom abendländischen. Einzelheiten weiter unten. Je nach Höhe der Einkünfte unterschied man zwischen kleinen Pfründen *(timar)* mit einem Jahreseinkommen bis zu 19.999 *Asper*, mittleren Pfründen *(ziamet)* mit einem Jahreseinkommen zwischen 20.000 und 99.999 Asper sowie Stabspfründen *(has)* mit einem Jahreseinkommen von mehr als 100.000 Asper. Stabspfründen dienten der Versorgung der Großwürdenträger (ab dem Rang eines *Sandžakbegs*).

45   „Wie bei den Christen ist auch bei den Mohammedanern der ‚Halal' (Versöhnung) vor Eintritt des Todes üblich, und der Sterbende stiftet dann in der Regel einen Theil seines Vermögens wohlthätigen Zwecken, um damit Vergebung für seine Sünden zu erlangen." Truhelka: Volksglauben, in: Österreichisch-ungarische Monarchie, S. 370.

zu verbinden. Zur Herrschaftslegitimierung entsprechend islamischer Tradition gehörten Frömmigkeit, Großzügigkeit, Gerechtigkeit sowie Förderung von Gelehrsamkeit und Weisheit. Die Stiftungskomplexe sollten das Vorhandensein dieser Eigenschaften öffentlich dokumentieren: Großzügigkeit bzw. die Verteilung von Almosen gehört zu den fünf Säulen des Islam und wurde durch die Errichtung von Armenküchen und kostenlosen Krankenhäusern symbolisiert. Die theologischen Hochschulen, an der neben Geistlichen auch Rechtsgelehrte ausgebildet wurden, dienten sowohl der Förderung der Gerechtigkeit wie der Förderung von Gelehrsamkeit und Weisheit. Die Moschee selbst war Ausdruck der Frömmigkeit des Stifters. Und der Gesamtkomplex unterstrich die Macht des Sultans und seiner Statthalter. Die öffentliche Manifestation des Glaubens sowie die Ausübung von Gerechtigkeit und Barmherzigkeit dienten somit der Herrschaftslegitimierung und der Sakralisierung eines Anspruchs, der zunächst im Zuge von Eroberungen usurpiert worden war und durch nachträgliche Weihe abgesegnet wurde. Die imposante Architektur der großen Stiftungen war ein wichtiges, unverzichtbares Medium dieser Rechtfertigung, und die vielfältigen religiösen, sozialen und geistigen Aktivitäten in den frommen Stiftungen kreierten ein Ensemble von Eindrücken, das Anspruch und Legitimität von Herrschaft öffentlich und sichtbar umsetzte. Darüber hinaus dienten die Stiftungen nicht nur dem Seelenheil des Stifters, sondern auch seinem Ruhm und Nachruhm, waren somit Repräsentationen symbolischen Kapitals (im Sinne Bourdieus). Über das Seelenheil der Stifter wissen wir nichts. Aber die Gazi-Husrevbeg-Moschee in Sarajevo kennt jeder, der die Stadt einmal gesehen hat.

Kehren wir zurück zu Isa-begs Stiftungsurkunde. Das Original dieser ältesten osmanischen Urkunde in Bosnien ist nicht mehr erhalten. Es soll sich zuletzt im Besitz von Constantin Hörmann, dem Leiter des 1888 eröffneten Landesmuseums in Sarajevo, befunden haben. Der weitere Verbleib ist unbekannt. Doch existieren mehrere Abschriften.[46] Aus ihnen geht hervor, dass Isa-beg eine Übernachtungsstätte „im Stil einer *tekija* (*zavija*)", d. h. im Stil eines *Derwisch*konvents,[47] „im Dorf Brodac auf dem Gebiet von Sarajevo" (heute Bentbaša am rechten Miljacka-Ufer im Osten der Altstadt)[48] erbaute sowie ein Brücke

---

46   Text in Originalsprache und serbokroat. Übers. bei Šabanović: Dvije najstarije vakufname, S. 7–29.
47   Ab wann das Areal als Konvent des Mevlevi-Ordens genutzt wurde, ist unbekannt. Zu den Derwisch-Konventen und -Orden vgl. weiter unten.
48   Bentbaša hat seinen Namen von einem Staudamm (bend oder bent), den Isa-beg zur Versorgung seiner Mühlen mit Wasser errichten ließ. Später entstand neben der *tekija* ein Teehaus, das schließlich durch ein Kaffeehaus ersetzt und Ende des 19. Jahrhunderts durch den Architekten Josip Vancaš zu einem der Symbole Sarajevos (Šabans Kaffeehaus) ausgebaut wurde (Farbabb. 15). In der österreichisch-ungarischen Zeit kam in der Nähe von „Šabans Kaffeehaus" die erste muslimische Lesehalle *(kireathana)* hinzu. Heute ist von alledem nichts mehr zu sehen. Bentbaša mit einer Autostraße, einer Tankstelle, einem Parkplatz, Restaurant und Hotel (neben einer öffentlichen Badeanstalt in der Miljacka) ist ein trister Ortsteil, von dessen einstigem Charme nichts geblieben ist. Nur in dem wunderbaren melancholischen Liebeslied (Sevdalinka) „Kad

Abb. 1: Modell des von Isa-beg Isaković 1462 gestifteten Derwischkonvents in Bentbaša im Osten der Altstadt. Das Gebäude wurde 1957 abgerissen.

über die Miljacka (an der Stelle der heutigen Kaiserbrücke, Careva ćuprija). Es war die erste Brücke über die Miljacka. Bis dahin hatte man den Fluss nur mit einer Fähre oder an Furten überqueren können, die bei Unwetter unpassierbar waren. Nun wurden der sich westlich von Bentbaša formierende Markt (*čaršija*) auf der einen sowie der *Saraj*, die Kaisermoschee und das umliegende Wohnviertel auf der anderen Seite des Flusses miteinander verbunden.[49] Zum Erhalt der *Tekija* und Brücke stiftete Isa-beg Ackerland, Mühlen, ein Bad in der Nähe der Kaisermoschee, eine große *Karawanserei* (Kolobara-Han) in der *Čaršija* sowie mehrere Läden, aus deren Verpachtung die laufenden Kosten bestritten werden sollten. Aus der detaillierten Beschreibung der gestifteten Objekte ist ersichtlich, dass sich das öffentliche Leben an beiden Ufern der Miljacka dynamisch entwickelte. In der *Čaršija* ließen sich nun immer mehr Handwerker und Händler nieder, die v. a. die Bedürfnisse der Soldaten befriedigten: Säbel- und Messermacher, Sattler, Hufschmiede, Bäcker, Fleischer u. a. Mit den von Isa-beg errichteten und in seine Stiftung eingebrachten Bauten (Moschee, *Saraj*, *Derwisch*konvent mit Übernachtungszellen, Bad, Brücke, Herberge, Karawanserei, Läden und Mühlen) entstand ein neues wirtschaftliches Zentrum und insofern gilt Isa-beg zu Recht als Gründer der Stadt. Demgegenüber betont Adem Handžić die Rolle des Staates und weist darauf hin, dass die großen Stifter nicht nur auf

---

    ja podjoh na Bembašu (Bentbašu)…" (Als ich nach Bentbaša kam…) lebt noch die Erinnerung an bessere Zeiten fort. Eine von Himzo Polovina gesungene Version des Liedes findet sich unter: http://www.myvideo.de/watch/8026852/Himzo_Polovina_Kad_ja_podjoh_na_bembasa.

49   Die Brücke war vermutlich zuerst aus Holz und fiel 1619 einer Überschwemmung zum Opfer. An ihrer statt wurde die Kaiserbrücke aus Stein errichtet, die in der Folgezeit mehrmals beschädigt und renoviert wurde.

eigene Initiative, sondern in enger Abstimmung mit dem Sultan und der Zentralregierung agierten.[50]

Sarajevo erlangte zu Isa-begs Zeit anscheinend den Status einer „*kasaba*", einer Siedlung, die von Handel und Handwerk geprägt war (und sich damit von den früheren Dörfern unterschied), aber hinsichtlich Ausdehnung und Erscheinungsbild noch nicht die Dimensionen einer Stadt („*šeher*") erreichte. Jedenfalls taucht der Begriff „*kasaba*" sowohl in der Stiftungsurkunde Isa-begs wie in der eines seiner Nachfolger, Ajas-beg, von 1477 auf.[51] Die Entwicklung Sarajevos erlitt einen kurzfristigen Rückschlag, als im November 1480 christliche Truppen von Jajce her den Ort überfielen und plünderten, bevor der damalige Statthalter, Davud-beg, den Widerstand organisieren konnte.[52] Trotz dieses Zwischenfalls setzte sich der Ausbau Sarajevos zügig fort. Isa-begs Nachfolger, unter ihnen Bali-beg Malkovič, der erwähnte Ajas-beg, ferner Skender-beg, Jahja-beg, Firuz-beg u. a., die zumeist nur kurze Zeit als *Sandžakbegs* in Sarajevo residierten,[53] sowie andere hohe osmanische Würdenträger trugen mit zahlreichen weiteren Stiftungen zur Entwicklung der Stadt bei: Sie bauten Moscheen, Koranschulen, Bäder, Karawansereien oder Läden und leiteten sauberes Wasser aus den Quellen und Flüsschen der Umgebung in die Stadt.[54] Unter den Stiftungsobjekten seien stellvertretend erwähnt die erste Kuppelmoschee (im heutigen Skenderija), die 1517 von Mustafa-paša gestiftet wurde und deren Kuppel in den 1930er-Jahren ersetzt werden sollte (was nie geschehen ist, sodass das Gebäude verfiel), sowie zwei weitere Kuppelmoscheen, die so genannte Baščaršija-Moschee von 1528, die mit der Schönheit ihrer Formen nach wie vor besticht (Farbabb. 29), und die Čekrekčinica-Moschee am Nordostrand der *Baščaršija* aus dem Jahr 1526 (in der ursprünglichen *Isa-beg Mahala*), die älteste erhaltene Kuppelmoschee in Sarajevo überhaupt.[55] Insgesamt wurden im Verlauf des 15. und 16. Jahr-

---

50 Handžić: O formiranju nekih gradskih naselja.
51 Text der Urkunde bei Šabanović: Dvije najstarije vakufname, S. 29–37.
52 Skarić: Sarajevo i okolina, S. 44.
53 Um Klientelismus und Nepotismus zu unterbinden, blieben die *Sandžakbegs* zumeist nur ein oder zwei Jahre auf einem Posten und wurden dann versetzt.
54 Von großer Bedeutung für die Trinkwasserversorgung in Sarajevo war die Moščanica, ein (heute durch Abwässer verschmutzter) Nebenfluss der Miljacka östlich der Stadt. Skender-beg ließ einen Arm der Moščanica nach Sarajevo (Vratnik) leiten. Der Legende nach habe eine Frau sich beharrlich geweigert, das Wasser durch ihren Garten fließen zu lassen. Skender-beg überredete sie mit dem Argument, dass das Wasser ja nur am Tag und in der Nacht ihr Grundstück passieren würde. Am nächsten Morgen verlangte die Frau, dass das Wasser umgeleitet würde. Skender-beg entgegnete, dass sie zugestimmt habe, das Wasser bei Tag und Nacht – und nicht bloß 24 Stunden lang – über ihr Grundstück fließen zu lassen. Als die Frau merkte, dass sie ausgetrickst worden war, resignierte sie. Denn niemand auf der Welt kann alles haben, was er will. Palavestra: Legends, S. 29.
55 Sie wurde erbaut von Muslihudin hajji *(hadži)* Mustafa Čekrekčija, Sohn des Ishak. Das Original der arabisch verfassten Stiftungsurkunde hat die Zeiten überdauert. Es ist das älteste erhaltene schriftliche

hunderts in Sarajevo mehr als hundert Moscheen gestiftet, um die herum neue Wohnviertel entstanden.

Seinen großen Aufschwung erlebte Sarajevo zur Zeit der Statthalterschaft von Gazi Husrev-beg.[56] Husrev wurde 1480 in Serres (Nordgriechenland) geboren. Sein Vater, Ferhadbeg, stammte aus der Umgebung von Trebinje in der Herzegowina und war zum Islam konvertiert. Sein ursprünglicher Name ist unbekannt, da er mit dem Übertritt zum Islam – gleich vielen anderen Konvertiten – den „Familiennamen" *Abdulah* (Sklave/Diener Allahs) angenommen hatte. Über sein Leben wissen wir wenig. Seine Familie muss aber sehr angesehen gewesen sein, da er eine Tochter des Sultans zur Frau erhielt. Mütterlicherseits war Husrev daher mit dem Haus Osman verwandt. Seine Mutter Seldžuka war die Tochter des „frommen Sultans" Bayezid II., der von 1481–1512 herrschte und ein großer Bauherr und

---

Dokument in Sarajevo überhaupt. Darin heißt es u. a.: „Wenn ein Mensch stirbt, kommt seine Arbeit zum Ende, mit Ausnahme dreier Dinge: Wissen und Fähigkeiten, die er nutzte, das gute Kind, das für ihn betet, und die fortwährenden guten Taten (sadaqa oder sadaka)." Zitiert nach der Dokumentation der bosnisch-herzegowinischen Denkmalschutzkommission, die die Moschee 2004 zum Nationaldenkmal erklärte: http://www.kons.gov.ba/main.php?id_struct=50&lang=4&action=view&id=2511 Der Legende nach war der Gründer der Moschee ein Handwerker, der Winden (čekrk) herstellte. Er war sehr arm, besaß nur eine Kuh und konnte sich kaum ernähren. Eines Nachts träumte er von seinem Vater, der ihm riet, die Kuh am nächsten Morgen zu schlachten, die Haut abzuziehen und sie in Dubrovnik zu einem guten Preis – einen Dukaten für jedes Haar! – zu verkaufen. Als der Handwerker aufwachte, war die Kuh tot. Er zog die Haut ab und begab sich nach Dubrovnik, um sie dort zu verkaufen. Ein Kaufmann fragte ihn: „Was kostet die Haut?" Und der Windenhersteller antwortete: „Ein Dukat je Haar." Der Kaufmann war schockiert und entgegnete: „Selbst wenn ich den Schatz des Čekrk-baba in Sarajevo besäße, den er unter einem Maulbeerbaum in seinem Garten vergraben hat, selbst dann wäre ich nicht in der Lage, die Haut zu bezahlen." Als der Windenhersteller das hörte, kehrte er nach Sarajevo zurück und grub den Schatz unter dem Maulbeerbaum seines Vaters aus. Und mit dem Geld erbaute er die Moschee. Reichtum ist der Diener des Weisen, aber der Meister des Narren. Vgl. Palavestra: Legends, S. 42 f. Das Motiv der Entdeckung eines Schatzes, dessen Geld anschließend nicht für persönliche, sondern für gute Zwecke verwendet wird, taucht auch in einer anderen Legende auf. Sie betrifft den Bau der wunderbaren Steinbogenbrücke über die Miljacka – etwa 2,5 km östlich der Altstadt – an der alten bosnischen Karawanenstraße (bosanska džada), die von Sarajevo nach Istanbul führte (vgl. Farbabb. 6). Dort, an der sogenannten Ziegenbrücke (Kozija ćuprija), wurden die von der Pforte nach Bosnien entsandten Gouverneure von den Honoratioren der Stadt begrüßt. Über die Entstehung der Brücke (heute ein Nationaldenkmal) gibt es keine verlässlichen Informationen. Sie soll zur Zeit des Großwesirs Mehmed Sokolović Ende der 1570er-Jahre gebaut worden sein. (Ebenso wie die Brücke über die Drina in Višegrad, die durch Andrićs Roman Weltruhm erlangte, die Alte Brücke in Mostar und die Arsanlagić-Brücke bei/in Trebinje.) Einer Legende nach entdeckten die Brüder Sinan und Mehmed, die ihre Ziegen in der Nähe der heutigen Brücke hüteten, in einer Felsspalte einen Schatz. Sie teilten ihn brüderlich untereinander. Mehmed baute mit seinem Teil die Brücke über die Miljacka, während Sinan eine Moschee im Stadtteil Bistrik stiftete, die Kedčedžija-Moschee, benannt nach dem türkischen Wort „keçi" = Ziege oder Ziegenhirt. Vgl. Palavestra: Legends, S. 27.

56 Zu Husrev-beg vgl. u. a. Skarić: Sarajevo i njegova okolina, S. 68 ff. (Ausgabe von 1985) bzw. S. 48 ff. (Ausgabe von 1937) sowie die Biografie von Zlatar: Gazi Husrev-beg.

Kunstliebhaber war (Leonardo da Vinci bot ihm vergeblich seine Dienste an, auch zu Michelangelo sollen Kontakte bestanden haben). Bayezids Sohn und Husrevs Onkel war Sultan Selim I. (1512–1520), der wiederum der Vater von Sultan Süleyman I., dem „Prächtigen" bzw. „Gesetzgeber" (1520–1566) war.[57] Unter Selim und Süleyman erreichte das Osmanische Imperium seinen Höhepunkt. Aus dem winzigen Stammesfürstentum des Dynastiegründers Osman, das Anfang des 14. Jahrhunderts kaum mehr als 1.500 qkm im Nordwesten Anatoliens umfasst hatte, war mittlerweile ein Riesenreich geworden, das sich am Ende der Herrschaft Süleymans, des zehnten Sultans aus dem Haus Osman, über 2¼ Millionen qkm erstreckte (ohne Vasallenstaaten). Anders als die Riesenreiche der kurzlebigen Reiternomadenführer Dschingis Khan oder Timurlenk hatte sich das Osmanische Reich dank pragmatischer Politik und beharrlicher Institutionalisierung der Macht unter Osmans Nachfolgern konsolidiert. Mit den Stereotypen „türkisches Joch" oder „asiatische Despotie" lässt sich diese verblüffende Erfolgsgeschichte nicht erklären.

Nach dem frühen Tod des Vaters schickte Seldžuka ihren Sohn Husrev in den *Serail* des Sultans Bayezid, wo er eine gründliche Ausbildung erhielt. Husrev tat sich in verschiedenen Feldzügen hervor und war zeitweilig Statthalter im *Sandžak* Smederevo (benannt nach der gleichnamigen Festung an der Donau, östlich von Belgrad). Mit einem *Ferman* Süleymans vom 15. September 1521 wurde er, der sich u. a. bei der kurz zuvor erfolgten Eroberung Belgrads hervorgetan hatte und seitdem den Ehrentitel „*Gazi*" (Glaubenskrieger) trug, zum Statthalter in Bosnien (*sandžakbeg*) ernannt. Wie der *Sandžak* Smederevo war auch der *Sandžak* Bosnien eine wichtige Grenzprovinz und Ausgangsbasis für die osmanischen Eroberungszüge in Richtung Ungarn, der venezianischen Besitzungen in Dalmatien sowie nach Österreich. Von 1521 bis zu seinem Tod 1541 amtierte Husrev-beg mit zwei kurzen Unterbrechungen als Gouverneur von Bosnien, länger als die meisten seiner Vorgänger und Nachfolger. Husrev nahm auch in der Folgezeit an vielen Feldzügen teil, u. a. an der Schlacht von Mohács (1526), in der das Schicksal des mittelalterlichen Königreichs Ungarn besiegelt wurde, und wahrscheinlich auch an der ersten Belagerung Wiens drei Jahre später. In der Schlacht von Mohács soll er Mehmed Sokolović, den späteren berühmten Großwesir des Osmanischen Reiches kennengelernt haben, der aus einer (serbisch-)orthodoxen Familie in der Nähe von Višegrad stammte.[58] Nach der gescheiterten Belagerung Wiens 1529 trat in dem von Unrast geprägten Leben Husrev-begs eine ruhigere Phase ein, in der er sich dem weiteren Ausbau seiner Residenzstadt Sarajevo widmete.

---

57 Süleyman der Prächtige oder der Gesetzgeber wird in der älteren Literatur häufig als Süleyman II. bezeichnet, da man auch Prinz Süleyman, einen der Söhne Bayezids I., in die Reihe der Sultane aufnahm.
58 Samardžić, Radovan: Mehmed Sokolović, Beograd 1975, S. 25.

Am 13. September 1530 empfing er in seinem Sommersitz im Dorf Glavogodina unterhalb des Bergs Igman (bei Hrasnica) die Gesandtschaft des ungarischen Königs Ferdinand I. (des späteren Kaisers des Hl. Römischen Reiches) auf ihrer Durchreise nach Konstantinopel. Über die Begegnung mit Husrev-beg („Ussreffweg Bascha") schreibt der Dolmetscher Kuripešić: „Als wir aber nahennt zu dem leger, darin er gewont, khumben, sindt die herrn von iren rossen abgestannden, und durch zwo lannge zeill der Turggen ganngen, welche in schönen, gulden, samat, seiden stuckhen [Kleidungsstücken], in tumpanen [feines Turbantuch] und gulden sarkhale [bosnisch: saruk = Turban?] geziert und aufgeputzt auf das aller tapferist gewesen.

Als aber die herrn durch die erst zeill ganngen und zu dem thor oder hütten, so aus schönen gruenem laub gemacht und ain claines pühel [in einer anderen Variante: bächle] darein verfangen gewest, haben sich zwen des Bascha obrist camerlin gar eerlichen vor den herrn mit ihren häuptern genaigt, greiffundt auf ir aigne prust mit flacher hanndt; dergleichen sich die herrn auch gegen inen genaigt.

Nachmals hinein unnder die hütten ganngen, alda der Bascha, (der ain grosser faister man ist), in seiner magnificenz gesessen, und auf der erden auf dem gras unnder seinem fueß vasst [fest] ain schöner töbich [Teppich] gewest, die herrn für in ganngen, er sy schön und erberlichen [ehrbar] mit aller höfligkhait emphangen und nider haissen sitzen. Sy mit ime in die zwo stundt geredt und wider an die herberg gezogen."[59]

Kuripešićs Schilderung gibt einen ersten Eindruck vom Prunk, mit dem sich Husrev-beg umgab. Zu seinem Verwaltungsstab (*divan*) und seinem persönlichen Gefolge gehörten mehr als tausend Personen mit wunderbaren Titeln und prächtig ausgestattet wie ihr Herr.[60] Husrev-begs Ruhm in Sarajevo und Bosnien sowie darüber hinaus basiert auf seiner umfangreichen Stiftung. Sie ist die einzige in Sarajevo, die ungeachtet aller Gefährdungen und Katastrophen während der nachfolgenden Jahrhunderte bis heute überlebt hat. Die erste Stiftungsurkunde wurde am 11. Dezember 1531 in arabischer Sprache ausgefertigt. Gleich der Urkunde von Isa-beg Isaković ist auch dieses Dokument nicht im Original erhalten, sondern nur in mehreren Abschriften. Die Stiftung bezieht sich auf die nach dem Stifter benannte Moschee, den *Hanikah* (eine *tekija* mit Unterkunft für *Derwische*), eine niedere Koranschule (*mekteb*), die Armenküche (*imaret*) und ein Gasthaus (*musafirhana*), in dem Reisende kostenlos Nahrung und Unterkunft erhielten. Zum Erhalt der Objekte stiftete Husrev-beg zahlreiche Ländereien sowie bewegliches und unbewegliches Eigentum in Sa-

---

59 Curipeschitz: Itinerarium (Ausgabe 1997), S. 55.
60 Zlatar: Gazi Husrev-beg, S. 151. Einzelheiten zur Zusammensetzung des bosnischen *Divans* bei Šabanović: Bosanski divan. In der Erfindung von Ämtern und Titeln waren die Osmanen wahre Meister. Auch die Habsburgermonarchie und andere altehrwürdige Herrschaftsgebilde waren nicht gerade arm an wohlklingenden Titeln, aber das Sultansreich war in dieser Hinsicht ein Paradies.

rajevo und an anderen Orten. Die zweite Urkunde ist auf den 8. Januar 1537 datiert und betrifft die höhere geistliche Schule (*medresa*), für deren Bau und Erhalt Husrev-beg Bargeld zum Verleihen bereitstellte. Das Geld durfte nur an ehrbare und wohlhabende Leute verliehen werden. Kredite an Repräsentanten von Militär und Verwaltung sowie an Leute mit schlechtem Ruf verbot der Stifter. Die dritte Urkunde vom November 1537 ergänzt die Bestimmungen zur Moschee aus der ersten Urkunde. Das gestiftete Vermögen war gewaltig. Im Jahr 1540 verfügte die Husrev-beg-Stiftung über ein Barkapital von 900.000 *Asper* (*akče*), die jährlich 90.000 *Asper* an Zinsen einbrachten. Hinzu kamen die Einnahmen aus Vermietung oder Verpachtung, die noch einmal einen ähnlichen Betrag ergaben.

Als Verwalter (*mutevelija*) seiner Stiftung setzte Husrev-beg seinen freigelassenen Sklaven Murad-beg (Tardić) ein. Nach Murads Tod sollten dessen Nachkommen das Amt übernehmen. Murad stammte aus Šibenik an der dalmatinischen Küste und war als Jugendlicher in osmanische Kriegsgefangenschaft geraten. Nach Übertritt zum Islam wurde er Husrev-begs engster Vertrauter. Sein Bruder Juraj lebte als katholischer Geistlicher in Šibenik. Zwischen beiden Brüdern scheint ungeachtet der unterschiedlichen Religionszugehörigkeit ein herzliches Verhältnis bestanden zu haben, und beide besuchten sich wechselseitig. Gleich Murad galt auch Husrev-beg selbst als religiös tolerant.[61] Die Einsetzung eines freigelassenen Sklaven als erblichen Stiftungsverwalter war ein weit verbreitetes Verfahren. (Über die besondere Rolle von Sklaven wird an anderer Stelle noch zu sprechen sein.) Verheiratet war Husrev-beg mit Šahdidar, einer freigelassenen Sklavin seiner Schwester Neslišah. Wie bereits erwähnt, gehörte Šahdidar zu den wenigen Frauen, die eine Moschee mit einer niederen Koranschule (*mekteb*) stifteten.[62]

Die aus Mitteln der Husrev-beg-Stiftung finanzierten Einrichtungen bilden den bedeutendsten Baukomplex aus Bosniens osmanischer Zeit, ein großartiges architektonisches Ensemble (vgl. Farbabb. 1), das zwar nicht vollständig, aber zu Teilen alle Katastrophen der Stadt bis zur Gegenwart überdauert hat (wenn auch nicht immer im Original). Von der Anlage her erinnert der Komplex an die großen Stiftungen der Sultane in Edirne und Istanbul, z. B. an den Stiftungskomplex von Süleyman dem Prächtigen, der wenige Jahre nach dem Ensemble von Husrev-beg entstand. Dessen Stiftung ist allerdings weniger monumental als die Süleymans in Istanbul; schließlich war Husrev-beg nicht Sultan, sondern dessen Statthalter. Das berühmteste Bauwerk im Gazi-Husrev-beg-Komplex ist die im westlichen Teil der *Čaršija* gelegene Moschee, die im Spätsommer 1531 fertiggestellt wurde (Abb. 2, Farbabb. 3). Konzipiert hat sie der zu dieser Zeit renommierteste Baumeister des Osmanischen Reiches, der aus Täbris stammenden Adžem Esir Ali, der u. a. auch die Selim-Moschee und Teile des Topkapi

---

61 Vgl. Zlatar: Zlatno doba Sarajeva, S. 65.
62 Ebda., S. 62.

Abb. 2: Die 1531 von Gazi Husrev-beg gestiftete Moschee (Querschnitt) mit Uhrturm

Sarayis in Istanbul entworfen hat.[63] Zur Ausführung seiner Moschee zog Husrev-beg Baumeister aus Dubrovnik heran. Die Moschee im klassisch-osmanischen Stil hat einen quadratischen Grundriss mit einer Diagonalen von 13 Metern. Darüber befindet sich eine Kuppel, die eine Höhe von 26 Metern erreicht. Vor dem Betreten des Hauptraums durchschreitet man eine Vorhalle mit Marmorsäulen, überwölbt von einem Dach mit fünf kleineren Kuppeln. Das Minarett ragt 47 Meter hoch in den Himmel. Zwar ist die Beg-Moschee kleiner als die repräsentativen Baudenkmäler in Istanbul, aber vollkommen in ihren Proportionen. (Die Harmonie und Ruhe, die dieses Gotteshaus ausstrahlt, steht in einem deutlichen Kontrast zur Dramatik gotischer Kathedralen.) Im *Harem*[64] der Moschee befinden sich zwei Mausoleen mit jeweils achteckigem Grundriss und einer Kuppel. Im größeren Mausoleum *(turbe)* ruhen die Überreste des 1541 in Montenegro umgekommenen Husrev-beg, während im kleineren Mausoleum sein 1546 verstorbener Vertrauter Murad-beg beigesetzt wurde (Abb. 3a/3b). In dem an Legenden reichen Sarajevo existiert auch eine Erzählung über den Bau der Moschee. Ihr zufolge rief Husrev-beg zunächst einen Baumeister und fragte ihn: „Was sollte ich zuerst tun, wenn ich eine Moschee bauen will?" Der über die Frage verblüffte Baumeister antwortete: „Wohlan, bau sie!", woraufhin Husrev seine Hinrichtung anordnete. Dann rief er einen zweiten Baumeister und stellte ihm dieselbe Frage. Zur Antwort erhielt er, dass man zuerst eine Küche bauen sollte, die die Arbeiter mit Nahrung versorgen kann. Husrev schickte ihn weg und rief einen dritten Baumeister, dem er wieder dieselbe Frage stellte. Der Baumeister überlegte und nach einer Weile antwortete er, dass man zuerst eine Toilette bauen sollte, damit die Arbeiter nicht die Umgebung

---

63   Lange Zeit wurde angenommen, dass die Pläne für die Beg-Moschee von Mimar Sinan (gestorben 1588) entworfen worden seien, einem der größten Architekten aller Zeiten, der auch als „Michelangelo der Osmanen" gepriesen wird.

64   *Harem* bezeichnet nicht nur ein Frauengemach, sondern auch den abgegrenzten Bereich neben einer Moschee, der zumeist als Friedhof genutzt wird.

1.1. GRÜNDUNG UND BLÜTEZEIT 35

Abb. 3a: Die Mausoleen von Gazi Husrev-beg (rechts) und des Verwalters seiner Stiftung, Murad.

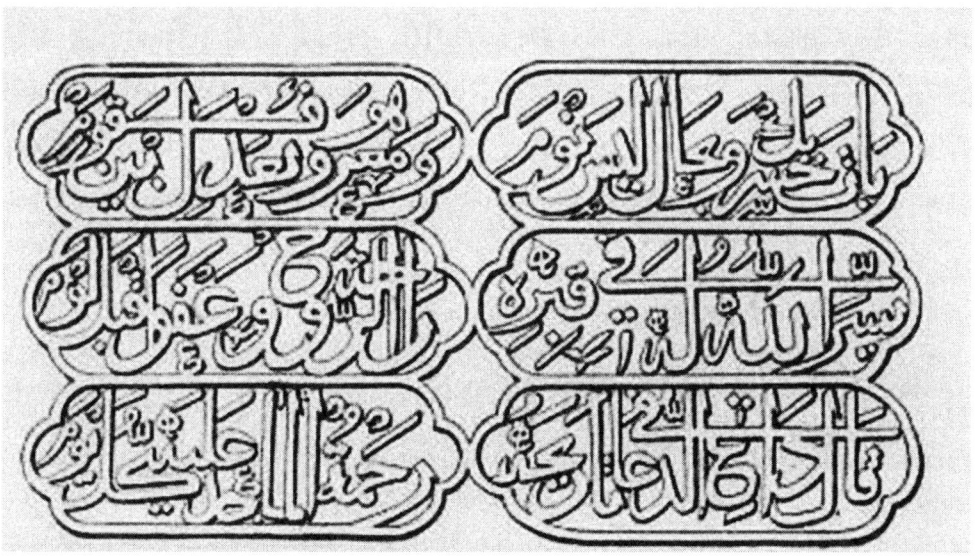

Abb. 3b: Inskription in arabischer Sprache über dem Eingang zum Mausoleum Husrev-begs. Das elliptische Feld unten rechts enthält ein Chronogramm (ebdžed). Der addierte Zahlenwert der arabischen Buchstaben im letzten Halbsatz ergibt Husrev-begs Todesjahr: 948 nach der *Hidschra*. Das entspricht dem Jahr 1541.

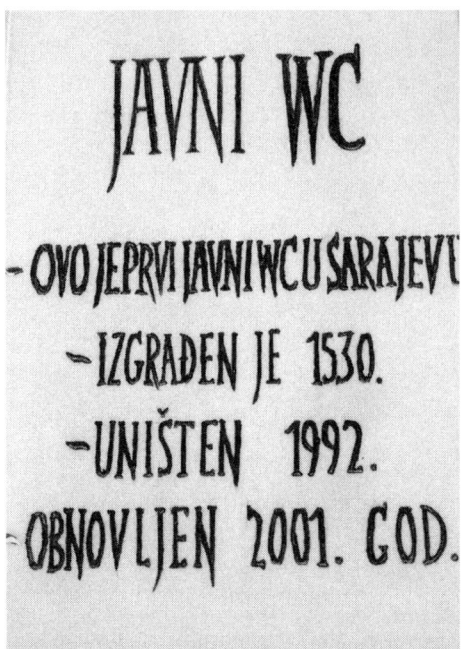

Abb. 4: Öffentliches WC bei der Husrev-beg Moschee: Dies ist das erste öffentliche WC in Sarajevo; errichtet 1530; zerstört 1992; erneuert 2001.

der künftigen Moschee verschmutzen. Diese Antwort gefiel Husrev-beg und er beauftragte den Baumeister mit der Ausführung.[65] Nur eine Erzählung, aber eine gut erfundene. Denn die Toilette gibt es tatsächlich. Sie wurde etwa zur gleichen Zeit errichtet wie die Beg-Moschee und ist nur wenige Meter von ihr entfernt. Dieses erste öffentliche Wasserklosett in Sarajevo stammt aus den Jahren 1529 oder 1530. Es entstand Jahrzehnte, bevor der englische Dichter Sir John Harrington 1596 das WC in Westeuropa erfand, das seinen Landsleuten wunderlich erschien, bald in Vergessenheit geriet und Ende des 18. Jahrhunderts neu erfunden wurde. Das WC in Sarajevo, das erste seiner Art in Europa, wurde im Bosnienkrieg 1992 zerstört und 2001 wieder hergestellt. Gleich anderen Einrichtungen im Stiftungskomplex wurde es durch eine sieben Kilometer lange Rohrleitung aus Keramik von einer Quelle außerhalb der Stadt (bei Donji Biosk) mit fließendem Wasser versorgt, das unterwegs mehrfach gefiltert wurde. (Das Abwasser wurde in die Miljacka geleitet.) Aus der Frischwasserleitung wurden auch andere Objekte der Stiftung, öffentliche und private Brunnen sowie Speier mit frischem Wasser gespeist. Unter ihnen der überdachte Brunnen (*šadrvan*) in dem mit einer Steinmauer umgebenen Vorhof der Beg-Moschee, an dem die Gläubigen die rituellen Waschungen vor dem Gebet durchführen.

Zu den religiösen Objekten der Husrev-beg-Stiftung gehören neben der Moschee, den beiden Mausoleen und dem Brunnen im Vorhof der Moschee eine niedere Koranschule (*mekteb*)[66], die der Moschee gegenüberliegende islamische Hochschule (*medresa*) und der benachbarte *Hanikah*, eine Kombination von *Derwisch*-Zentrum und -Internat. Die 1537 nach Plänen von Adžem Esir Ali fertiggestellte Medresse trug zunächst den Namen von Husrev-begs Mutter Seldžukija. Nachdem ihre zahlreichen Kuppeln mit Blei (kuršum) bedeckt worden waren, erhielt sie den Namen „Kuršumlija" (Abb. 5). In der Stiftungsurkunde

---

65   Palavestra: Legends, S. 53.
66   Das heutige Gebäude der *mekteb* ist nicht mehr das ursprüngliche, sondern wurde 1843 erbaut.

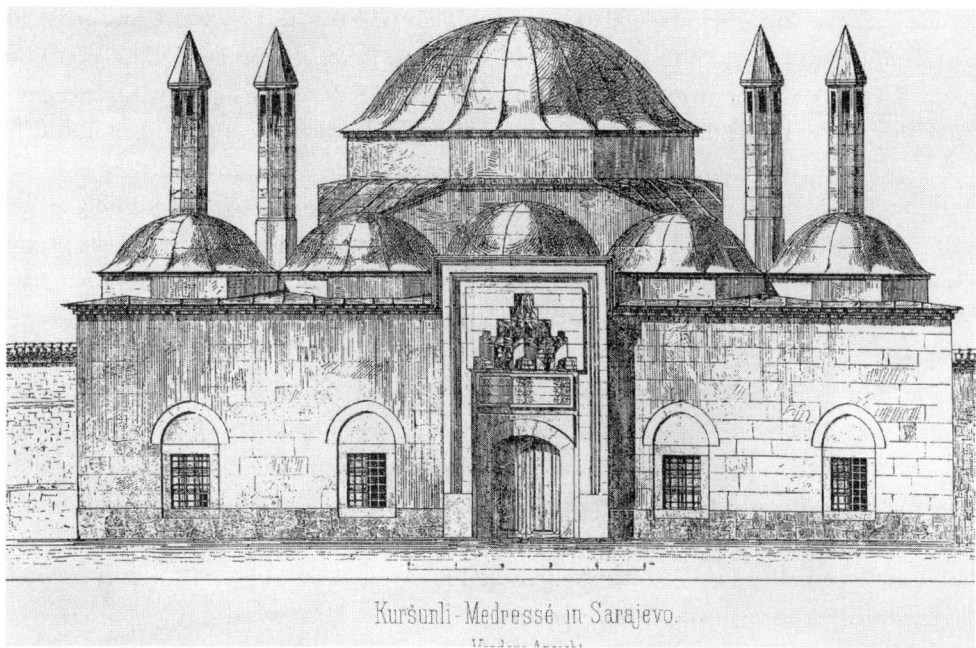

Abb. 5: Die von Husrev-beg 1537 gestiftete höhere geistliche Schule (medresa), gegenüber der Beg-Moschee

für die Medresse hatte Husrev-beg bestimmt, dass das beim Bau übrig bleibende Geld für die Anschaffung von Büchern und den Aufbau einer Bibliothek verwendet werden sollte. So entstand die erste Bibliothek in Sarajevo, in der Handschriften aus Bosnien und der ganzen islamischen Welt gesammelt und kopiert wurden. Nahe der Medresse befindet sich der *Hanikah* für die *Scheichs* und *Derwische* des Halvetija-Ordens, zu dem auch Husrev-beg selbst gehörte. Er war mit dem Orden während seiner Jugend am Hof von Sultan Bayezid bekannt geworden. Der *Hanikah* hat im Laufe der Jahrhunderte mehrfach unter Feuersbrünsten gelitten und wurde stets wieder restauriert. Bis 1949 wurde dort der *Zikir*[67] praktiziert. Heute dient das erneut restaurierte Gebäude kulturellen und religiösen Manifestationen sowie Ausstellungen.

Parallel zu den sakralen entstanden mehrere weltliche Einrichtungen: eine Armenküche (*imaret*), ein Gasthaus (*musafirhana*), in dem Reisende kostenlos Speise und Unterkunft erhielten, und ein langer überdachter Markt (*bezistan*). Die Armenküche und das Gasthaus befanden sich an der Westseite der Beg-Moschee. Sie existieren nicht mehr, da im 17. Jahr-

---

67 Zikir (oder dhikr): ein intensives Gebetsritual zur Erinnerung Allahs, das entweder laut und ekstatisch oder still und meditativ ausgeübt wird.

hundert an ihrer Stelle der markante Uhrturm (*sahat-kula*) u. a. Gebäude errichtet wurden. Der *Bezistan* wird dagegen bis heute als Markthalle genutzt. Neben ihm befand sich eine große Karawanserei (*karavan-saraj*), „Tašlihan" (Steinerner *Han*) genannt, eine ummauerte Herberge, in der Reisende mit ihren Tieren und Handelswaren sicher nächtigen und sich mit Lebensmitteln versorgen konnten. Die Mieteinnahmen flossen der Stiftung zu. Der Tašlihan (vgl. Farbabb. 1) war die monumentalste Karawanserei in Bosnien und bildete mit dem *Bezistan* eine Einheit. Er ist 1879 abgebrannt und wurde nicht mehr erneuert. Reste sind noch auf dem Platz vor dem Hotel Europa zu sehen. Zu den von Husrev-beg gestifteten Einrichtungen, aus deren Erträgen die laufenden Kosten bestritten und neue Einrichtungen finanziert wurden, gehörten auch ein öffentliches Bad (*hamam*), das bis heute erhalten ist, aber nicht mehr als Bad genutzt wird,[68] mehr als 200 Geschäfte in der Čaršija, weitere Herbergen, unter ihnen der Neue Han (an der Stelle des heutigen *Morića han*), ferner der bereits erwähnte Uhrturm, die 1859 im Hof der Beg-Moschee eingerichtete astronomische Station (*muvekithana*) zur Berechnung der Uhrzeit „à la turca" (sowie der Umrechnung der „türkischen" in „fränkische" Zeit)[69] und ein am 8. Oktober 1866 eröffnetes Krankenhaus (Vakufska bolnica), das erste Krankenhaus in Sarajevo und Bosnien. Es stand allen Patienten – unabhängig von ihrer Religionszugehörigkeit – offen; die Behandlung war (bis 1879) kostenlos.

Zu den großen Stiftern in Sarajevos Glanzzeit gehörte auch Rustem-paša (1505–1561). Er war Großwesir und Schwiegersohn Süleymans des Prächtigen und ließ die berühmte nach ihm benannte Moschee in Istanbul erbauen. Seine Herkunft ist nicht völlig geklärt. Es wird vermutet, dass er in Sarajevo oder Umgebung geboren wurde[70] und dass sein Vater, wahrscheinlich ein Katholik, zum Islam konvertiert war. Rustem (oder Rüstem) wurde in der Palastschule in Istanbul erzogen, schlug eine Militärlaufbahn ein und machte schnell Karriere. Ende 1539 erhielt er die 17-jährige Tochter Süleymans, Prinzessin Mihrimah, zur Frau. Fünf Jahre später (Ende 1544) wurde er zum Großwesir ernannt und zählte zu den Favoriten von Süleymans Lieblingsfrau Hürrem Sultan (die „Freudvolle"), bekannter als Roxelane

---

68 Das Bad gehört heute zum Komplex der Adil Zulfikarpašić-Stiftung mit dem Bosniakischen Institut (vgl. Farbabb. 23).

69 Gemäß den traditionellen islamischen Vorschriften begann der Tag mit dem Sonnenuntergang. D. h. bei Sonnenuntergang wurden die Uhren auf 0.00 Uhr gestellt. Die genaue Berechnung der im Verlauf der Jahreszeiten (und von Region zu Region) variierenden Gebetsstunden setzte astronomische Kenntnisse voraus. Und mit Verbreitung der mechanischen Uhren, bei denen der Tag um Mitternacht beginnt, stellte sich das Problem der Umrechnung. In Sarajevo besaßen im 18. und der ersten Hälfte des 19. Jhs. nur wohlhabende Familien eine mechanische Uhr, wie aus Nachlassverzeichnissen hervorgeht. Erst nach Beginn der österreichisch-ungarischen Herrschaft in Bosnien drang die exakte Uhrzeit in den Alltag der breiten Bevölkerung ein (Paić-Vukić: Muhibbi, S. 132).

70 Andere Autoren verlegen seinen Geburtsort nach Dalmatien. Vgl. Fine, John V. A. Jr.: When Ethnicity Did Not Matter in the Balkans: A Study of Identity in Pre-Nationalist Croatia, Dalmatia, and Slavonia in the Medieval and Early-Modern Periods, Michigan 2006, S. 215 f.

oder „La Rossa", einer Ruthenin. Hans Dernschwam, ein im Dienst der Fugger reich gewordener Humanist, der 1553–1555 auf eigene Kosten an der Reise einer weiteren Delegation Ferdinands I. zu Sultan Süleyman teilnahm, fasst Rustem-pašas Karriere mit den Worten zusammen: „[W]ie auch der Rustan bascha von einem bosner sewhirtten des turkischen khaisers ayden worden." ([W]ie auch Rustem-paša von einem bosnischen Sauhirten zu des türkischen Kaisers Eidam [Schwiegersohn] geworden).[71] Rustem-paša hinterließ ein märchenhaftes Vermögen: 815 Ländereien in Anatolien und den europäischen Provinzen, 476 Mühlen, 1.700 Sklavinnen und Sklaven, 2.900 Kriegspferde, 1.106 Kamele, viele goldverzierte Schwerter und Helme, wertvolle Handschriften, Bargeld u.v.a. Der bedeutendste bosnische Geschichtsschreiber der frühen Neuzeit, Ibrahim Alajbegović-Pečevija (1572 bis ca. 1649), bezifferte den Gesamtwert der Hinterlassenschaft auf 11,3 Millionen Dukaten.[72] Zu Rustem-pašas zahlreichen Stiftungen gehört die 1551 in Sarajevo errichtete Markthalle und der Brusa-Bezistan, der uns im Kapitel über das Wirtschaftsleben noch beschäftigen wird.

1.2. BEVÖLKERUNGSENTWICKLUNG

Zahlen gehören zum Unzuverlässigsten, was die Geschichte Sarajevos (und Bosniens) zu bieten hat. Die Angaben zur Bevölkerungsentwicklung der Stadt schwanken bis ins 19. Jahrhundert hinein extrem. Das war auch, aber nicht allein, die Folge von häufigen und plötzlichen Bevölkerungsverlusten (durch Kriegsteilnahme und zahllose Epidemien) auf der einen und Bevölkerungsgewinnen (durch Migrationen aus den umliegenden Dörfern und anderen Teilen der Provinz in die Stadt oder infolge der Aufnahme von Flüchtlingen) auf der anderen Seite. Es war auch eine Folge ungenauer und widersprüchlicher Zählungen. Die aus der zweiten Hälfte des 15. und aus dem 16. und 17. Jahrhundert erhaltenen Quellen, darunter

---

71 Zit. nach Babinger, Franz (Hg.): Hans Dernschwam's Tagebuch einer Reise nach Konstantinopel und Kleinasien (1553/55). Nach der Urschrift im Fugger-Archiv, 2. unveränderte Auflage, Berlin-München 1986, S. 41.
72 Alajbegović-Pečevija, Ibrahim: Historia. (Original: Tarih-i Peçevī. Übersetzt von Fehim Nametak), Bd. 1: 1520–1576, Sarajevo 2000, S. 36. Der im heutigen Südungarn, damals Teil des Osmanischen Reiches, in Pécs (Fünfkirchen, serbokroatisch Pečuj) geborene Alajbegović entstammte einem mittelalterlichen bosnischen Geschlecht, sein Großvater gehörte zum Gefolge von Gazi Husrev-beg, seine Mutter kam aus der Familie des Großwesirs Sokolović; er selber war in der osmanischen Finanzverwaltung tätig. Alajbegović gehört nach dem Urteil Franz Babingers (Die Geschichtsschreiber der Osmanen und ihre Werke, Leipzig 1927, S. 192 ff.) zu den bedeutendsten osmanischen Geschichtsschreibern der frühen Neuzeit. Seine „Historia" behandelt die Geschichte des Osmanischen Reiches von 1520–1640 und zirkulierte bereits im 17. Jahrhundert in zahlreichen Abschriften. In dem Werk finden sich auch viele Bezüge zu Bosnien, aber eine Geschichte Bosniens ist es nicht. Zu Autor und Werk vgl. u. a. Mujadžević, Dino: Ibrahim Pečevija (1574–1649) – Osmanski povjesničar Hrvatske i Bosne i Hercegovine podrijetlom iz Pečuha, in: scrinia slavonica 9 (2009), S. 379–394.

die osmanischen Steuerregister (*defter*), lassen keine verlässliche Aussage darüber zu, wo die jeweiligen Grenzen Sarajevos verliefen. Von einem gefestigten Begriff der „Stadt" konnte keine Rede sein, zumal Sarajevo – anders als abendländische Städte – keine Stadtmauern besaß. Das Fehlen von Stadtmauern[73] und die geografischen Gegebenheiten hatten zur Folge, dass das Siedlungsbild Sarajevos die Form eines unregelmäßigen Spinnennetzes annahm. Was jeweils unter dem Namen „Sarajevo" zusammengefasst wurde, befand sich in stetiger Veränderung. Was lag innerhalb der Stadt, was außerhalb (im größeren Verwaltungsbezirk/*Nahija* von Sarajevo)? Auch die osmanische Ortstypologie hilft nicht wirklich weiter. Wie erwähnt, wurde Sarajevo in den Stiftungsurkunden von Isa-beg Isaković und Ajas-beg als „*kasaba*" bezeichnet. 1489 tauchte die Klassifizierung als „*šeher*" auf, doch in einer Stiftungsurkunde von 1572 wird Sarajevo wieder als „*kasaba*" eingestuft (ebenso wie in einer Urkunde an der Wende vom 17. zum 18. Jahrhundert).[74] Das ist ziemlich verwirrend. Die unterschiedliche Klassifizierung mag damit zusammenhängen, dass der Sitz des Statthalters für Bosnien zunächst nach Banja Luka (um 1553), dann wieder nach Sarajevo (um 1639) und schließlich (bis 1850) von Sarajevo nach Travnik verlegt wurde. Die Steuerregister, in denen nur die Haushaltsvorstände erfasst wurden (während Frauen und Kinder nicht gezählt wurden),[75] geben keine verlässliche Auskunft über die Einwohnerzahl, da sie mitunter unvollständig sind oder Fehler enthalten, und da in ihnen nur diejenigen männlichen Haushaltsvorstände registriert wurden, die abgabepflichtig waren. Ein Teil der Bevölkerung Sarajevos (z. B. die dort stationierten *Janitscharen*) war jedoch nicht abgabepflichtig und wurde deshalb nicht verzeichnet. Und Christen haben möglicherweise versucht, der Registrierung zu entkommen, um die Kopfsteuer zu umgehen. Die *Defter* werfen also mehr Fragen auf, als sie beantworten.[76]

Im *Defter* von 1489 wird Sarajevo in drei Wohnbereiche (*džemat*) unterteilt: 1. in den Bereich der Muslime, der sich seinerseits aus drei Nachbarschaften (*mahale*)[77] zusammensetzte,

---

73 Erst zwischen 1729 und 1739 – nach der Zerstörung Sarajevos durch Prinz Eugen (1697) und nach den territorialen Verlusten der Osmanen in den Friedensschlüssen von Karlowitz (1699) und Passarowitz (1718) – wurde angesichts der Bosnien von außen drohenden Gefahren im östlichen Hügelland von Sarajevo (in Vratnik) eine Stadtmauer errichtet, von der Reste (samt den später hinzugefügten Kastellen, darunter das „Weiße Kastell" – Bijela tabija) bis heute erhalten sind.

74 Vgl. Hadžijahić: Sarajevska muafnama, S. 84; Muvekkit: Povijest Bosne, S. 431.

75 Im Osmanischen Reich wurden Frauen erstmals anlässlich der Volkszählung von 1881/82 erfasst, als Bosnien bereits unter österreichisch-ungarischer Verwaltung stand.

76 Dazu allgemein Lowry, Heath W.: The Ottoman Tahrîr Defterleri as a Source for Social and Economic History: Pitfalls and Limitations, in: Ders.: Studies in Defterology. Ottoman Society in the Fifteenth and Sixteenth Centuries, Istanbul 1992, S. 3–18.

77 Zu den Merkmalen der *Mahala* siehe weiter unten. Die drei Mahale waren: die Mahala Stare (bzw. Careve) džamije (bei der Kaisermoschee), die Mahala Ajas-begova medžida (beim heutigen Hotel Central (westlich der Gazi-Husrev-beg-Moschee) und die Mahala Mehmed-bega Minetovića ebenfalls in der Nähe der Lateinerbrücke am rechten Miljacka-Ufer).

2. in den Bereich der (einheimischen) Christen (džemat hrišćana) sowie 3. in den Bereich der (christlichen) Kaufleute aus der Stadtrepublik Ragusa/Dubrovnik. Die drei *Mahale* der Muslime zählten zusammen 82 Häuser, wobei „Haus" im Sinne von Haushalt zu verstehen ist. Wenn man einen Haushalt mit durchschnittlich 5 Personen berechnet, lebten damals in Sarajevo etwas mehr als 400 Muslime. Im Quartier der Christen verzeichnet das Register 89 christliche Häuser, 8 christliche Junggesellen- und 6 Witwenhaushalte sowie 2 muslimische Junggesellenhaushalte. Zu diesem *Džemat* gehörte der Stadtteil „Varoš", das heute nördlich der Straße Mula Mustafa Bašeskija bergauf gelegene Viertel (hinter der alten orthodoxen Kirche).[78] Doch muss das 1489 registrierte Quartier der Christen weitläufiger gewesen sein als das gleichnamige Viertel heute. Die Kolonie der Ragusaner Kaufleute schließlich zählte 1489 lediglich 7 Häuser, die aller Wahrscheinlichkeit nach im später sogenannten „Latinluk" oder „Frenkluk" (Lateiner- oder Frankenviertel) am rechten Ufer der Miljacka in der Nähe der heutigen Lateinerbrücke lag.[79] 27 Jahre später (1516) hatte sich die Zahl der muslimischen *Mahale* von 3 auf 15 erhöht. Hinzu kamen wieder die „Mahala Varoš" und die Kolonie der Ragusaner. In allen drei Statteilen zusammen gab es 1.422 Häuser und 13 Erbgüter. Im *Defter* von 1528–1530 sind für Sarajevo 35 *Mahale* verzeichnet mit zusammen 1.631 Häusern.[80] Auch in der Folgezeit nahm die Zahl der *Mahale* dynamisch zu: Mitte des 16. Jahrhunderts gab es bereits 50[81] und Ende des Jahrhunderts 91 muslimische, dazu 2 christliche *Mahale* sowie den *Džemat* der Juden,[82] insgesamt also 94 Wohnviertel. Setzt man eine *Mahala* mit durchschnittlich 50 Haushalten zu jeweils 5 Personen an, so kommt man auf 4.700 Häuser mit 23.500 Einwohnern.

Die Reisenden, die Sarajevo zwischen 1525 und 1680 besuchten, gaben jedoch in der Regel sehr viel höhere Zahlen an. Hans Dernschwam spricht bereits 1525 von „60.000 Seelen". Und in einem Bericht von 1529 ist gar von „80.000 Seelen" die Rede![83] Andere Reisende beschränken sich auf die Zahl der Häuser. Der venezianische Gesandte Katarino Zeno behauptet, dass es im Jahr 1550 10.000 Häuser gegeben habe.[84] Der Dolmetscher und Diplomat

---

78 Varoš aus ungarisch város diente in der Regel zur Bezeichnung einer (unbefestigten) „Stadt". Hier bezeichnet „varoš" aber nicht einen Siedlungstyp, sondern ein Stadtviertel.
79 Šabanović: Postanak i razvoj, S. 95; Nikić: Katolici, S. 51. „Franken" war ein Sammelbegriff für Einwanderer aus dem westkirchlichen (lateinischen) Europa ins Osmanische Reich. Einzelheiten bei Müller, Ralf C.: Franken im Osten. Art, Umfang, Struktur und Dynamik der Migration aus dem lateinischen Westen in das Osmanische Reich des 15./16. Jahrhunderts, Leipzig 2005.
80 Zlatar: Gazi Husrev-beg, S. 163.
81 Zu deren Beschreibung vgl. Zlatar: Gazi Husrev-beg, S. 166–191.
82 Gemäß Angaben des Internetportals der Stadt Sarajevo: „Sarajevo u osmanskom periodu": http://www.sarajevo.ba/ba/article.php?pid=6
83 Vgl. Hadžijahić: Sarajevska muafnama, S. 83, Anm. 35.
84 Skarić: Sarajevo i okolina, S. 58.

im Dienst Kaiser Ferdinands II., Athanasio Georgiceo aus Split, der 1626 Sarajevo besuchte, berichtet von 15.000 Häusern,[85] und der Franziskaner und bosnische Bischof Marijan Maravić spricht 1655 gar von 20.000 „türkischen" Häusern.[86] Nach den Behauptungen mehrerer Reisender aus der zweiten Hälfte des 17. Jahrhunderts müsste Sarajevo zwischen 50.000 und 85.000 Einwohnern (oder mehr) gezählt haben.[87] In der serbokroatischen Übersetzung von Evlija Čelebis Reisebericht[88] liest man, dass es 1660 in Sarajevo 400 (!) *Mahale* mit 17.000 (!) ein- oder zweistöckigen Häusern aus festem Baumaterial und in gutem Zustand gegeben habe. Das wären pro *Mahala* im Durchschnitt 42,5 Häuser. Setzt man den Haushalt wieder mit durchschnittlich 5 Personen an, so hätte Sarajevo damals 85.000 Menschen beherbergt. In zehn *Mahale* lebten Serben, Bulgaren und Walachen. Die Juden verteilten sich auf zwei *Mahale*. Griechen, Armenier und Franken („Europäer") hatten kein eigenes Viertel, da sie sich nur auf Durchreise in Sarajevo aufhielten. Über ortsansässige Katholiken und Ragusaner Fernkaufleute schweigt sich der Reisende aus.[89] Der Übersetzer von Čelebi, Hazim Šabanović, weist darauf hin, dass es sich bei der Zahl der *Mahale* um einen Druckfehler handeln muss, denn nachweisbar seien nur 104 Wohnviertel. Dann muss es sich wohl auch bei der Zahl der Häuser um einen Druckfehler handeln, wozu sich Šabanović aber nicht äußert. Die zwischen 1996 und 2007 in Istanbul herausgegebene mehrbändige Edition von Čelebis Reisebericht verzeichnet dagegen für Sarajevo 104 *Mahale* und enthält keine Angabe zur Zahl der Häuser![90]

---

85   Vgl. Ebda., S. 86. Außerhalb der Stadtumzäunung (?) habe es noch 7.000–8.000 verstreute Häuser gegeben. Skarić verwendet die (vermutlich falsche) slawische Namensform Andrija Grgićević (statt Atanazija Jurjević). Vgl. auch Matasović: Princ Evgenij, S. 96, Anm. 1. Matasović datiert den Bericht irrtümlich auf das Jahr 1628. Der Bosnien betreffende vollständige Teil des Berichts von Georgiceo „Relatione data ali' Imperatore dal Sing. Athanasio Georgiceo del viaggio fatto in Bosna l'anno 1626 bei Batinić, Mijo V.: Njekoliko priloga k bosanskoj crkvenoj poviesti, in: Starine Jugolavenske akademije XVII /1885), S. 77–150.

86   Seraglio „tiene case di Turchi nr. 20/m., moschee nr. 118, case di christiani nr. 100, anime nr. 600, con la capella della Madona; e questa città è assai popolata e ricca di mercantie d'ogni sorte, et in essa per lo più risiede il Bassa, et il supremo giudice detto Mulla…" Descrizione del regno di Bosna con le sue città e territori, in: Fermendžin, Eusebios (Hg.): Acta Bosnae, potissimum ecclesiastica…ab anno 915 usque ad annum 1752, Zagreb 1892, S. 476; hier zit. nach Matasović: Princ Evgenij, S. 97, Anm. 2.

87   Der italienische Reisende Giovanni Morosini spricht 1675 von 15.000–16.000 Häusern. Der Venezianer Antonio Benetti berichtet 1680 von 50.000 Einwohnern in 200 *Mahale*. Zu Morosini und Benetti vgl. (ohne Quellenangabe) Skarić: Sarajevo i okolina, S. 106 f. Der Bericht des Venezianers erschien unter dem Titel Benetti, Antonio: Osservacioni fatte nel Viaggio a Constantinopoli, Venezia 1688.

88   Evlija Čelebi (1611–1682) ist der mit Abstand berühmteste türkische Reisende des 17. Jhs.

89   Celebi: Putopis, S. 105.

90   Evliyâ Çelebi Seyathatnâmesi. 5. Bd, Istanbul 2001, S. 223 f. Hier nach Münteha Gül Akmaz: Evliya Çelebi in Bosnia, in: 2nd International Symposium on Sustainable Development, June 8–9, Sarajevo 2010, S. 387 (http://eprints.ibu.edu.ba/723/1/ISSD2010Socialscience_p385-p393.pdf). In einer auszugsweisen serbokroatischen Übersetzung von Čelebis Reisebericht von 1908 wird die Zahl der Mahale mit 140 angegeben. Iz Sejatname Evlije Čelebije. Priopćio Šejh Sejfudin Fehmi efendija Kemura Sarajlija, in: Glasnik Zemaljskog muzeja u Bosni i Hercegovini 20 (1908), S. 185–192.

Die Zahlenangaben der Reisenden sind jedenfalls mit größten Vorbehalten zu benutzen. Dass sie die Realität abbilden, ist sehr unwahrscheinlich. Glaubt man den Bevölkerungszahlen der Reisenden, müsste Sarajevo im 16. und 17. Jahrhundert bereits sehr dicht besiedelt gewesen sein, was im Widerspruch zu seiner Wahrnehmung als „Gartenstadt" steht. Auch die Versorgung von 85.000 Einwohnern mit Lebensmitteln hätte eine gewaltige Herausforderung dargestellt. Ob die im Umfeld von Sarajevo betriebene Landwirtschaft dies hätte leisten können, entzieht sich meiner Kenntnis. Die Versorgung mit Grundnahrungsmitteln aus weiter entfernten Gegenden scheidet angesichts der beschwerlichen Transportwege über Land dagegen aus. Dass Reisende zu Übertreibungen neigten, lässt sich an vielen Beispielen beobachten. Aber in einem Punkt stimmten sie alle überein: Sie nahmen Sarajevo im 16. und 17. Jahrhundert als eine (für damalige Verhältnisse) „große" Stadt wahr, „una città molto grande",[91] „una città popolatissima",[92] als eine der größten im Balkanraum (nach Edirne und Saloniki), „une ville grande à l'égal de Venise et secondant aucunemen˜ l'étendue de Paris"[93]. Aber was ist „groß"? Durch viele historische Darstellungen geistert ei1e Zahl von 50.000 Einwohnern für die Mitte des 17. Jahrhunderts. Die Fläche der Stadt (ohne Umland) betrug zu dieser Zeit etwa 10 qkm (eher weniger als mehr).[94] Damit hätte die durchschnittliche Bevölkerungsdichte bei 5.000 Einwohnern pro Quadratkilometer gelegen – eine für damalige Verhältnisse absurde Zahl (zumal in einer Stadt mit ebenerdigen oder einstöckigen Häusern und zahlreichen Gärten). Wägt man alle Daten und Faktoren gegeneinander ab, wird man wohl (großzügig gerechnet) von 25.000 bis maximal 35.000 Einwohnern ausgehen können (und das waren immer noch mehr als im Jahr 1879 gezählt wurden).[95]

Die ethnische Zusammensetzung der Bevölkerung lässt sich nur in groben Zügen rekonstruieren. Die Menschen wurden nach ihrem jeweiligen Glaubensbekenntnis klassifiziert. Die ethnische Zuordnung spielte nur eine nebensächliche, mitunter gar keine Rolle. Zwar tauchen in Reiseberichten und anderen Quellen aus der Frühen Neuzeit immer wieder Ethnonyma auf, die jedoch ungenau und widersprüchlich bleiben. Oft haben sie mit der Volkszugehörigkeit nichts zu tun, sondern sind abgeleitet von einer Profession[96] oder von der

---

91 So Athanasio Georgiceo, siehe oben.
92 So Urbano Cerri um 1680: Relazione dello stato della congregatione e missioni di propaganda fide, fatta... da mons. Urbano Cerri, in: Theiner, Augustin (Hg.): Vetera monumenta Slavorum meridionalium historiam illustrantia, Bd. 2, Zagreb 1875, S. 213 (Reprint Osnabrück 1968).
93 Journal et Correspondance de Gédoyn „Le Turc", consul de France à Alep 1623–1625. Hg. A. Boppe, Paris 1909, S. 41.
94 Dies ergibt sich aus den Flächenangaben, die während der österreichisch-ungarischen Herrschaft ermittelt wurden. Dazu weiter unten.
95 1879 soll Sarajevo 21.377 und 1885 26.268 Einwohner beherbergt haben. Einzelheiten in Abschnitt 2.4.
96 So wurden z. B. Angehörige des privilegierten Hirtenstands (ungeachtet ihrer ethnischen Herkunft) als „Walachen" bezeichnet.

Herkunft aus einem untergegangenen (oft multiethnischen) Herrschaftsgebilde oder vom Sprachgebrauch (der nicht zwangsläufig mit Ethnizität gleichgesetzt werden kann, da Menschen ihre Sprache wechseln können). Der weit verbreitete (auch im 20. Jahrhundert nicht ausgestorbene) Brauch, alle Muslime in Bosnien (ungeachtet ihrer Herkunft) als „Türken" (Turci) zu bezeichnen, beinhaltet eine doppelte Zuschreibung von Fremdheit: einerseits als Nicht-Christen und andererseits als Angehörige eines Volkes, das außerhalb „Europas" beheimatet ist. Doch die überwältigende Mehrheit der „Türken" in Sarajevo und Bosnien waren keine Türken, sondern Bosnier (im Sinne einer Regionalbezeichnung) bzw. Südslawen, die zum Islam konvertiert waren. Die wenigen Türken aus Anatolien, die im Zuge der Eroberung nach Bosnien gekommen waren und als „Turkuši" bezeichnet wurden, hatten sich bald mit den einheimischen Muslimen vermischt. Aus „Turkuši" waren „Turci" geworden. Und diese waren keine Fremden im ethnischen Sinn. Auch der Islam war nicht mehr fremd. Die Gleichsetzung von Katholiken mit Kroaten und von Orthodoxen mit Serben ist für die Frühe Neuzeit ebenso anachronistisch wie die Gleichsetzung von Muslimen mit Türken. Noch bis weit ins 19. Jahrhundert hinein war meist völlig unklar, wer aus welchen Gründen oder anhand welcher Kriterien ein Kroate und ein Serbe war. Den Ausschlag gab letztlich immer die Religionszugehörigkeit – mit einer wichtigen Ausnahme: Die bosnischen Muslime wurden nun ungeachtet ihres anderen Glaubens sowohl von serbischen wie kroatischen Nationalisten als (zwangs-)islamisierte Angehörige ihrer jeweiligen Nation vereinnahmt, da ihre Vorfahren angeblich Katholiken (= Kroaten) resp. Orthodoxe (= Serben) gewesen seien.

1.3. GESTALTUNG DES URBANEN RAUMS

Als Neugründung war Sarajevo eine typisch osmanische Balkanstadt.[97] Zwar entwickelte sie sich nicht nach Plan, ließ aber klare Gestaltungsprinzipien erkennen (vgl. Abb. 6). Zu ihnen gehörten die scharfe Trennung zwischen öffentlichem und privatem Raum (zwischen Markt und Wohnbereich), ferner die nach Religionszugehörigkeit der Bewohner abgegrenzten Wohnviertel (*mahala*), der Schutz der Intimsphäre sowie die Liebe zur Natur (zu fließendem Wasser, Gärten und Grünflächen). Kristallisationspunkte im städtischen Raum waren die sakralen, sanitären, sozialen und wirtschaftlichen Stiftungsobjekte. Ohne die Stifterfreudigkeit der *Sandžakbegs*, *Wesire* und sonstiger hervorragender und vermögender Persönlichkeiten wäre der Aufschwung von Städtebau, Kultur und Lebensqualität, der sich im Verlauf des 15. bis 17. Jahrhunderts vollzog, kaum möglich gewesen. Namentlich im strategisch

---

97 Das Folgende in Anlehnung an Kissling, Hans-Joachim: Die türkische Stadt auf dem Balkan, in: Die Stadt in Südosteuropa. Struktur und Geschichte, München 1968, S. 72–88.

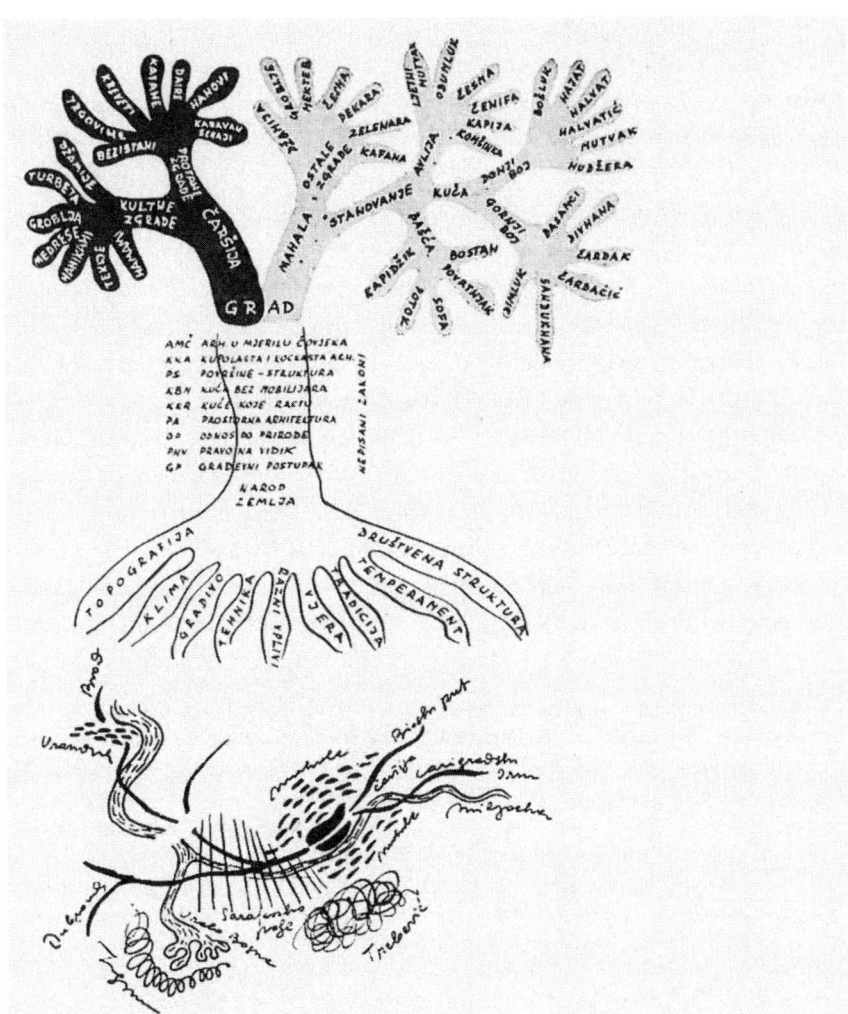

Abb. 6: Das traditionelle Sarajevo als Baum; Skizze der Architekten Dušan Grabrijan und Juraj Neidhardt. Die Wurzeln stehen für Volk und Land (Narod, Zemlja) (mit ihren Komponenten: Topographie, Klima, Baumaterialien, Technik usw. bis Gesellschaftsstruktur). Aus ihnen heraus wächst der Baum: die nach „ungeschriebenen Gesetzen" angelegte Stadt (Grad) mit zwei Stämmen. Der linke Stamm steht für das Geschäftsviertel (Čaršija) mit seinen sakralen und profanen Bauten. Der rechte Stamm repräsentiert das Wohnviertel (Mahala) mit seinen konstitutiven Elementen (Moschee, Friedhof, niedere Koranschule, Brunnen, Bäckerei, Gärten, Kaffeehaus usw.). Der weiter nach rechts abzweigende Nebenstamm mit seinen drei bzw. vier Ästen steht für den individuellen Wohnbereich (Stanovanje) mit 1. Innenhof (Avlija), 2. Garten (Bašća) und 3. dem eigentlichen Haus (Kuća), das noch einmal unterteilt ist in Unter- und Obergeschoss (Donji boj, Gornji boj) (jeweils mit den dazugehörigen Komponenten).

und wirtschaftlich wichtigen Bosnien schritt die Urbanisierung dank Initiative der Stifter zügig voran.[98] Der Islam war im städtischen Milieu entstanden, und die Praktizierung der Religion, insbesondere des freitäglichen Gemeinschaftsgebets, sowie die damit verbundenen Reinigungsvorschriften setzten Moscheen und Bäder voraus. Und die gab es v. a. in Städten, die damit zu Zentren der islamischen Kultur und Islamisierung wurden. Vier Gruppen von Stiftungseinrichtungen waren es, die das Erscheinungsbild und den Lebensstil osmanischer Städte prägten:

1. Die Moschee (*džamija*) oder das kleinere muslimische Gebetshaus (*mesdžid*) (ohne Kanzel, zumeist auch ohne Minarett) sowie die oft dazugehörigen islamischen Bildungsstätten: die niedere Koranschule (*mekteb*) und die *Medresse*, vergleichbar einem theologischen Seminar, in dem künftige Geistliche und Rechtsgelehrte ausgebildet wurden. Die Moschee und ihre Dependancen waren der Mittelpunkt des religiösen und geistigen Lebens. Hinzu kamen die Versammlungsorte der Sufi-Orden bzw. der *Derwische*, von denen im Kontext der Islamisierung noch ausführlicher zu sprechen sein wird. Häufig bildeten die sakralen Institutionen – das einfache Gebetshaus, die Moschee und das *Derwisch*-Zentrum – den Kern, um den herum sich die Wohnviertel gruppierten, die oft nach dem Stifter der sakralen Objekte benannt wurden. Auch die verfallenen Friedhöfe[99] im *Harem* einer Moschee

---

98 Die vom Orientalischen Institut in Sarajevo veröffentlichte Sammlung von Stiftungsurkunden Bosnien-Herzegowinas aus dem 15. und 16. Jh. umfasst insgesamt 27 Urkunden (in serbokroatischer Übersetzung). Vgl. Gazić, Lejla (Hg.): Vakufname iz Bosne i Hercegovine (XV i XVI vijek), Sarajevo 1985. Für das 16. Jh. vgl. auch das Verzeichnis der Stiftungsurkunden bei Zlatar: Popis vakufa.

99 Eine Gräberpflege in unserem Sinn existierte nicht, vielmehr wurden die Friedhöfe dem Verfall preisgegeben. Grund dafür war nicht Pietätlosigkeit, sondern die Vorbehalte der islamisch-orthodoxen Geistlichen gegen den Gräberkult, da die Verehrung von Toten als Vorstufe ihrer Vergötterung (und somit einer schweren Sünde) verstanden wurde. Das Wehklagen am Grab eines Muslims war verpönt, da ein zu Gott Berufener eher beneidet als beweint werden soll. Gleichwohl wurden Gräber besucht und waren oft der Ort, an dem sich Angehörige zu einer Plauderstunde zusammenfanden. Was Heinrich Renner bei seinem Besuch in Sarajevo Ende des 19. Jhs. auffiel, waren „die vielen, mitten zwischen den Häusergruppen liegenden türkischen Friedhöfe. Es dürfte ihrer wohl ein halbes Hundert geben [nach heutigem Kenntnisstand gab es bei Beginn der österreichisch-ungarischen Verwaltung etwa 270 derartiger Friedhöfe], und da sie in keiner Weise gepflegt werden, machen sie den Eindruck einer trostlosen Wildnis. Es fehlen die Cypressen, die in südlicheren Ländern des Islam den Verfall mit harmonischen Schatten verschleiern und kahl und nackt stehen die Steinpfeiler *[nišan, mezar]*, die sich schief, krumm oder ganz eingesunken an beiden Schmalseiten der Gräber befinden. Jeder Stein zeigt an, welchem Stande der Verstorbene angehörte. So bezeichnet auf den alten Friedhöfen der eiförmige Turban das Grab eines Janitscharen, der gespitzte das eines *Derwischs*, der niedere Turban jenes eines Kaufmannes. Einzelne Denkmäler enthalten zeilenlange Inschriften und selbst kleine Säulentempel [*turbe*, türbe] sind über den Grabstätten berühmter Persönlichkeiten errichtet. Der Friedhof in Alifakovac [im Osten der Stadt, oberhalb des linken Miljacka-Ufers] ist in dieser Beziehung sehenswerdt." Renner: Durch Bosnien, S. 74. Alifakovac mit seinen zwei eleganten Mausoleen und einem großartigen Blick auf die Stadt ist einer der ältesten (und schönsten) muslimischen Friedhöfe in Sarajevo. Seine Anfänge reichen möglicherweise bis ins 15. Jahrhundert zurück. Auf dem alten Teil des Friedhofs

oder eines Konvents oder verteilt über die Stadt sowie die Mausoleen (*turbe*) für prominente Tote gehörten zu den typischen Merkmalen einer osmanischen Stadt.

2. Das Bad, die öffentlichen Brunnen und andere sanitäre Einrichtungen: Das öffentliche Bad (*hamam*) diente sowohl religiösen wie sanitären Bedürfnissen. Schon die Normalmoschee wies im Vorraum einen Brunnen auf, an welchem der Gläubige die sogenannte kleine Waschung ausführte, ohne die er die Moschee nicht betreten sollte und keine religiöse Handlung gültig vollziehen konnte. Die sogenannte große Waschung erfolgte im *Hamam*. Da sich nur sehr reiche Leute Bäder im eigenen Haus leisten konnten, spielte der *Hamam* eine wichtige Rolle im städtischen Leben, eine Rolle, die so hoch eingeschätzt wurde, dass man die Anzahl der öffentlichen Bäder geradezu zum Maßstab für den Lebensstandard einer osmanischen Stadt wählte. Sarajevo besaß in seiner Blütezeit sieben öffentliche Bäder, von denen – wie erwähnt – nur noch eines existiert. Zu den sanitären Einrichtungen gehörten auch die städtische Wasserversorgung, eventuell Krankenhäuser oder ein öffentliches WC, alle finanziert aus Stiftungsmitteln.

3. Die sozialen Einrichtungen: die Armenküche (*imaret*) und die kostenlose Herberge (*musafirhana*), die häufig von *Derwischen* betrieben wurden. Die kostenlose Speisung und Beherbergung nicht nur der Armen, sondern auch vieler Reisender gehörte zu den vornehmsten Pflichten der *Derwisch*orden, eine Leistung, die auch Nicht-Muslimen zugutekam, da Fragen nach der Religion dort ebenso verpönt waren wie Fragen nach persönlichen Verhältnissen überhaupt.

4. Der Markt (*čaršija*) (das Wort „bâzâr" ist im Balkanraum weniger gebräuchlich als hierzulande): Die *Čaršija* war der Mittelpunkt des täglichen Lebens, nicht nur des geschäftlichen Lebens, sondern auch Zentrum der Kommunikation, des Informationsaustauschs, der Gerüchteküche, der Ort, an dem sich die Bewohner ebenso wie die Besucher der Stadt (die Fernhändler und Reisenden) trafen. Er war auch der Ort, an dem öffentliche Konflikte und Machtkämpfe ausgetragen wurden, etwa wenn Händler und Handwerker aus Protest ihre Läden schlossen. Die plötzliche Stille in der *Čaršija* war ein untrügliches Zeichen für schwelenden Unmut. (So wie der plötzliche Lärm in den Wohnvierteln ein untrügliches Zeichen für Aufruhr war.) Der Marktbereich mit dem Hauptplatz in der Mitte (in Sarajevo: die *Baščaršija*) beherbergte die Läden und/oder Werkstätten (*dućan*) der Kaufleute und Handwerker, die in Zünften (*esnaf*) organisiert waren.[100] Die für die Warenproduktion und den Kleinhandel vorgesehenen Läden bildeten „Streifen vor den hohen Hintergebäuden und sind hölzerne, niedrige, gegen die Gasse ganz offene, jedoch durch zweiflügelige, um

---

befinden sich mehr als 500 Grabsteine. Während der Belagerung Sarajevos im Bosnienkrieg 1992–1995 entstand der neue Teil des Friedhofs (Farbabb. 22). Vgl. Mujezinović, Mehmed: Stari Alifakovac u Sarajevu, in: Naše starine VIII (1962), S. 119–138.

100 Zur Organisation der Zünfte vgl. Kapitel 1.8.

Horizontalachsen drehbare und mit starken Dachriegeln verschließbare Buden. Die geringe Höhe dieser, mit Kuppeln oder mit flachen, weitvorspringenden Holzriegeldächern überdeckten Räume resultirt aus dem Umstande, daß dem hölzernen Hintergebäude, welches häufig auch das feuersichere Magazin im unmittelbaren Anschluß an den Dućan aufnimmt, das Tageslicht gewahrt bleiben muß; die Verkaufsbuden haben zuweilen noch eine untere Etage, in welcher bloß gebückt oder sitzend manipulirt werden kann."[101] Die Werkstätten und Verkaufsbuden waren nach Berufsgruppen und Sparten angeordnet. D. h. die Sattler (sarači), die Gerber (tabaci), die Kürschner (ćurčije), die Tuchschneider (abadžije) usw. hatten jeweils ihre eigenen Gassen, von denen einige bis heute ihren Namen tragen. Die Holzbauweise machte die Läden und Werkstätten anfällig für Großbrände, sie wurden immer wieder zerstört und wiederaufgebaut. Mitte des 16. Jahrhunderts setzte sich die *Čaršija* in Sarajevo aus 30 verschiedenen Gewerbevierteln zusammen. Zum Gesamtkomplex gehörten ferner drei überdachte Markthallen (*bezistan*) sowie Herbergen oder große Karawansereien (mit dem Lastenhof und den ringsherum angeordneten Tierställen samt aufgestockten Nächtigungsräumen), die gegen Einbruch und Diebstahl gut geschützt waren. Wie erwähnt, befanden sich viele Einrichtungen des Marktes im Eigentum einer Stiftung.

MAHALA UND „TÜRKISCHES" HAUS

Vom Markt als dem zentralen öffentlichen Ort getrennt lagen die Wohnviertel der Bevölkerung. Eine *Mahala* umfasste zunächst im Durchschnitt 25–40 Häuser mit Gärten und Grünflächen. Durch Zusiedlung erhöhte sich die durchschnittliche Zahl der Häuser auf 50. Doch konnte eine *Mahala* mitunter auch bedeutend größer sein. Die einzelnen Stadtviertel waren voneinander durch Zäune oder Mauern abgeschirmt (wobei es sich oft um die fensterlosen Rückwände der Häuser handelte). Nachts wurden die Tore der Stadtviertel geschlossen. Muslime, Orthodoxe, Katholiken und Juden lebten gewöhnlich in getrennten Stadtvierteln (obwohl es Ausnahmen gab). Oft waren diese zusätzlich nach Berufsgruppen gegliedert. Die Bewohner der Viertel waren konfessionell (häufig auch ethnisch) so homogen, dass sie nach außen hin solidarisch auftreten konnten und füreinander bürgten oder auf Anordnung des Gouverneurs bürgen und ggf. füreinander geradestehen mussten.[102] Die (meist vergessene) Kehrseite dieser Form von Solidarität und kollektiver Haftung waren die wechselseitige Beobachtung der Nachbarn und das Denunziantentum. Jedes Viertel hatte seinen eigenen Nachtwächter und ein Oberhaupt (*muhtar*). War die *Mahala* groß genug, besaß sie ein eigenes Gotteshaus mit Friedhof, einen öffentlichen Brunnen, eine

---

101 Kellner, Johann: Baukunst, in: Österreichisch-ungarische Monarchie, S. 413–434; hier S. 424.
102 Vgl. Kreševljaković: Collective Guarantee of Sarajevo Christians.

Abb. 7: Bergsiedlung an den Hängen von Sarajevo (Ende des 19./Anfang des 20. Jhs.)

Bildungseinrichtung, eine Bäckerei, später (ab dem 17. Jahrhundert) auch ein Kaffeehaus.[103] Die Gassen der *Mahale* waren schmal. In den Hauptgassen hatten zwei Packpferde nebeneinander Platz; in Seitengassen reichte es nur für ein Pferd. Die Benutzung eines Wagens war nicht üblich und angesichts der engen Gassen auch unmöglich. Durch die schrittweise Auffüllung von zunächst locker besiedelten Wohnvierteln entstanden winklige Seiten- und Sackgassen.

Die Grundstücke in den *Mahale* gestalteten sich „im Laufe der Zeit zu einem architektonischen Ganzen, das der durch Tradition, religiöse Momente und klimatische Verhältnisse bedingten Lebensweise des Mohammedaners in jeder Beziehung entsprach. Der Mohammedaner, von Natur aus einer beschaulichen Lebensweise zuneigend, ist ein großer Naturfreund und besitzt die Gabe, auch im dichtesten Straßengewirr einen Punkt ausfindig zu machen, von wo aus sich ein herrlicher Ausblick darbietet, und danach wird das zu erbauende Haus orientiert".[104] Zum Blick in die Natur kam der Respekt vor der familiären Sphäre, der die weitgehende Abschirmung der Häuser gegenüber der Außenwelt

---

103 In Sarajevo wird ein Kaffeehaus erstmals 1592 erwähnt (Paić-Vukić: Muhibbi, S. 67, Anm. 219).
104 Truhelka: Volksleben, S. 331 f.

verlangte. Kennzeichnend für das Stadthaus waren schmucklose, öffnungsarme und hohe Außenmauern, welche das um einen oder mehrere Höfe gruppierte Wohnhaus zur Straße hin abschirmten. Die Häuser der wohlhabenden Bürger besaßen ein oberes Stockwerk mit Erkern zur Straße sowie Balkonen und Treppen zum Innenhof hin und gliederten sich in einen Wohnbereich für Männer (*selamluk*) und einen für Frauen (*haremluk*). Der gepflasterte Innenhof *(avlija)* mit Springbrunnen sowie der Obstgarten (*bašća*) galten als unverzichtbare Bestandteile des privaten Wohnbereichs und nahmen die Verbindung von Mensch, Natur und Architektur wieder auf – eine Verbindung, in der die Natur dem Menschen zuflüstert und der Mensch mit einem Lächeln antwortet, wie es der slowenische Stadtplaner Dušan Grabrijan einmal formuliert hat; in der die Natur in Architektur transformiert wird.[105] Wo die Häuser zur Straße hin mit Fenstern versehen waren, wurden vor diese hölzerne oder eiserne Gitter (*mušebak, demir pendžer*) gesetzt, sodass die Einsichtnahme von außen unmöglich, die Beobachtung der Nachbarn dagegen möglich war. Selbst die Altane zum Innenhof wurden mit Gittern vor Blicken geschützt. Die Inneneinrichtung war höchst einfach und nicht mit der eines „europäischen" Hauses vergleichbar. Das ganze Meublement im Empfangszimmer (*selamluk*) eines Muslims bestand aus niedrigen Sitzbänken (*sećija*) entlang der Wände, auf denen Teppichstoffe oder Kissen (*minder*) ausgebreitet wurden. Im ganzen Haus gab es weder Stühle noch Tische oder Betten; Mahlzeiten wurden auf einem runden Tablett abgestellt, das auf einem niedrigen Hocker ruhte (*sofra*). Dafür gab es überall im Haus – je nach sozialem Status des Besitzers – mehr oder minder viele sowie mehr oder weniger prächtige Teppiche. Ein besonders repräsentatives und schönes Beispiel bosnisch-muslimischer Wohnkultur in Sarajevo ist das Haus der Svrzo-Familie (Svrzina kuća) in der Ćurćić-Mahala nördlich der *Baščaršija* (Farbabb. 11). Es stammt wahrscheinlich aus dem 17. Jahrhundert, wurde anlässlich von Prinz Eugens Überfall auf Sarajevo 1697 zerstört, anschließend wieder aufgebaut und 2004 zum Nationaldenkmal erklärt.[106]

---

105 Čelić, Džemal (Hg.): Grabrijan i Sarajevo. Izabrani članci 1936–1942, Sarajevo 1970, S. 161 ff.
106 Vgl. Muzej Sarajeva (Hg.): Svrzina kuća, Sarajevo 2001, sowie die detaillierte Beschreibung des Komplexes durch die Kommission zum Schutz der Nationaldenkmäler von 2004: http://www.kons.gov.ba/main.php?id_struct=50&lang=4&action=view&id=2515. Der Schriftsteller Max Frisch, der als junger Mann Anfang der 1930er-Jahre Bosnien besuchte, schildert in seinem „Brief aus Sarajevo" das Innere eines Hauses, das dem Svrzo-Haus entspricht und möglicherweise mit ihm identisch ist: „Inzwischen schnürte man die Schuhe aus, trat auf den Socken ins Haus und dann war alles so weich, daß es schade gewesen wäre, wenn man es nicht mit bloßen Füßen genossen hätte: All diese Teppiche, welche sich so schmeichlerisch und sanft beginnen, wie sich etwa ein schöner Pfirsich anfühlt. Von den Wänden kamen sie herunter und verbreiteten sich über die Böden und flossen überfüllig die Stiege hinunter. Mit der Leuchtkraft ihrer Röte; wie beim frischen Blut. Und auch den Diwan überflutete es, welcher zuerst lustig wirkte, da er niedrig ist wie in einer Puppenstube. Und welcher sich an allen vier Zimmerwänden entlangzieht. Und Kissen blühen darauf. Aber sonst ist nichts im Raum. Bloß Stimmung. Er ist möbliert mit Farben. Und dann gab es eine Fensterreihe, die eine ganze Wand einnimmt, und die Sonne warf ihre Rechtecke hinein, und die Augen konnten sie

Von seiner Anlage her glich Sarajevo in mancher Hinsicht einem Amphitheater. Um die *Čaršija* und die großen sakralen Stiftungsbauten als Arena herum gruppierten sich die stufenförmig angelegten Wohnviertel auf den Berghängen (vgl. Abb. 7). Jeder sollte nach Möglichkeit von seinem Haus einen unverstellten Blick auf die (nach Westen hin geöffnete) Arena haben. Im Aufriss präsentierte sich die Stadt als eine Ansammlung von religiös definierten Wohnvierteln und einem zentralen öffentlichen Raum mit Markt, aus dem die mit Minaretten und Kuppeldächern versehenen Steinbauten der frommen Stiftungen herausragten: als Wechsel von Horizontale und Vertikale, von würfelförmig (kubisch) angeordneten, meist niedrigen Wohnhäusern in den *Mahale* auf der einen und den von Kuppeln dominierten Bauten im öffentlichen Raum auf der anderen Seite. Maßstab der islamischen Architektur in Sarajevo und anderenorts war der Mensch und die Verbundenheit von Mensch und Natur. Das heißt, dass die Bauten den menschlichen Dimensionen angepasst wurden (selbst die „monumentalen" Bauten waren weniger monumental als in anderen Kulturen) und dass der Natur viel Raum gewährt wurde, sodass Sarajevo in seiner Blütezeit einer Gartenstadt glich.

In seinem „Tagebuch der Aussiedlung" beschreibt Dževad Karahasan das Wechselspiel von Geschlossenheit und Offenheit, Innen und Außen sowie die geschlechtsspezifische Trennung in den Häusern samt Höfen mit folgenden Worten: „Die Bewohner Sarajevos leben in Häusern, die auf einem Hang stehen, auf dem sich die *Mahala* erstreckt. Jedes Haus ist mit einer Seite, und zwar mit dem Gesicht, der Fassade, der Vorderseite, der Straße zugewandt, also der Stadt, der *Čaršija*, dem Zentrum, und mit seiner anderen dem Hang, der Natur, der Außenwelt. An der Vorderseite ist das Haus durch einen hohen Holzzaun oder eine richtiggehende Mauer abgeschlossen, die das Gesicht des Hauses von außen unsichtbar macht, an der Rückseite, an der dem Berg und der Natur zugewandten Seite, ist das Haus offen und nur symbolisch eingefriedet. Zu beiden Seiten des Hauses befinden sich Höfe oder Gärten. An der Vorderseite, zwischen äußerer Wand und Gesicht des Hauses, liegt der vordere Hof, der gänzlich geschlossen und von allen Seiten umbaut ist, an der Rückseite, vom Haus zum Hang hin, befindet sich der hintere Hof, der von der einen Seite (durch das Haus) geschlossen und von der anderen Seite gänzlich offen ist. (Fast könnte man sagen, dass er natürlich in den Hang übergeht.) (…) Das Gesicht des Hauses ist…technisch geschlossen, denn es ist von der Straße, der Stadt und der *Čaršija*, von allem, dem es zugewendet ist, durch eine hohe Wand getrennt, über die der menschliche Blick nicht reicht. Funktional und semantisch jedoch ist dieses Gesicht offen (die ‚innere Seite des Hauses' ist

---

nicht austrinken, diese Rechtecke mit so viel Licht und so viel Buntheit und so viel Einklang. Als würde uns hier ein Märchen erzählt: aber nicht in Worten, sondern in Teppichen." Zit. nach Okuka, Miloš/Rehder, Petra (Hg.): Das zerrissene Herz. Reisen durch Bosnien-Herzegowina 1530–1993, München 1994, S. 103 f.

dem Zentrum zugewandt), weil von dieser Seite das Haus betreten wird, von dieser Seite die Gäste ins Haus kommen, mit dieser Seite das Haus lebt und über diese Seite sich sein Austausch mit der Welt vollzieht. Die andere, die Hinterseite des Hauses, technisch offen, weil das Haus von dieser Seite nicht von der Welt abgeschirmt ist, sondern übergangslos in den Garten, in den Hang und in die ‚reine Natur' übergeht, ist funktional und semantisch geschlossen, denn auf dieser Seite wird aus dem Haus nur herausgegangen.…[D]er Ausgang auf dieser Seite wird ausschließlich von den Hausbewohnern benutzt, um in den Garten zu gehen, sodass von einer Kommunikation, einem Austausch zwischen Haus und Welt… nicht die Rede sein kann. (…) Und auch innerhalb des Hauses verhält es sich so, denn das Haus teilt sich, innerhalb der eigenen Wände, in einen offenen und einen geschlossenen, in einen männlichen und einen weiblichen Teil. Im männlichen Teil [*selamluk*] sitzen die Gäste, in den männlichen Teil kommen auch die Fremden, im männlichen Teil wird über Geld und Politik gesprochen, über das Militär und über das müßige Treiben der Welt; den weiblichen Teil [*haremluk*] indes betreten einzig die Bewohner des Hauses, und das auf Aufforderung von innen, im weiblichen Teil spricht man über die Speisen und die Liebe, in diesem Teil wird geliebt, und hier werden die Kinder geboren."[107]

1.4. DER RECHTLICHE STATUS DER STADT

Zu den wichtigsten Merkmalen abendländischer Städte in Mittelalter und Früher Neuzeit gehörte das Stadtrecht. Gab es etwas Ähnliches im Osmanischen Reich bzw. wie gestaltete sich die Rechtsstellung der dortigen Stadtbewohner? Besaß Sarajevo ein Stadtrecht?

Die Tatsache, dass sich die osmanischen Stadtzentren auf Besitzungen entwickelten, die einer Stiftung gehörten oder Staatsgüter (*has*) waren, hatte wesentlichen Einfluss auf die Rechtsstellung der Städte und ihrer Einwohner. Die *vakuf*- und *has*-Güter zählten zur Kategorie der sogenannten freien Besitzungen, deren Nutznießer das Recht hatten, diese autonom zu verwalten. Die Kombination von Immunität für die frommen Stiftungen mit Steuererleichterungen spielte eine wichtige Rolle beim Ausbau Sarajevos zu einem Handels- und Produktionszentrum. Die Rechtsstellung der muslimischen Stadtbevölkerung war bedingt durch die Position, die einzelne Gruppen im Rahmen der gesellschaftlichen Arbeitsteilung einnahmen. Privilegierte Positionen hatten inne: die in den Städten lebenden Pfründeninhaber (die Nutznießer von *Timaren* und *Ziamets*), verschiedene Funktionsträger in Verwaltung und Militär sowie die hohen Repräsentanten der Geistlichkeit (*ulema*). Die Mitglieder dieser Honoratioren- oder Notabelnschicht (*Ajanen*)[108] waren von materiellen staatlichen

---

107 Karahasan, Dževad: Tagebuch der Aussiedlung, Klagenfurt-Salzburg 1993, S. 20–23.
108 Ein Ajan ist ein „angesehener", wohlhabender Mensch. Zu ihnen gehörten die Vertreter der höheren Geist-

Abgaben befreit und lebten zumeist von staatlichen Gehältern, den Einkünften frommer Stiftungen oder Steuerzahlungen der Bevölkerung. Sie besaßen entscheidenden Einfluss auf das politische Leben ihrer Stadt und trafen die für Stadt und Bevölkerung wichtigen Entscheidungen. Die Mehrheit der Muslime war im Gewerbe tätig. Wie alle Gewerbetreibenden waren sie in Zünften organisiert, die im Osmanischen Reich (anders als im Abendland) bis ins 19. Jahrhundert hinein Bestand hatten (und sich zunehmend zu einer Barriere des ökonomischen Fortschritts entwickelten). Die soziale und rechtliche Stellung der muslimischen Gewerbetreibenden und kleineren Kaufleute war nicht so vorteilhaft wie die der führenden Schicht. Sie mussten sich von ihrer Arbeit ernähren, genossen jedoch ähnliche Freiheiten wie die führende Schicht, da sie mitunter von allen oder zumindest von einigen staatlichen Abgaben befreit waren.

Die soziale und wirtschaftliche Stellung der Nicht-Muslime in den Städten war günstiger als jene der nicht-muslimischen Untertanen, der *Raja* (*reaya*), auf dem Lande. Die (nicht-muslimischen) Städter gingen frei ihrem Beruf (Handel und Gewerbe) nach, hatten dabei allerdings bedeutend mehr Verpflichtungen gegenüber dem Staat zu erfüllen als ihre muslimischen Konkurrenten und Mitbewohner. Im Übrigen unterlagen sie den diskriminierenden Bestimmungen, die das islamische Recht für nichtmuslimische „Schutzbefohlene" (*zimija*, dhimmi) vorsah. Im Unterschied zu den christlichen Bauern hatten die nicht-muslimischen Städter keine Abgaben an die Grundherren, sondern lediglich Abgaben an den Staat zu entrichten. Sie zahlten die Kopfsteuer (*harač*) sowie eine außerordentliche Steuer auf erwachsene Söhne, ferner Sondersteuern an den Staat, den *Wesir* u. a. Staatsbedienstete. Insgesamt war ihre Abgabenlast damit deutlich höher als die der muslimischen Städter (aber niedriger als die der nicht-muslimischen Bauern).

Eine Entwicklung zur juristischen Person haben die Städte im Bereich des Islam generell nicht vollzogen. Sie entbehren der rechtlichen Kennzeichen der abendländischen Kommune, vor allem eines gesonderten Stadt- und Befestigungsrechts. Das Fehlen stadtbürgerlicher

---

lichkeit (Muftis, Kadis, Muderis, Hodžas), die Repräsentanten der Provinzverwaltung, die Militärkommandanten (Kommandanten der Janitscharen, Befehlshaber von Hilfstruppen u. ä.), kurzum: Menschen in einer gehobenen Stellung. Seit der Zeit, da die von der Zentralgewalt eingerichteten Organe nicht mehr reibungslos funktionierten, begannen sich die Ajanen zu organisieren (ajanluk) und wurden von der Zentrale an der Durchführung der Staatsgeschäfte in ihrer Provinz beteiligt. Die Ajanen in den Vilajets übernahmen seit dem ausgehenden 17. Jahrhundert wichtige Aufgaben: die Organisation der Miliz, die Bemessung und Eintreibung von Abgaben, die Organisation des Postwesens, die Bekämpfung des Schmuggels, die Mobilisierung der muslimischen Bevölkerung im Kriegsfall u. a. Anfänglich wurden die Ajanen gewählt, doch versuchten sie bald, ihre Stellung zu verstetigen und erblich zu machen. In Bosnien als Grenzprovinz mit einer spezifischen Militärstruktur, den Kapetanschaften (kapetanije) entlang der Grenze, war die Stellung der Ajanen (seit dem 17. Jahrhundert) besonders stark. Die Kehrseite waren zahlreiche Missbräuche und Rivalitäten. Zu den Ajanen vgl. ausführlich (mitunter idealisierend) Sućeska: Ajani.

Freiheiten im Sinn des abendländischen Mittelalters schloss freilich bestimmte De-iure- und/oder De-facto-Privilegien, die die Sultane einzelnen Städten bzw. ihren Bewohnern oder Teilen der Bewohnerschaft gewährten, nicht aus. Allgemein gesprochen: Nicht jede „Stadt" im quantitativen Sinn des Wortes (also Siedlungen mit einer bestimmten Bevölkerungszahl) oder im ökonomischen und funktionalen (v. a. politisch-administrativen und kulturellen) Sinn war zugleich eine „Stadtgemeinde", wie sie Max Weber definiert hat. Zu den Kennzeichen okzidentaler Stadtgemeinden gehörte – nach Weber –, „daß es sich um Siedlungen mindestens relativ stark gewerblich-händlerischen Charakters handelte, auf welche folgende Merkmale zutrafen: 1. die Befestigung, 2. der Markt, 3. eigenes Gericht und mindestens teilweise eigenes Recht, 4. Verbandscharakter und damit verbunden 5. mindestens teilweise Autonomie und Autokephalie, also auch Verwaltung durch Behörden, an deren Bestellung die Bürger als solche irgendwie beteiligt waren. Solche Rechte pflegten sich in der Vergangenheit durchweg in die Form von ständischen Privilegien zu kleiden. Ein gesonderter Bürger*stand* als ihr Träger war daher das Charakteristikum der Stadt im politischen Sinn. An diesem Maßstab in seinem vollen Umfang gemessen waren freilich auch die Städte des okzidentalen Mittelalters nur teilweise und diejenigen des 18. Jahrhunderts sogar nur zum ganz geringen Teil wirklich ‚Stadtgemeinden'. Aber diejenigen Asiens waren es, vereinzelte mögliche Ausnahmen abgerechnet, ... überhaupt nicht oder nur in Ansätzen. (...) Ein besonderes, den Stadtbürgern als solchen eignendes materielles oder Prozeßrecht... oder autonom von ihnen bestellte Gerichte waren den asiatischen Städten unbekannt. Sie kannten es nur insofern, als die Gilden [Zünfte]..., welche tatsächlich vorzugsweise oder allein in einer Stadt ihren Sitz hatten, Träger von solchen Sonderrechtsbildungen und Sondergerichten waren. Aber dieser städtische Sitz jener Verbände war rechtlich zufällig. Unbekannt oder nur in Ansätzen bekannt war ihnen die autonome Verwaltung, v. a. aber – das ist das Wichtigste – der Verbandscharakter der Stadt und der Begriff des Stadtbürgers im Gegensatz zum Landmann".[109]

Webers Ausführungen zur okzidentalen und orientalischen Stadt bedürfen im Licht des derzeitigen Forschungsstands einer Reihe von Präzisierungen. Unter den fünf Merkmalen, die der Autor als Charakteristika für die abendländische Stadtgemeinde aufzählt (1. die Befestigung, 2. der Markt, 3. eigenes Gericht und mindestens teilweise eigenes Recht, 4. Verbandscharakter und 5. mindestens teilweise Autonomie und Autokephalie) treffen einige ganz oder teilweise auch auf die osmanische Stadt zu. Das gilt in jedem Fall und uneingeschränkt für den Markt (Pkt. 2); es gilt – wenn auch nur bedingt (ich komme darauf gleich noch einmal zurück) – für Pkt. 5: Autonomie und Autokephalie. Es gilt nicht für Pkt. 1

---

[109] Weber, Max: Wirtschaft und Gesellschaft. Grundriss der verstehenden Soziologie, 5. rev. Aufl., hg. von Johannes Winckelmann, Tübingen 1976, S. 736.

(Befestigung); es gilt nicht (oder nur mit bedeutenden Einschränkungen) für Pkt. 3 (eigenes Gericht und mindestens teilweise eigenes Recht), und es gilt generell nicht für Pkt. 4 (Verbandscharakter der Stadtgemeinde).

Im Einzelnen: 1. Die osmanischen Städte – zumindest die größeren unter ihnen – besaßen zwar sehr oft eine Festung, aber i.d.R. keine Stadtmauern, die die Stadt als Ganzes gegenüber der Außenwelt abgeschirmt hätten. Wo es solche Stadtmauern eventuell noch aus vorosmanischer Zeit gab, wurden sie zumeist geschliffen oder zumindest funktionsunfähig gemacht. Das Prinzip der Befestigung (das sich ja keineswegs nur gegen ausländische Heere, sondern auch gegen die mögliche Einflussnahme des jeweiligen Herrschers richtete) widersprach dem osmanischen Stadt- (und Staats-)verständnis. Für Reisende aus Mittel- und Westeuropa, die im 16./17. Jahrhundert die europäischen Provinzen des Osmanischen Reiches durchquerten, war der nicht-existente oder zerstörte Stadtwall der Balkanstädte besonders auffällig. Für sie waren die Befestigungsmauern ein unverzichtbares Kennzeichen der Stadt. 2. Der Markt war in den osmanischen Städten nicht weniger wichtig als im Abendland (bzw. noch wichtiger als dort). Das gesamte Geschäftsleben war auf den Markt konzentriert, der eine zentrale Lage hatte, während sich die Wohnviertel streng davon getrennt peripherisch um die „City" herum gruppierten. 3. Von einem eigenen Gericht und mindestens teilweise eigenem Recht lässt sich in der osmanischen Stadt nur in Ausnahmefällen sprechen. Die Richter (*kadis*) wurden von den übergeordneten Staatsorganen eingesetzt (und nicht etwa von der Stadtbevölkerung gewählt). Zwar gab es in den europäischen Provinzen des Sultanreiches Städte mit teilweise eigenem Recht, doch waren dies ausgesprochene Sonderfälle. Zu erwähnen sind hier die Bergbaustädte in Bosnien und anderen Teilen des Balkans, die ihr mittelalterliches sächsisches Recht auch unter osmanischer Herrschaft beibehalten konnten. Sultan Süleyman der Prächtige ließ das sächsische Bergrecht sogar kodifizieren. Die Bergleute bildeten eine Körperschaft, die selbstständige Beschlüsse fassen konnte und deren Mitglieder nicht unter die ordnungsgemäße Rechtsprechung in Zivil- und Strafsachen fielen. Mit Rücksicht auf die besondere Gerichtsbarkeit und die eigenen Verwaltungsorgane, die relativ unabhängig von der Staatsgewalt waren, darf darauf geschlossen werden, dass die Bergleute im osmanischen Balkanraum (wie z. B. in Novo Brdo in Kosovo oder in Srebrenica in Bosnien) einen besonderen Rechtsstatus (entsprechend dem traditionellen sächsischen Bergrecht) besaßen. Es gab noch andere Städte, deren Bewohner auf der Grundlage eines älteren Munizipalrechts besondere Privilegien genossen. Dies gilt für eine Reihe griechischer, albanischer und südslawischer Städte und Dörfer, die bereits in vorosmanischer Zeit über einen besonderen Rechtsstatus verfügt hatten. Die Osmanen haben diese Privilegien in vielen Fällen – v. a. dann, wenn sie für den Staat von Vorteil waren – übernommen und bestätigt. In allen diesen Fällen handelte es sich jedoch um übernommenes (geduldetes) Recht und nicht um autochthone Rechtsschöpfungen. Was Pkt. 5 in Webers Aufzählung betrifft (also die Autonomie und Autokephalie städtischer Gemeinden), so gilt im Wesentlichen das eben bereits Gesagte. Die Verwaltung einer Stadt durch Behörden, an deren Bestellung die Bürger irgendwie beteiligt waren, kam nur in Ausnahmefällen zur Realisierung. Einige bulgarische Orte im Balkangebirge, die griechisch-albanische Stadt Janina im Epirus oder die Aromunenstadt Moschopolis in Albanien (heute Voskopojë) genossen einen solchen autonomen Status und wurden von eigenen Notabeln verwaltet. Aber im Allgemeinen besaß die Einwohnerschaft osmanischer Städte keinerlei Verbandscharakter (vgl. Pkt. 4 in Webers Liste).

Wir haben bereits gesehen, dass die Stadtbevölkerung nach Konfession und Profession gegliedert war. Zwar konnte ein Stadtviertel oder eine Berufsgruppe bestimmte Sonderrechte besitzen (Weber erwähnt die Gilden/Zünfte als Beispiel), aber gerade die Existenz verschiedener und eifersüchtig gehüteter Sonderrechte *innerhalb* einer Stadt vereitelte die Formierung eines gesamtstädtischen Verbands, der alle Bewohner zu einer einzigen Körperschaft vereinigt hätte. Die Subsysteme verhinderten die Formierung eines einheitlichen Rechtssystems Stadt. Die Stadt blieb nicht nur in baulicher, sondern auch in rechtlicher Hinsicht eine Agglomeration vieler verschiedener Teile, die nicht zu einem Ganzen zusammenwachsen konnten und sollten. Wo dies ansatzweise doch geschah (wie etwa im spätosmanischen Sarajevo), verstieß das gegen die Regeln. Die osmanische Stadt unterschied sich somit deutlich von der abendländischen Stadt. Ein Bürgertum (in Gestalt eines Gemeinde- oder Genossenschaftsverbands) konnte sich außerhalb des Abendlands (so auch im Osmanischen Reich) nicht entwickeln. Es sei aber ausdrücklich betont, dass es sich hier nicht um ein Spezifikum der osmanischen Stadtgeschichte oder um ein historisches Erbe handelt, das ausschließlich der Herrschaft des Halbmonds zu verdanken ist. Die russische Stadtgeschichte macht deutlich, wie problematisch derartige Zuweisungen an die Adresse der „Türkenherrschaft" sind. Richtig ist vielmehr, dass die Entwicklung der Städte im abendländischen Europa einen historischen Sonderfall repräsentiert.

In einem Aufsatz über die privilegierten Städte im osmanischen Bosnien vertritt Muhamed Hadžijahić die These, dass „die Existenz von Freistädten keine Besonderheit des westlichen Feudalismus ist, sondern daß wir solchen privilegierten Städten auch im Machtbereich der Osmanen begegnen".[110] Sarajevo dient ihm dafür als Beispiel. Der Autor beruft sich u. a. auf zahlreiche Zeitzeugen, die Sarajevo als „freie Stadt", als „autonome Stadt", als „Zunftrepublik", als „Nachfolgepatriziat" oder als „oligarchische Republik" charakterisiert haben. Ein österreichischer Beobachter bezeichnete Sarajevo als „große Handelsstadt mit eigener Verfassung ähnlich derjenigen der Reichsstädte in Deutschland".[111] Und Chaumette-

---

110 Hadžijahić: Die privilegierten Städte, S. 143.
111 Ebda., S. 131 f.

des-Fossés, der wissbegierige, junge Kanzler des ersten französischen Konsuls in Travnik, berichtet, dass die Bewohner von Sarajevo Schritt für Schritt vom jeweiligen *Pascha* der Provinz unabhängig geworden seien und dass der in Sarajevo residierende Pascha-Stellvertreter, der *Muselim*, null Autorität besitze.[112] Alle diese Einschätzungen stammen jedoch aus der ersten Hälfte des 19. Jahrhunderts, aus einer Zeit der Rebellionen, als das aus den Fugen geratene traditionelle osmanische System in eine Reformphase gesteuert wurde, die in Sarajevo auf vehementen Widerstand stieß. War dieser Widerstand Ausdruck eines Stadtrechts? Hadžijahić räumt ein, dass es kein Statut gab. Das „Stadtrecht" sei „in der Hauptsache via facti, auf der Basis des *Muafnâme*, zur Geltung" gelangt.[113] Er beruft sich auf ein Handschreiben Mehmeds II., das die Muslime im Raum Sarajevo als Dank für ihre militärische Leistung von einer Reihe außerordentlicher Steuern, Abgaben und Leistungen befreite. Das Original, das wahrscheinlich 1464 ausgefertigt wurde und nur in einer Kopie vom 24. August 1572 erhalten geblieben war,[114] ist 1697 verbrannt und wurde auf Bitten der Vertreter von Sarajevo durch einen *Ferman* vom 19. April 1701 (allerdings nicht entsprechend dem Urtext, sondern stellenweise aktualisiert) erneuert.[115] In einem anderen Aufsatz hat sich Hadžijahić ausführlich mit diesem Steuerbefreiungsbrief (*muafnama*) auseinandergesetzt.[116] Er vermutet, dass das Privileg als Gegenleistung für den Entsatz der von ungarischen Truppen belagerten Festung Zvornik verliehen wurde, zu einer Zeit also, da sich Sarajevo noch in statu nascendi befand. Die Muslime der entstehenden Stadt wurden u. a. von Arbeitsverpflichtungen und von der Pflicht zur Einquartierung osmanischer Amtspersonen (nuzul) befreit. Dieses Privileg hat im weiteren Verlauf in der Tat eine wichtige Rolle gespielt und den Muslimen von Sarajevo ein Instrument in die Hand geliefert, mit dem sie sich die bosnischen *Wesire* und deren Gefolge sowie die mit ihrer Einquartierung verbundenen Kosten vom Leib halten konnten. Nachdem Travnik Verwaltungssitz der bosnischen Provinz geworden war (1699), durften sich die neu ernannten *Wesire* auf ihrer Durchreise in Sarajevo

---

112 Chaumette-des-Fossés: Voyage, S. 36. Der Autor führt die bevorzugte Position der Sarajevoer Muslime zurück auf die Protektion der jeweiligen Sultansmutter (Valide Sultan), die einen Teil der Einnahmen in Sarajevo erhalte und sich im Gegenzug für die Belange der Stadt einsetze. Jährlich schicke die Stadt zwei aus ihrer Mitte gewählte Vertreter nach Istanbul, die der Valide Sultan die ihr zustehenden Einkünfte und dem Großherrn seinen Teil der Einnahmen sowie reiche Geschenke überbrachten.
113 Hadžijahić: Die privilegierten Städte, S. 140.
114 Zlatar: Zlatno doba, S. 199 ff. schreibt, dass die Privilegien erstmals in einem Steuerregister von 1570 erwähnt werden. Obwohl sie auf Hadžijahićs Arbeit hinweist, geht sie mit keinem Wort auf dessen Behauptung ein, dass das Muafnâme auf Mehmed II. zurückgehen soll.
115 Das erneuerte Privileg ist abgedruckt bei Muvekkit: Povijest Bosne, S. 432–434. Dort wird Mehmed II. als Aussteller der Urkunde genannt.
116 Hadžijahić. Sarajevska muafnama. Ein ähnliches Privileg erhielt 1588 Banja Luka. Vgl. Korić, Elma: Banjalučka muafnama iz 1588. godine, in: POF 54 (2004), S. 181–188. Zur Bedeutung dieser Steuerbefreiung (mu'afijet) vgl. Handžić: Značaj mu'afijeta.

nur noch drei Tage bzw. Nächte als „Gast" (*musafir*) aufhalten. Dadurch entstanden Freiräume, die von den Führungsschichten der Stadt genutzt wurden. Das *Muafname* war also ein Personalrecht, das einer bestimmten Bevölkerungsgruppe, den Muslimen von Sarajevo, zuerkannt wurde und an deren militärische Dienstpflicht gebunden war, aber kein Stadtrecht. Auch die in der osmanischen Spätphase erfolgte Usurpation von Rechten war etwas völlig anderes als ein kodifiziertes Stadtrecht. Und der von Hadžijahić angestellte Vergleich mit der dalmatinischen Küstenstadt Trogir, die 1322 ein eigenes Statut für einen durch Mauern klar definierten Raum erhalten hatte, hinkt in jeder Hinsicht.[117] Von einem Vergleich mit der Stadtrepublik Dubrovnik/Ragusa ganz zu schweigen.

Abschließend sei noch ein wichtiges Merkmal der osmanischen Städte erwähnt: Erheblich stärker als die Landbevölkerung war die Stadtbevölkerung konfessionell, ethnisch, kulturell und sprachlich heterogen. Die Einwohnerschaft der balkanischen Städte in osmanischer Zeit setzte sich aus Türken, Muslimen unterschiedlicher ethnischer Herkunft (Albanern, Bosniern u. a.), orthodoxen Christen (v. a. Griechen und Südslawen), aus Juden und Armeniern zusammen. Von Fall zu Fall kamen weitere (meist sehr kleine) Gruppen hinzu: katholische Ragusaner, orthodoxe Walachen (Aromunen) oder (wie z. B. im Falle Tatar Pazardžiks) Tataren. Die Errichtung der osmanischen Herrschaft in den Balkanländern führte somit zu tiefgreifenden Veränderungen in der ethnischen und konfessionellen Zusammensetzung der Stadtbevölkerung, die sich oft grundlegend von der Bevölkerung des Umlandes unterschied. Für Sarajevo gilt dies aber nur eingeschränkt. Festzuhalten bleibt, dass die einheimische christliche Bevölkerung – entgegen einer weit verbreiteten These in der Balkan-Historiografie – nach der osmanischen Eroberung nicht aus den Städten verschwand. Die heute bekannten Daten über die steuerpflichtigen Haushalte in den Balkanstädten des 15. und 16. Jahrhunderts belegen nicht nur zweifelsfrei die Fortexistenz der christlichen Bevölkerung in den Städten, sondern deuten sogar darauf hin, dass die Christen – sofern man die Einwohnerschaft aller Balkanstädte zusammenrechnet – bis Ende des 16. Jahrhunderts numerisch in der Überzahl blieben.

Alles in allem waren die osmanischen Städte keine ethnischen, konfessionellen und kulturellen Schmelztiegel und sollten dies auch nicht sein. Die konfessionell und professionell definierten Wohnviertel markierten zugleich gesellschaftliche Grenzen, die selten (oder nie) überwunden wurden. Die osmanischen Balkanstädte waren im weitesten Sinne des Wortes polykulturell. Die Funktionsweise dieser polykulturellen Gesellschaft ist bislang kaum untersucht worden. Die große Mehrheit der städtischen Bevölkerung war lateral gegliedert, d. h. die einzelnen (entsprechend Konfession und Beruf klassifizierten Segmente) existierten nebeneinander. Intergruppen- bzw. interethnische Beziehungen waren vermutlich nur auf

---

117 Zu Trogir vgl. u. a. Benyovsky Latin, Irena: Srednjovjekovni Trogir: prostor i društvo, Zagreb 2009.

wenige Bereiche beschränkt und spielten sich vornehmlich auf dem Markt ab. In der privaten Sphäre (z. B. bei den Heiratsbeziehungen) scheinen die Konfessions- und Statusgrenzen dagegen kaum überwunden worden zu sein. Man heiratete innerhalb der jeweiligen Glaubensgemeinschaft.[118] Segregation – nicht Integration – war das Hauptgestaltungsprinzip der osmanischen Stadt.

1.5. DER ISLAMISIERUNGSPROZESS

KURIPEŠIĆS KLAGE ÜBER DAS ELEND DER CHRISTEN

Kuripešić, der Bosnien 1530 – knapp sechs Jahrzehnte nach dessen Eroberung – als Mitglied einer ungarischen Gesandtschaft durchquerte, schildert die Lage der Christen in düstersten Farben. Bereits in der Vorrede zu seinem Reisebericht spricht er von dem „grausam wütrich und erbfeind des Christlichen gelaubens" und dessen „erschröckenlicher und erbärmlicher tyranney".[119] Als die Gesandtschaft am 14. September 1530 Sarajevo erreichte, beobachtete Kuripešić: „Heut morgen wie wir zu der stat Verchbossen eingezogen, hat man gegen unns an der dengkhen [linken] seiten etwan in die fünfzehen oder sechzehen khindlein, khnablein und diernlein, wie das viech bey unns getriben, dann man sy heut am markt nicht alle verkhauffen (hat) mügen [können]. Es soll Gott erbarmen!"[120] Und an anderer Stelle: „Ach wie offt haben wir sy [die Christen] vor unnser sehen steen mit zamgeschlossnen henden, seufftzundt geen himel sehundt, und haben mit unns nit reden dürffen." [121] „Wolt Got", fährt Kuripešić fort, „das solches alle die, den der gwalt des Türggen nicht zu herzen geet, gesehen hetten! On allen zweifl, sy weren mit den leuten (die wir warlich für die rechten frumben Cristen achten, die auch in Cristenlicher not schwaren und herten gedrang in dem hailwertigen Cristlichen glauben bestenndig beleiben,) mitleidig gewest."[122]

Über den Autor Kuripešić wissen wir wenig. Er wurde um 1490 in Obernburg/Gornji grad (in der Untersteiermark, heute Slowenien) geboren und war als Notar in Laibach/Ljubljana tätig. Er sprach slowenisch (und konnte sich mit den Südslawen in Bosnien verständigen), schrieb deutsch und begleitete als lateinischer Dolmetscher die Gesandten König Ferdinands I., Joseph Lamberg und Nikolaus Jurišić, auf deren Reise an den Hof Süleymans des Prächtigen, wo sie einen Frieden oder Waffenstillstand mit den Osmanen

---

118 Dies gilt auch noch für das 19. Jh. Ursinus: Die Heiratsbeziehungen der muslimischen Bevölkerung von Sarajevo.
119 Curipeschitz: Itinerarium (1997), S. 41.
120 Ebda., S. 55f.
121 Ebda., 58.
122 Ebda., S. 59.

aushandeln sollten. Die Gesandtschaft trat ihre Reise wenige Jahre nach der Schlacht von Mohács (1526) und der ersten Belagerung Wiens (1529) an. Sie wählte (anscheinend aus Sicherheitsgründen) nicht die Strecke von Ofen (Budapest), das bereits unter osmanischer Herrschaft stand, über Belgrad zur berühmten Heer- und Handelsstraße nach Konstantinopel, sondern entschied sich für einen Umweg durch Kroatien und Bosnien (über Jajce, Sarajevo, Višegrad) und weiter über Novi Pazar, Priština und Sofia bis zur Stadt am Goldenen Horn. Als Mitglied der Gesandtschaft des Königs von Ungarn betrachtete Kuripešić das Reich Süleymans aus den Augen eines von der „Türkengefahr" und den „Türkengräuel" erschrockenen und verunsicherten Katholiken, der die „türkische" Herrschaft als Strafe Gottes für die Sünden der Christen verstand. Bereits seit Mitte des 15. Jahrhunderts wurde in der katholischen Kirche die „missa contra Turcas" zelebriert. „Sie ist ein Abkömmling der älteren ‚missa contra paganos'. Der *perfidus*, der Häretiker ist jetzt der Türke. Liturgie und Gebet wurden durch die Predigt ergänzt und systematisch das Bild eines verruchten Heiden und Erzfeindes geschaffen."[123] „Das haßverzerrte Bild des Türken konturierte vor allem die von kirchlicher Seite verbreiteten tendenziösen Berichte über das Los der Christensklaven in der Türkei. (…) Der wichtigste in allen diesen Schriften gegen den ‚Erzfeind christlichen Namens' vorkommende Topos ist der der Grausamkeit… Die bildliche Parallele zu diesem sprachlichen Topos findet sich auf Absagbriefen als Titelillustration. Ein türkischer Reiter durchbohrt ein Kind mit der Lanze, ein zweiter Türke schlägt ein Neugeborenes, das er an den Beinen hält, mit dem Schwert in der Mitte auseinander, und auf einem mit spitzen Pfählen versehenen Holzzaun im Hintergrund sind aufgespießte Säuglinge zu sehen."[124] „Und noch schlimmer: sie beraubten ihrer Jungfräulichkeit / die Jungfrauen, die Buße tuend Dir dienten; / Und die unschuldigen Kinder beschnitten sie, / und stürzten sie damit ins größere Unglück als diejenigen, die sie töteten."[125]

Kuripešić war zweifelsohne von dieser Propaganda beeinflusst. Er sah christliche Sklaven, beklagte den Übertritt von Christen zum Islam, notierte die Enttäuschung der nichtmuslimischen Bevölkerung über die mangelnde Unterstützung durch christliche Staaten und lobte diejenigen, die dem Glauben an Jesus Christus treu geblieben waren. Dass die soziale Lage der Bauern in christlichen Staaten oft schlechter war als im Osmanischen Reich und dass der Siegeszug der Osmanen im Balkanraum mit einer „Befreiung der Dorfarmut"

---

123 Göllner, Carl: Turcica. Die europäischen Türkendrucke des 16. Jahrhunderts, Bd. 3: Die Türkenfrage in der öffentlichen Meinung Europas im 16. Jahrhundert, Bukarest-Baden-Baden 1978, S. 22.
124 Ebda., S. 23.
125 So der kroatische Dichter und Humanist Marko Marulić (1450–1524): Molitva suprotiva Turkom, zit. nach Dukić, Davor: Das Türkenbild in der kroatischen literarischen Kultur des 18. Jahrhunderts, in: Schmidt-Haberkamp, Barbara (Hg.): Europa und die Türkei im 18. Jahrhundert, Göttingen 2011, S. 116.

Hand in Hand ging,¹²⁶ interessierte ihn nicht oder nur am Rande. Und dies obwohl der große Bauernaufstand in Ungarn von 1514, der den dortigen Bauern als Strafe die ewige Erbuntertänigkeit (perpetua rusticitas) beschert hatte, ebenso wie der deutsche Bauernkrieg 1523–1526 noch nicht allzu lange zurücklagen. Kuripešićs Wahrnehmungshorizont wurde gänzlich vom Blick auf den „Erbfeind des christlichen Glaubens", vom Gegensatz zwischen „Europa" und Islam bestimmt: „Wir" – die guten Christen – gegen „sie" – die barbarischen Ungläubigen – (so wie es auch muslimische Eiferer, allerdings mit umgekehrten Vorzeichen, sahen).¹²⁷ Der Gerechtigkeit halber sei hinzugefügt, dass die Reise in einer Zeit stattfand, da vielerorts die verheerenden Folgen der vorangegangenen Kriege noch deutlich zu sehen waren und die osmanische Bedrohung mit all ihren Begleiterscheinungen (Plünderung, Verwüstung, Sklaverei, Flucht usw.) unvermindert fortbestand. Dass Kriege – von allen Beteiligten – mit großer Grausamkeit geführt wurden (Sarajevo sollte dies Ende des 17. Jahrhunderts mit aller Härte erfahren), sei nur der Vollständigkeit halber erwähnt.

Über die Zusammensetzung der Bevölkerung in Bosnien schreibt Kuripešić: „Item wir haben in berürtem khünigreich Wossen [Bosnien] dreyerley nation und glaubens völkher gefunden. Die ersten sein die alten Wossner; die sein des Römischen Cristlichen glaubens, die hat der Turgg in eroberung des khünigreichs Wossen in irem glauben angenommen und darinnen beleiben lassen. Die anndern sein Surffen [Serben], die nennen sie Wallachen und wir nennens Zisttzn¹²⁸ oder Marthalosen¹²⁹. Die khamen von dem ort Smedravo [Smederevo östlich von Belgrad an der Donau] und Khriechisch Weissenburg [Belgrad] und haben Sanndt Pauls glauben. Die achten wir auch für guet Cristen, dann wir finden khain unnderschaidt von dem Römischen glauben. Die drit nation sein die rechten Turggen; dieselben und sonderlich, so khiegsleut und ambtleut sein, herschen mit grosser tiraney über baid vorgemelt nation Christen und underthanen; yedoch so hat sy der Türggisch khaiser bisheer, allain damit sy das landt gepaut, bey irem glauben gelassen…; hat inen auch vergundt ire priester, khirchen und annder ord-

---

126 Braudel, Fernand: Das Mittelmeer und die mediterrane Welt in der Epoche Philipps II., Bd. 2, Frankfurt/M. 1994, S. 432.

127 Dazu allgemein Höfert, Almut: Den Feind beschreiben: „Türkengefahr" und europäisches Wissen über das Osmanische Reich 1450–1600, Frankfurt/M. 2003.

128 Dazu schreibt der Bearbeiter von Kuripešićs Reisebericht, Gerhard Neweklowsky: „Der Terminus Ćići/Čiči (Tschitschen) ist uns aus dem Karstgebiet des nördlichen Istrien, das Ćićarija (Čičenboden) genannt wird, bekannt, wo es sich um zugewanderte, teilweise romanische Bevölkerung orthodoxen Glaubens handelt." Curipeschitz: Itinerarium, S. 112.

129 Martolosen waren osmanische Hilfstruppen, die sich aus orthodoxen Christen des Balkans zusammensetzten. Sie wurden u. a. zur Grenzsicherung (z. B. in Kroatien und Dalmatien), zur Bewachung von Festungen, zur Bekämpfung von Banditen oder als Vorhut der osmanischen Armee eingesetzt. Mitunter wechselten sie die Seiten, traten in österreichische Dienste ein oder liefen zu denen über, die sie bekämpfen sollten.

nungen zuhalten. Sy seint auch von irem erpauten gründten kheinen anndern zynnß, dann jarlich ainen gulden hungerisch, das ist fünfftzig *asper*, von ainem hauß zugeben schuldig gewest. Aber yezt in disem iar, seit er nun Crabaten [Kroatien] am maisten erobert und des Hungerlanndts ainen grossen tail unnder sich gebracht, hat er angefangen, beid vorgemelte stendt [Stände] der Kristen höher zu beschwern und mit neuen aufsatzungen ... zu belestigen."[130]

SKLAVEREI UND „KNABENLESE"

Bei den „Belästigungen" denkt Kuripešić in erster Linie an die Sklaverei und die „Knabenlese", die in besonderem Maße mit der Vorstellung von Unterdrückung und Despotie assoziiert wird. Sklaven konnten i. d. R. durch die Gefangennahme nicht-muslimischer Kriegsgegner und Zivilisten oder durch Kauf erworben werden. Der Preis für einen Sklaven bewegte sich Anfang des 16. Jahrhunderts in Sarajevo zwischen 1.200 und 6.600 *Akče*.[131] In den muslimischen Häusern Sarajevos lebten viele christliche Sklavinnen und Sklaven, die als Kriegsbeute aus Dalmatien, Slawonien, Ungarn und „Slowenien" hierher verschleppt worden waren.[132] Nach einiger Zeit (in der Regel nach mindestens sieben Monaten) wurden sie freigelassen (zumeist, aber nicht immer, verbunden mit dem Übertritt zum Islam), da die Freilassung als gottgefälliges Werk galt.[133] Sklaven waren selbstverständlich keine Besonderheit des Osmanischen Reiches. Eine Besonderheit war jedoch die von Kuripešić angesprochene *zusätzliche* Rekrutierung von Sklaven (jenseits von Kriegsgefangenschaft, Kriegsbeute oder Kauf) in Gestalt der sog. Knabenlese (*devširme*). Diese ist für die Geschichte der Balkanländer unter osmanischer Herrschaft (vor allem im 15. und 16. Jahrhundert) von besonderer Bedeutung, da die Mehrheit der eingesammelten Kinder bzw. Jugendlichen aus den europäischen Provinzen stammten und die Knabenlese ein Teil des Islamisierungsprozesses in der Region war. Die griechische Historikerin Vasilike Papoulia definiert die Knabenlese als „die bei den Osmanen in Form eines Tributs durchgeführte gewaltsame Abtrennung von Kindern der christlichen Untertanen von ihrer ethnischen, religiösen und kulturellen Umgebung und ihre Verpflanzung in die türkisch-islamische, zum Zweck ihrer Verwendung im Palast-, Militär- und Staatsdienst, wobei sie einerseits dem Sultan als

---

130 Curipeschitz: Itinerarium (1997), S. 56 f.
131 Zlatar: O sudbini ratnih zarobljenika, S. 261.
132 Vgl. Skarić: Sarajevo i okolina, S. 65; Zlatar: O sudbini ratnih zarobljenika, S. 260 ff. Allein aus Kroatien sollen im Zeitraum von 1462 bis 1520 70.000 Gefangene entführt worden sein. Wie viele davon nach Bosnien und Sarajevo kamen, ist unbekannt.
133 Vgl. Müller, Hans: Sklaven, in: Lexikon der islamischen Welt. Hg. K. Kreiser/W. Diem/H. G. Majer. Band 3, Stuttgart [u. a.] 1974, S. 110 f.

Sklaven und Freigelassene dienen, andererseits die herrschende Schicht des Staates bilden sollten".[134] Zwei Aspekte seien kurz erläutert:[135] 1. Diese Art der Rekrutierung von Sklaven bzw. Staatsdienern widersprach dem islamischen Recht, denn es heißt im Koran, dass die Anhänger monotheistischer Offenbarungsreligionen nur solange bekämpft werden dürfen, bis sie sich entweder zur wahren Religion (Islam) bekennen oder ihren Tribut in Demut entrichten. Die Entrichtung des Tributs hatte die Duldung der Anders- oder „Un"-Gläubigen zur Folge: die Schonung ihres Lebens und ihrer persönlichen Freiheit wie auch ihres Eigentums. Die Knabenlese lässt sich daher nur als eine (koranrechtlich problematische) Sonderform des Tributs verstehen. 2. In der Regel wurden Sklaven für die Ausführung untergeordneter Tätigkeiten eingesetzt, waren persönliches Eigentum ihres Herrn und besaßen keinerlei Rechte. Dies galt für die aus der Knabenlese hervorgegangenen osmanischen Sklaven aber nur bedingt. Die aus christlichen Balkanfamilien stammenden, zwangsislamisierten Sklaven der Hohen Pforte wurden gerade nicht zur Verrichtung niedrigster Tätigkeiten (wie viele Kriegssklaven) eingesetzt, sondern zum Dienst in den Elitetruppen (*Janitscharen*) und zur Ausübung höchster Staatsämter ausgebildet. Die meisten von ihnen wurden nach einiger Zeit freigelassen. Papoulia führt die besondere Stellung und Funktion der Pforte-Sklaven auf die Tradition der arabischen Klientelverwandtschaft zurück. Durch die Freilassung wurde ein bisheriger Sklave Mitglied der Klientelverwandtschaft seines Patrons bzw. seines vormaligen Herrn. Damit wurden neue Mitglieder, die bis vor kurzem außerhalb der islamischen Gemeinschaft gestanden hatten, in eine Quasi-Verwandtschaft aufgenommen, nachdem sie die dafür unerlässliche Voraussetzung, den Übertritt zum Islam, erfüllt hatten. Die Aufnahme erfolgte zu bestimmten Bedingungen, die sowohl für den Patron als auch für den freigelassenen Sklaven günstig waren: Der Freigelassene wurde Teil der Familie, zu der er als Sklave gehört hatte, und besaß das Recht auf Schutz wie jedes andere Mitglied der Familie (bzw. der erweiterten Familie oder Sippe). Selbstverständlich war er auch verpflichtet, den Patron und dessen Sippe zu schützen, wann immer dies erforderlich war. Im Fall, dass der Freigelassene ohne blutsmäßige Erben starb, beerbten ihn der Patron oder dessen männliche Nachkommen. „Man sieht daraus ganz deutlich", schreibt Papoulia, „daß durch die Freilassung die Bildung einer Gruppe ermöglicht wird, die von einer Person abhängig und mit ihr eng verbunden ist und die zugleich alle Rechte genießt, welche diese Verbundenheit ihr gewährt, eine Verbundenheit, die einer Filiation [d. h. der legitimen Abstammung der Kinder von ihren Eltern] entspricht. Falls nun diese Person ein Herrscher ist, werden diese ehemaligen Sklaven auch alle Rechte genießen, die eben aus einer Filiation mit einem Herr-

---

134 Papoulia, Basilike D.: Knabenlese, in: Lexikon der islamischen Welt. Hg. K. Kreiser/W. Diem/H. G. Majer, Band 2, Stuttgart [u. a.] 1974, S. 97 f.

135 Das Folgende nach Papoulia: Ursprung und Wesen der „Knabenlese" im osmanischen Reich, München 1963.

64 1. SARAJEVO ALS OSMANISCHE STADT (1462–1878)

Abb. 8: Janitscharen-Agas

scher hervorgehen. Jetzt verstehen wir, warum diese Sklaven auch die höchsten Ämter bekleiden konnten."[136]

Die Knabenlese wurde im Verlauf des 14. Jahrhunderts eingeführt, erlebte in den beiden folgenden Jahrhunderten ihren Höhepunkt, um nach der Mitte des 17. Jahrhunderts wieder zu verschwinden. Die davon betroffenen Jugendlichen wurden in der Regel im Alter zwischen 14 und 18 Jahren ihren christlichen Eltern gewaltsam entwendet und in den Status von Sklaven versetzt. Anfangs erfolgten die Aushebungen je nach Bedarf. Erst im zweiten Drittel des 15. Jahrhunderts kam es zu einer Systematisierung dahingehend, dass der Knabenzins in Abständen von fünf Jahren erhoben wurde. Nachdem die Jugendlichen von den dazu beauftragten Dienern des Sultans in Gruppen von ungefähr 100–150 eingesammelt worden waren, wurden sie nach Konstantinopel gebracht, wo sie nach einer kurzen Erholung von wenigen Tagen zunächst das Glaubensbekenntnis zum Islam ablegten und beschnitten wurden. Daraufhin teilte man sie in zwei Hauptkategorien. Die Begabtesten und Schönsten wurden einem der kaiserlichen *Serails* (in Bursa, Edirne oder Istanbul) zugeteilt, während die übrigen an türkische Bauern oder Pfründeninhaber und Großgrundbesitzer gegen Geld vermietet wurden, damit sie die türkische Sprache erlernten sowie die türkische und islamische Denk- und Lebensweise annahmen. Etwa mit dem 22. Lebensjahr wurden sie als Novizen in eine der Abteilungen des *Janitscharen*korps aufgenommen. Nach einer kurzen und harten militärischen Ausbildung wurden sie Vollmitglieder des Korps. Diese Aufnahme entsprach einer Freilassung aus der Sklaverei, obwohl diese in der Realität nicht uneingeschränkt vollzogen wurde. Denn auch nach ihrer Freilassung durften die *Janitscharen* nicht heiraten, solange sie dienstfähig waren – ein Indiz für ihre fortdauernde Abhängigkeit –, und sie trugen den Titel „Qul" (d. h. Sklave), einen Titel, der allerdings als Ehrentitel verstanden wurde. Auf der anderen Seite durften sie weder verkauft noch vermietet, auch durften sie nicht mehr für niedere Arbeiten verwen-

---

136 Ebda., S. 26.

det werden (wie zuvor bei den türkischen Bauern oder Würdenträgern). Sie waren Krieger, die den Islam verbreiten sollten und ihren Patron, den Sultan, vor jedem Feind schützen mussten[137] (Abb. 8). Die besonders begabten und schönen Jugendlichen wurden in den Sultanspalästen erzogen. Sie erhielten eine bessere Ausbildung und wurden für das Korps der Reiter oder für die höchsten Ämter des Reiches vorbereitet. Im Übrigen waren sie genauso Sklaven wie diejenigen, die für das Janitscharenkorps bestimmt waren. Ihre Lage war vielleicht noch schwieriger, weil sie in keinen Kontakt mit der äußeren Welt treten durften. Sie blieben immer in den Palästen eingeschlossen, wo sie lesen, schreiben, verschiedene Haus- und Hofarbeiten lernten und im Gebrauch der Waffen sowie im Reiten etc. unterrichtet wurden. Nachdem sie das Erwachsenenalter erreicht hatten, vollzog sich ihre Befreiung aus der Sklaverei. Die besonders Fähigen waren inzwischen in den Großherrlichen *Serail* der Hauptstadt überführt worden, wo sie als „Kinder des inneren Dienstes" bzw. als Kinder der Großherrlichen Kammer weiter ausgebildet wurden. Dort mussten sie Persisch und Arabisch lernen, den Koran und die Gesetzbücher studieren und wichtige Werke der islamischen Literatur lesen sowie alle Kenntnisse erwerben, die nach den Maßstäben der damaligen islamischen Welt von der Elite zu beherrschen waren.

In Bosnien wurde die Knabenlese besonders intensiv praktiziert, obwohl es keine verlässlichen Gesamtzahlen gibt. Über die Reaktion der Bevölkerung existieren sehr widersprüchliche Berichte. Einerseits sollen Muslime darum gebeten haben, bei der Knabenlese (wegen der damit verbundenen Aufstiegschancen) berücksichtigt zu werden, obwohl die Überführung von Muslimen in den Sklavenstatus nach islamischem Recht verboten war. Es scheint, dass es sich bei diesen Bittstellern um aufstiegsorientierte Konvertiten gehandelt hat, die die Knabenlese „mehr als ein ehrenvolles Stipendiensystem" denn als drückende Last empfanden.[138] Andererseits wurde den Muslimen in einigen Ortschaften die Befreiung vom *Devširme* als Privileg zugesichert. Die Bitte um Einbeziehung in die Knabenlese und die Befreiung davon als Privileg stehen somit nebeneinander. Mehrere Sultanserlässe aus dem 16. Jahrhundert weisen jedenfalls zweifelsfrei darauf hin, dass die Knabenlese nicht nur bei christlichen, sondern auch bei den zum Islam konvertierten Familien durchgeführt wurde und dass die Zahl der bereits Beschnittenen – zumindest zeitweilig – die Zahl der christlichen Knaben übertraf.[139] Kurzum: Die Knabenlese war einerseits eine Art Blutzoll der unterworfenen Bevölkerung, die von Kuripešić und anderen christlichen Beobachtern als grausame Tyrannei verurteilt wurde. Andererseits war sie die erste Stufe auf einer Karriereleiter, die über den Dienst bei den *Janitscharen* hinaus bis zur Besetzung der höchsten

---

137 Zu den Janitscharen vgl. Goodwin, Godfrey: The Janissaries, London 2006.
138 Gellner, Ernest: Der Islam als Gesellschaftsordnung, München 1992, S. 173.
139 Einzelheiten bei Džaja: Konfessionalität, S. 66 f.

Staatsämter führte. (Nur Sultane konnten die ehemaligen Balkanchristen nicht werden.)[140] Und schließlich war die Knabenlese mit einer Zwangsislamisierung verbunden. Auch dies war eine Ausnahme, denn systematische Zwangsislamisierungen hat es sonst – entgegen einem weit verbreiteten Mythos – nicht gegeben.[141]

RELIGIONSWECHSEL UND BOGOMILEN-THESE

Der Übertritt zum Islam erfolgte in der Regel freiwillig. Mit „freiwillig" ist hier die Abwesenheit physischen Zwangs gemeint, nicht mehr und nicht weniger. Es gebe viele, moniert Kuripešić, „die aus liederlicher ursach und poßhait, (wie bei unns vill pöser leut gefunden), gern wider unns raisen [in den Krieg ziehen] und gar an der Turggen glauben fallen"[142], die „sich jungerhait oder aus leichtfertigkeit in Turggischen glauben ergeben haben".[143] Kontakte zwischen Bosnien und der islamischen Welt im Mittelmeerraum bestanden schon seit mehreren Jahrhunderten. Lange vor der osmanischen Eroberung gab es Sklaven aus Bosnien, die zum Islam konvertiert waren. Auch im Tal von Sarajevo lebten Muslime vor der Gründung der Stadt, auch wenn ihre Zahl sehr gering gewesen sein dürfte. Trotz dieser alten Kontakte, die Dzavid Haveric zu einer vorosmanischen „Islamisierung Bosniens" hochredet,[144] setzte der massenhafte Übertritt zum Islam nicht sofort nach der Eroberung des Landes ein. Eine Ausnahme bildeten die bosnischen und herzegowinischen Adligen,

---

140 Von den 43 Großwesiren, die von Einrichtung dieses Amts bis 1623 gezählt wurden, waren nur fünf Türken. Elf Großwesire waren Balkanslawen (Bosnier, Serben, Bulgaren), weitere elf Albaner, sechs waren Griechen, je einer war armenischer und tscherkessischer Herkunft. Die Herkunft der verbleibenden 12 Großwesire ist nicht eindeutig geklärt. Vermutlich stammten auch sie mehrheitlich aus der Knabenlese oder waren aus eigenem Entschluss zum Islam übergetreten. Viele Reisende (Diplomaten, Kaufleute oder Abenteurer), die das Osmanische Reich der Frühen Neuzeit besuchten, gaben ihrem Erstaunen darüber Ausdruck, dass das Sultansreich in den wichtigsten Bereichen des öffentlichen Lebens, vorab in Verwaltung, Heer, Finanzwesen, oft genug auch in Wissenschaft und Kunst, von Personen nicht-türkischer Herkunft repräsentiert wurde. Slawen, Albaner, Griechen, aber auch Italiener, Spanier und Deutsche trugen den Turban und bekleideten hohe Würden im Staat. Das türkische Bevölkerungselement war in den ersten Jahrhunderten der osmanischen Herrschaft dagegen in den Führungspositionen deutlich unterrepräsentiert. Ja, selbst das Wort „Türke" hatte einen pejorativen Beigeschmack. Insofern war das Osmanische Reich kein „türkisches Reich", auch wenn es von Zeitgenossen immer so bezeichnet wurde.

141 Zeitgenössische Texte aus dem bulgarischen Raum, in denen von einer zwangsweisen Islamisierung die Rede ist, entpuppten sich als Fälschungen aus dem 19. Jahrhundert. Vgl. Željazkova, Antonina: The problem of the authenticity of some domestic sources on the islamization of the Rhodopes, deeply rooted in Bulgarian historiography, in: Adanır, Fikret/Faroqhi, Suraiya (Hg.): The Ottomans and the Balkans. A Discussion of Historiography, Leiden 2002, S. 223–266.

142 Curipeschitz: Itinerarium (1997), S. 59.

143 Ebda., S. 56 f.

144 Haveric: Islamisation of Bosnia.

1.5. DER ISLAMISIERUNGSPROZESS

die durch den Glaubenswechsel ihre bisherigen Privilegien sichern wollten.[145] Diese neuen Muslime „entstanden aus den schlechten Christen, welche, da sie nicht anders ihren Grundbesitz verteidigen konnten, zum Islam übertraten", erregte sich 1851 der Franziskaner Ivan Franjo Jukić (alias Slavoljub Bošnjak), ein Vorkämpfer der südslawischen Einigungsidee, aber auch ein Mann voller Vorbehalte gegenüber den Muslimen. „Der neue Glaube sicherte ihnen Besitz und Reichtum, befreite sie von allen Steuern und Abgaben, gewährte ihnen einen Freibrief für alle Laster und schlechte Handlungen, so dass sie ohne Mühe und Arbeit als große Herren leben konnten."[146] Das einfache Volk, das nichts zu verlieren hatte und dem es unter den Osmanen anfangs besser ging als unter ihren bisherigen Herren, trat dagegen erst später zum Islam über. Die osmanischen Steuerregister für Bosnien (so problematisch sie im Detail sein mögen) legen den Schluss nahe, dass die Islamisierung der Bevölkerung erst allmählich (nach Konsolidierung der osmanischen Herrschaft) einsetzte und Mitte des 16. Jahrhunderts ihre volle Intensität erlangte; das heißt also in der Zeit einer neuen Normalität (rund vier Generationen nach der Eroberung), da der Glaube an die Kurzlebigkeit der osmanischen Herrschaft einer realistischeren Wahrnehmung gewichen war und die Sultane („Zaren") als Nachfolger der römischen Kaiser verstanden wurden. 1485 waren noch über 88 % aller steuerlich erfassten Haushalte im bosnischen *Sandžak* christlich gewesen. Im Register für 1520–1535 war ihr Anteil auf knapp 54 % geschrumpft. In Sarajevo verlief der Prozess sehr viel dynamischer. 1485 waren etwa 76 % aller steuerpflichtigen Haushalte christlich; 1520 nur noch etwa 14 %.[147] Ein Presbyter beklagte um 1516 die

---

145 So z. B. Sigismund und Katarina, die Kinder des bosnischen Königs Stjepan Tomaš (gestorben 1461) oder Ahmet-beg Hercegović, der jüngste Sohn des Herceg Stjepan Vukčić-Kosača (gestorben 1466). Vgl. Batinić, Mijo F.: Franjevački samostan u Fojnici od stoljeća 14. do 20, Zagreb 1913; Reprint Fojnica 1998, S. 183 f.

146 Bošnjak, Slavoljub [Pseudonym für Ivan Franjo Jukić]: Zemljopis i poviest Bosne, Zagreb 1851, S. 143; zit. nach Andrić: Entwicklung des geistigen Lebens, S. 33. Andrić hat sich an vielen Stellen seiner Dissertation auf Jukić gestützt. Dieser war aber alles andere als ein sachlicher und unparteiischer Beobachter. In den vier Bänden der Zeitschrift „Bosanski prijatelj. Časopis sadržavajući potrebite, koristne i zabavne stvari" (erschienen zwischen 1850 und 1871 in Zagreb) schrieb der bis heute verehrte Jukić auch über die Bräuche bei den bosnischen Muslimen. Der Wiener Ethnograf Friedrich Salomon Krauss tituliert Jukić schlicht als „Fanatiker" und seine Ausführungen als „Wörterbuch an Gemeinheiten und Niederträchtigkeiten". „Die Geschichtchen, die er erzählt, sind natürlich erfunden, um im Leser Hass und Abscheu gegen die Türken und – Juden zu erwecken. Wir führen nur eine an, die zweifelsohne auf einer blossen Erfindung beruht. Ich hörte dasselbe recht oft in Slavonien den Juden nachsagen. Jukić erzählt nämlich, das Vorhäutchen, das man einem [muslimischen] Knaben abnimmt, werde zerstückelt und in einem Kuchen verbacken. ‚Die Weibstücker (ženskadija) schätzen sich überglücklich, wenn sie bei der Festmahlzeit in ihrem Stückchen Kuchen einen kleinen Teil des Vorhäutchens vorfinden. Aus den übrigen (?) Vorhäutchen aber machen sich die Weiber Fingerringe.'" Krauss: Sitte und Brauch der Südslaven. Nach einheimischen gedruckten und ungedruckten Quellen, Wien 1885, S. 557. Auch an vielen anderen Stellen seines Werkes kritisiert Krauss Jukić außerordentlich scharf.

147 Džaja: Konfessionalität, S. 70, 75. Vgl. auch Vryonis, Speros Jr.: Religious Changes and Patterns in the Bal-

starke Zunahme der „Agarjanen"¹⁴⁸ und den Rückgang der pravoslawischen Christen in der Ortschaft Vrhbosna, „die sie Sarajevo nennen".¹⁴⁹ Die von vielen bosniakischen Historikern vertretene These, dass die massenhafte Islamisierung Bosniens unmittelbar nach Eroberung des Landes erfolgt sei und dass es sich bei den bosnischen Muslimen um Nachfahren einer spezifisch bosnischen Glaubensgemeinschaft (Bogomilen) – und nicht um Nachfahren von Katholiken oder Orthodoxen – handle, steht empirisch allerdings auf wackligen Beinen. Auch in dieser Frage geht es – wie bei der Gründungsgeschichte Sarajevos – um Kontinuität oder Diskontinuität, verbunden mit der Vorstellung, dass Kontinuität Altehrwürdigkeit und Authentizität verbürgt, während Diskontinuität als Abbruch, Umweg oder Irrweg verstanden wird.

Für beide Perspektiven gibt es Argumente. Dazu ist ein kurzer Rückblick auf die wechselvolle Geschichte Bosniens im Mittelalter notwendig. Lange Zeit war Bosnien als Grenzregion des Byzantinischen Reiches den territorialen Ambitionen seiner konkurrierenden Nachbarn (der Königreiche Kroatien, Ungarn, Serbien u. a.) ausgesetzt, und seine lokalen Machthaber, die bosnischen Bane, standen in häufig wechselnden Vasallenverhältnissen zu katholischen oder orthodoxen Herrschern. Ban Kulin, der Bosnien zwischen 1180 und 1204 beherrschte, verbündete sich 1183 mit den Ungarn und Serben unter Stefan Nemanja gegen die Byzantiner, schüttelte die byzantinische Oberhoheit ab und verstand sich fortan als „Fiduciarius regni Hungariae" (Lehensträger des Königreichs Ungarn). Während dieser Zeit tauchte für die Bewohner Bosniens erstmals die Bezeichnung „Bosnier" (Bošnjani) auf, und die Kirche von Kulins Staat entwickelte sich zu einer eigenständigen Glaubensgemeinschaft (Crkva Bosanska, Ecclesia Bosniensis), deren Mitglieder in den Quellen der Stadtrepublik Ragusa/Dubrovnik als „Patarener", in anderen Quellen als „Bogomilen" bezeichnet wurden. Sie selber bezeichneten sich als „Christen" (Krstjani). Sowohl die päpstliche Kurie und katholische Herrscher wie auch das Patriarchat in Konstantinopel und ostkirchliche Herrscher betrachteten die „Bosnische Kirche" als häretisch und brachten sie mit dualistischen (manichäischen) Strömungen (Bogomilen, Patarener, Katharer) in Verbindung, deren Verbreitung sich von Vorderasien bis Südfrankreich erstreckte. Infolge spärlicher Quellen ist die Einordnung der „Bosnischen Kirche" bis heute zwischen Katholiken, Orthodoxen

---

kans, 14th–16th Centuries, in: Birnbaum, Henrik/Vryonis, Speros Jr. (Hg.): Aspects of the Balkans. Continuity and Change. The Hague, Paris 1972, S. 165 ff. Vryonis weist die Bevölkerung Sarajevos für 1520–30 als 100 % muslimisch aus. So – unter Berufung auf Vryonis – auch Sugar, Peter F.: Southeastern Europe under Ottoman Rule, 1354–1804, Seattle-London 1977, S. 51. Dass es im dritten Jahrzehnt des 16. Jhs. in Sarajevo keine Christen mehr gegeben haben soll, lässt sich allerdings mit großer Sicherheit ausschließen.

148 In den frühneuzeitlichen serbisch-orthodoxen Texten werden die Muslime und „Türken" oft als „Agarjanen" (Agarener) bezeichnet. Gemeint sind die Nachfahren von Agar (Hagar), einer Nebenfrau Abrahams, deren Sohn Ismael als Stammvater der Araber und als Vorfahre des Propheten Mohammed gilt.

149 Stojanović, Ljubomir: Stari srpski zapisi i natpisi, Bd. 1, Beograd 1902 (Nachdruck 1982), Nr. 427, S. 130 f.

und Bosniaken heftig umstritten.¹⁵⁰ Ungeachtet mehrerer „Kreuzzüge", der Entsendung der Franziskaner als Missionare und Inquisitoren nach Bosnien (Anfang des 13. Jahrhunderts) und taktischer Bündnisse der bosnischen Herrscher mit katholischen oder orthodoxen Potentaten gelang es jedoch anscheinend nicht, die „Bosnische Kirche" völlig zu eliminieren. Der bosnische Ban (Stjepan) Tvrtko I. Kotromanić (1338–1391), der vom ungarischen Königshof dazu gedrängt worden war, die „Bosnische Kirche" auszumerzen, erklärte sich 1377 zum „König der Serben, Bosniens, des Küstenlands und der westlichen Länder". Unter seiner Herrschaft avancierte Bosnien zum mächtigsten Staat auf der Balkanhalbinsel und trat in dieser Hinsicht die Nachfolge von Stefan Dušans Serbischem Reich an. Zur Unterstützung des serbischen Fürsten Lazar gegen das osmanische Heer unter Murad I. schickte Tvrtko 1389 seine Truppen auf das Amselfeld. Nach seinem Tod (1391) wurden die Geschicke Bosniens von rivalisierenden Adelsfamilien, den Einmischungen der Ungarn und Osmanen sowie ständig wechselnden Allianzen bestimmt. Das Land versank in Chaos. „Seit der Sintflut hat sich noch nie die Welt so gedreht und verwirrt." „Bosnam destructam esse" (Bosnien ist zu zerstören). So fassten die Ragusaner Anfang des 15. Jahrhunderts die desolate Situation zusammen.¹⁵¹ Der letzte bosnische König Stjepan Tomašević sandte Papst Pius II. 1461 (oder 1462) ein Schreiben, in dem es hieß: „Die Türken haben in meinem Königreiche mehrere Festungen erbaut und sind mit dem Landvolke liebenswürdig; sie versprechen die Freiheit jedem Bauern, der zum Islam übertritt. Der einfache Bauernverstand kann die Hinterlist nicht recht durchschauen und glaubt, dass diese Freiheit ewig dauern werde…"¹⁵²

Was aus den Bogomilen oder Krstjani geworden ist, wissen wir nicht. Die angeblich bogomilischen Grabsteine (stećci), die sich an zahlreichen Stellen Bosniens und der Herzegowina (und auch im Areal des Landesmuseums in Sarajevo) finden, bleiben trotz intensiver Forschung rätselhaft. Der bedeutendste Poet Bosniens, „Mak" Dizdar (1917–1971), hat in seinem Gedichtband „Kameni spavač" (Der steinerne Schläfer) von 1966 (bzw. in der posthum veröffentlichten überarbeiteten Fassung von 1973) den Grabsteinen ein großartiges literarisches Denkmal gesetzt.¹⁵³ Klar ist, dass die Religionsgeschichte Bosniens im Mittelalter wechselhaft war, dass West- und Ostkirche um Einfluss rangen und dass die „Bosnische Kirche" eine Sonderentwicklung an der Schnittstelle zwischen abendländischen und morgenländischen Expansionsbestrebungen darstellte. Glaubenswechsel in die eine oder andere Richtung waren weit verbreitet. Selbst wenn ein Großteil der „Krstjani" vor der osmanischen Eroberung zur römisch-katholischen Kirche übergetreten sein sollte (oder dazu von

---

150 Dazu ausführlich Fine: Bosnian Church.
151 Zit. nach Andrić: Die Entwicklung des geistigen Lebens, S. 22.
152 Nach ebda., S. 24. Vollständiger Text des Briefes bei Lovrenović: Bosanski Hrvati, S. 224 f.
153 Vgl. dazu Buturović, Amila: Stone Sleeper: Medieval Tombs, Landscape and Bosnian Identity in the Poetry of Mak Dizdar, New York 2002.

ihren Herren gezwungen wurde) – was wir nicht wissen –, ist es äußerst unwahrscheinlich, dass dies zu einer religiös stabilen Situation geführt hat. Stattdessen ist von einem Volksglauben auszugehen, in dem sich christliche, dualistische und heidnische (animistische) Elemente miteinander mischten.[154] Ob der mangelnde Widerstand gegen die osmanische Eroberung Bosniens etwas mit einem „Krypto-Bogomilentum", mit der Verbitterung über die vorangegangenen katholischen „Kreuzzüge" oder mit den unglaublichen sozialen Missständen zu tun hat, lässt sich nicht eindeutig klären. Selbst Autoren, die die Leistungen der Franziskaner im osmanischen Bosnien eingehend gewürdigt haben, schätzten deren Rolle vor der osmanischen Eroberung kritisch ein: „Durch ihren Glaubenseifer wurden die Spaltungen im Schoosse der Nation immer schroffer, der Gemeinsinn, die Liebe zum Vaterlande schwand, und als der wilde Eroberer hereinbrach, erhob sich nicht ein Arm, nicht eine Stimme zur Vertheidigung."[155]

Aber auch wenn es keine geradlinige Kontinuität zwischen Bogumilentum und Islamisierung in Bosnien gab, bleibt die Tatsache bestehen, dass Bosnien vor der osmanischen Eroberung weder religiös homogen noch religiös gefestigt war.[156] Somit ist nicht auszuschließen, dass sowohl die mittelalterliche „Bosnische Kirche" wie die spätere Islamisierung als Konsequenz dieser konfessionellen Ambivalenz zu deuten sind und dass beide Phänomene ähnliche Ursachen hatten. Hadžihasanovićs These, dass „Toleranz und Offenheit", die er als wichtigste Merkmale der Geschichte Sarajevos versteht, auf das „bogomilische Element" in der muslimischen Tradition Bosniens zurückzuführen seien,[157] ist Spekulation. Aber das letzte Wort in dieser Frage ist noch nicht gesprochen. Es trifft zu, dass die „Krstjani" in dem zeitweilig vom katholischen Ungarn beherrschten Teil Bosniens nicht mehr erwähnt werden. Doch in den Steuerregistern des osmanischen Teils tauchen sie bis Anfang des 17. Jahrhunderts (vereinzelt) noch auf. In den unveröffentlichten Verzeichnissen aus den Archiven von Istanbul und Ankara hat Tajib Okić mehrere Hinweise auf „Krstjani" und deren Übertritt zum Islam gefunden.[158] Ob es sich dabei nur um zahlenmäßig geringe Ausnahmen handelte, bleibt offen. Das bisher bekannte Quellenmaterial ist jedenfalls viel zu spärlich und widersprüchlich, als dass daraus weitreichende Schlussfolgerungen gezogen werden könnten.

Nachdem die ungarischen (und christlichen) Ambitionen in Bosnien mit der Schlacht von Mohács (1526) endgültig gescheitert waren, nahmen die Übertritte der Bevölkerung

---

154 Vgl. Friedman: Bosnian Muslims, S. 9.
155 Thoemmel: Beschreibung des Vilayet Bosnien, S. 91 f.
156 Vgl. auch Donia/ Fine: Bosnia and Hercegovina, S. 43 ff.
157 Hadžihasanović: Sarajevo, S. 127.
158 Okić, Tajib: Les Kristians (Bogomiles Parfaits) de Bosnie après des documents turcs inédits, in: Südost-Forschungen 19 (1960), S. 108–133; in Übersetzung erschienen u. d. T.: Bosanski Krstjani (Bogomili) prema nekim neobjavljenim osmanskim izvorima, in: Anali Gazi Husrev-begove biblioteke 21–22 (2003), S. 143–166.

zum Islam zu. Christliche wurden durch islamische Vornamen ersetzt. Aus Duka wurde Mustafa, aus Stojan Husein, aus Jovana Aiša, aus Ljiljana Fatima usw. Nach Vladislav Skarićs Beobachtungen hießen die Väter auffallend vieler Konvertiten in Sarajevo „*Abdullah*": Mustafa, Sohn Abdullahs; Ibrahim, Sohn Abdullahs; Fatima, Tochter Abdullahs usw. Da die Vornamen nicht ausreichen, um eine Person eindeutig zu identifizieren, wurden sie mit dem Zusatz „Sohn/Tochter des…" oder mit dem Suffix „ović/ević" versehen, das dem Namen des Vaters angehängt wurde. (Wir erinnern uns an den Gründer von Sarajevo: Isa-beg Isaković. Isa war der Sohn von Isak, woraus die Namensform Isa Isaković entstand.) Die zahlreichen Söhne und Töchter Abdullahs in Sarajevo stammten von Vätern mit unterschiedlichen christlichen Namen ab. Um ihre Herkunft zu kaschieren, gaben die Konvertiten stereotyp den Namen des Vaters mit „*Abdullah*" (Diener Gottes) an.[159] Unter ihnen befanden sich auch viele freigelassene Sklavinnen und Sklaven.[160] Aus den Protokollbüchern des Scheriatsgerichts in Sarajevo für die Jahre 1555–1558 geht hervor, dass es sich bei den „Söhnen Abdullahs" zumeist um angesehene Leute handelte: Inhaber von Klein- und Großlehen (*spahije, zaimi*), Prediger in Hauptmoscheen (*hatibi*), Heerführer (Vojvoden), Verwalter von Stiftungen (*mutevelije*) usw.[161] Die einheimischen Konvertiten in Bosnien stießen anfangs auf viele Vorbehalte. Fromme Christen warfen ihnen vor, ihren Glauben verraten zu haben, eifrige Muslime misstrauten ihnen, und der osmanische Fiskus war ohnehin nicht begeistert, weil die Konvertiten keine Kopfsteuer mehr zahlen mussten. Selbst die Nachkommen von Konvertiten erregten sich mitunter über neue Konvertiten. Der zeitlose (religionsneutrale) Sozialneid dürfte dabei ebenso eine Rolle gespielt haben wie religiös motivierte Verdächtigungen.[162]

„ALLAHS CHRISTEN"

Um 1585 machte ein anonymer islamischer Pamphletist seinem Unbehagen Luft:[163] Nach der Eroberung habe ein großer Teil der Bosnier seine christlichen Namen gegen islamische ausgetauscht, um sich von der Kopfsteuer zu befreien. Einige hätten diesen Schritt treuherzig getan und seien gute Muslime geworden. Die anderen seien schwankend geblieben. „In ihrem unbeständigen Glauben blieben Wankelmut und Unentschlossenheit zurück, sie konnten sich nicht offen zum Christentum bekennen. Wie die Tiere tummelten sie sich in

---

159 Skarić: Sarajevo i okolina, S. 64 f.; vgl. auch Zlatar: Širenje islama, S. 227 f.
160 Zlatar: O sudbini ratnih zarobljenika, S. 263 f.
161 Nedeljković: Sarajevski sidžil, S. 198.
162 Vgl. Krstić, Tijana: Contested Conversions to Islam: Narratives of Religious Change in the Early Modern Ottoman Empire, Stanford 2011.
163 Nach Džaja: Konfessionalität, S. 68.

der Wüste des Unglaubens. Heute heißt diese Gruppe die ‚poturi'. Das Wort ‚potur' ist aus zwei Wortteilen zusammengesetzt, aus ‚po', was ‚halb', und ‚Turčin', was ‚Muslim' bedeutet. Die Zusammenstellung bedeutet ‚Halbmuslim'."[164]

Entstehung und Herkunft des Wortes „Potur" sind nicht eindeutig geklärt. Einerseits kann es sich um ein Substantiv handeln, das aus dem südslawischen Verb „poturčiti" (vertürken) abgeleitet ist. Poturen sind demnach Vertürkte, wobei „Türke" und „Muslim" als Synonyme begriffen werden. Zum anderen gibt es Indizien dafür, dass das Wort „potur" aus „pataren" (= Patarener, d. h. Bogomile) abgeleitet wurde.[165] Und auch die eben zitierte Deutung „Halbtürke" ist nicht völlig von der Hand zu weisen (unabhängig davon, ob sie linguistisch richtig oder falsch ist). Der anonyme Berichterstatter betrachtete jedenfalls die bosnischen Poturen des 16. Jahrhunderts als Produkte eines oberflächlichen Islamisierungsprozesses. Andere osmanische wie nicht-osmanische Quellen des 16. Jahrhunderts bestätigen den Eindruck: Darin ist von religiöser Untreue gegenüber dem Islam, Bereitschaft zum Überläufertum ins christliche Lager oder Ähnlichem die Rede. Die Verstellungskunst, die Kunst des Verbergens (die „ars dissimilationis"), erlebte eine Blütezeit. Ungefähr um die Wende vom 16. zum 17. Jahrhundert endete die Phase, in der die Poturen von vielen Zeitgenossen vermutlich oft zu Recht als Kryptochristen (als „Christen Allahs")[166] verdächtigt wurden, die dem Islam nur ein Lippenbekenntnis zollten, im privaten Leben aber am Christentum festhielten. Das Versickern der Berichte über Kryptochristen und Poturen könnte nach Ansicht von Srećko Džaja bedeuten, dass die Akkulturation der bosnischen Poturen an die osmanisch-islamische Welt etwa zu dieser Zeit zum Abschluss gekommen sein dürfte.[167] Später erhielt das Wort „potur" einen pejorativen Beigeschmack im Sinne eines ignoranten und derben muslimischen Bauern. (Muslimische Zigeuner wurden allerdings generell der religiösen Indifferenz und Unzuverlässigkeit beschuldigt und höher besteuert als sonstige Muslime.)[168]

Die Motive für den Übertritt zum Islam, für das „Renegatentum", wurden bereits angedeutet: Befreiung von der Kopfsteuer, Verbesserung des sozialen Status und Aufstiegschan-

---

164 Zit. nach Solovjev, Aleksandar: Nestanak bogomilstva i izlamizacija Bosne, in: Godišnjak Društva istoričara Bosne i Hercegovine 1 (1949), S. 42–79; hier S. 56 f. Übersetzung von Džaja, ebda.
165 Škaljić, Abdulah: Turcizmi u srpskohrvatskom jeziku, Sarajevo 1966, S. 523.
166 Zur Problematik der „Renegaten" im Mittelmeerraum vgl. Bennassar, Bartolomé/Bennassar, Lucile: Les Chrétiens d'Allah. L'histoire extraordinaire des renégats, XVIe et XVIIe siècles, Paris 2006.
167 Džaja: Konfessionalität, S. 68. In anderen Teilen des Reiches scheinen die Vorbehalte gegenüber den bosnischen Muslimen als „Poturen" fortbestanden zu haben, wie Chaumette-des-Fossés: Voyages, S. 53. Anfang des 19. Jahrhunderts noch berichtete.
168 Die bisher bekannten Nachrichten über Zigeuner/Roma in Bosnien und Sarajevo sind außerordentlich lückenhaft. In den Protokollen des Kadi-Amts von Sarajevo tauchen seit der zweiten Hälfte des 16. Jhs. vereinzelt Hinweise auf Zigeuner auf. In ganz Bosnien soll es 1870 5.139 muslimische Zigeuner männlichen Geschlechts und 117 nicht-muslimische Zigeuner gegeben haben. Einzelheiten bei Mujić, Muhamed A.: Položaj cigana u jugoslovenskim zemljama pod osmanskom vlašću, in: POF 3-4 (1952/53), S. 137–193.

cen. Dazu kam das Bestreben bosnischer Adliger, ihren vorosmanischen Besitzstand durch Übertritt zum Islam zu bewahren. Auch Enttäuschung über die ausgebliebene Hilfe der Christen, das Gefühl, verlassen worden zu sein, dürfte eine Rolle gespielt haben, ebenso wie die Anziehungskraft der islamischen Kultur, der sakralen und profanen Architektur, der Ornamentik, des Lebensstils usw. Push- und Pull-Faktoren wirkten zusammen. Aber die sozioökonomischen Motive dürften letztlich im Vordergrund gestanden haben.[169] Das heißt: Der Glaubenswechsel war oft weniger ein religiöser als ein sozialer Akt; er diente dem Bestreben, sich in die dominante Gesellschaftsordnung zu integrieren, um dadurch Zugang zu Ressourcen zu erlangen. Umgekehrt gilt aber auch, dass nicht alle, die Christen blieben, dies aus religiöser Überzeugung taten, sondern einfach mangels einer Gelegenheit zum Übertritt (vor allem auf dem Lande). Denn wo sich die Möglichkeit bot, wurde sie häufig genutzt, insbesondere von jungen, „cleveren" Leuten, die auf der sozialen Leiter nach oben klettern wollten. Das Ergebnis lässt sich in wenigen Worten zusammenfassen: Vor der osmanischen Eroberung hatte es in Bosnien – ebenso wie in anderen Gebieten des Balkanraums – nur wenige und vereinzelte muslimische Gruppierungen gegeben. Mitte des 20. Jahrhunderts lebten dagegen 7-8 Millionen Muslime in den ehemals europäischen Provinzen des Osmanischen Reiches (einschließlich Ost-Thrakiens).

DIE ROLLE DER DERWISCHE

Der Glaubenswechsel oder die Annahme eines zweiten Glaubens, ohne den ersten völlig aufzugeben,[170] wurde begünstigt und erleichtert durch den Sufismus, die „mystischen" Strömungen im Islam, deren Anhänger (*Derwische*) die Gotteserfahrung bzw. das Einssein mit Gott mittels Askese, Kontemplation oder Ekstase anstreben. Die *Derwische* galten als Quelle der Erleuchtung, der Weisheit und der Heilkunst. Schon früh organisierten sie sich unter Führung eines *Scheichs* in verschiedenen Bruderschaften oder Ordensgemeinschaften (*tarik*) mit der Tekke (*tekija*), einer Art Konvent, als gemeinsamem Zentrum. Dort trafen sich die *Derwische* und Sympathisanten des Ordens zu ihren Ritualen und Gesprächen. Einige lebten ständig dort, andere gingen einem Beruf nach. Oft betrieben die *Derwische* eine Armen-

---

169 Interessante Einblicke in den Glaubenswechsel liefert Minkov, Anton: Conversion to Islam in the Balkans. Kisve Bahası Petitions and Ottoman Social Life, 1670–1730, Leiden-Boston/MA 2004. Im Mittelpunkt der Untersuchung stehen Übertritte im bulgarischen Siedlungsraum und die Petitionen (kisve bahası), die die Glaubenswechsler an den Sultan richteten. Mit ihren Gesuchen erhofften sie sich eine Belohnung in Bargeld. Die meisten Bittsteller kamen aus dem städtischen Milieu, häufig unverheiratete Männer aus den unteren sozialen Schichten. Wie repräsentativ die von Minkov untersuchten 634 Petitionen sind, lässt sich derzeit nicht einschätzen.
170 Im Südslawischen werden diese bireligiösen Personen als „dvojverci" bezeichnet.

küche (*imaret*) und stellten bedürftigen Reisenden kostenlose Unterkunft zur Verfügung. Mit ihrem sozialen Engagement leisteten sie einen wichtigen Beitrag zur Islamisierung.[171] Populär waren insbesondere jene Orden, die dem Volksislam mit seinen synkretistischen Elementen zugerechnet werden. Ihre Mitglieder lebten in Armut, betätigten sich karikativ und seelsorgerisch und praktizierten Bräuche, die mit denen des Christentums vereinbar waren (z.B. die Verehrung von Heiligen oder den Totenkult). Auch über das Alkoholverbot und die Trennung der Geschlechter beim Gottesdienst setzten sich manche Orden hinweg.[172]

Bei der Islamisierung der Bevölkerung in Bosnien standen die *Derwische* mit ihren Bruderschaften und weit gespannten Netzwerken an vorderster Front.[173] Der von ihnen praktizierte Volksislam war weniger streng als der Hochislam und wies zahlreiche Berührungspunkte mit der oberflächlich christianisierten Volkskultur auf. Das Fehlen einer Seelsorge im orthodoxen Islam sprach ebenfalls zugunsten der *Derwisch*orden, da diese individuelle Beratung in seelischen Notlagen durchführten. Zu den wichtigsten in Sarajevo vertretenen Bruderschaften gehörten die Mevlevije, die Halvetije, die Kaderije (Kadirije) und die Nakšbendije, während die Bektašije (die eng mit den *Janitscharen* verbunden waren) eine eher marginale Rolle spielten.[174] Auch der vom Mystiker Ahmed Rifai im 12. Jahrhundert gegründete Rifai-Orden war – zumindest zeitweilig – in Sarajevo präsent. Aufgrund ihres ekstatischen Rituals erhielten die Mitglieder dieser Bruderschaft im Westen den Namen „heulende Derwische".[175]

International bekannt sind v.a. die Mevlevije mit ihren weißen Gewändern, den schwarzen Umhängen und den aus Kamelhaar gefertigten Filzhüten, deren Orden auf das Wirken von Dschalal ad-Din Rumi (1207-1273) im zentralanatolischen Konya zurückgeht. Mitglieder dieses Ordens praktizieren ihr Ritual (dhikr, bosn. *zikir*) mit religiöser Musik und drehen sich dabei um die eigene Achse, weshalb sie „tanzende *Derwische*" genannt werden. Mit dem rituellen Drehtanz streben sie die völlige Harmonie mit allen Dingen und Lebewesen der Natur sowie die Einheit von Körper, Herz und Verstand an. Die Anhänger dieser Bruderschaft waren von Anfang an auch in Sarajevo vertreten. Die von Isa-beg gestiftete (mehr-

---

171 Vgl. Norman, York: Imarets, Islamization and Urban Development in Sarajevo, 1461–1604, in: Feeding people, feeding power: Imarets in the Ottoman Empire. Hg. Nina Ergin/Christoph K. Neumann/Amy Singer, Istanbul 2007, S. 81 ff.
172 Vgl. Hadžijahić: Sinkretistički elementi.
173 Einzelheiten bei Ćehajić: Derviški redovi u jugoslovenskim zemljama.
174 Zu den Derwisch-Orden im jugoslawischen Raum vgl. Ćehajić: Derviški redovi; Samic, Jasna: Où sont les Bektashis de Bosnie?, in: Popovic, Alexandre/Veinstein, Gilles (Hg.): Bektachiyya: études sur l'ordre mystique des Bektashis et les groupes relevant de Hadji Bektach, Istanbul 1995, S. 381–391.
175 Eine ausführliche Beschreibung des Rituals der „heulenden Derwische" in der zweiten Hälfte des 19. Jhs. findet sich bei Renner: Durch Bosnien, S. 67–70.

mals veränderte) *Tekke* in Bentbaša an der Miljacka gehörte dem Mevlevi-Orden (obwohl in der Stiftungsurkunde der Orden nicht genannt wird). Die nicht mehr erhaltene *Tekke* (vgl. oben Abb. 1) glich nach den Worten des Reisenden Evlija Čelebi einem „Paradiesgarten". Die Anlage hatte im Jahr 1660 einen Hof für die Rituale der *Derwische* (semahana), einen Gesprächsraum sowie 70-80 *Derwisch*zellen, ferner eine Veranda, eine Küche und einen Speisesaal.[176] In Meša Selimovićs Meisterwerk „Der Derwisch und der Tod" stellt sich der Ich-Erzähler mit den Worten vor: „Ich bin der Scheich einer Tekieh des Mewlewi-Ordens, des reinsten und größten Ordens, und die Tekieh, in der ich lebe, liegt am Ausgang der Stadt, zwischen schwarzen und braunen Felswänden, die die Weite des Himmels verdecken und nur ganz oben einen schmalen Durchblick ins Blaue lassen… Die Tekieh ist schön und geräumig, an einem Flüßchen errichtet, das aus den Bergen kommt und hier durch die Felsen bricht; ein Garten gehört dazu und Rosenstöcke und wilder Wein über der Veranda, ein langer Vorraum, in dem die Stille weich ist wie Watte, noch leiser, wei¹ das Flüßchen ihm zu Füßen murmelt. (…) Die dichten hölzernen Fenstergitter und die sta ke Mauer rings um den Garten machten unsere Abgeschiedenheit fester und sicherer, das Tor aber stand stets offen, damit jeder eintrete, der Hilfe und Reinigung von Sünden brauchte, und wir empfingen die Menschen mit guten Worten, wenn sie kamen, obgleich es ihrer weniger waren als die Nöte, viel weniger waren als die Sünden."[177]

Interessant ist, dass es zeitweilig auch weibliche *Derwische* in Sarajevo und Bosnien gab. Über den Platz der Frauen in den muslimischen Bruderschaften Südosteuropas schreibt Nathalie Clayer: „Er war wohl zentraler als man meinen könnte. Auch wenn sie nicht Scheich werden konnten,[178] spielten dennoch manche von ihnen, die einer Familie von Scheichen angehörten, eine wichtige Rolle im Leben der Bruderschaft. Viele von ihnen waren Eingeweihte (in unterschiedlichem Maß, abhängig von tarikat und Epoche) und nahmen an Riten teil, wobei sie sich von den Männern getrennt in einem Nebenzimmer oder auf einer Galerie befanden. Gelegentlich bildeten sie unter Leitung einer der ihren

---

176 Čelebi: Putopis, S. 110.
177 Selimović, Meša: Der Derwisch und der Tod. Übers. von Werner Creutziger, Salzburg 1994, S. 9 f. Selimović (1910–1982) stammte aus einer muslimischen Familie in Tuzla. Während des Zweiten Weltkriegs schloss er sich den Tito-Partisanen an und wurde Mitglied der KPJ. Sein Bruder – ebenfalls Parteimitglied – wurde wegen eines angeblichen Diebstahls von den Partisanen ohne Gerichtsverfahren erschossen. Sein tragischer Tod scheint bei der Konzipierung des erwähnten Romans eine Rolle gespielt zu haben. Von 1947–1971 lebte Selimović in Sarajevo und anschließend bis zu seinem Tod in Belgrad. Wiederholt hat er sich als Serbe deklariert, doch seine „große Liebe" blieb Bosnien. „Oft habe ich versucht davonzulaufen, bin aber immer wieder geblieben, obwohl es keine Rolle spielt, wo man physisch lebt. Bosnien ist in mir wie Blut."
178 Da ein Scheich (ebenso wie ein Imam) jederzeit in der Lage sein musste, religiöse Handlungen durchzuführen, konnten Frauen, die während der Menstruation oder bei der Geburt eines Kindes den religiösen Reinheitsgeboten nicht gerecht wurden, diese Ämter nicht ausführen.

auch Kreise in Privathäusern…Manche wurden als Heilige verehrt…"[179] Ein Musterbeispiel dafür war die Frau des Sarajevoer Poeten und *Scheichs* Hasan Kaimi(ja), von dem im Zusammenhang mit sozialen Unruhen in Sarajevo noch zu sprechen sein wird. Hasan Kaimi (oder Hasan Baba) gehörte vermutlich dem Kaderija-Orden an und war *Scheich* der Hadži Sinan-*Tekke* in Sarajevo.[180] Sein Privathaus in der Ajas-paša Mahala verwandelte er 1664 in eine Stiftung, die Kaimija Baba-*Tekke*, wo seine Frau nach entsprechender geistiger Vorbereitung und als Repräsentantin des *Scheichs* die Ordensrituale für weibliche *Derwische* (die „Schwestern von Rûm": Bacıyân i Rûm oder „Badžijanije") durchführte. Nach ihrem Tod wurde sie als heilige Frau, als „Freund Gottes" (*evlija*) verehrt, ihr Grab wurde zur Pilgerstätte.[181]

Nach Evlija Čelebis Bericht gab es 1660 in Sarajevo 47 *Derwisch*-Zentren, die in der Regel Teil einer Stiftung waren. Im religiösen und gesellschaftlichen Leben der Stadt nahmen die *Derwische* eine geachtete Position ein, auch wenn sie immer wieder von Eiferern des Hochislam attackiert und einige ihrer Orden zeitweilig verboten wurden.[182] Doch ohne das Wirken der *Derwische* wäre die Islamisierung der altansässigen Bevölkerung wahrscheinlich langsamer verlaufen. Dass dieser Prozess in Bosnien größere Dimension annahm als in anderen europäischen Provinzen des Reiches (mit Ausnahme des albanischen Siedlungsraums)[183] dürfte vor allem mit der religiös labilen Situation in Bosnien vor der osmanischen Eroberung und der zeitweilig prominenten Stellung Bosniens als Grenzprovinz zu tun gehabt haben. Unter diesen Voraussetzungen entfalteten die Knabenlese, die Tätigkeit der *Derwische*, die synkretistischen Elemente im bosnischen Islam, die osmanisch-

---

179 Clayer, Nathalie: Netzwerke, S. 23.
180 Die nördlich der Baščaršija, in der Sagrdžija-Staße gelegene Hadži Sinan-Tekke (heute ein Nationaldenkmal) gehört zu den bedeutendsten, heute noch erhaltenen Derwisch-Zentren in Sarajevo und Bosnien (mit wertvollen kalligrafischen Inschriften). Sie entstand zwischen 1638 und 1640. Erbauer war der Sohn des reichen Sarajevoer Kaufmanns Hadži Sinan-aga. Angeblich soll Sultan Murad IV. anlässlich der Eroberung Bagdads die Mittel für den Bau bereitgestellt haben.
181 Moker, Mubina: Sejrisuluk šejha Kaimije u svjetlu njegova odnosa prema ženama-sufijama: http://www.ibn-sina.net/bs/component/content/article/525-sejrisuluk-ejha-kaimije-u-svjetlu-njegova-odonosa-prema-enama-sufijama.html. Vgl. auch Kuehn, Sara Susanne: Reverbarations of the life and work of the seventeenth-century Bosnian shaykh and poet Ḥasan Qāʾimī: http://iranianstudies.org/research-and-publication/sufism-in-balkans/reverberations-of-the-life-and-work-of-the-seventeenth-century-bosnian-shaykh-and-poet-%E1%B8%A5asan-qa%CA%BEimi1/. Hadžijahić, Muhamed: Badžijanije u Sarajevu i Bosni, in: Anali Gazi Husrev-begove biblioteke 7–8 (1982), S. 109–133. Zu Kaimi vgl. auch die Monografie der Schriftstellerin Jasna Šamić: Pjesnik Hasan Kaimi – život i djelo, Sarajevo 1982 (franz. Ausgabe: Dîvân de Kâimî: Vie et œuvre d'un poète bosniaque du XVIIe siècle, Paris 1986).
182 Vgl. Džaja: Konfessionalität, S. 58, 62 (unter Verweis auf Baseskija).
183 Die Islamisierungsprozesse in Bosnien und Albanien weisen zahlreiche Ähnlichkeiten auf. Zu Albanien vgl. Bartl, Peter: Die albanischen Muslime zur Zeit der nationalen Unabhängigkeitsbewegung (1878–1912), Wiesbaden 1968, S. 17 ff.; ders.: Albanien. Vom Mittelalter bis zur Gegenwart. Regensburg-München 1995, S. 51 ff.

islamische Urbanisierung und die vielen Stiftungen sowie die Push- und Pull-Faktoren des Glaubenswechsels in Bosnien mehr Schubkraft als in anderen Teilen des Balkanraums.

1.6. DER STATUS DER NICHT-MUSLIME

Die Beziehungen zwischen Angehörigen verschiedener Religionsgemeinschaften gehören zu den zentralen Themen aller multireligiösen Gesellschaften. Damals wie heute. Im Osmanischen Reich der Frühen Neuzeit oder im mittelalterlichen Spanien ebenso wie in vielen westlichen Staaten der Gegenwart mit muslimischen Zuwanderern. Für den osmanischen Staat war das Verhältnis von Muslimen zu Nicht-Muslimen schon deshalb von grundlegender Bedeutung, weil mit den Eroberungen in Europa die Zahl und das relative Gewicht der christlichen Bevölkerung unter der Herrschaft des Halbmonds sprunghaft zugenommen hatten. Anders als viele Muslime in den postosmanischen Balkanstaaten wurden die Christen aus dem Sultansreich nicht vertrieben. Doch stellte sich die Frage, wie künftig mit den „Ungläubigen" verfahren werden sollte. Auf der einen Seite stand das Gebot Mohammeds, den Islam bzw. das „Haus des Islam" (dār-al Islam) über die ganze Welt zu verbreiten, was gleichbedeutend war mit umfassender Islamisierung. Auf der anderen Seite hatte Mohammed den Juden und Christen als Inhaber göttlicher Offenbarungsschriften (der Thora bzw. des Evangeliums) – d. h. als Schriftbesitzern – nach ihrer politischen Unterwerfung freie Religionsausübung gegen Entrichtung der Kopfsteuer zugesagt. „Wer einem Juden oder Christen Unrecht tut, gegen den trete ich selbst als Ankläger auf am Tage des Gerichts", lautet einer der von Mohammed überlieferten Aussprüche (hadith).[184] Die Behandlung von Christen und Juden war somit deutlich von der Behandlung (polytheistischer) Heiden zu unterscheiden, für die es nach islamischer Auffassung nur Bekehrung oder Tod gab.

DAS „SCHUTZVERHÄLTNIS" (DHIMMA)

Zu der von Mohammed geforderten Duldung von Christen und Juden kam ein pragmatisch-fiskalischer Gesichtspunkt, der gegen eine flächendeckende Islamisierung zu Buche schlug: die Tatsache, dass ein Massenübertritt von Christen zum Islam (und damit der Fortfall der Kopfsteuer) die ökonomische Grundlage des Reiches erschüttert hätte. Diese widerstreitenden Prinzipien (Ausbreitung des Islam auf der einen, Duldung der Offenbarungsreligionen sowie fiskalische Opportunität auf der anderen Seite) schlugen sich in der Praxis wie folgt nieder:

---

184 Nach: Lexikon der islamischen Welt. Hg. K. Kreiser/W. Diem/H. G. Majer, Band 3, Stuttgart [u. a.] 1974, S. 97.

Christen ebenso wie Juden wurden als Schutzbefohlene (*zimija*, dhimmi) geduldet, sofern sie sich der osmanischen Herrschaft unterwarfen und die Kopfsteuer (*džizija*, *harač*) pflichtgemäß entrichteten. In der gesellschaftlichen Arbeitsteilung hatten sie ihren festen Platz. Während sich die Kriegerschicht ausschließlich aus Muslimen zusammensetzte, waren die Nicht-Muslime für deren Unterhalt zuständig. An den Kriegen selbst „durften" sie nicht teilnehmen, mussten aber mit ihrer Kopfsteuer zu deren Finanzierung und zur Aufrechterhaltung von Sicherheit und Ordnung im Innern finanziell beitragen. Solange Leistung und Gegenleistung als ausgewogen empfunden wurden, funktionierte die „Pax ottomanica". Die „dhimma"[185] (das Schutzverhältnis) ist nicht mit religiöser Gleichberechtigung und Abwesenheit von Diskriminierung gleichzusetzen. Im Gegenteil: Christen und Juden hatten eine Fülle von Diskriminierungen zu ertragen.[186] Offene Gewalt spielte dabei allerdings kaum eine Rolle, - von Fanatikern, die es immer und überall gibt einmal abgesehen. Die Christen durften als Schriftbesitzer ihre Religion behalten, waren aber bei deren Ausübung vielen Einschränkungen und nicht selten Schikanen ausgesetzt. Politisch waren sie (von wenigen Ausnahmen abgesehen) Untertanen zweiter Klasse, von jeglicher Teilnahme an den Staatsgeschäften ausgeschlossen, auch dort, wo sie die überwiegende Mehrheit der Bevölkerung bildeten. Das islamische Recht, die Scharia, benachteiligte sie in vieler Hinsicht gegenüber Muslimen. So konnte ein Muslim eine dhimmi-Frau heiraten, doch durfte kein Christ oder Jude eine muslimische Frau ehelichen. Ein Kind aus einer gemischten Ehe wurde automatisch Muslim. Ein dhimmi durfte keinen muslimischen Sklaven besitzen, während das Gegenteil erlaubt war. Finanziell waren die dhimmis durch die zusätzliche Kopfsteuer stärker belastet als Muslime, was v.a. in späterer Zeit zu ihrer zunehmenden Verarmung führte. Die Hohe Pforte ließ den Christen zwar freie Hand im innerkirchlichen Bereich und in dogmatischen Fragen, beschränkte aber die Ausübung des Christentums praktisch auf den Kirchenraum, Glocken durften nicht geläutet werden. Der Neubau von Kirchen war verboten, eine Reparatur bedurfte der Genehmigung. Die Gesetzessammlungen (*kanun-nama*) für den *Sandžak* Bosnien aus den Jahren 1516, 1530 und 1542 legen fest, dass neu erbaute Kirchen, die an Orten errichtet wurden, an denen zu „ungläubigen Zeiten" (also vor der osmanischen Eroberung) keine Kirchen bestanden hatten, abgerissen werden müssen und dass diejenigen, die sich darin aufhalten und Berichte an „ungläubige"

---

185 In Škaljićs Wörterbuch der Turzismen fehlt eine bosnische Variante des Begriffs „dhimma". Dagegen findet sich ein Eintrag zum Schutzbefohlenen: „zimija". Vgl. auch den Eintrag von Masters, Bruce: Dhimmi (zimmi), in: Encyclopedia of the Ottoman Empire. Hg. Gábor Ágoston/Bruce Masters, New York 2009, S. 185 f.

186 Vgl. die sehr kritische Darstellung von Binswanger, Karl: Untersuchungen zum Status der Nichtmuslime im Osmanischen Reich des 16. Jahrhunderts. Mit einer Neudefinition des Begriffs „Dimma", München 1977.

Staaten schicken, schwer zu bestrafen sind.[187] Öffentliche Begräbniszeremonien der Nichtmuslime waren verboten; sie mussten ihre Toten in aller Stille beisetzen. Vielfach mussten sich die Christen und Juden durch besondere Kleidung kenntlich machen, durften keine Waffen tragen, keine Pferde in der Stadt reiten (wenn sie auf Reisen gingen, durften sie das Pferd erst außerhalb der Stadt besteigen) und dergleichen mehr. An Diskriminierungen und Schikanen aller Art herrschte kein Mangel. Zwar erhielten Nichtmuslime von Fall zu Fall auch Sonderrechte, aber ein Kodex dieser Rechte existierte nicht. Oft gerieten sie schnell in Vergessenheit, waren den ausführenden Organen unbekannt oder mussten – gegen entsprechende Zahlungen – wieder erneuert werden. Die dhimma bedeutete also Duldung und Schutz. Religiöser Pluralismus und Gleichberechtigung war den Staats- und Gesellschaftsmodellen der Frühen Neuzeit dagegen fremd. Sowohl die islamische wie die christliche Welt beriefen sich auf eine religiös begründete Herrschaft und einen religiösen Wahrheitsanspruch, ohne den man sich die irdische Ordnung nicht vorstellen konnte. Ein gleichberechtigtes Nebeneinander mehrerer Wahrheitsansprüche bzw. Religionen war undenkbar. Duldung – ein erster Vorläufer des modernen Minderheitenschutzes - war unter diesen Umständen das Maximum. Sie war Teil jener pragmatischen und flexiblen Machtpolitik, die dem Osmanischen Reich zu Aufstieg und Glanz verhalf. Dass viele christliche Autoren das anders sahen (und sehen), ist offenkundig. Aber im internationalen Vergleich schied das Osmanische Reich während seiner Glanzzeit vorteilhafter ab als die meisten christlichen Staaten, wenn man an die Eroberung des maurischen Spanien, an die Kreuzzüge, die Ketzerverfolgungen, die Inquisition, die Vertreibung von Juden oder an die Religionskriege zwischen Katholiken und Protestanten denkt. In seiner Geschichte über die Juden in Bosnien bemerkt Moritz Levy, dass die Muslime in Sarajevo den Juden „verhältnismäßig gut gewogen" gewesen seien. „Daß aber der Jude nicht in jeder Hinsicht einem Moslimen gleichgestellt war, daß er nicht überall gleiche Rechte genoß wie ein Moslim, das lag in der Weltanschauung der damaligen Zeit. Diese Ausnahmegesetze waren jedoch für die damaligen Verhältnisse durchaus nicht so drückend und demütigend, daß der Jude sie gar zu hart gespürt hätte. Schließlich erfreuten sich die Juden auch in den damaligen zivilisierten Staaten Westeuropas keiner besseren Behandlung als in der damaligen Türkei. Die Türken, als intolerant beleumundet, haben sich niemals den nach den damaligen Verhältnissen berechtigten Wünschen anderer Konfessionen verschlossen."[188]

---

187   Vgl. Kanun-nama Bosanskog sandžaka iz 1516. godine (bearbeitet von Hazim Šabanović), in: Kanuni i kanun-name, S. 18–33; hier S. 31; Kanun-nama za bosanski sandžak iz 1530. godine (bearb. von Branislav Djurdjev), in: ebda., S. 34–47; hier S. 43. und Kanun-nama Bosanskog sandžaka iz 1542. godine (bearb. von Hazim Šabanović), in: ebda., S. 59–69; hier S. 66.
188   Levy: Sephardim, S. 146 f.

ORTHODOXE, FRANZISKANER, SEPHARDEN

Die Selbstverwaltungsrechte der Christen und Juden im Osmanischen Reich seit Mehmed II., aus denen sich dann im 19. Jahrhundert das *Millet*-System entwickelte, können hier im Detail nicht dargestellt werden.[189] Für die Geschichte Bosniens und Sarajevos während der osmanischen Periode bleibt festzuhalten: 1. Die dortige orthodoxe Bevölkerung unterstand nach Eroberung Bosniens und der ersten Aufhebung des Serbischen Patriarchats in Peć (Kosovo) 1459 der Jurisdiktion des Ökumenischen Patriarchen von Konstantinopel.[190] Das Patriarchat war für die Regelung religiöser, kirchlicher und zivilrechtlicher Fragen zuständig und durfte die orthodoxen Christen besteuern. 1557 wurde auf Initiative des serbischstämmigen Großwesirs Mehmed Sokolović das serbische Patriarchat von Peć erneuert, sodass es fortan zwei orthodoxe Patriarchen im Osmanischen Reich gab. Das für Sarajevo und Bosnien zuständige Erzbistum (Dabrobosanska mitropolija) hatte seinen Sitz zunächst (mit Unterbrechungen) im Kloster Banja (Westbosnien). 1693 – während des 16-jährigen österreichisch-türkischen Krieges – verlegte Erzbischof Visarion den Sitz nach Sarajevo. Als 1766 das Patriarchat von Peć zum zweiten Mal aufgehoben wurde, begann die mehr als hundertjährige Phase „griechischer" Erzbischöfe in Sarajevo (bis 1880): von Metropolit Danilo bis Metropolit Antim. Die Tatsache, dass das Ökumenische Patriarchat zunehmend von den im Istanbuler Stadtviertel Phanar (türk. Fener) lebenden reichen Griechen oder Graecophonen (Phanarioten) beherrscht wurde, die auch die hohen Kirchenämter in Bosnien mit ihren Leuten (gegen entsprechende Bezahlung) besetzten, gilt – neben der osmanischen Herrschaft – als weiterer wichtiger Grund für das kulturelle Zurückbleiben der orthodoxen Bevölkerung. Eine Priesterausbildung gab es nicht. Das Schulwesen in Klöstern und Kirchengemeinden befand sich auf niedrigstem Niveau oder lag gänzlich brach.[191] Die Dorfpfarrer (Popen), die kaum lesen

---

189 Vgl. u. a. Braude, Benjamin: Foundation Myths of the Millet System, in: Ders./Bernard Lewis (Hg.): Christians and Jews in the Ottoman Empire, New York-London 1982, Bd. 1, S. 69–88; Ursinus, Michael: Zur Diskussion um „millet" im Osmanischen Reich, in: SOF 48 (1989), S. 195–207. Vgl. auch den Eintrag von Masters, Bruce: Millet, in: Encyclopedia of the Ottoman Empire, a. a. O., S. 383 f.

190 Dazu grundlegend Runciman, Steven: The Great Church in Captivity. A study of the patriarchate of Constantinople from the eve of the Turkish conquest to the Greek war of independence, Neuaufl., Cambridge 1992.

191 Der große Sprachreformer Vuk Karadžić schrieb Mitte des 19. Jahrhunderts in seinem „Serbischen Wörterbuch" unter dem Stichwort „Schule": „Wenn so ein Schüler aus den Handschriften das Buchstabieren erlernt hat, nimmt er ein (slawisches) časlovac [Stundenbuch], und wenn er das časlovac beherrscht und einige Male durchgelesen hat, nimmt er den Psalter. Derjenige, der den Psalter erlernt und einige Male durchgelesen hat, hat schon alle Buchweisheit (svu knjigu) erlernt; dann konnte er, wenn er wollte, Pope, Mönch, Magister, Protopresbyter, Archimandrit und, sofern er über genügend Geld verfügte, auch Bischof werden. (…) wie das früher in Serbien war, so ist es heute in Bosnien…" Karadžić, Vuk St.: Srpski rečnik. Hier übersetzt nach der Faksimile-Ausgabe von 1898, S. 871.

und schreiben konnten, mussten sich bei den griechischen Bischöfen in eine vakante Pfarrei einkaufen und waren anschließend bestrebt, ihre Unkosten auf die Gläubigen abzuwälzen. Ihre Ignoranz war nahezu sprichwörtlich.

2. Mehmed hatte anlässlich der Eroberung Bosniens den dortigen Franziskanern die Erlaubnis zur weiteren Tätigkeit in einer Urkunde (*ahdnama*) feierlich zugesichert und angeordnet, dass ihnen keine Schwierigkeiten bereitet werden dürften, solange sie „Mir und Meinen Befehlen treu bleiben". [192] Die Urkunde wurde am 28. Mai 1463 im Feldlager Milodraž, nordöstlich von Fojnica, ausgestellt. Das im dortigen Kloster aufbewahrte „Original" ist freilich eine Fälschung. Doch der Inhalt ist authentisch und wird durch mehrere andere Urkunden beglaubigt.[193] Die *Ahdnama* läutete die Geburtsstunde der Franziskanerprovinz Bosna Srebrena/Bosna Argentina (1517) ein. 1566 wurde Mehmeds Entscheidung von Sultan Süleyman I. noch einmal ausdrücklich bekräftigt. Trotzdem kam es immer wieder zu Konflikten, für die in erster Linie lokale Potentaten verantwortlich waren und von denen im Folgenden noch zu reden sein wird. Aber ungeachtet zeitweilig dramatischer Rückschläge, der Verfolgung von Priestern, der Zerstörung von Kirchen und Klöstern war die Situation der Katholiken in Bosnien in kultureller Hinsicht dank des Einsatzes der wenigen, aber gut ausgebildeten Minoriten deutlich vorteilhafter als die der Orthodoxen.

3. Die 1492 aus Spanien und 1497 aus Portugal vertriebenen Juden (Sepharden)[194] fanden aufgrund ihrer Kenntnisse und weitläufigen Handelsbeziehungen willkommene Aufnahme im Reich des Halbmonds. Über Saloniki, Konstantinopel und Plovdiv (Bulgarien) kam ein kleiner Teil der Sepharden auch nach Sarajevo. Die näheren Umstände sind unbekannt. Gleich den orthodoxen Christen erhielten auch sie das Recht, ihre inneren Angelegenheiten selbst zu regeln: In zivilrechtlichen Streitfällen entschied der Rabbiner nach den jüdischen Religionsgesetzen. 1557 und 1565 werden Juden erstmals schriftlich im Protokollbuch (*sidžil*) des Scheriatsgerichts von Sarajevo erwähnt.[195] Und 1581 entstand ein Judenviertel, von dem gleich zu sprechen sein wird. Der alte sephardische Friedhof im Südwesten der Stadt (in

---

192 Text der Urkunde bei Šabanović: Turski dokumenti, S. 204, und in: Radovi Hrvatskog povijesnog instituta u Rimu III-IV (1971), S. 76. Vgl. Batinić, Mijo V.: Djelovanje franjevaca u Bosni i Hercegovini za prvih šest viekova njihova boravka, Bd. 1, Zagreb 1881, S. 126.

193 Das Original ist irgendwann vor 1654 verloren gegangen. Die als „Original" ausgegebene Imitation entstand zwischen 1654 und 1669. Šabanović: Turski dokumenti, S. 200. Die Richtigkeit des Inhalts wird bezeugt durch zwei *Berate* Bayezids II. von 1483 und 1498 sowie durch einen *Ferman* Sultan Ahmeds I. aus dem Jahr 1607. Vgl. Popara, Haso: Ahdnama Sultana Mehmeda Fatiha. Sa rafova GH biblioteke: http://www.ghbibl.com.ba/index.php?option=com_content&task=view&id=80&Itemid=1

194 Das Wort „Sepharden" leitet sich von hebräisch „S'farad" (Land im Westen) ab, worunter die iberische Halbinsel verstanden wurde.

195 Levy: Sephardim, S. 12 f.; Pinto: Jevreji Sarajeva, S. 11 f.; Zlatar: Dolazak Jevreja u Sarajevo, in: Sefarad 92. Zbornik radova, Sarajevo 1995, S. 57–64.

Debelo brdo-Kovačići) wurde sehr wahrscheinlich um 1630 angelegt (Farbabb. 8). Er soll die größte jüdische Nekropole in Europa nach Prag sein: Ihre häuserförmigen Grabsteine gelten als einmalig.[196] „Außer diesen uns zufällig erhaltenen Daten...wissen wir über das Leben der Eingewanderten [Sepharden] von der Zeit ihrer Einwanderung bis zum Anfang des 18. Jahrhunderts fast nichts mehr. Das alte Rechnungsbuch (Pinakes) – worin die Vorsteher der Gemeinde in Sarajevo die Einnahmen und Ausgaben der Gemeinde einzutragen pflegten, welches eine genügende Grundlage für die Geschichte der Sarajevoer Judenschaft bieten würde – [wurde] durch Feuer...vernichtet."[197]

Die Orthodoxen lebten im Stadtteil Varoš, die Katholiken im Lateinerviertel. In den ältesten osmanischen Dokumenten zur Geschichte Sarajevos (in Isa-begs Stiftungsurkunde von 1462 sowie in den Steuerregistern von 1468/69, 1485, 1516 sowie 1520) wird keine einzige christliche Kirche erwähnt. Wenn es zu dieser Zeit eine gegeben hätte, wäre sie mit großer Wahrscheinlichkeit in einer der genannten Quellen aufgetaucht. Die älteste Kirche in Sarajevo ist die Alte orthodoxe Kirche (Stara pravoslavna crkva) bzw. die Kirche der heiligen Erzengel Michael und Gabriel in der Nähe der *Čaršija*, verborgen hinter hohen Mauern und umgeben von einem malerischen Innenhof mit einem Museum[198] (Farbabb. 9). Nach der Volksüberlieferung soll die kleine Kirche mit ihren Kunstschätzen zur Zeit Gazi Husrev-begs entstanden sein. In einer Quelle aus dem Jahr 1539/40 wird die Tochter eines Popen erwähnt, die ihr erbliches Ackerland (baština) in der Mahala-Varoš in eine Stiftung umwandelte, um den Geistlichen eine Unterkunft und die Möglichkeit zum Unterricht zu bieten. Demnach müsste es bereits eine Kirche und Schule gegeben haben. Aber die Entstehung der Kirche gibt viele Rätsel auf. Da nach islamischem Recht und nach den Gesetzen für den bosnischen *Sandžak* keine neuen Kirchen gebaut, sondern nur bereits bestehende repariert werden durften, müsste die Alte orthodoxe Kirche bereits vor der osmanischen Eroberung bestanden haben. In einem *Ferman* vom November 1729 wird der Wiederaufbau des Gotteshauses, das fünf Jahre zuvor (wieder einmal) völlig abgebrannt war, in der Tat mit dem Argument erlaubt, die Kirche habe bereits zum Zeitpunkt der osmanischen Eroberung existiert. Aber wie erklärt sich dann, dass sich davon keine Spur in den Quellen findet? Vielleicht stammte die Kirche tatsächlich aus vorosmanischer Zeit, war aber zerstört worden und wurde während der Statthalterschaft Gazi Husrev-begs wieder hergestellt? Oder sie

---

196   Vgl. Regional Programme for Cultural and Natural Heritage in South East Europe 2003–2006, Jewish Cemetry, Sarajevo, 10. Nov. 2005. http://www.coe.int/t/dg4/cultureheritage/cooperation/see/IRPPSAAH/PTA/BiH/PTA_BosniaandHerzegovina_JewishCemetery.pdf. Vgl. auch Mutapčić, Snežana: Staro Sarajevsko groblje u Kovačićima, in: Sefarad 92. Zbornik radova, Sarajevo 1995, S. 323–330.
197   Levy: Sephardim, S. 23.
198   Das Museum enthält eine wertvolle Sammlung von Ikonen aus dem 13.–19. Jahrhundert, kirchenslawische Handschriften und Bücher sowie osmanische Urkunden aus dem 18. und 19. Jahrhundert, die vor allem die Geschichte der Kirche betreffen.

wurde mit einer Sondergenehmigung errichtet? Oder der Neubau erfolgte illegal (unter Einsatz von Schmiergeld)? Eine wirklich befriedigende Antwort auf diese Fragen gibt es bislang nicht.[199]

Die Existenz einer katholischen Kapelle wird in Berichten aus den Jahren 1652 und 1655 erwähnt.[200] Vermutlich hat sie aber bereits früher – seit Ende des 16. Jahrhunderts – bestanden.[201] Der Begründer der „kroatischen" Literatur in Bosnien, der Franziskaner Matija Divković (1563–1631), soll Anfang des 17. Jahrhunderts in Sarajevo als Kaplan tätig gewesen sein. Demnach müsste es auch eine Kapelle gegeben haben.[202] Anlässlich des Großbrands von 1656 fielen sowohl die katholische Kapelle wie die Alte orthodoxe Kirche in Varoš den Flammen zum Opfer. Die Erlaubnis zum Wiederaufbau kostete viel Geld (mehr als der Bau selbst), doch 1658 waren die Gotteshäuser anscheinend wieder hergerichtet.[203] Evlija Čelebi berichtet zwei Jahre später, dass die Kirchen der „Serben" und „Lateiner" in Sarajevo klein gewesen seien, ohne Glockenturm, doch hätten sie sich in einem guten Zustand befunden. In ihnen hätten auch „Franken" und „Griechen" ihren Gottesdienst praktiziert.[204]

Čelebi erwähnt auch eine Synagoge der Juden. Sie wurde um 1581 errichtet. Der damalige *Beglerbeg* von Rumelien, also des europäischen Teils des Reiches, Sijavuš-paša d. Ältere (ein gebürtiger Ungar oder Kroate) besuchte zu diesem Zeitpunkt Sarajevo. Während seines Aufenthalts beklagten sich die Muslime, dass die Juden, die in den muslimischen *Mahale* lebten, großen Lärm machten und sorglos mit Feuer umgingen. Sie baten Sijavuš-paša, die Juden aus ihrer *Mahala* zu entfernen. Der *Pascha* beschloss, dem Wunsch der Muslime nachzukommen. „Um ihnen (den Juden) aber nicht das Herz zu brechen", stiftete er einen weitläufigen *Han* (bekannt unter den Bezeichnungen „Sijavuš-pašina *daira*", „Velika *avlija*", „El Cortijo" oder „Čifuthan") in der Nähe der *Čaršija*, in dem die armen Juden Sarajevos für einen geringen Mietzins angesiedelt wurden, und erlaubte ihnen, eine Synagoge zu bau-

---

199 Vgl. u. a. Skarić: Srpski pravoslavni narod, S. 85 und passim; Hažibegić: Stara pravoslavna crkva; Nilević: O postanku stare pravoslavne crkve.
200 Lucic: Franjevačka prisutnost, S. 244. Die Kirche, die im Lauf der Jahrhunderte mehrfach durch Brände zerstört wurde, befand sich in Bistrik an der Stelle, wo heute die Kirche des Hl. Anton von Padua (Crkva Sv. Ante Padovanskog) steht, die 1912/13 nach einem Entwurf des Architekten Josip Vancaš im neugotischen Stil gebaut wurde. Das dazugehörige Franziskanerkloster wurde 1894 eingeweiht.
201 So Skarić: Sarajevo i okolina, S. 84.
202 Getragen von dem Anliegen der Gegenreformation, die katholischen Lehren in einer dem Volk verständlichen Sprache zu verbreiten, bediente sich Divković in seinen Schriften eines ostbosnischen štokavischen Dialekts, der von Kroaten als „kroatisch" bezeichnet wird. Divković selbst bezeichnete seine Sprache als „slawisch" oder „illyrisch". Er benutzte die Bosančica-Schrift. Sein bekanntestes Werk „Nauk krstjanski za narod slovinski" (Christliche Unterweisung für das slawische Volk) wurde 1611 in Venedig gedruckt.
203 Skarić: Sarajevo i okolina, S. 93.
204 Čelebi: Putopis, S. 118.

en.²⁰⁵ Wie bei der Alten orthodoxen Kirche, so stellt sich auch in diesem Fall die Frage, wie dieser nach den Bestimmungen der Scharia verbotene Neubau zu erklären ist? Offenbar hatte Sijavuš-paša, der kurz danach Großwesir wurde, eine Sondergenehmigung erwirkt. Als 1794 nach einem Brand die Erlaubnis zur Reparatur der alten Synagoge beantragt wurde, erteilte der *Kadi* von Sarajevo die Erlaubnis mit der originellen Begründung, dass die Synagoge bereits vor der osmanischen Eroberung Bosniens bestanden habe, also lange vor Ankunft der Sepharden in Sarajevo!²⁰⁶ Damit stand dem Wiederaufbau nichts mehr im Wege. (Aber an den damit verbundenen Formalitäten, hätte Kafka seine wahre Freude gehabt.)

War der „Čifuthan"²⁰⁷ mit seiner Synagoge ein Ghetto, wie wir es aus christlichen Staaten kennen? Drei Argumente sprechen dagegen: 1. Zwar war auch der etwa 2.000 Quadratmeter umfassende Judenhof in Sarajevo, der anlässlich des Großbrands von 1879 vollständig zerstört wurde, von einer Mauer umgeben (wie auch die meisten *Mahale*), aber das Tor wurde nächtens und an Feiertagen nicht geschlossen. 2. Ihre Läden betrieben die Juden in der *Čaršija*. Und 3. nicht alle Juden lebten im „Čifuthan". Dieser entwickelte sich mehr und mehr zu einem Armenviertel, während die wohlhabenden Juden in anderen Teilen der Stadt siedelten.²⁰⁸

DIE HAGGADA VON SARAJEVO

Die spanischsprachigen Sepharden, die aufgrund ihrer Sprache auch als „Spaniolen" bezeichnet werden,²⁰⁹ brachten außer ihren Kenntnissen und Fähigkeiten auch eine einzigartige Handschrift mit, die berühmte „Haggada(h) von Sarajevo".²¹⁰ Die Haggada (= Erzäh-

---

205 Levy: Sephardim, S. 16 ff. Das Zitat stammt aus einem späteren Eintrag im Protokollbuch des Scheriatsgerichts in Sarajevo. Vgl. auch Kreševljaković: Esnafi, S. 23.
206 Levy: Sephardim, S. 134 ff. Vgl. auch Riedlmayer, András: Permits to build non-Muslim houses of worship: http://h-net.msu.edu/cgi-bin/logbrowse.pl?trx=vx&list=h-turk&month=9811&week=e&msg=cUz31b9F2k NwpzcFEPXLWQ&user=&pw=; ferner Bejtić: Sijavuš-pašina daira. Sijavuš-paša war übrigens ein Konvertit oder Sohn eines Konvertiten. Er gehörte zu jenen höchsten Würdenträgern im Osmanischen Reich, die den Beinamen „Kroate" (Hirwat oder Horvat) trugen.
207 Čifut ist der türkische Spitzname für Juden. In antisemitischen Schriften an der Wende vom 19. zum 20. Jh. erhielt das Wort einen pejorativen Beigeschmack.
208 Levy: Sephardim, S. 106 ff.
209 Das Judenspanische (auch: Ladino) war zunächst mit dem im 15. Jahrhundert gesprochenen Spanischen nahezu identisch (von religiösen Begriffen abgesehen). Nach Vertreibung der Juden von der iberischen Halbinsel entwickelte es sich (vor allem in lexikalischer Hinsicht) selbstständig und nahm (in Bosnien) viele Wörter aus dem Türkischen und Slawischen auf, z. B. zaljubijar (sich verlieben; slawisch: zaljubi-ti mit der spanischen Infinitivendung -ar).
210 Vgl. u. a. Müller/Schlosser: Die Haggadah von Sarajevo; David/Muños-Basols: The Sarajevo Haggadah; (Die) Haggadah von Sarajevo.

lung) ist ein zumeist reich bebildertes Büchlein, aus dem im Kreis der jüdischen Familie am Vorabend (Sederabend) des Pessach-Festes gemeinsam gelesen und gesungen wird. Es erzählt von der Gefangenschaft der Israeliten in Ägypten und ihrem Auszug in die Freiheit. Das Exemplar von Sarajevo ist ein mit 69 Miniaturen wunderbar illustrierter Kodex, der um 1350 im Königreich Aragon entstanden ist: ein Musterbeispiel für die künstlerische Kreativität während der Epoche der „Convivencia" im multireligiösen mittelalterlichen Spanien[211] (Farbabb. 7). Die Handschrift von Sarajevo „ist neben der Golden Haggada (London) und der Kaufmann-Haggada (Budapest) eine der drei wertvollsten sephardischen Haggadas, die weltweit erhalten sind. (…) Nach der Zahl der illuminierten Seiten steht sie an der Spitze sowohl der sephardischen als auch aller Haggadas überhaupt."[212] Auf Umwegen über Norditalien kam das wertvolle Manuskript wahrscheinlich Anfang des 17. Jahrhunderts nach Sarajevo. 1894 kaufte das dortige Landesmuseum den Kodex von einer verarmten jüdischen Familie. Und dank des Einsatzes einiger mutiger Persönlichkeiten überdauerte die von vielen Legenden und Geschichten umwobene Haggada die Katastrophen des 20. Jahrhunderts: den Zweiten Weltkrieg und den Bosnienkrieg der 90er-Jahre.[213] Heute kann der Kodex im Nationalmuseum bewundert werden (sofern dieses aus finanziellen Schwierigkeiten nicht gerade geschlossen ist).

1.7. PARALLELGESELLSCHAFTEN UND -KULTUREN

Über die Beziehungen zwischen den vier in Sarajevo vertretenen Glaubensgemeinschaften gibt es nur wenige Informationen (und diese zumeist aus späterer Zeit). Sofern man den seit den 1990er-Jahren aufgekommenen Begriff „Parallelgesellschaften" seines tagespolitischen, polemischen oder populistischen Inhalts entkleidet, erweist er sich für die Geschichte Sarajevos als passend. Wie erwähnt, war das Osmanische Reich nicht auf Integration der verschiedenen Bevölkerungsgruppen angelegt, sondern auf deren Segregation. Religionsausübung, Wohnen, Familien- und Privatrecht, Bildungswege sowie intellektuelle Diskurse waren weitgehend getrennt. Nur im Geschäftsleben wurden die Grenzen überwunden. Dem geschäftlichen Miteinander stand das private und kulturelle Nebeneinander

---

211 Vgl. Riedlmayer: Convivencia under Fire: Genocide and Book Burning in Sarajevo, in: Rose, Jonathan (Hg.): The Holocaust and the Book: Destruction and Preservation, Massachusetts 2001, S. 266–291.
212 Nezirović, Muhamed: Judenspanisch, in: Enzyklopädie des Europäischen Ostens online (EEO): http://wwwg.uni-klu.ac.at/eeo/Judenspanisch.pdf.
213 Die renommierte australische Schriftstellerin und Journalistin Geraldine Brooks veröffentlichte 2008 in New York den Bestseller „People of the Book" (deutsch unter dem Titel: Die Hochzeitsgabe, München 2012), in dem sie die bewegte Geschichte der Haggada erzählt (allerdings nicht immer in Übereinstimmung mit den Ergebnissen historischer Forschung).

gegenüber. Von wechselseitigen Besuchen, gemeinsamen Feiern und interreligiösen Begegnungen, wie sie aus dem 20. Jahrhundert bekannt sind, konnte im alten Sarajevo wohl noch keine Rede sein,[214] obwohl es – wie noch zu zeigen sein wird – auch viele Gemeinsamkeiten gab. Alltagsprägend waren nicht die Interaktionen zwischen autonom handelnden Akteuren, sondern das „Relationssystem" zwischen den Segmenten eines religiös definierten Herrschaftssystems, das vom Willen der Individuen weitgehend unabhängig war.[215] Da das Bildungswesen bis weit in das 19. Jahrhundert hinein in die Zuständigkeit der Glaubensgemeinschaften fiel und in den Schulen der jeweilige Religionsunterricht an erster (oft einziger) Stelle stand, fiel die Schulbildung als brückenbauendes Element aus. Hauptaufgabe des Unterrichts war die religiös-moralische Unterweisung der Schüler, die Vertiefung des Glaubens, nicht die Vermittlung weltlichen Wissens, dem sowohl die islamische wie die orthodoxe, die jüdische und (mit Einschränkungen) die katholische Geistlichkeit mit Vorbehalten gegenüberstanden. Dasselbe gilt für die Verbreitung der Schriftlichkeit überhaupt, die nicht zu den Prioritäten der Eliten gehörte (unabhängig von der Religionsgemeinschaft). Denn die Kenntnis der Schrift war auch ein Herrschaftsinstrument und sorgte für eine klare Unterscheidung zwischen Eliten und Nicht-Eliten. Und selbst wer schreiben konnte, war kein Vorkämpfer der Interkulturalität. Im Gegenteil: Die wenigen „hommes de lettres" der Religionsgemeinschaften hatten kaum geistigen Kontakt miteinander. Zwar begegneten sie sich auf gesellschaftlicher Ebene mit Respekt, kamen gelegentlich auch in Kaffeehäusern zusammen, um Dinge zu besprechen, die alle Bewohner der Stadt betrafen, aber zu einem geistigen Austausch kam es nicht.

KOMMUNIKATIONSRÄUME UND -BARRIEREN

Die Schriftkundigen der vier Glaubensgemeinschaften bewegten sich in gänzlich anderen Netzwerken und Kommunikationsräumen, die oft weit über Bosnien (und das Osmanische Reich) hinausreichten. Ihre Mobilität war mitunter erstaunlich; einen erheblichen Teil ihres Lebens waren sie unterwegs und verbanden das „kleine" Sarajevo mit der großen Welt. Aber ihre andersgläubigen Nachbarn vor Ort kannten sie nicht. In ihren zumeist religiös konnotierten Texten bedienten sich die Gelehrten je nach Glaubensgemeinschaft unterschiedlicher Schriftsprachen und Alphabete (Osmanisch-Türkisch, Arabisch, Persisch, Bosnisch mit arabischer Schrift (Aljamiado-Literatur),[216] Bosnisch mit kyrillischer Schrift

---

214 So auch Lovrenović: Bosanski mitovi, S. 34; Paić-Vukić: Muhibbi, S. 75.
215 Zum „Relationssystem" vgl. Bourdieu, Pierre/Wacquant, Loïc J.D.: Reflexive Anthropologie, Frankfurt/M. 1996, S. 127, 138.
216 Das aus dem Arabischen abgeleitete spanische Adjektiv „aljamiado" bedeutet Fremdsprache (im Sinne von nicht-arabischer Sprache). Aljamiado-Texte sind somit nicht-arabische Texte in arabischer Konsonanten-

(Bosančica),²¹⁷ Lateinisch, Kirchenslawisch, Hebräisch und Judenspanisch/Spaniolisch mit hebräischer Kursivschrift. Und obwohl fast alle dieselbe Alltagssprache (nennen wir sie „Bosnisch") benutzten oder zumindest verstanden und der aus der Nähe von Tuzla gebürtige Muhamed Hevai Uskufi, der sich selber als „Bosnevi" (Bosnier) bezeichnete und gegen religiöse Intoleranz kämpfte, 1631 ein erstes bosnisch-türkisches Wörterbuch in Reimform zusammenstellte,²¹⁸ waren die Kommunikationsbarrieren auf der Ebene der Hochkultur kaum zu überwinden – nicht nur infolge des Sprachbabylons, sondern auch und vor allem kulturell. Ein gebildeter Muslim konnte mühelos arabisch lesen und schreiben (denn das arabische Alphabet war für ihn ein sakrales Alphabet, ebenso wie das griechische, lateinische oder kirchenslawische Alphabet für Christen heilig war), aber in seiner Muttersprache blieb er Analphabet bzw. konnte nur jene Texte lesen, die in arabischer Schrift geschrieben waren (z. B. die Aljamiado-Literatur). Die Koexistenz (Diglossie) von gesprochener Volkssprache und geschriebener Hochsprache war gewiss keine Besonderheit Sarajevos oder Bosniens, aber die Vielzahl der Hochsprachen und Alphabete war doch ungewöhnlich und erschwerte den wechselseitigen Austausch. Kein Wunder also, dass ein Angehöriger der *Ulema* in Sarajevo problemlos mit einem Angehörigen der *Ulema* in Istanbul, Edirne, Bursa oder Aleppo kommunizieren konnte, aber nicht mit einem gebildeten Christen oder Juden vor Ort. Dies gilt selbst noch für das 19. Jahrhundert, wie der von einer kroatischen Osmanistin ausgewertete Nachlass von Muhibbi, einem *Kadi* am Scheriatsgericht in Sarajevo, geradezu exemplarisch zeigt. Muhibbi (ca. 1788–1854) war Angehöriger der *Ulema* und eines *Derwisch*ordens. Wo immer er in den Städten des Osmanischen Reiches oder als Pilger (*hadži*) in Mekka mit Gleichgesinnten zusammenkam, fühlte er sich zu Hause. Sein Universum

---

schrift. In Bosnien wurde eine dem südslawischen Lautsystem angepasste Variante des arabischen Alphabets benutzt (Arebica oder Arabica). Zur Aljamiado-Literatur in Bosnien vgl. Lehfeldt, Werner (1969): Das serbokroatische Aljamiado-Schrifttum der bosnisch-herzegovinischen Muslime. Transkriptionsprobleme, München 1969; Huković, Muhamed: Alhamijado književnost i njeni stvaraoci, Sarajevo 1986. Beispiele von Aljamiado-Texten in Nametak, Abdurahman (Hg.): Hrestomatija bosanske alhamijado književnosti, Sarajevo 1981; Huković, Muhamed (Hg.): Zbornik alhamijado književnosti, Sarajevo 1997.

217 Bosančica ist eine spezifische kyrillische Schrift, die über Jahrhunderte hinaus in Bosnien und Teilen Kroatiens in Gebrauch war. Seit Mitte des 19. Jahrhunderts tobt ein Streit über die Zuordnung der Bosančica: Serbische Forscher betrachten sie als Variante des serbisch-kyrillischen Alphabets. Kroatische Forscher behaupten einen kroatischen Ursprung der Schrift, die sie als „Kroatische Kyrillica" bezeichnen. Bosniakische Forscher gehen davon aus, dass die Bosančica als eigenständige bosnische Schrift zu betrachten ist, die von der Bosnischen Kirche im Mittelalter entwickelt wurde.

218 Uskufi, Muhamed Hevai: Makbûl-i Ârif (Potur Şâhidî). Die Handschrift wurde 1868 vom Orientalisten und (ab 1870) preußischen Generalkonsul in Sarajevo Otto Blau veröffentlicht: Bosnisch-türkische Sprachdenkmäler, Leipzig 1868, S. 48–87. Eine neue wissenschaftliche Edition dieses ersten bosnisch-türkischen Wörterbuchs erschien 2011 in Tuzla (und 2012 in Zagreb). Im Historischen Archiv von Sarajevo befindet sich eine 1798 gefertigte Kopie des Wörterbuchs. Bosniakische Autoren betonen, dass es sich überhaupt um das erste südslawische Wörterbuch handle und dass Hevai seine Sprache „bosnisch" nannte.

war die Gemeinschaft der Muslime, die *Umma*.[219] Doch zu den Bildungseliten der Orthodoxen, Katholiken oder Juden in Sarajevo scheinen keine privaten Kontakte bestanden zu haben, obwohl Muhibbi als Richter beruflich auch mit Christen und Juden zu tun hatte.[220]

Die (führende) islamische Hochkultur in Bosnien brauchte während der Glanzzeit des Osmanischen Reiches den Vergleich mit anderen Kulturen nicht zu scheuen. In Architektur, Ornamentik, islamischer Kalligrafie, Kunsthandwerk und Philosophie entstanden viele Meisterwerke, die noch immer bewundernswert sind. Die Kunst des Schönschreibens stand in hohem Ansehen und hat möglicherweise die Verbreitung des vergleichsweise profan wirkenden Buchdrucks behindert.[221] Auch die von Bosniern verfasste Literatur in orientalischen Sprachen, die noch immer unzureichend erforscht ist,[222] folgte eigenen Regeln. Nicht alles davon entspricht unserem Geschmack und wird daher auch sehr unterschiedlich beurteilt, wie z. B. ein längeres Lied (kasida) des seinerzeit bekannten *Kadi*s und Dichters Muhamed Nerkesi (oder Nergisi) aus der ersten Hälfte des 17. Jahrhunderts zum Ruhm Sarajevos.[223] Die außergewöhnliche Vielfalt von Sprachen, der Gebrauch „fremder" Alphabete und die Häufung von Turzismen in südslawischen Texten sind seit Beginn der Nationsbildungsprozesse im 19. Jahrhundert teils mit Verwunderung, teils mit Kritik bedacht worden. „Es ist eine der eigenthümlichsten Erscheinungen in der gesammten orientalischen Literatur, dass türkische Gelehrte das Bedürfniss und die Kühnheit gehabt haben, eine fremde, die slavische Sprache, in das

---

219 Das arabische Wort „Umma" bezeichnet die Gemeinschaft der Gläubigen über regionale/territoriale und ethnische Grenzen hinweg. Verbindendes Element der Gemeinschaft ist der Glaube (nicht Verwandtschaft bzw. Herkunft, Sprache o. ä.), Encyclopedia of Islam, Band 10, Leiden 2000, S. 862.
220 Paić-Vukić: Muhibbi.
221 Die erste osmanisch-türkische Druckerei wurde 1720 in Istanbul von einem zum Islam konvertierten ungarischen Protestanten gegründet. Vgl. Sabev, Orlin: The First Ottoman Turkish Printing Enterprise: Success or Failure?, in: Sajdi, Dana (Hg.): Ottoman Tulips, Ottoman Coffee. Leisure and Lifestyle in the Eighteenth Century, London-New York 2007, S. 63–89. In Bosnien (bzw. in Sarajevo) entstand erst 1866 eine erste Druckerei (dazu weiter unten).
222 Vgl. u. a. Ljubović, Amir/Grozdanić, Sulejman: Prozna književnost Bosne i Hercegovine na orijentalnim jezicima, Sarajevo 1995.
223 Gelobt wird es von Ljubica Mladenović: Sarajevo u doba turskog feudalizma, S. 80. Dagegen schreibt der Osmanist Babinger: „Nerkesī ist berüchtigt wegen seiner unnatürlich gezierten Schreibweise, einer Modekrankheit, die, auffallend genug, fast zur gleichen Zeit auch im Abendlande wütete... Nerkes(i) lisānī ist heute noch eine Bezeichnung für eine schwülstige, überladene Sprache." Babinger, Franz: Die Geschichtsschreiber der Osmanen und ihre Werke, Leipzig 1927, S. 173. Zum Leben Nerkesis und seines Hauptwerkes „Die vollkommene Beschreibung der Zustände des gerechten Wesirs", gewidmet dem osmanischen Statthalter von Ofen, Murtezā Pascha (gest. 1636), vgl. Zahirović, Nedim: Murteza Pascha von Ofen zwischen Panegyrik und Historie. Eine literarisch-historische Analyse eines osmanischen Wesirspiegels, Frankfurt/M. 2010. Nerkesi wurde vermutlich 1584 in Sarajevo geboren, wo sein Vater *Kadi* war. Seine höhere Ausbildung erhielt er in Istanbul. Anschließend war er in verschiedenen Städten des Reiches (u. a. in Saloniki, Mostar, Novi Pazar, Elbasan, Banja Luka und Monastir/Bitola) als Kanzleischreiber oder Kadi tätig. Kurz vor seinem Tod (1635) wurde er zum osmanischen Reichsgeschichtsschreiber ernannt.

Gewand der arabischen Schrift zu kleiden", schrieb z. B. der Orientalist und preußische (General)Konsul in Sarajevo Otto Blau 1868.[224] Und Ivo Andrić bemängelte 1924 (etwas von oben herab), dass die bosnisch-muslimischen Dichtungen, soweit sie in „serbokroatischer" Sprache geschrieben wurden, durch die Verwendung von Turzismen „verunstaltet und in das Gewand einer fremdartigen poetischen Form eingezwängt" worden seien. „Der Reim ist fast immer falsch und unregelmässig, der ganze Ton trocken und nicht selten trivial."[225] Für bosnische Muslime dagegen war die „ruhmreiche bosniakische Sprache (bošnjački jezik) die schönste von allen auf der Welt".[226] Schließlich soll nicht vergessen werden, dass der geringen Verbreitung von Schriftlichkeit eine reiche mündliche Tradition (in Gestalt epischer Lieder und Balladen) gegenüberstand. Dieser Schatz ist erst verhältnismäßig spät gehoben (verschriftlicht) worden, doch haben wenige frühe Beispiele europaweit Bewunderung gefunden.[227]

GEMEINSAMKEITEN, SYNKRETISMEN, HYBRIDITÄTEN

Die Bezeichnung „Parallelgesellschaften" bedeutet nicht, dass es keine Gemeinsamkeiten gab. Ganz im Gegenteil. In Brauchtum, Lebensstil und Volksglauben bestanden viele Berührungspunkte und Überschneidungen, zumal Muslime und Christen aus derselben Umgebung stammten (und die Sepharden sich schnell adaptierten). Zwar liegen erst aus den letzten Jahrzehnten des 19. Jahrhunderts, als sich die „Völkerkunde" oder Ethnographie als Wissenschaft etablierte, detaillierte Beschreibungen des Brauchtums vor,[228] aber sehr wahr-

---

224 Blau, Otto: Bosnisch-türkische Sprachdenkmäler, Leipzig 1868, S. 15.
225 Andrić: Die Entwicklung des geistigen Lebens, S. 92.
226 Zit. nach Matija Mažuranić: Pogled u Bosnu, S. 54. Der Kroate Mažuranić, der vor seinem Aufenthalt in Bosnien 1839/40 extra Türkisch gelernt hatte, berichtet: „Die richtige türkische Sprache hört man in Bosnien seltener als in Serbien...In Sarajevo gibt es genügend Agas, die nur Bosniakisch können. Und obwohl der Pascha in Sarajevo gut Türkisch, Arabisch und Albanisch kann, ist es ihm unlieb, wenn jemand Türkisch spricht. Wenn ihm jemand auf Türkisch etwas sagt, antwortet er immer auf Bosniakisch...", ebda.
227 Das gilt an erster Stelle für die Ballade von der edlen Frau des (H)Asan Aga. Das Lied (Hasanaginica) soll zwischen 1646 und 1649 in Imotski im dalmatinischen Hinterland (heute Kroatien, unweit der bosnischen Grenze, damals Teil des Pašaluks Bosnien) entstanden sein. Es wurde von dem Reisenden Alberto Fortis: Viaggia in Dalmatia, Venedig 1774, aufgezeichnet und in der Folgezeit u. a. von Johann Wolfgang von Goethe, Alexander Puschkin, Adam Mickiewicz, Prosper Mérimée in deren jeweilige Sprachen übersetzt. Goethes viel bewunderter „Klaggesang von der edlen Frauen des Asan Aga" folgte einer vorliegenden deutschen Übersetzung und erschien 1778 in der von Johann Gottfried Herder herausgegebenen Volkslieder-Sammlung „Stimmen der Völker in Liedern".
228 Hangi: Moslim's in Bosnien-Hercegovina; Truhelka: Volksleben; Strausz: Bosnien u. a. Eine frühe Ausnahme ist der Reisebericht von Chaumette-des-Fossés aus dem Jahr 1807/08, eines jungen Franzosen, der im Dienst des ersten französischen Konsuls in Bosnien, Jean Daville, stand. In seinem Roman „Wesire und Konsuln" hat Andrić den jungen Franzosen und dessen rationale Analysen eindringlich beschrieben. Zu den Volksbräuchen vgl. Chaumette-des-Fossés: Voyages, S. 47 ff.

scheinlich bestanden die transkonfessionellen Praktiken schon lange vorher. In den Ess- und Trinkgewohnheiten gab es kaum Unterschiede, sofern nicht religiöse Vorschriften, die allerdings nicht immer beachtet wurden, dem entgegenstanden. Dasselbe galt für die (aus unserer Sicht bescheidene) Innenausstattung der Häuser (sieht man von Teppichen ab) oder für die Kleidung (trotz differenzierender und wiederholt erneuerter Kleidungsvorschriften). Doch spielte der kleine Unterschied in der Kleidung durchaus eine Rolle (weniger im Schnitt als in den Farben). Der Muslim betrachtete es als „Privileg, reicher und bunter gekleidet zu sein als der Christ. Während der Christ nur matte, schwarze, dunkelbraune oder dunkelblaue Farben für die Kleidungsstücke wählt, liebt der Mohammedaner helle, nicht selten grelle Farben. (…) Der Christ trägt in der Regel ein einfaches rothes Gürteltuch, der Mohammedaner benützt mit Vorliebe buntgeblumte Tücher, oder auch den aus bunter Seide gewebten ‚Trabolos'[229]. Während die Jugend bloß den Feß[230] als Kopfbedeckung trägt, ist der Turban die Tracht des erwachsenen Mannes, und die Form und Farben desselben diente einst als das wichtigste Kennzeichen einzelner socialer Classen. Auch das Turbantuch des Christen ist gewöhnlich roth, in einzelnen Gegenden dunkelblau oder braun, bei Burschen weiß und roth gemustert, das des Mohammedaners in lebhafteren Farben. Der Softa[231] trägt einen schneeweißen Turban von Gaze, der Derwisch einen grünen, der Hadschi (Mekkapilger) einen weißen mit mattgelber Seide tambourirten (die sogenannte Achmedija). Die übrigen Mohammedaner tragen Farben nach Belieben, aber stets gemusterte."[232]

Zu den Gemeinsamkeiten gehörten auch die Wertschätzung der reichen mündlichen „Literatur" – der Heldenlieder, Liebeslieder und Legenden – sowie der Aberglaube, der bei Angehörigen aller Religionsgemeinschaften weit verbreitet war: der Glaube an Wald- und Wasserfeen (Vilen), an Hexen (Vještice) und Geister aller Art. „Alle drei Sekten [gemeint sind Muslime, Orthodoxe und Katholiken] huldigen … einem gemeinsamen Alltags-Aberglauben, einem wahnwitzvollen Gemisch unverdauter östlicher und westlicher Angstbrauereien", berichtete 1885 Friedrich Salomon Krauss von der Anthropologischen Gesellschaft in Wien.[233] Und ein gewisser Dr. L. Poppović notierte im Okkupationsjahr 1878: „Die Bosniaken… haben die seltsamsten religiösen Begriffe. Sie glauben an Hexen, Poltergeister, Zauberer, Gespenster und Weissager so fest und hartnäckig, als ob sie alles dies in der Natur tausendmal gesehen hätten. Der herzhafteste Schlingel würde vor der Erscheinung eines

---

229 Ein breiter Gürtel, normalerweise aus roter Wolle.
230 Der Fes (Fez) in Gestalt eines Kegelstumpfes aus rotem Filz mit flachem Deckel und mit meist schwarzer, blauer oder goldener Quaste wurde von Sultan Mahmud II. 1826 als Kopfbedeckung der Staatsdiener eingeführt und später auch von anderen Teilen der Bevölkerung getragen.
231 Schüler einer Medresse.
232 Truhelka: Volksleben, S. 316.
233 Krauss: Aus Bosnien und der Hercegovina. (Read before the American Philosophical Society, Oct. 2, 1885), in: Proceedings of the American Philosophical Society, Bd. 23, Nr. 121 (1886), S. 87–94; hier S. 92.

Gespenstes, eines Nachtmännchens oder einer Hexe mit allen Kräften davonlaufen. Auch schämen sie sich nicht im geringsten dieses Schreckens, sondern antworten beinahe, wie Pindar sagt: ‚Der Schrecken, der von Gespenstern kommt, jagt auch die Söhne der Götter in die Flucht.'"[234] Beispiele für Aberglauben finden sich auch im Werk von Antun Hangi: „Die Teufel (Šejtan) versammeln sich am liebsten auf Nussbäumen; auf diesen halten sie ihre Beratungen ab. Deshalb hüte man sich, unter einem Nussbaume einzuschlafen, denn man wird dann leicht von der Ograma [Besessenheit] befallen. Wen aber diese Krankheit unter einem Nussbaume befällt, der sucht vergebens Heilung. Es ist ihm nie und nimmermehr zu helfen."[235] Heidnische Relikte und religiöser Synkretismus bzw. Eklektizismus waren offenbar weit verbreitet und einfach nicht totzukriegen.[236] Namentlich Amulette brauchte man in vielen Lebenssituationen. Vermutlich heidnischen Ursprungs waren auch die bei bosnischen Katholiken beliebten Tätowierungen an Händen und Armen, die bei Jungen und Mädchen beim Eintritt in die Pubertät vorgenommen wurden.[237] Hochzeitsbräuche (von einigen religiösen Ritualen abgesehen und im Gegensatz zu den unterschiedlichen Todesbräuchen) sowie Brautraub, Wahlbruder- und Wahlschwesterschaften (auch über religiöse Grenzen hinweg),[238] die Schnurpatenschaft oder die Liebe zu prunkvollen Waffen (vor allem zu Pistolen und zum Handžar)[239] kannten keine Religionsgrenzen. Vom Kult um den Kaffee, dessen Vorbereitung und Genuss bis in alle Einzelheiten hinein zelebriert wurde, ganz zu schweigen. Was die Menschen voneinander trennte, waren weniger ihre profanen Gewohnheiten, auch nicht ihre Alltagssprache, sondern Hochreligion und Hochkultur. Anders herum formuliert: Der Multikulturalität auf Ebene der Hochkultur standen Synkretismus und Hybridität im Bereich der Volkskultur und Alltagspraktiken gegenüber.[240] In der Fachliteratur wird

---

234 Poppović, L.: Bosnien und Hercegovina. Volksthümliche Beschreibung der Sitten und Gebräuche der dortigen Völker..., Wien 1878, S. 31.
235 Hangi: Moslim's in Bosnien-Hercegovina, S. 136.
236 Velikonja: Religious Separation, S. 69; Hadžijahić: Islam i Musliman, S. 82 ff.
237 Truhelka: Volksleben, S. 342 ff.
238 „Wie tief die Anschauungen über das Verbrüderungsverhältniß in der Volksseele wurzeln, geht daraus hervor, daß es eine besondere Art des Pobratimstvo, das ‚Pobratimstvo u snu' (Verbrüderung im Traume) gibt. Träumt nämlich Jemandem, daß er sich verbrüdert habe, so theilt er dem Betreffenden seinen Traum mit, und dieser Traum allein gilt soviel wie eine factisch abgeschlossene Verbrüderung. Diese Anschauung findet sich besonders bei den Mohammedanerinnen. Träumt einer Frau, es habe jemand getrachtet, ihr Gewalt anzuthun, und sie habe in ihrer Angst einen Bekannten mit dem Rufe ‚po bogu brate pomozi' zur Hilfe gerufen, betrachtet sie sich als Posestrima (Wahlschwester) des zur Hilfe Gerufenen. Sie wird Morgens den Traum ihrem Manne mittheilen, welcher dann die Giltigkeit der ‚Verbrüderung im Traum' anzuerkennen hat. In diesem Fall gilt der Pobratim als Verwandter, vor dem sich die Frau nicht verhüllen darf." Truhelka: Volksglaube, S. 348.
239 Handžar: Eine scharfe, geschweifte Klinge mit breitem Griff.
240 Vgl. Die Überlegungen von Moranjak-Bamburać, Nirman: On the Problem of Cultural Syncretism.

dagegen zumeist nur der eine oder der andere Aspekt hervorgehoben: das Nebeneinander von Kulturen hier sowie die eine (einzige) Kultur mit interdependenten Glaubenszugehörigkeiten dort. Das Charakteristische für Bosnien ist aber gerade die Gleichzeitigkeit von Multikulturalität in der Hoch- und Transkulturalität in der profanen Alltagskultur.[241]

RELIGIONSKONFLIKTE

Wie das multireligiöse, multikulturelle und multilinguistische Leben in Sarajevo funktionierte (oder nicht funktionierte), können wir allenfalls erahnen. Bestimmten Toleranz und Miteinander das Leben in der Stadt? Gab es im osmanischen Bosnien eine Koexistenz der Glaubensgemeinschaften, die vergleichbar ist mit dem, was Américo Castro als „convivencia" für das mittelalterliche Spanien postuliert hat? Oder handelt es sich in beiden Fällen um einen Mythos?[242] Über Konflikte zwischen den Religionsgemeinschaften in Sarajevo bis Ende des 17. Jahrhunderts wissen wir wenig. Entweder gab es sie nicht, oder sie galten nicht als erwähnenswert, oder die entsprechenden Dokumente wurden noch nicht ausgewertet oder gingen gar verloren. Im Geschäftsleben stellte die Religionszugehörigkeit ohnehin keine Barriere dar. Ansonsten kam es gelegentlich zu Zwischenfällen: 1521, zu Beginn der Statthalterschaft Gazi Husrev-begs, wurde der Provinzial des Franziskanerordens, Stjepan Vučilić, sowie zehn Fratres verhaftet. Nachdem die Fratres ihrem Provinzial zur Flucht verholfen hatten, wurden sie in Sarajevo 1523 zum Tode verurteilt und hingerichtet. Der Orden betrachtete sie als Opfer religiösen Hasses (in odium religionis occisi).[243] Diese religionskämpferische Deutung, die im Widerspruch steht zur osmanischen Religionspolitik und zu den Zusicherungen, die Mehmed II. den Franziskanern gegeben hatte, wirft einige Zweifel auf. Husrev-beg galt – ungeachtet seines Ehrentitels „Glaubenskrieger" (Gazi) – als religiös tolerant und unterhielt selbst Kontakte zu Katholiken.[244] In einer Anordnung (emer-nama) von 1532 sicherte er allen Bewohnern Sarajevos die Freiheit ihres Glaubensbekenntnisses

---

241 Transkulturalität gründet sich auf Gemeinsamkeiten, während Interkulturalität die aktive Überwindung kultureller Grenzen beinhaltet.
242 Vgl. Castro, Américo: España en su historia: cristianos, moros, y judíos, Buenos Aires 1948. Das „Convivencia"-Modell wird von der neueren Forschung differenzierter und kritischer gesehen. Neben „convivencia" gab es wohl auch „disvivencia". Zur Situation in Sevilla unter muslimischer und christlicher Herrschaft vgl. die zeitlich komparativ angelegte, kürzlich erschienene Dissertation von Deimann, Wiebke: Christen, Juden und Muslime im mittelalterlichen Sevilla. Religiöse Minderheiten unter muslimischer und christlicher Dominanz (12. bis 14. Jahrhundert), Berlin 2012.
243 Jelinić, Julijan: Kultura i bosanski franjevci, Bd. 1, Sarajevo 1990, S. 125 (Reprint der Ausgabe von 1915); vgl. auch Nikić: Katolici, S. 54; Lucić: Franjevačka prisutnost, S. 242.
244 Sugar hat darauf hingewiesen, dass viele „Glaubenskrieger" keine Träger und Verbreiter des Hochislam waren und oft Ansichten vertraten, die nicht mit denen der Geistlichen (Ulema) übereinstimmten. Sugar Peter F.: Southeastern Europe under Ottoman Rule, 1354–1804, Seattle-London 1977, S. 11.

zu.²⁴⁵ Hintergrund der erwähnten Tragödie war die Tatsache, dass die Franziskaner in Fojnica und Visoko an ihren Klöstern Umbauten ohne Genehmigung vorgenommen und sich damit über die Gesetze hinweggesetzt und dass sie dem Provinzial zur Flucht verholfen hatten. Mit Religionshass hatte das wohl nichts zu tun. (Auch Muslime, die grundlegende Vorschriften missachteten, wurden ähnlich hart bestraft.) In der Folgezeit wurden katholische Geistliche (meist außerhalb Sarajevos) bei der Ausübung ihrer religiösen Praktiken zwar immer wieder behindert. Doch geschah dies gegen den Willen der Pforte, die wiederholt mit einem Dekret (*ferman*) intervenierte und die Einhaltung der den Franziskanern gewährten Freiheiten befahl.²⁴⁶

Bedeutsamer als die Konflikte zwischen Muslimen und Christen waren die Konflikte zwischen Katholiken und Orthodoxen. Nachdem das serbische Patriarchat in Peć 1557 wieder eingerichtet worden war, versuchte es wiederholt, die Katholiken („Lateiner") unter seine Jurisdiktion zu bringen und Abgaben von ihnen zu erzwingen. Die Franziskaner wehrten sich unter Verweis auf die Urkunde Mehmeds des Eroberers, die 1566 von Sultan Süleyman erneuert wurde.²⁴⁷ Aber das Patriarchat blieb hartnäckig, sodass die Ordensbrüder wiederholt über den habsburgischen Gesandten bei der Pforte protestierten oder einen Vertreter nach Stambul schickten, um sich (jeweils gegen ordentliche Bezahlung natürlich) bestätigen zu lassen, was schon oft bestätigt worden war.²⁴⁸ Ein ausführlicher Bericht an die Propaganda Fide in Rom von 1692 (?) enthält Angaben über einen Streit zwischen dem serbischen Patriarchat und den Katholiken vor dem Scheriatsgericht in Sarajevo. Der Patriarch sei in Begleitung von vierzig Geistlichen nach Sarajevo gekommen mit einem angeblichen *Ferman* des Sultans, in dem die Unterstellung der Katholiken unter die Patriarchatsgewalt angeordnet worden sei. Das Gericht (ein islamisches Gericht) wies den Usurpationsversuch allerdings zurück und bestätigte die verbrieften Rechte der Katholiken.²⁴⁹ Zu ähnlichen Vorfällen kam es auch im Verlauf des 18. Jahrhunderts.²⁵⁰ 1768 berichtete der Provinzial Bono Benić der Propaganda Fide, dass die Katholiken und Franziskaner in Sarajevo seitens der Orthodoxen und des Patriarchats in Konstantinopel schweren Schikanen ausgesetzt sei-

---

245 Das Original befindet sich im Historischen Archiv Sarajevo.
246 Vgl. die Regesten der Urkunden aus dem Jahr 1676 bei Zahirović, Nedim: Podaci o Bosanskom ejaletu u orijentalnim rukopisima Konzularne akademije u Beču, in: Prilozi 34 (2005), S. 219–229, hier S. 224 f.
247 Nikić: Katolici, S. 59 f.
248 Ebda., S. 88 f. (bezieht sich auf das Jahr 1662). Vgl. auch den Ferman vom April 1675 nach den Regesten von Zahirović, Nedim: Podaci o Bosanskom ejaletu, S. 225 f.
249 Nikić: Katolici, S. 98. Nikićs Angaben sind allerdings öfter unzuverlässig. Vgl. auch Lucić: Franjevačka prisutnost, S. 245; Jelenić, Julijan fra: Spomenici kulturnoga rada bosanskih Franjevaca (1437.–1878.), in: Starine Jugoslavenske akademije XXXVI (1918), S. 138.
250 So z. B. im Jahr 1760, siehe Nikić: Katolici, S. 127.

en und Abgaben zahlen müssten, die ihre finanziellen Möglichkeiten überstiegen.[251] Der hingebungsvolle Hass zwischen Vertretern der orthodoxen Kirche und den Franziskanern (aber nicht unbedingt zwischen den einfachen Gläubigen) war eine Dauererscheinung.[252] In den meisten Fällen ging es dabei weniger um religiöse Fragen als um Geld.

Nicht um Geld ging es bei den Auseinandersetzungen zwischen Anhängern verschiedener Strömungen des Islam, v. a. zwischen den in Sarajevo stark vertretenen *Derwisch*orden auf der einen und Repräsentanten des orthodoxen Hochislam auf der anderen Seite. Die *Derwische* (zumindest einige der *Derwisch*-Bruderschaften) galten in religiösen Fragen als zu lässig, zu locker und verkommen. Bereits im letzten Drittel des 16. Jahrhunderts gerieten die Anhänger des aus Nordostbosnien stammenden Hamza Balî, die Hamzevije, ins Visier der Geistlichkeit und wurden als lokale Gefahr wahrgenommen.[253] Hamza Balî, der in bosnischen Texten nach seinem vermeintlichen Geburtsort als Hamza Orlović bezeichnet wird, über dessen Leben und Lehren aber kaum verlässliche Informationen vorliegen, wurde 1573 (oder 1574) in der Nähe der Süleyman-Moschee in Istanbul auf Befehl des Großwesirs Mehmed Sokolović als „Häretiker" in den Tod befördert.[254] Nicht anders erging es einigen seiner Gefolgsleute in Bosnien.[255] Die Bewegung sorgte dennoch für weitere Unruhe und soll zeitweilig bis zu 100.000 Anhänger gezählt haben. Ob die Ermordung des Großwesirs Sokolović 1579 auf das Konto eines *Derwischs* aus der Hamzevija-Bewegung ging und einen Racheakt darstellte, ist unklar.[256] Historiker aus Bosnien sehen in den Hamzevije einen Ausdruck des bosnischen „Nationalgeists" und bringen die Bewegung in Verbindung mit dem bogomilischen Erbe – eine These, die auf ziemlich wackligen Beinen steht. Auch in späteren Jahrhunderten kam es immer wieder zu scharfen Streitereien zwischen den Anhängern verschiedener islamischer Strömungen. So auch in Sarajevo in der zweiten Hälfte des 18. Jahrhunderts, wovon an anderer Stelle noch zu sprechen sein wird.

---

251 Benić, Fra Bono: Ljetopis sutjeskog samostana. Hg. Fra Ignacije Gavran, Sarajevo 1979, S. 184–190; vgl. auch Nikić: Katolici, S. 139; Lucić: Franjevačka prisutnost, S. 246 f.

252 „The rivalry between the Catholic and Orthodox clergy in Bosnia was commented by many visitors: Chaumette-des-Fossés, who spent seven months [1807/08] in the country, noted that hostility between the two religious communities was ‚maintained by the clergy of the two Churches, who make horrible allegations about one another'. Without the urging of these interested parties, it is doubtful whether the Catholic and Orthodox peasant would have found much cause for antipathy between themselves; they spoke the same language, wore the same clothes, went sometimes to the same churches and shared exactly the same conditions of life." Malcolm: Bosnia, S. 100. Das Zitat im Zitat von Chaumette-des-Fossés: Voyage, S. 75.

253 Einzelheiten bei Algar: The Hamzeviye.

254 Hadžijahić: Islam i Musliman, S. 91 ff.

255 Handžić/Hadžijahić: O progonu Hamzevija.

256 Vgl. Hadžijahić: Udio Hamzevija u atentatu na Mehmed-pašu Sokolovića.

KOEXISTENZ UND TOLERANZ

Unabhängig von diesen innerreligiösen Auseinandersetzungen dürften die Angehörigen der verschiedenen Glaubensgemeinschaften in Sarajevo lange Zeit friedlich koexistiert haben. Der französische Konsul in Aleppo, Louis Gédoyn „Le Turc", der sich Anfang 1624 – knapp hundert Jahre nach Kuripešić – in Sarajevo aufhielt, schreibt, dass die Christen ziemlich gut behandelt würden und sich leicht von der Knabenlese freikaufen könnten.[257] Mehrere Faktoren trugen zu dieser friedlichen Koexistenz bei: 1. der Pragmatismus in der Religionspolitik des Osmanischen Reiches, 2. der Einfluss des Sufismus. 3. Die Expansion des Reiches, die auch den Aufstieg Sarajevos beflügelte. Die Stadt wuchs, die Wirtschaft florierte, und der Wohlstand nahm zu, wovon alle Stadtbewohner – unabhängig von ihrer Religionszugehörigkeit – profitierten, wenn auch gewiss nicht im gleichen Ausmaß. 4. Der Anteil der Nicht-Muslime an der städtischen Bevölkerung schrumpfte infolge der Islamisierung rapid, sodass sie bis ins 19. Jahrhundert hinein nur kleine Minderheiten darstellten. 1604 sollen über 96 % der Stadtbewohner Muslime gewesen sein.[258] Und da sie überwiegend Südslawen waren, stellte sich die Bevölkerung Sarajevos zu dieser Zeit sowohl ethnisch wie religiös fast homogen dar. 5. Von der kleinen Zahl der Nicht-Muslime ging keinerlei Gefahr für die Vorherrschaft des Islam aus. Weder symbolisch noch real. In einem Meer von weit über hundert Moscheen und Minaretten wirkten die eine orthodoxe Kirche, die eine Synagoge und die eine katholische Kapelle ziemlich verloren. Aber auch wenn sie kaum sichtbar waren (oder gerade deshalb), wurden sie wahrgenommen und gehörten unverwechselbar zum Zentrum der Stadt; jeder wusste, dass sie da waren. Die Machtverhältnisse waren gleichwohl eindeutig, und wer sich damit arrangierte, fand ein gutes Auskommen. Die Nicht-Muslime besetzten wichtige Nischen im Leben der Stadt (v. a. im Handel, teilweise auch im Handwerk), woraus beide Seiten – Muslime und Nicht-Muslime – ihren Vorteil zogen. An der bestehenden Asymmetrie änderte dies nichts. Das war Pragmatismus und Duldung, aber nicht Gleichberechtigung. Duldung impliziert ein hierarchisches Verhältnis: einen, der oben steht (der Hegemon) und einen, der unten steht und schwächer ist, aber geduldet wird.

Mit anderen Worten: Wenn man „Toleranz" im ursprünglichen Sinn des Wortes mit Duldsamkeit gleichsetzt, dann war Sarajevo in den ersten Jahrhunderten der osmanischen Herrschaft ein Ort der Toleranz und religiösen Abgrenzung. Die Bewährungsprobe für Offenheit und Gleichberechtigung kam dagegen erst im 19. und 20. Jahrhundert. Aber schon vorher, in Kriegszeiten, wenn die Windstille ein plötzliches Ende fand, wenn katholische Mächte (oder später das orthodoxe Russland) gegen die Osmanen Krieg führten und wenn

---

257 Journal et Correspondance de Gédoyn „Le Turc", a. a. O., S. 40. „Là, les chrétiens sont assez bien traités et s'exemptent facilement du tribu de leurs enfants en payant trente ou quarante écus…"
258 Zlatar: Širenje islama, S. 259.

diese Kriege mit osmanischen Verlusten oder gar Niederlagen endeten, konnte dies auch die interreligiösen Beziehungen in Bosnien und Sarajevo sowie die Toleranz schwer belasten.[259] Die Christen gerieten in den Verdacht der Illoyalität oder zumindest einer gespaltenen Loyalität (was oft zutreffend gewesen sein dürfte)[260] und hatten Repressalien seitens der Muslime zu fürchten. Darauf wird im Zusammenhang mit den Ereignissen Ende des 17. Jahrhunderts noch zurückzukommen sein.

Abschließend seien noch die Thesen von Antun Hangi aus dem Jahr 1906 erwähnt. Der Kroate Hangi war im letzten Jahrzehnt des 19. Jahrhunderts nach Bosnien gekommen, wo er längere Zeit als Lehrer und Volksliedsammler tätig war, volkskundliche Studien betrieb und eine tiefe Sympathie für die Muslime entwickelte. In seiner Arbeit über Lebensweise, Sitten und Gebräuche der Muslime schreibt er u. a., dass „bis zur neuesten Zeit, bis zur [österreichisch-ungarischen] Okkupation [1878] ein stiller Glaubenshass und Religionskrieg zwischen Moslims und Christen bestanden (hat). Es war kein offener Kampf, es wurden blos auf beiden Seiten Gewalttaten und Gesetzwidrigkeiten verübt. Niemand war seines Lebens und Eigentums sicher."[261] Kritisch setzt er sich anschließend mit Behauptungen auseinander, dass es „mit der Toleranz des Islam nicht weit her sein müsse, hat es doch in Bosnien-Hercegovina vor der Okkupation durch die österreichisch-ungarische Monarchie zahlreiche Christenverfolgungen gegeben. Dergleichen kam wohl vor", erklärt Hangi, „aber die Schuld daran trifft in keinem Falle den Islam als solchen, sondern ausschließlich einzelne Fanatiker, bei denen sich zum religiösen Übereifer auch noch Gründe persönlichen Interesses gesellten, die ihre Glaubensgenossen zum Hasse gegen die Christen aufstachelten. Die Christen wieder blieben den Moslims nichts schuldig und bezahlten Gleiches mit Gleichem, wodurch der Hass und die Kluft zwischen Beiden täglich vergrössert und erweitert wurden. Ähnliche betrübende Erscheinungen verzeichnet die Geschichte übrigens zum Überfluss auch unter den einzelnen christlichen Bekenntnissen, die sich gegenseitig mit wahnwitzigem Hasse zu vernichten trachteten, anstatt das Gebot des Heilands von der Nächstenliebe zu befolgen. Ferner ist die unbestreitbare Tatsache zu verzeichnen, dass die Katholiken in Bosnien-Hercegovina nur selten von den Moslims Verfolgungen zu erdulden hatten, weil sie sich ruhig verhielten und nicht zu Gewalttätigkeiten neigten, was dem Verdienste der eingeborenen Franziskaner zuzuschreiben ist, welche auf ihre Gläubigen beruhigend einwirkten und sie von Blutvergiessen abhielten, während sie anderseits

---

259 Vgl. Kissling, Hans Joachim: Rechtsproblematiken in den christlich-muslimischen Beziehungen, vorab im Zeitalter der Türkenkriege, Graz 1974.
260 Die Loyalität bzw. Illoyalität gegenüber Sultan und Reich kollidierte mit der Loyalität bzw. Illoyalität gegenüber der christlichen Religionsgemeinschaft. Daraus ergaben sich wechselnde, mitunter recht widersprüchlich erscheinende Verhaltensweisen.
261 Hangi: Moslim's in Bosnien-Hercegovina, S. 19.

von den Sultanen vielfache Privilegien und Erleichterungen für die Katholiken zu erwirken verstanden".[262] Da der Verfasser keine Quellen anführt (seine Behauptungen stützen sich in erster Linie auf Hörensagen), bleiben seine Aussagen – was die ältere Zeit betrifft – spekulativ. Für die osmanische Spätphase werden sie zwar durch andere Berichte bestätigt, für die Zeit davor bleiben sie aber fragwürdig.

1.8. DAS WIRTSCHAFTSLEBEN

Aufstieg und Blütezeit Sarajevos vom Ende des 15. bis zum Ende des 17. Jahrhunderts beruhen in erster Linie auf der Entwicklung von Handwerk und Handel. Ihnen verdankte die Stadt ihr Wachstum und ihren Wohlstand. Wie wir gesehen haben, gingen wichtige Anstöße von den Stiftern aus. Sie schufen die Einrichtungen, die als Fundament der Entwicklung dienten. Der Staat blieb im Hintergrund. Denn bis zur Reformära im 19. Jahrhundert kümmerte sich die Hohe Pforte fast ausschließlich nur um das Militär, die Verwaltung und die innere Sicherheit, während Wirtschaft, Sozial- und Bildungswesen der privaten Initiative überlassen blieben. Zur Stifterfreudigkeit kamen weitere, sich kumulativ verstärkende Faktoren hinzu:[263] 1. Die Lage Sarajevos am Schnittpunkt der Verkehrsadern, die durch das gebirgige Innere des Balkanraums von Osten nach Westen und von Süden nach Norden führten: von Konstantinopel über Plovdiv, Skopje und Priština nach Sarajevo sowie von dort durch das Tal der Neretva nach Süden an die Adria (mit Anschluss an Dubrovnik, Split und Venedig) oder durch das Tal der Bosna nach Norden an die Save (mit Anschluss nach Ungarn) oder etwas weiter östlich die Straße nach Belgrad. Schon in vorosmanischer Zeit waren an den Kreuzungen dieser Karawanenstraßen Märkte entstanden. 1379 wird im Tal des späteren Sarajevo erstmals eine Kolonie der Ragusaner Fernkaufleute erwähnt. Nach der osmanischen Eroberung Bosniens entwickelte sich Sarajevo schnell zu einem zentralen Umschlagplatz, und Dubrovnik avancierte zu einem wichtigen Handelspartner. 2. Sarajevo als Militärstützpunkt und Ausgangsbasis für Raubzüge und Eroberungskriege in Richtung Ungarn, Kroatien und Venedig zog auch immer mehr Handwerker an, die für die Bedürfnisse des Militärs produzierten. 3. Mit den Stiftungen entstand ein leistungsfähiges Kreditsystem, das Investitionen erleichterte. 4. Für die Versorgung der Handwerker mit Rohstoffen erwies sich die Nähe zu den Orten Kreševo, Fojnica, Duboštica und Olovo im mittelbosnischen Bergbaurevier als Wettbewerbsvorteil. 5. Die Steuererleichterungen, die Sultan Mehmed der Eroberer um 1464 den muslimischen Bewohnern im Gebiet von Sarajevo gewährt hatte, erhöhten die wirtschaftliche Attraktivität der Stadt. Und 6. in Sarajevo befand sich eine

---
262 Ebda., S. 20 f.
263 Das Folgende nach Hadžijahić: Sarajevska muafnama, S. 86 f.

Zollstation für Transitwaren, deren Einnahmen zum Teil der Stadt zugutekamen. Der Umstand, dass Sarajevo zunächst auch Verwaltungssitz des *Sandžakbegs* war, hat namentlich in der Anfangsphase der Stadt ebenfalls eine wichtige Rolle gespielt. Denn viele Stiftungen wären anderenfalls gar nicht zustande gekommen. Die Verlagerung des Verwaltungssitzes nach Banja Luka und später nach Travnik wurde jedoch von den Bürgern Sarajevos eher begrüßt als bedauert. Der überragenden wirtschaftlichen (und kulturellen) Bedeutung der Stadt tat sie keinen Abbruch.

ZÜNFTE

Im ältesten Steuerregister für Sarajevo von 1489 werden bereits 17 verschiedene Gruppen von Handwerkern erwähnt, darunter Schmiede, Sattler, Säbelmacher, Rosskleidmacher, Weber, Schneider, Bäcker, Fleischer, Süßwarenhersteller u. a.[264] Bis 1528/1536 verdoppelte sich die Zahl der Handwerkergruppen mit weiterhin steigender Tendenz. Und da sich der osmanische Staat aus der Gestaltung des Wirtschaftslebens heraushielt, formierten sich in Gestalt der Zünfte autonome Selbstverwaltungsorgane, die den Vereinigungen der Handwerker in Mittel-, West- und Nordwesteuropa ähnelten. In Sarajevo finden sich erste Spuren davon im 16. Jahrhundert. Die Institution der Zunft (*esnaf*) nahm bald eine herausragende Stellung in der Wirtschafts- und Sozialgeschichte Sarajevos ein, sodass die Stadt gelegentlich auch als „Zunftrepublik" (esnafska republika) bezeichnet wurde. Die Zünfte dienten der Regulierung der Güterproduktion, der Qualitätskontrolle, der Festsetzung von Preisen sowie der Ausbildung des Nachwuchses. Und vor allem verteidigten sie die Interessen ihrer jeweiligen Mitglieder. Jede Zunft besaß ihre festen Regeln, die allerdings nicht in Statuten verschriftlicht, sondern von Generation zu Generation mündlich weitergegeben wurden. Für die meisten Handwerker war die Mitgliedschaft in der Zunft obligatorisch, obwohl es auch Ausnahmen gab. An der Spitze der Zunft stand der von den Meistern und Gesellen gewählte Zunftvorsteher (*ćehaja*), der fast ausnahmslos ein Muslim war, obwohl die Zunftmitglieder unterschiedlichen Glaubensgemeinschaften angehören konnten. Die Zunftvorsteher genossen großes Ansehen und gehörten zu den Führungsschichten der Stadt. Dem *Ćehaja* standen verschiedene Mitarbeiter (čauš, ustabaša und kalfabaša) zur Seite. Wichtige Beschlüsse wurden im Einvernehmen zwischen dem *Ćehaja* und der ad hoc einberufenen Versammlung aller Meister der Zunft getroffen, an dem auch die Gesellen – aber ohne Stimmrecht – teilnehmen durften.[265] Der beste Kenner der Zunftgeschichte Sarajevos, H. Kreševljaković, gliedert die Zünfte (und nicht-zünftigen) Handwerker in vier

---

264 Kreševljaković: Esnafi, S. 45.
265 Zur Verwaltung und zu den Organen der Zünfte sowie zu den ungeschriebenen Statuten vgl. ebda., S. 50 ff.

Produktionsgruppen: 1. Metallindustrie (Schmiede, Schlosser, Waffenschmiede, Messermacher, Büchsenmacher, Kupferschmiede/Kesselmacher, Gold- und Silberschmiede etc.),[266] 2. Lederindustrie (Gerber, Stiefelmacher, Kürschner, Sattler usw.),[267] 3. Textilindustrie (Weber, Tuchmacher, Schneider, Färber u. a.)[268] sowie 4. verschiedene Zünfte und nicht-zünftige Handwerker (darunter Maurer, Tischler, Nahrungs- und Genussmittelproduzenten, Kerzen- und Seifenmacher, Barbiere, Obstgärtner usw.).[269] Jede größere Zunft hatte in der Čaršija ihre eigene Gasse, in der die Werkstätten ihrer Mitglieder nebeneinander lagen: die Gold- und Silberschmiede in der Goldschmiedegasse (kujundžiluk), die Kupferschmiede in der Kupferschmiedegasse (kazandžiluk), die Sattler (sarači) in der Sattlergasse, die Gerber (tabaci) in der Gerbergasse usw. Ende des 16. Jahrhunderts setzte sich die Čaršija aus 45 Handwerkergassen zusammen; einige davon existieren bis heute. Berühmt und beliebt waren die Festveranstaltungen der Zünfte, die in der Regel als Ausflug (kušanma oder *teferič*) gefeiert wurden.[270] Die Ausflüge ins Grüne (Picknick) mit Speise und Trank konnten mitunter mehrere Tage dauern und standen auch Nicht-Mitgliedern offen. Anlass der Feste war die Aufnahme von Lehrlingen in den Gesellen- oder von Gesellen in den Meisterstand.

INFRASTRUKTUR

Für den Vertrieb der Handwerksprodukte (soweit diese nicht von den Handwerkern selbst in ihren Werkstätten verkauft wurden) sowie für die Abwicklung des Imports auswärtiger Güter sowie des Exports und Transithandels entstand in Sarajevo eine für die damalige Zeit beeindruckende Infrastruktur. Zu ihr gehörten die großen Karawansereien, die Herbergen für die Fernkaufleute (und Reisenden) (*han*), die gemeinschaftlich betriebenen und wie Festungen gegen Diebstahl und Feuer geschützten Magazine (*daira*) sowie die Markthallen (*bezistan*). Die meisten dieser Einrichtungen wurden von den großen Stiftern oder ihren Stiftungen errichtet und anschließend verpachtet. Die Unterschiede zwischen Karawansereien und Herbergen waren fließend, und seit der zweiten Hälfte des 18. Jahrhunderts wurden alle Einrichtungen dieser Art als „Han" bezeichnet. Ursprünglich scheinen die Karawansereien zumeist größer gewesen zu sein als die Herbergen. Im Gegensatz zu Letzteren besaßen sie einen Innenhof (*avlija*). An den Seiten befanden sich die Warenlager und Pferdeställe, im ersten Stock die Unterkünfte für die Reisenden. Der Morića Han z. B. bot 300

---

266 Einzelheiten ebda., S. 79–118.
267 Ebda., S. 119–145.
268 Ebda., S. 146–172.
269 Ebda., S. 173–240.
270 Das aus dem Arabischen stammende Wort „teferič" wurde auch für private Picknicks verwendet. Der Architekt Dušan Grabrijan definiert „teferič" als Kult der Natur im Familienkreis. Grabrijan: Kultura teferiča, S. 44.

Reisenden und 70 Pferden Platz. Zu den ältesten Karawansereien und Herbergen zählten der von Isa-beg errichtete *Han* Kolobara in der *Čaršija*, an dessen Stelle heute ein Café betrieben wird, ferner der in der Nähe gelegene, von Isa-begs Sohn, Mehmed-beg, gestiftete *Han*, der völlig verschwunden ist, sowie der „Steinerne" oder „Alte" *Han* (Tašlihan) und der spätere „Neue" *Han* (heute: Morića *han*), beide zur Gazi-Husrev-beg-Stiftung gehörig. Von ihnen war bereits die Rede. Später kamen weitere Herbergen hinzu. Nach Angaben von Kreševljaković soll es in Sarajevo darüber hinaus fünf Magazine gegeben haben, die alle nicht mehr erhalten sind. Die bekanntesten Markthallen schließlich waren der Brusa-*Bezistan* und der Husrev-beg-*Bezistan*. Die von Rustem-paša 1551 gestiftete (und bis heute erhaltene) steinerne Markthalle in Form eines Rechtecks ist überdacht mit zwei kleinen und sechs großen Kuppeln. Ihren Namen „Brusa-*bezistan*" erhielt sie, weil dort zunächst Seide und Seidenwaren aus dem kleinasiatischen Brusa (Bursa) verkauft wurde[271] (Farbabb. 5). Der Husrev-beg-*Bezistan*, von dem nur ein Teil erhalten blieb und der bis zur Gegenwart als Markthalle genutzt wird, war ursprünglich 109 Meter lang und ähnelte einer von Gewölben überdachten Einkaufsstraße (arasta), die von dicken Steinmauern eingerahmt war. Zu beiden Seiten des schmalen Mittelgangs reihten sich die Verkaufsstände der Händler nebeneinander. Von diesem *Bezistan* bestand ein direkter Zugang zum Tašlihan, wodurch der Kontakt zwischen den Verkäufern in Sarajevo und den Fernhändlern aus anderen Teilen des Reiches, aus der Stadtrepublik Dubrovnik, aus Venedig usw. erleichtert wurde. (Vgl. Farbabb. 1) Die beiden Markthallen waren die Zentren des Handels in Sarajevo und Bosnien. In ihnen wurden v. a. Waren aus dem Orient, aus Venedig und Dubrovnik, schließlich aber auch einheimische Produkte umgesetzt.[272]

Handwerk und Handel blühten im Sarajevo des 16. und 17. Jahrhunderts. Zwar mehrten sich im 17. Jahrhundert die Krisensymptome im Reich, doch scheint Sarajevo davon noch nicht direkt betroffen worden zu sein. In seinem Bericht von 1626 an den Kaiser des Hl. Römischen Reiches schreibt der aus Split stammende Georgiceo/Jurjević, dass es in Sarajevo Kaufleute gäbe, die ein Barvermögen zwischen 50.000 und 300.000 Dukaten besäßen: die Superreichen ihrer Zeit.[273] Der englische Ritter Hendrik Blunt, der auf seinem Weg in die Levante 1634 in Sarajevo weilte, war vom Warenangebot in der *Čaršija* geradezu überwältigt. Dort würden Pelze von einer Schönheit angeboten, dass Londoner Damen nicht wenige Jahre ihres Lebens für einen Mantel aus derartigen Pelzen hergeben würden. In der Gerbergasse, die sie „Sarači" nennen, gäbe es herrliche Artikel aus verschiedenfarbigem Leder und wunderschöne Pferdeausrüstungen, an denen man sich gar nicht satt sehen könne.

---

271 Kreševljaković: Esnafi, S. 15.
272 Ebda., S. 16.
273 Vgl. Skarić: Sarajevo i okolina, S. 86.

Die Schönheit des Goldschmucks erinnerte Blunt an Haremsdamen aus arabischen und indischen Märchen.[274]

Wer dem Lärm in den geschäftigen Gassen entfliehen wollte, konnte sich in ein Kaffeehaus (kafana) zurückziehen. Dort herrschte eine Stille „wie bei den katholischen Trappisten".[275] Obwohl der Genuss von Kaffee ebenso wie der von Tabak, Wein und Opium von der islamischen Geistlichkeit zunächst verdammt wurde, nahm er in Sarajevo seit Anfang des 17. Jahrhunderts rasch zu.[276] Die ersten Kaffeehäuser, in denen die Gäste auch ihre Pfeife (čibuk) rauchten, entstanden in der *Čaršija* und verbreiteten sich bald auch in

---

274 Nach Nikolić: Katolici, S. 75. Eine Quelle gibt der Autor nicht an. Blunts Reisebericht erschien unter dem Titel: Zee- en land-voyagie van den ridder Hendrik Blunt na de Levant, gedaan in het jaar 1634…, Leyden 1707. Auch Kreševljaković: Esnafi, S. 27 f., zitiert Blunt. Verschiedene Autoren (darunter Kreševljaković u. a.) schreiben das Zitat Robert Stanhope zu, der es nach der Erzählung von Hendrik Blunt geschrieben haben soll. So auch Ibrahim Karabegović (der sich auf Kreševljaković bezieht): Sarajevo u očima stranih putopisaca od polovine šesnaestog do kraja sedamnaestog stoljeća, in: Prilozi historiji Sarajeva, S. 231–238.

275 Der Vergleich mit den Trappisten nach Fermendžin, Eusebius (Hg.): Acta Bosnae… Ab anno 925 usque ad annum 1752. Zagreb 1892, S. 414, zit. nach Nikolić: Katolici, S. 75. Noch Ende des 19. Jahrhunderts waren Ausländer von der Stille und vom Schweigen in den Kaffeehäusern verblüfft: „Wahrhaft bewunderungswürdig und erstaunlich ist das Benehmen des Mohammedaners im Kaffeehause. Schon zeitlich Morgens nimmt er seinen Weg dahin, legt dort seine gewohnten Pantoffeln ab und die Beine zurückschlagend, sitzt er an einer Stelle unbeweglich 3–4 Stunden lang fort, eine Cigarette nach der andern schmauchend, eine Tasse Kaffe nach der anderen leerend, ohne dass er zu Jemandem auch nur ein Wort sprechen würde. Er sitzt dort stumm, schweigsam, starr vor sich hinblickend, sich vollständig dem dolce far niente hingebend, und diese Unthätigkeit ist für ihn der angenehmste Genuss." Strausz: Bosnien, S. 301. Hangi: Moslim's in Bosnien-Hercegovina, S. 84, gibt eine etwas abweichende Schilderung: „In den von den Moslims besuchten Kafanas geht es gewöhnlich sehr ruhig zu. Die Gäste kommen ganz stille, führen ihre Gespräche in ruhiger Weise und gehen eben so ruhig davon, wie sie gekommen. Das beliebteste Gesprächsthema bei Kaffee und Zigaretten ist die ‚Politik'. Die Behauptungen und Darstellungen werden mit grosser Würde gemacht, und hat Einer seine Meinung gesagt, fest überzeugt, dass dieselbe von grosser Wichtigkeit ist, lässt er seinen Bart zur Bekräftigung des Gesagten durch die Finger laufen. Tritt während dieser Gespräche ein Fremder oder Unbekannter in das Lokal, verstummt die Unterhaltung entweder ganz, oder sie wird im Flüstertone weitergeführt, gleichviel ob der Ankömmling ein Moslim oder keiner ist. (…) Bleibt der Fremde längere Zeit sitzen, ändern die Anwesenden das Gesprächsthema, streicheln ihre Bärte und werfen sich ärgerliche Blicke zu…"

276 Der osmanische Chronist Ibrahim Alajbegović-Pečevija (oder Peçevi) besuchte 1591/92 angeblich ein „reich möbliertes" Kaffeehaus in Sarajevo. Vgl. Fotić, Aleksandar: The introduction of coffee and tobacco to the Mid-west Balkans, in: Acta Orientalia Acad. Scient. Hungariae 64 (2011), 1, S. 89–100; hier S. 90. „Reich möblierte" Kaffeehäuser dürften jedoch eine absolute Ausnahme gewesen sein, sofern es sie überhaupt gab. Erst im Verlauf des 19. Jahrhunderts wurden in den Kaffeehäusern à la franca Tische und Stühle eingeführt, während die Kaffeehäuser à la turca an Schlichtheit schwer zu überbieten waren. Es handelte sich zumeist um Bretterbuden mit schiefem, vorspringendem Dach, schmutzigen Fenstern und Fußböden aus gestampftem Lehm, um enge, räucherige Stuben, in denen der Cafetier (kahvedžija) am Feuerherd saß und den Kaffee „briet" (in Bosnien wird Kaffee „gebraten). Hangi: Moslim's in Bosnien-Hercegovina, S. 82. Serviert wurde der Kaffee in kleinen, henkellosen Schalen (fildžan).

den Wohnvierteln.²⁷⁷ Allein bei dem Großbrand Ende Juni 1788 gingen nach Angaben des Chronisten Bašeskija 50–60 Kaffeehäuser in Flammen auf.²⁷⁸ Parallel zum Kaffeegenuss verbreitete sich auch der Konsum von Opium (afijon oder afijun) und Wein.²⁷⁹ Informationen über Kneipen gibt es allerdings erst aus spätosmanischer Zeit, obwohl es sie vielleicht bereits im 17. Jahrhundert gab.

SARAJEVO: EIN „WUNDER"

Abschließend stellt sich die Frage: War das frühneuzeitliche Sarajevo eine Stadt? Die Frage ist schon deshalb schwer zu beantworten, weil es keine einheitlichen Kriterien dafür gibt, was eine Stadt ist und weil es „die" Stadt (im Unterschied zu „dieser" Stadt) nach Auffassung vieler Stadtforscher gar nicht gibt. Bei der Einstufung einer Siedlung als Stadt stehen einmal quantitative (Einwohnerzahl, Bevölkerungsdichte), einmal qualitative Faktoren (Funktionen der Siedlung, rechtlicher Status), einmal eine Kombination aus quantitativen und qualitativen Kriterien im Vordergrund. Hinsichtlich seiner Funktionen – als Verwaltungssitz der Provinz (mit längeren Unterbrechungen), als Militärstandort, Gewerbe- und Handelszentrum sowie als kultureller Mittelpunkt des osmanischen Bosnien – sowie als Ort ausgefeilten Konsums war Sarajevo zweifelsohne eine Stadt (ohne den rechtlichen Status, der für Städte im „Okzident" maßgeblich war) und wurde so von den Zeitgenossen auch wahrgenommen. Die Reisenden im 16./17. Jahrhundert schilderten Sarajevo als bevölkerungsreiche Stadt und pulsierendes Zentrum von Religion, Kultur und Wirtschaft. Vor Superlativen hatten sie keine Scheu. Auch wenn die quantitativen Aussagen oft übertrieben sind, ergeben sie ein qualitativ ziemlich einheitliches Bild. Der Franzose Quiclet, der auf seiner Reise nach Konstantinopel, von Dubrovnik her kommend, 1658 Sarajevo besuchte, hinterließ eine eindrucksvolle Schilderung der Stadt: seiner sakralen Gebäude, der *Čaršija*, des Pferdemarkts (At mejdan), der öffentlichen Bäder, der Markthallen, der Brücken, Gärten usw.²⁸⁰ Der damalige Gouverneur erlaubte ihm, während seines Aufenthalts in der Stadt seine französische Kleidung zu tragen. Ein Franzose in Sarajevo! Das war für die Stadtbewohner ebenso exotisch wie verschleierte muslimische Frauen für „europäische" Reisende im 19. Jahrhundert. Die Leute kamen und bestaunten ihn. Und da er türkisch lesen und

---

277 Kreševljaković: Esnafi, S. 217.
278 Bašeskija: Ljetopis, S. 349.
279 Kreševljaković: Esnafi, S. 224 f. Alkoholische Getränke werden auch in vielen Volksliedern erwähnt. Vgl. Huković, Muhamed: Alkoholna pića u lirskim narodnim pjesmama, in: Islamska misao 11. Jg./Nr. 123 (1989), S. 33–39.
280 Les voyages de M. Quiclet à Constantinople par terre, Paris 1664, S. 68–81.

schreiben konnte, versuchten sie ihn zum Glaubenswechsel zu überreden.[281] Besonders beeindruckt war Quiclet, als in der Nacht des 30. Mai (?), in der Nacht des Propheten Elias, überall in der Stadt die Öllampen entzündet wurden. Entzückt waren auch andere Reisende. Sie priesen die hohe Lebensqualität in Sarajevo, die reine Luft, das saubere Wasser, die guten Weine, das reiche Warenangebot oder das pittoreske Ensemble der Stadt.[282] Nach dem Bericht des schon oft zitierten Čelebi gab es in Sarajevo 177 Moscheen (abermals ein Druckfehler?),[283] 100 einfache Gebetshäuser, 180 niedere Koranschulen, mehrere *Medressen*, 47 *Derwisch*-Konvente und 6 öffentliche Armenküchen. Erwähnt werden auch die kleine Festung oberhalb der Stadt (Hodidjed) und der *Saraj*. Čelebi zählte 7 steinerne Brücken über die Miljacka und 1.080 Läden in der *Čaršij*a, „Muster von Schönheit", in denen man preiswert alle möglichen Waren aus Indien, Arabien, Persien, Polen und Böhmen erstehen könne. Aus Venedig, Dubrovnik, Zadar, Šibenik und Split würden Unmengen verschiedener Waren auf Packpferden herbeigeschafft. Čelebi erwähnt 23 Herbergen sowie 3 große Karawansereien. Er vergleicht die *Čaršija* von Sarajevo, die für Quiclet schlicht ein „Wunder" (merveille) war, mit dem Bazar von Aleppo. Sauberes Wasser und Grünflächen haben es Čelebi besonders angetan. Er spricht von über 110 öffentlichen Wasserspeiern, ca. 300 türkischen Brunnen in Form eines Kiosks (*sebilj*),[284] 700 Ziehbrunnen, 76 Wasserleitun-

---

281 Darüber hinaus machte Quiclet in Sarajevo eine überaus interessante Bekanntschaft. Er schreibt: „I'a y trouvé un sçavant homme en science nommé Zahtrgeh, ou comme dit Vigenere dans les Chifres, & Leon Affriquain dans son livre de la description d'Affrique, Zairagia, nous conferasmes quelque tems ensemble, c'est une science des plus belle, curieuse & parfaite qui soient dans les especes des divinations toute procedente de l'ancienne cabale des Hebreux, il ne manque presque jamais dans la beauté de ses réponces, & aux demandes qu'on luy fait mot pour mot, lettre pour lettre. Il se nomme Yusouf Chelett." (Les voyages, S. 80 f.) Bei dem im Zitat erwähnten Vigenere handelt es sich um den französischen Kryptografen Blaise de Vigenère (1523–1596) und dessen Werk „Traicté des Chiffres ou Secrètes Manières d'Escrire" (1586). Hinter dem Pseudonym Leon Affriquain (Leo Africanus) verbirgt sich der in Granada geborene maurische Reisende und Kaufmann Al-Hassan Ibn-Mohammed Al-Wezaz Al-Fasi, dessen viel gelesene Beschreibung von Afrika (Della descrittione dell'Africa et delle cose notabili che iui sone) 1550 in Venedig erschien und bald auch ins Englische u. a. Sprachen übersetzt wurde. (Möglicherweise benutzte Shakespeare das Werk als Vorlage bei der Gestaltung seines Othello.) Der Begriff „zairagia" wird in Federico Corrientes „Dictionary of Arabic Loanwords: Spanish, Portuguese, Catalan, Gallician and Kindred Dialects, Leiden 2008, S. 472, übersetzt mit „Arab divination by means of circles and letters". Ćiro Truhelka (in Glasnik Zemaljskog Muzeja 17 [1905], S. 432 f.) hat Quiclets Bericht ins Serbokroatische übersetzt. Statt „Zahtrgeh" hat Truhelka „Zahirge" gelesen (beide Worte habe ich nicht identifizieren können); den Namen von Quiclets Gesprächspartner gibt Truhelka mit Jusuf Ćelebi an (was mit der von Google digitalisierten Ausgabe von 1664 aber nicht übereinstimmt).
282 „Toutes sortes de vivre y abondent à vil prix; les vins sont excellents, les eaux meilleures et l'air sain, qui fait que la plupart des habitants y vieillissent jusqu'à cent et six vingts ans." Journal et Correspondance de Gédoyn „Le Turc", a. a. O., S. 39.
283 In der oben erwähnten Edition von 2001 ist von 77 vollwertigen Moscheen die Rede.
284 Das Wort „Kiosk" (Türkisch köşk) stammt ursprünglich aus dem Persischen und bedeutete so viel wie Ecke

gen, 5 öffentlichen und 670 privaten Bädern. Die Zahl der Gärten beziffert er auf 26.000 (!), alle mit fließendem Wasser. Viele haben Springbrunnen und gleichen einem „irdischen Paradies".[285] Selbst wenn man wahrscheinliche Übertreibungen beiseitelässt, besteht kein Zweifel: Sarajevo besaß alles, was den Komfort einer osmanischen Stadt ausmachte: Gebetshäuser, religiöse Bildungsanstalten, öffentliche Brunnen und Bäder, Sozialeinrichtungen und einen Markt mit einem reichhaltigen und vielfältigen Angebot. Die Sarajlije (Sarajevoer) beschreibt Čelebi als fleißig, sparsam, ehrlich und gesund. Sie mögen keine Streitereien und schätzen nur diejenigen, die Kenntnisse und Fertigkeiten erworben haben. Das Volk spricht bosnisch, türkisch, serbisch, „latinski" (italienisch), kroatisch und bulgarisch. Der Autor preist die Schönheit der Mädchen und Frauen von Sarajevo. Die Sklavinnen und Hausdienerinnen seien meistens Serbinnen und Bulgarinnen, aber es gäbe auch viele Kroatinnen. Ihrer Beschäftigung nach teilt Čelebi die Sarajlije in drei große Gruppen ein: Krieger, staatliche Bedienstete sowie Handwerker und Geldwechsler. Ein Teil der ortsansässigen Bevölkerung gehe auch dem Handel nach.

Unter der Überschrift „Noch etwas" berichtet Čelebi, dass er in Sarajevo kaum Katzen gesehen habe. Offenbar war er darüber erstaunt. Die Katze gilt im Islam als reines Tier, und Mohammed soll eine Vorliebe für Katzen gehabt haben. Einer Anekdote zufolge habe der Prophet, als er zum Gebet gerufen wurde, den Ärmel seines Gewands abgeschnitten, um seine darauf schlafende Katze nicht zu wecken. Katzen zu lieben, habe Mohammed als religiöse Pflicht verstanden. Die Muslime in Sarajevo wussten davon aber offenbar nichts oder setzten sich großzügig über das Gebot hinweg. Wichtiger dürfte gewesen sein, dass es im hygienisch „reinen" Sarajevo gemäß Čelebis Eindruck keine Mäuse gab. Und da eine Katze täglich Unkosten in Höhe von einem *Asper* verursachte, verzichteten die sparsamen Sarajlije auf die Katzenhaltung. Gegen Schluss seines Berichts schreibt der weit gereiste Čelebi, es gäbe viele Städte auf der Erde mit dem Namen „*Saraj*", aber Sarajevo sei fortschrittlicher, schöner und lebendiger als alle anderen.[286]

Siebenunddreißig Jahre später war alles vorbei: Sarajevo lag in Schutt und Asche.

---

      oder Winkel, ehe es auch für einen Pavillon oder ein Gartenhaus benutzt wurde. Anfang des 18. Jhs. tauchte es zunächst im Französischen und dann auch in anderen europäischen Sprachen auf. Der im Zentrum der Baščaršija von Sarajevo im pseudo-maurischen Stil gestaltete Sebilj (aus Arabisch „Weg", „Reise"), eines der Wahrzeichen von Sarajevo, wurde 1891 errichtet (in der Nähe des vier Jahrzehnte zuvor abgebrannten Sebilj aus dem Jahr 1754).

285 Auch Quiclet berichtet, dass die Stadt voller Gärten sei. Es gäbe kaum ein Haus ohne eigenen Garten, in dem viele Obst-, meist Apfelbäume, stünden. Les voyages de M. Quiclet, S. 70.

286 Ähnlich überschwänglich äußerte sich auch Athanasio Georgiceo (Atanazija Jurjević) im Jahr 1626: „In summa, cavato Constantinopoli non è città in quella parte d'Europa soggetta al Turco più ricca, ne ch'ha più delle moschee et in maggior quantità di Sarajevo."

1.9. ZERSTÖRUNG, ANARCHIE, REBELLIONEN

Der „Große Türkenkrieg" der Heiligen Liga gegen das Osmanische Reich bzw. der „5. Österreichische Türkenkrieg" von 1683–1699 (einschließlich der zweiten gescheiterten Belagerung Wiens 1683) stellte nicht nur einen tiefen Einschnitt in der Geschichte des Osmanischen Imperiums, sondern auch einen dramatischen Bruch in der Geschichte des osmanischen Sarajevo dar. Die 16-jährige Kriegsperiode im Donau-Balkan-Raum war begleitet von intensiven Migrationen: vom Süden in den Norden (Orthodoxe aus Kosovo und Katholiken aus Bosnien) sowie vom Norden in den Süden (Muslime aus Ungarn und Slawonien nach Bosnien). Auch Sarajevo blieb davon nicht verschont. Nach dem Fall von Zvornik (1688) musste die Stadt zum Beispiel rund 4.000 Flüchtlinge aufnehmen.[287] Es kam zu Engpässen. Das Geld wurde knapp, sodass 1684 (und 1689) in Sarajevo eine minderwertige Kupfermünze (mangura) geprägt wurde. Infolge der Nahrungsmittelknappheit stiegen die Lebensmittelpreise; die Menschen hungerten; es soll Fälle gegeben haben, in denen sich Kinder vom Leib ihrer toten Mutter ernährten.[288] Auch der ständige Begleiter der Stadtgeschichte, die Pest, war wieder zur Stelle. Es herrschte furchtbare Not. Viele bosnische Muslime, die an den Fronten gekämpft hatten, kehrten nie wieder zurück. Und im Oktober 1697 kam es zur Katastrophe.

DIE ZERSTÖRUNG SARAJEVOS 1697

Nach dem Sieg der kaiserlichen Truppen bei Zenta an der Theiß (11. September 1697) war die Jahreszeit für weitere militärische Großoperationen zu weit fortgeschritten. Doch bevor die Armee ins Winterlager zog, wollte der Oberbefehlshaber des kaiserlichen Heeres, Prinz Eugen von Savoyen, dem angeschlagenen Gegner einen weiteren Schlag versetzen. Eugen beschloss, mit einem Teil seiner Armee einen Überfall auf Bosnien durchzuführen. Sein Ziel: Sarajevo. Von Brod an der Save zog er am 12. Oktober mit einem Expeditionskorps durch das Bosna-Tal nach Süden, ohne auf größeren Widerstand zu stoßen, und erreichte am 23. Oktober das von osmanischen Truppen bereits geräumte Sarajevo.[289] In seinem „Journal de la marche en Bosnie"[290] beschreibt Eugen die Stadt als „sehr groß", „völlig of-

---

287 Skarić: Sarajevo i okolina, S. 108; Hadžihasanović: Sarajevo, S. 47.
288 Skarić: Sarajevo i okolina, S. 109.
289 Zum Vorstoß nach Sarajevo vgl. auch: Herre, Franz: Prinz Eugen. Europas heimlicher Herrscher, Bergisch Gladbach 2000, S. 69; Muvekkit: Povijest Bosne, S. 426 f.; Ademović: Princ Palikuća, S. 146 ff.; Skarić: Sarajevo i njegova okolina, S. 111 ff.; Bahlcke: Die Schlacht bei Zenta; Matasović: Princ Evgenij Savojski.
290 Deutsche Übersetzung: Tagebuch des Prinzen Eugen von Savoyen über den Streifzug nach Sarajevo im Jahre 1697. Mitgeteilt von Hauptmann Zitterhoffer, in: Mitteilungen des k.u.k. Kriegsarchivs, 3. Folge, Bd. VIII, Wien 1914. Auszüge in serbokroatischer Übersetzung bei Džambo, Jozo: Iz prve ruke.

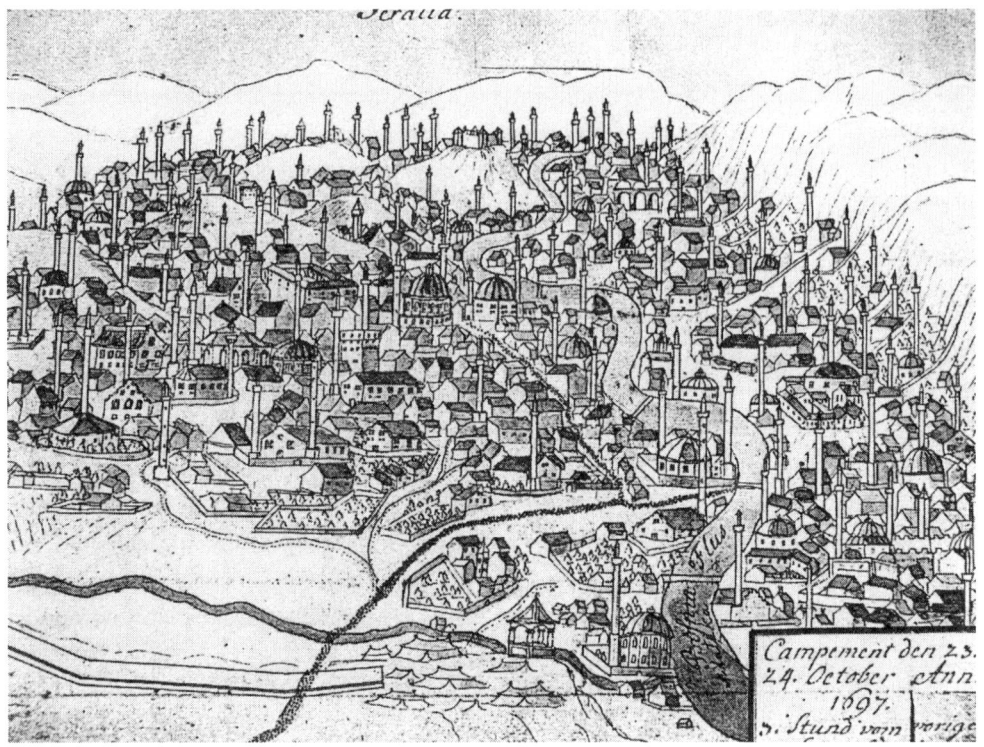

Abb. 9: Blick auf Sarajevo aus dem Feldlager des Prinzen Eugen von Savoyen, unmittelbar vor Zerstörung der Stadt am 24. Oktober 1697

fen" mit „120 sehr schönen Moscheen". Sarajevo war ungeschützt. Eine Stadtmauer gab es nicht, und die mittelalterliche Festung Hodidjed am Ostrand war klein und diente in erster Linie als Gefängnis. Zur Abwehr eines Angriffs von Westen war sie gänzlich ungeeignet. Der Prinz forderte die Einwohner Sarajevos zur Übergabe auf: Sofern sie sich kampflos ergäben, würden Leben und Eigentum verschont. Für den Fall der Weigerung drohte er, „sogar auch das Kind im Mutterleibe nicht verschonen (zu) wollen, allermassen hiezu das gröbere Geschütz, Mörser und Feuerwerk schon vorhanden stehen". Die kaiserlichen Parlamentäre, die die Übergabeaufforderung Eugens überbringen sollten, wurden beschossen (einer kam zu Tode), noch ehe sie die Stadt erreichten, und so erteilte der erboste Prinz den Befehl zur Plünderung Sarajevos, dessen Bewohner sich in panischer Flucht befanden. Obwohl die reichen „Türken" das Wertvollste bereits an einem sicheren Ort versteckt hatten, gab es noch genug Beute. Dann brach Feuer aus oder wurde gelegt. Am Tag darauf hielt Eugen in seinem Kriegstagebuch fest: „Man hat die Stadt völlig niedergebrannt und auch die ganze Umgebung. Unsere Trupps, die den Feind verfolgten, haben Beute eingebracht, und auch Frauen und Kinder."²⁹¹ Die Stadt fiel in Schutt und Asche. Nicht nur die Holzhäuser und -läden gingen in Flammen auf. Selbst viele Bauten aus Stein verglühten zu Ruinen oder wurden schwer beschädigt, darunter die Kaisermoschee, die Gazi-Husrev-beg-Moschee, die Ali-paša-Moschee, der Tašlihan und viele, viele andere.²⁹² 32 niedere Koranschulen *(mekteb)* sollen der Zerstörung zum Opfer gefallen sein.²⁹³ Die *Čaršija* und die Wohnviertel bildeten einen riesigen Trümmerhaufen. Auch viele Dokumente, darunter die Protokollbücher des Kadi-Amts Sarajevo, Stiftungsurkunden, *Fermane* usw. gingen für immer verloren.²⁹⁴ Sarajevo gab es nicht mehr.

Am 25. Oktober traten die Kaiserlichen ihren Rückmarsch an. Die Christen aus der Stadt (in erster Linie Katholiken, aber wohl auch einige Orthodoxe) kamen ins Feldlager des Prinzen und baten um Schutz. „Ich hoffe auch", notierte der Prinz, „alle Christen, die sich im Lande befinden, über die Save führen zu können." Aus Angst vor Vergeltung und in dem Bestreben, die Verwüstung hinter sich zu lassen, folgten viele Christen den kaiserlichen Truppen nach Norden. „Ausser den eroberten Kanonen und Waffen brachte der Prinz als die schönste Trophäe des kühnen Kriegszuges noch 40.000 befreite Christen mit nach Oesterreich, welche im Brooder Regimentsbezirke [Brod an der Save] angesiedelt wurden."²⁹⁵ Eugens Überfall auf eine wehrlose Stadt war gewiss nicht die Ruhmestat des „edlen Ritters", als der der Prinz in Liedern gern besungen wird. Aber sie entsprach den Gepflogenheiten damaliger Kriegsführung. Dass Kriege zwischen dem Osmanischen Reich und christlichen Mächten auch die Beziehungen zwischen den Religionsgemeinschaften in Bosnien belasteten, steht außer Frage. Für die totale Zerstörung Sarajevos gilt dies allemal. Und dennoch …

In den folgenden zwei bis drei Jahrzehnten wurde die Stadt zu einem großen Teil so wieder aufgebaut, wie sie vorher ausgesehen hatte. Auch an der Zusammensetzung der Bevölkerung änderte sich wenig, zumal einige christliche Flüchtlinge nach Sarajevo zurückkehrten und neue Bewohner hinzukamen. Bald nahm das Leben wieder seinen gewohnten Lauf. Aber so wie die „Goldene Zeit" Sarajevos untrennbar mit Aufstieg und Glanz des Osmani-

---

291 Ebda.; vgl. auch Trost, Ernst: Prinz Eugen von Savoyen. Wien-München, 2. Aufl. 1985, S. 84. Muvekkit: Povijest Bosne, S. 427, dagegen erzählt, dass es in Sarajevo nichts mehr zu plündern gegeben habe. Deshalb habe der Feind die ganze Stadt in Brand gesteckt.
292 Vgl. das offizielle Verzeichnis der zerstörten und beschädigten sakralen Objekte und Bildungseinrichtungen bei Fajić: Stanje sakralnih i prosvjetnih objekata.
293 Bejtić: Spomenici osmanlijske arhitekture, S. 247.
294 Ademović: Princ Palikuća, S. 194 ff. Auf Bitten der Einwohner von Sarajevo wurden von der Sultanskanzlei Kopien erstellt oder früher verbriefte Privilegien erneuert.
295 Thoemmel: Beschreibung des Vilayet Bosnien, S. 31. Die überwiegende Mehrheit der Christen stammte aus dem Bosna-Tal. Vgl. auch Bauer, Ernst: Zwischen Halbmond und Doppeladler. 40 Jahre österreichische Verwaltung in Bosnien-Herzegowina, Wien-München 1971, S. 33.

schen Reiches verknüpft war, so wirkten auch die Verkrustungserscheinungen im Reich auf die Geschichte der Stadt zurück. Auch ohne die Zerstörung durch Prinz Eugens Truppen wäre Sarajevo früher oder später von der Krise erfasst worden, die schon seit Jahrzehnten im Reich des Halbmonds schwelte und auch den Zeitgenossen nicht verborgen blieb.[296]

DIE KRISE DER OSMANISCHEN ORDNUNG

In einer Denkschrift aus dem Jahre 1630, als Sarajevo noch in Blüte stand (oder zu stehen schien), schilderte Kocabeg, ein Vertrauter des Sultans Murad IV., die Erosion des osmanischen Staatsgebäudes seit Süleyman dem Großen.[297] „[D]ie *Sandschakate* und *Ejalets* des Reiches sind geworden wie Todte, deren Name wohl geblieben, deren Körper und Geist aber verschwunden sind. Der Geist und die Seele eines jeden Ejalets sowie sein Glanz und seine Schönheit waren die Groß- und Kleinlehensträger. In den jetzigen Feldzügen beliefen sich die Leute der Groß- und Kleinlehensträger von Rumelien und Anatolien usw. auf 7.–8.000 Mann, ... die meisten von ihnen nur Miethlinge und Diener ... Dabei genießt dieser Stand kein Ansehen und keine Achtung mehr." Folgt man Kocabeg und den Ergebnissen historischer Forschung, so war das *Timar*system – einst das Fundament der osmanischen Sozialordnung – bereits um 1630 stark zerrüttet. Dies war nicht das Ergebnis eines Kommerzialisierungs- und Modernisierungsprozesses in der Landwirtschaft (wie z. B. die „Einhegungen" in England), sondern die Konsequenz eines rasch voranschreitenden Prozesses, der durch Patronage, Korruption und Ausbeutung gesteuert wurde. Da das traditionelle osmanische Bodenrecht (demzufolge der Staat das Obereigentum über fast den gesamten Boden besaß) nicht infrage gestellt wurde, blieb die faktische Privatisierung des Grundeigentums bzw. die Umwandlung von Pfründen in vererbbare „Gutswirtschaften" (ocaklik *timar*; *čiftluk*/Tschiftluk) ohne rechtliche Absicherung und ließ längerfristige Investitionen in die Landwirtschaft als äußerst risikoreich und unattraktiv erscheinen.[298] Die neuen Grundbesitzer holten aus ihrem Land und den darauf arbeitenden Bauern heraus, was herauszuholen war. Nach dem „Großen Türkenkrieg" bzw. nach dem Frieden von Karlowitz 1699 spitzte sich die Situation zu. Solange die Hohe Pforte von Sieg zu Sieg geeilt war, hatte sich die Verteilungsmasse (in Form von neuen Ländereien, Kriegsbeute usw.)

---

296 Vgl. Howard, Doug: Ottoman Historiography and the Literature of „Decline" of the Sixteenth and Seventeenth Centuries, in: Journal of Asian History 22 (1988), 1, S. 52–77.
297 Behrnauer, Walter F. A.: Kocabeg's Abhandlung über den Verfall des osmanischen Staatsgebäudes seit Suleiman dem Grossen, in: Zeitschrift der Dt. morgenländischen Gesellschaft 5 (1861), S. 272–332; hier S. 294 ff. Vgl. auch Lewis, Bernard: Ottoman Observers of Ottoman Decline, in: Islamic Studies 1(1962) 1, S. 71–87, insbes. S. 75 ff.
298 Zur Entstehung der „Gutswirtschaften" vgl. Filipović: Ocakklik Timars.

vergrößert. Nun schrumpfte sie. Die osmanischen Lehensträger (Pfründeninhaber), die das von den Christen zurückeroberte Ungarn und Slawonien in Richtung Bosnien verließen, mussten mit Land oder Einkünften versorgt werden, was zulasten der dortigen Lehensinhaber ging. Die Krise machte sich zwar zunächst im *Timar*system, d. h. im Agrarsektor, bemerkbar, betraf langfristig aber auch die Städte, nicht nur weil die meisten Timarioten in der Stadt lebten, sondern auch weil Stadt und Land ökonomisch nicht voneinander zu trennen waren. Eine langfristige Agrarkrise musste daher über kurz oder lang auch die Städte in Mitleidenschaft ziehen.

Die staatlichen Akteure verhielten sich ähnlich wie die neuen (unrechtmäßigen) Bodenbesitzer. Auch sie griffen zu Ad-hoc-Maßnahmen, die auf längere Sicht die Wirtschafts- und Sozialkrise des Reiches dramatisch verschärften. Um der Finanznot Herr zu werden, erhöhte der Fiskus die Steuern, senkte den Edelmetallgehalt der Münzen (was die Inflation anheizte) und verpachtete immer mehr Staatseinkünfte. Ämterkauf, Bestechungen und Antrittszahlungen nahmen zu. An die Stelle der einstigen Meritokratie, des Leistungsprinzips, das in Kombination mit der „freien Willkür des Herrn" (Max Weber) die Grundlage für gesellschaftlichen Auf- und Abstieg gebildet hatte, traten Schritt für Schritt Erblichkeit und Käuflichkeit von Ämtern. Die Institution der Steuerpacht *(iltizam)* griff wie ein Krebsgeschwür um sich. Der Bedarf an Bargeld nahm explosionsartig zu. Denn nachdem die *Spahis* (Timarioten) ökonomisch geschwächt worden waren und viele ihren Kriegsverpflichtungen nicht mehr nachkamen, sah sich die Pforte genötigt, die Zahl der zentral besoldeten Truppen (in erster Linie der *Janitscharen*) zu erhöhen.[299] Nun galt die Devise, um jeden Preis an Bareinnahmen zu kommen. War die Steuerpacht bisher im Wesentlichen nur ein Instrument gewesen, um die Einkünfte der Staatsdomänen sowie Zölle und Mietzinse einzutreiben, so ging man nun dazu über, alles nur Erdenkliche an die Meistbietenden in Pacht zu geben.[300] Selbst die Aufdeckung und Eintreibung von Unterschlagungen wurde in Steuerpacht gegeben, was nichts anderes bedeutete, als den Teufel mit Beelzebub auszutreiben. Zugleich zog der Fiskus die Steuerschraube immer fester an und führte neben den klassischen osmanischen Steuern (der Haus- oder Grundsteuer auf der einen und der Kopfsteuer für Nicht-Muslime auf der anderen Seite) immer neue Sondersteuern ein. Zunächst waren diese Sondersteuern auf Kriegszeiten beschränkt gewesen und wurden in Form von Arbeit oder Naturalien erbracht. Solange die traditionellen osmanischen Institutionen funktioniert hatten, war die Abgabenlast durchaus erträglich gewesen. Dies änderte sich aber seit der zweiten Hälfte des 16. Jahrhunderts. Infolge der ständigen Kriege gegen die persischen

---

299 Der Mitarbeiter am österreichischen Konsulat in Bosnien, Gustav Thoemmel, beziffert die Zahl der Janitscharen in Bosnien während der spätosmanischen Zeit auf 25.000. Thoemmel: Beschreibung des Vilayet Bosnien, S. 28.
300 Matuz, Josef: Das Osmanische Reich. Grundlinien seiner Geschichte, 3. Aufl., Darmstadt 1994, S. 148

Safawiden und die Habsburger trieb der Fiskus die Sondersteuer jährlich, manchmal sogar mehr als einmal pro Jahr, in Naturalien oder (und zwar zunehmend) in Bargeld ein. Die Abgabenlast erhöhte sich daher seit dem ausgehenden 16. Jahrhundert sprunghaft. Mit anderen Worten: Bis zu diesem Zeitpunkt waren Stabilität, Ordnung und Gesetzlichkeit in der Besteuerung der Untertanen in der Regel gewahrt worden. Beim Übergang zum 17. Jahrhundert traten jedoch unter dem Einfluss des fortschreitenden Verfalls der klassischen osmanischen Einrichtungen, insbesondere des *Timar*systems, des Stillstands in der Eroberung fremder Länder und der ständigen Krise in den Staatsfinanzen tief greifende Veränderungen in Gestalt von Steuererhöhungen sowie Einführung neuer Steuern ein. Der eben zitierte Kocabeg hatte bereits 1630 beklagt: „Von dem erleuchteten Geiste seiner Majestät des mächtigen, prächtigen ... Padischah möge nicht unbeachtet bleiben, daß bis zum Jahr 990 der Hidschra (1582) die armen Reaya je 40–50 *Asper* Kopfsteuer und je 40 Asper [Haus- bzw.] Accidenzsteuer zahlten; für zwei Schafe nahm man einen Asper Schafsteuer, nicht mehr. Nur die Erhebungs-Commissionen nahmen als Zuschlag zur Kopf- und Accidenzsteuer [gemeint ist die eben erwähnte Sondersteuer] je zwei, drei, höchstens 5 Asper... Niemand wagte darüber hinauszugehen... Jetzt gibt es ein Zuviel in der Anzahl der besoldeten Heeresleute und ein Zuviel in den Staatsausgaben, ebenso ein Zuviel in den Steuern, wodurch die Unterthanen hart bedrückt werden; dies aber hat wiederum den Verfall der öffentlichen Wohlfahrt herbeigeführt. Statt der früheren Haus-Kopfsteuer von 40–50 Asper werden jetzt nur für den Fiscus von jedem Manne 240 Asper als Kopfsteuer und von jedem Haus als Accidenzsteuer 300 Asper genommen ..." Kocabeg kritisiert anschließend die Steuerpächter, die statt der 540 Asper Haus- und Kopfsteuer je 700–800 Asper eintreiben. „Wie sollen die armen Reaya eine solche Bedrückung ertragen und wie lange soll der Staat diese Übergriffe dulden?" „[B]ei Unglauben kann die Welt bestehen", fährt Kocabeg fort, „aber nicht bei Ungerechtigkeit; die Gerechtigkeit ist ja die Ursache langen Lebens und die Wohlfahrt der armen Unterthanen... So sagen alle Ulema's und Scheiche. Wenn man sich auf meine Aussage nicht verlassen will, so mögen sie darum befragt werden. Dies ist der wahre Sachverhalt. Die Verfügung über das weitere steht der Majestät des glücklichen und mächtigen Padischah zu."[301] Kurzum: Die bereits im Verlauf des 16. Jahrhunderts erkennbaren Dysfunktionalitäten des Herrschaftssystems entwickelten sich in der Folgezeit zu einer Abwärtsspirale, die zwar kurzfristig immer wieder aufgehalten, aber längerfristig nicht überwunden wurde. Auch die im 19. Jahrhundert eingeleiteten Reformen konnten die verlorene Zeit nicht mehr aufholen. Schritt für Schritt gerieten die osmanische Ordnung und die Regelwerke, die den Aufstieg des Imperiums ermöglicht hatten, aus den Fugen. Fassen wir stichwortartig die einzelnen Faktoren zusammen:

---

301 Behrnauer: Kocabeg's Abhandlung, a .a. O., S. 304–306.

1. Die territorialen Verluste des Reiches seit dem ausgehenden 17. Jahrhundert bedeuteten den Verlust von Land, das der Sultan als Lehen bzw. Pfründe vergeben konnte. Die aus den verloren gegangenen Territorien in Ungarn und Slawonien geflüchteten Lehensträger mussten mit neuen Lehen versorgt werden, was zur Verkleinerung der bestehenden Lehen und zur wirtschaftlichen Krise der *Spahis* bzw. Timarioten führte. 2. Die durch verlorene Kriege verschärfte Finanzkrise des Reiches betraf insbesondere die von der Zentrale besoldeten Dienstleute. Oft konnte der Fiskus seinen Zahlungsverpflichtungen nicht oder nur mit großer Verspätung nachkommen.[302] 3. Die davon unmittelbar betroffenen Gesellschaftsschichten versuchten, die Krise dadurch zu kompensieren, dass sie die Lehen (widerrechtlich) in Privatbesitz umwandelten (čiftlučenje) und damit das ursprüngliche Leistungs- und Rekrutierungsprinzip unterliefen oder dass sie die Bevölkerung mit zusätzlichen Abgaben belasteten. 4. Die Neigung, eine einmal erworbene Stellung erblich zu machen, ergriff auch andere Teile der Gesellschaft. Die Zünfte, einst die tragende Säule des städtischen Wirtschaftslebens, entwickelten zunehmend exklusive und konservative Züge. Die Mitgliedschaft wurde vom Vater auf den Sohn übertragen oder durch „Beziehungen" und Bestechung erworben.[303] Und zunehmend waren die Zünfte bestrebt, ihre Monopolstellung gegen jeden Wettbewerb zu schützen. Infolge ihrer Abschottung und Innovationsfeindlichkeit wurden sie zum Hindernis für die wirtschaftliche Entwicklung. 5. Die zunehmende Delegierung staatlicher Aufgaben (z. B. der Einzug der Steuern) an private „Unternehmer" (Pächter) verleitete diese dazu, ihre Einnahmen zu maximieren, indem sie mehr Abgaben erhoben als erlaubt war, aber nur einen Teil der Steuern abführten, wodurch sich die Finanzkrise der Zentrale weiter verschärfte. 6. Infolge ausbleibender oder unzureichender Besoldung durch die Zentrale, nahm die Korruption der osmanischen Bediensteten auf allen Ebenen von Tag zu Tag zu. Auch die Richter machten keine Ausnahme, sodass von einer funktionierenden Rechtsprechung (nach islamischer Ordnung) keine Rede mehr sein konnte. 7. Parallel zur Verwischung der Grenzen zwischen „Recht" und „Unrecht" verbreitete sich das Räuberunwesen *(Hajduken).* Räuberei wurde zur Alltagserscheinung. Die gesamte Ordnung, auf der die „Pax ottomanica" einst beruht hatte, lief aus dem Ruder. Und 8. schließlich: Zur Krise innerhalb des Reichs kamen die Veränderungen außerhalb des Reichs. Die langfristige Verlagerung der „Weltwirtschaftsaktivitäten" vom Mittelmeerraum an die Nordatlantikküste, die damit verbundene Verlagerung der Handelswege und Produktionszentren sowie der technologische Fortschritt in Westeuropa trafen das Osmanische Reich im Kern und gingen auch an Bosnien und Sarajevo nicht spurlos vorüber.

---

302 Matuz: Osmanisches Reich, a. a. O., S. 174.
303 Die Mitgliederzahl mancher Zünfte wuchs offenbar auch deutlich schneller als die Bevölkerung. So zählte z. B. die Zunft der Sattler (sarači) in Sarajevo 1726 735 und 1823 1.511 Mitglieder. Hajdarević: Defteri, S. 23.

Zwar scheint Bosnien, das seit dem „Großen Türkenkrieg" erneut (wie in der Frühphase der osmanischen Herrschaft) als Grenzprovinz (mit entsprechenden Erleichterungen für die kriegführenden Muslime) fungierte, von der Krise des Reiches später getroffen worden zu sein als andere Provinzen, doch im Verlauf des 18. und in der ersten Hälfte des 19. Jahrhunderts häuften sich die Zeichen von Verwahrlosung und Widerstand. Sarajevo machte dabei keine Ausnahme, denn eine „Insel der Seligen" konnte es nicht sein.

Schon im Verlauf des 17. Jahrhunderts war es vereinzelt in Sarajevo und Umgebung zu gewaltsamen Unruhen gekommen (1636, 1650 und 1682).[304] Anlass waren jeweils neue Abgaben, Ungesetzlichkeiten bei deren Eintreibung, Verteuerung der Lebensmittel und Hunger. Immer wieder wandte sich die Bevölkerung in kollektiven Klageschriften oder Petitionen *(arzuhal, mahzar)* an die Pforte, die daraufhin zumeist die Abstellung der Missstände befahl. Doch eine dauerhafte Beruhigung trat nicht ein, entweder weil sich die Amtsträger vor Ort nicht an die Weisungen der Zentrale hielten oder weil die Pforte selbst neue Erhöhungen beschloss. Immer größere Teile der Bevölkerung verarmten, sowohl auf dem Lande wie in den Städten. Betroffen waren Christen ebenso wie Muslime. Der kleinen Schicht einflussreicher und wohlhabender Leute, zu denen die Repräsentanten der Staatsmacht (die Gouverneure, deren Vertreter, die Militärbefehlshaber und Richter) sowie reiche Kaufleute zählten, stand die große Masse der sozial gefährdeten oder bereits verarmten Bevölkerung (christliche und muslimische Bauern auf dem Lande, muslimische Kleingrundbesitzer bzw. ehemalige Timarioten, *Janitscharen*, ein Großteil der Handwerker sowie Kleinhändler und Dienstleister in den Städten) gegenüber. Durchkreuzt wurden die sozialen Unterschiede durch vielfältige Loyalitäts- und Solidaritätsnetzwerke sowie Abhängigkeitsverhältnisse, die oft zu überraschenden Allianzen und/oder Frontwechseln führten. Die Proteste lassen sich daher weder auf ein Klassenkampfschema noch auf einen Zusammenstoß der Religionsgemeinschaften reduzieren. Dass soziale Unterschiede relevant waren, versteht sich von selbst. Doch es war keine Seltenheit, dass sich wohlhabende Schichten mit den Armen verbündeten, entweder aus einem Gefühl der Gerechtigkeit heraus, oder weil sie die Gefahren, die sich aus einer zugespitzten sozialen Spaltung ergeben konnten, abwenden wollten, oder weil sie einen gemeinsamen Gegner hatten. In diesen Fällen wurden häufig auch die Religionsgrenzen überwunden. Auf diese Weise entstanden Allianzen, die jedoch fragil, in der Regel kurzlebig waren und schnell in Gegnerschaft umschlagen konnten. Wichtigste gemeinsame Gegner der Bevölkerung waren die von der Pforte eingesetzten *Wesire*, die zumeist nur kurze Zeit in Bosnien amtierten, bevor

---

[304] Sućeska: Bune seljaka, S. 71. Der bereits erwähnte Dichter und Scheich Hasan Kaimi gehörte zu den Wortführern der Hungerrevolte von 1682, in deren Verlauf der *Kadi* von Sarajevo, sein Stellvertreter und einige reiche Kaufleute, die Nahrungsmittel gehortet hatten und auf höhere Preise warteten, getötet wurden. Kaimi wurde anschließend aus Sarajevo verbannt.

sie durch neue ersetzt wurden, und die einen denkbar schlechten Ruf genossen (unfähig, geldgierig usw.).[305] Mit dem häufigen Wechsel auf dem Gouverneursposten sollte die Herausbildung von Klientelverhältnissen verhindert werden. Das Ergebnis aber war, dass die oft schlecht besoldeten Gouverneure ihre kurze Amtszeit in einer ihnen fremden Provinz nutzten, um sich so schnell wie möglich zu bereichern. Dasselbe gilt für ihre Gefolgschaften. „In Begleitung des Vezirs befanden sich stets, unter verschiedenartigsten Titeln, eine Unzahl von Beamten und Dienern, die nur von Bestechungen und von Geldstrafen das Leben fristeten."[306] Das war für alle misslich: für die einheimischen Muslime ebenso wie für die Orthodoxen, die Katholiken oder Juden.

RÄUBER, REBELLEN, TAUGENICHTSE

Im zweiten Drittel des 18. Jahrhunderts spitzte sich die Situation in Sarajevo (wie auch in anderen Teilen Bosniens und der Herzegowina) zu. Zeichen wachsender Unruhe waren das um sich greifende Banditentum *(Hajduken)* sowie offene Rebellionen auf dem Land und in den Städten. Die *Hajduken*, die überwiegend (aber nicht ausschließlich) aus der christlichen Bevölkerung stammten, überfielen sowohl Muslime wie Christen und Juden. Hauptsache: Es gab reichlich Beute. Wiederholt mussten die *Janitscharen* ausrücken, um der Räuber habhaft zu werden, aber die Erfolge blieben stets begrenzt. Wie die *Hajduken* einzuschätzen sind, ist höchst umstritten. In den nationalen Narrativen der (christlichen) Balkanvölker werden sie als „Freiheitskämpfer" gegen die osmanische Herrschaft und „Rächer der Armen" verklärt, eine Deutung, die sich auf Volkslieder, nicht auf empirische Befunde stützt. In den osmanischen Quellen werden die *Hajduken* – wie nicht anders zu erwarten ist – als gewöhnliche Räuber und Banditen dargestellt, wie es sie überall und zu allen Zeiten gegeben hat. Aber auch diese Deutung greift zu kurz. Denn die sehr weite Verbreitung des *Hajduken*tums in den osmanischen Provinzen war ein untrügliches Zeichen dafür, dass die bisherige Ordnung aus dem Lot geraten war. Zu den *Hajduken*, die in Kleingruppen aus dem Hinterhalt agierten, gesellten sich sowohl Leute, die geschehenes Unrecht rächen wollten, „Sozialrebellen" wie Eric Hobsbawm sie nennt, als auch Leute, die sich angesichts der zusammengebrochenen Ordnung zur Kriminalität ermuntert fühlten und ausschließlich ihren persönlichen Vorteil suchten. Letztere dürften in der Mehrzahl gewesen sein. Denn die „edlen Rächer", die gegen Unterdrückung kämpfen und den Armen zu ihrem Recht verhelfen – wie jener vom Dichter Fra Grgo Martić in einem fast

---

305 Jukić: Zemljopis, S. 155.
306 Andrić: Die Entwicklung des geistigen Lebens, S. 53. Zu den Dienstleuten im Gefolge des Wesirs vgl. Šabanović: Bosanski divan.

6.000 Verse umfassenden Epos verherrlichte Luka Vukalović[307] – sind immer und überall eine eher seltene Spezies.[308] Das Pendant zur Wegelagerei in den Wäldern und Bergen waren die Rebellionen der vorwiegend muslimischen Bevölkerung auf dem Land und in den Städten. Ihren ersten Kulminationspunkt erreichten sie im wieder aufgebauten Sarajevo zwischen 1747 und 1757 – vier Dezennien nach der Zerstörung der Stadt – im „Jahrzehnt der Anarchie".

Eine der interessantesten Quellen zur spätosmanischen Geschichte Sarajevos ist die Chronik (Ljetopis) von Mula Mustafa (Ševki) Bašeskija, die den Zeitraum von 1746 bis 1809 umfasst. Obwohl sie für die folgenden Ausführungen nur eine von vielen Quellen darstellt, ist sie so bedeutsam, dass einige Worte über den Autor und sein Werk vorausgeschickt werden sollen. Bašeskija wurde 1731 oder 1732 in Sarajevo geboren, wo er vermutlich am 18. August 1809 verstarb.[309] Er besuchte eine niedere Koranschule und erlernte ein Handwerk, das er aber nicht ausübte. Stattdessen vervollkommnete er seine geistliche Ausbildung in einer *Medresse* und war zeitweilig als Vorbeter *(imam)* und Prediger *(hatib)* in einer Moschee tätig. Danach fungierte er als öffentlicher Schreiber und eröffnete eine kleine „Kanzlei" am Uhrturm, wo er Schreiben für die Bürger von Sarajevo aufsetzte. Nachdem er sich mit dem Sufismus vertraut gemacht hatte, schloss er sich als *Derwisch* dem Kaderija-Orden an. Verheiratet war er mit Safija, mit der er zehn Kinder zeugte, von denen nur zwei ihn überlebten. Seine Chronik, die er rückwirkend mit dem Jahr 1746 beginnen lässt, verfasste er in arabischer Schrift in der damals in Sarajevo gebräuchlichen Variante des Türkischen. Die beste Übersetzung ins Serbokroatische stammt von Mehmed Mujezinović aus dem Jahr 1968. Vergleicht man die Einträge Bašeskijas mit anderen Quellen, so erscheint der Autor als ein genauer und nüchterner Beobachter. In seinen Ansichten war er gemäßigt; er verurteilte alle Gewalt, kritisierte die „Unruhestifter" und „Nichtsnutze" (jaramazi) und verteidigte die *Derwisch*-Orden gegen die Angriffe der Anhänger von Kadızade Mehmed (1582–1635), einem Vertreter des fundamentalistischen Islam in der Reichshauptstadt. Obwohl die Anhänger Kadızades (die kadızadiler oder – wie sie in der Übersetzung von Bašeskijas Chronik genannt werden – die kadićevci) bald nach dem Tod des Predigers ihren Einfluss in weiten Teilen des Osmanischen Reiches verloren hatten, konnten sie sich in Sarajevo noch bis ins

---

307 Zum Epos „Luka Vukalović und die Schlacht am Grahovac 1858" vgl. Hörmann, Constantin: Literatur, in: Österreichisch-ungarische Monarchie, S. 406 f.

308 Zu den kontroversen Deutungen der Hajduken vgl. Adanır, Fikret: Heiduckentum und osmanische Herrschaft. Sozialgeschichtliche Aspekte der Diskussion um das frühneuzeitliche Räuberwesen in Südosteuropa, in: Südost-Forschungen 41 (1982), S. 43–116. Eine von Adanır teilweise abweichende Deutung lässt sich ableiten von Hobsbawm, Eric: Sozialrebellen. Archaische Sozialbewegungen im 19. und 20. Jahrhundert, Neuwied a. Rhein 1962.

309 Zur (lückenhaften) Biografie vgl. Skarić: Mula Mustafa Bašeskija; Šabanović: Knijževnost muslimana, S. 527 ff., sowie das Vorwort des Übersetzers Mehmed Mujezinović zu Bašeskija: Ljetopis, S. 5 ff.

18. Jahrhundert hinein behaupten, wo sie die aus ihrer Sicht religiös „verkommenen" *Derwische* attackierten.[310]

Geleitet von der Überzeugung, dass „alles was man niederscheibt, bestehen bleibt, und alles was man sich merkt, vergeht", hielt Bašeskija in seiner Chronik fest, was immer ihm bemerkenswert erschien. Er beobachtete das Kommen und Gehen der Würdenträger, hielt Gerüchte und Beschwerden der Bevölkerung fest, verzeichnete Konflikte, Unruhen, Verurteilungen, berichtete über Witterungsverhältnisse, Naturkatastrophen, Ernten und Missernten, notierte die Preise wichtiger Nahrungsmittel, den Ausbruch von Epidemien und Krankheiten und verzeichnete Zwischenfälle aller Art. So notierte er z. B. im Jahr 1775/76, dass eine wütende Menge zwei Prostituierte windelweich geschlagen und anschließend aus der Stadt vertrieben habe. Jedes Berichtsjahr endet mit den Namen der Verstorbenen (oft mit kurzen biografischen Angaben und Todesursache). Insgesamt enthält seine Chronik rund 4.000 Namen von Muslimen, die während eines halben Jahrhunderts in Sarajevo verstarben: eine wahre Fundgrube für die Geschichte der Stadt in der zweiten Hälfte des 18. Jahrhunderts.[311]

Bašeskija berichtet auch über die Jahre der Anarchie in Sarajevo.[312] Anlass der Unruhen sei das Vorgehen des Gouverneurs Hekimoğlu Ali-paša gewesen. Ali-paša (1689–1758), Sohn eines Konvertiten aus Venedig, bekleidete dreimal das Amt des Großwesirs und dreimal das Amt des Statthalters in Bosnien. Im April 1747 trat er seine dritte Amtszeit in Bosnien an (bis Februar 1748). Er hatte den Auftrag, die seit Längerem schwelenden Unruheherde zu ersticken. Doch mit Steuererhöhungen und Liquidierung angesehener Leute brachten er und seine Nachfolger die Bevölkerung gegen sich auf. Alle Bewohner Sarajevos unter Führung ihrer Honoratioren *(Ajanen)* hätten sich aus Mitleid mit den Armen gegen die *Paschas* gestellt. So auch die *Janitscharen.* Dann hätten jedoch einige „Taugenichtse" die Häuser der *Ajanen* überfallen und damit den Zorn der Stadtbevölkerung auf sich gezogen. Denn diese liebte die *Ajanen* mit „Herz und Seele" und ehrte sie, weil sie die Armen beschützt und ihnen geholfen hätten. Die Gewaltspirale drehte sich aber immer weiter. Die „Nichtsnutze" zettelten immer wieder Streit unter der friedlichen Bevölkerung an und brachten sich wech-

---

310 Vgl. Koller: Bosnien an der Schwelle zur Neuzeit, S. 116 ff.; Sorabji: Muslim Identities, S. 160 ff.; Filan, Kerima: Sufije i kadizadelije u osmanskom Sarajevu, in: Anali Gazi Husrev-begove biblioteke 29–30 (2009), S. 163–186.
311 Für Kollers Kulturgeschichte der Gewalt in Bosnien stellte Bašeskijas Chronik eine „zentrale Quelle" dar. Koller: Bosnien an der Schwelle zur Neuzeit, S. 30. Auszüge aus der Chronik (für die Jahre 1757–1767) sind im Internet abrufbar unter: http://eteia.home.xs4all.nl/kitabhana/Basheskija_Mula_Mustafa/Ljetopis_281746_180429/Dio_I/Godina_1159_1170_2824_I_1746_14.html. Zu den Unruhen vgl. auch Kreševljaković; Morići: http://www.scribd.com/doc/53426593/Hamdija-Kresevljakovic-Morici
312 Bašeskija: Ljetopis, S. 31–35. Vgl. auch Skarić: Sarajevo i okolina, S. 121 ff.; Hadžijahić: Bune; Džaja: Bosnien-Herzegowina in der österreichisch-ungarischen Epoche, S. 96 ff.

selseitig um. Ein „Taugenichts" tötete den anderen. Schließlich nahm eine beherzte Gruppe der Stadtbevölkerung im März 1757 dreiundzwanzig „Taugenichtse" fest, darunter die in der mündlichen Überlieferung als Märtyrer verehrten Morić-Brüder,[313] die anschließend in der Festung erdrosselt wurden: „Möge Allah ihnen gnädig sein!" In einer der Legenden heißt es, dass in dem Augenblick, als die Morić-Brüder erdrosselt wurden, die Erde bebte, denn – so sagt man – Gott duldet und billigt keine Gewalt, selbst wenn sie gerechtfertigt ist![314]

Aus Bašeskijas Ausführungen wird nicht klar, wer die „Taugenichtse" waren und wie die Fronten innerhalb der Stadt verliefen. Das hängt sicher auch damit zusammen, dass Bašeskija diese Ereignisse nur vom Hörensagen kannte (denn zu Beginn der Unruhen war er erst 15 oder 16 Jahre alt). In seiner Untersuchung über die Gewalt in Bosnien kommt Markus Koller zu dem Schluss, dass sich in Sarajevo anscheinend zwei Parteien gebildet hatten. „Auf der einen Seite standen die Morić-Brüder, Hacı Pašo und Ibrahim Ağa, und ihnen gegenüber Mehmed Ağa Halilbašić. Die Kontrahenten umgaben sich mit in den Chroniken als yaramazlar [Taugenichtse] bezeichneten Personen, die immer wieder für bewaffnete Auseinandersetzungen und Mord verantwortlich waren. Den osmanischen Behörden in Person des zabit [Janitscharenoffiziers] Mehmed Ağa gelang es erst dann, der Anführer habhaft zu werden, als sich die Bevölkerung auf ihre Seite schlug. Der von Muvekkit verfasste Bericht[315] erweckt den Eindruck, als sei die Beeinträchtigung des Geschäftslebens in der čaršija das ausschlaggebende Moment gewesen, wodurch mit den lokalen Händlern und Handwerkern diejenigen geschädigt worden sind, aus deren Reihen sich der wesentliche Teil der başarlar [Anführer] zusammensetzte, die bisher zu den Stützen des Aufstands zählten. (…) Wenn auch die näheren Umstände des ‚Morići-Aufstands' in Sarajevo noch nicht endgültig geklärt werden können, so ist dennoch eine Zusammenarbeit von Teilen der Bevölkerung mit dem osmanischen Staat ersichtlich. Die Niederschlagung des Aufstands erfolgte also nicht durch den massiven Einsatz militärischer Mittel, sondern die yaramaz-Herrschaft in der Stadt zerbrach sowohl an internen Konflikten als auch an der weitgehenden Wiederherstellung der staatlichen Autorität im eyalet-i Bosna."[316] Maßgeblichen Anteil

---

313 Zur Geschichte der angesehenen Morić-Familie, an die noch heute der Morića Han in der Čaršija erinnert, vgl. die Monografien von Kreševljaković: Morići und Buturović: Morići.
314 Vgl. Palavestra: Legends, S. 88.
315 Muvekkit: Povijest Bosne, Bd. 1, S. 524. Muvekkits „Tarih-i Bosna" (Geschichte Bosniens) ist die erste historische Gesamtdarstellung. Salih Sidki Hadžihuseinović (1825–1888), bekannt unter dem Beinamen „Muvekkit", war als Bibliothekar in der Gazi-Husrev-beg-Bibliothek in Sarajevo tätig und der erste Zeitenberechner (muvekit) in der im Hof der Beg-Moschee eingerichteten astronomischen Station. Die umfangreiche Geschichte Bosniens hat er im letzten Drittel des 19. Jahrhunderts in osmanisch-türkischer Sprache verfasst. Die Originalhandschrift wurde zu Beginn der Belagerung Sarajevos im Mai 1992 zerstört. Die 1999 erschienene Übersetzung in zwei Bänden basiert auf einer Abschrift in der Gazi-Husrev-beg-Bibliothek.
316 Koller: Bosnien, S. 188 f. Zu den lückenhaften, oft widersprüchlichen Informationen über den Morići-

an der Beendigung der Unruhen in Sarajevo und Bosnien hatte anscheinend Mehmed-paša Kukavica, selber ein Bosnier aus Foča, der u. a. von Ende 1752 bis Ende 1756 und erneut von 1757–1760 als Statthalter in Bosnien amtierte. In der Volksüberlieferung wird er gemäß seinem Beinamen Kukavica (= Kuckuck oder Feigling) vornehmlich negativ erinnert (ganz im Unterschied zu den Morić-Brüdern). Gleichwohl gelang es ihm in Kooperation mit Teilen der Bevölkerung und in Anwendung drastischer Strafmaßnahmen, die Ordnung in Bosnien wiederherzustellen. Dank seiner Stiftungen, darunter der Brunnen-Kiosk (*sebilj*) in der *Baščaršija* von Sarajevo, lebt sein Andenken bis in die Gegenwart fort.[317]

Zu den Taugenichtsen in Sarajevo gehörte offenbar auch ein *Janitscharen*offizier (buljukbaša), der 1748 einen originellen Einfall hatte, um an Geld zu kommen. Eine Muslima war zum Tod durch den Strang verurteilt worden. Der *Janitscharen*offizier, der anscheinend auch als Scharfrichter fungierte, wollte die Delinquentin am Portal des sephardischen Viertels in Sarajevo erhängen. Die Juden boten daraufhin dem Buljukbaša 4.000 Pulen (ungefähr 16 Groschen) an, damit er die Hinrichtung an einem anderen Ort vollziehe. Was dann auch geschah. Die Zahlung der Juden inspirierte den *Janitscharen*offizier und seine Nachfolger freilich dazu, den Vorgang mehrfach zu wiederholen (insgesamt 22 Mal in 55 Jahren).[318]

Auch wenn äußerlich die Ruhe nach Sarajevo und Bosnien zurückkehrte, blieben die strukturellen Probleme ungelöst und spitzten sich weiter zu. Sarajevo als Stationierungsort der *Janitscharen* wurde von den Schwierigkeiten der Pforte, die Besoldung der Soldaten und Hilfstruppen zu gewährleisten, besonders in Mitleidenschaft gezogen. So berichtet Bašeskija im Jahr 1778/79, dass die Offiziere der *Janitscha*ren (die *Agas* und *Bajraktare*) bereits sieben Jahre lang keinen Sold erhalten und sich teilweise verschuldet hätten. Sowohl Schuldner wie Gläubiger seien in einer schwierigen Situation. Die Bittschriften der *Janitscharen* nach Stambul hätten keinerlei Ergebnis erbracht. Die Soldaten versuchten daher, sich durch Diebstähle und Plünderungen über Wasser zu halten, worunter wiederum die Stadtbevölkerung zu leiden hatte. Mitverantwortlich für die Missstände waren die Steuerpächter, die das für die Besoldung der Truppen eingesammelte Geld in die eigene Tasche steckten oder nur mit jahrelanger Verspätung auszahlten.[319] Betrug und Korruption blühten unvermindert.

Anfang des 19. Jahrhunderts verfasste Muhamed Emin Isević ein Traktat über die Verhältnisse in Bosnien, den er an Sultan Mahmud II. schickte. Isević stammte aus einer

---

    Aufstand in den Chroniken und sonstigen Quellen auf der einen sowie in der Volksüberlieferung auf der anderen Seite vgl. auch Buturović: Morići, S. 70–128.

317 Zu Kukavica vgl. Hickok: Ottoman Military Administration, S. 188 ff.; ferner Bejtić, Alija: Bosanski namjesnik Mehmed-paša Kukavica i njegove zadužbine u Bosni (1752–1756 i 1757–1760), in: Prilozi za orijentalnu filologiju i istoriju jugoslovenskih naroda pod Turcima 5 (1954/55), S. 135–180. Bejtić gibt Istanbul als Kukavicas Geburtsort an.

318 Levy: Sephardim, S. 74 f.

319 Bašeskija: Ljetopis, S. 221.

angesehenen Sarajevoer Familie, sein Vater war *Mufti* von Sarajevo gewesen, er selber betätigte sich abwechselnd als *Kadi* in seiner Geburtsstadt und als Professor an der Islamischen Hochschule in Edirne, sofern er nicht gerade verbannt war. Seinen Bericht schrieb er wahrscheinlich während seiner Verbannung auf der Insel Lemnos. Darin schildert er die Situation in seiner Heimatstadt und in Bosnien in abgrundtief schwarzen Farben. Er attackiert die Richter, ihre Stellvertreter, die Geistlichen, die Gouverneure, die Steuereintreiber, die *Janitscharen-Agas* usw., kurz nahezu alle, die Rang und Namen hatten. Die meisten von ihnen seien unwissend, geldgierig, korrupt und hätten sich ihre Zertifikate und Ämter lediglich erkauft, um anschließend die arme Bevölkerung (die muslimische ebenso wie die christliche) gnadenlos auszubeuten. Ihr Lebensstil entspreche nicht den religiösen Vorschriften.[320] Mag sein, dass Isević an einigen Punkten übertrieben hat, aber im Großen und Ganzen wird seine Darstellung durch andere Quellen bestätigt. Und anscheinend hat auch Mahmud II. seine Schrift ernst genommen, denn trotz der vielen Feinde, die sich Isević gemacht hatte, kam er immer wieder auf freien Fuß. Die Klagen rissen aber auch in der Folgezeit nicht ab. Erwähnt sei Abdulvehhab ibn Abdulvehhab Žepčevi (1773–1821), bekannt unter seinem *Derwisch*-Namen Ilhamija, der sowohl in türkischer und arabischer wie in bosnischer Sprache dichtete und zu den bedeutendsten Vertretern der Aljamiado-Literatur gehört. Er ermahnte nicht nur seine muslimischen Landsleute, zu lernen (Hajde, sinak, te uči) und ein gottgefälliges Leben zu führen, sondern kritisierte auch scharf den Fanatismus und Konservatismus der *Ulema*, der islamischen Religions- und Rechtsgelehrten, die er für die Verfallserscheinungen seiner Zeit verantwortlich machte, sowie die Missstände in Bosnien und die Willkür der Machthaber. Wie Isević, so schlug sich auch Ilhamija auf die Seite der Rechtlosen. Zu seinen bekanntesten Gedichten in bosnischer Sprache gehört „Čudan zeman nastade" (Eine merkwürdige Zeit ist angebrochen), das ihn in Konflikt mit dem *Wesir* Dželaludin-paša und seinem blutigen Regime brachte. 1821 wurde Ilhamija – der „bosnische Sokrates" – an den Hof des *Wesirs* ins malerische Travnik gerufen, wo er unsanft ins Jenseits befördert wurde.[321]

Moritz Levy berichtet von einem Vorfall aus dem Jahr 1819. Damals habe der neu eingetroffene Gouverneur *(valija)* für Bosnien, Ruždi-paša, von den Juden Sarajevos 500.000 Groschen erpressen wollen. Er ließ zehn angesehene Juden, mit dem Rabbiner Moše (Rav) Danon an der Spitze, in den Kerker werfen und drohte damit, sie hinzurichten, wenn er

---

[320] 1984 veröffentlichte Ahmed S. Aličić eine bosnische Übersetzung von Isevićs „Ahval-i Bosna", der 16 Jahre später eine Übersetzung ins Englische folgte. Aličić: Manuscript Ahval-i Bosna. Vgl. auch Paić-Vukić: Muhibbi, S. 41–43; Aličić: Uredjenje bosanskog ejaleta, S. 52. Sultan Abdulmedžid beklagte in seinem Reformedikt von 1839, dass die Richter eine der Hauptursachen der Krise im Reich seien (vgl. Paić-Vukić: Muhibbi, S. 41).

[321] Zu Leben und Werk des im Dorf Žepče (nordöstlich von Zenica) geborenen Ilhamija vgl. Hadžijamaković, Muhamed: Ilhamija – život i djelo, Sarajevo 1991.

nicht innerhalb von drei Tagen die 500.000 Groschen erhielte. Die Gemeinde konnte eine derartige Summe nicht aufbringen. „An einem Samstagvorabend, dem Tage, an welchem die Hinrichtung der Eingekerkerten stattfinden sollte, besuchte der Greis Rafael Levy die Kaffeehäuser, in welchen sich die angesehenen Moslimen zu versammeln und ihre Beratungen abzuhalten pflegten, und mit tiefgreifenden Worten schilderte er den angesammelten Moslimen die traurige Lage der Juden. Die Moslimen waren tiefbewegt und wie ein Mann gaben sie alle dem weinenden Greise ... ihr Ehrenwort ab, daß sie alle bereit sind, mit ihrem Leben für die Sicherheit der Eingekerkerten einzustehen." Im Morgengrauen stürmten 3.000 Muslime den Kerker und befreiten die Gefangenen, während der *Vali* nach Travnik floh.[322] In diesem Fall hatte der Gouverneur offenbar den Bogen überspannt, doch die Alltagskorruption blieb davon unberührt. Das Rechnungsbuch (Pinakes) der jüdischen Gemeinde in Sarajevo enthält eine skurrile Liste von Bestechungsgeschenken und -geldern sowie Leistungen, die für die osmanischen Würdenträger erbracht werden mussten: einen Hut Zucker für den Pascha, zehn Oka Kaffee für den Pascha, Trinkgelder für die Türhüter des Paschas, Trinkgelder für die Wachleute (Tschauschen), Spesen für das Grasausreißen im Hof des Obersten, ein Spiegel für Mustafa Pascha, ein Teppich für den Konak, Zitronen für den Pascha, Geld für den Vizefahnenträger (Jamak), Miete für Möbel, um die Zimmer für den *Wesir* einzurichten, usw. usf. – insgesamt 69 Einträge innerhalb eines einzigen Jahres im Wert von mehr als 10.000 Groschen, eine für die damalige Zeit nicht unbeträchtliche Summe.[323] Kurzum: Wohin man schaute, überall machte sich Verfall bemerkbar. Selbst viele derjenigen, die sich als *Derwische* ausgaben, sollen nicht mehr gewesen sein, was sie einstmals waren.[324]

SARAJEVO KONTRA ISTANBUL

Nicht nur in Bosnien, sondern auch um Bosnien herum standen die Zeichen auf Sturm. 1804 brach im benachbarten *Pašaluk* Belgrad der erste serbische Aufstand gegen die osmanische Herrschaft aus. Auf der anderen Seite, an der bosnisch-montenegrinischen Grenze, herrschte eine Art Dauerkrieg, Napoleons Feldzüge und die Einrichtung der „Illyrischen

---

322 Levy: Sephardim, S. 79 f. Auf die Hintergründe des Vorfalls kann hier nicht eingegangen werden. In einer Petition an den Sultan protestierten 1819 249 Sarajevoer Notabeln gegen das Unrechtsregime von Ruždi-paša. Text der Petition bei Levi, Moric: Rav Danon i Ruždi-paša, in: Spomenica – 400 godina od dolaska Jevreja. Im Internet abrufbar unter: http://www.elmundosefarad.wikidot.com/rav-danon-i-ruzdi-pasa
323 Levy: Sephardim, S. 63–67.
324 „Die Derwische sind meist vagabundirende Schwindler, welche auf die Leichtgläubigkeit spekuliren und insbesondere das gemeine Volk durch plumpe Taschenspielerkünste zu dupiren und auszubeuten trachten." Thoemmel: Beschreibung des Vilayet Bosnien, S. 88.

Provinzen" (1807–1809) bedrohten Bosnien im Norden, und die im November 1815 zunächst inoffiziell (später jedoch vom Sultan anerkannte) Einrichtung eines autonomen Fürstentums Serbien, schuf einen Präzedenzfall, der sowohl für die orthodoxen Christen in Bosnien wie für die bosnischen Muslime von weitreichender Bedeutung war. Überall im Osmanischen Reich zeigten sich Auflösungserscheinungen. Sultan Mahmud II. (1808–1839) versuchte – gleich seinem 1807 von den Janitscharen ermordeten Cousin Selim III. –, den Niedergang des Reiches durch eine Modernisierung des Militärs aufzuhalten. Ein wichtiger Schritt in diese Richtung stellte die Entmachtung der *Janitscharen* dar. Nachdem sich diese im Juni 1826 in Istanbul gegen die Militärreform erhoben hatten, wurden sie von regierungstreuen Truppen niedergemetzelt. Dieser „heilsame Vorfall", wie er in der osmanischen Geschichtsschreibung genannt wurde – für bosnische Muslime der Beginn jener „unseligen Reformen", die ihre vertraute Welt zum Einsturz brachten – war der Auftakt für die Auflösung der *Janitscharen*einheiten in anderen Teilen des Reiches. In Sarajevo stieß der Befehl auf vehemente Ablehnung der muslimischen Notabeln, die sich in der Festung, in Kaffeehäusern oder bei den Moscheen versammelten und den Sultan baten, die alte Ordnung sowie die bisherigen militärischen Formationen in Bosnien bestehen zu lassen. Ihre Bitte begründeten sie mit den von ihnen erbrachten militärischen Leistungen. Seit dem österreichisch-türkischen Krieg um die Festung Dubica im Nordwesten Bosniens 1788 seien sie fast vierzig Jahre ununterbrochen im Krieg gewesen, u. a. auch bei der Bekämpfung der Aufstände in Serbien 1804–1813 und 1815. Bis zur „Befreiung" der Festung Belgrad (die zuvor von den serbischen Aufständischen „befreit" worden war und nun von den Osmanen „zurückbefreit" wurde) hätten mehr als 10.000 bosnische *Janitscharen* ihr Leben gelassen, mehrere Tausend seien verwundet worden, und viele Familien seien verarmt. Immer hätten die *Janitscharen* dem Sultan treue Dienste geleistet. Wer solle Bosnien verteidigen, wenn es die *Janitscharen* nicht mehr gäbe? (Dass sich die Kriegführung seit den Napoleonischen Kriegen grundlegend verändert hatte, war den Beschwerdeführern in Bosnien entweder nicht bekannt oder wurde von ihnen ignoriert.) Die Petition trug die Unterschriften von 374 islamischen Geistlichen, Richtern, *Begs* u. a. Notabeln. Der Sultan verwarf die Bitte und beauftragte den neuen Statthalter in Bosnien, Abdurahim-paša, den Widerstand der *Janitscharen* mit allen Mitteln zu brechen. Es folgten sieben Monate voller Gewalt. Erst nach einem tödlichen Zwischenfall in Sarajevo, für den die *Janitscharen* verantwortlich gemacht wurden, begann die Front der Rebellen zu bröckeln, und im Februar 1827 wurde das *Janitscharen*-Korps in Sarajevo aufgelöst.[325] Der Gouverneur ließ die Führer der Rebellen entweder an Ort und Stelle hinrichten (ihre abgetrennten Köpfe sandte er an die Pforte) oder zur Aburteilung in die Reichshauptstadt überstellen, von wo sie in die Verbannung

---

325 Aličić: Pokret, S. 163, 166 f.

Abb. 10: Husein Gradaščević, der „Drache von Bosnien", Führer der bosnischen Autonomiebewegung 1830/31. Gemälde des kroatisch-bosnischen Malers Kristian Kreković (1901–1985)

geschickt wurden. Nach einer Liste des *Kadis* von Sarajevo sollen insgesamt 402 Personen aus ganz Bosnien hingerichtet, verbannt oder mit Geld bestraft worden sein. Allein in Sarajevo wurden 41 Personen in den Tod geschickt, 43 verbannt und 39 mit Geldstrafen belegt, während 52 rechtzeitig fliehen konnten.[326]

Unter den Notabeln in Bosnien herrschte große Verbitterung. Das neue Militär *(nizam)* wurde ebenso abgelehnt wie sonstige Reformmaßnahmen. Als Sultan Mahmud II. 1828 anordnete, dass die Staatsdiener Mantel und Hosen europäischen Stils („Röhrenhosen" anstelle der Pluderhosen) und statt des Turbans den nordafrikanischen Fes tragen sollten, stieß dies bei den Muslimen (nicht nur in Bosnien) auf empörten Protest. Wegen des Verbots der traditionellen Tracht wurde der Sultan sogar als „Ungläubiger" *(djaur)* beschimpft.[327] Die Beziehungen der bosnischen Notabeln zur Pforte verschlechterten sich schlagartig, nachdem sich der Großherr im russisch-osmanischen Friedensvertrag von Adrianopel (Edirne) am 14. September 1829 gezwungen sah, einige zum *Ejalet* Bosnien gehörende Bezirke (darunter Jadar und Radjevina im heutigen Nordwest-Serbien) an das autonome Fürstentum abzutreten. Das brachte das Fass zum Überlaufen. In den folgenden zwei Jahren formierte sich eine bosnische Autonomiebewegung mit dem Kapetan von Gradačac (im Norden Bosniens), Husein Gradaščević, an der Spitze.[328] Gradaščević (1802–1834), dessen Familie große Ländereien besaß und der sich in den Jahren zuvor loyal gegenüber der Pforte und ihren Gouverneuren in Bosnien verhalten hatte, forderte die Muslime nun zur Verteidi-

---

326 Ebda., S. 173; auch Skarić: Sarajevo i okolina, S. 173 ff.
327 Paić-Vukić: Muhibbi, S. 75.
328 Zur Autonomiebewegung vgl. ausführlich Aličić: Pokret; Šljivo: Bosna i Hercegovina 1827–1849; Grandits: Herrschaft und Loyalität, S. 59–124. Zu Gradaščević siehe Kreševljaković: Husein-kapetan; Kamberović: Husein-kapetan.

gung Bosniens (und der alten Ordnung, einschließlich ihrer Privilegien) auf. Auf einer Versammlung in Tuzla vom 20. Januar bis 5. Februar 1830 wurde er zum Führer des Widerstands gewählt. Die Versammlung forderte die Hohe Pforte auf, die Gebietsabtretungen an Serbien zurückzunehmen, die Einführung der neuen Armee zu stoppen, Bosnien Autonomie unter einem von den Bosniern gewählten Oberhaupt zu gewähren und sich künftig nicht mehr in die Verwaltung der Provinz einzumischen. Im Gegenzug wollte Bosnien einen jährlichen Tribut von zwei Millionen Groschen an die Pforte zahlen.[329] In Istanbul stießen die Forderungen auf taube Ohren, so dass es im April zu ersten Kämpfen zwischen den Einheiten Gradaščevićs und den Gefolgsleuten des Statthalters Namik-paša kam. Nach anfänglichen Siegen schlossen sich viele Tausend Bosnier, darunter auch eine beträchtliche Anzahl Christen, der Autonomiebewegung an, sodass die Pforte den Großwesir Reshid Mehmed-paša mit einer Armee ins Feld schickte. Doch wiederum triumphierten die Rebellen. Am 12. September 1831 rief eine allbosnische Versammlung in der Kaisermoschee in Sarajevo Gradaščević zum *Wesir* von Bosnien aus. Nach weiteren Kämpfen mit der Armee des Großwesirs sowie mit Gegnern Gradaščevićs in der Herzegowina unter Führung von Ali-paša Rizvanbegović und des legendären Smail-aga Čengić[330] drangen die Sultanstruppen unter Befehl eines neuen Statthalters über die Drina in Richtung Sarajevo vor. Am 4. Juni kam es in Stup, an der Straße zwischen Sarajevo und Ilidža, zur Entscheidungsschlacht, die zunächst zugunsten der Rebellen auszugehen schien. Doch dank des unerwarteten Angriffs Rizvanbegovićs und seiner Herzegowiner mussten sich Gradaščevićs Truppen nach Sarajevo zurückziehen. Dort wurde beschlossen, dass weiterer Widerstand sinnlos sei, worauf sich Gradaščević mit seinen Getreuen auf habsburgisches Territorium absetzte. Als Dank für seine Loyalität ernannte der Sultan Rizvanbegović zum *Wesir* der Herzegowina, die damit (bis 1851) administrativ von Bosnien getrennt wurde. Der neue Statthalter für Bosnien, Hamdi-paša, drang bei der Pforte auf eine kollektive Bestrafung der Bosnier: „Bosnien ist ein großes *Vilajet* und ganz besiedelt. Es gibt genügend Einwohner. Es leben dort um die 200.000 Christen, vielleicht auch etwas mehr. Die Bosniaken haben bisher fast nichts an den Staat gezahlt. Dies haben sie erreicht, weil sie Muslime sind und an der Grenze leben. Weder bisher noch von nun an hat der Staat von den Bosniaken irgendeinen Nutzen, deshalb muss man sie ordentlich bestrafen mit Abgaben und Geldbußen sowie alle Kriegskosten von ihnen eintreiben, insbesondere von den Bewohnern Sarajevos."[331] Doch in Istanbul glaubte man nicht, die Provinz auf diese Weise befrieden zu können. In der zweiten Maihälfte 1832 verkündeten der Sultan und

---

329 Kreševljaković: Husein-kapetan, S. 32 f.
330 Populär wurde Čengić v. a. durch ein Lied des kroatischen Dichters Ivan Mažuranić, das auch in einer deutschen Übersetzung vorliegt: Čengić's Aga's Tod von Ivan Mažuranić. Aus dem Kroatischen übersetzt von Wilhelm Kienberger, Agram 1876.
331 Aličić: Pokret, S. 321.

sein Großwesir eine Amnestie für die Teilnehmer der Autonomiebewegung. Ausgenommen waren Husein Gradaščević und drei weitere Führer. Nach Verhandlungen zwischen Wien und Istanbul wurde Husein vom Sultan begnadigt unter der Bedingung, dass er nicht nach Bosnien zurückkehren dürfe. Anschließend lebte er mit seiner Familie in Istanbul, wo er 1834 im Alter von etwas über 30 Jahren verstarb. Gradaščević, der in der Volksüberlieferung als „Drache von Bosnien" (Zmaj od Bosne) fortlebt, gehört seither zu den Ikonen des nationalen Narrativs der Bosniaken. Im unüberbrückbaren Gegensatz dazu steht die Wahrnehmung christlicher Autoren: „Das war so ein nationaler Held der moslemitischen Bosnier, dieser Hussein, jung und schön, fabelhaft reich, prachtliebend, dabei hochherzig und großmüthig, der für ‚Freiheit und Voreltern' in den Kampf gezogen, und dessen Name der blinde Volkssänger zu den melancholischen Klängen der Gusle im Liede pries. Aber dieses Heldenthum, es war eins mit dem verachtendsten Hohn, mit der unbarmherzigsten Grausamkeit gegen alles, was nicht zu seinem angenommenen Glauben schwur, mochte es auch der Sprache und dem Stamme nach ihm noch so nahestehen. ‚Mit dem Vlachen' – so heißt dem vertürkten Bosnier der Christ vom orientalischen Ritus – kannst du machen was du willst, nur waschen mußt du dich darnach!' Oder: ‚Es ist Sünde einen Adler oder einen Hund umzubringen, aber einen Christen zu tödten ist Verdienst!'"[332]

Ahmed Aličić, Professor an der Gazi-Husrev-beg-*Medresse*, hat Gradaščević und seine Bewegung in einem 1996 veröffentlichten Buch regelrecht glorifiziert und alle jene Historiker verdammt, die die Ereignisse in Bosnien kritisch beleuchtet haben. Ihre Arbeiten seien wissenschaftlich nicht relevant.[333] Aličić vertritt die These von der Existenz eines „bosniakischen Ethnos" (bošnjački etnos), das schon vor der osmanischen Eroberung Bosniens „konsolidiert" gewesen sei. Die Bezeichnung „Bosniake" sei ein Volksname, keine Regionalbezeichnung. Kroaten oder Serben habe es im osmanischen Bosnien nicht gegeben, allenfalls einige Kroaten, die sich „bosniakisiert" hätten. Die Bosniaken seien sich ihres Ethnos voll bewusst gewesen und hätten im großen Osmanischen Reich als „autonomes gesellschaftlich-politisches Subjekt" (autonoman društveno-politički subjekt) gelebt. Ausgehend von dieser Prämisse stuft Aličić die Autonomiebewegung von 1831/32 als nationale (!) Bewegung ein, als Bewegung eines einzigen Volkes, bei dem Religionszugehörigkeit und Klassenunterschiede allenfalls eine untergeordnete Rolle gespielt hätten.

Gewiss: Kroaten und Serben im nationalen Sinn hat es im osmanischen Bosnien nicht gegeben, aus dem einfachen Grund, weil es noch keine Nation im modernen Sinn und kein Nationalbewusstsein gab. Das gilt freilich auch für die bosnischen Muslime/Bosniaken. Die

---

332 Helfert, [Joseph Alexander] Frh. von: Bosnisches, 2. Aufl., Wien 1879, S. 77. Helfert (1820–1910) war ein österreichischer Historiker und Politiker sowie Gründer des Instituts für Österreichische Geschichtsforschung (1854).
333 Aličić: Pokret, S. 25.

These von einem voll ausgebildeten ethnischen oder gar nationalen Bewusstsein (die Betonung liegt auf Bewusstsein) der bosnischen Muslime oder gar aller Bewohner Bosniens lässt sich nicht einmal näherungsweise belegen. Sie ist nicht weniger ahistorisch als die Behauptungen kroatischer oder serbischer Nationalisten, die bosnischen Muslime seien „eigentlich" Mitglieder der kroatischen resp. serbischen Nation, die den richtigen und ursprünglichen Glauben ihrer Vorfahren aufgegeben oder verloren hätten. Derartige Thesen sind beliebig austauschbar. Die Identifizierung der bosnischen Muslime sowie (bis ins 19. Jahrhundert hinein) vieler bosnischer Katholiken, Orthodoxen und Juden mit Bosnien war Ausdruck einer regionalen Zugehörigkeit, eines Lokalpatriotismus, der allen gemeinsam war, ohne jedoch die Glaubensgrenzen und sozialen Unterschiede zu überwinden.[334] Was sich belegen lässt, ist ein ausgeprägter Stolz der führenden muslimischen Familien in Bosnien auf ihre besondere Rolle und ihre Verdienste in dieser osmanischen Grenzprovinz, ihr Trotz oder Eigensinn gegenüber den (fremden) Beamten der Hohen Pforte, ihr Beharren auf Privilegien und der Erhalt der religiösen Hierarchie. Die ethnische Zusammengehörigkeit spielte dabei keine Rolle. Fixpunkte der sozialen Identifizierung waren die Glaubensgemeinschaft, die Gefolgschaften, das Dorf oder die Stadt, die Region oder eine Berufsgruppe bzw. eine Kombination mehrerer Identitäten, aber nicht eine ethnische Gruppe oder Nation. Und die Vorstellung, dass Bosnien seit jeher (über die Stellung als Grenzprovinz hinaus) eine Sonderrolle im Osmanischen Reich gespielt und Reste des mittelalterlichen Staats bewahrt habe, gehört wohl ebenfalls ins Reich der Mythen. In einem posthum veröffentlichten Aufsatz hat Hazim Šabanović derartige Kontinuitätstheorien als unbegründet zurückgewiesen.[335] Erst mit der (illegalen) Privatisierung von Pfründen und ihrer Umwandlung in *Tschiftluk*s sowie der lebenslangen Pacht von Staatseinkünften (malikana) erlangten die einheimischen *Ajanen* im 18. Jahrhundert so viel ökonomische Macht, dass sie Bosnien als „ihre" Provinz verstanden und dem Zugriff der Zentralgewalt zu entziehen versuchten.[336] Dabei ging es nicht um einen bosnischen Patriotismus, geschweige denn um ein bosnisches Nationalbewusstsein, sondern um die Interessen einer kleinen, aber einflussreichen Bevölkerungsschicht zur Bewahrung der bisherigen Privilegienstruktur.

---

334 Matija Mažuranić, der Bruder des bekannten kroatischen Dichters Ivan Mažuranić, bereiste 1839/40 Bosnien. Er behauptet, dass sich die Christen in Bosnien nicht „Bosniaken" nennen durften. Wenn von „Bosniaken" die Rede sei, dann meinten die Muslime ausschließlich sich selbst. „Türken" (bosnische Muslime) und Christen hassten sich schrecklich. Bei den Christen beider Glaubensrichtungen sei es auch nicht besser. Obwohl sie vom Blut und vom heiligen Glauben her wahre Brüder seien, hassten sie sich, als ob es keine Gemeinsamkeiten zwischen ihnen gäbe. [Mažuranić, Matija:] Put u Bosni, ili kratak put u onu krajinu, učinjen 1839–40. po jednom domorodcu, Zagreb 1842; Nachdruck Zagreb 1938, S. 53 und 58.
335 Šabanović: Bosanski divan.
336 Zur Tschiftluk-Bildung und zur Institution der malikana vgl. Sućeska: O nastanku čifluka sowie ders.: Malikana; Grandits: Herrschaft und Loyalität, S. 77 ff.; Hickok: Ottoman military administration, S. 98 ff.

DAS GEWALTSAME ENDE DES BOSNISCHEN WIDERSTANDS (1850/51)

Auch nach Niederschlagung der Autonomiebewegung hielt der Widerstand der Notabeln (*Ajanen*) gegen alle Neuerungen an. Das gesamte Reformpaket, das während der Regierungszeit des Sultans Abdulmedžid I. (1839–1861) den Namen „Tanzimat-ı Hayriye" (Heilsame Neuordnung) erhielt, wurde in Bosnien ignoriert, darunter auch das „Großherrliche Handschreiben" (Hatt-ı Şerif) von Gülhane vom 3. November 1839, in dem u. a. die Gleichheit aller Religionsgemeinschaften verkündet wurde. Für Bosnien war dieses Dekret von besonderer Bedeutung, da die christliche Bevölkerung (Orthodoxe und Katholiken zusammen) die deutliche Mehrheit in der Provinz (wenn auch nicht in Sarajevo) stellte, obwohl verlässliche Zahlenangaben fehlen.[337] Von faktischer Gleichberechtigung konnte jedoch keine Rede sein. Als der bosnische *Wesir* Mehmed Tahir-paša während seiner Amtszeit (1847–1850) versuchte, die Reformpolitik der Pforte durchzusetzen, kam es abermals zu bewaffneten Aufständen, vor allem an der bosnischen Militärgrenze (Krajina) im Nordwesten der Provinz und in Sarajevo. Nach diesem erneuten Debakel sandte die Pforte ihren befähigtesten Feldherrn, Omer-paša Latas, nach Bosnien, um den Widerstand ein für allemal zu brechen. Omer-paša (ursprünglich: Mihajlo) Latas (1806–1871) stammte aus der habsburgischen Militärgrenze in der Lika (Kroatien) und war Sohn eines orthodoxen Grenzeroffiziers. Er hatte eine Kadettenschule in Gospić besucht und sich nach einer Veruntreuungsaffäre, in die sein Vater verwickelt war, 1827 nach Bosnien abgesetzt, wo er zum Islam übergetreten war (wieder so ein „Neu-Türke" oder „Potur"!) und anschließend eine Blitzkarriere als Heerführer *(serasker)* absolviert hatte (Abb. 11). In mehreren Feldzügen schlug er 1850/51 die Rebellionen in Bosnien brutal nieder: mit vielen Toten auf beiden Seiten.[338] Der lang gefürchtete, selbstherrlich regierende „Sultan der Herzegowina", der mittlerweile hochbetagte Ali-paša Rizvanbegović, schlug sich diesmal auf die Seite der Pforte-Gegner (da die Reformen auch seine Stellung bedrohten), worauf Latas seine Gefangennahme anordnete, ihn schrecklich vor aller Augen demütigen ließ und Ende März 1851 vermutlich auch seinen Tod anordnete, den er als Unfall ausgab.[339] 154 Aufstandsführer aus Bosnien-Herzegowina sandte Latas als Gefangene nach Istanbul, damit sie dort vor Gericht gestellt würden.

---

337 Šljivo: Omer-paša Latas, S. 149.
338 Andrić hat dem Seraskier mit seinem Roman „Omer-Pascha Latas. Der Marschall des Sultans" (dt. Ausgabe München-Wien 1980) ein Denkmal gesetzt, in dem sich historische Quellen mit dichterischer Freiheit zu einem großartigen, oft beklemmend wirkenden Kunstwerk verbinden.
339 Literarisch verarbeitet in Andrićs Erzählung „Ali Pascha", in: Andrić, Ivo: Die verschlossene Tür. Erzählungen, Wien 2003, S. 226–241. Rizvanbegović hatte sich in der Herzegowina mit eiserner Faust sein eigenes „Reich" aufgebaut, wirtschaftliche Neuerungen eingeführt und sich auch als Stifter betätigt. Da die Reformen Abdulmedžids aber auch seine Position gefährdeten, hatte er sich 1850 insgeheim den Rebellen angeschlossen.

Abb. 11: Omer-paša Latas, der Befehlshaber der osmanischen Truppen, der 1850/51 die Rebellion der bosnischen Muslime niederwarf.

Die Mehrheit der Beschuldigten wurde zu lebenslanger Haft oder zeitweiliger Verbannung verurteilt.³⁴⁰

Das war das definitive Ende des zweieinhalb Jahrzehnte währenden Widerstands der bosnischen Notabeln gegen die Reformen der Pforte. Verwirrt und resigniert kam ein ehemaliger Sympathisant der Rebellen, ein Hasan-aga aus Mostar, 1858 zu dem Schluss: „Das Unheil in Bosnien kommt daher: die türkischen *Paschas* haben vergessen, dass die bosnischen *Spahis* das Schwert des Islam waren. Was für Männer hat unser Boden geboren! … Die *Rajas* conspiriren nun mit den Moskoviten, Serben und Montenegrinern, und die *Beys* sind machtlos und zu Grunde gerichtet, können sich selbst nicht helfen, und wenn es Not täte, auch dem Sultan in Carigrad [der Kaiserstadt am Goldenen Horn] nicht. Von einem Hund, dem man die Zähne ausgeschlagen hat, kann man nicht erwarten, dass er die Herde gegen den Wolf verteidige."³⁴¹ Anders als zu Gradaščevićs Zeiten verhielt sich die christliche Bevölkerung während der Unruhen 1850/51 passiv, obwohl sie die Last der militärischen Auseinandersetzungen zu tragen hatte, da sie sowohl das Heer Omer-pašas wie die Truppen der Rebellen versorgen musste.³⁴² Da sich die Christen jedoch von der „Neuen Ordnung" (Tanzimat) eine Verbesserung ihrer Lage erhofften, konnten sie realistischerweise nicht aufseiten derjenigen stehen, die gegen die Reformen kämpften. Am 1. Mai 1850 hatte der Franziskaner Ivan Franjo Jukić ein Bittschreiben an Sultan Abdulmedžid verfasst, in dem er 28 Gravamina der christlichen Bevölkerung in Bosnien auflistete.³⁴³ Deren Beseitigung scheiterte

---

340 Einzelheiten bei Aličić: Uredjenje bosanskog ejaleta, S. 64–76. Vgl. ferner u. a. Šljivo: Omer-paša Latas, S. 58–124; Grandits: Herrschaft und Loyalität, S. 108–124.
341 Murad-efendi [Pseudonym für Franz von Werner]: Türkische Skizzen, Band 1, Leipzig 1877; zit. nach Grandits: Herrschaft und Loyalität, S. 120.
342 Šljivo: Omer-Paša Latas; S. 150.
343 Abgedruckt im Anhang zu Jukić: Zemljopis sowie bei Lovrenović: Bosanski Hrvati, S. 230–234. In Punkt 1 forderte Jukić, dass die diskriminierend empfundene Bezeichnung „Raja" abgeschafft werden solle. Es folgten Forderungen hinsichtlich der rechtlichen und steuerlichen Gleichstellung der Christen, der Abschaffung

maßgeblich am Starrsinn der bosnischen *Ajanen*, sodass die Christen ihre Blicke auf die christlichen Nachbarstaaten (in erster Linie auf Österreich, Serbien und Montenegro) richteten. Erst Latas brach den Widerstandsgeist der *Ajanen* endgültig. Gustav Thoemmel, der von 1861–1865 am österreichischen Generalkonsulat in Sarajevo tätig war und systematisch Informationen über Bosnien sammelte, fasste die veränderte Lage mit den Worten zusammen: „Die *Begs* und *Agas*, das Haupt und das Element der früheren permanenten Turbulenz gegen die Veziere… sind seit Unterdrückung des letzten Aufstandes im Jahre 1850 von der Höhe ihrer früheren Herrschaft und Macht herabgestiegen. (…) In demselben Masse [!] als die Präpotenz dieses Adels gebrochen ward, hat auch der ehemalige brutale und fanatische, zu Acten der Renitenz gegen die osmanischen Obrigkeiten, und der Misshandlung geneigte Hass der muhammedanischen Bevölkerung im Allgemeinen einem fügsameren und duldsameren Benehmen Platz gemacht."[344] Gleichwohl drifteten die Religionsgemeinschaften immer weiter auseinander. Während die *Ajanen* – nach den Worten Thoemmels – in „missmuthiger Zurückgezogenheit" lebten oder sich mit den neuen Verhältnissen zu arrangieren suchten, „seufzte" die katholische Bevölkerung unter dem Druck des türkischen Regierungssystems, konnte sich aber dank der Ordensgeistlichkeit (Franziskaner) und des Schutzes des österreichischen Kaiserhauses mancherlei Begünstigungen erfreuen, im Gegensatz zur orthodoxen Bevölkerung, welche „zweifach beklagenswerth" von keiner Seite geschützt wurde und „ihr hartes Los in stummer Unterwerfung zu tragen gewohnt" sei.[345] Das „bosnische Volk"[346], fährt Thoemmel fort, „ist physisch eine der edelsten Racen der slavischen Nation, jedoch geistig verwahrlost und träge, aber gutmüthig, in seiner grösseren Masse friedliebend und unterwürfig. Der beste Theil des Volkes und der eigentliche Träger der altbosnischen National-Eigenthümlichkeiten ist unstreitig der muhammedanische, roh und unwissend zwar, wie das ganze Volk, aber männlich, freimüthig, ehrliebend, zu Handlungen der Grossmuth und Gastfreundschaft, oft auch des Trotzes geneigt, und selbst in seiner gegenwärtigen, ungünstigen Lage noch kriegerischen Sinnes."[347]

---

  von Missständen im Verhältnis der muslimischen Grundbesitzer zu ihren Kmeten u. a. Jukić war zeitweilig als Geheimschreiber Omer-pašas tätig gewesen, bevor er im Mai 1852 unversehens verhaftet und nach Istanbul abgeführt wurde, wo er längere Zeit in einem Kerker schmachtete, bis er – gesundheitlich schwer angeschlagen – nach Rom ausreisen durfte. Aus dieser Erfahrung resultieren wohl auch seine in Kapitel 1.5. erwähnten Vorbehalte gegenüber den Muslimen.
344 Thoemmel: Beschreibung des Vilayet Bosnien, S. 82 f.
345 Ebda., S. 110 f.
346 Gemeint sind die Angehörigen aller drei großen Glaubensgemeinschaften, die der Autor als „Glied der kroatisch-serbischen Völkerfamilie" versteht.
347 Thoemmel: Beschreibung des Vilayet Bosnien, S. 110.

DIE NEUE (UN-)ORDNUNG

Zwischen der Niederschlagung der muslimischen Rebellen durch Latas und dem Aufstand der Christen in der Herzegowina, der das Ende der osmanischen Herrschaft in Bosnien einleitete, lag rund ein Vierteljahrhundert – eine Umbruchphase voller Verunsicherungen und Veränderungen. Die Entmachtung der *Ajanen* hatte den Widerstand gegen die Reformen geschwächt. Nach dem Muster des Donau-*Vilajets* wurde 1865 die Verwaltung im ganzen Osmanischen Reich reorganisiert. Das bosnische *Ejalet*, das in mehrere *Sandžaks* unterteilt war, wurde in ein *Vilajet* umgewandelt und erhielt eine neue Verwaltungsstruktur.[348] An der Spitze stand unter Vorsitz des von der Pforte ernannten *Wesirs* eine Art Regierung, die nach Fachressorts (für Justiz, Finanzen, auswärtige Angelegenheiten sowie Abteilungen für das Bildungswesen, die Gendarmerie usw.) gegliedert war. Dem *Wesir* stand ein Verwaltungsrat zur Seite, in dem neben zentral eingesetzten Beamten auch neun Einheimische saßen (sechs Muslime und je ein Vertreter der Orthodoxen, der Katholiken und Juden). Dem Verwaltungsrat des *Sandžaks* Sarajevo gehörten fünf Muslime, ein Orthodoxer und ein Jude an. Auch an der Verwaltung der Stadt Sarajevo, über deren damalige Bevölkerungszahl keine verlässlichen Daten vorliegen,[349] wurden erstmals zwei Vertreter der christlichen (orthodoxen) Bevölkerung beteiligt. Doch die Verwaltungshoheit ruhte in den Händen der von Istanbul entsandten Staatsdiener, die nach Auffassung der Bosniaken voller Hinterhältigkeit und Beamtenbosheit steckten und denen das Mitglied des österreichischen Konsulats, Thoemmel, ein wenig schmeichelhaftes Zeugnis ausstellte: „Diese Beamten des neuen Staatssistems sind durchaus Fremde, der slavischen Landessprache gar nicht oder in seltenen Fällen nur sehr wenig kundige Osmanlis, und bis auf die einfachsten Elemente der im empirischen Wege angeeigneten Administrations-Praxis grösstentheils vollkommen

---

348 Einzelheiten bei Aličić: Uredjenje bosanskog ejaleta, S. 82 ff. Zum neuen Vilajet gehörten: Bosnien mit der bosnischen Krajina (in älteren Quellen auch als „Türkisch-Kroatien" bezeichnet), die Herzegowina und der Sandžak Novi Pazar, dessen Territorium seit den Balkankriegen von 1912/13 zwischen Serbien und Montenegro geteilt ist.

349 Ein Steuerverzeichnis von 1851 weist (unter Hinzurechnung der nicht erfassten weiblichen Bevölkerung) für Sarajevo-Stadt ca. 15.200 Muslime und 3.700 Christen (überwiegend Orthodoxe) aus. (Juden werden nicht erwähnt.) In Sarajevo-Land sollen weitere 6.000 Muslime und 12.100 Christen gelebt haben. Der Geograf Heinrich Kiepert verweist darauf, dass diese Zahlen höchst unzuverlässig seien. Auch der preußische Konsul in Sarajevo, Otto Blau, habe seinen Zweifeln Ausdruck verliehen, „indem er die selbst an einem Punkte, wo eine Controlle durch unbetheiligte Europäer verhältnissmässig am leichtesten ist, in der Hauptstadt Serajewo, hinter den Ergebnissen der sorgfältigsten Schätzungen fast um die Hälfte zurückbleibende officielle Bevölkerungszahl nicht ohne Wahrscheinlichkeit, dem Interesse der Steuerbeamten, an die Staatskassen nur den Steuerbetrag dieser reducirten Zahl abzuführen' zuzuschreiben geneigt ist". Kiepert im Anhang zu Blau: Bosnien, S. 228 f. Dass die Zahl für 1851 zu niedrig ist, ist sehr wahrscheinlich. Aber dass sie um die Hälfte zu niedrig gewesen sein soll, erscheint im Licht der Volkszählungsergebnisse aus der österreichisch-ungarischen Zeit als ziemlich zweifelhaft.

unwissend, träge, gewissenlos, parteiisch, bestechlich …"³⁵⁰ Die Stadt an der Miljacka war seit dem Regime von Omer-paša Latas wieder Hauptstadt von Bosnien. Die unglücklichen Konsuln der Großmächte, die früher in Travnik residiert hatten, siedelten nach Sarajevo um, das als Zentrum der politischen Macht auch zum Zentrum der Veränderungen und ihrer Widersprüche wurde. Zwischen 1854 und 1856 entstand eine moderne osmanische Kaserne, die von Andrej Damjanov aus Veles (Makedonien) konzipiert wurde, einem der bekanntesten Architekten seiner Zeit im Balkanraum. Die Architekten Franjo Linardović und Franjo Moise aus Split bauten 1869 für den Reformwesir Šerif Osman-paša eine neue Residenz *(Konak)*. „Osman Pascha war damals schon ein angehender Sechziger, beleibt, krummbeinig und infolge einer Schusswunde etwas hinkend, wovon er den Spitznamen ‚Topal' führte. Sein Gesicht trug den Stempel der Gutmütigkeit, doch verrieten die kleinen beweglichen Augen Klugheit."³⁵¹ So schildert ihn der Schweizer Arzt Kötschet, der im Dienst des Reformwesirs stand, nachdem er zuvor bereits Omer-paša Latas gedient hatte. „Der Hinkende" versuchte, den Reformprozess in geordnete Bahnen zu lenken. „Der beste Beweis, dass Topal Osman Pascha ein tüchtiger Administrator war, dass seine Verwaltung Bosniens als eine Glanzzeit gelten darf, ist schon durch die Tatsache erbracht, dass er volle neun Jahre, von 1860 bis 1869, auf seinem hervorragenden Posten wirkte, was noch keinem seiner zahlreichen Vorgänger, den berühmten Gasi Hussrew Beg allein ausgenommen, vergönnt war." Šerif Osman-paša bediente sich einer raffinierten (oder soll man sagen: perfiden) Taktik, um den Einfluss der bosnischen Begs zu brechen: „Die bosnischen Feudalherren waren seit einigen Jahren aus der Verbannung, in die sie mein früherer Chef Omer Pascha nach dem Aufstande der Jahre 1850–51 hatte abführen lassen, in ihre Heimat zurückgekehrt, hatten aber nichts vergessen und nichts gelernt. Die Taktik Osman Paschas bestand nun darin, ihnen ihren früheren Nimbus beim Volke zu nehmen. Zu diesem Zweck wurden viele derselben in öffentliche Ämter eingesetzt und schon dadurch bei der Bevölkerung ihres altererbten Ansehens und Einflusses beraubt."³⁵²

---

350 Thoemmel: Beschreibung des Vilayet Bosnien, S. 191. Ähnlich negativ lautet das Urteil des ungarischen Juden und Gelehrten Adolf Strausz, der – anders als Thoemmel – die Osmanlis wohl nur vom Hörensagen kannte: „Woher recrutirte sich diese Beamtenkaste und wer waren eigentlich die gefürchteten Stambuler Effendi's? Diese Effendi's waren die Söhne der zahlreichen Pascha's in Stambul, denen ein Amt verliehen werden musste, um ihnen Gelegenheit zu geben, sich zu bereichern. So wie eine Provinz den Zorn der Centralregierung in Stambul auf sich zog, wurde ihr sofort diese rohe Horde von Tagedieben an den Hals geschickt, die das ihrer Verwaltung anvertraute Volk erbarmungslos aussaugte. (…) In den Augen der bosnischen Mohamedaner gab es kein verhassteres Element als diese Osmanli's, die, sobald sie sich im Lande eingenistet, ein ausgebreitetes Netz bildeten, einander unterstützten, um mit vereinter Kraft die Bevölkerung zu berauben…" Strausz: Bosnien, S. 196 f.
351 Kötschet: Osman Pascha, S. 2.
352 Ebda., S. 3.

„Topal" war es auch, der 1864 die erste Brauerei in Sarajevo eröffnete, „die einzige europäische Brauerei, die auch unter der Herrschaft zweier Kaiserreiche: des Osmanischen und des Österreichisch-Ungarischen nicht aufhörte zu produzieren", wie es auf der Website des Unternehmens heißt (Farbabb. 17). Zwei Jahre später erteilte der Wesir die Genehmigung zur Gründung einer ersten Druckerei in Sarajevo (mehr als vierhundert Jahre nach Gutenbergs Erfindung), mit der die moderne Ära des gedruckten Worts und des Journalismus[353] in Bosnien Einzug hielt. In dieser Druckerei, die außer lateinischen und kyrillischen auch türkische, griechische und hebräische Lettern besaß, wurden Gesetze und Verordnungen, Schulbücher, die kurzlebige Zeitschrift „Bosanski vjestnik", das Amtsblatt „Bosna" (in türkischer und bosnischer Sprache) sowie amtliche Formulare (die unverzichtbaren Begleiter einer modernen Bürokratie) gedruckt.[354] Doch das gedruckte Buch fand nur mühsam den Weg zu seinen widerspenstigen Lesern. Nicht nur weil die Zahl der Lesekundigen verschwindend klein war und der mechanische Druck in Konkurrenz zur hochgeschätzten Kalligrafie und zur Tradition des handschriftlichen Kopierens stand, sondern weil es auch auf tief sitzende Vorbehalte stieß. Der belgische Nationalökonom und Rechtswissenschaftler Émile de Laveleye, der in den 1880er-Jahren Bosnien und andere Teile des Balkanraums bereiste, spricht von einer „heiligen Scheu vor etwas Gedrucktem".[355] „Das geschriebene Wort", so der Historiker Jozo Džambo, „war eher ein Hindernis als ein Anziehungspunkt für die ‚Verbraucher'; ein Volk, das jahrhundertelang den Reichtum seiner ‚Literatur' mündlich gepflegt und überliefert hatte, vertraute diesem Medium und hatte es sehr verfeinert, weil die mündliche Überlieferung die intellektuellen Bedürfnisse der Bevölkerung befriedigte. Die epische Dichtung bot Orientierung und erzog; sie lieferte Antworten auf alle Fragen, die vor dem Individuum oder vor der Gemeinschaft standen, während sie gleichzeitig diskret oder sehr bestimmt die Verhaltensnormen, die Denk- und Lebensgewohnheiten vorschrieb."[356] Gleichwohl gehörte der Buchdruck zu jenen Neuerungen, die sich auf Dauer nicht aufhalten ließen. Er bereitete den Weg zu einer neuen Form der Öffentlichkeit, die das Leben in Bosnien bald völlig verändern sollte.

Weitere Neuerungen folgten. „Topal" ließ Straßen bauen (sodass erstmals auch Wagen und Kutschen ihren Weg nach Sarajevo fanden); er eröffnete das von der Husrev-beg-Stiftung finanzierte, erste öffentliche Krankenhaus in Sarajevo (und Bosnien überhaupt) und engagierte sich bei der Bekämpfung von Epidemien. Der erste „europäisch" geschulte einheimische Mediziner, der Jude Isak Salom, betätigte sich seit Anfang der 1850er-Jahre

---

353 Der erste Journalist in Bosnien war der aus dem Sandžak Novi Pazar stammende und früh verstorbene Mehmed Šakir Kutćehahić (Sandžaklija) (1844–1872).
354 Skarić: Sarajevo i okolina, S. 227.
355 Laveleye, Emil v.: Balkanländer, Bd.1, Leipzig 1888, S. 241.
356 Džambo: Buchwesen, S. III f.

als Militärarzt in Sarajevo. Dort amtierte seit 1864 auch der renommierte Mediziner Josef Kötschet als Stadt- und Polizeiarzt. Dieser betrieb zugleich die erste moderne Apotheke, die aber auf wenig Gegenliebe in der Bevölkerung stieß.[357] Die Sarajevoer vertrauten mehr der traditionellen Heilkunst und kauften lieber in den ausschließlich von Sepharden betriebenen „Drogerien" ein, in denen neben einer Unzahl von Kräutern, Gewürzen, Salben und allem, was ein Mensch brauchte oder eigentlich nicht brauchte, auch die begehrten pulverisierten Mumien zu erschwinglichen Preisen feilgeboten wurden. „Die Mumie wird von den alten Frauen als Heilmittel gegen jede Krankheit verwendet. Fast jeder Kranke ist von bösen Geistern besessen, es gilt also vor allem, die bösen Geister zu vertreiben. Daß die Mumie diese wunderbare Kraft hat, das liegt auf der Hand, sie ist ja Fleisch und Knochen eines Toten. Sie wird dem Kranken pulverisiert mit gestoßenem Zucker gemischt verabreicht, oder man wäscht dem Kranken das Gesicht, die Hände und die Füße, bei schwerer Krankheit auch den ganzen Körper, mit Wasser, in dem einige Gramm Mumie aufgelöst wurden."[358]

Der eben erwähnte Arzt Isak Salom wurde auch dadurch bekannt und berüchtigt, dass er seine Kinder in die 1864 gegründete staatliche Schule (ruždija) schickte, „was damals bei den Juden, da es eine profane Schule war, als verpönt galt".[359] Nicht nur bei Juden. Die welt-

---

357 Skarić: Sarajevo i okolina, S. 237.
358 Levy: Sephardim, S. 99.
359 Ebda. Über das traditionelle jüdische Schulwesen in Sarajevo schreibt Levy (S. 39–42): „In der Gemeindeschule erhielten die Kinder Unterricht im Lesen und Übersetzen der Bibel und Gebete, und auf das war die ganze Schulbildung beschränkt. Der Unterricht war ganz und gar primitiv. In einer kleinen niedrigen Stube hockten 50–60 Schulkinder verschiedenen Alters vor dem Lehrer und dieser erteilte den Unterricht jedem Kind separat, dem einen im Buchstabieren, dem zweiten im Lesen der Gebete, dem dritten im ersten Buche Mosis etc. und der Vorgeschrittene lernte die Bibel ins Spaniolische übersetzen. Schreiben und Rechnen wurde in der Schule nicht gelernt. Wollte ein Vater, daß sein Sohn schreiben und rechnen könne, mußte er ihm selbst Unterricht in diesen Gegenständen erteilen. War der Vater zu beschäftigt oder das Kind Waise, so fanden sich immerhin in der Familie gute Freunde, die dem Kinde die hebräische Kursivschrift und die vier Grundelemente des Rechnens beibrachten." Mädchen wurden nicht unterrichtet. Die Lehrer wurden von der Gemeinde – mehr schlecht als recht – bezahlt. Im Winter mussten die Kinder ein Stück Holz zum Einheizen mitbringen. „Wenn auch der Unterricht planlos und das Schulwesen primitiv war, hat es doch seit jeher unter den Spaniolen Bosniens fast keine Analphabeten gegeben." Levy beklagt den geistigen Niedergang der nach Bosnien eingewanderten Spaniolen. „[D]er Glanz der in die Türkei eingewanderten Spaniolen erlosch schon mit dem Ende des XVI. Jahrhunderts. Das Überhandnehmen der wissensfeindlichen, streng frommen Richtung im Judentum sowie das Wuchern der den Geist tötenden kabbalistisch-mystischen Pflanze einerseits, und die Abnahme der Gunstbezeugungen gegenüber den Juden seitens der Sultane, welche sich in den verschiedenen Provinzen in Gewalttätigkeiten und Erpressungen der Paschas gegen die Juden bekundete, anderseits versetzte diese in eine tiefe dunkle Nacht, welche nur noch von Zeit zu Zeit verzerrte Traumbilder zum Vorschein brachte." Bis 1781 waren alle Rabbiner in Sarajevo Ausländer. Erst der Gelehrte David Pardo, genannt „Moreno" (unser Lehrer), geb. 1719 in Venedig, gestorben 1792 in Jerusalem, der 1768 zum Rabbiner (Haham) der Gemeinde in Sarajevo berufen wurde, kümmerte sich auch um die Ausbildung des Nachwuchses, gründete eine Talmud-Schule und machte Sarajevo (vorübergehend) zu einem regionalen Zentrum jüdischer Gelehrsamkeit.

liche Schule, in der künftige Staatsdiener ausgebildet werden sollten, die neben Türkisch z. B. auch Arithmetik und andere „unnütze" Dinge lernten, war ein Ärgernis für die Traditionalisten aller Glaubensgemeinschaften.[360] Unverhohlenes Misstrauen richtete sich auch gegen die von der ersten Sarajevoer Schriftstellerin und Lehrerin Staka Skenderova 1858 gegründete Mädchenschule und eine acht Jahre später von den viktorianischen Ladies, Miss Irby und Miss Mackenzie, ins Leben gerufene zweite Mädchenschule.[361] Nicht nur dass ein Schulbesuch von Mädchen dem Großteil der Bevölkerung gänzlich unnötig, ja schädlich erschien, die beiden Engländerinnen wurden von Katholiken und Orthodoxen außerdem verdächtigt, Missionsarbeit für die anglikanische Kirche zu betreiben.[362] Und Skenderovas Schule, die sich in erster Linie an die Mädchen der orthodoxen Gemeinde in Sarajevo richtete, wurde von den honorigen und reichen Kaufleuten boykottiert, da diese über Skenderovas Sozialkritik höchst erbost waren.[363]

Kurzum: Überall taten sich Brüche und neue Konfliktlinien auf: die von der Reichszentrale vorangetriebene Bürokratisierung stand gegen die traditionellen Formen der Machtausübung; religiöse Gleichberechtigung stand gegen religiöse Duldung; weltlicher Unterricht gegen Religionsunterricht, Schriftlichkeit gegen Mündlichkeit, die „fränkische" Zeit gegen die „türkische" Zeit, metrische gegen traditionelle Maße und Gewichte,[364] „europäische" gegen traditionelle Kleidung, die moderne Medizin gegen die herkömmliche Heilkunde, der Lebensstil der ausländischen Konsuln und ihre schwer verständlichen Marotten gegen den „Ottoman way of life" der muslimischen Honoratioren, „europäische" gegen „orientalische" Musik usw., usf. Nichts passte mehr zusammen. Obwohl die Durchlöcherung der traditionellen Bräuche und Gepflogenheiten schon vor langer Zeit eingesetzt hatte, erlangte sie nun eine für viele Zeitgenossen beängstigende Dynamik, die zunehmend auch die

---

360 „Die Muslime besuchen diese Schulen wenig, weil in ihnen Unterrichtsfächer der Ungläubigen (Giauren) gelehrt werden, die Christen wiederum mögen sie wegen der türkischen Sprache nicht." Klaić: Bosna, S. 139.

361 Adeline Pauline Irby und Georgina Muir Mackenzie bereisten in den 1860er-Jahren den Balkanraum und erlernten auch die südslawische Volkssprache. Mit ihrem umfangreichen Reisebericht „The Turks, the Greeks, and the Slavons. Travels in the Slavonic provinces of Turkey-in-Europe" (London 1867) erlangten sie internationalen Ruhm. Einzelheiten bei Anderson, Dorothy: Miss Irby and her friends, London 1966. Zwischen der Marschall-Tito-Straße und der Miljacka erinnert eine kleine Straße (Mis Irbina) noch heute an die Schulgründerinnen. Vgl. auch die begeisterte Darstellung der Amerikanerin Joshua Irby: Meeting Miss Irby. Two travellers discover love and meaning in Sarajevo. A true story, o. O. 2012.

362 Skarić: Sarajevo i okolina, S. 229.

363 In ihrer Chronik Bosniens (Ljetopis Bosne 1825–1856), die sie dem russischen Konsul und Slawisten Alexander Hilferding (Gilferding) übergab, übte sie scharfe Kritik an den reichen orthodoxen Kaufleuten in Sarajevo. Hilferding veröffentlichte eine russische Übersetzung der Chronik in seiner Reisebeschreibung. Gilferding: Putovanje.

364 Z. B. die Gewichtsmaße „oka" (=1,28 kg) und „tovar" (Inhalt einer Tragtierlast, etwa 100 „oka") oder das Längenmaß „aršin" (=0,75 m).

öffentliche Moral zu gefährden schien. Kaffee und Tabak waren längst akzeptiert.[365] Sehr schlichte, oft nicht besonders reinliche Kaffeehäuser (nicht entfernt vergleichbar mit denen in Wien) gab es überall. Doch der Genuss von Wein und Schnaps war verpönt. Ebenso die Kneipen und die vielen Säufer, über die sich die Bewohner das Lateinerviertels schon im 18. Jahrhundert wiederholt, aber ohne nachhaltigen Erfolg beschwert hatten.[366] Von den Prostituierten ganz zu schweigen.[367]

Die Neuerungen der Tanzimat-Zeit drohten, die vertraute Lebenswelt vollends in Unordnung zu stürzen. Ein ganzes Geflecht von Gewohnheiten und „Selbstverständlichkeiten", die nie hinterfragt worden waren, weil sie als von Gott gegebene Ordnung verstanden wurden, begann zu zerbröseln. Die neue (Un-)Ordnung war ein Schock. Aber viele Reformen blieben auf halbem Wege stecken, und fast alles war umstritten. Auch wenn die politische und symbolische Macht der *Agas* und *Begs* gebrochen war, ihre Wirtschaftsmacht blieb unangefochten, zumal ihr oft illegal privatisierter Großgrundbesitz nachträglich legalisiert wurde. Die kleine Schicht prosperierender orthodoxer Kaufleute konnte ihren Wohlstand zwar mehren, doch die Mehrheit der christlichen Bevölkerung blieb davon ausgeschlossen. Das neue Steuersystem für die Landbevölkerung war höchst ungerecht und seine Umsetzung mit massiven Missbräuchen verbunden, sodass sich an der miserablen Lage der abhängigen Bauern, der Kmeten (oder „Kolonen", wie sie ab Mitte des 19. Jahrhunderts auch genannt wurden) nichts änderte. Zwar hatte die Pforte versucht, die Agrarverfassung zu reformieren, aber zwischen Gesetz und Realität bestand weiterhin eine tiefe Kluft. Die Lage der christlichen (mehrheitlich orthodoxen) Kmeten war und blieb erbärmlich und spottete jeder Beschreibung.[368]

---

365 „Nebst dem Kaffee ist der Tabak das hauptsächlichste Genussmittel der Moslims", schreibt Antun Hangi am Übergang vom 19. zum 20. Jahrhundert. „Sie fangen in der Kindheit zu rauchen an und rauchen bis an ihr Lebensende. Bei den Moslims raucht Alles, Männer und Frauen, Alt und Jung, Arm und Reich. (…) Die jungen Leute und die Frauen rauchen blos Zigaretten, die Männer auch noch Pfeife und der Greis überdies Nargilla [Wasserpfeife]. Nichtraucher sind sehr selten, schnupfen jedoch dafür." Hangi: Moslim's in Bosnien-Hercegovina, S. 89.

366 Skarić: Sarajevo i okolina, S. 120 f.

367 Deren Leben fand mitunter ein unerwartetes und unerfreuliches Ende. An einem Morgen im Jahr 1788 hatte man unter der Lateinerbrücke Kopf und Fuß einer Frau gefunden, wahrscheinlich einer Prostituierten. Die übrigen Körperteile waren abhandengekommen. Skarić: Sarajevo i okolina, S. 133.

368 Die Bauern hatten angesichts der Abgaben an den Grundherrn keinen Anreiz, mehr zu arbeiten als zur Sicherung des absoluten Existenzminimums erforderlich war. Sie lebten „meistentheils in armseligen, verwahrlosten, jedweder Annehmlichkeit entbehrenden Behausungen", die obendrein Eigentum des Grundherrn waren. „Er [der Bauer] ist sonach arm, häufig sogar im Elende, und die Armuth des Kmeten ist folgerichtig auch die Armuth des Herrn, die Armuth des Handels und Verkehrs in diesem Lande, welches im Ackerbaue seine Haupterwerbsquelle besitzt…" Thoemmel: Beschreibung des Vilayet Bosnien, S. 148. Zum Steuersystem vgl. ebda., S. 192 ff. Über Brutalitäten und Missbräuche bei der Eintreibung der Steuern berichtet Thoemmel: „Die beliebtesten Steuer-Executionsmittel sind gewöhnlich: Die Betroffenen haufen-

Der letzte *Wesir* in Sarajevo, Ahmed Mazhar-paša, machte aus seiner Antipathie gegenüber den Muslimen in Bosnien und insbesondere den Sarajevoern keinen Hehl. Beim Anblick einer großen Gruppe von Gläubigen, die gerade die Kaisermoschee verließen, polterte er: „Wenn unsere Regierung Bosnien überhaupt soll behaupten können, dann muß sie alle diese Dickköpfe… ohne Erbarmen und Mitleid nach Anatolien verbannen, denn mit ihnen ist jeder Fortschritt und jede kulturelle Arbeit unmöglich."[369] Das sahen die *Ajanen* natürlich anders.

1.10. DAS ENDE EINER EPOCHE

DIE WACHSENDE KLUFT ZWISCHEN DEN GLAUBENSGEMEINSCHAFTEN

Auch wenn Thoemmel die Bewohner Bosniens aufgrund von „Rasse" und Sprache als *„ein Volk"* bezeichnet, ergänzt er an anderer Stelle, dass dieses „eine bosnische Volk" in drei religiöse Gruppen zerfallen sei, sodass „es gegenwärtig in Bosnien eigentlich drei, mit ihren bezüglichen Glaubensbekenntnissen identificirte, in fremdartiger Schroffheit sich gegenüber stehende Nationen gibt".[370] Dieser Prozess – *von einem Volk zu drei Nationen* – zog sich über

---

weise auf Bäume oder unter das Dach eines Hauses zu treiben und unten qualmendes Feuer anzuzünden oder zur Winterzeit barfüssig an Pfählen anzubinden oder in einen Schweinstall zu sperren und von oben zeitweise mit Wasser zu begiessen u. dgl., bis die Verzweifelnden das Versteck des letzten Kessels oder sonstigen Geräthes, welches sie der Habgier ihrer Quäler entziehen wollten, angeben. Diese Prozeduren waren es namentlich auch, welche im Frühjahre 1865 bekanntermassen das christliche Landvolk zur vollen Verzweiflung und zur Auswanderung (4–500 Familien) nach Serbien brachten, von wo sie aber zurückgewiesen in kläglichster Verfassung nach Bosnien wieder zurückkehren musten." Thoemmel fügt hinzu, dass Klagen über derartige Missbräuche aus Furcht vor Repressalien selten vorgetragen würden, sodass auch die übergeordneten Staatsorgane davon keine Kenntnis hätten. Ebda., S. 196, Anm. Zur erbärmlichen Situation der Kmeten vgl. auch Leveleye, Emil v.: Balkanländer, Bd. 1, Leipzig 1888, S. S. 179 ff. „Die zahl- und namenlosen Leiden, denen die bosnischen Rajahs in ihren abgelegenen Dörfern ausgesetzt waren, sind meistens unbemerkt geblieben; wer hätte sie auch aufdecken sollen?" (S. 182). „Bosniens landwirtschaftliche Verhältnisse sind denen Irlands ähnlich: die Besitzer des Bodens und die, welche ihn bebauen, gehören nicht demselben Religionsbekenntnisse an, und diese haben jenen den ganzen Reinertrag zu übermitteln. Doch der englische Eigenthümer wird durch sein Ehrgefühl, durch die öffentliche Meinung und durch die Regungen christlicher Nächstenliebe von Erpressungen zurückgehalten, während den bosnischen Bey gerade seine Religion dazu treibt, in dem Rajah einen Hund zu sehen, einen Feind, den man tödten und folglich auch mitleidlos ausrauben kann." (Ebda.)

369 Kötschet: Aus Bosniens letzter Türkenzeit, S. 72. Vgl. auch Kreševljaković: Sarajevo u doba okupacije (Ausgabe 1991), S. 75.

370 Thoemmel: Beschreibung des Vilayet Bosnien, S. 80. Constantin Hörmann sah in den Gemeinsamkeiten der Volksdichtung einen der „Beweise" dafür, „daß die Bosnier und Hercegoviner trotz ihrer religiösen Fehden nie aufgehört haben, sich als eine und dieselbe Nation zu fühlen". Hörmann: Literatur, in: Österreichisch-ungarische Monarchie, S. 397. Es sind aber nicht die empirisch festellbaren Gemeinsamkeiten, die

viele Jahrzehnte hin. Thoemmel konnte seine Anfänge als Zeitzeuge beobachten. Von einem religionsübergreifenden Gemeinschaftsbewusstsein konnte jedenfalls keine Rede sein. Die von Aličić postulierte Existenz einer *bosniakischen Nation* mit mehreren Religionen hatte sich 1850/51 abermals als Fiktion erwiesen. Verantwortlich für diese Auseinanderentwicklung waren mehrere Umstände:

1. Die von den bosnischen Notabeln blockierte Umsetzung des Hatt-ı Şerifs von Gülhane aus dem Jahr 1839 in einer Provinz mit mehrheitlich christlicher Bevölkerung erwies sich als Bumerang. Das Dekret hatte Erwartungen geweckt, deren Nichterfüllung umso größere Enttäuschung hervorrufen musste. Als der österreichische Konsul Dimitrije Atanasković am 6. Januar 1851 auf dem Konsulatsgebäude in Sarajevo die österreichische Fahne hisste (Latas hatte Sarajevo wieder zur Hauptstadt der Provinz erkoren), nahm die christliche Bevölkerung dies mit Begeisterung auf. Für sie war es ein einzigartiges Erlebnis, die Fahne eines christlichen Staates im „alten *Janitscharen*nest" Sarajevo wehen zu sehen.[371] Die Forderung nach religiöser Gleichberechtigung, die im „Großherrlichen Handschreiben" (Hatt-ı Hümâyûn) vom Februar 1856 noch einmal bekräftigt wurde, stellte für die Muslime und insbesondere ihre Honoratioren einen Bruch mit allem dar, was sie bisher gewohnt waren: eine verstörende Verschiebung der bisherigen Machtverhältnisse, eine Veränderung all dessen, was bis gestern selbstverständlich gewesen war – real wie symbolisch: Die Welt war in heillose Unordnung geraten. Und viele Muslime fühlten sich bedroht. Der eben zitierte Hasan-aga aus Mostar erregte sich 1858 darüber, dass die Christen „jetzt übermütig geworden (sind), sie tragen breite Gürtel und lassen ihre Namen auf ihre Siegelringe graben. Vergangene Woche, als ich nach meinem Meierhof ritt, begegnete mir der Tabakkrämer Kosta. Meinst du, der Lümmel wäre vom Gaul gestiegen, wie es sich geziemt, bis ich vorüber war. Nichts da, Efendi, der Kerl hat die Unverschämtheit, knapp an mir vorüber zu reiten und mich nur kurz zu grüßen. Wohin soll das führen?"[372] Bereits im Jahr zuvor, am 3. Februar 1857, war der österreichische Konsul Atanasković gestorben, ein orthodoxer Christ. An seinem feierlichen Begräbnis in Sarajevo nahmen nicht nur alle Konsuln der Großmächte, sondern auch (mehr nolens als volens) die muslimischen Honoratioren teil. Und erstmals wurden christliche Symbole öffentlich in den Straßen der Stadt gezeigt. Noch nie war ein

---

eine Nation konstituieren, sondern die Bedeutung, die den Gemeinsamkeiten (oder Unterschieden) von den Betroffenen beigemessen wird. In diesem Sinne waren die Bosnier nie eine Nation (obwohl man sie aufgrund gemeinsamer Sprache, gemeinsamer Herkunft, gemeinsamen Territoriums und Gemeinsamkeiten im Brauchtum als ein Volk definieren kann).

371 Šljivo: Omer-Paša Latas, S. 150.
372 Murad-efendi [i. e. Franz von Werner]: Türkische Skizzen, Band 1, Leipzig 1877; zit. nach Grandits, Hannes: Zur Modernisierung der spätosmanischen Peripherie: Die Tanzimat im städtischen Leben der Herzegowina, in: Schnittstellen. Gesellschaft, Nation, Konflikt und Erinnerung in Südosteuropa. Festschrift für Holm Sundhaussen. Hg. Ulf Brunnbauer/Andreas Helmedach/Stefan Troebst, München 2007, S. 53.

Nicht-Muslim in Sarajevo so pompös beigesetzt worden.[373] Das war schon schlimm genug, aber es sollte noch schlimmer kommen. Anfang der 1870er-Jahre wurde in Sarajevo die Neue orthodoxe Kirche (Metropolitankirche) errichtet, zu deren Bau sowohl der russische Zar wie der Sultan und der serbische Fürst Mihailo Obrenović einen Zuschuss gegeben hatten. Spenden kamen auch von reichen serbischen Kaufleuten im In- und Ausland. Während der Bauarbeiten eskalierte die Stimmung unter den Muslimen. „Höher und höher erhob sich der Bau; die in ihrem heißesten Sehnen so lange unterdrückten Christen suchten in ihm ihre Genugtuung, die muhammedanische Einwohnerschaft aber sah es mit täglich steigender Erbitterung, wie die Kirche die Moscheen immer mehr und mehr überragte, wie sie schließlich selbst auf die Czarewa-Džamia, die Moschee des Sultans, stolz herabsieht.[374] Als der höchste Grad vermessener Beschimpfung erschien es ihr aber, als gewaltige Glocken in die Höhe der Thürme emporgezogen wurden, um mit ihrem unerträglichen Dröhnen den frommen Rechtgläubigen in seinen stillen Betrachtungen gewaltsam zu stören, den heiligen Ruf des Muezzin zu übertönen. In der Tat gab es damals noch kaum eine Kirche im Lande, in welche die Gläubigen anders als durch die Toka, jene Holztafel mit dem Holzhammer gerufen wurden …"[375] Der Mekkapilger *(hadžija/hadži)* Salih Vilajetović (bekannt als Hadži Lojo) organisierte den Protest der muslimischen Massen. Es liefen Gerüchte um, dass die Muslime die Neue Kirche zerstören und ein Blutbad unter den Christen, eine „bosnische Bartholomäusnacht", anrichten wollten. Die Konsuln der Großmächte wurden daraufhin kollektiv beim Gouverneur vorstellig. Dieser verhängte den Ausnahmezustand über die Stadt, setzte die Truppen in Bereitschaft und ließ an jeder Straßenecke einen Trompeter aufstellen, der im Fall von Unruhen Alarm geben sollte. Hadži Lojo ernannte er zum Imam eines Ordens und verbannte ihn in die Kaserne, die er nicht mehr verlassen durfte. Danach beruhigte sich die Situation etwas. Am 2. August 1872, am Eliastag, wurde die Kirche vom neuen Metropoliten Paisije, begleitet von 76 Geistlichen, feierlich eingeweiht. An der Zeremonie sollen mehr als 10.000 Menschen teilgenommen haben; die Glocken der Metropolitankirche mussten stumm bleiben, doch durfte die kleine Glocke an der Alten orthodoxen

---

373 Skarić: Sarajevo i okolina, S. 219 f.
374 Ärgerlicher dürfte gewesen sein, dass der Kirchturm auch die im Vergleich zur Kaisermoschee (Careva Džamija) näher gelegene Husrev-beg-Moschee überragte. Deren Minarett wurde daraufhin erhöht.
375 Asbóth: Bosnien, S. 120. Asbóths Darstellung beruht vermutlich auf den Erinnerungen von Benjamin von Kállay, der prägenden Figur in Bosnien unter österreichisch-ungarischer Herrschaft (siehe weiter unten). Kállay, der noch in seiner Eigenschaft als österreichisch-ungarischer Generalkonsul in Belgrad zu Pferd durch Bosnien reiste, erlebte den Bau der neuen orthodoxen Kirche in Sarajevo als Zeitzeuge. Mehr als ein Jahrzehnt später begleitete Asbóth vier Jahre lang Kállay (nun in dessen Eigenschaft als k.u.k. Finanzminister und oberster Verwalter Bosniens) auf dessen verschiedenen Reisen durch die okkupierte Provinz und hat vermutlich bei dieser Gelegenheit von den Umständen beim Bau der Metropolitankirche erfahren.

1.10. DAS ENDE EINER EPOCHE   137

Kirche am Rand der *Čaršija* läuten.[376] Zum ersten Mal seit Jahrhunderten wurde die religiöse Hierarchie symbolisch infrage gestellt: Zum ersten Mal konnte man das Christentum nun auch *hören,* und die Muslime trauten ihren Ohren nicht. Ein Geräusch wurde zur Machtfrage. Für die muslimischen Zeitgenossen war dies etwas Unerhörtes (im wahrsten Sinne des Wortes). Ihre vertraute Welt, die Textur des Alltags geriet – nicht nur akustisch – aus den Fugen: ein Kulturschock (vergleichbar dem Ruf eines Muezzins in einer traditionell christlichen Umgebung). Das alles ist verständlich. Aber wenn der bereits einmal erwähnte bosniakische Historiker Hadžihasanović das Läuten einer kleinen Glocke noch aus einem zeitlichen Abstand von anderthalb Jahrhunderten als „Provokation" (als „serbische Provokation") bezeichnet,[377] wirft dies ein merkwürdiges Licht auf sein Verständnis von Toleranz und Offenheit.

Der damalige Stadtarzt in Sarajevo, der Schweizer Josef Kötschet,[378] der uns in anderen Zusammenhängen noch begegnen wird, erlebte die Veränderungen aus eigener Anschauung. Dem Osmanischen Reich und den Muslimen stand er mit großer Sympathie gegenüber, verabscheute aber Fanatiker wie Hadži Lojo, mit dem er auch handgreiflich zusammengestoßen war. Die Ereignisse um den Bau der Metropolitankirche kommentierte er mit den Worten: „Während zu Osman Paschas Zeiten die religiösen Rivalitäten nicht aufzutreten wagten und eine gewisse gegenseitige Toleranz zwischen Moslim und Christen beobachtet werden konnte, bekamen wir unter Mehmed Assim Pascha [Mehmed Asim-paša, 1871/72 Gouverneur von Bosnien] zum ersten Mal ein Bild des Religionshasses zu sehen. Die Moslim machten kein Hehl mehr aus ihren feindlichen Gesinnungen gegenüber ihren christlichen Mitbürgern, besonders den Serben, denen sie in ihrem Fanatismus nicht verzeihen konnten, dass der neue Kirchturm der Metropolitankirche in Sarajevo das Minarett der Hussrew-Beg-Moschee an Höhe überrage. Das schwache Geläute einer einzigen Glocke brachte die moslimischen Sarajii vollends in Harnisch. Natürlich wurde der religiöse Eifer durch *Hodscha* und *Ulema* nach Kräften geschürt, und bald verbreiteten sich beunruhigende Gerüchte unter den furchtsamen Serben."[379] Anläss-

---

376 Skarić: Sarajevo i okolina, S. 245 ff.
377 Hadžihasanović: Sarajevo, S. 153.
378 Der im Kanton Bern geborene Josef Kötschet (1830–1898) entstammte einer aus den Niederlanden in die Schweiz eingewanderten Patrizierfamilie. Nach dem Erwerb eines Doktortitels der Medizin an der Universität Bern hatte er sich – „von der damals weitverbreiteten Schwärmerei für die Türkei ergriffen" und dem „Beispiel vieler junger Ärzte folgend" – nach Istanbul begeben, wo er in den Dienst des Osmanischen Reichs getreten war. Als Militärarzt war er zeitweilig in Scutari/Shkodra (Nordalbanien) sowie im Kaukasus tätig gewesen, bevor er als Leibarzt in die Dienste von Omer-paša Latas trat. 1864 kam er nach Sarajevo, wo er als Stadt- und Polizeiarzt amtierte. Während seiner Tätigkeit in Sarajevo war er zeitweilig auch als Vilajetsekretär tätig. Trotz vieler verlockender Angebote blieb er bis zu seinem Tod seiner Wahlheimat Sarajevo treu.
379 Kötschet: Osman Pascha, S. 55.

lich der feierlichen Eröffnung der Kirche und der „dabei ins Werk gesetzte(n) Prozession durch die Strassen der Stadt, glich Sarajevo einem starrenden Waffenplatze, denn die gesamte Garnison war ausgerückt, um die untere Stadt zu besetzen. War das eine gesegnete Zeit für die Zeitungen jenseits der Save [in Österreich-Ungarn], deren Leser mit spaltenlangen Berichten aus Sarajevo über Kirchenschändung, Niedermetzelung wehrloser Christen und andere Gewalttaten überschüttet wurden![380] Wenn aber auch kein Tropfen Blut geflossen und keine Kirche gestürmt worden war, so haben die Moslim damals doch durch ihr ganzes Verhalten ihre Intoleranz, ja teilweise ihren Fanatismus deutlich genug geoffenbart."[381] „Fanatismus", „Hass" und „Intoleranz" sind die Begriffe, die uns in den Berichten aus dem „langen 19. Jahrhundert" immer wieder begegnen. Den vorletzten Gouverneur Bosniens, Mehmed Akif-paša, brachte die religiöse Intoleranz auf die Palme. „Eines Morgens", so der Schweizer Kötschet, „geriet der gutmütige Wali ganz ausser sich, als der *Imam* der Gasi Hussrew Beg-Moschee, der berüchtigte Fanatiker Hafis Abdullah Efendi Kaukdžić,[382] welcher im August 1878 erschossen wurde, an der Spitze einer Deputation bei ihm vorsprach und, seine Ansprache mit einem Koranverse beginnend, Klage führte über das kaum hörbare Läuten einer winzigen Glocke im Hofe der alten orientalisch-orthodoxen Kirche. Mehmed Akif Pascha sprang von seinem Sitze auf und unterbrach den Sprecher, indem er ihm folgende Worte im heftigsten Tone zurief: ‚Schweig, du Esel, du wirst mich doch nicht den Koran lehren wollen! Du Hund kannst also das Läuten der Glocke nicht ertragen? Und ihr anderen, seid ihr denn solche Dummköpfe, dass ihr nicht wisst, dass dieser Schuft hier um 50 Groschen Monatslohn selber die Glocke ziehen würde, auch wenn man sie auf seiner eigenen Haustür anbrächte? Hinaus mit dir, und wenn ich auch nur noch ein ungünstiges Wort über dich höre, so sende ich dich, auf einen Esel gebunden, nach Bassora [Basra, im Süden Iraks].'"[383] „Bösartig veranlagt ist der Türke [der bosnische Muslim] keineswegs", kommentierte Émile de Laveleye aus der Rückschau, „und die Christen haben wohl nicht das Recht, allzu streng über ihn abzuurtheilen. Sie dürfen

---

380 Die oft maßlose Übertreibung von Vorfällen durch Medien und Politik prangerte auch Franz von Werner, alias Murad-Efendi, der „Wiener Türk" an: „Alle Streitigkeiten und Excesse, die, wenn sie im Abendland vorfallen, in der kleinen Rubrik „kleine Nachrichten" abgethan werden, liefern hier Stoff zu Telegrammen, politischen Korrespondenzen und Leitartikeln. Wenn der Muselmann Mustapha mit dem Christen Georg in Streit geräth und ihm eine Maulschelle versetzt, so wettert die Christenverfolgung durch die Spalten von so und so viel Blättern, und die orientalische Frage ist im Fluß!" Murad Efendi: Türkische Skizzen, Bd. 1, Leipzig 1877, S. 153.
381 Kötschet: Osman Pascha, S. 57.
382 Kaukdžić hatte sich schon zu Osman Paschas Zeiten „als wütender Christenhasser" hervorgetan, wie Kötschet behauptet, und war deswegen wiederholt mit dem Konak in Konflikt geraten. „Sein Einfluss erstreckte sich insbesondere auf die niederen Volksschichten, die er mit aller Macht seines dämonischen Wesens für den Aufruhr zu gewinnen hoffte." Kötschet: Aus Bosniens letzter Türkenzeit, S. 74.
383 Kötschet: Osman Pascha, S. 76.

nur daran denken, wie ihre Glaubensgenossen sich gegenseitig würgten, und mit welcher Grausamkeit z. B. die Spanier in den Niederlanden die Protestanten zu Tausenden niedermetzelten. Doch die grausamen Gewaltthaten, unter denen die bosnischen Rajahs so lange und so furchtbar gelitten haben, werden sich in allen türkischen Provinzen wiederholen, in denen die christliche Bevölkerung an Zahl und Wohlhabenheit zunimmt, während die mohammedanische zusammenschrumpft und verarmt. Erbitterung erfüllt die Moslims, welche fühlen, wie unter ihren Füssen der Boden wankt. Sie meinen, die entschwindende Macht durch ein Schreckensregiment festzuhalten zu können... Sie betrachten sich als Angegriffene und im Stande der rechtmässigen Nothwehr Befindliche..."[384]

2. Die christlichen Nachbarstaaten Bosniens – Österreich, Serbien und Montenegro – taten ihrerseits alles, um die christliche Bevölkerung der Provinz mittels Propaganda zu indoktrinieren und die Lage in Bosnien zu destabilisieren. Das aufkeimende Misstrauen zwischen den Religionsgemeinschaften war daher zu wesentlichen Teilen auch das Ergebnis eines Imports von außen. Omer-paša Latas war anfangs bestrebt gewesen, die Lage der christlichen Bevölkerung zu verbessern und entschied in mehreren Streitfällen zugunsten der Christen, wodurch sich der Widerstand der Muslime gegen seine Politik versteifte. Doch unter dem Eindruck der Einmischungen aus den Nachbarstaaten änderte Latas seine Haltung, womit er nun die Christen verprellte.[385]

3. Der einsetzende Siegeszug des Nationalismus förderte die Nationalisierung der Religion. Die Orthodoxen in Bosnien begannen, sich mehr und mehr als „Serben" und die Katholiken mehr und mehr als „Kroaten" zu empfinden. Vladislav Skarić erwähnt (ohne Quellenangabe), dass sich in den 1860er-Jahren in Sarajevo ein serbischer Verein konstituierte, der sich zum Ziel setzte, den bisher verbreiteten Namen „Wlache" durch den Namen „Serbe" zu ersetzen und der die orthodoxen Bauern der Umgebung aufforderte, sich nicht wie bisher als „Christen", sondern als „Serben" zu erklären. Etwa zur gleichen Zeit begannen die Katholiken in Sarajevo eine Kampagne, mit der die Bezeichnung „Šokac"[386] zugunsten der Bezeichnung „Kroate" verdrängt werden sollte.[387] Alles musste seinen „richtigen" Namen haben.

---

384 Laveleye, a. a. O., S. 188.
385 Šljivo: Omer-paša Latas, S. 149–176. Ein prominentes Opfer aufseiten der Christen war der mehrfach erwähnte Franziskaner Ivan Franjo Jukić, den Latas verhaften und gefesselt nach Istanbul bringen ließ, wo er unsäglich litt. Nach seiner Freilassung ist er 1857 in Wien an den Spätfolgen der Haft gestorben.
386 Als Šokac (Pl. Šokci; Schokatzen) bezeichnet sich eine zahlenmäßig kleine Bevölkerungsgruppe, die in Ostkroatien, Südungarn und der Vojvodina beheimatet ist. Sie sind römisch-katholisch und verstehen sich heute mehrheitlich als Kroaten. Die Bedeutung des Namens und die Herkunft der Schokatzen sind umstritten und ungeachtet vieler Theorien bis heute unklar. Wahrscheinlich kamen die Vorfahren aus Bosnien-Herzegowina. Jedenfalls wurden die Katholiken Bosniens in osmanischen Quellen oft als „Šokci" (oder als „Lateiner" und „Franken") bezeichnet.
387 Skarić: Sarajevo i okolina, S. 223 f.

Denn nur so war eine Abgrenzung gegenüber den „anderen" möglich. Und was der „richtige" Name bzw. das „richtige" Bewusstsein war, bestimmten die jeweiligen Deutungseliten. Doch das dauerte seine Zeit. Der Prozess der nationalen Namensgebung und des nationalen „Erwachens" zog sich daher, vor allem bei den Bauern, noch mehrere Jahrzehnte hin.[388]

4. Die Vorstellung der bosnischen Notabeln, man könne durch eine weitreichende Autonomie für Bosnien und unter Verzicht auf Reformen im Innern zum „Goldenen Zeitalter" und zur „guten alten Ordnung" zurückkehren, war gänzlich realitätsfern. Die „alte Ordnung" war tot. Selbst wenn das Unmögliche möglich gewesen wäre, hätte dies keine Lösung bedeutet. Denn es hatte sich nicht nur das Osmanische Reich verändert, verändert hatte sich auch die Welt außerhalb des Reiches und um das Reich herum, und zwar dramatisch. Ohne grundlegende Reformen konnte Bosnien die neuen Herausforderungen nicht bestehen. Aber von Reformen war in den Verlautbarungen Gradaščevićs und seiner Anhänger von 1831/32 oder bei den Rebellenführern von 1850/51 keine Rede. Ihnen ging es um die Bewahrung oder Wiederherstellung der alten Privilegien. Bosnien gab dafür den territorialen Rahmen und den argumentativen Bezugspunkt ab. Aber im Grunde ging es um die „alte Ordnung". Und das war alles andere als ein Zukunftsmodell. Kein Wunder also, dass die christliche Bevölkerung sich in andere Richtungen zu orientieren begann. Der muslimische Widerstand in Bosnien formierte sich ja nicht zufällig in einer Zeit, da die Pforte mit einem großen Reformprogramm begann. Dass es Missstände gab, wurde auch von Muslimen nicht geleugnet. Die Schuld daran wiesen sie aber allein der Zentrale und deren Amtsträgern zu (was nicht völlig falsch, aber auch nicht völlig richtig war). Das Problem würde sich lösen, wenn die Verantwortung in die Hände der bosnischen Führungsschichten überginge. Doch die Notabeln waren selber ein Teil des Problems. Sie hätten ihre eigene Position und das bisherige System der Ungleichheit infrage stellen müssen und dazu waren sie (wen wundert es?) nicht bereit. Stattdessen hatten sie sich in eine Abwehrstarre gegen alle Neuerungen begeben: gegen das neue Militär, gegen die neue Kleiderordnung, gegen die Gleichstellung der Religionen, gegen das Läuten einer Glocke oder gegen ein Klavier und „europäische" Möbel, die der rücksichtslose Omer-paša Latas erstmals in seinem *Konak* in Sarajevo einführte: auch das ein Kulturschock.

---

388 Der kroatische Schriftsteller und Politiker Antun Radić, der Bruder des bekannten Politikers Stjepan Radić, reiste im Sommer 1899 nach Bosnien-Herzegowina, um das dortige „Volksleben" zu studieren. „Ich habe mich überzeugt", so berichtet er, „dass der kroatische Name in der ländlichen Welt Bosnien-Herzegowinas völlig unbekannt ist." Zit. nach Kraljačić: Kállayev režim, S. 86. Von zwei Bauern in der Nähe von Mostar schreibt er: „Sie wissen weder, dass sie ‚Serben' noch dass sie ‚orthodox' sind; sie wissen, dass sie keine Türken sind, sie wissen weder von den Katholiken noch von den ‚Lateinern'. Sie wissen, dass sie einen Popen haben, und erst als sie mir sagten, dass er einen Bart hat, war mir die Sache klar." Zit. nach Cvetković-Sander, Ksenija: Sprachpolitik und nationale Identität im sozialistischen Jugoslawien (1945–1991). Serbokroatisch, Albanisch, Makedonisch und Slowenisch, Wiesbaden 2011, S. 33.

„GROSSE ORIENTKRISE" UND BERLINER KONGRESS (1875–1878)

Bereits im Frühjahr 1875 hatte sich die christliche Bevölkerung in der Herzegowina gegen die Herrschaft der *Begs* und *Agas* erhoben.[389] Die Missstände waren unerträglich geworden. Auch wenn sich im Detail kaum zuverlässig rekonstruieren lässt, was Realität und was Propaganda war, an den Missständen selbst kann kein Zweifel bestehen. „Die Nacht hat ihn aufgezehrt", hieß es im Volksmund, wenn wieder einmal ein Kmet unter ungeklärten Umständen zu Tode gekommen war. Die Rebellion in der Herzegowina weitete sich schnell zu einem Flächenbrand aus, der auf Bosnien und andere europäische Provinzen des Osmanischen Reiches, insbesondere auf den bulgarischen Siedlungsraum, übergriff.[390] Die seit Ende des 18. Jahrhunderts schwelende „Orientalische Frage" (die zugleich auch eine soziale Frage war) erreichte damit einen neuen Höhepunkt.[391] Die brutalen Maßnahmen der Pforte gegen die bulgarischen Aufständischen erregten die europäische Öffentlichkeit. Im Sommer 1876 erklärten die Fürstentümer Serbien und Montenegro dem Osmanischen Reich den Krieg, mussten jedoch eine schwere Niederlage hinnehmen. Da die Pforte die von den Großmächten verlangten Strukturreformen in ihren europäischen Provinzen ablehnte, eröffnete nun Russland, das sich als Schutzmacht der orthodoxen Balkanchristen verstand, im April 1877 den Krieg gegen den „Kranken Mann am Bosporus". Serbien und Montenegro schlossen sich an. Im Januar des folgenden Jahres standen die russischen Truppen vor den Toren Istanbuls, und Sultan Abdülhamit II. sah sich am 3. März zum Abschluss des Vorfriedens von San Stefano (einem Vorort von Istanbul) gezwungen. Das Zarenreich avancierte damit zur Vormacht im Balkanraum und an den Meerengen, was weder Großbritannien noch Österreich-Ungarn hinzunehmen bereit waren. Diese drohten nun Russland mit einer Kriegserklärung, woraufhin sich St. Petersburg zur Revision des Vorfriedens bereit erklärte.

Auf dem Berliner Kongress vom 13. Juni bis 13. Juli 1878 beschlossen die Großmächte unter Vorsitz Bismarcks eine Neuordnung der politischen Landkarte Südosteuropas. Vertreter der Balkanstaaten bzw. der dortigen Nationalbewegungen waren nicht zugelassen. Die Beschlussfassung erfolgte über ihre Köpfe hinweg und diente in erster Linie der Ausjustierung des „Gleichgewichts der Kräfte" unter den damaligen Führungsmächten. Auf der Sitzung am 28. Juni beantragte der Vertreter Großbritanniens, Lord Salisbury, Bosnien-Herzegowina von Österreich-Ungarn besetzen und verwalten zu lassen. Damit kam London den Am-

---

389 Zur Entwicklung in der Herzegowina vgl. Grandits: Herrschaft und Loyalität, S. 582–664.
390 Zum Aufstand in Bosnien-Herzegowina vgl. Čubrilović: Bosanski ustanak.
391 Aus der fast uferlosen Literatur seien stellvertretend erwähnt: Anderson, M. S.: The Eastern Question, 1774–1923. A Study in International Relations, London-Basingstoke 1966 (mit mehreren Neuauflagen); Marriott, John A. R.: The Eastern Question. An historical study in European diplomacy, Oxford 1969; Macfie, Alec L.: The Eastern Question, 1774–1923, London-New York 1989.

bitionen der Wiener Führung entgegen, die den Besitz Bosnien-Herzegowinas bereits seit einigen Jahrzehnten ins Visier genommen hatte.[392] „Es sind die einzigen Provinzen der Türkei", heißt es im britischen Antrag, „wo die Grundbesitzer fast ohne Ausnahme eine andere Religion haben als die Bauern. Der Aufstand, der aus dieser Gegensätzlichkeit entstand, löste einen Krieg aus, der die Türkei verwüstet hat, und die Spannungen zwischen beiden Bevölkerungsteilen sind genauso stark wie vor drei Jahren. Die Leidenschaften des Bürgerkriegs haben sie verschärft, und die jüngsten Erfolge der beiden benachbarten Fürstentümer [Serbien und Montenegro] werden dem Widerstand gegen die Regierung weiter Auftrieb geben. Die Pforte wird kaum in der Lage sein, heute Unruhen zu bekämpfen, die sie vorher zu verhindern oder zu unterdrücken nicht stark genug war..." Bismarck unterstützte den britischen Antrag: „Europa will stabile Verhältnisse schaffen und das Los der Bevölkerung im Orient wirksam sichern. Daher haben die Vertreter der im Kongreß vereinigten Mächte ein ganz besonderes Interesse daran, sich mit den Provinzen Bosnien und Herzegovina zu befassen. Bekanntlich nahmen die wiederholten Unruhen, die den Orient erschüttert haben, besonders die letzte Bewegung, die Europa in Brand zu stecken drohte, ihren Ausgang von diesen Provinzen. Es ist daher nicht nur ein österreichisch-ungarisches Interesse, sondern auch eine allgemeine Pflicht, nach wirksamen Mitteln zu suchen, um der Wiederholung ähnlicher Ereignisse vorzubeugen."[393] Die osmanischen Bevollmächtigten (Eisenbahnminister Alexander Caratheodori Pascha, ein Grieche aus dem Phanar in Istanbul, und Mehmed Ali Pascha, ein ehemaliger Preuße aus Magdeburg, der zum Islam konvertiert war und als Militär Karriere gemacht hatte)[394] gaben zu Protokoll, sie hätten „die Ehre, Ihren Exzellenzen den Mitgliedern dieser Hohen Versammlung zu wiederholen, daß die Hohe

---

392 Ohne hier auf Details der Großmachtpolitik eingehen zu können, bleibt festzuhalten, dass der Balkan nach der italienischen und deutschen Nationalstaatsbildung zum wichtigsten Aktionsfeld der österreichisch-ungarischen Außenpolitik avanciert war, wobei Russland als Hauptrivale fungierte. Bosnien-Herzegowina ragte wie ein Keil in die habsburgischen Besitzungen (Dalmatien sowie Kroatien-Slawonien) hinein und galt zugleich als Schutzwall gegen Expansionsbestrebungen Serbiens und Montenegros. Seine Inbesitznahme sollte der Festigung Österreich-Ungarns als „Balkangroßmacht" dienen.
393 Der Berliner Kongreß 1878. Protokolle und Materialien. Hg. Imanuel Geiss, Boppard a. Rhein 1978, S. 242 f.
394 Mehmed Ali Pascha wurde wenige Wochen nach dem Berliner Kongress, am 7. September 1878, in Gjakova (Kosovo) von albanischen Aufständischen erschlagen. Die Wiener Satirezeitschrift „Kikeriki" veröffentlichte am 12. 9. 1878 folgenden „Nachruf": „Armer, armer Mehemet, / Was hat denn soeben / – Pazifikationsgefrött! – / Sich mit dir begeben? Magdeburg, dein Heimatsort, / Hat's wie wir vernommen, / Daß du bei den Türken dort, / Schmählich umgekommen! Doch ein Wort, es unterschreib's / Jeder Mensch auf Erden, / Wer ein Deutscher ist, der bleib's, / Muß kein Türk nicht werden!" („Gefrött' ist eine hyperkorrekte Umschrift von mundartlich ‚Gfrett', Quälerei, Plagerei, Mühsal. Dies ist ein Kollektiv zu ‚fretten', quälen, plagen..." Für die Auskunft danke ich Ingeborg Geyer von der Abt. Dialekt- und Namenslexika an der Österreichischen Akademie der Wissenschaften.)

Pforte anbietet, sich selbst zu verpflichten, das Reformprogramm, das im Augenblick den Anforderungen der Lage am besten angemessen zu sein scheint, sofort durchzuführen".[395] Dem glaubte von den Anwesenden aber niemand. In der anschließenden Abstimmung stimmten Österreich-Ungarn, Frankreich, Großbritannien und Italien für den britischen Antrag, den Bismarck befürwortet hatte. Auch Russland nahm den Antrag an. Die osmanischen Vertreter verweigerten ihre Zustimmung, da sie dazu nicht das Plazet ihrer Regierung hätten.[396] Bismarck, der „kaum eine Gelegenheit aus(ließ), die türkischen Delegierten im Plenum zu demütigen und ihnen klar zu machen, daß sie keine Schwierigkeiten machen dürften"[397] gab zu Protokoll: „Er sei weiterhin davon überzeugt, daß die ottomanische Regierung bald ihren Bevollmächtigten neue Anweisungen geben werde, und schließt mit der Bemerkung, das Protokoll bleibe solange offen, um sie aufnehmen zu können."[398] So geschah es denn auch. Der Pforte blieb keine andere Wahl als zuzustimmen. Artikel 25 des Berliner Vertrags stellte lapidar fest: „Die Provinzen Bosnien und Herzegowina werden von Österreich-Ungarn besetzt und verwaltet werden."[399]

DIE BLUTIGE „PAZIFIKATION"

Während der Kongress tagte, nahm die Unruhe in Sarajevo von Tag zu Tag zu. Ein Gerücht jagte das andere. Überall herrschte große Unsicherheit. Die Hohe Pforte und ihre Repräsentanten vor Ort hüllten sich in Schweigen. Als schließlich die ersten Nachrichten von den Beschlüssen des Kongresses eintrafen, verbreiteten sie sich in Windeseile. Der bereits mehrfach erwähnte Arzt Josef Kötschet hielt als Zeitzeuge die dramatischen Ereignisse fest. Er kannte viele der (einheimischen und fremden) Akteure seit Langem und stand mit einigen von ihnen in engem persönlichem Kontakt. „Als ich am nächsten Tage (5. Juli), einem Freitage, meinen gewohnten Weg ins Wakufspital ging, fiel mir auf, daß in der Tscharschi [*Čaršija*] und besonders in der Baschtscharschi [*Baščaršija*] nur wenige Läden geöffnet waren, wie denn überhaupt nur sehr wenige Menschen in diesen Zentren des Verkehres sich bewegten, während anderwärts, vor allem in Kovači große Menschenmengen sich zu sammeln begannen. Namentlich sah man *Hodscha* und *Ulema* mit ernsten Gesichtern raschen Schrittes von Gasse zu Gasse eilen. (…) Um die Mittagsstunde strömte alles zur großen Gasi Husrew Beg-Moschee; der große Hof der Moschee und alle angrenzenden Gassen waren von Andächtigen dicht gefüllt. Das Gebet verlief in größter Andacht und Ruhe, allein

---

395 Berliner Kongreß, a. a. O., S. 246.
396 Ebda., S. 249.
397 So Imanuel Geiss im Vorwort zum Berliner Kongreß, S. XXIII.
398 Berliner Kongreß, a. a.O., S. 250.
399 Ebda., S. 388.

nach seiner Beendigung kam ein immer mehr anwachsendes Murren aus der unbeweglichen, dichtgedrängten Menge. Da wird in der Mitte des Hofes plötzlich eine grüne Fahne entrollt, und von den Menschenmassen mit weit hörbarem Zuruf begrüßt. Es ist Hadschi Lojo, der hier öffentlich mit der heiligen Fahne den Aufruhr predigt. Endlich kommt Bewegung in die Massen, man schlägt die Richtung zum *Konak* ein, Hadschi Lojos Riesengestalt mit der wehenden grünen Fahne an der Spitze."[400] Hadži Lojo (eigentlich Salih Vilajetović), um die 50 Jahre alt, der uns im Zusammenhang mit den Protesten gegen die Eröffnung der Neuen orthodoxen Kirche (1872) erstmals begegnet ist, war wieder zur Stelle. Er gehört zu den schillerndsten Figuren seiner Zeit: Glaubenskrieger, Held, Widerstandskämpfer, Rebell, Räuber oder von allem etwas?[401] Kötschet macht aus seiner Abneigung gegen ihn keinen Hehl. „Er imponierte insbesondere gewaltig dem niederen Volke durch seine herkulische Gestalt wie durch seine donnernde Stimme. Bereits zu Anfang des Jahres 1876 war Hadschi Lojo aus Sarajevo verschwunden, um sich im Lande als ein abenteuernder Kondottiere herumzutreiben, der es insbesondere auf die christliche Landbevölkerung abgesehen hatte. (…) Als Hadschi Lojo erfuhr, daß in Sarajevo eine geheime Verschwörung gegen die Regierung im Zuge sei, kam er anfangs Juni 1878 bei Nacht nach Sarajevo zurück."[402] In der Folgezeit gehörte er zu den wichtigsten Agitatoren, die sich den Anordnungen der Pforte widersetzten und den Widerstand gegen die Truppen der Doppelmonarchie vorbereiteten. Ein aus angesehenen Vertretern der Bevölkerung gebildeter Volksausschuss (Narodni odbor) schickte am 20. Juli ein Protesttelegramm an Bismarck, in dem er gegen die Beschlüsse des Berliner Kongresses protestierte und ankündigte, dass die Bewohner Bosniens ihre Heimat bis zum letzten Blutstropfen verteidigen werden. „Selbstverständlich hatte man nicht versäumt", kommentiert Kötschet, „auch einige serbische Kaufleute zur Beisetzung ihrer Unterschrift zu bestimmen, welche diese nolens volens geben mußten."[403] Die vom Sultan gegenüber den Großmächten eingegangene Verpflichtung, Bosnien friedlich zu räumen, erboste die Widerständischen: Der Sultan könne Stambol an einen Feind übergeben, aber nicht Bosnien! Eine aufgebrachte Menge forderte den Rücktritt aller osmanischen Würdenträger und die Bildung einer Volksregierung. Der Gouverneur (*Vali*), Mazhar-paša, trat am 28. Juli von seinem Posten zurück und stahl sich kurz darauf aus Sarajevo davon. Auch der

---

400 Kötschet: Aus Bosniens letzter Türkenzeit, S. 78 f.
401 Vgl. auch Donia: Sarajevo, S. 54 f. Zur Darstellung Hadži Lojos in den Werken des serbischen Komödienschreibers Branislav Nušić (1908), des bosnisch-serbischen Schriftstellers Borivoje Jeftić (1929) und des bosnischen Romanciers Rešad Kadić (1982) siehe Matović, Vesna: Literarni i ideološki potencijali istorijskog narativa (Hadži Loja), in: Dahmen, Wolfgang/Himstedt-Vaid, Petra/Ressel, Gerhard (Hg.): Grenzüberschreitungen. Traditionen und Identitäten in Südosteuropa. Festschrift für Gabriella Schubert, Wiesbaden 2008, S. 381–397.
402 Kötschet: Aus Bosniens letzter Türkenzeit, S. 74.
403 Ebda., S. 85. Zum Folgenden auch Kreševljaković: Sarajevo u doba okupacije, S. 89 ff.

am 12. Juli in der Hauptstadt eingetroffene neue Militärbefehlshaber für Bosnien, Hafizpaša, wurde seines Militärkommandos entkleidet. Theoretisch standen ihm 23 Bataillone zur Verfügung, von denen jedoch 19 ausschließlich mit Bosniaken besetzt waren, die zumeist an ihren Heimatorten stationiert und aus Sicht des Befehlshabers für die Niederschlagung eines Aufstands nicht infrage kamen, da viele von ihnen mit den Insurgenten sympathisierten. Am Nachmittag des 28. Juli wurde im Hof der Husrev-beg-Moschee eine „Volksregierung" per Akklamation gewählt und der von seinem Militärposten abgelöste Hafiz-paša mit der Wahrnehmung der zivilen Aufgaben betraut. „Im ganzen war der Putsch gelinde verlaufen. Auf beiden Seiten gab es nicht über zehn Verwundete; ein Offizier, zwei Soldaten und ein Aufständischer waren tot. Während dieser Vorgänge hatten die Christen ihre Häuser verschlossen, niemand von ihnen getraute sich auf die Straße. Der bekannte Franziskanermönch und kroatische Dichter Fra Grgo Martić, damals Pfarrer von Sarajevo, war in das französische Konsulat geflüchtet, wo er bis zum Einzuge der österr.-ung. Truppen verblieb."[404] Unterdessen hatte der charismatische Hadži Lojo „an der Spitze von ungefähr 100 jungen Burschen die Straßen der Stadt durchzogen. Vor dem Hause des angesehenen Serben Petro T. Petrović – vom Volke heute noch nur Petraki Effendi genannt – hielt der Zug und Hadschi Lojo verkündete dem am Fenster erschienenen Hausherrn den Sturz der ottomanischen Herrschaft und die Einsetzung einer Nationalregierung, welche die Serben als Brüder anzusehen wünsche. Da holte Petraki einen goldgestickten roten Pelzmantel hervor, überreichte ihn dem Liebling der Straße und unter den Rufen ‚mi smo bir' (wir sind eins) wurde die Verbrüderung zwischen Moslims und Serben gefeiert. Hadschi Lojo aber sah man von diesem Augenblicke an nur mehr im goldgestickten roten Pelzmantel. In der ganzen Stadt herrschte großer Jubel. Man umarmte sich auf offener Straße, als wäre Sarajevo aus einer unerträglichen Lage befreit worden. Wer von den Christen bis dahin europäische Kleidung getragen hatte, suchte sein Nationalkostüm wieder hervor, um bei den neuen Machthabern keinen Anstoß zu erregen. Die Besonnenen unter den Serben schüttelten zwar insgeheim bedenklich die Köpfe, aber die Jugend ließ es sich nicht nehmen, auf den Straßen zu demonstrieren und mit den erstaunten Moslims sich zu verbrüdern. Archimandrit Sava Kosanović und Pop Risto Kanta-Novaković, beide gekleidet wie Harambaschas,[405] Pistole und *Handschar* im Gürtel, stellten sich an die Spitze der singenden serbischen Jugend, die sich zwar über den Sturz der ottomanischen Behörden aufrichtig freuen mochte, über die weitere Gestaltung der Dinge aber sich ganz gewiß gar keine Gedanken machte".[406]

Als die ersten Nachrichten vom Vormarsch der österreichisch-ungarischen Truppen ein-

---

404 Kötschet: Aus Bosniens letzter Türkenzeit, S. 87 f.
405 Anführer einer räuberischen Bande.
406 Kötschet: Aus Bosniens letzter Türkenzeit, S. 89 f.

trafen, beschloss eine neue Versammlung im Hof der Husrev-beg-Moschee am 3. August, bewaffneten Widerstand zu leisten. Die Juden sollten eine Million Groschen als Kriegssteuer bezahlen, da sie nach den Bestimmungen der Scharia keinen Kriegsdienst leisten durften. Einer der reichsten Bürger der Stadt, Fadil-paša Šerifović, wurde aufgefordert, eine Kriegssteuer von 150.000 Groschen zu entrichten. Abschließend sprach die Versammlung der Volksregierung ihr Vertrauen aus. Am 7. August veröffentlichte der Volksausschuss einen Aufruf, in dem alle Einwohner ohne Unterschied des Glaubens zum Kampf aufgerufen wurden. Darin hieß es u. a.: „Wir, die wir in Bosnien leben, Muslime, Christen und Lateiner (Hristijani i Latini) sind entschlossen, uns den Feinden entgegenzustellen." Während die Muslime für Allah und den Propheten ins Feld ziehen sollten, wurden „Christen und Lateiner" aufgerufen, für die „Ehre ihres Vaterlands" zu kämpfen.[407] Am 15. August warnte der Vorsitzende der Volksregierung, Hafiz-paša, dass jeder Widerstand der Bevölkerung aus militärischer Sicht aussichtslos sei und forderte die Aufständischen auf, die Waffen niederzulegen. „Die meisten der Anwesenden teilten ohne Zweifel diese Überzeugung und einzelne wagten sogar, ihre Zustimmung unverhohlen auszusprechen. Allein der Widerspruch einiger fanatischer Schreier, die nichts zu verlieren hatten, reichte aus, um die Friedenspartei in Schach zu halten und jede Beschlußfassung zu vereiteln."[408] Hadži Lojo ließ „in den Moscheen des Landes verkünden, daß der Großscherif von Mekka ihn autorisiert habe, den ‚heiligen Krieg' zu proklamieren".[409] Doch die Bevölkerung Sarajevos war gespalten. Die wohlhabende Schicht war angesichts des Vormarsches der k.u.k. Truppen von der Vergeblichkeit eines bewaffneten Widerstands überzeugt und hatte Angst vor Chaos und Plünderungen, während sich die ärmeren Schichten, die Habenichtse, den Insurgenten anschlossen. Am 17. August fand im *Konak* abermals eine stark besuchte Volksversammlung statt. „Neun Zehntel aller Anwesenden, darunter sämtliche Mitglieder des Nationalausschusses, waren sich der Trostlosigkeit der Lage bewußt und sehnten sich nach einer friedlichen Lösung. Allein auch diesmal gelang es ein paar Schreiern, welche mit ihren *Handschars* in der Luft herumfuchtelten, das Zustandekommen eines Friedensbeschlusses zu vereiteln. Am Abend versammelte man sich neuerdings und nun erst wurde in Anbetracht der aussichtslosen Lage einstimmig der Beschluß gefaßt, die Hauptstadt den anrückenden Truppen friedlich zu übergeben."[410] Die Menschen atmeten auf. Doch Muhamed ef. Hadžijamaković, der gewählte Befehlshaber der aufständischen Truppen, gab nicht auf. „Der vor Wut schäumende Fanatiker" eilte in den *Konak* und überschüttete die Volksregierung „mit den derbsten Schmähungen, riß den Kadi am Bart und drohte, ihm den Kopf abzuschlagen. Dies hatte

---

407 Kreševljaković: Sarajevo u doba okupacije, S. 102–104.
408 Kötschet: Aus Bosniens letzter Türkenzeit, S. 104.
409 Braum: Sarajevo 1878, S. 23.
410 Kötschet: Aus Bosniens letzter Türkenzeit, S. 106.

eine so heillose Verwirrung zur Folge, daß man [Hadži]Jamaković ungehindert gewähren ließ, der denn auch alle Vorbereitungen zur Verteidigung mit dem größten Eifer betrieb". Nachdem Hafiz-paša vergebens versucht hatte, Hadžijamaković zu besänftigen, trat er von seinem Amt zurück. Und auch die Volksregierung löste sich – 22 Tagen nach ihrer Einsetzung – auf.

Die Verteidiger Sarajevos unter Hadžijamakovićs Führung zählten etwa 5.000 Personen, darunter Frauen und Kinder, anscheinend alles Muslime. Gegen die Übermacht der kaiserlichen Truppen, die am 19. August in Sarajevo einrückten, hatten sie keine Chance, auch wenn es im Westen der Stadt, in der Umgebung der Ali-paša Moschee, zu heftigen Straßenkämpfen kam.[411] „Die Bewohner dieser Gegend, zum größten Teil alte Sapties [Gendarmen], Albanesen und arme Handwerker, wehrten sich mit dem Mute der Verzweiflung, denn hier war, dank der Agitation des fanatischen Jamaković, der Glaube verbreitet, daß das Eigentum, namentlich aber die Frauen und Mädchen von den siegreichen *Giaurs* alles zu fürchten hätten. Wer hat nicht von den türkischen Frauen gehört, die von der Höhe des Minaretts sowie aus dem Innern der Ali Pascha-Moschee die anziehenden Truppen aufs heftigste beschossen und lieber unter den feindlichen Kugeln fielen, als daß sie sich dem verhaßten *Giaur* ergeben hätten?"[412] Die k.u.k. Soldaten mussten sich von Straße zu Straße vorkämpfen und töteten gnadenlos alle, die sich ihnen in den Weg stellten: ein schreckliches Gemetzel. „Es entwickelte sich... ein blutiger Straßenkampf, in dem selbst Weiber gegen die Truppen fochten, namentlich ereignete sich dies im mohammedanischen Stadtviertel, wo die in die Häuser eindringenden Soldaten mit *Handschars* und Messern angefallen wurden", heißt es in der Darstellung des Wiener Kriegsarchivs. „Die... mit der Kraft der Verzweiflung sich wehrenden Aufständischen nahmen keinen Pardon an und mussten niedergemacht werden. An einigen Stellen entstanden Brände und verzehrte das Feuer bei der heissen Jahreszeit und Dürre rasch die... überwiegend aus Holz gefertigten, hüttenartigen Häuser."[413]

„Es ist eigentlich um jeden Blutstropfen schade," ätzte die Wiener Satirezeitschrift „Kikeriki", „der zur Pazifikation eines Volkes vergossen wird, welches lieber einem türkischen Vagabunden und Räuber wie diesem Hadschi Loja gehorcht, bevor es sich dem menschenfreundlichen Feldherrn einer zivilisirten Großmacht unterwirft"[414] (Abb. 12 und 13). „Es war ein herrlicher Moment!" schwärmte der k.u.k. Oberst Georg Freiherr vom Holtz noch knapp dreißig Jahre später. „Von der Bastion aus übersah man den ganzen Kampfplatz.

---

411   Kreševljaković: Sarajevo u doba okupacije, S. 111 ff. Vgl. auch Kapidžić: Sarajevu u avgustu 1878; Bencze: Occupation of Bosnia, S. 139 ff.; Braum: Sarajevo 1878, S. 61 ff.
412   Kötschet: Aus Bosniens letzter Türkenzeit, S. 108 f.
413   Occupation Bosniens, S. 444.
414   Kikeriki. Humoristisches Volksblatt 13. Jg., Nr. 75 vom 19. 9. 1878.

Abb. 12: Hadži Lojo und General Filipović anlässlich der Okkupation Bosnien-Herzegowinas durch österreichisch-ungarische Truppen 1878.

Die Stadt brannte an sieben verschiedenen Stellen… In einigen Straßen, in denen noch gekämpft wurde, sah man die weißen Wölkchen des Pulverdampfes aufsteigen. Auf den Straßen gegen Mokro und Pale konnte man bemerken, wie die Insurgenten in dichten Haufen die Stadt räumten. (…) In einzelnen Stadtteilen wüteten noch partielle Straßenkämpfe mit allen ihren Schrecken, Männer, Weiber, ja Kinder warfen sich den Unsrigen mit den Waffen in der Hand entgegen und mußten, da sie jede Schonung verschmähten, niedergemacht werden." Zum Abschluss dieser „Herrlichkeiten" wurde „um 4 Uhr…auf dem Kastell die große Reichsflagge gehißt und dieser feierliche Akt mit 101 Kanonenschüssen begleitet. Sarajevo lag zu Füßen Seiner Majestät, unseres allerhöchsten Kriegsherrn".[415]

Die Einnahme der Stadt kostete die Okkupationsarmee 57 Tote und 314 Verwundete.[416] Die Zahl der Opfer aufseiten der Verteidiger lässt sich nicht verlässlich ermitteln. Etwa 400 Menschen starben während der Kämpfe oder erlagen ihren Verwundungen. Der Historiker Kreševljaković hat insgesamt 223 Opfer namentlich ermittelt, die er als „Märtyrer" (šehit) bezeichnet. Etwa 600 Personen wurden in Kriegsgefangenschaft genommen.[417] Der Oberkommandierende der kaiserlichen Truppen, Josip Filipović, Freiherr von Philippsberg, setzte ein Standgericht ein, das neun Aufstandsführer, unter ihnen Hadžijamaković, zum Tod am Galgen verurteilte.[418] Für die Masse der Aufständischen wurde jedoch am 9. November 1878 eine Amnestie verkündet. (Hadži Lojo, der aufgrund einer Verletzung an den Kämpfen nicht teilgenommen hatte, aber von vielen bosnischen Muslimen bis heute als „Widerstandskämpfer" verehrt wird, hatte fliehen können. Er wurde später gefangen genommen und zu fünf Jahren Haft im Militärgefängnis Theresienstadt verurteilt. Anschließend durfte er nicht mehr nach Bosnien zurückkehren und ist 1887 in Mekka gestorben.)

Während die Mehrheit der Muslime die Einnahme der Stadt als Demütigung empfand und sich ein Leben unter einem christlichen Herrscher einfach nicht vorstellen konnte, habe der „größte Teil der Orthodoxen und Katholiken" ihre Befreiung gefeiert.[419] Von einer religions- und schichtenübergreifenden Geschlossenheit der Bevölkerung in Sarajevo und Bosnien konnte somit keine Rede sein. Zu unterschiedlich waren die Interessen von Muslimen und Christen ebenso wie die von Reichen und Armen. Dies gilt namentlich für die Bevölkerung auf dem Lande, die zwischen muslimischen Großgrundbesitzern und abhängigen christlichen Bauern (Kmeten) tief gespalten war. Eine gemeinsame Front gegen die

---

415 Holtz, Georg Frh. vom: Die Einnahme von Sarajevo, in: Okuka, Miloš/Rehder, Petra (Hg.): Das zerrissene Herz. Reisen durch Bosnien-Herzegowina 1530–1993, München 1994, S. 39. Zu den Kämpfen in der Stadt vgl. Braum: Sarajevo, S. 61 ff.
416 Myrdacz, Paul: Sanitätsgeschichte und Statistik der Occupation Bosniens und der Hercegovina im Jahre 1878, Wien 1882, S. 44.
417 Kreševljaković: Sarajevo u doba okupacije, S. 114.
418 Ebda., S. 128 ff.; Kruševac: Sarajevo, S. 229 ff.
419 So Kreševljaković: Sarajevo u doba okupacije, S. 115.

Abb. 13: Hadži Lojo, Karikatur aus dem Wiener Sonntagsblatt „Die Bombe" vom 25.8.1878

Okkupationstruppen konnte unter diesen Voraussetzungen nicht entstehen. Die Masse der christlichen *Raja* verhielt sich passiv (auch wenn sich einige orthodoxe Serben dem Widerstand anschlossen) und verband den Einmarsch der österreichisch-ungarischen Truppen mit der Erwartung auf eine soziale Befreiung, wie etwa der orthodoxe Kmet Siman aus einer Erzählung Ivo Andrićs.[420] Die bosnischen Katholiken begegneten der Okkupation durch eine katholische Macht ohnehin mit Sympathie und wurden darin auch von einem Teil der bosnischen Orthodoxen unterstützt, während der größere Teil der Orthodoxen seine Blicke nach Serbien richtete. Einig waren sich Christen und muslimische Unterschichten in ihrer Kritik an den Missständen in Bosnien, die durch die osmanischen Reformen nicht behoben worden waren. Der aktive Widerstand oder die passive Resistenz einflussreicher Muslime gegen alle Reformen, die ihren bisherigen Status zu mindern drohten, hatte die Situation laufend verschlechtert. Selbst die Muslime bildeten somit keine einheitliche Front mehr, auch wenn sie in der Ablehnung einer christlichen Herrschaft übereinstimmten. Doch die Oberschichten fürchteten den Aufruhr des muslimischen „Pöbels" und der radikalisierten Geistlichen bald mehr als die Okkupation selbst. Auch der Appell der Insurgenten an den Landespatriotismus der Nicht-Muslime fruchtete nichts. Sowohl religiöse wie soziale Gründe standen dem entgegen. Und wie der Widerstand der bosnischen Muslime gegen die Pforte mit dem Wunsch nach einem Verbleib im Osmanischen Reich in Übereinstimmung zu bringen war, blieb ebenfalls unklar.

---

420 Andrić, Ivo: Priča o kmetu Simanu (1948), u. a. abgedruckt in Sabrana dela Ive Andrića, Bd. 8, Sarajevo 1976. Auf die Erzählung wird an anderer Stelle noch einmal zurückzukommen sein.

1. Rekonstruktion des osmanischen Sarajevo: Modell im Brusa-Bezistan

2. Kaisermoschee

3a. Gazi Husrev-beg Moschee (um 1900)

3b. Eingang zur Beg-Moschee

3c. Frauen vor der Beg-Moschee (2012)

4. Die Baščaršija-Moschee von 1528

5. Die heutige Čaršija mit Blick auf die 1551 von Rustem-paša gestiftete Markthalle (Brusa Bezistan)

6. Die Ziegenbrücke (Kozija ćuprija) östlich der Altstadt, an der alten Karawanenstraße, die von Sarajevo nach Istanbul führte.

7. Die sephardische „Haggada von Sarajevo", seit 1894 im Besitz des Landes-/Nationalmuseums von Bosnien-Herzegowina

8. Der alte jüdische Friedhof

9. Die Alte orthodoxe Kirche am Rand der Čaršija

10. Alija Djerzelez-Haus in der gleichnamigen Gasse nördlich der Baščaršija. Das nach einem legendären Helden aus dem 15. Jh. benannte Haus wurde von einer wohlhabenden muslimischen Handwerkerfamilie im 17. Jh. errichtet und weist alle typischen Merkmale eines muslimischen Wohnhauses auf. 2005 wurde es unter Denkmalschutz gestellt.

11a. Innenhof im Haus der Familie Srvzo (Srvzina kuća) nördlich der Baščaršija. Das Haus wurde Ende des 18. Jhs. von der angesehenen Familie Glodjo gebaut und ging später in den Besitz der Familie Srvzo über. Wie das Djerzelez-Haus ist auch das Svrzo-Haus ein typisches Beispiel für die Wohnkultur wohlhabender Sarajevoer Muslime. Das Haus ist heute einer der Dependancen des Museums von Sarajevo.
11b. Einer der Innenräume des Svrzo-Hauses

12. Das 1888 eröffnete Landesmuseum (heute: Nationalmuseum) von Bosnien-Herzegowina in dem 1913 im Stil der Neo-Renaissance errichteten Gebäude. Im Herbst 2012 wurde das Museum wegen finanzieller Schwierigkeiten (vorübergehend?) geschlossen.

13a. Der repräsentativste Bau aus der österreichisch-ungarischen Periode: Das 1894 fertiggestellte Rathaus (Vijećnica) im pseudo-maurischen Stil. Das seit 1949 als Universitäts- und Nationalbibliothek genutzte Gebäude wurde 1992 schwer beschädigt.
13b. Details an der Außenfassade

14. Muslimisches Viertel in Sarajevo (1912)

15. Šabans Kaffeehaus an der Miljacka, in Bentbaša (um 1900). Das Gebäude wurde 1957 abgerissen.

16. Ein beliebtes Postkartenmotiv: „Mohammedanerinnen auf Straße" (um 1914)

17. Die 1864 eröffnete Brauerei in Sarajevo

18. Die Lateinerbrücke (vormals Princip-Brücke) mit dem Museum an der Stelle des Attentats

19. Wahrzeichen aus der Zeit der Sozialismus: Das Holiday Inn und die Hochhäuser „Momo und Uzeir" in Novo Sarajevo (nach Beseitigung der Schäden aus dem Bosnienkrieg)

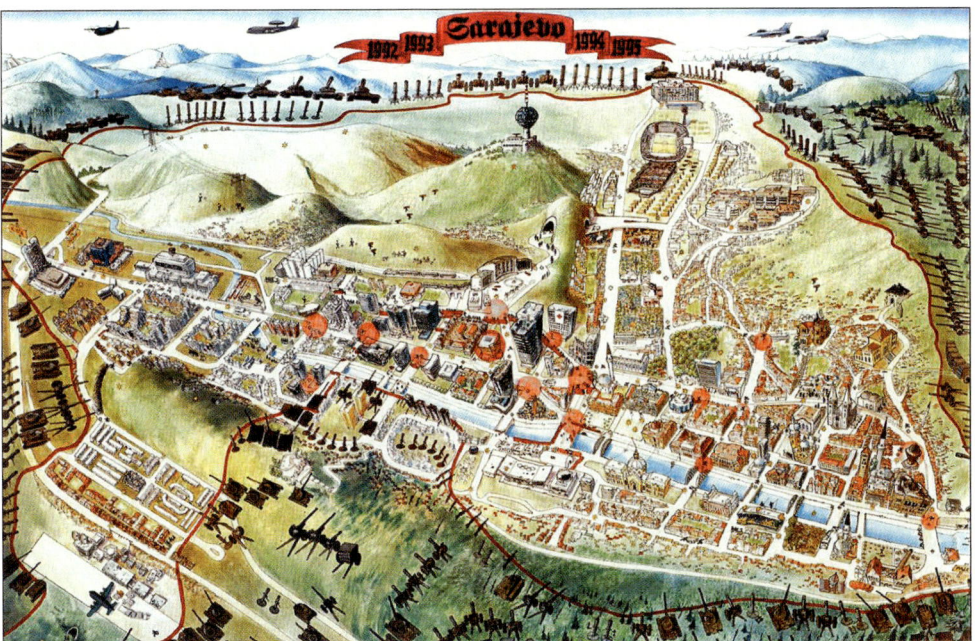

20. (Anonyme) Zeichnung des belagerten Sarajevo

21. Der „Cellist von Sarajevo", Vedran Smailović, der während der Belagerung in den Ruinen der zerstörten Stadt Albinonis Komposition Adagio g-Moll spielte (hier in der teilweise zerstörten Universitäts- und Nationalbibliothek)

22. Der alte muslimische Friedhof von Alifakovac mit neuen Grabsteinen aus der Zeit der Belagerung

23. Im Eingangsbereich des 2001 fertiggestellten Bosniaken-Instituts in der Straße Mula Mustafa Bašeskija, spiegeln sich osmanisches und österreichisches Erbe. Das Institut ist eine Stiftung von Adil Zulfikarpašić.

24. Die heutige Baščaršija bei Regen

25. König Fahd-Moschee in Sarajevo. Sie wurde mit Spenden und Geldern aus Saudi-Arabien finanziert und im Jahr 2000 durch den saudischen Prinzen Salman eingeweiht. Sie bietet Platz für mehr als 4000 Personen. Zur Moschee gehören eine Religionsschule, eine islamische Bibliothek und ein Turnsaal.

2. DAS „ÖSTERREICHISCHE" SARAJEVO
(1878–1918)

In fast allen Darstellungen, die sich mit der Geschichte Sarajevos unter österreichisch-ungarischer Herrschaft beschäftigen, ist von einer „Europäisierung" der Stadt die Rede. Mit „Europäisierung" ist „Verwestlichung" gemeint. „Europa" wird mit dem „Okzident" gleichgesetzt und dem Osmanischen Reich als „Orient" gegenübergestellt. Beide gelten als exklusiv und schließen sich wechselseitig aus: entweder „Orient" oder „Okzident". Dieser Deutung folgend, wäre die Geschichte Sarajevos und Bosniens für gut vier Jahrhunderte nicht Teil der „Europäischen Geschichte" gewesen.[421] Erst mit der österreichisch-ungarischen Okkupation sei das „eigentliche" Europa in diesen Teil des geografischen Europa zurückgekehrt (oder umgekehrt). So kann man argumentieren. Doch ob die zeitweilige Verengung der „Europäischen Geschichte" auf das Abendland sinnvoll ist, bleibe dahingestellt. In den vier Jahrzehnten unter dem Doppeladler veränderte sich Sarajevo jedenfalls grundlegend, weitaus mehr als in den vorangegangenen zwei Jahrhunderten (seit der Zerstörung der Stadt durch Prinz Eugen). Wie in der Einleitung erwähnt, wurde Sarajevo nicht in der Weise ent-osmanisiert wie andere Balkanstädte nach ihrer Befreiung von osmanischer Herrschaft. Aber die Frage, wie man mit dem „uneuropäischen" osmanisch-islamischen Erbe umgehen und wie man es bewerten soll, stand seit 1878 stets – einmal lautstark, einmal leise – auf der Tagesordnung. Die Kehrseite der Diskurse über „Orientalismus" bildeten die Diskurse über „Okzidentalismus" und

---

421 So argumentieren z. B. der polnische Historiker Oscar Halecki und der ungarische Mediävist Jenő Szűcs. „Europäische Geschichte", die durch bestimmte Merkmale – allen voran antikes Erbe + Christentum – definiert wird, ist nicht identisch mit der Geschichte Europas als eines geografischen Raums. Der Ort der „Europäischen Geschichte" ist vielmehr variabel. So Halecki: Europa. Grenzen und Gliederung seiner Geschichte, Darmstadt 1957, S. 69, und passim; Szűcs: Die drei historischen Regionen Europas, Frankfurt/M. 1990, S. 17 f. Zur Kritik vgl. u. a. Watt, William M.: Der Einfluss des Islam auf das europäische Mittelalter, Berlin 2001, und Tibi, Bassam: Kreuzzug und Djihad. Der Islam und die christliche Welt, München 2001. Ferner – mit Blick auf den Balkan: Sundhaussen, Holm: Die Wiederentdeckung des Raums: Über Nutzen und Nachteil von Geschichtsregionen, in: Südosteuropa. Von vormoderner Vielfalt und nationalstaatlicher Vereinheitlichung. Festschrift für Edgar Hösch. Hg. von Konrad Clewing u. Oliver Jens Schmitt, München 2005, S. 13–33.

über das Verhältnis von Islam und Moderne.[422] Diese Diskurse werden uns im Folgenden noch ausführlich beschäftigen.

2.1. BEGINN EINER „ZIVILISIERUNGSMISSION"

Bosnien befand sich 1878 in einem beklagenswerten Zustand. Wenn der Gebrauch des Wortes „Rückständigkeit" nicht „politisch inkorrekt" wäre, stünde es hier an der richtigen Stelle. Stadt und Land waren rückständig. Nicht nur im Vergleich zum „Westen", sondern auch im Vergleich zu früheren Zeiten. Vom einstigen Glanz war wenig geblieben. Die wirtschaftliche Effizienz war extrem gering, Volumen und Wert des Fernhandels waren bescheiden,[423] das Verkehrsnetz befand sich in einem desolaten Zustand, die Karawanenpfade (von wenigen Ausnahmen abgesehen) waren „vollkommen verwahrlost und zu jeder Zeit höchst beschwerlich".[424] Haupttransportmittel im Landesinnern war das Saumtier, insbesondere das Tragpferd, das pro Tag 6–8 Wegstunden zurücklegen konnte: ein Triumph der Langsamkeit. Von Sarajevo nach Istanbul benötigte man 216 Stunden, nach Dubrovnik 54 und nach Brod an der Save 48 Stunden.[425] Fast die gesamte Bevölkerung – von einigen städtischen Schichten abgesehen – war des Lesens und Schreibens unkundig. Die Reformen der Tanzimat-Zeit hatten zwar viel Unruhe und Widerspenstigkeit hervorgerufen, waren aber auf halbem oder Viertel-Wege steckengeblieben, die Gleichberechtigung der Glaubensgemeinschaften bestand nur auf dem Papier. Und große Teile der Bevölkerung lebten in Verhältnissen, die man ohne Umschweife als menschenunwürdig bezeichnen darf. Der österreichisch-ungarische Außenminister Graf Julius Andrássy hatte am 30. Dezember 1875 – nach Beginn des anti-osmanischen Aufstands in der Herzegowina – in einem umfangreichen Memorandum, das von den Signatarmächten des Pariser Friedens von 1856 (Ende des Krim-Kriegs) unterstützt worden war, die Gravamina aufgelistet. Darin hieß es u. a.: „Es gibt wirklich kein Gebiet der europäischen Türkei, in welchem der Widerstreit zwischen dem Kreuz und dem Halbmond gleich schroffe Formen angenommen hat. Dieser fanatische Hass und dieses Misstrauen müssen der Nachbarschaft anderer Völker desselben

---

422 Ausgangspunkt dieser Diskurse sind die Werke von Said, Edward: Orientalism, New York 1978 (mit zahlreichen Neuauflagen), und Buruma, Ian/Margalit, Avishai: Okzidentalismus. Der Westen in den Augen seiner Feinde, München 2005. Die Beiträge dazu füllen mittlerweile fast schon eine ganze Bibliothek.
423 Die meisten nach Bosnien importierten Waren kamen aus den Umschlagplätzen Triest und Wien. Der Warenaustausch mit anderen Teilen des Osmanischen Reiches war dagegen marginal. Eine Ausnahme bildete der Tabak, der aus dem östlichen Balkanraum (Rumelien) nach Bosnien transportiert wurde. Einzelheiten bei Thoemmel: Beschreibung des Vilayet Bosnien, S. 157.
424 Ebda., S. 168.
425 Chaumette-des-Fossés: Voyage, S. 37.

2.1. BEGINN EINER „ZIVILISIERUNGSMISSION" 171

Stammes zugeschrieben werden, welche sich des vollen Umfanges jener Religionsfreiheit erfreuen, deren sich die Christen Bosniens und der Hercegovina beraubt sehen. Die unablässige Vergleichung bewirkt, dass sie sich unter dem Joche einer tatsächlichen Knechtschaft befinden, dass schon die Bezeichnung ‚Rajah' ihnen eine moralisch tiefere Stellung ihren Nachbarn gegenüber anzuweisen scheine, und dass sie mit einem Worte sich als Sklaven fühlen."[426] Es folgte eine lange Liste von Missständen. Selbst wenn man erhebliche Abstriche an der Darstellung vornimmt und berücksichtigt, dass es große Unterschiede zwischen einzelnen Regionen sowie zwischen Stadt und Land gab, in den Grundzügen stimmt der Inhalt des „Wiener Memorandums" mit den Befunden aus anderen Quellen überein. Und die knapp drei Jahre später erfolgte Okkupation war mit dem Anspruch verbunden, alles zu verbessern.

Doch zunächst wurde alles schlechter. Der Oberkommandierende der k.u.k. Truppen in Bosnien, Josip Filipović, betrieb nach Besetzung der Provinzen und Amnestierung der Aufständischen eine dezidiert anti-muslimische Politik und nutzte (im Widerspruch zu den Weisungen aus Wien) jede Gelegenheit, um die Muslime zu demütigen.[427] Nicht viel besser erging es der orthodoxen Bevölkerung, die unter dem Generalverdacht stand, mit Unterstützung Serbiens gegen Österreich-Ungarn zu konspirieren. Filipović, der aus Kroatien stammte, favorisierte die bosnischen Katholiken, holte kroatische Beamte nach Bosnien, propagierte den kroatischen Volksnamen und die kroatische Sprache und ließ seine Anordnungen in lateinischer Schrift drucken, die Orthodoxe und Muslime nicht lesen konnten (sofern sie überhaupt lesen konnten). Den serbischen Namen und das kyrillische Alphabet verbannte Filipović aus der Öffentlichkeit und stellte alle serbisch-orthodoxen Einrichtungen unter polizeiliche Aufsicht. Seine pro-kroatische Politik verprellte nicht nur die Muslime und die Orthodoxen, sondern brachte auch die ungarischen Politiker auf, sodass Filipović ebenso wie viele Beamte aus Kroatien auf Verlangen von Außenminister Andrássy Ende 1878 von ihren Posten abgelöst wurden.[428] Doch die Unzufriedenheit der muslimischen und orthodoxen Bevölkerung mit dem Okkupationsregime blieb. Das *Hajduken*tum breitete sich aus und immer wieder kam es zu lokalen Bauernunruhen.[429]

Zwar blieb Bosnien bis 1908/09 völkerrechtlich noch Teil des Osmanischen Reiches, aber faktisch besiegelte die Okkupation das Ende der rund vierhundertjährigen osmanischen Herrschaft in Bosnien. An deren Stelle trat die Herrschaft der k.u.k. Doppelmonarchie („Kakaniens"). Ob diese als „Kolonialherrschaft" etikettiert werden kann bzw. ob Bosnien eine „Kolonie", „Ersatzkolonie", „Semikolonie", „Nachbarkolonie" (proximate colony)

---

426 Occupation Bosniens, S. 21 f.
427 Friedman: Bosnian Muslims, S. 60.
428 An ihre Stelle traten Beamten deutscher, madjarischer, tschechischer und polnischer Nationalität.
429 Einzelheiten bei Kruševac: Sarajevo, S. 229 ff.

oder etwas Ähnliches war oder nicht, ist – wie fast alles, was Bosnien betrifft – heftig umstritten.[430] „Oesterreich steht in Bosnien denselben Schwierigkeiten gegenüber", so der Belgier Émile de Laveleye Ende der 1880er-Jahre, „denen die Franzosen in Algerien und Tunis, die Engländer in Indien und die Russen in Mittel-Asien begegnen. In welcher Weise eine Einigung zwischen den mohammedanischen und den abendländischen Gesetzen zu erzielen wäre, das eben ist die grosse Frage. Für Bosnien wird dieselbe noch besonders dringend und schwierig, weil es sich um ein fest an Oesterreich-Ungarn anzuschliessendes Land und nicht wie bei den Engländern oder Franzosen um getrennt liegende Provinzen handelt."[431]

Seit dem österreichisch-ungarischen Ausgleich von 1867 war die dualistische Habsburgermonarchie ein höchst kompliziertes und ungewöhnliches politisches Gebilde: mit einem Kaiser und König an der Spitze, zwei weitgehend selbstständigen Staaten (mit jeweils eigenen Parlamenten und Regierungen), drei gemeinsamen Ministern (für Äußeres, Krieg und Finanzen), zwei Delegationen (eine des österreichischen Reichsrates und eine des ungarischen Reichstages) zur Aushandlung der gemeinsamen Angelegenheiten und einem gemeinsamen Ministerrat, der weniger eine Regierung als ein beratendes Organ des Monarchen war. In den Ausgleichsverhandlungen von 1867 hatte man sich darauf verständigt, was der gemeinsame Ministerrat, das höchste politische Organ der Doppelmonarchie, *„nicht* tun könne, in was es sich *nicht* einzumischen habe, wofür es *nicht* zuständig sei, was *nicht* in seinen Wirkungskreis falle".[432] Das war schon verwirrend genug. Mit Übernahme der Verwaltung in Bosnien-Herzegowina kam faktisch (wenn auch nicht rechtlich) ein drittes Territorium hinzu, das weder zur österreichischen noch zur ungarischen Reichshälfte gehörte, sondern ein Kondominium darstellte. Obwohl es nicht nur in Österreich, sondern vor allem auch in Ungarn Opposition gegen die Okkupation Bosniens gegeben hatte (da damit das slawische Bevölkerungselement in der Doppelmonarchie gestärkt wurde und der ungarische Reichstag aus Furcht vor „Panslavismus" eher „turkophil" eingestellt war), stimmten seine politischen Vertreter dem Berliner Vertrag letztlich zu, lehnten jedoch die Bewilligung

---

430 Zur Diskussion vgl. u. a. Kolm, Evelyn: Die Ambitionen Österreich-Ungarns im Zeitalter des Hochimperialismus, Frankfurt/M. [u. a.] 2001, S. 235 ff.; Ruthner, Clemens: „K.u.k. Kolonialismus" als Befund, Befindlichkeit und Metapher. Versuch einer weiteren Klärung, in: Prutsch, Ursula/Feichtinger, Johannes/Csáky, Moritz (Hg.): Habsburg postcolonial. Machtstrukturen und kollektives Gedächtnis, Innsbruck [u. a.] 2003, S. 11–128; Donia, Robert: The Proximate Colony. Bosnia-Herzegovina under Austro-Hungarian Rule, in: Kakanien revisited, 11. 9. 2007: http://www.kakanien.ac.at/beitr/fallstudie/RDonia1.pdf; Aleksov, Bojan: Habsburg's „Colonial Experiment" in Bosnia and Hercegovina revisited, in: Schnittstellen. Gesellschaft, Nation, Konflikt und Erinnerung in Südosteuropa. Festschrift für Holm Sundhaussen. Hg. Ulf Brunnbauer/Andreas Helmedach/Stefan Troebst, München 2007, S. 201–216.
431 Laveleye, Emil v.: Balkanländer, Bd. 1, Leipzig 1888, S. 177 f.
432 Protokolle des Gemeinsamen Ministerrats der Österreichisch-Ungarischen Monarchie (1914–1918). Eingeleitet und zusammengestellt von Miklós Komjáthy, Budapest 1966, Einleitung, S. 23.

von Finanzmitteln zur Verwaltung der Provinz ab. Auch die Gegner der Okkupation in Österreich befürchteten, dass Bosnien „ein Blutegel am Geldbeutel der Monarchie" werden könne.[433] Die Vertreter beider Reichshälften verständigten sich daher darauf, dass Bosnien sich selbst finanzieren müsse. Wie das mit dem „Modernisierungsanspruch" der Monarchie in Übereinstimmung gebracht werden konnte, blieb ein Geheimnis.

In der Konvention von Novi Pazar einigten sich Österreich-Ungarn und das Osmanische Reich am 21. April 1879 auf weitere Details zur Ausgestaltung des Berliner Vertrags. Die Oberhoheit (Suzeränität) des Sultans über Bosnien-Herzegowina wurde noch einmal ausdrücklich bekräftigt. Im *Sandžak* Novi Pazar (den die Hohe Pforte 1877 vom *Vilayet* Bosnien abgetrennt hatte) erhielt die Doppelmonarchie das Recht auf Truppenstationierung, um Serbien und Montenegro voneinander separieren zu können. Im Gegenzug verpflichtete sich Österreich-Ungarn, die osmanischen Würdenträger in Bosnien auf ihren Posten zu belassen, sicherte den bosnischen Muslimen das Recht auf unbehinderte Kommunikation mit dem geistlichen Oberhaupt im Osmanischen Reich, dem Sheikh ul-Islam, zu und versprach, die Bräuche und Traditionen der bosnischen Muslime zu achten.[434] Der nächste außenpolitische Schritt zur Sicherung des Okkupationsregimes war die Annäherung zwischen Österreich-Ungarn und Serbien. In einer am 28. Juni 1881 abgeschlossenen Geheimkonvention verpflichtete sich Österreich-Ungarn, die Expansionsgelüste des Fürstentums Serbien in Richtung Makedonien zu fördern sowie die Dynastie Obrenović und die Aufwertung des Fürstentums in ein Königreich zu unterstützen. Im Gegenzug musste Belgrad seinen territorialen Ambitionen in Bosnien-Herzegowina und im *Sandžak* Novi Pazar sowie seinem Streben nach einem territorialen Zugang zur Adria abschwören. Darüber hinaus sicherte sich Österreich das Durchmarschrecht im Falle kriegerischer Verwicklungen auf dem Balkan, stellte den Abschluss einer Militärkonvention in Aussicht und untersagte Serbien, mit anderen Mächten vertragliche Bindungen ohne Vorwissen Österreichs einzugehen.[435]

Ungeachtet dieser außenpolitischen Entlastungen gelang es dem Okkupationsregime jedoch nicht, die Situation in Bosnien zu befrieden. Der Aufstand in der Herzegowina 1881/82, der durch die Unzufriedenheit orthodoxer Bauern mit dem Agrarregime und den Protest der Muslime gegen die im November 1881 eingeführte allgemeine Militärpflicht ausgelöst worden war, deutete auf das Scheitern der Okkupationspolitik hin.[436]

---

433 Neue Freie Presse, 3. 8. 1875. Zum Widerstand gegen die Okkupation vgl. Haselsteiner: Bosnien-Hercegovina, S. 62 ff.
434 Abgedruckt in: Sammlung der für Bosnien und Hercegovina erlassenen Gesetze, Verordnungen und Normalweisungen 1878–1880, Wien 1880, Bd. 1, S. 4–8. Vgl. auch u. a. Friedman: The Bosnian Muslims, S. 59 ff.
435 Text in: Pribram, A. F.: The Secret Treaties of Austria-Hungary, Bd. 1, Cambridge 1921, S. 53–61.
436 Vgl. Koller, Markus: Bosnien und die Herzegowina im Spannungsfeld von „Europa" und „Außereuropa". Der Aufstand in der Herzegowina, Südbosnien und Süddalmatien (1881–1882), in: Maner, Hans-Christian (Hg.): Grenzregionen der Habsburgermonarchie im 18. und 19. Jahrhundert. Ihre Bedeutung und Funktion

DER SPIRITUS RECTOR: BENJAMIN VON KÁLLAY

Erst mit der Ernennung Benjamin von Kállays zum k.u.k. Finanzminister erfolgte ein partieller Politikwechsel in Bosnien. Der gemeinsame Finanzminister war seit Anfang 1879 von Amts wegen für die Verwaltung der neuen Provinzen zuständig. Oberste Repräsentanten der Okkupationsmacht vor Ort waren der jeweils kommandierende General des XV. Armeekorps in Bosnien, der zugleich als „Landeschef" der Provinzialregierung in Sarajevo vorstand, sowie der „Ziviladlatus", der für die Verwaltung im engeren Sinn zuständig war. Kállay, der von 1882 bis zu seinem Tod 1903 als Finanzminister amtierte, wurde zur prägenden Figur der österreichisch-ungarischen Periode in Bosnien-Herzegowina, ein eigenwilliger Politiker, an dem sich die Historikerinnen und Historiker bis heute abarbeiten. Er entstammte einer alten ungarischen Aristokratenfamilie und galt als einer der besten Balkan-Kenner seiner Zeit. Von 1868 bis 1875 war er Generalkonsul in Belgrad gewesen, beherrschte die serbokroatische Sprache, kannte den Balkanraum von verschiedenen Reisen her und war Autor einer „Geschichte der Serben" sowie einer posthum veröffentlichten Geschichte des serbischen Aufstands gegen die osmanische Herrschaft.[437] Während seiner Dienstzeit in Belgrad hatte er einen Anschluss des größeren Teils von Bosnien-Herzegowina an das Fürstentum Serbien ins Auge gefasst. Nach der österreichisch-ungarischen Okkupation der Provinzen und seiner Ernennung zum Finanzminister vollzog er eine Kehrtwende. „Ich bin stolz darauf, Bosnien verwalten zu können", erklärte er, „ich fühle mich ganz verwachsen mit diesem Lande und kenne nichts anderes und höheres, als dasselbe auf dem Wege des Fortschritts vorwärts zu bringen, zum Wohle dieses Landes und Volkes, aber auch zum großen Vorteile der österreichisch-ungarischen Monarchie, wenn die Bedeutung und der Wert dieser Länder in der Monarchie richtig verstanden werden."[438] Bedeutung und Wert Bosnien-Herzegowinas wurden aber in der Monarchie nicht immer „richtig" verstanden. Kállay hatte viele Gegner, sowohl in der österreichischen wie in der ungarischen Reichshälfte, und sein „Bosnophilismus" stieß weitgehend auf Unverständnis. Oberstes Ziel seiner Tätigkeit war es, „europäische Institutionen" und ein „Gefühl der Staatlichkeit" in Bosnien zu implementieren, dabei aber die „alten Traditionen" zu achten. Diese sollten also nicht (wie viele Christen sich wünschten) abgeschafft, sondern bewahrt und modernisiert werden.[439] Kállay verstand Staaten im Sinne Hegels und Leopold von Rankes als

---

aus der Sicht Wiens, Münster 2005, S. 197–216; Kapidžić, Hamdija: Hercegovački ustanak 1882. godine, Sarajevo 1958. Zur offiziellen Sicht der Okkupationsmacht vgl.: Der Aufstand in der Hercegovina, Süd-Bosnien und Süd-Dalmatien 1881–1882. Nach authentischen Quellen dargestellt in der Abtheilung für Kriegsgeschichte des k.k. Kriegs-Archivs, Wien 1883.

437 Kállay: Geschichte der Serben von den ältesten Zeiten bis 1815, Budapest 1878; Die Geschichte des serbischen Aufstands 1807–1810. Aus dem Handschriftennachlass, hg. von Ludwig von Thallóczy, Wien 1910.

438 Zit. nach Thallóczy im Vorwort zu Kállays Geschichte des serbischen Aufstands, S. XXXIII.

439 Robert Donia hat die „Philosophie" des Verwaltungsregimes auf den Punkt gebracht: „Austria did not wish

"Gedanken Gottes". „Der Geist des Westens, oder wenn man so will, des alten Rom", erklärte er 1892, „ist der Begriff des Staates in seiner ganzen Macht ohne Rücksicht auf Nationalitäten, auf Verschiedenheit der Anschauungen, der selbstbestimmenden Macht. (…) Es galt, diesen Geist des Westens, nämlich das starke Gefühl der Staatlichkeit zu erwecken, allerdings ohne die Eigentümlichkeiten der einzelnen [Bevölkerungsgruppen] zu schädigen… So lange ich an der Spitze dieser Länder [Bosnien-Herzegowina] stehen werde, werde ich darauf bedacht sein, daß auch in den Bosniaken das Gefühl der Staatlichkeit und zwar einer großen und mächtigen Staatlichkeit immer stärker werde."[440]

Mittels eines obrigkeitlichen Paternalismus versuchte Kállay, der Erreichung seines Ziels näherzukommen. Dabei setzte er auf die Unterdrückung jeden Widerstands mit militärischen und polizeilichen Mitteln, auf die „Entpolitisierung" der Bevölkerung sowie auf die Einrichtung einer effizienten Verwaltung. Eine gute Verwaltung stand als Deus ex Machina im Zentrum all seiner Überlegungen. Kállays Credo: „Wo alles von der Bureaukratie verrichtet wird, dort kann nichts, dem sie sich tatsächlich widersetzt, zustandekommen. Die Verfassung solcher Länder ist nichts anderes, als die organische Konzentrierung der Erfahrung und praktischen Geschicklichkeit der Nation in eine disziplinierte Körperschaft, die die Aufgabe hat, den übrigen Teil der Nation zu beherrschen, und je vollkommener dieser Organismus an sich ist, je größer seine Fähigkeit, die hervorragendsten Talente der verschiedenen Klassen anzulocken und für seine Sache zu gewinnen, umso vollkommener ist die Servilität Aller, die Mitglieder der Bureaukratie selbst nicht ausgenommen. Denn die Herrschenden sind ebensosehr Sklaven ihres eigenen Systems und ihrer Disziplin, wie die Beherrschten Sklaven der Herrschenden sind."[441]

Kállay, der das Scheitern der osmanischen Reformbestrebungen in Bosnien verfolgt hatte, war überzeugt, dass die „Verwestlichung" der okkupierten Provinzen nur „von oben" in Gang gebracht werden könne und zog sich damit den Ruf eines „sturen Apostels des Neoabsolutismus"[442] zu. (Angemessener wäre wohl, ihn als „Apostel eines aufgeklärten Neoabsolutismus" zu bezeichnen.) Von politischen Freiheiten hielt er nicht viel. Seine Leitbegriffe waren Rationalität, Aufklärung, Fortschritt und Nützlichkeit. „Die Nützlichkeit erachte ich für das Hauptprinzip bei der Beantwortung jeder ethischen Frage; jedoch eine Nützlichkeit im weitesten Sinne, die auf den dauernden Interessen des Menschen als eines fortschrittsfä-

---

to disregard or Germanize Bosnia in the way the French sought to assimilate the populations of their colonies to French language, society, and culture. Austrian colonialism was closer to the British model which retained existing elites and indigenous cultural patterns while gradually introducing Western educational and administrative techniques." Donia: Islam, S. 14.
440 Zit. nach Thállóczy, S. XXXV.
441 Zit. nach ebda., S. X.
442 Donia: Sarajevo, S. 62.

higen Wesens beruht."⁴⁴³ Schwerpunkte seines „Verwestlichungsprogramms" waren – neben der Einrichtung einer modernen Verwaltung als Grundlage für weitere Aktivitäten – der Auf- und Ausbau eines leistungsfähigen Verkehrsnetzes, die Erschließung der natürlichen Ressourcen des Landes, die Förderung der Industrie und des Bildungswesens sowie der Umbau des Rechtssystems.⁴⁴⁴ Flankiert bzw. überwölbt werden sollten die von Nützlichkeitserwägungen und Fortschrittsglauben getragenen Reformen durch ein ebenso ambitioniertes wie umstrittenes Nationsbildungsprojekt, von dem weiter unten zu sprechen sein wird.

Kállay und sein Förderer, Außenminister Andrássy, glaubten an eine „Kultur- und Zivilisierungsmission" Österreich-Ungarns im Balkanraum und wiesen dem Königreich Ungarn dabei eine Vorreiterrolle zu⁴⁴⁵ (womit sie freilich den Argwohn ihrer österreichischen Kollegen weckten). Seit der Okkupation Bosniens ging es darum, „aus die Bosnickel a Kulturvolk (zu) machen", wie die Satirezeitschrift „Kikeriki" formulierte.⁴⁴⁶ Die Überzeugung, „unzivilisierten", „barbarischen" Völkern die Segnungen der „europäischen" Kultur und Zivilisation nahebringen zu müssen, wurde als moralischer Imperativ verstanden.⁴⁴⁷ Dies entsprach durchaus dem europäischen „Zeitgeist", und zwar über die politischen Lager (Konservative, Liberale, Sozialisten) hinweg. Nicht nur die Vertreter der europäischen Groß- und Kolonialmächte sahen sich in die Pflicht genommen, auch die Eliten kleinerer Staaten (z. B. des post-osmanischen Griechenland oder des post-osmanischen Serbien) waren von der „Zivilisierung" der „Orientalen" in ihrer unmittelbaren Nachbarschaft beseelt. In dieser Hinsicht gab es keinen Unterschied zwischen Großmächten und Kleinstaaten, imperialen und postimperialen Regimen. „Die Sprache von Zivilisation und Zivilisierung", so Jürgen Osterhammel, „war das dominierende Idiom des 19. Jahrhunderts."⁴⁴⁸

---

443 Zit. nach Thallóczy, S. IX.
444 Auf diese Reformen wird im Folgenden nur im Rahmen der Stadtgeschichte Sarajevos eingegangen. Zur österreichisch-ungarischen Politik in Bosnien insgesamt oder zu einzelnen Teilaspekten existiert eine umfangreiche Literatur: Donia: Islam; Hauptmann: Österreichisch-ungarische Herrschaft; Juzbašić: Politika i privreda; Kapidžić: Bosna i Hercegovina; Kraljačić: Kállayev režim; Schmid: Bosnien und die Herzegovina; Sugar: Industrialization.
445 Die Ungarn begründeten ihren Anspruch auf Bosnien-Herzegowina vor allem mit dem ungarischen Staatsrecht und geostrategischen Argumenten. In einer anonym veröffentlichten Schrift: Die Lage der Mohamedaner in Bosnien von einem Ungarn, Wien 1900, hat Kállay Bosnien als ungarische Interessensphäre reklamiert. Ähnlich auch in dem namentlich publizierten Beitrag: Ungarn an der Grenze des Orients und des Occidents, in: Ungarische Revue (1883), S. 428–489. Vgl. dazu auch mit weiteren Literaturhinweisen Grijak: Politische und diplomatische Umstände, S. 99 ff.
446 Kikeriki, 15. 10. 1908, S. 2. Zum vollständigen Zitat siehe weiter unten.
447 Anlässlich seiner Aufnahme in die Ungarische Akademie der Wissenschaften erläuterte Kállay in seiner Antrittsrede am 20. Mai 1883 seine Vorstellungen über die Zivilisierungsmission Ungarns im Osten. Siehe: Ungarn an den Grenzen des Orients und des Occidents, a. a. O.
448 Osterhammel, Jürgen: Die „zivilisierte Welt" und ihre „Mission", in: Ders.: Die Verwandlung der Welt. Eine Geschichte des 19. Jahrhunderts, 5. Aufl., München 2010, S. 1172–1188; hier S. 1185.

2.2. BEGEGNUNGEN MIT „ORIENTALEN"

Mit der Okkupation Bosnien-Herzegowinas begann eine Phase, die von der Erfahrung wechselseitiger tiefer Fremdheit geprägt war. Die Muslime „kannten" die Monarchie nur aus Kriegen und vom Hörensagen. Zwar konnten die Mitglieder der *Ulema* auf weitgespannte Netzwerke in der islamischen Welt zurückgreifen, aber das christliche Europa war ihnen ein Buch mit sieben Siegeln. Es gibt keinerlei Hinweise darauf, dass bosnische Muslime christliche Länder bereist oder dass sie Informationen über die dortigen Entwicklungen gehabt hätten. Der ungarische Jude Adolf Strausz, der u. a. ethnografische Studien in Bosnien und Bulgarien betrieb,[449] schrieb 1882 noch als relativ junger Mann und im Duktus der damaligen Zeit: „[V]on dem Augenblicke an, da Bosniens Schicksal in die Hände des Mohammedanismus niedergelegt wurde, schien es, als wäre dieses Land vom Westen und von der westlichen Cultur wie hermetisch abgeschlossen worden. Die Weltgeschichte mochte noch so grosse, ganze Welttheile umwälzende Ereignisse zu Tage fördern…, Bosnien verblieb regungslos an einem Punkte, gleichsam petrificirt von der den Lebenskeim erstickenden Herrschaft des Mohammedanismus. Von all' dem Fortschritt des Zeitgeistes hat Bosnien nichts gewusst und nichts erfahren; in späteren Jahrhunderten aber konnte es in Folge der geistigen Versunkenheit seiner Bevölkerung die Entwicklung der Cultur nicht mehr begreifen. Dazu kam noch, dass die Mohammedaner consequent bestrebt waren, selbst die Nachrichten über die geschehenen Weltereignisse von Bosniens Grenzen fern zu halten. Die Bevölkerung befindet sich daher zum grössten Theile noch in demselben intellectuellen Zustande, in welchem sie sich im 16. Jahrhundert befunden hat."[450]

Mit der Kenntnis des „Westens" über Bosnien stand es auch nicht besser. Nach der osmanischen Eroberung waren Land und Leute in tiefste Vergessenheit geraten. Auch die relativ wenigen und zumeist kurzen Reiseberichte aus der Frühen Neuzeit hatten daran nichts geändert. Zwar beflügelten die Bilder vom „Orient" und vom „Türken" die Fantasie breiter Bevölkerungsschichten, zumal das jahrhundertelange Ringen zwischen den Imperien der Habsburger und der Osmanen sowie die unmittelbare Grenzsituation reichlich Stoff für Feindbilder, Mythen und Stereotypen geliefert hatten.[451] Aber Bosnien war der Öffentlichkeit in der Habsburgermonarchie bis ins 19. Jahrhundert hinein trotz langer Nachbarschaft fast gänzlich unbekannt, manche behaupten, unbekannter als das Innere von Afrika oder

---

449 Zur Biografie des Autors gibt es nur wenige Hinweise. Wahrscheinlich wurde er 1853 geboren. Die Freie Stadt Miskolc verlieh ihm 1868 das Bürgerrecht. Strausz soll Mitglied des orientalischen Zweigs der Akademie in Budapest und Universitätsprofessor gewesen sein. Er gilt als Anhänger der zionistischen Bewegung.
450 Strausz: Bosnien, S. 182 f.
451 Vgl. die Ausführungen in Kapitel 1.5.; ferner Wheatcroft, Andrew: The Enemy at the Gate: Habsburgs, Ottomans, and the Battle for Europe, New York 2009.

Asien. „Bosnien, Herzegowina, / … / Böhm'sche Dörfer seid ihr mir. / Darum spricht die Weltgeschicht': / ‚Nichts Gewisses weiß man nicht!'"[452] Unwissen und Neugierde, Faszination, Frustration und Misstrauen bestimmten die Wahrnehmung auf beiden Seiten. Unter der Herrschaft des Doppeladlers avancierte Bosnien dann zum „europäischen Orient" bzw. zu „Kakaniens kleinem Orient"[453] bzw. zu „Ungarns Orient",[454] der viele Neugierige fast magnetisch anzog. Der „europäische Orient" hatte den Vorzug, nicht so weit entfernt zu sein wie der richtige Orient, obwohl er nicht minder pittoresk und exotisch war. Vielleicht sogar exotischer. Reiseschriftsteller, Ethnografen, Journalisten, Memoirenschreiber, Künstler produzierten eine Fülle von Informationen und Desinformationen. Mit dem Bild des „Orients" und der bosnischen Muslime in der österreichisch-ungarischen Öffentlichkeit ließe sich mühelos ein ganzes Buch füllen.[455] Viele Autoren (gewiss nicht alle) vermittelten – ungeachtet ihrer Faszination – ein abfälliges Bild der „Mohammedaner" und vor allem des Osmanischen Reiches. Wie immer und überall bedienten sie sich dabei einfacher Erklärungsmuster, die infolge häufiger Wiederholung einen hohen Wiedererkennungswert besaßen. Ein wichtiges Merkmal dieser Stereotypen war ihre generalisierende und häufig essenzialisierende Art. Den bosnischen Muslimen wurden zeitlose Merkmale zugeschrieben: ein „Charakter", der sich zumindest in seinem „Kern" über die Jahrhunderte hinweg kaum oder gar nicht verändert habe. „Barbarei", „Fanatismus", „Faulenzerei" gehörten zum „selbstverständlichen" Bildrepertoire. In westlichen Reiseberichten nahm vor allem der „Fanatismus" der bosnischen Muslime einen prominenten Platz ein. Der britische Reisende Arthur J. Evans, der 1875 Bosnien-Herzegowina zu Fuß durchquerte, verlieh Sarajevo gar den Titel einer „Metropolis des Fanatismus".[456] Die Wahrnehmung der Muslime und des Sultanreiches war (abgesehen vom Reservoir der älteren Stereotype) maßgeblich geprägt durch die turbulenten Ereignisse im 19. Jahrhundert und die unübersehbaren Missstände in Bosnien. Und es waren diese Missstände, kombiniert mit der Vorstellung von der eigenen „Superiorität", die ein Deutungsmuster kreierten, das nahezu idealtypisch dem entsprach,

---

452 Aus der Wiener Sonntagszeitung „Die Bombe" vom 25. 8. 1878.
453 Ruthner, Clemens: Kakaniens kleiner Orient. Post/koloniale Lesarten der Peripherie Bosnien-Herzegowina (1878–1918), in: Hárs, Endre [u. a.] (Hg.): Zentren und Peripherie in Herrschaft und Kultur Österreich-Ungarns, Tübingen 2006, S. 255–283. Ders.: Habsburg's Little Orient. A Post/Colonial Reading of Austrian and German Cultural Narratives on Bosnia-Hercegovina, 1878–1918, in: Kakanien revisited, 22. 5. 2008: http://www.kakanien.ac.at/beitr/fallstudie/CRuthner5.pdf
454 Evetovics: Bosnia: Hungary's Orient.
455 Vgl. u. a. Bernhard, Veronika: Österreicher im Orient: Eine Bestandsaufnahme österreichischer Reiseliteratur im 19. Jahrhundert, Wien 1996; Gingrich, André: Grenzmythen des Orientalismus. Die islamische Welt in Öffentlichkeit und Volkskultur Mitteleuropas, in: Mayr-Oehring, Erika/Doppler, Ele (Hg.): Orientalische Reise: Malerei und Exotik im späten 19. Jahrhundert, Wien 2003, S. 110–129.
456 Evans: Through Bosnia, S. 249.

Abb. 14: Auf dem Marktplatz

Abb. 15: Alter Muslim in der Čaršija von Sarajevo

was Edward Said und die Verfechter postkolonialer Studien als „Orientalismus" und Maria Todorova als „Balkanismus" an den Pranger gestellt haben (mitunter einseitig und stark vereinfacht).[457] (Zumindest in Parenthese sei hinzugefügt, dass oft auch die anderen Bevölkerungsgruppen in Bosnien nicht besser davonkamen. Der bereits einmal zitierte Georg Freiherr vom Holtz, der sich noch dreißig Jahre später voller Begeisterung an die Einnahme Sarajevos 1878 erinnerte, lässt an den Bewohnern der Stadt kaum ein gutes Haar; am ehesten noch an den Spaniolen/Sepharden: „im großen und ganzen recht ordentliche Leute". „Der Rest… einer ein größerer Strolch als der andere, welchen Ehrentitel ich leider einem großen Teile der damaligen Orthodoxen auch nicht erlassen kann. Überhaupt um niemandem Unrecht zu tun: die Anständigsten waren von allen noch die Mohammedaner, und die waren mitunter recht zweifelhaft.")[458]

Im Folgenden sollen zwei Autoren aus der Monarchie zu Wort kommen, die einerseits viele gängige Stereotype aufgriffen, andererseits aber bestrebt waren, die Wahrnehmungsmuster aufgrund eigener Beobachtungen zu differenzieren und vom „mainstream" abzuheben, der eine weniger, der andere mehr. Der erste ist Adam Freiherr von Schweiger-Lerchenfeld, geboren 1846 in Wien, Sohn eines Gutsbesitzers, der sich nach Absolvierung einer Kadettenschule als Journalist und Reiseschriftsteller betätigte. Im Okkupationsjahr 1878 veröffentlichte er ein Bosnien-Buch, nachdem er bereits zuvor andere islamisch geprägte Regionen im Vorderen Orient besucht hatte. Bereits im Vorwort weist er auf die „bedeutenden Schwierigkeiten" hin, „die speciell der Mission Oesterreich-Ungarns erwachsen, und wenn das Urtheil über die Organisation und Unbildsamkeit des Islam etwas streng ausfiel, so wollen wir bemerken, dass sich diese Ansicht in den meisten Fällen jener unserer hervorragendsten Orientalisten, wie [Aloys] Sprenger, [Alfred] v. Kremer, [Moritz] Lüttke, [Hermann] Vámbéry, John Arnold, Jules Reymond, [Gustav] Weil und v. A. anschmiegt".[459] Schweiger-Lerchenfeld zeichnete ein durch und durch pejoratives Bild der Muslime insgesamt, das er insbesondere an ihrem Familienleben – an der untergeordneten Stellung der Frau, an der Polygamie und am Mangel der „inneren moralischen Festigung des Familienlebens" – festmacht. Der Autor entfacht ein regelrechtes Feuerwerk an Stereotypen, das schon bei einigen seiner Zeitgenossen, namentlich bei Franz von Werner (alias Murad-Efendi) auf Kritik gestoßen ist.[460] Dann kommt er auf die *bosnischen* Muslime zu sprechen: „Trotz solcher That-

---

457 Said, Edward: Orientalism, New York 1978; Todorova, Maria: Imagining the Balkans, New York-Oxford 1997. Vgl. dazu Castro Varela, Maria do Mar/Dhawan, Nikita: Postkoloniale Theorie. Eine kritische Einführung, Bielefeld 2005.
458 Holtz, Georg Frh. vom: Die Einnahme von Sarajevo, in: Okuka, Miloš/Rehder, Petra (Hg.): Das zerrissene Herz. Reisen durch Bosnien-Herzegowina 1530–1993, München 1994, S. 34.
459 Schweiger-Lerchenfeld: Bosnien, S. VI.
460 Murad-Efendi (1836–1881) wurde in Wien als Sohn eines kroatischen Gutsbesitzers und einer Wiener Kaufmannstochter geboren. Nach dem Dienst in einem österreichischen Husarenregiment wechselte er 1854 oder

sachen wäre es aber ein grober Irrthum, wenn man den mohammedanischen Bosnier auch all' seinen übrigen Lebensäusserungen nach mit dem Orientalen im engeren Sinne in eine gleiche Linie stellen wollte. Bei diesen [den Orientalen im engeren Sinn] ist es eine recht auffällige Erscheinung, wie wenig sich in Allem und Jedem Religion und Sittlichkeit decken. Die erstere bedeutet bei ihnen alles, die letztere nichts ... Der Islam ist ja eine Religion der Aeusserlichkeiten, sein Werk, das aus Blut und Eisen gekittet ist, lässt überhaupt keine inneren Regungen aufkommen." Die in der Religion begründeten, „angeblichen" Tugenden der Muslime schließen nicht aus, „dass die betreffenden Gläubigen in jeder Hinsicht höchst unmoralisch sind, sich allen erdenklichen Lastern ergeben, lügnerisch, unehrlich, bestechlich sind und überhaupt Charaktereigenschaften an den Tag legen, die in der europäischen Gesellschaft – als Regel – undenkbar sein würden. All' dies trifft bei den mohammedanischen Bosniern nicht zu; vielleicht, wie es ja nicht anders denkbar ist, beim einzelnen Individuum, keineswegs aber beim gesammten Volke. Es ist nämlich ein Irrthum, all' diese Gebrechen dem Islam selbst zuzuschreiben. Die nationalen Eigenschaften eines Volkes sind auch in den Ländern, die sich zum Islam bekehren, die massgebendsten, und wenn irgendwo der Nationalcharakter einzelner Völkerschaften sich typisch beleuchten lässt, so ist dies im Oriente der Fall. Der Bosnier aber, der der slavischen Race angehört und ethnisch sich seit dem Uebertritte seiner Vorfahren zur Religion des Propheten kaum geändert hat, unterscheidet sich auch in dieser Richtung wesentlich von den übrigen Mohammedanern des Orientes; der weiss nichts von der Perfidie und Unredlichkeit des Persers, er theilt nicht die Falschheit und Bestechlichkeit – diese Nationalkrankheit des Osmanenthums – seiner rechtmässigen Herren, noch weniger aber den Geschmack an gewissen fleischlichen Ausschreitungen, welche mit der Zeit so depravirend auf das Türkenthum gewirkt haben".[461] Zwar misst der Autor „Volkstum" und „Rasse" mehr Bedeutung zu als dem Islam, doch bleibt seine Argumentation widersprüchlich. Denn wenig später heißt es: „Freilich werden diese Vorzüge [der bosnischen Muslime] zum Theile wett gemacht durch eine beispiellose Gemüthsverhärtung gegenüber seinen christlichen Mitbewohnern, durch eine selbst im Oriente unerhörte Intoleranz und durch einen Hochmuth, der wo möglich noch über denjenigen der eigentli-

---

1856 zur osmanischen Armee über, nahm aber nicht den Islam an, sondern blieb katholisch. 1858 begann er eine Karriere im diplomatischen Dienst des Osmanischen Reiches und war zeitweilig auch in der Herzegowina eingesetzt. In den zwei Bänden seiner „Türkischen Skizzen" hat er sich an vielen Stellen mit dem im „Westen" gängigen Klischees (über „Vielweiberei", Harem usw.) auseinandergesetzt. Ein Beispiel von vielen: „Die untergeordnete Stellung, die das Weib bei den Mahomedanern einnimmt, schreibt man allgemein und ausschließlich dem Einfluß des Islam zu. Mich dünkt, daß bei den vor und nicht islamitischen Völkern des Orientes das Verhältniß ein ähnliches gewesen sei, daß die Ungleichheit in der Stellung der Geschlechter sich mitunter noch schroffer geäußert habe." Murad-Efendi: Türkische Skizzen, Bd. 2, Leipzig 1878, S. 8.

461 Schweiger-Lerchenfeld: Bosnien, S. 133 f.

chen Türken geht."⁴⁶² Die religiöse Intoleranz „ist gerade in Bosnien und dann wohl auch anderwärts in der europäischen Türkei, mit der moralischen Verkommenheit des höheren Türkenthums und mit der Indolenz und Faulheit der gesamten osmanischen Race Hand in Hand gegangen, um die seit fünfzig Jahren inaugurirte Reformarbeit unmöglich zu machen. Darin liegt das ganze Geheimniss der constant desolaten Zustände im Lande seit jenem Momente, wo Mahmud II. von der Wiedergeburt des Osmanen-Staates träumte … So trägt oder trug … der Fanatismus der mohammedanischen Bosnier einerseits, und anderseits der ausgesprochene Widerwille der [osmanischen] Beamtenhierarchie gegen jede, ihren Kef⁴⁶³ störende Beschäftigung oder Reformarbeit gemeinsam an den Zuständen Schuld, in welche nicht nur Bosnien, sondern das gesammte Osmanenreich mit der Zeit gesunken."⁴⁶⁴ Den verschiedenen „lobenswerthen" Eigenschaften der bosnischen Muslime – wie freiwillige Monogamie,⁴⁶⁵ „die Ehrfurcht der Kinder vor ihren Eltern, die Mildthätigkeit und vor allem die Gastfreiheit" stellt Schweiger-Lerchenfeld nicht nur die religiöse Intoleranz, sondern auch die Faulheit gegenüber. „Im Allgemeinen ist der bosnische Mohammedaner der gleiche Faullenzer, wie seine übrigen rechtgläubigen Brüder. Besitzt er irgendein Geschäft, und das ist zumeist der Fall, denn nur ein ganz geringer Procentsatz der Mohammedaner befasst sich mit dem Ackerbaue, so begibt er sich nach verrichtetem Morgengebete und reichlich einge-

---

462 Ebda., S. S. 134 f.
463 Vgl. dazu weiter unten.
464 Ebda., S. 135 f.
465 Tatsächlich scheint Polygamie bei den bosnischen Muslimen von jeher sehr selten gewesen zu sein. In seinem Reisebericht von 1807/08 bemerkt Chaumette-des-Fossés: Voyages, S. 55, dass jeder muslimische Mann in Bosnien nur eine Frau habe. Selbst bei sehr reichen Muslimen seien mehrere Ehefrauen oder Konkubinen eine seltene Ausnahme. Konkrete Angaben liegen aber erst aus österreichisch-ungarischer Zeit vor, in der die Mehrfachehe nach islamischem Recht erlaubt blieb. „Das Eherecht der Muselmanen nach hanefitischem Ritus, welches in Bosnien und der Hercegovina staatlich anerkannt ist, gestattet die gleichzeitige Ehe mit mehr als einer, jedoch höchstens mit vier Frauen." 1910 lebten im Kreis Sarajevo 125 Muslime mit zwei und drei Muslime mit drei Frauen. Volkszählung, S. XXXVII. Bei der Wahl ihrer Ehepartner hatten junge Frauen und Männer in Bosnien mehr Mitwirkungsmöglichkeiten als in anderen Teilen des Osmanischen Reiches. Die Brautwerbung (ašikovanje) ist oft beschrieben worden. Sie ähnelte in mancher Hinsicht dem, was im süddeutschen Raum als „Fensterln" bezeichnet wurde. Scheidungen scheint es in osmanischer Zeit kaum gegeben zu haben. Und Homosexualität sei nahezu unbekannt gewesen. Ehebruch wurde drakonisch bestraft. Chaumette-des-Fossés: Voyages, S. 57 erwähnt einen *Janitscharen*-Aga, der sich im April 1808 nach Sarajevo begab und seine Frau in Travnik zurückließ. Während seiner Abwesenheit besuchte ein junger „Grieche" (Orthodoxer?) mehrfach die Ehefrau und wurde dabei von den lieben Nachbarn beobachtet, die den Aga nach dessen Rückkehr informierten. Der „Grieche" wurde daraufhin vor Gericht gestellt und gehängt. Die Bestrafung der Ehefrau blieb dem Aga überlassen, der sich damit „begnügte", der Frau Nase und Ohren abzuschneiden. Die Nachbarn waren über diese Nachsicht sehr empört und wandten sich an den *Divan*. Der Wesir Ibrahim gab ihrer Reklamation statt und ließ die Frau in einen mit Steinen beschwerten Sack stecken, der gegenüber der Stelle, an der ihr Liebhaber erhängt worden war, in die Lašva geworfen wurde.

nommenem Frühmale in seine Bude in der ‚Tscharschia', wo er bei Zeiten die Besuche seiner Freunde empfängt. Ein geselliger Verkehr ist das nicht, denn erachtet der rechte und richtige Mohammedaner schon das Spazierengehen als eine unnütze körperliche Anstrengung, so scheint er umsomehr in Bezug auf die Mundgymnastik dieser Ansicht zu sein, und er gibt sich, sammt seinen Gästen, tiefster Schweigsamkeit hin. (…) Auch in seiner kaufmännischen Praxis beobachtet der echte Mohammedaner dieses unverbrüchliche Schweigen, und trotz seines lebhaften Temperamentes ist ihm geschäftliche Eile, Marktschreierei oder laute Anpreisung der Waare fremd, ganz im Gegensatze zu seinem christlichen, namentlich griechischen Collegen, die in der Regel ein flaues Geschäft durch umso auffälligeres Treiben wett machen möchten…"[466] Über das äußere Erscheinungsbild der muslimischen Frauen schreibt Schweiger-Lerchenfeld: „Erwähnen wir noch, dass auch die mohammedanische Bosnierin der Unsitte des Bemalens der Augenbrauen und der Wangen, des Färbens der Fingernägel und der inneren Handflächen obliegt, dass sie in ihrem Promenade-Costüm, in einem sackartigen Ueberwurfe (Feredsche), der aus Seidenstoffen, Orleans, oder Tuch (aller Farben) besteht, einen möglichst unvortheilhaften Eindruck macht, und durch die Gewohnheit des Hockens auf untergeschlagenen Beinen in der Regel einen ‚watschelnden' Gang hat, so haben wir auch in dieser Richtung unsere Mittheilung erschöpft. Neuestens hat übrigens die Sitte der Verschleierung nach orientalischer Art, die eigentlich keine solche, sondern eine veritable Vermummung ist, eine pikante Modernisirung erfahren, die darin besteht, dass die moslimischen Damen ihr Gesicht bis auf die Augen in ein vollends durchschimmerndes Gewebe hüllen, und so die Züge immerhin deutlich erkennen lassen; ein Reiz, der eben in dieser Art der Halbverhüllung liegt. Dies gilt natürlich nur von den vornehmen Mohammedanerinnen …"[467]

„Die Frage, die sich uns am Schlusse unserer ethnographischen Schilderungen lebhaft aufdrängt, ist die: Wird sich das mohammedanische Element in Bosnien einer abendländischen staatlichen Ordnung accommodiren, und ist von dem Islam in seinen bosnischen

---

[466] Schweiger-Lerchenfeld: Bosnien, S. 140. Ähnliche Beobachtungen machte auch Émile de Laveleye, Professor für Nationalökonomie an der Universität Lüttich, anlässlich seiner Balkanreise in den 1880er-Jahren: „Der Unterschied zwischen dem mohammedanischen und dem christlichen und jüdischen Kaufmanne ist überhaupt ein ganz gewaltiger. Jener steht in ruhiger Würde da: er preist nicht an, schlägt nicht vor und lässt nichts ab. Diese dagegen suchen sich die Käufer gegenseitig streitig zu machen, rufen laut kreischend ihre Waaren aus und fordern unsinnige Preise, von denen sie dann bis auf die Hälfte, bis auf den dritten und vierten Theil heruntergehen, und wobei sie doch noch immer übertheuern." Laveleye, Émil v.: Balkanländer, Bd. 1, Leipzig 1888, S. 165. Im Unterschied zu Schweiger-Lerchenfeld spricht Laveleye nicht von „Faulheit" der muslimischen Händler und Handwerker, sondern von einem Arbeitsethos, das dem vorkapitalistischen Bedarfsdeckungsprinzip entspricht: „Die Arbeit bewahrt hier noch ihren ursprünglichen Charakter und wird ausgeführt, um die Bedürfnisse des Arbeitenden zu befriedigen, nicht aber im Hinblicke auf den Umsatz und die Kundschaft." Ebda., S. 164.

[467] Schweiger-Lerchenfeld: Bosnien, S. 144.

Repräsentanten eine Modifikation zu erwarten, die ihn geschmeidiger gegenüber den allgemeinen civilisatorischen Bestrebungen machen könnte? ... Diese Frage müsste im Principe in der ungünstigsten Weise beantwortet werden, denn so weit man durch die gemachten Erfahrungen ein Recht hat, die Umbildungsfähigkeit dem Islam abzusprechen, könnte dieser Lehrsatz auch gegenüber den bosnischen Mohammedanern nicht anders commentirt werden. Zwar dürfte man geltend machen, dass auch andere christliche Reiche des Abendlandes, wie Russland, England, Frankreich, mehr oder weniger zahlreiche Völker, die sich zum Islam bekennen, unter ihrem Scepter haben, aber es ist doch ein wesentlich Anderes, ob derlei Völkerschaften nur in einem äusserlichen Zusammenhange zu der Centralgewalt stehen, oder in deren unmittelbaren Macht- und Wirkungskreis fallen, wie es speciell mit den Bosniern gegenüber der österreichisch-ungarischen Monarchie der Fall ist. Zudem liegen all die fraglichen islamitischen Colonien und Reiche, welche unter der Herrschaft christlicher Staaten stehen, auf aussereuropäischem Gebiete, in Asien und Afrika, wo die Culturfortschritte des Abendlandes keine wesentlichen Bedingungen der staatlichen Prosperität sind. Neugestaltungen aber nur von einer sehr fernen Zeit erwartet werden können. Anders in Bosnien.

Europa ist die Heimstätte des Christianismus, und ihm allein, seinem hohen inneren sittlichen Werthe verdanken die einzelnen Völker ihre gegenwärtige hohe Cultur, eine Cultur, die freilich nur in specifisch europäischem Sinne aufzufassen ist, denn eine Universal-Cultur, eine Welt-Cultur im weitesten Sinne gibt es nicht. Die Aufgabe der europäischen Cultur als solche kann aber nur die sein, alle Zustände und Einrichtungen, die ihr widerstreben, seien sie nun religiöser oder socialer Natur, verschwinden zu machen, nicht durch Gewaltmittel, sondern durch civilisatorische Bestrebungen.

In diesem Sinne aber bildet gerade der Islam das unübersteiglichste Hinderniss, und da dieser in Europa keine eigentliche Heimstätte mehr hat, so muss er in seiner schädigenden Starrheit gebrochen werden, oder überhaupt vom Schauplatze verschwinden. Es gibt hier nur zwei Wege: entweder der Islam lässt sich im Geiste der abendländischen Culturarbeit modificiren, oder er muss als staatlicher Factor mit all seiner dogmatischen Präpotenz zu existiren aufhören."[468]

Der zweite Autor, von dessen Werk hier die Rede sein soll, ist der Kroate Antun Hangi, der Ende des 19. Jahrhunderts als Lehrer nach Bosnien kam, wo sich ihm eine „neue, bis dahin völlig unbekannte Welt auf(tat). Bis dahin hatte ich einen Moslim sozusagen gar nicht zu Gesichte bekommen, nun sollte ich unter ihnen leben und ihre Kinder unterrichten". Dem ethnografischen Interesse seiner Zeit folgend, sammelte Hangi zehn Jahre lang bosnische Volkslieder, beobachtete die Bräuche und Sitten der Muslime und studierte die einschlägige Fachliteratur. „Bei der Zusammenstellung und Abfassung des Buches hat-

---

468 Ebda. S. 144 f.

te ich vornehmlich den Zweck vor Augen, meine Volksgenossen in Kroatien, Slavonien und Dalmatien mit dem Leben und den Gewohnheiten der so nahe stammverwandten Moslims in Bosnien-Hercegovina bekannt zu machen, was umso notwendiger erscheint, als sich diesbezüglich namentlich in der Tagespresse vielfach ungenügende Kenntnis, ja sogar völlige Unkenntnis kundgibt."[469] 1899, fast ein Vierteljahrhundert nach Schweiger-Lerchenfeld, veröffentlichte Hangi die kroatische Erstauflage seines Buchs über die bosnischen Muslime, der 1906 eine erweiterte zweite Auflage folgte. Im Jahr darauf erschien eine von Hangi autorisierte deutsche Übersetzung. Seither sind sowohl die kroatische Originalausgabe als auch die deutsche Übersetzung mehrfach nachgedruckt worden. Im Unterschied zu Schweiger-Lerchenfeld, der unter dem Eindruck der „Orientalischen Krise" und einer antiosmanischen Propaganda stand, entwickelte Hangi schnell eine große Sympathie für die muslimische Umgebung, in der er tätig war. Aus den fremden Muslimen im unbekannten Bosnien waren mittlerweile „unsere Mohammedaner", aus „bösen" Muslimen „gute" Muslime geworden. Zum Teil widersprechen sich die Aussagen beider Autoren, zum Teil decken sie sich inhaltlich, sind aber in der Akzentuierung und Interpretation grundverschieden.

Der Kroate Antun Hangi beschreibt die bosnischen Muslime Ende des 19. Jahrhunderts als hochgewachsen, breitschultrig, stolz, ehrlich, verlässlich, gastfreundlich, ihrer Scholle verbunden und mit starker Hingabe an die Religion. „Die Hingebung der bosnischen Moslims an ihre Religion", erklärt Hangi im Gegensatz zu Schweiger-Lerchenfeld, „ist bei anderen Völkern kaum anzutreffen. Sie leben und sterben für den Glauben, nichts kann sie derart beleidigen, als eine Verletzung ihrer religiösen Gefühle. Sie vertrauen auf Gott, den ‚grossen Allah' und sind bereit Folterqualen zu erdulden und ihren ganzen Besitz in die Schanze zu schlagen für Dinge, die ihnen heilig sind."[470] Ihre religiösen Pflichten (die fünf Gebete am Tag) erfüllten sie mit größter Pünktlichkeit. Sie seien ein „höchst konservatives, allen Neuerungen abholdes Element".[471] „Die bosnischen Moslims", fährt der Autor fort, „sind ein Herrenvolk,[472] von der Überzeugung durchdrungen, dass sie zum Befehlen, alle

---

469 Hangi: Moslim's in Bosnien-Hercegovina, S. IV f.
470 Ebda., S. 6.
471 Ebda., S. 2 ff.
472 Im kroatischen Original heißt es, der bosnische Muslim ist sehr stolz/hochmütig: „Bosanski je musliman vrlo ponosan…" Hangi: Život i običaji muslimana, S. 14. Der Stolz der bosnischen Muslime taucht in vielen zeitgenössischen Berichten auf. „Nicht an der Gewandung, sondern an der Haltung und dem Benehmen erkennt man die Leute: den Christen und Juden an dem unruhigen Blicke und scheuen Wesen, was daran erinnert, dass er den Stock zu fürchten hat; den Mohammedaner, sei er vornehm oder gering, an dem stolzen Aussehen und der Herrschermiene. Selbst das kleine Pferd, auf dem eben ein Bey – einem mittelalterlichen Magnaten vergleichbar – sich durch die Menge drängt, trägt den Kopf ebenso hoch wie sein Herr, und den voranschreitenden Dienern desselben weicht jeder ehrerbietig aus." Laveleye, Emil v.: Balkanländer, Bd. 1, Leipzig 1888, S. 168.

Anderen zum Gehorchen geschaffen sind. Dieser Überzeugung passen sie auch ihr Betragen an. Der Moslim ist immer ruhig und würdevoll, er spricht wenig und achtet strenge darauf, nicht Etwas zu sagen, was eines Menschen in höherer Stelle unwürdig wäre."[473] Und weiter: „Der Moslim neigt mehr zu einem beschaulichen Leben als zum Nachdenken und zu Geistesanstrengungen. Besonders die Bejahrteren und Wohlhabenderen, welche von keinen Sorgen um die Existenz gedrückt sind, sind ernst und wie in Gedanken um eine fernliegende, unbestimmte Idee versunken.[474] Manche von ihnen vermögen stundenlang am Ufer eines Baches zu sitzen und dem Hüpfen der Wellen zu folgen, ohne ein Wort zu sprechen. Ebenso vermögen sie bei einer Pfeife Tabak, einer guten Zigarette, ganze Nachmittage im Schatten eines breitästigen Baumes zu sitzen, den Vogelflug oder die vom Winde gejagten Wolken zu beobachten, ohne dabei an irgend Etwas zu denken oder zu empfinden. Das ist der sogenannte ‚Ćeïf' = Keïf = Dolce far niente. Den ‚Ćeïf' kennt ausser den Moslims vielleicht kein anderes Volk der Welt. So wie der ‚Esprit' als Eigentümlichkeit der Franzosen, gilt der ‚Ćeïf' als Eigentümlichkeit der Moslims. Nur dass unter ‚Esprit' etwas Lebendiges, Bewegliches verstanden wird, während der ‚Ćeïf' das gerade Gegenteil davon bedeutet, nämlich unbedingte Ruhe des Körpers und Geistes. Der Moslim definiert dieses Gefühl folgend: ‚Ćeïf' ist, wenn du dich völlig in das Reich der Endlosigkeit aufschwingst, für einen Augenblick vergissest, dass du atmest, Kaffee schlürfst oder eine Zigarette rauchst."[475] Für Schweiger-Lerchenfeld ist es dagegen gerade der Ćeïf bzw. „Kef (wörtlich ‚gute Laune'), der in dem Grade, wie ihm die Orientalen huldigen, mehr als irgend ein Raisonnement, den leidenschaftlichen Hang zum Nichtsthun, zur Gedankenlosigkeit und überhaupt zur geistigen Trägheit beweist. Im Kef-machen sind sich alle Islamiten gleich, der indolente fanatische Mittelasiate, der lebhafte Araber, der behäbige Türke, der unstäte Kurde und der händelsüchtige Tscherkesse, wie der stumpfsinnige Tartar, der gewaltthätige Arnaute und der herrschsüchtige Bosnier."[476]

Über das „vaterländische Gefühl" der bosnischen Muslime berichtet Hangi: „Das vaterländische Gefühl ist bei den Moslims auch heute noch in Bosnien-Hercegovina schwach entwickelt. Das Hauptgewicht wird auf das religiöse Moment gelegt. So hatten sie bis zur neuesten Zeit, bis zur Okkupation, keine Kenntnis davon, welcher Nationalität sie angehören. Die *Begs*, angesehene *Agas* und die Gebildeten unter ihnen erklären sich als Bosnier

---

473 Hangi: Moslim's in Bosnien-Hercegovina, S. 6.
474 Das gilt in besonderem Maße für die in Bosnien stark vertretenen Sufi-Orden, denen das Streben nach innerer Ruhe ein wichtiger Teil ihrer religiösen Praxis ist.
475 Hangi: Moslim's in Bosnien-Hercegovina, S. 8. Das Wort „kef" (kefi, qeif, keyif, kayf) findet sich auch in anderen Regionen des Balkanraums und des ehemaligen Osmanischen Reiches. Zumeist dient es zur Bezeichnung von „Freude" (z. B. bei Hochzeitsfeiern) oder „Ausgelassenheit, Entspannung". Vgl. u. a. Cowan, Jane K.: Dance and the body politic in northern Greece, Princeton 1990, S. 106 ff.
476 Schweiger-Lerchenfeld: Bosnien, S. 142 f.

und bezeichnen ihre Sprache als die kroatische,⁴⁷⁷ die grosse Masse des Volkes hat jedoch noch heute kein Verständnis hiefür."⁴⁷⁸

2.3. DAS DILEMMA DER MUSLIME: BLEIBEN ODER GEHEN?

In der äußerst bewegten Migrationsgeschichte der ehemals osmanischen Teile Südosteuropas nimmt Bosnien nach 1878 eine Sonderstellung ein. Aus vielen Regionen des Donau-Balkan-Raums, in denen die Herrschaft des Halbmonds seit Ende des 17. Jahrhunderts durch eine christliche Herrschaft ersetzt worden war, verschwand die einheimische muslimische Bevölkerung vollständig oder nahezu vollständig. Vor die Alternative gestellt, entweder zum Christentum zu konvertieren oder ihre Heimat zu verlassen, entschieden sich die Betroffenen zumeist für die Emigration.⁴⁷⁹ In den einst osmanischen Teilen Ungarns und Slawoniens sowie in den ersten postosmanischen Balkanstaaten Serbien und Griechenland (jeweils in den Grenzen vor dem Berliner Kongress) gab es praktisch keine Muslime mehr. Entweder waren sie im Zuge der Kriegshandlungen umgekommen oder hatten sich mit den Truppen des Sultans aus ihrer bisherigen Heimat zurückgezogen. Oder sie waren nach Verlust der osmanischen Herrschaft – sei es aus eigenem Entschluss, sei es unter massivem Druck der neuen Herrscher – in andere Teile des Osmanischen Reiches ausgewandert. Wo den Muslimen in den Friedensschlüssen des 19. Jahrhunderts ein Optionsrecht eingeräumt worden war, setzten die christlichen Regierungen ein umfangreiches Arsenal von Diskriminierungsmaßnahmen ein, mit denen die Muslime („freiwillig") zur Abwanderung gedrängt werden sollten. Um derartigen Migrationen einen Riegel vorzuschieben, hatte der Berliner Kongress erstmals einen religiösen Minderheitenschutz im Donau-Balkan-Raum verkündet.⁴⁸⁰ Diese Bestimmungen wurden jedoch von den postosmanischen Staaten zumeist

---

477 Wie an mehreren Stellen des vorliegenden Buches bereits deutlich geworden ist, wurde die in Bosnien gesprochene Sprache sehr unterschiedlich benannt. Im Verlauf des 18. Jahrhunderts war die Sprache zum wichtigsten Klassifizierungsmerkmal von Völkern avanciert. Dies erklärt auch und nicht zuletzt, warum der Name eines Idioms so bedeutungsvoll wurde. Was sprachen die Menschen in Bosnien: Bosnisch, Kroatisch, Serbisch oder etwas Viertes? Der Ausgang des Namensstreits sollte Auskunft geben über die Nationalität – nach dem Motto: Du bist, was du sprichst.
478 Hangi: Moslim's in Bosnien-Hercegovina, S. 1.
479 Während des russisch-österreichischen Krieges gegen das Osmanische Reich 1736–1739 wandte sich Kaiser Karl VI. in einem Edikt vom Juni 1737 an die Muslime Bosniens. Darin hieß es, wer zum Christentum übertreten wolle, könne bleiben und sein Eigentum behalten, die anderen könnten emigrieren, wohin sie wollten. Text des Edikts bei Nedić, Martin Fra: Stanje redodržave Bosne Srebrene, Djakovo 1884, S. 76 f.; hier nach Al-Arnaut: Islam and Muslims, S. 246.
480 So hieß es z. B. in Art. 35: „In Serbien darf der Unterschied des religiösen Glaubens und der Bekenntnisse Niemandem gegenüber geltend gemacht werden als ein Grund der Ausschließung oder der Unfähigkeit bezüglich des Genusses der bürgerlichen und politischen Rechte, der Zulassung zu den öffentlichen Diensten,

missachtet.⁴⁸¹ Die „religiösen Säuberungen", bei denen die Ethnizität anfangs keine Rolle spielte, waren und blieben eine konstante Begleiterscheinung der Zurückdrängung des Osmanischen Reiches aus Europa, sofern die postosmanischen Staaten dabei nicht – wie etwa 1878 das Fürstentum Bulgarien – auf den Widerstand der Großmächte stießen.

Aber es gab Ausnahmen. Zu ihnen zählten Bosnien-Herzegowina und (für kurze Zeit) Thessalien. Nach der österreichisch-ungarischen Okkupation Bosniens wurden die dortigen Muslime zum Bleiben ermuntert. Ähnliche Bleibe-Appelle veröffentlichte die Athener Regierung in dem 1881 an Griechenland angegliederten Thessalien. Doch auch in diesen Ausnahmefällen kam es zur Emigration von Muslimen, bei denen religiöse u. a. Motive eine wichtige Rolle spielten. „Für die Mehrheit islamischer Vorschriften gilt…, daß der Muslim sich mit einem Leben unter christlicher Oberherrschaft nicht abfinden dürfe. ‚War denn Allahs Erde nicht weit genug, daß ihr nicht hättet auswandern können', fragt der Koran (Sure 4, Vers 99). Die Emigration in ein islamisches Land gilt denn auch in der Regel als Gebot; sie wird zur Pflicht, wenn der Muslim seine Religion in nicht-islamischer Umgebung nicht mehr ausüben kann… Dem aus religiösen Gründen emigrierenden Muslim, dem Muhajir [bosn. Muhadžir], gilt daher die Solidarität der gesamten islamischen Gemeinschaft."⁴⁸² Wie viele bosnische Muslime ihre Heimat nach Beginn der österreichisch-ungarischen Okkupation aus religiösen Motiven („Flucht vor dem Kreuz") oder aus anderen Motiven verließen, ist unbekannt und – wie so vieles andere – höchst umstritten.

Ferdinand Schmid, der erste Leiter des 1894 eingerichteten statistischen Departements der bosnisch-herzegowinischen Landesregierung und spätere Professor für Statistik an der Universität Leipzig, schreibt, dass sich die Auswanderung „anfangs fast ausschließlich auf ehemalige türkische Beamte sowie auf einzelne angesehene Mohammedaner" beschränkt habe, von denen ein Teil bald wieder nach Bosnien zurückgekehrt sei („sogenannte Revertenten"). Nach Einführung des allgemeinen Wehrgesetzes sei es in den Jahren 1881 und 1882 zu einem neuerlichen Aufflackern der Auswanderungsbewegung gekommen. „Die Zahl der damals Ausgewanderten wurde auf rund 8.000 Personen geschätzt. Diese starke Auswanderungsbewegung veranlaßte die Landesregierung, der Frage eine erhöhte Aufmerksamkeit zuzuwenden. Durch eine Verordnung vom 11. Oktober 1883 wurden den unterstehenden Behörden Weisungen über die Behandlung von Gesuchen um Auswanderungsbewilligung

---

Aemtern und Ehren oder der Ausübung der verschiedenen Berufs- und Gewerbszweige, an welchem Orte es auch sei." Berliner Kongreß, S. 394. Ähnliche Bestimmungen galten auch für die übrigen Länder, deren Grenzen neu gezogen wurden.

481 Zu Serbien vgl. Müller, Dietmar: Staatsbürger auf Widerruf. Juden und Muslime als Alteritätspartner im rumänischen und serbischen Nationscode. Ethnonationale Staatsbürgerschaftskonzepte 1878–1941, Wiesbaden 2005, S.128 ff.

482 Höpken, Wolfgang: Flucht vor dem Kreuz? Muslimische Emigration aus Südosteuropa nach dem Ende der osmanischen Herrschaft (19./20. Jh.), in: Comparativ 6 (1996), 1, S. 1–24; hier S. 16.

erteilt. Die Regierung stellte sich also auf den veralteten Standpunkt der Auswanderungspolizei und suchte der ganzen Bewegung durch Erschwerung der Auswanderungsbewilligungen möglichst Einhalt zu tun oder dieselbe wenigstens zu verzögern." Die Emigration sei dadurch auf ein „sehr bescheidenes Maß" herabgedrückt worden. Gemäß der „mit ziemlicher Verläßlichkeit geführten Auswanderungsstatistik" seien von 1883 bis Ende 1905 insgesamt 32.625 Personen (offenbar aller Glaubensrichtungen) aus Bosnien-Herzegowina ausgewandert und 4.042 Auswanderer zurückgekehrt.[483] Nach den Berechnungen des Statistischen Amtes habe die Differenz zwischen der natürlichen und der faktischen Zunahme der Muslime in Bosnien-Herzegowina zwischen 1895 und 1910 minus 10.189 Personen betragen.[484] Das heißt, dass per Saldo (also nach Abzug der Rückwanderer) gut 10.000 Muslime Bosnien während dieser fünfzehn Jahre verlassen haben mussten. Was den gesamten Zeitraum vom Beginn der Okkupation bis 1910 oder bis zum Beginn des Ersten Weltkriegs betrifft, so sind wir auf Schätzungen angewiesen. Ein Beispiel: Wäre die muslimische Bevölkerung zwischen den Volkszählungen von 1879 und 1910 im gleichen Maße gewachsen wie die orthodoxe Bevölkerung (um 66,3 statt 36,5 Prozent), hätte sie 1910 etwa 746.000 Personen zählen müssen, rund 134.000 Personen mehr als tatsächlich registriert wurden.[485] Dieses Ergebnis ist zwar mit vielen Fragezeichen zu versehen, könnte aber als Anhaltspunkt für die Größe der demografischen Lücke dienen. Diese ist nicht (!) identisch mit der Zahl der Auswanderer, sondern enthält auch Personen, die erst nach Emigration ihrer Eltern in Anatolien oder anderswo geboren wurden. Wie viele das waren, weiß niemand.

In der Literatur weichen die Zahlen über die bosnisch-muslimischen Auswanderer weit voneinander ab. Philippe Gelez geht für den Zeitraum von 1878–1914 von etwa 65.000 muslimischen Emigranten aus, dagegen schätzt Kemal H. Karpat aufgrund türkischer Quellen, dass zwischen 1878 und 1912 80.000–100.000 bosnische Muslime in das Osmanische Reich eingewandert seien. Ilijaš Hadžibegović spricht von 120.000–130.000, Vojislav Bogićević von 150.000, Mustafa Imamović von 150.000–180.000 und Djordje Pejanović von 260.000 Abwanderern (für die Jahre 1881–1918).[486] In Medienberichten und populären Darstellungen

---

483 Schmid: Bosnien, S. 249.
484 Volkszählung, S. XL. Insgesamt sind aus Bosnien-Herzegowina zwischen 1895 und 1910 offiziell 50.280 Personen ausgewandert, während 70.874 Personen zu- oder zurückgewandert sind, woraus sich ein Wanderungsgewinn von 20.594 Personen ergibt. Ebda., S. XIX.
485 Errechnet aus den Daten der Bevölkerungsstatistik. Vgl. dazu die Angaben im folgenden Kapitel.
486 Gelez: La spécifité musulmane; Karpat, Kemal H.: The Migration of the Bosnian Muslims to the Ottoman State, 1878–1914: An Account Based on Turkish Sources, in: Koller/Karpat, Kemal H. (Hg.): Ottoman Bosnia, S. 121–140; Hadžibegović, Ilijaš: Migracije stanovništva u Bosni i Hercegovini 1878–1914, in: Prilozi 11–12 (1975/76), S. 315 f.; Bogićević, Vojislav: Emigracije muslimana Bosne i Hercegovine u Tursku u doba austro-ugarske vladavine 1878–1918. god., in: Historijski zbornik 3 (1950), S. 175 ff.; Imamović: Pravni položaj, S. 108 ff.; Pejanović: Stanovništvo Bosne i Hercegovine, S. 45.

kursieren sogar Zahlen bis zu 700.000 (!) Emigranten.⁴⁸⁷ Derartige Angaben verdeutlichen, wie emotionsgeladen das Thema – jenseits aller Realität – diskutiert wurde.

Werfen wir einen Blick auf Befürworter und Gegner der Emigration sowie auf die Motive der Auswanderer. Die islamische Geistlichkeit in Bosnien war zutiefst gespalten. Ihre Diskussionen kreisten um drei Konzepte: Religion (din), osmanischer Staat (devlet) und Heimat (vatan).⁴⁸⁸ Konservative Vertreter der *Ulema* forderten die Gläubigen auf, das unter christlicher Herrschaft stehende Bosnien, das „Haus des Krieges" (dār al-harb), zu verlassen und sich im osmanischen Staat, im „Reich des Islam" (dār al-Islām), niederzulassen. Ihre Gegner argumentierten, dass ein Exodus der Muslime die Position des Islam schwächen und zum Verlust der bosnischen Heimat führen würde. Sie konnten darauf verweisen, dass die Einteilung der Welt in „dār al-Islām" und „dār al-harb" nicht aus dem Koran stammt, sondern eine Auslegung der Rechtsgelehrten darstellt, und dass die Voraussetzungen, die den Propheten 622 zur Auswanderung (Hidschra) von Mekka nach Medina veranlasst hatten, nicht mit der aktuellen Situation, nicht mit einer Hidschra von Sarajevo nach Istanbul, gleichgesetzt werden dürften. In der Zeitschrift „Vatan", die von 1884 bis Ende 1887 in türkischer Sprache in Sarajevo erschien, warben sie deshalb für das Bleiben der Muslime in Bosnien. Der Mufti von Tuzla (das spätere Oberhaupt der Muslime in Bosnien) Mehmed Teufik Azab Agazade-Azapagić verfasste 1886 zunächst in Arabisch, dann in Türkisch eine Abhandlung (Risāla fī al hijra), in der er sich dezidiert gegen eine Emigration seiner Glaubensgenossen aussprach. Denn wo die Muslime ihre Religion praktizieren könnten, werde aus dem „dār al-harb" ein Teil des „dār al-Islām".⁴⁸⁹ Mehmed-beg Kapetanović, 1893–1899 Bürgermeister von Sarajevo, brachte die Ablehnung der Emigration auf den Punkt: Er erinnerte seine Glaubensgenossen daran, dass es bislang nie vorgekommen sei, dass mehr als eine halbe Million Muslime in völliger Freiheit unter dem Schutz eines christlichen Herrschers gestanden hätten, dass sie im 19. Jahrhundert und mitten in Europa lebten und dass es besser sei, ins Gymnasium statt nach Asien zu gehen.⁴⁹⁰

Die Haltung der Hohen Pforte zur Emigration der bosnischen Muslime war ambivalent. Einerseits begrüßte und unterstützte sie die Einwanderung der bosnischen Muslime, um die Islamisierung Anatoliens voranzutreiben oder um das muslimische Bevölkerungselement in gefährdeten Grenzregionen (z. B. im makedonischen Raum) zu stärken.⁴⁹¹ Anderer-

---

487 Vgl. Mufaku: Islam and Muslims, S. 243, Anm. 5.
488 Zum Folgenden vgl. ebda., S. 247 ff., ferner Çetin: Religion, Nation and the Motherland, S. 11 ff.
489 Vgl. auch Karčić: Bosniaks and Challenges of Modernity, S. 113 f.
490 Kapetanović Ljubušak, Mehmed-beg: Budućnost ili napredak muhamedovaca u Bosni i Hercegovini. Namijenjeno za pouku i ogled nekoj našoj braći Bošnjacima i Hercegovcima, Sarajevo 1883, S. 17. (Nachdruck in Enes Karić (Hg.): Bosanske muslimanske rasprave. Hrestomatija, Bd. 1, Sarajevo 2003, S. 63–107). Zu Ljubušak vgl. Karić: Islamic Thought in Bosnia-Hercegovina, S. 401 ff.
491 Vgl. u. a. Karpat, Kemal: The hijra from Russia and the Balkans: the process of self-definition in the late

seits war sie besorgt, dass eine starke Abnahme der muslimischen Bevölkerung in Bosnien die Aussichten auf Wiederherstellung der osmanischen Herrschaft über die Provinz vollends vereiteln könnte. Die österreichisch-ungarische Okkupationsverwaltung schließlich tat alles, um die Emigration aufzuhalten. Nicht nur, weil sich die Doppelmonarchie im erwähnten Vertrag von Novi Pazar zur Rücksichtnahme auf die Muslime verpflichtet hatte (in anderen Punkten setzte sie sich über vertragliche Verpflichtungen umstandslos hinweg), sondern auch weil die Emigration im Widerspruch zu den Grundsätzen der „Zivilisierungsmission" und zu dem Bestreben stand, die Sympathie der Muslime im Balkanraum (vor dem Hintergrund weiterer Expansionsgelüste in Richtung Saloniki) zu gewinnen. Die bosnischen Muslime selbst waren ebenfalls gespalten. Bosnien war ihre Heimat, in der sie seit Generationen lebten, die sie kannten und liebten. Ihr Verhältnis zum osmanischen Staat dagegen war widersprüchlich. Schließlich war es die Pforte gewesen, die mit ihrem Reformprogramm die Verunsicherung und den Widerstand der bosnischen Muslime hervorgerufen, die 1829 den Gebietsabtretungen an Serbien und 1878 der österreichisch-ungarischen Okkupation zugestimmt hatte. Das war unvergessen. Andererseits war das Osmanische Reich die religiöse Heimat der (sunnitischen) Muslime und der Sultan war als Kalif zugleich das geistliche Oberhaupt der *Umma*.[492] Der ambivalenten Haltung zum Sultan stand somit die religiöse Bindung an den Kalifen gegenüber. Dass Sultan und Kalif ein und dieselbe Person waren, machte die Sache nicht einfacher. Mit anderen Worten: Durfte ein „guter Muslim" unter einem christlichen Herrscher leben, obwohl er die Möglichkeit hatte auszuwandern? Eine eindeutige und allgemein verbindliche Antwort gab es nicht. Die überwiegende Mehrheit entschloss sich, in der Heimat zu bleiben. Und diejenigen, die gingen, taten es nicht nur aus religiösen Gründen. Auch psychologische Motive (Verlust der ehemaligen Vorherrschaft oder Entfremdung infolge der Modernisierung) und ökonomische Faktoren – Verarmung der muslimischen Kleinbauern, ländliche Übervölkerung, Probleme im Übergang von der Subsistenz- zur Marktwirtschaft oder Wettbewerbsdruck aus der Doppelmonarchie auf der einen sowie (übertriebene) Erwartungen auf Hilfestellung im Osmanischen Reich auf der anderen Seite – scheinen als Push- und Pullfaktoren der Migration eine Rolle gespielt zu haben.[493] Erwähnt sei schließlich noch, dass Emigration mitunter auch als Drohung gegenüber den österreichisch-ungarischen Behörden verwandt wurde. So kündigten im September 1900 rund 100 muslimische Familien aus Sarajevo ihre Auswanderung

---

Ottoman state, in: Eickelmann, Dale/Piscatori, James (Hg.): Muslim Travellers. Pilgrimage, Migration, and the Religious Imagination, Berkeley 1990, S. 131–152.

492 Seit der osmanischen Eroberung Ägyptens 1517 trugen die Herrscher aus dem Hause Osman den Kalifentitel, den Kemal Atatürk 1924 abschaffte. Dem Kalifen nachgeordnet war der Sheikh ul-Islam in Istanbul, der als geistiges Oberhaupt im engeren Sinn fungierte.

493 Zur Diskussion der Motive vgl. u. a. Gelez: La spécificité musulmane.

an, um damit gegen eine Rede des katholischen Erzbischofs Stadler zu protestieren. Kállay machte für die Aufregung die „schrullenhaften Gedan[ken]gänge" einheimischer Politiker verantwortlich und empfahl, „dieselben zu ignorieren".[494]

2.4. BEVÖLKERUNGSENTWICKLUNG UND -MERKMALE

Die ersten genaueren Daten zur Entwicklung und Gliederung der Bevölkerung Bosniens und Sarajevos stammen aus österreichisch-ungarischer Zeit. Unter der Herrschaft des Doppeladlers fanden insgesamt vier Zählungen statt: 1879, 1885, 1895 und 1910, von denen die ersten beiden noch viele Mängel aufwiesen, da alles – angefangen von der Ausbildung des Personals bis zur Nummerierung der Häuser – neu organisiert werden musste.[495] In den fraglichen 31 Jahren nahm die Bevölkerung Bosniens und der Herzegowina um knapp 64 % zu: von 1,16 auf 1,90 Millionen Menschen. Fast 87 % der Gesamtbevölkerung lebten 1910 noch von der Landwirtschaft und rund 88 % der Menschen über 7 Jahre waren Analphabeten (mit deutlichen Unterschieden zwischen Stadt und Land sowie Männern und Frauen).

Interessanter und für die historische Entwicklung bedeutsamer als diese Globalziffern ist deren Aufschlüsselung nach Glaubensgemeinschaften.

Tabelle 1: Bevölkerungsentwicklung in Bosnien-Herzegowina nach Religionsgemeinschaften 1879–1910 (ortsanwesende Bevölkerung)

Jahr		Muslime	Orthodoxe	Katholiken[a]	Juden[b]	Andere	Zusammen
1879	Abs.	448.613	496.485	209.391	3.426	249	1.158.164
	In %	38,73	42,88	18,08	0,29	0,02	100,00
1885	Abs.	492.710	571.250	265.788	5.805	538	1.336.091
	In %	36,88	42,76	19,89	0,43	0,04	100,00
1895	Abs.	548.632	673.246	334.142	8.213	3.859	1.568.092
	In %	34,99	42,94	21,31	0,52	0,24	100,00
1910	Abs.	612.137	825.418	434.061	11.868	14.560	1.898.044
	In %	32,25	43,49	22,87	0,62	0,77	100,00
Zunahme 1879–1910	Abs.	163.524	328.933	224.670	8.442	14.311	739.880
	in %	36,45	66,25	107,30	246,41	5.747,39	63,88

a) Einschließlich der 8.136 Griechisch-Katholischen (Unierten)
b) Sepharden und Ashkenasen
Quelle: Volkszählung, S. XXXVIII.

---

494 Zitiert nach Grijak: Politische und diplomatische Umstände, S. 105.
495 Zu einer kritischen Würdigung der Bevölkerungszählungen im „langen" 19. Jahrhundert (in spätosmanischer und österreichisch-ungarischer Zeit) vgl. Gelez: Dénombrements et recensements.

Die Mitgliederzahl aller vier Glaubensgemeinschaften nahm zu. Doch der Zuwachs verteilte sich sehr ungleichmäßig, sodass sich die jeweiligen Anteile an der (ortsanwesenden) Gesamtbevölkerung deutlich verschoben. Die Serbisch-Orthodoxen, die in zeitgenössischen Texten auch unter der irreführenden Bezeichnung „griechische Katholiken" aufscheinen,[496] stellten die zahlenmäßig stärkste Gemeinschaft, deren Anteil von 42,9 % auf 43,5 % zunahm. Deutlich stärker war der Zuwachs der Katholiken von 18,1 % auf 22,8 %, während der Anteil der Muslime von 38,7 % auf 32,3 % fiel. Die anteilmäßige Abnahme der Muslime und die überproportional starke Zunahme der Katholiken, der Juden und anderer war in erster Linie ein Ergebnis der Wanderungsbilanz.

Alle sechs Verwaltungskreise, in die Bosnien-Herzegowina gegliedert war, wiesen eine religiös gemischte Bevölkerung auf. Nirgendwo war die Bevölkerung auch nur annähernd homogen, vor allem in den größeren Ortschaften nicht. In drei der sechs Kreise stellten die Orthodoxen die größte Glaubensgemeinschaft, in zwei Kreisen die katholische und in einem Kreis (Sarajevo) die muslimische. Aber nur in zwei Kreisen (Banja Luka und Bihać im Nordwesten) erlangte eine der Religionsgemeinschaften (in beiden Fällen die orthodoxe) eine absolute Mehrheit. In den vier anderen Kreisen schwankten die Anteile der zahlenmäßig stärksten Glaubensgemeinschaft zwischen 39 % und 46 %.

Tabelle 2: Bevölkerung der bosn.-herz. Verwaltungskreise nach Religionszugehörigkeit 1910 (in Prozent)

Kreis	Muslime	Orthodoxe	Katholiken	Andere	Zusammen
Sarajevo	46,04	32,67	18,34	2,95	100,00
Tuzla	41,75	43,06	14,13	1,06	100,00
Banjaluka	17,42	58,51	21,51	2,56	100,00
Bihać	39,68	54,77	5,39	0,16	100,00
Travnik	27,03	33,00	38,62	1,35	100,00
Mostar	23,84	34,00	41,95	0,21	100,00

Quelle: Volkszählung, S. XLI.

Nur 14,7 % der Gesamtbevölkerung Bosniens waren 1910 in „Städten" beheimatet. Darunter befanden sich nahezu alle in Bosnien lebenden Juden, die sich in die alteingesessenen Sepharden/Spaniolen und die nach Beginn der Okkupation (vornehmlich aus anderen Tei-

---

496 Irreführend ist die Bezeichnung insofern, als es sich hier nicht um Mitglieder einer Unierten Kirche, sondern um Orthodoxe bzw. Pravoslawen handelt, die der (griechischen) Patriarchatskirche in Konstantinopel unterstanden. Wie erwähnt, war die Zahl der Unierten mit über 8.000 Personen (= 0,43 % der Gesamtbevölkerung) gering.

len der Habsburgermonarchie) eingewanderten Ashkenasen gliederten.[497] Sepharden und Ashkenasen blieben sich wechselseitig fremd und pflegten kaum Kontakt zueinander. Von den Muslimen lebten 23,1 % in Städten, von den Katholiken 15,7 % und von den Orthodoxen nur 6,7 %. Mit anderen Worten: Die orthodoxe Bevölkerung lebte überwiegend auf dem Lande, während fast ein Viertel der Muslime in größeren Ortschaften zu Hause war. Gut die Hälfte aller Stadtbewohner (50,8 %) waren Muslime, gefolgt von Katholiken mit 24,5 %, Orthodoxen mit 19,9 % und Juden mit 4,0 %.[498] Das Bildungsniveau war allgemein extrem niedrig. Annähernd 95 % der Muslime im Alter von mehr als 7 Jahren waren 1910 noch Analphabeten. Bei den Orthodoxen waren es 90 %, bei den Katholiken 77 % und bei den Sonstigen „nur" 38 %.[499] Dass es rund 30 Jahre nach Beginn der Okkupation nicht gelungen war, die Analphabetenrate deutlich zu senken, und Bosnien im europäischen Vergleich noch immer das Schlusslicht bildete (auch im Vergleich zu anderen ehemals osmanischen Provinzen)[500] und dass selbst in Sarajevo mit seinen vielen qualifizierten Zuwanderern die Quote der Schreib- und Leseunkundigen hoch war (siehe unten), fällt die Bilanz der österreichisch-ungarischen „Zivilisierung" in diesem Bereich denkbar ungünstig aus. In drei Jahrzehnten hatte sich bei der Elementarbildung (im Unterschied zur mittleren und höheren Bildung) wenig oder nichts verändert!

Die Landeshauptstadt Sarajevo[501] nahm eine Sonderstellung ein. Die Einwohnerzahl wuchs sehr viel schneller als im Landesdurchschnitt[502] und verdoppelte sich zwischen 1885 und 1910 von 26.000 auf 52.000. Damit erreichte die Stadt eine Einwohnerzahl, die sie angeblich (aber höchst unwahrscheinlich) schon Mitte des 17. Jahrhunderts gehabt haben soll. Die durchschnittliche Bevölkerungsdichte stieg von 2.336 Einwohnern pro Quadratkilometer (1885) auf 3.999 Einwohner (1910). Sarajevo war damit die einzige Ortschaft in Bosnien, die man als „Stadt" bezeichnen konnte. Alle übrigen „Städte" waren kaum mehr als größere Dörfer oder Kleinstädte.[503] In keinem anderen Staat Europas war der Verstäd-

---

497 Zu Letzteren vgl. Hahamović, Julije: Aškenazi u Bosni i Hercegovini, in: Kamhi, Samuel (Hg.): Spomenica. 400 godina od dolaska Jevreja u Bosnu i Hercegovinu, Sarajevo 1966, S. 142 ff.
498 Volkszählung, S. XXXIX.
499 Volkszählung, S. XLV.
500 Vgl. die Angaben bei Sundhaussen, Holm: Historische Statistik Serbiens 1834–1914. Mit europäischen Vergleichsdaten, München 1989, S. 555 (Tabelle 148.2).
501 In den Statistiken der österreichisch-ungarischen Zeit wird unterschieden zwischen 1. Stadt (Landeshauptstadt), 2. Regierungsbezirk (Umland mit oder ohne Stadt) sowie 3. Kreis Sarajevo. Zu Letzterem gehörten Sarajevo (Stadt), das Umland sowie die Regierungsbezirke Čajnice, Foča, Fojnica, Rogatica, Visoko und Višegrad. 1910 wurden im Regierungsbezirk Sarajevo ohne Hauptstadt 47.519, mit Hauptstadt 99.438 und im Kreis Sarajevo 288.061 Einwohner gezählt.
502 Von 1895–1910 nahm sie um 36,3 % gegenüber 21,0 % in ganz Bosnien zu.
503 Die zweitgrößte „Stadt" war Mostar mit 16.392 Einwohnern. Es folgten Banja Luka mit 14.800, Tuzla mit 11.233, Travnik mit 6.647 und Bihać mit 6.647 Einwohnern. Volkszählung, S. XVIII.

terungsgrad so niedrig wie in Bosnien.[504] Das Bevölkerungswachstum Sarajevos war vor allem auf die starke Zuwanderung aus den beiden Reichshälften der Habsburgermonarchie zurückzuführen. 1910 waren österreichische Staatsbürger an der Bevölkerung Sarajevos zu 16,6 % beteiligt, ungarische Staatsbürger (i. d. R. Slawen) stellten 15,8 % der Bevölkerung. Hinzu kamen noch 3,0 % verschiedene Ausländer.[505] D. h. rund ein Drittel der Bevölkerung Sarajevos im Jahr 1910 war von außerhalb Bosniens zugewandert, was bei den altansässigen Städtern Überfremdungsängste hervorrief. Die Mehrheit der Zuwanderer aus den beiden Reichshälften waren Katholiken, deren Anteil an der Stadtbevölkerung daher sprunghaft in die Höhe schnellte.

Tabelle 3: Bevölkerung von Sarajevo (Stadt)[a] 1885–1910 nach Religionsgemeinschaften

Jahr		Muslime	Orthodoxe	Katholiken	Juden[b]	Andere[c]	Zusammen
1885	Abs.	15.787	4.431	3.326	2.618	106	26.268
	In %	60,1	16,9	12,7	10,0	0,4	100,0
1895	Abs.	17.158	5.858	10.672	4.058	337	38.083
	In %	45,1	15,4	28,0	10,7	0,9	100,0
1910	Abs.	18.460	8.450	17.922	6.397	690	51.919
	In %	35,6	16,3	34,5	12,3	1,3	100,0
Zunahme	Abs.	2.673	4.019	14.596	3.784	584	25.651
1885–1910	In %	16,9	90,7	438,8	144,3	550,9	97,6

a) Sarajevo (Stadt) setzte sich aus sieben Stadtteilen zusammen (Čaršija, Koševa, Bjelava, Kovači, Grad, Hrvatin und Čobanija), die ihrerseits in *Mahale* gegliedert waren. Die Fläche der Stadt umfasste 13 qkm.
b) Sepharden und Ashkenasen.
c) Darunter (als stärkste Gruppe) Evangelische.
Quelle: 1885: Ortschafts- und Bevölkerungs-Statistik, S. 4 f.; 1895 und 1910: Volkszählung, S. XLI.

1885 hatten die Muslime noch mit 60 % die Mehrheit der Stadtbevölkerung gestellt. 1910 war ihr Anteil auf knapp 36 % gesunken. Der Anteil der Orthodoxen blieb annähernd gleich, während die Katholiken von knapp 13 % auf annähernd 35 % zulegten und damit fast den gleichen Anteil erreichten wie die Muslime. Knapp 43 % der Stadtbevölkerung über 7 Jahre (rund 19.000 von 44.000 Personen) waren Analphabeten, mit großen Unterschieden zwischen den Religionsgemeinschaften. Mit fast 68 % stellten die Muslime die stärkste Gruppe der Analphabeten, mit deutlichem Abstand gefolgt von den Orthodoxen mit 14 %

---

504 Vgl. Sundhaussen: Historische Statistik, S. 106 (Tab. 12.2). Bei dem Vergleich wurden nur die damals bestehenden Staaten, nicht Regionen innerhalb von Staaten berücksichtigt.
505 Volkszählung, S. XLIX.

und den Katholiken mit 12 %, während Juden und andere Minderheiten weitgehend alphabetisiert waren.[506] Bei den Katholiken, die 34,5 % der städtischen Gesamtbevölkerung stellten, ist freilich der hohe Anteil der Zuwanderer, die mit Blick auf ihre Koffer von der einheimischen Bevölkerung als „kuferaši" bezeichnet wurden, in Rechnung zu stellen. Gut 70 % der Bevölkerung Sarajevos gaben 1910 als Muttersprache Serbokroatisch an, 10 % Deutsch (das auch von den Ashkenasen gesprochen wurde), 9 % Spaniolisch, jeweils rund 3 % Tschechisch und Ungarisch, der Rest verteilte sich auf eine Vielzahl weiterer Sprachen (darunter 100 Personen, die Romanes, und 31 (!) Personen, die Türkisch als Muttersprache deklarierten).[507]

Hinsichtlich der Erwerbstätigkeit nahm Sarajevo ebenfalls eine Sonderstellung ein, nicht nur gegenüber dem Land, sondern auch gegenüber anderen Städten in Bosnien-Herzegowina. Denn als Landeshauptstadt zog es viele Funktionen an sich, die andere Städte entbehrten.

Tabelle 4: Erwerbstätige und Unterhaltspersonen in Sarajevo 1910 nach Tätigkeitsbereichen

	absolut	In %
Urproduktion	1.945	3,75
Industrie[a]	19.349	37,27
Handel und Verkehr	10.844	20,89
Öffentlicher Dienst, freie Berufe	8.309	16,00
Hauspersonal u. a.[b]	11.472	22,10
Zusammen	51.919	100,00

a) Unter dem Begriff „Industrie" wurde ein weites Spektrum von Tätigkeiten im verarbeitenden Gewerbe zusammengefasst.
b) Hierzu zählten auch Lohnarbeiter mit wechselnden Tätigkeiten.
Quelle: Errechnet nach den Daten in: Volkszählung, S. 56 f.

Vom primären Sektor lebten knapp 4 % der Stadtbevölkerung, vom sekundären Sektor 37 %, während der große Rest der Einwohner seinen Lebensunterhalt aus einer Tätigkeit im tertiären Sektor bestritt.

Ich fasse die Ergebnisse kurz zusammen:
1. Die Bevölkerung Bosnien-Herzegowinas nahm während der österreichisch-ungarischen Verwaltung deutlich zu, diejenige Sarajevos verdoppelte sich.
2. Der Anteil der Muslime an der Gesamtbevölkerung Bosniens nahm leicht, ihr Anteil an

---

506 Volkszählung, S. 35.
507 Errechnet aus den Daten in: Volkszählung, 1. Abschnitt: Summarische Übersichten, S. 44 f.

der Stadtbevölkerung von Sarajevo dramatisch ab. Die Veränderung war vor allem eine Folge der Abwanderung von Muslimen und der Zuwanderung von Christen (meistens Katholiken) aus den beiden Reichshälften der Doppelmonarchie.
3. Erstmals in der Geschichte Sarajevos stellten die Christen (Katholiken und Orthodoxe) die Bevölkerungsmehrheit. Und erstmals war die Einwohnerschaft nicht nur multireligiös, sondern auch multiethnisch.[508]
4. Bosnien war noch Anfang des 20. Jahrhunderts ein reines Agrarland mit einer sehr geringen Urbanisierung. Die Verstädterung, die in der Glanzzeit des Osmanischen Reiches einen stürmischen Aufschwung genommen hatte, war anschließend bis zum Beginn der österreichisch-ungarischen Okkupation steckengeblieben.
5. Die Alphabetisierung machte unter der Herrschaft des Doppeladlers keine oder nur geringe Fortschritte. Das in dieser Hinsicht deutlich bessere Abschneiden Sarajevos war in erster Linie der Zuwanderung von außen geschuldet.

2.5. KONFESSIONALISMUS

Hätten die Staatsmänner der Doppelmonarchie geahnt, was mit der Besetzung Bosnien-Herzegowinas auf sie zukommen würde, hätten sie vielleicht die Finger davon gelassen. Der Satiriker Daniel Spitzer, Mitarbeiter der Wiener satirischen Zeitschrift „Figaro" und des „Kladderadatsch" in Berlin, verspottete Außenminister Andrássy, weil dieser Österreich-Ungarn um eine Million „Insurgenten" reicher gemacht habe.[509] In der Tat stellte sich die Frage, auf welche Bevölkerungsgruppen konnten/sollten sich die neuen Herren stützen? Angeboten hätten sich die Katholiken. Doch mit einem Anteil von 18 % an der Gesamtbevölkerung (1879) waren sie nur die drittstärkste Gruppe. Eine Entscheidung zu ihren Gunsten hätte sowohl die Orthodoxen wie die Muslime vor den Kopf gestoßen. Und da sich die Führungsschichten der Katholiken zunehmend als Kroaten verstanden und sich in Richtung des benachbarten Königreichs Kroatien-Slawonien orientierten, waren sie den ungarischen Vertretern in Wien und in der bosnischen Landesregierung ohnehin ein Dorn im Auge. Für den Ungarn Kállay und seine Gefolgsleute kam eine Stärkung des kroatischen Elements in der ungarischen Reichshälfte oder gar ein trialistischer Umbau der Doppelmonarchie, d. h. die Schaffung eines dritten – kroatischen oder südslawischen – Reichsteils nicht infrage. Auch

---

508 Sieht man von der kleinen Zahl ethnischer Türken (oder anderer nicht-slawischer Muslime), den Sepharden und zeitweiligen Splittergruppen ab, so war die Bevölkerung Sarajevos unter osmanischer Herrschaft ethnisch weitgehend homogen (bosnisch bzw. südslawisch) gewesen. Die Ausdifferenzierung dieser religiös heterogenen Bevölkerung in verschiedene Ethnien ist also ein Ergebnis des 19. Jahrhunderts.
509 Nach Fromm, Carl J.: Bosnien und die Hercegovina auf der Pariser Weltausstellung, in: Die Pariser Weltausstellung in Wort und Bild. Hg. Georg Malkowsky, Berlin 1900, S. 448.

die orthodoxe Bevölkerung schied als Stütze der Okkupationsmacht aus. Die Masse der serbischen Kmeten sowie die Mehrheit der Dorfgeistlichen/Popen standen der Doppelmonarchie mehr oder minder feindselig gegenüber, da diese die Eigentumsverhältnisse an Grund und Boden nicht antastete, und hofften auf einen Anschluss Bosniens an das benachbarte Königreich Serbien. Blieben noch die Muslime. Sie schienen aus österreichisch-ungarischer Sicht das kleinste Übel zu sein, da sie weder nach Kroatien noch nach Serbien gravitierten und keine Gefahr für den inneren Frieden der Monarchie darstellten. Zwar hoffte ein Teil der Muslime auf die Wiederherstellung der osmanischen Herrschaft in Bosnien, aber die Vertreter Österreich-Ungarns wussten, dass diese Hoffnung illusorisch war.

Ausgangspunkt aller Maßnahmen der österreichisch-ungarischen Verwaltung war das während der osmanischen Reformperiode verankerten *Millet*-System, d. h. die Gliederung der Bevölkerung nach autonomen Religionsgemeinschaften. Zwar waren den nicht-muslimischen Glaubensgemeinschaften (den „Schutzbefohlenen") schon lange vorher innere Verwaltungsbefugnisse zugestanden worden, aber erst in den 1860er-Jahren hatten sie – ebenso wie die Muslime selbst – den Status öffentlich-rechtlicher Körperschaften erlangt. Die Kategorisierung der Bevölkerung nach dem Glaubensbekenntnis war (unabhängig vom rechtlichen Status der Glaubensgemeinschaften) seit Jahrhunderten tief verwurzelt. Der Platz des Einzelnen in der Gesellschaft wurde durch die Religionszugehörigkeit bestimmt. Mit deutlichem Abstand folgten sozialer Status, Bildung oder Profession. Religion als wichtigstes gesellschaftliches Zuordnungskriterium war daher etwas anderes und weit mehr als eine Privatangelegenheit. Sie betraf die gesamte Gemeinschaft. Die Vertreter der Monarchie mussten diesem Umstand – ob sie wollten oder nicht – Rechnung tragen, sofern sie die Loyalität und Mitarbeit der Bevölkerung gewinnen wollten. Der Weg dorthin führte über die *Millets*, denn eine säkularisierte Zivilgesellschaft war nicht einmal ansatzweise in Sicht. Auch unter k.u.k. Herrschaft blieben daher der Konfessionalismus und das daran geknüpfte konfessionelle Proporzsystem (die quotierte Verteilung von Ämtern nach Religionszugehörigkeit) die Grundlage gesellschaftlicher Machtverteilung.[510]

Die Doppelmonarchie war zunächst bestrebt, die Führungsämter der Glaubensgemeinschaften und die Besetzung der höheren geistlichen Ämter unter ihre Kontrolle zu bringen, um Bosnien religionspolitisch vom Ausland möglichst unabhängig zu machen. Nach Ver-

---

510 Der Begriff „Konfessionalismus" verbindet sich in der europäischen Geschichte mit der „Epoche des Konfessionalismus" von etwa 1540 bis zum Westfälischen Frieden 1648, d. h. mit dem Zeitalter der christlichen Glaubensspaltung und Glaubenskämpfe, der Reformation und Nach-Reformation, in dem das Verhältnis von Kirche, Staat und Gesellschaft neu geordnet wurde. Im weiteren Sinn bezeichnet der Begriff auch die ideologische Instrumentalisierung der Konfessionszugehörigkeit in Auseinandersetzung mit dem konfessionell Anderen und findet über den Rahmen des Christentums hinaus Anwendung. Ein prägnantes Beispiel ist das konfessionelle Proporzsystem im Libanon, dessen Anfänge auf das Jahr 1864 zurückgehen.

handlungen mit dem Ökumenischen Patriarchen in Konstantinopel räumte dieser in einer Deklaration vom März 1880 der Monarchie das Recht ein, orthodoxe Bischöfe zu ernennen (die anschließend vom Patriarchen nur noch kanonisch bestätigt wurden) oder Bischöfe aus ihren Ämtern zu entfernen.[511] Damit endete die mehr als hundertjährige Phase der „griechischen" (phanariotischen) Bischöfe in Bosnien, die in denkbar schlechtester Erinnerung geblieben ist.[512] Auch mit dem Vatikan nahm Österreich-Ungarn 1880 Verhandlungen auf, deren Ergebnisse in einer Bulle Papst Leos XIII. vom 15. Juli 1881 festgehalten wurden. Der Kaiser erhielt das Recht, Kandidaten für die Bischofssitze zu nominieren, konnte aber Bischöfe nicht absetzen (was sich später als Problem erweisen sollte). Bosnien-Herzegowina wurde eine eigenständige Kirchenprovinz, die sich aus vier Diözesen, einschließlich des Erzbistums Vrhbosna mit Sitz in Sarajevo, zusammensetzte. Der Einfluss der bosnischen Franziskaner, die jahrhundertelang den Katholizismus in der Provinz vertreten hatten und zutiefst in der Region verwurzelt waren („wie ein einziger Leib und eine einzige Seele"), wurde zurückgedrängt zugunsten der fremden Jesuiten und des bischöflichen Ordinariats unter Führung des neuen Erzbischofs Josip Stadler (1843–1918).[513] Daraus resultierte ein von Verleumdungen, Machtkämpfen und Intrigen geprägter Dauerkonflikt (um es milde auszudrücken) zwischen den Franziskanern und Stadler. Die muslimische Glaubensgemeinschaft in Bosnien schließlich sollte nach dem Willen Österreich-Ungarns unabhängig vom Sheikh ul-Islam in Istanbul (und damit vom Kalifen und Sultan) werden. Die Pforte hätte diese Entwicklung (die auch von einigen bosnischen Honoratioren unterstützt wurde) gern verhindert, sah sich jedoch dazu außerstande. Mit einer Entschließung vom 17. Oktober 1882 genehmigte Kaiser Franz Joseph die Einsetzung eines geistlichen Oberhaupts (*Reis-ul-ulema*) für Bosnien sowie eines vierköpfigen Kollegiums islamischer Gesetzeskundiger (*Ulema-*

---

[511] Österreichisch-ungarisches Finanzministerium (Hg.): Bericht über die Verwaltung von Bosnien und der Hercegovina, Wien 1906, S. 131 f.; Donia: Islam under the Double Eagle, S. 18.

[512] Im Sommer 1852 hatten bosnische Orthodoxe einen Hilferuf an ihre Glaubensbrüder in der Habsburgermonarchie gerichtet und sich über den kirchlichen „Blutsauger", den Vladika Prokopje von Sarajevo, und dessen Protopopen Sophronie, diesen „alten Verbrecher" beklagt. „Wenn Bitten und Beschwören nichts hilft, was sollen wir Aermsten anfangen? Sollen wir Muslims werden, unser Gewissen und unsere Seele preisgeben? Ist es nicht genug, daß Prokopje zum Aergernis der ganzen Christenheit ein Leben in Schmach und Schande führt, daß er Priester erschlägt – hat er doch in der Kirche zu Sarajevo einen am Altare getödtet!, soll er uns, wie ein Wolf die Heerde, aus der Kirche unserer Väter vertreiben? Und woher sollen wir Geld nehmen uns zu helfen, da wir durch den Vladika und dessen Spießgesellen Sophronie längst um alles gebracht sind? In drei und einem halben Jahre haben uns diese beiden Räuber fünfundvierzigtausend Dukaten abgeschunden. Wir haben in unserer äußersten Bedrängnis den Patriarchen Kyrillos angefleht, wir wollen uns an unseren erhabenen und gütigen Vater den Sultan wenden und ihn kniefällig bitten, daß er uns von den Beiden befreie, denn sonst geht seine gehorsamste Rajah elendiglich zu Grunde." Zit. nach Helfert, [Joseph Alexander] Frh. von: Bosnisches, 2. Aufl., Wien 1879, S. 98 f.

[513] Einzelheiten bei Schmid: Bosnien, S. 662 ff.; Donia: Islam under the Double Eagle, S. 19.

Medžlis), dessen Mitglieder dem neuen Oberhaupt als Beirat zur Seite stehen sollten. *Reis* und *Medžlis* bildeten fortan (bis heute) das oberste geistliche und administrative Organ der bosnischen Muslime, den Rijaset (aus arab. riyāsa, Präsidium), eine in der damaligen islamischen Welt einmalige Institution mit Sitz in der Kaisermoschee von Sarajevo. Die Ernennung der Würdenträger blieb der Doppelmonarchie vorbehalten, die auch ihre Gehälter bezahlte.[514] Zum ersten *Reis* wurde Hilmi Omerović ernannt, der als austrophil galt und zwei Jahre zuvor vom Sheikh ul-Islam als *Mufti* für Bosnien eingesetzt worden war. Seine Autorität im neuen und ungewohnten Amt war jedoch unter den Muslimen nicht unstrittig. Gleichwohl hatte Österreich-Ungarn mit diesen drei Schritten maßgeblichen Einfluss auf die Besetzung der Führungspositionen in den drei großen Glaubensgemeinschaften gewonnen. Wie sich später zeigen sollte, ergaben sich daraus aber neue Schwierigkeiten, die in die Forderung nach Autonomie mündeten.

Auf lokaler Ebene war die Landesregierung bestrebt, bei der Vergabe von Ämtern die Glaubensgemeinschaften entsprechend ihrem jeweiligen Anteil an der Bevölkerung zu berücksichtigen. Konfessionelle Gleichheit gehörte zu den „Leitideen" der Okkupationsverwaltung.[515] Bereits unmittelbar nach Einnahme Sarajevos durch österreichisch-ungarische Truppen hatte General Filipović mit einem vorläufigen Stadtstatut vom 22. August 1878 die Wiederbelebung des 1865 geschaffenen Stadtrats (Beledija) angeordnet. Der neue Stadtrat bestand aus 18 Mitgliedern (fünf Muslimen, sechs Orthodoxen, vier Juden und drei Katholiken), die von Filipović ernannt wurden. Dieser stützte sich auf eine Liste prominenter Stadtbewohner, die der österreichische Konsul Konrad von Wassitsch kurz vor Einmarsch der kaiserlichen Truppen zusammengestellt hatte.[516] Zu den Erlesenen gehörten Mustajbeg Fadilpašić und Vejsil-ef. Srvzo[517] für die muslimische, die Händler Dimitrije M. Jeftanović

---

[514] Einzelheiten bei Schmid: Bosnien, S. 674 ff.; Šeta, Ferhad: Reis-ul-ulema u Bosni i Hercegovini i Jugoslaviji od 1882 do 1991. godine, Sarajevo 1991; Nakičević, Omer: Istorijski razvoj institucije Rijaseta, Sarajevo 1996; Karčić, Fikret: Služba Reis-ul-uleme kod Bošnjaka. Od titule do službe, in: Ders. (Hg.): Studije o šerijatskom pravu, Zenica 1997, S. 169 ff.

[515] Donia: Islam under the Double Eagle, S. 15.

[516] Am 9. 1. 1884 erhielt Sarajevo ein neues Stadtstatut. Der städtischen Vertretung (zastupstvo) gehörten nun 12 Muslime, 6 Orthodoxe, 3 Katholiken (ab 1899: 6 Katholiken) und 3 Juden an. Ein Drittel der Mitglieder wurde von der Landesregierung ernannt, die anderen wurden nach einem rigiden Zensuswahlrecht gewählt. 1884 besaßen nur 1.095 Stadtbewohner das Wahlrecht, ab 1902 waren es 2.224 Bürger. Stadtoberhaupt war stets ein vom Landeschef ernannter Muslim, sein Stellvertreter ein Orthodoxer (ab 1899 kam ein Katholik als zweiter Stellvertreter hinzu). Nach der Jahrhundertwende wurde über ein neues Stadtstatut diskutiert, mit dem die Zuständigkeiten der Stadtvertretung erweitert werden sollten. Hinsichtlich eines neuen Wahlrechts kam es zu heftigen Kontroversen (ob nur die „einheimischen" Stadtbewohner oder auch „Fremde", die in der Stadt lebten und Steuern bezahlten, wahlberechtigt sein sollten). Letztlich erwiesen sich die Streitereien als gegenstandslos, da das neue Statut nie in Kraft trat. Vgl. Kruševac: Sarajevo, S. 68 ff.

[517] Den Besuchern Sarajevos ist die Familie Srvzo durch das Srvzo-Haus bekannt, das zum Museum der Stadt Sarajevo gehört.

Abb. 16: Der erste Bürgermeister Sarajevos unter österreichisch-ungarischer Herrschaft: Mustajbeg Fadilpašić

und Hadži Makso Despić[518] für die orthodoxe sowie der Franziskaner und Dichter Grgo Martić für die katholische Glaubensgemeinschaft.[519] Viele der neuen Stadträte hatten bereits zuvor wichtige Ämter innegehabt, sodass Robert Donia zu Recht von einer Kontinuität der Eliten spricht.[520] Diese erklärt sich – vielleicht nicht allein, aber zu wesentlichen Teilen – damit, dass sie materiell und gesellschaftlich viel zu verlieren hatten und daher sowohl vor als auch nach der Okkupation auf Arrangements mit der politischen Macht sannen. Insbesondere die muslimische Elite in Sarajevo überdauerte den Machtwechsel und konnte sich von der neuen Administration substanzielle Privilegien sichern. Das bedeutet nicht, wie Donia unterstreicht, dass sie willfährige Instrumente in den Händen der Okkupationsmacht waren. Sie gehörten auch zu denjenigen, die sich für die Belange ihrer Glaubensgemeinschaft einsetzten und immer wieder Beschwerden der Muslime an die Landesregierung oder den Wiener Hof herantrugen und damit häufig Erfolg hatten. Zum ersten Bürgermeister Sarajevos wurde Mustajbeg Fadilpašić (1830–1892) ernannt, der einer angesehenen Sarajevoer Familie entstammte und zu den reichsten Großgrundbesitzern in Bosnien gehörte (Abb. 16). Obwohl die Kompetenzen des Stadtrats sehr begrenzt waren, da alle wichtigen Entschei-

---

518 Auch das Haus der Familie Despić am rechten Miljacka-Ufer zählt zu den Sehenswürdigkeiten der Stadt. Dazu weiter unten.
519 Vgl. Kreševljaković: Sarajevo za vrijeme austrougarske uprave, S. 10.
520 Donia: Islam under the Double Eagle, S. 44 f.

dungen von der Landesregierung getroffen wurden, bildete sich in der Stadtverwaltung eine Kultur des Aushandelns heraus, mit der die festen Grenzen der Glaubensgemeinschaften im politischen Alltag von Fall zu Fall überschritten wurden.

Doch Religionsfragen standen auch weiterhin im Zentrum der öffentlichen Aufmerksamkeit, zumal das Familienrecht in der Obhut der Religionsgemeinschaften verblieb. Das galt auch für den privatrechtlichen (nicht jedoch für den strafrechtlichen) Teil der Scharia.[521]

DEN GLAUBENSWECHSEL ERMÖGLICHEN UND VERHINDERN

Für besondere Erregung sorgte der Glaubenswechsel, der im Zuge der osmanischen Reformen („Toleranz-Edikt" vom 21. Februar 1859) jedem Untertanen der Pforte gestattet worden war. Doch der Übertritt von einer Religionsgemeinschaft zu einer anderen (sei es aus religiöser Überzeugung, sei es infolge einer Eheschließung oder aus Opportunismus) löste jeweils höchst emotionale öffentliche Debatten aus. Die Verurteilung des „Renegatentums" bzw. des religiösen (und nationalen) „Verrats" in Vergangenheit und Gegenwart gehörte in vielen Teilen Südosteuropas zu den „großen Themen" des 19. und 20. Jahrhunderts.[522] Für Muslime war ein Übertritt zum Christentum nach wie vor unvorstellbar. Zwar war die Todesstrafe für den „Abtrünnigen" (*murtat*) aufgehoben worden. Doch wurde der Abfall vom Islam nach 1859 mit einer Verbannung des Konvertiten an einen Ort geahndet, an dem ausschließlich Christen lebten. Alle Übertritte erforderten eine vorherige Anhörung, bei der festgestellt werden sollte, ob der Übertritt aus freiem Willen erfolgte. Diese Bestimmung wurde jedoch nicht immer eingehalten. Und bald kam es zum Eklat.[523]

---

521 Eine Verordnung über die Organisation und den Wirkungskreis der Scheriatsgerichte vom 29. August 1883 legte die Einzelheiten fest. Zu den Zuständigkeiten der Scheriatsgerichte gehörten „namentlich alle Angelegenheiten des mohammedanischen Eherechts, gleichviel ob es sich dabei um vermögensrechtliche oder sonstige Angelegenheiten handelt, weiters jene Rechtssachen, welche die Rechte und Pflichten zwischen mohammedanischen Eltern und Kindern betreffen, dann die Abhandlung von Verlassenschaften der Mohammedaner und der dabei vorkommenden Streitigkeiten, endlich in gewissem Umfange die Vormundschafts- und Kuratelsachen der Mohammedaner..." Schmid Bosnien, S. 129. Als Berufungsinstanz fungierte ein in Sarajevo eingerichtetes Scheriatsobergericht, an dessen Verhandlungen auch nicht-muslimische Richter beteiligt waren. Die Möglichkeit, gegen Entscheidungen der lokalen Scheriatsgerichte Berufung einzulegen, war eine Neuerung, die – ebenso wie die Beteiligung nicht-muslimischer Richter am Appellationsgericht – bei konservativen Muslimführern auf Kritik stieß. Zur Ausbildung der Scheriatsrichter wurde 1887 eine Fachschule in Sarajevo gegründet (Abb. 20, S. 228).
522 Vgl. stellvertretend Aleksov, Bojan: Die Interpretation des religiösen Bekenntniswechsels bei der Herausbildung des serbischen Nationalbewusstseins, in: Jahrbücher für Geschichte und Kultur Südosteuropas 4 (2002), S. 39–67; ders.: Adamant and Treacherous: Serbian Historians on Religious Conversions, in: Religion in Eastern Europe 26 (2006), 1, S. 24–51.
523 Für größere Erregung sorgte erstmals der Fall von Saja Čokić, einer Muslima aus einem Dorf in der Nähe von Mostar, die 1881 einen Katholiken heiratete. Vgl. Donia: Islam under the Double Eagle, S. 93 ff.

Am 22. August 1890 verließ Uzeifa Deliahmetović, eine 16-jährige Muslima, die als Bedienstete im Haus des Stadtratsmitglieds von Sarajevo, Esad Kulenović, beschäftigt war, dessen Haus, um zum Katholizismus überzutreten. Wie sie zu dieser Entscheidung gekommen war, ist unbekannt. Katholische Nonnen und Priester halfen ihr in der Folgezeit, sich vor Kulenović und der Polizei zu verstecken. Sie brachten sie zum Amtssitz von Erzbischof Stadler, der sie in einem Kloster unterbrachte und sich weigerte, ihr Versteck preiszugeben. Eine gerichtliche Vorladung ignorierte er unter Hinweis auf sein geistliches Amt. Der „Fall Uzeifa" sorgte für Aufruhr. Kulenović und die Familie der Konvertitin argumentierten, dass Uzeifa zu jung sei, um eine derart weitreichende Entscheidung treffen zu können, und bezweifelten die Freiwilligkeit ihres Glaubenswechsels. Die Tatsache, dass Stadler die Konvertitin vor dem Zugriff ihrer Familie und Kulenovićs schützte, schürte einen Sturm der Empörung. Die Muslime beschuldigten die Behörden, die Sache nicht ernst zu nehmen und den Katholizismus zu begünstigen. Die Katholiken ihrerseits beriefen sich auf die Gewissensfreiheit und beschuldigten die Behörden, die Übertritte von Muslimen zur (vermeintlichen) Religion ihrer Vorfahren vereiteln zu wollen. Schließlich einigte man sich auf eine Anhörung: In Anwesenheit Kulenovićs und eines Bruders von Uzeifa erklärte diese, dass ihr Übertritt aus freiem Entschluss erfolgt sei und dass sie katholisch zu bleiben wünsche.[524]

Die Frage des Religionswechsels bedurfte nun dringend einer einheitlichen Regelung. „Notwendig war diese Regelung schon deshalb", schreibt Ferdinand Schmid in seinem Opus magnum, „weil der Abfall vom Glauben den im Lande befindlichen Konfessionen als ein Greuel gilt und als eine der ganzen Glaubensgenossenschaft angetane Schmach gefühlt wird, sodaß sich in solchen Fällen aller Glaubensgenossen eine große Aufregung bemächtigt und von jeder Konfession eine Parteinahme der Regierung verlangt wird." Am 7. Juli 1891 erließ die Landesregierung eine Verordnung zur normativen Regelung des Konversionsverfahrens. Voraussetzung für die Apostasie war die Volljährigkeit des Konvertiten (die aber nicht in Altersjahren festgelegt wurde) sowie dessen geistige und körperliche Reife. Schmid beschreibt die anschließende Prozedur folgendermaßen: „Der Austritt aus einer Glaubensgenossenschaft ist persönlich bei dem Seelsorger der bisherigen Religionsgemeinschaft anzumelden. Letzterer soll hierüber eine schriftliche Bestätigung erteilen. Sodann hat der Bewerber bei der politischen Behörde erster Instanz persönlich die Anmeldung zu erstatten, welche in Evidenz zu nehmen und sogleich der vorgesetzten Kreisbehörde anzuzeigen ist. Die Aufnahme in die neue Glaubensgenossenschaft kann nur wirksam geschehen, wenn der Bewerber zuvor die Absicht des ordnungsmäßigen Austrittes aus der früheren Religionsgemeinschaft zur Geltung gebracht hat. Sie ist beim neuen Seelsorger persönlich anzusuchen, dem hiebei die von der Behörde vidierte Bestätigung des früheren Seelsorgers vorgelegt wer-

---

524 Ebda., S. 56.

den muß. Hierauf ist durch den Seelsorger der neuen Glaubensgenossenschaft die Anzeige an die zuständige politische Behörde erster Instanz zu erstatten, welche dieselbe wieder der vorgesetzten Kreisbehörde mitteilt. Die Aufnahme darf nur auf Grund des Nachweises der vidierten Bestätigung über den Austritt erfolgen, und zwar frühestens nach einer Frist von 2 Monaten vom Tage der behördlichen Kenntnissnahme der Austrittserklärung. Eine weitere Ingerenz haben die Behörden in der Regel nicht auszuüben. Nur wenn die Bestätigung über den Austritt nicht erteilt wird, die erlangte Großjährigkeit oder die volle körperliche und geistige Reife bestritten wird, ein Einwand gegen den normalen Geistes- und Gemütszustand des Konvertenten erhoben wird oder endlich Einwendungen wegen unterlaufener List oder Gewalt, ferner wegen eines obwaltenden Irrtums geltend gemacht werden, hat auf Antrag des Konversionswerbers ein behördliches Verifikationsverfahren durch die Kreisbehörde einzutreten. (…) Bei der Verhandlung haben unter allen Umständen jene Medžlismitglieder anwesend zu sein, welche der von dem Konvertenten zu verlassenden Religionsgemeinschaft angehören, wie auch jene, welche Mitglieder der neu zu wählenden Konfession sind. Perfekt wird der Glaubenswechsel in dem Augenblicke, wo dem Konvertiten die faktische Aufnahme in die neue Religionsgemeinschaft zu teil geworden und der Behörde die vorgeschriebene Anzeige erstattet ist."[525]

Die Muslime waren mit diesem bürokratischen Ungetüm vorerst zufrieden, die Katholiken waren verärgert, der Vatikan akzeptierte die Regelung nicht, und Stadler saß zwischen allen Stühlen (und wurde wiederholt zu Geldstrafen verurteilt). Es folgten neue Verhandlungen, neue Vereinbarungen, neue Aufregungen: eine schier unendliche Geschichte. Eine 1891 erlassene entbürokratisierte Konversionsregelung kam den Katholiken entgegen und bestürzte folglich die Muslime.[526] Bis zum Ende der österreichisch-ungarischen Periode blieb der Glaubenswechsel daher ein höchst emotionsgeladenes Thema.[527]

Aus der Rückschau erscheint die Aufregung sonderbar, 1. weil der Glaubenswechsel in Bosnien seit Jahrhunderten zum Alltag gehörte (wenn auch vornehmlich in einer Richtung), 2. weil die Muslime, die gegen die Übertritte zum Christentum protestierten, ihrerseits Nachkommen von Glaubenswechslern waren und 3. weil der Glaubenswechsel in der österreichisch-ungarische Periode eine Ausnahmeerscheinung blieb. Philippe Gelez hat auf

---

525 Schmid: Bosnien, S. 259.
526 Die Entführung des 16-jährigen muslimischen Mädchens Fata Osmanović aus einem Dorf in der Nähe von Mostar durch die katholische Familie ihres Freiers, Fatas Übertritt zum Katholizismus und ihre von Priestern organisierte Flucht nach Dalmatien sorgten 1899 erneut für große Aufregung. Der Mufti von Mostar, Ali Džabić, der schon seit einigen Jahren für eine religiöse Autonomie der Muslime kämpfte, setzte sich an die Spitze der Protestbewegung. Er wurde im folgenden Jahr von den österreichisch-ungarischen Behörden als Mufti abgesetzt. Als er sich 1902 nach Istanbul begab, um sich mit dem Sheick-ul-Islam zu beraten, verboten ihm die Behörden die Rückkehr nach Bosnien.
527 Vgl. auch Okey: Taming Balkan Nationalism, S. 188 ff.; Vrankić: Religion und Politik.

der Grundlage verschiedener Quellen eine „Gewinn- und Verlustrechnung" der Religionsgemeinschaften für den Zeitraum 1879 bis 1915 erstellt. Insgesamt erfasst wurden in diesen 36 Jahren 246 „Verluste" bzw. 242 „Gewinne", d. h. im Durschnitt etwa 7 Übertritte pro Jahr. Per saldo verloren die Katholiken 25, die Muslime 21 und die Juden 10 Mitglieder. Gewinner waren die Orthodoxen (42 Mitglieder) und die Evangelischen (8 Mitglieder).[528] Diese Zahlen verdeutlichen, dass es sich bei den Konvertiten um Einzelfälle handelte. „Der Grund der Conversion ist in der Regel das Heiraten", hielt Kállay fest. „Jeder Uebertritt ist zwar ein kleiner Romanstoff, aber sein Motiv ist nicht der Zweifel an den Satzungen der Religion, sondern irgendein äußerer Grund."[529] Davon wollten die Vertreter der Glaubensgemeinschaften selbstverständlich nichts wissen. Ihnen ging es nicht um Zahlen und auch nicht um Individuen, sondern um das Prinzip, um die jeweilige Gemeinschaft, um „existenzielle Bedrohungen" und die „Wahrheit" schlechthin. Da man diese nicht auf die leichte Schulter nehmen durfte, tüftelte ein Heer von Bürokraten daran, wie man von einer Religion zu einer anderen übertreten bzw. wie man den Übertritt ermöglichen oder verhindern, erleichtern oder erschweren (oder am besten sowohl erleichtern als auch erschweren) konnte.[530]

2.6. KÁLLAYS GESCHEITERTES BOSNIAKEN-KONZEPT

Mit großer Nervosität beobachteten die Vertreter Österreich-Ungarns die zunehmende Nationalisierung und Politisierung der beiden christlichen Konfessionen. Das war Sprengstoff. Nicht nur für Bosnien, sondern auch für die Monarchie. Deshalb verfiel Kállay auf eine ebenso naheliegende wie chancenlose Idee. Man musste nur die Angehörigen der verschiedenen Glaubensgemeinschaften zu einer religionsübergreifenden „bosniakischen" Nation vereinen, dann konnte man die Gefahren, die von einer serbischen oder kroatischen Orientierung in Teilen der Bevölkerung ausgingen, neutralisieren und zugleich die Muslime einbinden. Um das Konzept des „Bosniakentums" (Bošnjaštvo) voranzutreiben, wurde ein umfangreiches Instrumentarium von Anreizen und Verboten eingesetzt: Konzipierung einer

---

528 Gelez: Se convertir, S. 89. Ähnlich Džaja: Bosnien-Herzegowina, S. 62 f.
529 Die Lage der Mohammedaner in Bosnien, 2. Aufl., Wien 1900, S. 107. Kállay veröffentlichte diese Schrift anonym.
530 Petar Vrankićs These, dass es den Katholiken im bosnischen „Religionskrieg" nur um die Gewissensfreiheit des Einzelnen gegangen sei (wie sie in ihren Verlautbarungen stets betonten), während Muslime und Orthodoxe vornehmlich ihre kollektiven Rechte im Sinn gehabt hätten (Vrankić: Religion, S. 677), lässt sich allerdings kaum überprüfen, da auch bei den Katholiken Glaube und Nationalität schwer voneinander zu trennen waren. Tatsache ist, dass Erzbischof Stadler keineswegs nur an die Gewissensfreiheit und das Seelenheil der Gläubigen dachte, sondern auch nationalpolitische Ziele – den Anschluss Bosnien-Herzegowinas an Kroatien – betrieb, was ihn schließlich in Konflikt mit Kállay und den ungarischen Politikern brachte, die ab 1900 auf seine Absetzung drängten (die vom Vatikan allerdings zurückgewiesen wurde).

bosniakisch-nationalen Meistererzählung (u. a. durch Förderung der Archäologie, Fokussierung auf die römisch-antike Periode, Betonung der Kontinuität zwischen vorosmanischer und osmanischer Zeit sowie der These von der bogomilischen Abstammung der Muslime), Gründung eines Landesmuseums in Sarajevo, Propagierung eines eigenen Architekturstils, Subventionierung regierungsnaher Zeitschriften, Unterstützung ethnografischer Forschungen, Verbot der Bezeichnungen „serbisch" oder „kroatisch" für die Landessprache, Verbot von Vereinen, die sich „serbisch" oder „kroatisch" nannten, Verbot „verdächtiger" Zeitungen oder Zeitschriften aus Belgrad usw.[531]

Eine wichtige – wenn auch nur indirekte (!) – Rolle im Nationsbildungsprozess fiel dem Bosnisch-Herzegowinischen Landesmuseum in Sarajevo zu, das aus den Aktivitäten eines privaten Museumsvereins hervorging und 1888 eröffnet wurde. Das zunächst provisorisch untergebrachte Museum, das 1913 in ein von Karel Pařík im Stil der Neo-Renaissance entworfenes, prachtvolles Gebäude am damaligen Westrand der Stadt umzog (wo es sich heute noch befindet), entwickelte sich unter der Leitung von Constantin (Kosta) von Hörmann, einem Mitglied der Landesregierung, schnell zur wichtigsten wissenschaftlichen Institution in Bosnien-Herzegowina, die sich zunehmend auch internationaler Reputation erfreuen konnte[532] (Farbabb. 6). Das Museum, das eine naturwissenschaftliche und eine archäologisch-kunsthistorische Abteilung besaß, entfaltete dank des Einsatzes seiner zumeist jungen, ambitionierten Mitarbeiter, die mehrheitlich aus den slawischen Teilen der Doppelmonarchie stammten, unter ihnen der Kustos Ćiro Truhelka, eine umfangreiche Tätigkeit, baute die erste wissenschaftliche Bibliothek im Lande auf, gab zwei wissenschaftliche Zeitschriften, den *Glasnik Zemaljskog muzeja* und die *Wissenschaftlichen Mittheilungen aus Bosnien und der Hercegovina*, heraus und beherbergte auch das 1904 gegründete Institut für Balkanforschung unter der Leitung von Carl Patsch, einem Pionier der Balkanologie. Die Tätigkeit des Museums beförderte die Konstruktion eines eigenständigen Geschichtsraums Bosnien, der sowohl serbischen als auch kroatischen Autoren bis heute ein Dorn im Auge ist. Insbesondere dem Leiter Hörmann, der auch eine Sammlung muslimischer Volkslieder aus Bosnien herausgegeben hat,[533] wurde die Absicht zur „Entnationalisierung" (!) Bosnien-Her-

---

531 Von einigen dieser Maßnahmen wird weiter unten noch zu sprechen sein. Zum Gesamtkomplex vgl. u. a. Kraljačić: Kalajev režim, S. 186–278; Babuna: Nationale Entwicklung, S. 207–226; Redžić, Enver: Kállays bosnische Politik. Kállays These über die „bosnische" Nation, in: Österreichische Osthefte 7 (1965), 5, S. 361–378; Ress: Kállays Konzeption, S. 59–72; Milojković-Djurić, Jelena: Benjamin von Kállay's Role in Bosnia 1882–1903: Habsburg's Policies in an Occupied Territory, in: Journal of the North American Society for Serbian Studies 14 (2000), 2, S. 211–220. Listen der verbotenen Druckerzeugnisse aus Belgrad bei Besarović (Hg.): Kultura i umjetnost, S. 431; Kraljačić: Kállayev režim, S. 122 f.
532 Zur Gesamtthematik vgl. Kapidžić: Naučne ustanove.
533 Neuauflage: Narodne pesme muslimana u Bosni i Hercegovini. Sabrao Kosta Hörmann 1888–1889. Hg. Djenana Buturović, Sarajevo 1976.

zegowinas und zur Schaffung einer „künstlichen" (!) Nation vorgeworfen.[534] Dieser Vorwurf bezog sich auch auf die von der Landesregierung unter Verantwortung Hörmanns am 1. Januar 1895 begründete Illustrierte mit dem programmatischen Namen „*Nada*" (Hoffnung), die ihren Lesern die bosniakische Vision des Regimes in Wort und Bild nahebringen und den Einfluss der serbisch oder kroatisch orientierten Medien neutralisieren sollte.[535] Nicht bestreiten lässt sich, dass das Museum auch den politischen Zielen der Monarchie diente, aber seine wissenschaftliche Bedeutung ging weit darüber hinaus.[536]

Der Vermittlung von Kállays Vision gegenüber der Außenwelt dienten neben dem Landesmuseum u. a. auch der 1888 veröffentlichte Reisebericht von Johann (János) von Asbóth, Mitglied des ungarischen Reichstags, der Kállay vier Jahre lang auf dessen Reisen durch Bosnien begleitet hatte,[537] ferner der vom Leiter des Stadtbauamts in Sarajevo, Edmund Stix, herausgegebene Band über die Baukunst in Bosnien[538] sowie der Bosnien-Band der monumentalen, 1883 vom damaligen Kronprinzen Rudolf angeregten landeskundlichen Enzyklopädie „Die österreichisch-ungarische Monarchie in Wort und Bild" („Kronprinzenwerk").[539] Die darin enthaltenen Illustrationen sollten ebenso wie eine Fülle von Postkarten, die einerseits Bosnien als „europäischen Orient"[540] und andererseits die von Österreich-Ungarn importierte Moderne ins Blickfeld rückten, das Interesse der Außenwelt an einer Provinz wecken, die nach langer Abwesenheit wieder „in Europa angekommen"

---

534 Vgl. Antić, Historicizing Bosnia. Die Verfasserin setzt sich darin kritisch mit den Auffassungen von Ilija Kecmanović und Djenana Buturović sowie der Interpretation der Hörmann-Figur in Andrićs Erzählung über den Kmeten Siman auseinander.

535 Vgl. u. a. Lipa, Aida: The Austro-Hungarian Period in Bosnia and Hercegovina. Cultural Politics in Bosnia and Hercegovina and the Creation of the Western Type of Art, in: Kakanien revisited, 26. 5. 2006: http://www.kakanien.ac.at/beitr/fallstudie/ALipa1.pdf, S. 4 f.; ausführlich dazu Ćorić, Boris: Nada – knjževnohistorijska monografija 1895–1903, Sarajevo 1978.

536 Zu einer kritischen und ausgewogenen Würdigung des Museums vgl. Bagarić: Museum und nationale Identitäten, sowie Hartmuth: The Habsburg Landesmuseum. „[T]he idea that it was a product and medium of quasi-colonialist cultural policies may require some adjustment", schreibt Hartmuth. Letztlich lassen sich alle Einrichtungen – von der Eisenbahn bis zur Sozialfürsorge – als Instrumente der Monarchie interpretieren, die sie zweifellos auch waren, doch das erschöpft ihre Bedeutung nicht und macht sie nicht a priori wertlos. Die Prämisse der Unvereinbarkeit – was der Monarchie nützte, kann nicht Bosnien genutzt haben – ist Ideologie.

537 Asbóth, Johann von: Bosnien und die Herzegowina. Reisebilder und Studien, Wien 1888 (mit Übersetzungen ins Englische und Ungarische).

538 Stix, Edmund: Das Bauwesen in Bosnien und der Hercegovina vom Beginn der Occupation durch die österr.-ungar. Monarchie bis in das Jahr 1887: eine technisch-statistische Studie, nach ämtlichen Quellen, zusammengestellt vom Baudepartement der Landesregierung, Wien 1887.

539 Die österreichisch-ungarische Monarchie in Wort und Bild, Bd. 22: Bosnien und Herzegowina, Wien 1901.

540 Beliebte Motive waren z. B. Szenen aus der Čaršija, verschleierte Frauen, Moscheen u. ä. Wie selbstverständlich ist auf den Postkarten von „türkischen" Händlern, „türkischen" Gassen, „türkischen" Häusern, „türkischen" Friedhöfen etc. die Rede.

war. Beträchtliches Aufsehen erregte die Präsentation Bosniens auf der ungarischen Millenniumsausstellung in Budapest 1896. „Der bosnische Pavillon ragte… als spektakulärste Version jemals ausgestellter vernakularer Architektur hervor. (…) Das rekonstruierte Wohnhaus eines türkischen [bosnisch-muslimischen] Edelmannes, in dem bosnisches Kunsthandwerk gezeigt wurde, stellte an Beliebtheit alle anderen in den Schatten. Damit war Bosnien als neues Liebkind des exhibitionary complex in die… Hauptstädte der Doppelmonarchie eingezogen."[541] Ähnliches gilt für den Beitrag Bosniens zur Pariser Weltausstellung im Jahr 1900.[542] Gewiss dienten derartige Präsentationen dem Eigenlob der Doppelmonarchie, die damit die Erfolge ihrer „Zivilisierungsmission" einem erstaunten Publikum vorführen wollte. Das versteht sich von selbst und ist normal – für Staaten ebenso wie für Individuen. (Sogar postkoloniale Kritiker Österreich-Ungarns verhalten sich nicht anders. Mit ihrer Kritik und ihrem moralischen Zeigefinger streben sie immer auch nach Anerkennung in der „scientific community". So simpel ist das.) Aber sie dienten eben auch der Präsentation eines Landes, das jahrhundertelang im Schatten westlicher Aufmerksamkeit gestanden hatte, der Entdeckung des „europäischen Orients" und dem Selbstwertgefühl desjenigen Teils der Bevölkerung Bosnien-Herzegowinas, die ihre Heimat nicht als bloßen Appendix Serbiens, Kroatiens oder des Osmanischen Reiches verstehen wollte. Bosnien-Herzegowina hat „die Feuerprobe der erstmaligen Beteiligung an einer Weltausstellung glänzend bestanden und ist ohne Widerrede in die vorderste Reihe der Kulturländer getreten, denn sein Volk besitzt nicht nur eine stolze, bilderreiche Geschichte der Vergangenheit, sondern es kann nach solcher kultureller Arbeit und einem solchen Erfolg wie auf der Pariser Weltausstellung getrost in die Zukunft blicken, in der es die Achtung und Anerkennung der ganzen civilisierten Welt finden wird."[543]

Kállay und seine Mitstreiter in der Landesregierung[544] hatten gehofft, zunächst die muslimische Führungsschicht und die Träger der Landesbürokratie als Multiplikatoren für ihr Nationsbildungsprojekt gewinnen zu können. Kállay ging offenbar davon aus, dass der muslimische „Adel" in Bosnien – die *Begs* – eine ähnliche nationsbildende und reformerische Rolle übernehmen könne wie der ungarische Hochadel als Vorkämpfer einer ungarischen politischen Nation im Vormärz.[545] Deshalb verzichtete er auf eine grund-

---

541 Reynolds, Diana: Zentrum und Peripherie: Hegemonialer Diskurs oder kreativer Dialog? Wien und die „Volkskünste" 1879 bis 1900, in: Aigner, Anita (Hg.): Vernakulare Moderne: Grenzüberschreitungen in der Architektur um 1900, Bielefeld 2010, S. 106.
542 Vgl. Fromm, Carl J.: Bosnien und die Herzegowina auf der Pariser Weltausstellung, in: Malkowsky, Georg (Hg.): Die Pariser Weltausstellung in Wort und Bild, Berlin 1900, S. 448–455.
543 Ebda., S. 455.
544 Darunter der Landeschef Johann Baron von Appel, „Ziviladlatus" Hugo Freiherr von Kutschera, Sektionschef Eduard Ritter von Horowitz, der erwähnte Constantin von Hörmann.
545 Die österreichisch-ungarische Verwaltung hat einige Mühe darauf verwandt, den traditionellen Begriff

legende Reform der Eigentumsverhältnisse in der Landwirtschaft und setzte auf eine langfristige, allmähliche Ablösung des Kmetensystems (was – wie sich später zeigen sollte – sein schwerster politischer Fehler war). Unterstützung fand Kállay in Kreisen der aufgeklärten muslimischen Intelligenz in Sarajevo, wo 1888 die erste muslimische Lesehalle (*kiraethana*) in Bosnien gegründet wurde. Sie befand sich am Ostrand der Stadt, in Bentbaša (in der Nähe von Isa-begs *Derwisch*konvent). Dort versammelten sich die reformwilligen Vertreter der muslimischen Oberschicht, meistens Großgrundbesitzer und ihre Söhne, die an Höheren Lehranstalten der Doppelmonarchie studiert hatten. Ihr Ziel war die wirtschaftliche und kulturelle „Revitalisierung" der muslimischen Gemeinschaft, die Überwindung der Rückständigkeit und Passivität, die Hebung des Bildungsniveaus und die Befreiung aus der Enge eines starren Traditionalismus. Gleich Kállay wollten auch die muslimischen Erneuerer ihre Standesgenossen mit modernen Wirtschaftsmethoden vertraut machen, ohne die wirtschaftlichen Grundlagen der überlebten Agrarverfassung anzutasten.[546] Ihr Sprachrohr wurde die 1891 von Mehmedbeg Kapetanović (Ljubuški) ins Leben gerufene Zeitschrift „Bošnjak", die ihre Artikel nicht mehr in arabischer oder osmanisch-türkischer, sondern in bosnischer Sprache publizierte. Kapetanović, der bereits vor der Okkupation wichtige Ämter bekleidet hatte, anschließend dem neuen Stadtrat von Sarajevo angehörte und von 1893 bis 1898 als Bürgermeister der Stadt amtierte, setzte sich für den wirtschaftlichen und kulturellen Fortschritt aller Bewohner Bosnien-Herzegowinas auf der Grundlage religiöser Gleichberechtigung und Rechtsstaatlichkeit bzw. für die „Europäisierung" beider Provinzen ein und verstand die habsburgische Herrschaft als Vehikel zur Erreichung dieses Ziels.[547] In

---

„Beg" (ehemals Inhaber einer Großpfründe/Ziamet und Mitglied der militärischen Führungsschicht) neu zu definieren und vom Begriff „Aga" (früher: Nutznießer einer Kleinpfründe/Timar) abzugrenzen. Die Begs unter k.u.k. Herrschaft bildeten eine Art neuen Adels und setzten sich aus den reichsten Großgrundbesitzern sowie aus Personen, die traditionell einflussreichen Familien entstammten, zusammen. Vgl. dazu ausführlich Kamberović: Begovski zemljiposjedi, S. 39–108. Der Autor hat 46 Familien identifiziert, die zu den reichsten Großgrundbesitzern in Bosnien-Herzegowina gehörten, und hat deren Besitz – das in Eigenregie bewirtschaftete Land (begluk) sowie die von abgabepflichtigen Bauern (Kmeten) bearbeiteten Ländereien (kmetska selišta) – detailliert analysiert (S. 231–476). Die Zahl aller Gutsbesitzer mit (abhängigen) Kmeten (Begs, Agas und einige andere) belief sich 1910 auf 10.463 Familienoberhäupter (3,7 % aller Familienvorstände). Davon lebten 2.582 in Sarajevo (Volkszählung, S. LXVI). Innerhalb dieser Kategorie bestanden allerdings große soziale Unterschiede, worauf Kamberović zu Recht hingewiesen hat.

546 Donia: Islam under the Double Eagle, S. 55. Čupić-Amrein: Die Opposition, S. 229 ff.; Imamović: Historija Bošnjaka, S. 377 ff.

547 Programmatisch ist seine Schrift über die Zukunft und den Fortschritt der Muslime in Bosnien (Budućnost ili napredak muhamedanaca u Bosni i Hercegovini, Sarajevo 1893) sowie seine bereits 1886 veröffentlichte Schrift „Što misle muhamedanci u Bosni" (Was die Muslime in Bosnien denken), aus der kurze Auszüge in englischer Übersetzung vorliegen. Kapetanović Ljubuški, Mehmedbeg: What Mohammedans in Bosnia think, in: Collective Identity in Central and Southeast Europe (1770–1945). Texts and Commentaries, Bd. III/1: Modernism – The Creation of Nation-States. Hg. Ersoy, Ahmet/Górny, Maciej/

seinen Schriften deutet sich erstmals das an, was heute unter der Überschrift „Europäischer Islam" diskutiert wird – ein Islam, der mit den Wertvorstellungen und Normen in anderen Teilen Europas kompatibel ist und sich der Entwicklung von Wissenschaft und Technik öffnet. Ähnlich wie Kapetanović argumentierten auch die Autoren der Zeitschrift „Behar" (Blüte), die von 1900 bis 1911 in Sarajevo erschien.[548] Kállays Bosniaken-Konzept kam Kapetanović und den reformorientierten Muslimen entgegen, weil es sie aus der Zwangslage befreite, sich entweder pro-kroatisch oder pro-serbisch oder als Befürworter einer Wiederherstellung der osmanischen Macht in Bosnien zu entscheiden. Dass Kapetanović und die Autoren der Zeitschrift „Bošnjak" die Kühnheit besaßen, von einem (überkonfessionellen) „bosnischen Volk" und einer „bosnischen Sprache" zu sprechen, brachte ihnen scharfe Kritik seitens der nationalen serbischen und kroatischen Presse ein.[549] Auch der Mehrheit der Muslime war das Bosniaken-Konzept zu abstrakt und zu entfernt von ihrer Lebenswelt, sodass sie unterschiedliche Optionen verfolgten (pro-kroatisch, pro-serbisch, „bosniakisch" im Sinne von bosnisch-muslimisch).[550] Unklar war (und blieb) die Hierarchie der Zuordnungskriterien: Waren gemeinsame Sprache, (vermeintlich) gemeinsame Abstammung, gemeinsame Vergangenheit und/oder gemeinsames Territorium wichtiger als Religion? Oder war die Religion wichtiger als alle anderen Kriterien? Wer die zweite Frage bejahte, konnte an Kállays Vision unmöglich Gefallen finden. Denn eine überkonfessionelle bosniakische Nation war eben keine islamische, orthodoxe oder katholische Gemeinschaft.

Weder die muslimischen Oberschichten noch die Landesbürokratie (die sich aus Zuwanderern, den „kuferaši", und einer allmählich zunehmenden Schicht von Einheimischen zusammensetzte) waren sich in der Unterstützung von Kállays Konzept einig. Auch die zu Wohlstand gelangten serbischen Kaufleute und Unternehmer, die schon in spätosmanischer Zeit Anschluss an die „europäische" Wirtschaftsweise gefunden hatten und vom Modernisierungsprogramm der Monarchie profitierten sowie obendrein wichtige öffentliche Ämter bekleideten (wie etwa die Mitglieder der Familie Despić),[551] waren keine verlässliche Stütze.

    Kechriotis, Vangelis, Budapest 2010, S. 90–93. Zu Kapetanović Ljubušak vgl. Karić: Islamic Thought, S. 401–408.
548 Zu den Herausgebern der Zeitschrift „Behar. List za pouku i zabavu" gehörten Safvet-beg Bašagić, Edhem Mulabdić, Džemaludin Čaušević und Šemsibeg Salihbegović.
549 Babuna: Nationales Erwachen, S. 236.
550 Zu den verschiedenen Optionen bosnisch-muslimischer Schriftsteller seit Mitte der 1890er-Jahre vgl. Rizvić, Muhsin: Književna stvaranja muslimanskih pisaca u Bosni i Hercegovini u doba austrougarske vladavine, Bd. 1, Sarajevo 1973, S. 146–218.
551 Die Familie Despić, die aus der Herzegowina stammte und Mitte des 18. Jahrhunderts nach Sarajevo gekommen war, gehörte im 19. Jahrhundert zu den einflussreichsten und wohlhabendsten Repräsentanten der orthodoxen Gemeinde in der Stadt. Hadži Makso Despić war von 1878 bis 1884 Mitglied des Stadtrats von Sarajevo. Das heute zum Museum der Stadt Sarajevo gehörige Despić-Haus (Despića kuća) am rechten Ufer der Miljacka im ehemaligen Lateinerviertel gibt Einblick in die Wohnkultur der Familie und die Mischung

Sehr schnell wurde klar, dass Kállays Bosniaken-Konzept über keine hinreichende Trägerschicht verfügte. Selbst Gebote und Verbote nutzten wenig. Die in Bosnien gesprochene Sprache, die amtlich zunächst als „Landessprache" bezeichnet worden war, musste nun „Bosnisch" genannt werden. Aber sowohl die serbische als auch die kroatische Öffentlichkeit wehrte sich gegen diese Benennung. (1907 – vier Jahre nach dem Tod Kállays – führte die Landesregierung schließlich die amtliche Bezeichnung „serbisch-kroatisch" ein.)[552] Die Vereine, von denen noch die Rede sein wird, durften sich zwar nicht als serbische oder kroatische Vereine bezeichnen und mussten sich jeder politischen und nationalen Agitation enthalten, doch in der Praxis konnten derartige Verbote trotz des weitverzweigten österreichisch-ungarischen Spitzelnetzes leicht umgangen werden. Den Nationalisierungsprozess konnten solche Verbote jedenfalls nicht aufhalten, und gegen Ende der 1890er-Jahre war das inter- oder überkonfessionelle Bosniaken-Projekt gescheitert, gescheitert am Widerstand oder an der Resistenz aller drei großen Glaubensgemeinschaften.

Kállays Konzept wurde und wird von vielen Seiten kritisiert als „absolutistisch", „kolonial", „anti-serbisch", „anti-kroatisch", als Politik des „divide et impera". Alle diese Vorwürfe treffen zu (wobei „anti-serbisch" und „anti-kroatisch" nicht gleichgesetzt werden darf mit anti-orthodox oder anti-katholisch!). Kállays Politik diente in erster Linie den Interessen der Monarchie, insbesondere der ungarischen Reichshälfte, und war imperial. Das ist der eine Aspekt. Aber wenn sein Konzept realisiert worden wäre, hätte es den Menschen in Bosnien-Herzegowina im Verlauf des 20. Jahrhunderts viel Leid erspart. Das ist der andere Aspekt, der allerdings weder in den zeitgenössischen Diskursen noch in der Historiografie eine nennenswerte Rolle spielt(e). Um die Verwirrung zu vervollkommnen: Denjenigen, die – wie Kállay – die religiöse Spaltung der bosnischen Bevölkerung durch ein bosnisches Nationskonstrukt überwölben wollten, wird eine Politik des Spaltens vorgeworfen. Dagegen gelten diejenigen, die eine nationale Aufspaltung der nach Herkunft und Sprache eng verwandten Bevölkerung entlang religiöser Grenzen vorantrieben, als Vorkämpfer der Einheit: entweder einer

---

von „orientalischen" und „europäischen" Stilen. Zur Geschichte und zu den Geschäften der Despić-Familie vgl. Tepić, Ibrahim: Trgovina Despića u prvoj polovini XIX veka, in: Godišnjak društva istoričara BiH 20 (1972–1973), S. 65–101, und Nikšanović, Vilma: Despića kuća i zaostavština porodice Despić u zbirci Muzeja grada Sarajeva, in: Glasnik Zemaljskog muzeja Bosne i Hercegovine: Etnologija 46/1991 (2004), S. 185–205.

552 Die Sprachenfrage (genauer gesagt die Frage, wie die von Serben, Kroaten und bosnischen Muslimen gemeinsam gesprochene Sprache heißen soll) war bis zur unmittelbaren Gegenwart immer wieder Gegenstand leidenschaftlicher Diskurse. Zur Sprachpolitik während der österreichisch-ungarischen Periode vgl. u. a. Ivanišević, Alojz: Getrennt durch die „gemeinsame Sprache". Sprache als Politikum in kroatisch-serbischen Beziehungen und Konflikten vor der Entstehung Jugoslawiens, in: Wakounig, Marija/Mueller, Wolfgang/Portmann, Michael (Hg.): Nation, Nationalitäten und Nationalismus im östlichen Europa, Wien 2010, S. 307–330; Okuka, Miloš/Stančić, Ljiljana (Hg.): Književni jezik u Bosni i Hercegovini od Vuka Karadžića do kraja austrougarske vladavine, München 1991; Juzbašić: Jezičko pitanje.

serbischen oder einer kroatischen Einheit, deren Zentren („Mutterländer") allerdings außerhalb Bosniens lagen. Auf Bosnien wollten aber beide Nationalbewegungen nicht verzichten. Selbstverständlich wollten auch die Verfechter dieser Konzepte die Spaltung überwinden, indem sie die Glaubenszugehörigkeit als konstitutives Merkmal der Nation ausklammerten bzw. eine *interkonfessionelle kroatische* oder *serbische Nation* propagierten oder indem sie alle Bewohner Bosniens (mehr oder minder) ihrer jeweiligen *ethnoreligiösen* Nation zurechneten, auch wenn Teile dieser Nation offensichtlich einen „falschen" Glauben hatten. Betroffen waren in erster Linie die Muslime, weil deren Vorfahren angeblich Katholiken (= „Kroaten") oder Orthodoxe (= „Serben") gewesen seien. Doch zumindest für eine Übergangszeit (bis die Muslime als gleichsam verirrte Schafe zu ihrer ursprünglichen Herde „zurückfinden" würden) konnte man sich einen „muslimischen Kroaten" oder einen „muslimischen Serben" vorstellen. Schwerer vorstellbar war ein „orthodoxer Kroate" oder ein „katholischer Serbe", obwohl es auch derartige Vorstellungen gab.[553] Eines aber durften die Bewohner Bosniens demnach nicht sein: Sie durften keine Bosnier im Sinn einer Nation (=Bosniaken) sein, denn das hätte den Vorkämpfern einer serbischen oder kroatischen Nation in Bosnien den Boden entzogen. (Und hätte auch die Muslime zu Kompromissen gezwungen.) Gewiss: Eine bosnische bzw. bosniakische Nation, die aus Sicht ihrer Kritiker eine „künstliche" Nation im Gegensatz zu den „natürlichen" Nationen von Serben und Kroaten dargestellt hätte, wäre das Ergebnis einer Abgrenzung gewesen: einer Abgrenzung gegenüber den Nationskonstrukten in den Nachbarländern. Deren Protagonisten sahen darin aber nicht nur eine Ab*grenzung* (schließlich ist jede Nation das Ergebnis einer Abgrenzung), sondern eine Ab*spaltung*, mit deren Hilfe ein Teil ihrer jeweiligen Nation (die „eigentlichen Kroaten" resp. die „eigentlichen Serben" in Bosnien-Herzegowina) von ihrer Nation in den „Mutterländern" abgetrennt werden sollte. Nur vor diesem Hintergrund ist der Vorwurf des „divide et impera" verständlich und zutreffend. Theoretisch existierten zwei Auswege aus diesem Dilemma: eine kleine und eine große Lösung. Die kleine beschränkte sich auf Bosnien-Herzegowina. Das war Kállays Konzept, in dem *Bosnien* als Fixpunkt fungierte, unabhängig von der Religionszugehörigkeit der Bewohner. Die große Lösung umfasste mehr oder minder alle Südslawen/Jugoslawen, ebenfalls unabhängig von der Religionszugehörigkeit und unabhängig von den bereits mehr (bei Serben) oder weniger (bei Kroaten) oder noch gar nicht (bei bosnischen Muslimen) ausgeformten Nationsverständnissen. In diesem Fall wurde die Einheit durch *Herkunft und Sprache* definiert. Wer also was wovon „abspalten" wollte, hing davon ab, wie und von wem die „Einheit" oder das „Ganze" bestimmt wurde. Diese Diskurse dauern bis zur Gegenwart an.

---

553   So wurden z. B. die Katholiken Bosniens mitunter als „Serbokatholiken" bezeichnet. Und wie wir noch sehen werden, erfand das kroatische Ustascha-Regime während des Zweiten Weltkriegs auch orthodoxe bzw. „pravoslawische Kroaten" („Kroaten griechisch-orientalischer Konfession"), aber diese „Kreation" wurde selbst von vielen Ustasche nicht ernst genommen.

Mehrheitlich wollten die Muslime allerdings weder Kroaten noch Serben sein, da beide Zugehörigkeiten religiös konnotiert waren. Sie wollten sie selbst sein. Was das bedeutete und wie man es im Nationaldiskurs benennen sollte, blieb vorerst unbeantwortet. Ungewöhnlich war das nicht. Oft fällt es Menschen leichter zu sagen, was sie *nicht* sind, als zu bestimmen, was sie sind. Die enge Verwandtschaft von Serben, Kroaten und bosnischen Muslimen nach Herkunft und Sprache ist unstrittig, somit bildete die Religionszugehörigkeit – nicht (nur) im Sinn von Gläubigkeit, sondern auch und vor allem im Sinn einer kulturellen Orientierung – die Differentia specifica. Ob es dabei bleiben würde, mussten die kommenden Jahrzehnte erweisen.

2.7. NATIONALISIERUNG UND POLITISIERUNG DER GLAUBENSGEMEINSCHAFTEN

KULTURVEREINE UND DAS ENDE DER „ÄRA KÁLLAY"

Mit dem Scheitern von Kállays Projekt vertiefte und verstetigte sich die (ethno-)religiöse Spaltung der Gesellschaft. Die seit den späten 1880er-Jahren aufblühenden Kulturvereine, die Autonomiebewegung der orthodoxen und muslimischen Glaubensgemeinschaft sowie die trostlosen Verhältnisse im Schulwesen auf der einen und die rasch wachsende Zahl von Printmedien auf der anderen Seite begünstigten diesen Prozess.[554] Mit der Herausbildung einer einheimischen Intelligenzschicht entstand das moderne Vereinswesen, das überall in Europa in Blüte stand. Und wie in vielen anderen Ländern Europas, waren die Assoziationen auch in Bosnien-Herzegowina dem Aufstieg der Nation zur politischen Ordnungsidee verpflichtet, zumindest die Vereine der christlichen Konfessionen. „Das Kállaysche Regime versuchte, die Politisierung durch eine kombinierte Strategie zu verhindern. Man bestand auf einer, in der westlichen Welt anerkannten Trennung von Religion/Konfession und Nation, wobei die volle Anerkennung der Religion gewährleistet war, nicht aber [die Anerkennung einer serbischen und kroatischen] Nation [in Bosnien]. Die nationalen Namen und Symbole wurden verboten bzw. in dem Genehmigungsverfahren aus den Vereinsstatuten einfach herausgestrichen. Aber eine klare Unterscheidung zwischen nationalen und konfessionellen Symbolen war bei den Serben, wie übrigens bei den anderen orthodoxen Völkern

---

554 Seit den 1880er-Jahren hatte sich in Bosnien (trotz anhaltend hoher Analphabetenrate) eine vielfältige Zeitungslandschaft entwickelt. Auch für die deutschsprachige Bevölkerung gab es mehrere (mitunter nur kurzlebige) Zeitungen oder Zeitschriften: „Bosnische Post", „Sarajevoer Tagblatt", „Sarajevoer Nachrichten", „Stimmen aus Bosnien" u. a.). Vgl. die Liste der Presseerzeugnisse bei Džaja: Bosnien-Herzegowina (1878–1918), S. 93–102. Besarović, Risto: Periodika i knjiga u doba austrougarske okupacije, in: Isaković/Popadić (Hg.): Pisana riječ, S. 255–283.

auch, damals noch weniger durchführbar als heute. Die österr.-ung. Beamtenschaft mußte vor dieser Vermengung von nationaler und konfessioneller Geschichte und Symbolik am Schluß kapitulieren."[555] Džaja führt unter Verweis auf die von Risto Besarović veröffentlichten Quellen ein charakteristisches Beispiel für diese Verquickung an. So war auf dem Theatervorhang des Orthodoxen Kirchengesangsvereins, der 1891 gegründet wurde, der gesamte Balkan in Form von Bildern und Wappen präsent. Der serbische Anspruch auf den Raum wurde verdeutlicht durch das Anbringen ausschließlich serbischer Heiliger, Herrscher, Volkshelden, Volkssänger, *Hajduken* und Schriftsteller. „Die einzelnen Teile dieses großserbischen Balkans sind durch Länderwappen dargestellt und die regionalen (nicht politischen!) Spezifika durch die folklorisierten serbischen Gestalten aus einzelnen Gebieten, z. B. Serbien, Syrmien, Slawonien, Bosnien, Dubrovnik usw. …"[556] So wurde das kreiert, was wir im Neuhochdeutschen als „mental map" bezeichnen: ein Raumbild in den Köpfen. Ähnliche Beispiele ließen sich in großer Zahl anführen. Dem vom Regime und von regimenahen Künstlern und Intellektuellen entworfenen Bosnien-Bild setzten die Kulturvereine ihr (groß)serbisches oder (groß)kroatisches Raumbild entgegen. So entbrannte ein veritabler Bilder-Krieg.

Wie in vielen Gesellschaften Mittel- und Osteuropas, spielten auch in Bosnien Gesangsvereine eine wichtige nationsbildende Rolle. Während der österreichisch-ungarischen Herrschaft formierten sich im Land insgesamt 32 Gesangsvereine,[557] davon fünf in Sarajevo, unter ihnen der 1888 gegründete serbische Männergesangsverein „Sloga" (Einheit) und der 1894 folgende kroatische Verein „Trebević" (benannt nach dem Berg am südlichen Stadtrand von Sarajevo, nachdem die Bezeichnung „Kroatischer Gesangsverein" verboten worden war). Hinter den unscheinbar klingenden Namen verbergen sich manifeste nationale Programme. Das gilt auch für viele andere Vereine, die unterschiedlichsten Zwecken dienten. Im letzten Jahrzehnt vor dem Weltkrieg schoss die Zahl der Assoziationen und ihrer Mitglieder sprunghaft in die Höhe. 1910 gab es in Bosnien-Herzegowina 760 Vereine mit annähernd 90.000 Mitgliedern.[558] Hinzu kamen zahlreiche informelle Netzwerke. Viele der Vereine wiesen eine ethnonationale Orientierung auf. Natürlich gab es Ausnahmen, wie den jüdischen Wohltätigkeitsverein „La Benevolencija" (gegr. 1892), den jüdischen Gesangsverein „Lira" (gegr. 1901) oder den Sarajevoer Arbeitergesangsverein „Proleter" (gegr. 1905). Eine Schlüsselrolle in der politischen und nationalen Mobilisierung spielten der serbische Kulturverein „Prosvjeta" (Aufklärung; gegr. 1902), der muslimische Verein „Gajret" (Hingabe) mit einer pro-serbischen Ausrichtung (gegr. 1903) und der kroatische Verein „Napredak"

---

555 Džaja: Bosnien-Herzegowina (1878–1918), S. 103.
556 Ebda., S. 103 f., Anm. 172. Verweis auf Besarović: Kultura i umjetnost, S. 619.
557 Vgl. Pejanović: Kulturno-prosvetna društva, S. 339.
558 Džaja: Bosnien-Herzegowina (1878–1918), S. 105.

(Fortschritt; gegr. 1904). Die Besonderheit dieser Vereine bestand darin, dass sie nicht mehr wie die früheren Vereine auf lokaler Ebene, sondern landesweit operierten. Schwerpunkte ihrer Tätigkeit waren die Förderung von Kultur und Erziehung sowie die Heranbildung einer Intelligenzschicht, die als Trägerin der Nationalbewegungen fungieren sollte.[559]

Die Gründung dieser Vereine fiel in eine politische Umbruchphase. Am 13. Juli 1903 starb Benjamin von Kállay. Damit ging eine Epoche zu Ende. Keine Frage: Vieles hatte sich während Kállays Amtszeit verändert, oft zum Besseren. Doch die Erwartungen und Forderungen der Bevölkerung wuchsen schneller als die Lösung der gewaltigen Probleme, sodass sich die Diskrepanz zwischen Erwartungshorizont und Realität vertiefte. In der Bewertung von Kállays Regime in Bosnien gibt es nach wie vor keinen Konsens. Und es kann keinen Konsens geben, solange die Geschichte ausschließlich durch das Prisma wechselseitig exkludierender nationaler, imperialer oder post-kolonialer Narrative betrachtet wird. Zu den besten zeitgenössischen Kennern der Verhältnisse in Bosnien-Herzegowina gehörte der bereits oft zitierte Ferdinand Schmid, der seine 1914 erschienene monumentale Abhandlung über die Verwaltung beider Provinzen mit den Worten beginnt: „Man hat in der deutschen und westländischen Literatur viel über den Begriff der Kolonien gestritten und darunter häufig nur überseeische, vom Mutterlande wirtschaftlich oder auch staatsrechtlich beherrschte Gebiete verstanden. In diesem Sinne besitzt Österreich-Ungarn keine Kolonien und in diesem Sinne hat es – wenigstens in der neueren Zeit – niemals Kolonialpolitik betrieben. Faßt man dagegen den Begriff der Kolonien etwas weiter, so kann kaum ein Zweifel darüber bestehen, daß Bosnien und die Herzegovina von Österreich-Ungarn als Kolonialgebiete erworben wurden und als solche in der Hauptsache bis heute geblieben sind."[560] Kállay habe sich in seiner Bosnien-Politik vom Gedanken „der möglichsten Konzentration der Verwaltung, der wirtschaftlichen Hebung des Landes von oben, der Schonung des islamitischen Elements, der starren Absperrung und der Unterdrückung der politischen und geistigen Bewegungsfreiheit" leiten lassen. „Sorgfältig war er bemüht, im Lande den Zustand der äußeren Ordnung mit allen verfügbaren Mitteln aufrecht und sich dadurch am Ruder zu erhalten. Sein Konservativismus ging in dieser Richtung so weit, daß er jeder ernstlichen Lösung des sozialen Hauptproblems des Landes, der Agrarfrage, ängstlich auswich. (…) Im einzelnen freilich erinnerte sein Regiment vielfach an jenes des aufgeklärten Polizeistaates vom 18. Jahrhundert…" Schmid konzediert, dass Kállay in der wirtschaftlichen Entwicklung der Provinzen „sehr Hervorragendes, zum Teile sogar Glänzendes" geleistet habe, be-

---

559 Madžar, Božo: Prosvjeta: Srpsko prosvjetno i kulturno društvo 1902–1949, Banja Luka-Srpsko Sarajevo 2001; Kemura, Ibrahim: Uloga „Gajreta" u društvenom životu Muslimana Bosne i Hercegovine 1903–1941, Sarajevo 1986; Išek, Tomislav: Mjesto i uloga NKD Napredak u kulturnom životu Bosne i Hercegovine (1902–1918), Sarajevo 2002.
560 Schmid: Bosnien, S. 1.

mängelt jedoch die Defizite bei der Förderung des Elementarschulwesens und bei der Entwicklung der Selbstverwaltung bzw. der politischen Partizipation der Bevölkerung. „Denn schwer lastete seine Hand auf der durch übertriebenen politischen Druck erbitterten Bevölkerung." Sein Nachfolger, István Freiherr Burián von Rajecz, „sah sich alsbald genötigt, die von seinem Vorgänger allzu straff gespannten Zügel zu lockern. Aber das Rad war bereits ins Rollen gekommen und nicht mehr aufzuhalten."[561] Dieser Einschätzung ist kaum etwas hinzuzufügen. Sie ist umso bemerkenswerter, als sie von einem Gelehrten stammt, der sich an den Maßstäben der damaligen Zeit orientierte.

VON KULTURELLER AUTONOMIE ZU POLITISCHEN PARTEIEN

Schon in den letzten Jahren des Kállay-Regimes hatte sich abgezeichnet, dass die Trennung von Religion und Kultur auf der einen sowie Politik und Nationalbewegung auf der anderen Seite immer illusorischer wurde. Bereits 1896 hatten 14 orthodoxe Kirchengemeinden dem Kaiser ein Memorandum überreicht, in dem sie die Einschränkung ihrer kulturellen Autonomie beklagt und zahlreiche Beschwerden über die Lage der orthodoxen Bevölkerung und ihrer Kirche vorgebracht hatten. Ziel der Beschwerdeführer war die Erweiterung der Kirchen- und Schulautonomie sowie die Stärkung des Laienelements gegenüber den (von der Monarchie eingesetzten) Bischöfen. Sowohl die Monarchie als auch die Bischöfe hatten die Forderungen zurückgewiesen. „Der Streit wurde längere Zeit, namentlich solange noch Kállay die oberste Leitung der bosnischen Verwaltung in der Hand hatte, mit großer Erbitterung geführt und erst nach langen Verhandlungen unter seinem Nachfolger durch eine Art von Kompromiß beendigt."[562] Am 1. September 1906 trat ein neues serbisch-orthodoxes Kirchenstatut in Kraft, das auch das konfessionelle Schulwesen umfasste und die Rechte der Laien stärkte. Die Einzelheiten müssen hier ausgespart bleiben. Die Bestimmungen über das Schulwesen, mit denen die Serben einen „außerordentlich weitreichenden politischen Sieg errungen" hatten, waren überaus folgenreich. Dazu noch einmal Ferdinand Schmid: „Kállay wußte ganz genau, warum er den Bestrebungen der Serben einen schwer zu beugenden Widerstand entgegensetzte. Da die großen Religionsgenossenschaften des Landes zugleich mächtige nationale Parteien verkörpern, so dient die neue Kirchenverfassung dazu, den Serben des Landes sozusagen auch eine feste politische Organisation zu gewähren. Diesen politisch angehauchten Körperschaften hat die Regierung nicht nur überdies einen großen Teil der Volksschulen zur autonomen Verwaltung ausgeliefert, sondern sie hat sich zugleich verpflichtet, die betreffenden Körperschaften teils direkt, teils indirekt aus den öf-

---

561   Ebda., S. 54.
562   Ebda., S. 670.

fentlichen Mitteln des Landes zu subventionieren. (…) Gerade die Volksschule muß aber die Verwaltung dort so viel als möglich in der eigenen Hand behalten, wo die einzelnen Konfessionen sich so außerordentlich schroff gegenüberstehen und ihre Angehörigen sich sozusagen als Mitglieder verschiedener Nationen fühlen. Die konfessionellen Volksschulen erheben sich in Bosnien … sehr wesentlich über den Charakter reiner Privatschulen und stellen in der Hand nationalistisch gesinnter Religionsgemeinschaften nicht etwa bloß ein mächtiges Mittel zur Pflege der nationalen Bildung und Kultur, sondern eventuell auch ein sehr leistungsfähiges Kampfobjekt wider Staat und Regierung dar."[563]

Die Vertreter der Muslime nutzten die serbische Autonomiebewegung dazu, um ihrerseits mehr Autonomie in religiös-kulturellen Belangen einzufordern.[564] Die immer wieder unterbrochenen Verhandlungen, in denen es vor allem um Formalitäten bei der Ernennung des *Reis-ul-ulema*, die Neuordnung des Stiftungswesens und schulische Autonomie ging, zogen sich über zehn Jahre hin. Am 1. Mai 1909 konnte schließlich das neue Autonomiestatut für die bosnischen Muslime in Kraft treten. Im Vergleich mit dem Statut für die Serben war es weitaus weniger folgenreich, weil es nicht mit einer Nationalbewegung verknüpft war. Auf der anderen Seite haben die langen Verhandlungen die Politisierung der Muslime und ihre landesweite Organisation nachhaltig befördert.

Die Erfolge der Autonomiebewegungen verliehen der ethnoreligiösen Polarisierung der Bevölkerung weiteren Auftrieb. Im Schuljahr 1909/10 gab es in Bosnien-Herzegowina nur 306 allgemeine Elementarschulen, die von den Kommunen und aus Mitteln des Landesärars finanziert wurden und grundsätzlich interkonfessionell waren. Dem standen 143 konfessionelle Volksschulen der Glaubensgemeinschaften gegenüber, darunter 111 serbisch-orthodoxe Schulen, deren Lehrer ausschließlich von den Kultusgemeinden eingestellt wurden.[565] Österreich-Ungarn hat diese Entwicklung insofern provoziert, als es sich viel zu spät um den Aufbau des Elementarschulwesens gekümmert hatte. Infolge des von beiden Reichshälften vereinbarten Prinzips der Selbstfinanzierung Bosniens fehlte es an allem: an Schulgebäuden, an ausgebildeten Lehrern und an Unterrichtsmaterialien. Erst Mitte 1911 wurde der obligatorische vierklassige Schulbesuch eingeführt, dessen Realisierung ein totes Blatt Papier blieb. Nur eine Minderheit der schulpflichtigen Kinder ging tatsächlich zur Schule. Angesichts dieser trostlosen Verhältnisse konnte man den Religionsgemeinschaften die von ihnen geforderte stärkere Beteiligung am Schulwesen schwerlich abschlagen – trotz der absehbaren Konsequenzen für die nationale Spaltung der Gesellschaft. Dževadbeg Sulejmanpašić, ein Vertreter der muslimischen Intelligenz, warf der Doppelmonarchie

---

563 Ebda., S. 672 f.
564 Zur kulturellen Autonomiebewegung der Muslime vgl. Hauptmann: Borba Muslimana; Nuri-Hadžić: Borba Muslimana; Šehić: Pokret Muslimana; ders.: Autonomni pokret.
565 Schmid: Bosnien, S. 720.

vor, dass sie „uns nicht gezwungen hat, unseren Lebensstil zu verändern". „Sie hätten uns zwingen sollen, unsere Kinder in die Schulen zu schicken und ein Handwerk zu erlernen, die *Mektebs* und *Medressen* im Geist der neuen Zeit zu reformieren, sie hätten uns zwingen sollen, unseren Frauen einen anderen Status in der Familie und Gesellschaft zu geben, wie ihn die ‚neue Zeit' verlangt."[566]

Das Vereinswesen und die Autonomiebewegungen bildeten auch die Basis für die nach Kállays Tod erfolgte Gründung der ersten politischen Parteien in Bosnien, die – wie kaum anders zu erwarten war – dem ethnoreligiösen Muster folgten. Im Dezember 1906 formierte sich die Muslimische Volksorganisation (Muslimanska narodna organizacija, MNO), gefolgt von der Serbischen Volksorganisation (Srpska narodna organizacija, SNO) im Oktober und von der Kroatischen Volksgemeinschaft (Hrvatska narodna zajednica, HNZ) im November 1907. Die letztgenannte Partei wies insofern eine Besonderheit auf, als sie die kroatische Nation säkular definierte, in der Hoffnung, auf diese Weise auch die Muslime gewinnen zu können. Dieser Ansatz stieß jedoch auf den vehementen Widerstand von Erzbischof Stadler, der zunächst versuchte, die Parteiführung mit eigenen Leuten zu besetzen und – nachdem dies fehlgeschlagen war – im Januar 1910 die Kroatisch-katholische Vereinigung (Hrvatska katolička udruga) ins Leben rief, die sich aber nicht durchsetzen konnte und sich 1912 mit der HNZ vereinigte. Letztlich blieb aber auch die HNZ eine Partei, deren Gefolgschaft überwiegend aus dem katholischen Milieu stammte. Insgesamt war die junge Parteienlandschaft noch sehr instabil. Immer wieder kam es zu innerparteilichen Flügelbildungen, zu Abspaltungen oder Zusammenschlüssen. Nicht nur im kroatischen, sondern auch im serbischen und muslimischen Lager gingen die politischen Zielsetzungen und Taktiken (Zusammenarbeit mit anderen Parteien, Einstellung gegenüber Österreich-Ungarn, Agrarfrage etc.) weit auseinander. Die einzige überkonfessionelle Partei des Landes, die Sozialdemokratische Partei Bosniens und der Herzegowina, die im Wesentlichen die Positionen des Austromarxismus vertrat, konnte keinen größeren politischen Einfluss gewinnen.[567]

Nach der weiter unten noch zu behandelnden Annexion Bosniens durch die Doppelmonarchie, mit der der völkerrechtliche Schwebezustand seit 1878 beendet wurde, erließ der Kaiser durch Allerhöchste Entschließung vom 17. Februar 1910 das „Landesstatut von Bosnien-Herzegowina". Damit erhielten die beiden Provinzen erstmals eine Verfassung oder so etwas Ähnliches. Sie sah die Bildung eines Landtags bzw. Parlaments (Sabor) vor, der sich aus 20 Virilisten (Personen, die kraft ihres Amtes Mitglieder wurden) und 72 gewählten Abgeordneten zusammensetzte. Die Plätze der Virilisten nahmen die höchsten Würdenträger

---

566 Sulejmanpašić, Dževad-beg: Muslimansko žensko pitanje, jedan prilog njegovu rješenju, Sarajevo 1918, 12. Zit. nach Karić: Islamic Thought, S. 416.
567 Vgl. u. a. Donia: Sarajevo, S. 101 ff.; Imamović. Historija Bošnjaka, S. 397 ff.; Velikonja: Religious Separation, S. 135 ff.

der drei Hauptkonfessionen und der sephardischen Juden sowie vier weltliche Virilisten ein.[568] Die Wahl der 72 Abgeordneten erfolgte nach einem komplizierten Kurienwahlsystem. Vorgesehen waren drei Kurien: die der Großgrundbesitzer (18 Abgeordnete), die der Stadtgemeinden (20 Abgeordnete) und die der Landgemeinden (34 Abgeordnete). Innerhalb der Kurien entsprach die Zahl der Mandate dem jeweiligen Anteil der Religionsgemeinschaften an der Bevölkerung. In der ersten Kurie saßen 8 Orthodoxe, 6 Muslime und 4 Katholiken. In den beiden anderen Kurien wählten die Orthodoxen 23, die Muslime 18, die Katholiken 12 und die Sepharden einen Abgeordneten. Wahlberechtigt waren alle Männer ab dem 24. Lebensjahr. Insgesamt waren im Landtag (ohne Virilisten) die Orthodoxen durch 31, die Muslime durch 24, die Katholiken durch 16 und die Juden durch einen Mandatsträger repräsentiert. Die Politisierung der Konfessionen war damit perfekt.

Das neue Parlament, das sich am 15. Juni 1910 konstituierte und den Dichter, Historiker und Politiker Safvet-beg Bašagić[569] zu seinem Präsidenten wählte, besaß eine (eingeschränkte) Gesetzgebungskompetenz und das Budgetrecht; die Landesregierung konnte es aber nicht wählen, diese wurde eingesetzt, und die Gesetze bedurften der Zustimmung der Regierungen in Wien und Budapest. Von einer „Verfassung" konnte allenfalls mit vielen Vorbehalten gesprochen werden. „Wir haben hier überhaupt keine Verfassung im gewöhnlichen Sinne des Wortes vor uns, denn der Monarch kann, was freilich nicht sehr praktisch sein wird, die ganze bosnische Verfassung wieder aufheben; sie ist nicht unter die Garantie des bosnischen Landtages gestellt. Denn die Befugnisse des Landtages sind (…) taxativ aufgezählt und ein Recht, bei einer etwaigen Aufhebung der Verfassung mitzureden, ist ihm nicht verliehen. Eine Verantwortlichkeit gegenüber dem Landtage ist weder für den

---

568 Die Muslime wurden vertreten durch den Reis-ul-Ulema, den Direktor der Landesvakufkommission, die Muftis von Sarajevo und Mostar sowie den dienstältesten Mufti in Bosnien. Die orthodoxen Virilisten setzten sich aus den Metropoliten in Sarajevo, Mostar und Banja Luka sowie dem Vizepräsidenten des obersten serbischen Verwaltungs- und Schulrats zusammen. Für die Katholiken saßen der Erzbischof von Sarajevo, die Diözesanbischöfe von Mostar und Banja Luka sowie die beiden Provinzialen des Franziskanerordens im Landtag. Die Sepharden schließlich vertrat der Oberrabbiner von Sarajevo. Unter den vier weltlichen Virilisten befand sich der Bürgermeister von Sarajevo.

569 Bašagić (geboren 1870 in Nevesinje/Herzegowina, gestorben 1934 in Sarajevo) war ein gefeierter Poet, der oft als „Vater der bosnischen Renaissance" tituliert wird. Er hatte orientalische Sprachen in Wien studiert und gehört mit seinem Werk „Kratka uputa u prošlost Bosne i Hercegovine (1463–1850)" (Kurze Einweisung in die Vergangenheit Bosniens und der Herzegowina), Sarajevo 1900, zu den Pionieren der Geschichtsschreibung über Bosnien (in der Nachfolge von Muvekkit). Das im nationalromantischen Geist geschriebene Werk verklärt die „großen Männer" und hat viele nachfolgende Historiker inspiriert. Als einer der Herausgeber der Zeitschrift „Behar" (siehe oben) setzte er sich für Fortschritt und Aufklärung ein. Seine Sammlung islamischer Manuskripte und Drucke befindet sich heute in der Universitätsbibliothek in Bratislava und wurde 1997 in das „Memory of the World Register" der UNESCO aufgenommen. Zu Bašagić vgl. die Arbeiten von Gelez: Safvet-beg Bašagić und Džanko: Safvet-beg Bašagić-Redžepašić.

gemeinsamen Finanzminister noch für den Chef der Landesregierung statuiert und damit fehlt eine der wichtigsten Garantien der neuen Verfassung."⁵⁷⁰ Ohnehin war der Tätigkeit des Landtags nur ein eng begrenzter Zeitraum beschieden: Am 6. Februar 1915 wurde er auf Antrag der Landesregierung durch Allerhöchste Entschließung des Kaisers Franz Joseph endgültig aufgelöst. Und damit endete die kurze Periode des Schein-Parlamentarismus in Bosnien.

2.8. SARAJEVOS „ZWEITES GESICHT"⁵⁷¹

MODERNISIERUNG VON INFRASTRUKTUR UND WIRTSCHAFT

Was bedeutete die österreichisch-ungarische Herrschaft für Sarajevo? Am Ende der rund vierhundertjährigen osmanischen Herrschaft hatte sich die Stadt in einem beklagenswerten Zustand befunden. Öffentliche Einrichtungen, wie Brücken, Wasserleitungen, Brunnen, öffentliche Bäder usw., die einst auf Initiative der großen Stifter entstanden waren, wurden seit Langem nicht mehr ausreichend gepflegt, verfielen oder entsprachen nicht mehr den Erfordernissen der Zeit. Das Stiftungswesen selbst war undurchsichtig und litt unter dem Missbrauch vieler Verwalter. Die hygienischen Verhältnisse im einst als gesund und sauber gepriesenen Sarajevo hatten sich verschlechtert und leisteten dem Ausbruch von Seuchen Vorschub. Das Krankenhaus- und Sanitätswesen befand sich noch in einem rudimentären Stadium. Und nach wie vor wurden Teile der Stadt durch Großbrände und Überschwemmungen bedroht. Von den modernen großen Verkehrsnetzen war Sarajevo völlig abgeschnitten: eine dahindämmernde, sich selbst überlassene Stadt in einer weitgehend unbekannten Provinz, irgendwo am „Ende der Welt".

In den 32 Jahren von der Niederschlagung des Aufstands in der Herzegowina (1882) bis zum Beginn des Weltkrieges erlebte Sarajevo jedoch eine neue Blütezeit. Als Sitz der Landesregierung, als kulturelles und wissenschaftliches Zentrum Bosniens sowie als Wirtschaftsstandort stellte es einen Sonderfall dar. Werfen wir zunächst einen Blick auf die Infrastruktur. Unter österreichisch-ungarischer Verwaltung begann in Bosnien ein faszinierendes Kapitel europäischer Technikgeschichte. Gemeint ist der Aufbau eines Eisenbahnnetzes in einem zumeist schwierigen Terrain, mit dem das Land infrastrukturell erschlossen und seine Hauptstadt an das internationale Verkehrsnetz angebunden wurde. Aus Kostengründen entschied man sich für ein Schmalspurnetz.⁵⁷² Im Oktober 1882 wurde in Neu-Sarajevo ein

---

570 Schmid: Bosnien, S. 41.Vgl. auch Imamović: Zemaljski statut.
571 Die Formulierung wurde in Anlehnung an Donias gleichnamiges Kapitel gewählt. Donia: Sarajevo, S. 67–74.
572 Dazu ausführlich Chester, Keith: The Narrow Gauge Railways of Bosnia-Herzegovina, Malmö 2008, und

Abb. 17: Der Bahnhof in Sarajevo: Ausgangsstation der Ostbahn (um 1906)

Bahnhof eingeweiht. Von hier führte eine Schmalspurstrecke über Zenica nach Brod an der Save mit Anschluss nach Wien und Budapest. Alfred Renner, der Mitte der 1890er-Jahre Bosnien bereiste, schildert seine Eindrücke von der „k.u.k. Bosnabahn" mit den Worten: „Ueber die grosse eiserne Savebrücke fährt der Zug der ungarischen Staatsbahn um Mitternacht in den Bahnhof von Bosnisch-Brod ein. Ob man von Wien, Budapest oder Agram [Zagreb] kommt, stets hat man lange Strecken Tieflandes durchzufahren und der erste Eindruck, den man von Bosnien empfängt, ändert in landschaftlicher Beziehung nichts an diesem Bilde. Brod liegt noch im Savethale und der etwa 2000 Bewohner zählende Ort bietet dem Reisenden wenig Interessantes. Aber die ersten Minarets weisen wie schlanke Finger zum Himmel, sie zeigen, dass wir das Gebiet des Islam betreten haben. Der Bahnhof liegt etwas abseits vom Orte; die Waggons müssen hier gewechselt werden, denn die 269 km lange Strecke Brod-Sarajevo ist schmalspurig gebaut und die Wagen sind bedeutend kleiner als auf den normalspurigen Bahnen, dabei aber sehr bequem eingerichtet und von peinlicher Sauberkeit. Es bestehen Plätze I., II., III. und IV. Klasse. Fremde fahren durchwegs erster oder zweiter Klasse, auch die bosnischen Kaufleute und die mohammedani-

---

der dazugehörige Bildband: Bosnia-Hercegovina. Narrow Gauge Album, Malmö 2011. Ferner Dimtschoff, Radoslave M.: Das Eisenbahnwesen auf der Balkanhalbinsel, Bremen 2012, S. 86 ff.

schen Grundbesitzer (die Begs) würden es unter ihrer Würde halten, eine niedrigere Klasse zu benutzen. Die Fahrpreise sind mässig, für die unteren Klassen geradezu fabelhaft billig. Die Verwaltung wird von der in Sarajevo etablirten Direktion der bosnischhercegovinischen Staatsbahnen geführt."[573]

Im August 1891 erhielt Sarajevo auch eine Verbindung über Mostar nach Süden zur Adria (bis zum Binnenhafen Metković). Das gebirgige Terrain südlich von Sarajevo stellte die k.u.k. Ingenieure bei der Trassierung der Neretva- bzw. „Narentabahn" vor gewaltige Herausforderungen. Die Passage über den Ivan-Pass südwestlich der Hauptstadt konnte nur mit schweren Zahnradlokomotiven überwunden werden, die den Zügen vorgespannt werden mussten. 1906 schließlich wurde auch die „Bosnische Ostbahn" fertiggestellt, die von Sarajevo über Višegrad nach Vardište an der Drina bzw. an die serbische Grenze und mit einem südlichen Abzweig in Richtung Sandžak Novi Pazar nach Uvac führte (Abb. 17). Milena Preindlsberger-Mrazović hat die Strecke in einem 1908 erschienenen „Illustrierten Reiseführer" ausführlich beschrieben. Vom Bahnhof im Westen von Sarajevo überquerte die Bahn „die Mostarer Straße und übersetzt mit einer 50 m weiten Eisenbrücke die berüchtigte Miljacka, die hier in tadelloser Wohlerzogenheit zwischen ihren regulierten hohen Ufern aus der Stadt kommt … Und jetzt nimmt die Bahn den Kampf auf mit dem unmöglich Scheinenden. Den Kurs scharf gegen Ost. Die Maschine pfaucht, es geht bergan, entlang der Lehne des Mojmilo, zwischen Buschwerk und Wiesenhängen, auf denen vereinzelte Gehöfte von Sarajevoer Notabeln stehen, weißgetünchte Landhäuser, die für die Bedürfnislosigkeit ihrer Bewohner zeugen". Vorbei an dem auf dem Mojmilo ruhenden Fort Vraca [im Südwesten von Sarajevo; heute ein Gedenkpark an die Opfer des Holocaust] „dringt eine alte, steile Straße in das jenseitige Tal nach Lukavica [seit 1995 zum serbischen Teil von Sarajevo gehörig], dessen Namen schon seit Dezennien einen traulichen Klang hat, seitdem noch unter türkischem Regime ein mutiger Deutscher (Urlesberger hieß der Brave!) des bis dahin bierlosen Sarajevo sich erbarmte und dort eine Brauerei errichtete, die noch heute Ausflügler anlockt."[574] Wie im Leben überall die grellsten Kontraste nebeneinander stehen, so führt der alte Weg auch zu der früheren Richtstätte, die sich unterhalb des Forts auf einem kleinen Terrain-Absatze befindet. Das Geleise steigt konstant 18 ‰, das will sagen, daß wir trotz der Kürze der zurückgelegten Strecke schon ziemlich hoch über der Talsohle sind. Wir sehen gegenüber den Bahnhof, wo wir ausgefahren, dann am Fuße des Hum die ausgedehnte Front des k.und k. Defensionslagers; hinter diesem die Schlote baugewerblicher Fabriksanlagen. Näher zu uns das städtische Schlachthaus, weiterhin ausgedehnte

---

573 Renner: Durch Bosnien, S. 1.
574 Die älteste Brauerei in Sarajevo (die bis heute existiert) wurde 1864 in Bistrik (gegenüber der Altstadt) eröffnet. Zwei Jahre später entstand in Lukavica eine Brauerei, als dessen Gründer Risto Radulović angegeben wird. Zu Urlesberger habe ich keine Angaben gefunden.

landsärarische und private Holzlager – alles in allem die bekannte typische Schwelle zu einer modernen Stadt".[575] Die Fahrt von Sarajevo bis zur serbischen Grenze (rund 125 km) betrug sieben Stunden. Dort brach die Verbindung ab und verlief im Sand. „Eine große moderne Bahn, die an einem Fußsteig endet! Schneidender kann sich der Gegensatz zwischen Orient und Okzident auf dem Balkan nicht ausdrücken."[576]

Auch die Infrastruktur in Sarajevo-Stadt veränderte sich grundlegend. Während Aufbau und Pflege der kommunalen Infrastruktur in osmanischer Zeit zu den Aufgaben der frommen Stiftungen gehört hatten, übernahm nun die öffentliche Hand dafür die Verantwortung. Eine Vielzahl neuer oder modernisierter kommunaler Einrichtungen (Elektrizitätswerk, Gaswerk, Feuerwehr, Trinkwasserversorgung, Kanalisation, Post- und Telegrafendienst, städtische Schlachterei), der Ausbau des Krankenhaus- und Sanitätswesens, die Einrichtung von Armenfonds, die Einführung einer Krankenversicherung für Arbeiter sowie die wissenschaftlichen und kulturellen Einrichtungen, von denen noch zu sprechen sein wird, veränderten die Lebensqualität der Stadtbewohner. Wie im obigen Zitat bereits angedeutet, wurde die Miljacka, die Anfang November 1881 Teile der Stadt letztmalig überschwemmt hatte, in den Jahren 1886–1897 reguliert. Es entstand ein Uferdamm, der den Namen des Landeschefs von Bosnien-Herzegowina, Johann Baron von Appel, erhielt: Appel-Kai (heute: Ban-Kulin-Ufer/Obala Kulina bana). Anlässlich des Attentats von 1914 wurde der Appel-Kai weltberühmt. Zum Auftakt des Jahres 1885 erhielt Sarajevo eine erste, von Pferden gezogene Straßenbahn, der zehn Jahre später die erste elektrische Bahn folgte. Im selben Jahr begann man auch mit der Elektrifizierung der Straßenbeleuchtung. Die erste moderne Wasserleitung wurde 1890 eröffnet; sechs Jahre später begann der Ausbau der städtischen Kanalisation. Die von August Butsch im Neo-Renaissancestil entworfene „Markthalle für Sarajevo" (die bis heute ihren Namen bewahrt hat: Markale) öffnete 1895 ihre Tore. (Die westlich der Altstadt gelegene Halle und der gegenüberliegende Gemüsemarkt erlangten 1994/95 während der Belagerung Sarajevos traurige Berühmtheit in der Weltpresse.) Kurz nach der Jahrhundertwende schließlich konnten sich Menschen und Wagen auch erstmals auf einer asphaltierten Straße bewegen.[577]

Parallel zu diesen Veränderungen in der kommunalen Infrastruktur wurde auch die Wirtschaft transformiert. Die Zünfte verloren ihre Bedeutung, auch wenn sie formal nicht aufgelöst wurden. Doch die Abschaffung des Zunftzwangs machte sie obsolet. Viele traditionelle Handwerker (Säbelmacher, Büchsenmacher, Kürschner u. a.) gingen zugrunde, entweder weil die vormaligen Absatzmärkte infolge der Eingliederung Bosnien-Herzego-

---

575 Preindlsberger-Mrazović, Milena: Die bosnische Ostbahn. Illustrierter Führer auf den bosnisch-hercegovinischen Staatsbahnen Sarajevo-Uvac und Megjegje-Vardište, Wien-Leipzig 1908, S. 6 f.
576 Ebda., S. 170.
577 Einzelheiten bei Kruševac: Sarajevo.

winas in das österreichisch-ungarische Zollgebiet weggebrochen waren, die Produkte auf den neuen Märkten nicht nachgefragt wurden oder weil sie der Konkurrenz aus den beiden Reichshälften in Qualität und Preis nicht gewachsen waren. Allerdings versuchte man in Wien nach Gründung des Österreichischen Museums für Kunst und Industrie (1863), den Niedergang des regionalen Kunsthandwerks in den Provinzen der Doppelmonarchie (in Galizien, der Bukowina, Bosnien usw.) aufzuhalten und aus der volkskunstlichen „Vielfalt in Einheit" einen „ästhetischen Patriotismus" (nicht zuletzt als Markenzeichen der Doppelmonarchie gegenüber dem Deutschen Kaiserreich) zu kreieren.[578] Allenthalben wurden staatliche Gewerbeschulen für Stickerei, Metall- und Holzbearbeitung gegründet, darunter die Metallfach- und die Klöppelschule sowie das Kunstgewerbliche Regierungsatelier in Sarajevo, mit deren Aktivitäten die vom Aussterben bedrohte Volkskunst bewahrt und zugleich die lokale Bevölkerung in das Gesamtkunstwerk Österreich eingebunden werden sollte. „Das bosnische Kunstgewerbe war die große Attraktion auf der *Costüme-Ausstellung* des Museums [für Kunst und Industrie in Wien] 1891." Über das Kunstgewerbliche Regierungsatelier heißt es in Hartleben's Illustriertem Bosnien-Führer von 1903: „Dasselbe wurde von der Regierung errichtet zur Erhaltung und Belebung des im Lande sehr entwickelten Kunstgewerbes. In diesen Ateliers – solche bestehen auch in Foča und Livno – üben die besten Meister ihre ganz eigenartige alte Kunst aus und bilden zugleich einen jungen Nachwuchs heran. Spezifisch sind die Tauschierarbeiten (Einlagen von Gold und Silber in anderes Metall) und die Inkrustationen (Einlagen von Gold und Silber in Holz und Bein), ferner die Arbeiten der Gravier- und Treibekunst in Kupfer, Bronze und Edelmetalle. Hier werden Gebrauchs- und Luxusgegenstände aller Art in den feinsten orientalischen Formen mit geschmackvollster Ornamentierung hergestellt. Die Erzeugnisse sind in Anbetracht der künstlerischen Ausführung nicht teuer; sie sind im Atelier selbst oder in der Filiale des königlich ungarischen Handelsmuseums am Appel-Quai käuflich."[579] Trotz der von Wien gesteuerten Maßnahmen zur Bewahrung des Kunsthandwerks, die von Verfechtern der „postcolonial studies" als Spielart „kultureller Hegemonie" gegeißelt werden,[580] und ungeachtet der touristischen Nachfrage konnte der Verfall der traditionellen Handwerke auf breiter Front aber nicht aufgehalten werden.

---

578 Reynolds, Diana: Die österreichische Synthese: Metropole, Peripherie und die kunstgewerblichen Fachschulen des Museums, in: Kakanien revisited, 4. 3. 2003: http://www.kakanien.ac.at/beitr/fallstudie/Dreynolds1.pdf. Vgl. dies.: Zentrum und Peripherie: Hegemonialer Diskurs oder kreativer Dialog? Wien und die „Volkskünste" 1879 bis 1900, in: Aigner, Anita (Hg.): Vernakulare Moderne: Grenzüberschreitungen in der Architektur um 1900: Das Bauernhaus und seine Aneignung, Bielefeld 2010, S. 85–115; Fallstudie Bosnien, S. 101–104).
579 Neufeld-München, C. A.: Illustrierter Führer durch Bosnien und die Hercegovina, Wien-Pest-Leipzig 1903, S. 34.
580 Reynolds: Österreichische Synthese, S. 2.

Dafür entstanden Fabriken: Ziegeleien, eine Tabakfabrik, Betriebe zur Holzverarbeitung, eine neue Brauerei, eine Teppichknüpferei usw. und mit ihnen auch eine neue Arbeiterschicht. 1910 wurden in Sarajevo 6.751 Personen gezählt, die in Handwerk, Industrie und Bauwesen beschäftigt waren.[581] Mit der Eröffnung einer Filiale der Wiener Union-Bank am 1. August 1883 wurden die Anfänge eines modernen Bankenwesens gelegt. Und 1912 gab es in Sarajevo bereits neun selbstständige Finanzinstitute.[582] In der Wirtschaft Sarajevos (wie in Bosnien insgesamt) spielten schließlich nach wie vor die frommen Stiftungen eine wichtige Rolle. Sie besaßen ein gewaltiges Vermögen in Form von Ländereien und Gebäuden aller Art, hatten aber oft infolge von Missmanagement und/oder Unterschlagungen der Verwalter zu wenig flüssiges Kapital, um Instandhaltungen oder Neuinvestitionen tätigen zu können. Die Pforte hatte schon im Zuge der Reformmaßnahmen mit mehreren Gesetzen versucht, den Wildwuchs im Stiftungswesen neu zu ordnen, war damit aber – zumindest in Bosnien – gescheitert. Die Doppelmonarchie sah sich deshalb zum Handeln gezwungen. Mit einem kaiserlichen Erlass vom 15. März 1883 wurde eine Landesvakufkommission eingesetzt, zu deren Präsidenten der Bürgermeister von Sarajevo, Mustajbeg Fadilpašić, bestellt wurde (Abb. 17, siehe oben). Ihm zur Seite stand ein siebenköpfiger Rat, dessen Mitglieder vorwiegend dem loyalen Sarajevoer Establishment entstammten, das auf diese Weise großen Einfluss in der gesamten Provinz erhielt und seine Vorrangstellung gegenüber den muslimischen Notabeln anderer Städte festigen konnte.[583] 1894 wurde die *Vakuf*verwaltung noch einmal neu gestaltet. Bis 1905 wurden in Bosnien-Herzegowina insgesamt 995 selbstständige *Vakufe* registriert. Das gesamte Vermögen der inventarisierten Stiftungen wurde auf mehr als sechs Millionen Kronen geschätzt. „Die Verwaltung dieses bedeutenden Vermögens wurde so erfolgreich geführt, dass nicht nur die stifterischen Anordnungen in vollem Umfang erfüllt, sondern überdies noch ansehnliche Überschußbeträge für die allgemeine kulturelle Förderung der muhammedanischen Bevölkerung, insbesondere für Reformschulen verwendet werden konnten. Gleichwohl zeigte sich schon wenige Jahre nach der Neuordnung der Verwaltung unter der muhammedanischen Bevölkerung eine Mißstimmung gegen die eben geschilderte Einrichtung, welche zu mehrfachen Konflikten mit der Regierung Anlaß gab und endlich eine autonome Verwaltungsorganisation zeitigte, wie sie sich die serbisch-orthodoxe Bevölkerung erkämpft hatte."[584]

---

581 Kruševac: Sarajevo, S. 200.
582 Ebda., S. 223.
583 Donia: Islam under the Double Eagle, S. 22 ff.; Einzelheiten zur Neuordnung des Stiftungswesens und dessen abermaliger Umgestaltung im Juli 1894 bei Schmid: Bosnien, S. 674 ff.
584 Schmid: Bosnien, S. 685.

DIE ARCHITEKTUR DER K.U.K. ZEIT

Nicht nur Infrastruktur, Wirtschaft und die im Kapitel über Konfessionalismus skizzierte Gesellschaft veränderten sich, auch das Aussehen Sarajevos nahm eine neue Gestalt an, jene Kombination von „orientalischem Erbe" und „okzidentaler Moderne", die bis heute das Merkmal Sarajevos darstellt . Kállays Leitidee, Bosnien zu modernisieren und zugleich das kulturelle Erbe zu bewahren, schlug sich beispielhaft in der Gestaltung der Stadt nieder. Nach einem Großbrand am 19. August 1879[585] erarbeitete die Landesregierung einen ersten Stadtentwicklungsplan für Sarajevo mit dem Schwerpunkt auf der *Baščaršija*. Dieser Plan wurde nach einem erneuten Brand im Jahr 1891 erweitert und zwei Jahre später durch einen neuen Entwicklungsplan ersetzt. Eine wichtige Voraussetzung für Eingriffe in die Stadt war die Klärung der Eigentumsverhältnisse, die mit der 1880 begonnenen Vermessung des Landes und der Einführung eines Grundbuchgesetzes am 13. November 1884 eingeleitet wurde.[586] Ausgangspunkt der Stadtplanung unter österreichisch-ungarischer Herrschaft waren Erhalt und Sanierung der Altstadt (soweit realisierbar), die Erweiterung der Stadt nach Westen (Neu-Sarajevo) sowie die Errichtung von Bauten, die den Bedürfnissen von Stadt und Staat sowie der in Sarajevo lebenden Glaubensgemeinschaften (möglichst repräsentativ) gerecht werden sollten. Die zur Verfügung stehenden Mittel waren in der Regel allerdings bescheiden. Die Neubauten fielen nicht so monumental aus wie die Repräsentationsbauten in den Hauptstädten der beiden Reichshälften (so wie auch die Stiftungskomplexe aus osmanischer Zeit weniger monumental ausgefallen waren als die in Istanbul). Sie „erschlugen" den Betrachter nicht. Morsche Objekte, deren Restaurierung viel Geld gekostet hätte, wurden abgerissen, wodurch das traditionelle architektonische Erbe freilich „empfindlich gestört" wurde. „Das kolossale Bedürfniß an Amtsgebäuden aller Art für die sich stetig entwickelnde Verwaltung, an Schulgebäuden für die Jugend aller Religionsbekenntnisse, an Gotteshäusern für die christliche Bevölkerung, an Wohngebäuden und Humanitätsanstalten für die eingewanderte Bevölkerung, konnte vielfach nur durch Aufführung reiner Nutzbauten, welche mit der Kunst nichts gemein haben, befriedigt werden", schrieb Johann Keller zur Jahrhundertwende im Bosnien-Band des „Kronprinzenwerks". „So trat an die Stelle jener schönen orientalischen Städtebilder, die den Landschaftsmaler entzückten, ein Gemisch von Neuem und Altem."[587] Kállay persönlich sowie der Landesregierung gelang es jedoch, eine Reihe hoch talentierter und motivierter Architekten nach Sarajevo zu locken. Zu ihnen gehörten der aus Sopron (Ungarn) gebürtige Kroate Josip Vancaš,[588] die Tsche-

---

585 Der Brand vernichtete 304 Häuser, 343 Läden und 135 andere Gebäude in 36 Straßen der Altstadt. Bejtić: Ulice i trgovi, S. 30; vgl. auch Kreševljaković: Sarajevo za vrijeme austrougarske uprave, S. 24 f.
586 Einzelheiten bei Schmid: Bosnien, S. 132 f., 177.
587 Keller, Johann: Baukunst, in: Österreichisch-ungarische Monarchie, S. 430.
588 Vancaš (1859–1932) kam 1883 nach dem Architekturstudium in Wien nach Sarajevo, wo er nicht nur die

chen Karel Pařík (auch: Paržik), František Blažek, Karel Panek und Josip Pospišil, die Kroaten Alexandar Vitek (auch: Wittek) und Ćiril Metod Iveković, der aus Ljubljana gebürtige Rudolf Tönnies und andere, die zumeist in Wien ausgebildet worden waren. Die von ihnen entworfenen Bauten waren dem kunsthistorischen Historismus und Eklektizismus des 19. Jahrhunderts (Neo-Romanik, Neo-Gotik, Neo-Renaissance) sowie – mit Beginn des „Fin de siècle" – der Wiener Secession verpflichtet.[589] Eine Besonderheit stellte der „bosnische Stil" dar, der Elemente der „orientalischen Architektur" aufnahm (neo- oder pseudo-maurischer Stil).[590] An beiden Ufern der Miljacka schossen viele Gebäude empor, die zu Markenzeichen der österreichisch-ungarischen Periode gehören: am linken Ufer – von Osten nach Westen – das Rathaus (die spätere Landesbibliothek), das heutige Nationaltheater (zunächst ein Herrenclub), die prächtige Militärpost (heute Hauptpost) und die heutige Juristische Fakultät. Am gegenüberliegenden Ufer befinden sich der Musikpavillon auf dem ehemaligen Pferdemarkt (At Mejdan), die Synagoge der Ashkenasen (Abb. 18) und die Evangelische Kirche (heute Akademie der Künste). Nördlich des Flusses, in der Innenstadt, sind das Hotel „Europa" am Rande der *Čaršija*, die katholische Herz-Jesu-Kathedrale, das Palais des orthodoxen Metropoliten, die Markthalle, das Gebäude der Landesregierung, der Marienhof (Marjinin dvor) und das Landesmuseum hervorzuheben. Besondere Erwähnung verdient noch die Scheriatsrichterschule (heute: Fakultät für Islamwissenschaften) nördlich der Altstadt, ein „wundervoller maurischer Bau" (Heinrich Renner; Abb. 20). Parallel zu diesen öffentlichen Bauten entstanden auch mehrere Luxusvillen für reiche Bürger der Stadt, die von den erwähnten Stararchitekten konzipiert wurden.[591] Unübersehbar war die Präsenz aller Religionsgemeinschaften in der Stadt. Waren die Gotteshäuser von Christen und Juden bis ins 19. Jahrhundert hinein nur versteckt zu sehen gewesen, so sollten sie nun für alle sichtbar sein. Wer auf dem Appel-Kai entlang der Miljacka oder durch die Innenstadt spazierte, konnte unmöglich die Synagoge der Ashkenasen, die

---

Pläne für die katholische Kathedrale im romanischen und gotischen Stil entwarf, sondern auch maßgeblich an der Entwicklung des „bosnischen Stils" beteiligt war, in dem Elemente der „traditionellen" Architektur mit verschiedenen anderen Stilrichtungen kombiniert wurden. Während seines 37-jährigen Aufenthalts in Bosnien soll er 70 Kirchen, 12 Schulen, jeweils 10 Banken, Paläste sowie Regierungs- und Kommunalgebäude, 6 Hotels und Kaffeehäuser sowie 102 Wohnhäuser konzipiert haben. Božić, Jela: Arhitekt Josip Pl. Vancaš, in: Čelić (Hg.): Graditelji, S. 379–390.

589 Zur Architektur in der österreichisch-ungarischen Periode vgl. u. a. Krzović: Arhitektura Bosne i Hercegovine; ders.: Arhitektura secesije; Spasojević: Arhitektura stambenih palata; Gunzburger Makaš: Sarajevo; Kuděla [u. a.]: Arhitekt Karel Pařík; Bobik [u. a.]: Karel Pařík; Dimitrijević, Branka: Der Architekt Karl Pařík, in: Österreichische Zeitschrift für Kunst- und Denkmalpflege 44 (1990), S. 155–169; Hrasnica, Mehmed: Arhitekt Josip Pospišil: život i djelo, Sarajevo 2003.
590 Dazu grundlegend Kurto: Arhitektura Bosne i Hercegovine, razvoj bosanskog stila.
591 In der Petrarkijina-Straße, die nördlich der Straße Mula Mustafe Bašeskije verläuft, befinden sich vier derartige Villen, die kurz nach der Jahrhundertwende fertiggestellt wurden: die Mandić-, Heinrich-Reiter-, Hermine-Radisch- und Forstrath-Miklau-Villen, die 2008 zum Nationaldenkmal erklärt wurden.

228   2. DAS „ÖSTERREICHISCHE" SARAJEVO (1878–1918)

Abb. 18: Die 1902 im pseudo-maurischen Stil fertiggestellte Synagoge der Ashkenasen am linken Ufer der Miljacka (1910)

Abb. 19: Die nach Josip Juraj Strossmayer (1815–1905), „Bischof von Djakovo, Bosnien und Syrmien" mit Sitz in Djakovo (Ostslawonien), benannte Straße im Zentrum Sarajevos mit Blick auf die 1884–89 errichtete Herz Jesu-Kathedrale.

Abb. 20: Die Scheriatsrichterschule

Abb. 21: Gasse nördlich der Baščaršija. Im Hintergrund die 1887 gegründete Scheriatsrichterschule im maurischen Stil (heute: Fakultät für Islamwissenschaft).

Abb. 22: Treppe in der Eingangshalle des Rathauses

Abb. 23: Das Viertel Alifakovac im Osten der Altstadt, links der Miljacka. Im Hintergrund das Rathaus (Vijećnica; heute: National- und Universitätsbibliothek) im pseudo-maurischen Stil.

Evangelische Kirche, die katholische Kathedrale und die Neue orthodoxe Kirche übersehen. In der Nachbarschaft der alten Moscheen beanspruchten sie eine Sichtbarkeit, die ihnen früher nicht vergönnt gewesen war.

Das größte, repräsentativste und für Sarajevoer Verhältnisse etwas überdimensionierte Baudenkmal dieser Epoche war das Rathaus (Vijećnica). Die Pläne wurden von Alexander Wittek 1892 und 1893 entworfen und nach dessen plötzlichem Tod von Ćiril Iveković zu Ende geführt. Zum Bau des Rathauses mussten zwei Herbergen und ein Privathaus abgerissen werden. Der Eigentümer des Hauses widersetzte sich. Außer der finanziellen Entschädigung verlangte er, dass sein Haus Stein für Stein auf die gegenüberliegende Seite der Miljacka (an den Rand von Alifakovac) verpflanzt werde. Dort dient es heute als Restaurant. Es trägt den Namen „Inat kuća" (Trotz-Haus). Nachdem dies geschafft war, konnte der Bau des Rathauses beginnen. Seine Architektur stellt eine Mischung aus Historismus und pseudo-maurischem Stil dar, ein „Wunder an Design und Ingenieurskunst" (Robert Donia), das an die Alhambra in Granada erinnert, und mit einer repräsentativen Eingangshalle ausgestattet wurde (Abb. 22 und Farbabb. 13). Das 1894 fertiggestellte Gebäude wurde zwei Jahre später der Stadtverwaltung übergeben, die es 1949 an die National- und Universitätsbibliothek von Bosnien-Herzegowina weitergab. Während der Belagerung Sarajevos 1992–1996 wurde das Gebäude mit seinen wertvollen Handschriften und Buchsammlungen schwer beschädigt; derzeit (2012/13) befindet es sich in Restauration.

DIE „ORIENTALISCHSTE STADT AUF DEM BALKAN"

Zusammenfassend bleibt festzuhalten, dass Sarajevo während der österreich-ungarischen Periode ein äußerst facettenreiches und faszinierendes Bild bot und dass es in dieser Hinsicht alle anderen Hauptstädte im Balkanraum weit hinter sich ließ. Sarajevo war in der Tat einmalig und – ungeachtet aller Modernität – die „orientalischste Stadt auf der Balkanhalbinsel".[592] Facettenreich war nicht allein die äußere Gestalt der Stadt, sondern auch das gesellschaftliche Leben – die bereits erwähnten Vereine, die vielfältigen Zeitschriften, die zahlreichen und sehr unterschiedlichen Feiern und Feste sowie der Habitus der Bewohner insgesamt.[593] Besucher von auswärts waren insbesondere beeindruckt von den Nächten während des muslimischen Fastenmonats (Ramazan). „Die Ramazannächte bieten ein vollständiges Bild des Karnevals. Die von Moslims bewohnten Stadtviertel sind festlich beleuchtet; überall herrscht geräuschvolles Leben, aus den Kaffeehäusern dringt der Schall von Musik und Gesang hervor. Aus einiger Entfernung hört man die dumpfen Töne der Zigeunertrommel und den schrillen Klang von allerlei Blasinstrumenten; für das musikalische Ohr eine nicht besonders angenehme Musik; aber man hat die Empfindung, dass sie hier auf ihrem Platze ist, dass es anders nicht richtig wäre."[594] Die Stille von einst wich immer mehr einem lebhaften Treiben. Osmanisches Erbe und österreichisch-ungarischer Kulturimport begegneten sich auf allen Ebenen, bereicherten und beeinflussten sich wechselseitig. Der Schriftsteller Karahasan erinnert sich an einen Mann, der Anfang der 1990er-Jahre das „bosnische Volkslied" Azra sang: „Dieses Lied, das von den Menschen in Bosnien sehr gerne

---

592 Der Journalist und Balkan-Experte William Miller (1864–1945), der in den 1890er-Jahren den Balkan mehrfach bereiste, schrieb 1898: „The town lies picturesquely in a hollow between two hills and is commanded toward the east by a castle, from whose bastions there is an admirable view of the old wooden Turkish houses and the modern European buildings. Unlike Athens and Belgrade, it possesses a considerable amount of vegetation. No doubt the modern part of the town has greatly grown at the expense of the Oriental, but Sarajevo is still the most Oriental city of the Balkan Peninsula. In Belgrade and Sofia you have nothing but brand-new edifices, while in Athens there is no alternative between the venerable ruins of antiquity and the modern German town constructed under King Otho. But at Saraj the West and the East meet, and the Oriental houses with their courtyards and gardens have not been improved out of existence as at Sofia. You may take a walk through the bazar or čaršija, and imagine yourself in a purely Eastern town, while at a few minutes' distance the shops of the Franje Josipa Ulica [Franz Joseph-Straße] transport you back to an Austrian city, In point of picturesqueness the Sarajevo bazar is unrivalled in the Near East. It cannot perhaps be compared with the súks of Tunis or the large covered bazar at Constantinople, because it is almost entirely in the open air." Miller, William: Travels and Politics in the Near East, London 1898, S. 145. Und der weit gereiste belgische Nationalökonom Émile de Laveleye schrieb Ende der 1880er-Jahre: „Die ‚Tschartsia' von Serajewo, das Kaufmannsviertel, besitzt ein so ganz und gar morgenländisches Aussehen, wie ich es selbst in Kairo nicht vollendeter getroffen habe." Laveleye, Emil v.: Balkanländer, Bd. 1, Leipzig 1888, S. 161.
593 Vgl. Donia: Fin-de-Siècle, S. 63 f.
594 Hangi; Moslim's in Bosnien-Hercegovina, S. 30.

gesungen und von ihnen für eine Sevdalinka (unser nationales Liebeslied) gehalten wird, stammt von einem österreichischen Komponisten vom Ende des 19. Jahrhunderts und wurde auf Verse von Heinrich Heine geschrieben.[595] Es gibt viele solcher Lieder, die – in Wien auf Verse deutscher und österreichischer Dichter komponiert – mit der österreichischen Verwaltung zusammen nach Bosnien kamen. Sie wurden als ‚österreichische Sevdalinkas' angenommen, und noch heute werden sie von den bosnischen Menschen gesungen, die sie lieben und die glauben, daß diese Gedichte etwas von ihnen und ihrem Weltverständnis aussagen. Die Bosnier wissen, daß es sich um keine Originale, um keine ‚echten' Sevdalinkas handelt, aber sie lieben sie, singen sie und sehen sie als ihre Lieder an. Das sind sie auch unbestritten…"[596] „Etwas sehr Ähnliches", fährt Karahasan fort, „ist mit dem passiert, was ich als pseudo-orientalischen Stil bezeichnen möchte, der ebenfalls mit Österreich zu uns gekommen ist. Dieser Baustil wurde in Bosnien angenommen und kommt noch immer sporadisch vor, wenn sich ein Reicher ein Haus absichtlich im ‚traditionellen' Stil, im Stil der pseudo-orientalischen Villen errichten läßt… Betont werden muß, daß dieser Stil nie den traditionellen bosnischen Baustil in Frage gestellt hat, so wie die ‚österreichische Sevdalinka' nie die originale bosnische Sevdalinka in Frage gestellt hat; und in keinem der beiden Fälle haben sich die offensichtlichen Unterschiede zwischen ‚Original' und ‚Import' im Laufe der Zeit verwischt oder verringert. Diese Tatsache zeigt, daß die Offenheit der bosnischen Kultur für die ‚andere Sicht' ihrer einzelnen Segmente nicht fehlender Identität oder schwachem Identitätsbewußtsein entspringt, sondern der Bereitschaft, der anderen Sicht

---

[595] „Der Asra" von Heinrich Heine:
„Täglich ging die wunderschöne / Sultanstochter auf und nieder / Um die Abendzeit am Springbrunn, / Wo die weissen Wasser plätschern.
Täglich stand der junge Sklave / Um die Abendzeit am Springbrunn, / Wo die weissen Wasser plätschern; / Täglich ward er bleich und bleicher.
Eines Abends trat die Fürstin / Auf ihn zu mit raschen Worten: / Deinen Namen will ich wissen, / Deine Heimat, deine Sippschaft!
Und der Sklave sprach: Ich heisse / Mohamet, ich bin aus Yemmen, / Und mein Stamm sind jene Asra, / Welche sterben, wenn sie lieben."

[596] Karahasan, Dževad: Tagebuch einer Aussiedlung, Klagenfurt-Salzburg 1993, S. 82 f. In den „österreichischen Sevdalinke" verbinden sich beispielhaft orientalisches und okzidentales Erbe zum bosnischen Erbe. Die Sevdalinka kam wahrscheinlich schon bald nach der osmanischen Eroberung nach Bosnien. Das türkische (ursprünglich arabische) Wort „sevda" (in Bosnien: sevdah) bedeutet Liebe, Liebessehnsucht. Die Sevdalinke waren ursprünglich im urbanen Milieu verhaftet, fanden ihren Weg dann aber auch aufs Land. Zu den Diskursen über die Sevdalinka vgl. Pennanen, Risto Pekka: Melancholic Airs of the Orient – Bosnian Sevdalinka Music as an Orientalist and National Symbol, in: Collegium: Studies across Disciplines in the Humanities and Social Sciences 9 (2010), S. 76–90. In der Čaršija von Sarajevo besteht seit 2008 das „Sevdah Art House", im ehemaligen Großen Magazin (Velika daira), das während der Belagerung der Stadt zerstört wurde.

Relevanz und Fundiertheit zuzuerkennen."[597] Für die Aneignung kultureller Importe ließen sich noch viele andere Beispiele finden. Stellvertretend sei die Stadtsprache von Sarajevo erwähnt. Sie besitzt in Gestalt der „Turzismen" nicht nur ein reiches osmanisches Erbe, sondern hat auch zahlreiche Lehnworte aus dem Deutsch-Österreichischen übernommen und bewahrt.[598] Und in dieser Vielgestaltigkeit ist sie die unverwechselbare Sprache Sarajevos.

2.9. DAS ATTENTAT VON 1914

Es war ein freundlicher Sonntag, der 28. Juni 1914: der Veitstag (Vidovdan), der Tag, an dem vor 525 Jahren rund 260 km Luftlinie von Sarajevo entfernt die legendäre Schlacht auf dem Amselfeld (Kosovo polje) stattgefunden hatte. Der Führer der christlichen Truppen, unter denen sich auch Soldaten aus dem mittelalterlichen bosnischen Königreich befunden hatten, der serbische Fürst Lazar, war als Märtyrer gefallen und kurze Zeit später von der Orthodoxen Kirche heiliggesprochen worden. Der (nicht identifizierte) serbische Held Miloš Obilić, der vielen, die ebenfalls Helden werden wollten, seither als Vorbild diente, hatte den Führer des osmanischen Heeres, Sultan Murad I., ins Jenseits und ebenfalls zum Märtyrer befördert. Zwei Märtyrer, ein christlicher und ein islamischer, die sich nach ihrer kurzen, unerfreulichen Begegnung auf dem Amselfeld nie wieder begegnen werden. Der Überlieferung nach war die Schlacht auf dem Amselfeld das Ende des mittelalterlichen serbischen Reiches und der Beginn des türkischen Jochs, eine Schlacht, die nach Rache für die Niederlage und das anschließend erlittene Unrecht rief. Wie so viele Erinnerungen, steckt auch diese voller Ungereimtheiten und Ungenauigkeiten, die uns hier nicht beschäftigen können. Der 28. Juni 1914 also, ein symbolkräftiger, heiliger, legendenumwobener, freundlicher Tag, der Auftakt zu dem, was der amerikanische Historiker und Diplomat George F. Kennan als „Urkatastrophe des 20. Jahrhunderts" bezeichnet hat, als Beginn einer dreißig Jahre währenden Selbstzerstörung Europas, ein Tag, der Sarajevo zum weltgeschichtlichen Erinnerungsort machte.

DIE ÖSTERREICHISCH-SERBISCHE „TODFEINDSCHAFT"

Werfen wir einen kurzen Blick auf die unmittelbare Vorgeschichte, deren Darstellung ganze Bibliotheken füllt, hier aber nur in wenigen Stichworten skizziert werden kann. Nach dem (brutalen) Königsmord in Belgrad von 1903 und dem dadurch bewirkten Dynastiewechsel

---

597 Ebda., S. 83 f.
598 Z. B. meblštof (Möbelstoff), Markale (Markthalle), knedla (Knödel), rajsferšlus (Reißverschluss), biflati (büffeln), lumpovati (lumpen), rikvers (rückwärts) usw. Vgl. Memić: Entlehnungen.

hatte Serbien seine außenpolitische Orientierung verändert: weg von Österreich-Ungarn, hin zu Russland. Der Zollkrieg zwischen der Doppelmonarchie und Serbien von 1906 bis 1911, der mit Blick auf den wichtigsten serbischen Exportartikel als „Schweinekrieg" in die Geschichte eingegangen ist, verschärfte die Situation. Mitten in den Wirtschaftskrieg platzte die Annexion Bosnien-Herzegowinas durch Österreich-Ungarn am 5. Oktober 1908, als Kaiser Franz Joseph I. sich aus Anlass seines Namenstags und seines sechzigjährigen Regierungsjubiläums mit der Annexion beider Provinzen ein „Geschenk" genehmigte. Wie sich bald zeigen sollte: ein Danaergeschenk. Die vom k.u.k. Außenminister Graf Aloys von Ährenthal, zunächst in Absprache mit Russland, vorbereitete Einverleibung stellte einen klaren Bruch des Berliner Vertrags von 1878 dar. Doch weil Russland seinen Part am Deal mit Österreich gegen den Widerstand anderer Großmächte nicht durchsetzen konnte, führte sie zur Zerrüttung des österreichisch-russischen Verhältnisses. Joseph Baernreither, Mitglied des österreichischen Herrenhauses, notierte nach Verkündung der Annexion in sein Tagebuch: „Alles wies darauf hin, daß die bisherige Regierungsmethode in Bosnien abgewirtschaftet habe" und dass sich die verschiedenen Nationalitäten und Konfessionen – ungeachtet ihrer sonstigen Differenzen – in einem Punkt einig seien, dem Wunsch nach Befreiung von der Habsburger Herrschaft.[599] Auch Thronfolger Franz Ferdinand stand der Annexion (wie er in einem Brief an Ährenthal deutlich machte) skeptisch gegenüber: „Im allgemeinen bin ich überhaupt bei unseren desolaten inneren Verhältnissen gegen alle solche Kraftstückeln. – Meiner Ansicht nach kann sich solche Sachen nur ein konsolidierter kräftiger Staat erlauben; nachdem wir aber, dank dem Kampfe der beiden Reichshälften, der künstlich mit Dampf betriebenen Abschaffung der Gesamtheit und dem Chaos weder konsolidiert noch kräftig sind, würde ich eher zuwarten."[600] In der Doppelmonarchie kam es angesichts der allerorts gärenden „nationalen Fragen" und des labilen Gleichgewichts zwischen den beiden Reichshälften zu zahlreichen Krawallen an den Universitäten und zu hitzigen Debatten über die künftige Stellung Bosnien-Herzegowinas in der Monarchie.[601] Bedrohlicher aber war der außenpolitische Flurschaden. In Serbien wurde die Einverleibung der „serbischen Länder" Bosnien und Herzegowina in das Habsburgerreich als Herausforderung zum Krieg verstanden. Ähnlich (mit umgekehrtem Vorzeichen) sah es der österreichisch-ungarische Generalstabschef Conrad von Hötzendorf: ein Schwarz-Gelber durch und durch, der Serbien am liebsten durch einen „Präventivkrieg" von der Landkarte getilgt hätte, sich aber

---

599 Baernreither, Joseph Maria: Fragmente eines politischen Tagebuchs. Hg. Josef Redlich, Berlin 1928, S. 57.
600 Chlumecky, Leopold von: Erzherzog Franz Ferdinands Wirken und Wollen, Berlin 1929, S. 98 f.; hier nach Cassels: Der Erzherzog, S. 131.
601 War Bosnien jetzt ein Reichsland, ein Sondergebiet unter österreichisch-ungarischem Kondominium, ein corpus separatum des Königreichs Ungarn oder ein Nebenland? Zahlreiche Juristen haben sich darüber den Kopf zerbrochen. Der Realität am nächsten kommt wohl die Bezeichnung „Nebenland".

gegenüber der „Friedenspartei" nicht durchsetzen konnte. Am 20. Oktober 1908 schrieb Thronfolger Franz Ferdinand an den Leiter seiner Militärkanzlei, Alexander Brosch von Aarenau: „Bitte bändigen Sie nur Conrad. Er soll doch dieses Kriegsgehetze aufgeben. Es wäre ja großartig und sehr verlockend, diese Serben und Montenegriner in die Pfanne zu hauen, aber was nützen diese billigen Lorbeeren, wenn wir uns dadurch eine allgemeine europäische Verwicklung hinaufdividieren und dann womöglich mit zwei bis drei Fronten zu kämpfen haben und das nicht aushalten können." Conrad solle also Ruhe geben und „nicht zum Kriege hetzen". [602] Da Serbiens Verbündeter Russland nach der Niederlage im Krieg gegen Japan von 1905 zu einem Waffengang nicht gerüstet war und die anderen Großmächte Serbien zur Zurückhaltung mahnten, konnte die Annexionskrise schließlich auf diplomatischem Wege beigelegt und der Beginn eines Weltkriegs vermieden bzw. verschoben werden.

Die mittelbaren Folgen der Annexionskrise waren dramatisch: serbische Todfeindschaft gegenüber der Habsburgermonarchie, Wiederaufleben des russisch-österreichischen Gegensatzes und verstärkte diplomatische Aktivitäten Russlands im Balkanraum, die schließlich zu den beiden Balkankriegen führten. Zur nächsten Konfrontation zwischen der Doppelmonarchie und Serbien kam es nach dem 1. Balkankrieg von 1912, in dem Serbien, Montenegro, Griechenland und Bulgarien dem Osmanischen Reich eine vernichtende Niederlage bereitet hatten. Serbien erhielt einen Teil Makedoniens und Kosovo, doch der begehrte Zugang zur Adria über nordalbanischen Siedlungsraum wurde ihm auf Intervention Österreichs und Italiens bzw. durch Gründung eines Fürstentums Albanien verwehrt. Das brachte das Fass zum Überlaufen. Die Erbitterung über Österreich-Ungarn nahm unkontrollierbare, zumindest schwer kontrollierbare Formen an.[603]

Aus Empörung über die vorsichtig taktierende serbische Regierung und ihre einlenkende Politik in der Annexionskrise 1908/09 hatten serbische Offiziere, darunter die Königsmör-

---

602 Chlumecky, Leopold von: Erzherzog Franz Ferdinands Wirken und Wollen, Berlin 1929, S. 99. In der Wiener Satirezeitschrift „Kikeriki" findet sich folgender Eintrag: „9. Oktober. In Bosnien brandelt's, weil Oesterreich das Glumpert annexiert hat, und das will si' das G'sindel net ruhig g'fallen lassen. Da unten werden mir überhaupt no' a schwere Arbeit haben; denn Bosnien is a unziwilisirt's Land und mir haben die Mission, daß mir aus die Bosnickel a Kulturvolk machen. Das wär' am besten zum erreichen, wann mir unsere ‚Platten'[Soldaten] hinschickerten, damit's in Bosnien und der Herzegowina die europäische Kultur verbreiten. Der selige Graf Andrassy hat a Recht g'habt, wie er vor dreißig Jahren g'sagt hat: ‚Mir haben in Bosnien an' Sack voll Wanzen 'kauft, die mir nimmer los werden!' Und wegen so 'was, woll'n s' mit uns no' kriegführen!" Kikeriki, 15. 10. 1908, S. 2.
603 Zu Vorgeschichte, Verlauf und Ergebnissen der Balkankriege vgl. u. a. Helmreich, Ernst Christian: The Diplomacy of the Balkan Wars, Cambridge/Mass. 1938 (Repr. New York 1969); Boeckh, Katrin: Von den Balkankriegen zum Ersten Weltkrieg. Kleinstaatenpolitik und ethnische Selbstbestimmung auf dem Balkan, München 1996; Hall, Richard C.: The Balkan Wars, 1912–1913. Prelude to the First World War, London 2000; Ivetic, Egidio: Le guerre balcaniche, Bologna 2006.

der von 1903, bereits im Mai 1911 die Geheimgesellschaft „Vereinigung oder Tod" (Ujedinjenje ili smrt), bekannter unter der Bezeichnung „Schwarze Hand" (Crna ruka), ins Leben gerufen. Ihr führender Kopf war Oberst Dragutin Dimitrijević-Apis, der eine steile Karriere in der Armee durchlaufen und seine militärischen Kenntnisse während eines längeren Aufenthaltes in Berlin vervollkommnet hatte. Die Organisation, die in enger Verbindung zu der im Oktober 1908 gegründeten, öffentlich tätigen Gesellschaft „Narodna odbrana" („Nationale Verteidigung") stand, strebte gemäß ihrer „Verfassung" die „Vereinigung des Serbentums" durch „revolutionären Kampf" an, wohingegen sich die „Narodna odbrana" vor allem um die Stärkung des serbischen Nationalbewusstseins bzw. um die nationale und körperliche Ertüchtigung der Jugend bemühen sollte. Tätigkeit und Zielsetzung der „Schwarzen Hand" erstreckten sich auf alle Territorien außerhalb Serbiens, „in denen Serben leben". Als „serbische Provinzen" galten 1. Bosnien-Herzegowina, 2. Montenegro, 3. „Altserbien" (Kosovo) und Makedonien, 4. Kroatien, Slawonien und Syrmien, 5. die Wojwodina und 6. das Küstenland.[604] Zur Verwirklichung dieses anvisierten groß- oder panserbischen Staates, der wie ein Kultobjekt verehrt wurde, bediente sich die nach dem Vorbild „klassischer" Geheimbünde (Carbonari und Camorra in Italien) organisierte Bruderschaft eines weitgespannten konspirativen Netzes, das auch in die serbischen Staatsorgane (insbesondere in die Führungsspitzen der Armee) reichte.

Nachdem Serbien seine territorialen Ambitionen in Kosovo und Makedonien während der beiden Balkankriege befriedigt hatte, rückte Bosnien-Herzegowina verstärkt ins Visier der nationalen Akteure – in Serbien selbst wie auch in den beiden österreichisch-ungarischen Provinzen. Dort waren es vor allem Schüler und Studenten, die sich in geheimen Zirkeln gegen die habsburgische Herrschaft organisierten. Zentren waren die Ausbildungsstätten in Sarajevo: das Gymnasium, die Realschule, die Handelsakademie und die Pädagogische Hochschule. Die nationale Orientierung dieser Gruppierungen war sehr unterschiedlich. Neben einer radikal großserbischen und einer radikal großkroatischen Gruppierung, die sich wechselseitig bekämpften, gab es eine gemäßigte serbische und eine gemäßigte kroatische Gruppierung, die eine Zusammenarbeit anstrebten. Ein kurioses Novum waren die sogenannten „Serbo-Kroaten", die sich weder als Serben noch als Kroaten, sondern als beides verstanden und die von der Mehrheit der Serben und Kroaten als „Chamäleons" und nationale „Verräter" beschimpft wurden.[605] Ein Rädelsführer der „Serbo-Kroaten" war Ivo Andrić. Zur Bezeichnung dieser nach einer südslawischen Vereinigung strebenden Gruppe nationalrevolutionärer Jugendlicher tauchte ab 1907 vereinzelt der Name „Junges

---

604 Vgl. MacKenzie, David: The „Black Hand" and Its Statutes, in: East European Quarterly 25 (1991), S. 179–206; ders.: The Congenial Conspirator. The Life of Colonel Dragutin T. Dimitrijevic, Boulder 1989.
605 Popović, Cvetko: Sarajevski Vidovdan 1914. Doživljaji i sećanja, Beograd 1969, S. 18, Ljubibratić: Gavrilo Princip, S. 133.

Bosnien" (Mlada Bosna) auf.[606] Die geistigen Wurzeln der Jungbosnier gehen auf den von Giuseppe Mazzini 1831 installierten Geheimbund „Junges Italien" (Giovine Italia) und – mit einigen Abweichungen – auf das „Junge Deutschland" Heinrich Heines zurück. Im Unterschied zum „Jungen Italien" war das „Junge Bosnien" allerdings keine festgefügte Organisation, sondern ein spontan aus lokalen Schülerunruhen in Bosnien-Herzegowina seit dem ausgehenden 19. Jahrhundert entstandenes Netzwerk, das auch in anderen Gebieten Österreich-Ungarns sowie in Serbien und Montenegro Anhänger gewann. Unter den Jugendlichen befanden sich anfangs vor allem bosnische Serben, erst in den letzten Jahren vor dem Weltkrieg stießen auch einige Kroaten und bosnische Muslime zur Bewegung. Als geistiger Führer der Jungbosnier gilt der in der südlichen Herzegowina geborene Vladimir Gaćinović (1890–1917), der unter anderem von den Ideen der russischen „Volkstümler" (Narodniki) und Anarchisten sowie von den Lehren des späteren tschechoslowakischen Präsidenten Tomaš Masaryk beeinflusst war. Die Jungbosnier strebten die staatliche Vereinigung der Südslawen nach dem Vorbild des italienischen „Risorgimento" mit Serbien als „Piemont" an. Sie geißelten die ethnische und religiöse Intoleranz ihrer Landsleute, waren Atheisten und überzeugte Republikaner mit teils sozialistischen, teils anarchistischen Neigungen. Das Attentat als politisches Mittel wurde von ihnen gutgeheißen und unter Rückgriff auf die antike Theorie des Tyrannenmords philosophisch begründet.[607] Der für den Veitstag, den 28. Juni 1914, geplante Besuch des österreichisch-ungarischen Thronfolgers, Erzherzog Franz Ferdinand, in Sarajevo bot den zur Tat drängenden Radikalen die ersehnte Gelegenheit, die Theorie des Tyrannenmords in die Praxis umzusetzen.

DER 28. JUNI UND SEINE FOLGEN

Damit schlug die Stunde des 19-jährigen Jungbosniers Gavrilo Princip. Gavrilo war in ärmlichsten Verhältnissen im Grahovo-Tal, in der bosnischen Krajina nahe der Grenze zu Dalmatien aufgewachsen. Sein Vater, Petar, und dessen Frau, Marija, fristeten ihr Dasein in einer armseligen, fensterlosen Hütte. Die Holztür war schmal und niedrig, und das einzige Licht kam durch ein Loch im Dach, das als Rauchabzug diente. Ein Foto im Stadtmuseum von Sarajevo zeigt den Vater als kleinen untersetzten Mann mit einem Fez, Pluderhosen, einem Hemd, dessen weite Ärmel an den Handgelenken zusammengehalten werden, und darüber einer losen Weste. Von den neun Kindern des Ehepaares starben sechs im Säuglingsalter. Dem am 25. Juli 1894 geborenen Gavrilo schien ein ähnliches Schicksal bevorzustehen, doch überlebte er, blieb aber von Statur klein und kränkelte. Vater Petar war Kmet; sein

---

606 Zum Folgenden vgl. Dedijer: Sarajevo 1914, S. 285 ff.
607 Vgl. Ljubibratić, Dragoslav: Mlada Bosna i Sarajevski atentat, Sarajevo 1964.

2.9. DAS ATTENTAT VON 1914

Ackerland reichte kaum aus, um das Überleben der Familie zu sichern, zumal er ein Drittel der Ernte in Bargeld an den muslimischen Grundherrn abführen musste. Mit Postdiensten verdiente er sich ein Zubrot. In dieser trostlosen Situation, die die Familie Princip mit vielen anderen christlichen Kmeten teilte, gedieh der Hass auf das Bestehende – auf die anachronistische Agrarverfassung, die Diskrepanz zwischen Gerechtigkeit und Recht und auf die Okkupationsmacht, die die Ungleichheit zwischen muslimischen *Begs* und christlichen Kmeten konservierte – sowie der Wunsch nach Befreiung von Fremdherrschaft.[608] Gavrilo besuchte das Gymnasium in Sarajevo, wo er Kontakte zum Jungen Bosnien aufnahm und sich der von Ivo Andrić geleiteten Schülergruppe „Srpsko-hrvatska Napredna organizacija" (Serbo-kroatische Fortschrittsorganisation) anschloss. Wegen Teilnahme an einer regierungsfeindlichen Demonstration wurde er von der Schule verwiesen und begab sich 1912 nach Belgrad, um dort seine Ausbildung fortzusetzen. Die nationale Euphorie zu Beginn der Balkankriege steckte ihn an, und er bewarb sich um die Mitgliedschaft in den paramilitärischen Formationen (Tschetniks), wurde aber wegen seiner physischen Schwäche zurückgewiesen, was er als schwere Demütigung empfand. „Das habe ihn zu dem Entschluß veranlaßt, eine spektakuläre Tat zu vollbringen, die alle in Erstaunen versetzen würde, erzählte der kleine, schwächliche Mittelschüler dem Untersuchungsrichter [Leo] Pfeffer."[609]

---

608 Der Zusammenstoß von Gerechtigkeit und Recht hatte selbst diejenigen Kmeten von Österreich-Ungarn entfernt, die (noch) nicht national indoktriniert waren und die der Okkupation durch eine christliche, „europäische" Macht zunächst mit hohen Erwartungen begegnet waren. In der bereits erwähnten Erzählung über den Kmeten Siman hat Ivo Andrić diesen marginalisierten Bauern, die weder lesen noch schreiben konnten, die keine Aufzeichnungen und Erinnerungen hinterlassen haben und die stumm in der Vergangenheit verschwunden sind, ein Denkmal gesetzt. Simans Verständnis von Gerechtigkeit (das Land gehört demjenigen, der es bearbeitet und dessen Vorfahren es gehört hatte, bevor die *Agas* es ihnen genommen hatten) stand im Gegensatz zum Schutz des Eigentums, dem sich die Okkupationsmacht (in Andrićs Erzählung vertreten durch Kosta Hörmann) verpflichtet fühlte. Hier stießen zwei „Welten" aufeinander, die unterschiedlichen Logiken folgten: Das Verlangen nach Gerechtigkeit auf der einen und das gesetzte Recht bzw. die Paragrafen des Gesetzes auf der anderen Seite; dazwischen ein unüberwindbarer Graben. Österreich-Ungarn hätte diesen Gegensatz auflösen können, indem es die Großgrundbesitzer gegen angemessene Entschädigung enteignet und das Land an die Bauern verteilt hätte. Da die große Mehrheit der Kmeten nicht in der Lage war, eine Ablösung zu zahlen, hätten die erforderlichen Mittel für die Entschädigung von der Doppelmonarchie bereitgestellt werden müssen (was im Gegensatz zum Selbstfinanzierungsprinzip für Bosnien stand) oder die Mittel mussten zulasten anderer Modernisierungsprojekte aufgebracht werden – mit nachteiligen Folgen für das Tempo des Entwicklungsprozesses. Die dritte Alternative – die Bereitstellung günstiger Kredite für die Bauern – erfolgte zu spät und ging an den Nöten und dem Gerechtigkeitsverständnis der Mehrheit vorbei. Die ungelöste Agrarfrage und die Vernachlässigung des Elementarschulwesens markierten die engen Grenzen, mit denen sich die „Zivilisierungsmission" unter der Bedingung der Selbstfinanzierung konfrontiert sah.

609 Dor, Milo: Wo alles Unglück begann. Das Attentat von Sarajevo, in: Die Zeit vom 10. 2. 1984: http://www.zeit,de/1984/07/wo-alles-unglueck-begann. Milo Dor, der österreichische Schriftsteller serbischer Herkunft, hat das Attentat auch belletristisch verarbeitet. Der Roman erschien unter zwei verschiedenen Titeln „Der

Am Grab von Bogdan Žerajić in Sarajevo, der 1910 in Mostar Kaiser Franz Joseph hatte ermorden wollen, stattdessen aber ein missglücktes Attentat auf den bosnischen Landeschef Marijan Varešanin in Sarajevo verübt und sich anschließend das Leben genommen hatte, soll Princip geschworen haben, dessen Tod zu rächen. Als Gavrilo und seine beiden gleichaltrigen Gesinnungsgenossen, die Jungbosnier Nedeljko Čabrinović und Trifko Grabež, im März 1914 in Belgrad aus Zeitungsberichten vom bevorstehenden Besuch Franz Ferdinands in Sarajevo Kenntnis erhielten, beschlossen sie, ihn zu töten. Ein Mittelsmann der „Schwarzen Hand" erteilte ihnen im Belgrader Park Topčider Schießunterricht und versorgte sie mit Pistolen, Bomben und Zyankali, mit dem sie sich nach dem Anschlag töten sollten. Einen Monat vor dem Besuch des Thronfolgers begaben sich die drei Attentäter über Tuzla nach Sarajevo. In Tuzla schloss sich ihnen als viertes Mitglied Danilo Ilić an, ein 23-jähriger Lehrer, der drei weitere Mitglieder des Jungen Bosnien anwarb: Vaso Čubrilović und Cvetko Popović, zwei 17-jährige Gymnasiasten, sowie Muhamed Mehmedbašić, einen 27-jährigen Tischler. An der Vorbereitung der Verschwörung waren noch mehrere andere Mitglieder des Jungen Bosnien beteiligt, die die Attentäter logistisch unterstützten. Kurz vor Abschluss der Vorbereitungen sollen dem Chef der „Schwarzen Hand", Dimitrijević-Apis, jedoch Bedenken gekommen sein. Wegen unkalkulierbarer Folgen wollte er das Attentat absagen. Warum es dazu nicht kam und ob es Gavrilo Princip war, der Ilić überredete, am Plan festzuhalten, ist unklar.

Wie dem auch sei: Am Vormittag des 28. Juni postierten sich die sieben Attentäter – Mehmedbašić, Čabrilović, Princip, Grabež, Čubrilović, Popović und Ilić – an verschiedenen Stellen zu beiden Ufern der Miljacka. Die Route des Thronfolgers und der Zeitplan waren in den Zeitungen detailliert bekannt gegeben worden. Franz Ferdinand, der an der Beobachtung eines Militärmanövers in Bosnien teilgenommen hatte, und seine Gattin, Sophie Chotek, Herzogin von Hohenberg, die ihm nachgereist war, um ihn bei der Besichtigung Sarajevos zu begleiten, feierten ihren Hochzeitstag. Sie fuhren in einer Kolonne mit sechs offenen Automobilen vom Westen der Stadt auf dem Appel-Kai entlang zum Rathaus. Überall jubelnde Menschen in einem Meer von österreichischen und bosnischen Fahnen. Kurz nach 10 Uhr passierte die Kolonne den ersten Attentäter, Mehmedbašić, der aber nichts unternahm. Der nächste Attentäter auf der Route war Čabrinović, der eine Bombe in Richtung des Wagens warf, in dem der Thronfolger und seine Gemahlin saßen. Die Bombe verfehlte ihr Ziel, verletzte aber im nachfolgenden Wagen den Adjutanten des bosnischen Landeschefs Oskar Potiorek. Während der Verletzte in das Militärspital gebracht

---

letzte Sonntag: Bericht über das Attentat von Sarajevo" 1982 und „Die Schüsse von Sarajevo", Neuaufl. München 2002. Der oben erwähnte Leo Pfeffer war als Untersuchungsrichter für die Aufklärung des Attentats verantwortlich und konnte mit der Zeit das Vertrauen von Princip gewinnen. Seine Untersuchungsergebnisse erschienen unter dem Titel „Istraga o Sarajevskom atentatu" in Zagreb 1938.

wurde, schluckte Čabrinović das Zyankali und sprang in die Miljacka, die an dieser Stelle flach war und nur wenig Wasser führte. Das Zyankali war alt und wirkte nicht. Die Menge ergriff den Attentäter und hätte ihn gelyncht, wenn er nicht rechtzeitig verhaftet worden wäre. Princip sei daraufhin untergetaucht und habe sich in ein Kaffeehaus an der Lateinerbrücke zurückgezogen, wo er erwog, Selbstmord zu begehen, um einer Verhaftung zu entkommen.

Der Erzherzog befahl, die Fahrt zum Rathaus fortzusetzen. Die Kolonne fährt nun an den übrigen Attentätern vorbei, die jedoch stillhalten. Im Rathaus angekommen, verliest der Bürgermeister von Sarajevo, Fehim Effendi Čurčić, eine vorbereitete Begrüßungsrede, die angesichts der Umstände denkbar unpassend wirkt. Franz Ferdinand unterbricht ihn: „Herr Bürgermeister, da kommt man nach Sarajevo, um einen Besuch zu machen und wird mit Bomben beworfen! Das ist empörend." Es folgt eine Beratung, ob der Besuch fortgesetzt werden sollte. Landeschef Potiorek, der Franz Ferdinand nach Sarajevo eingeladen hatte, versichert: „Eure Kaiserliche Hoheit können ruhig weiterfahren, ich übernehme dafür die Verantwortung." Da der Erzherzog vor dem geplanten Besuch des Landesmuseums den Verletzten im Garnisonshospital besuchen will, wird die Fahrtroute geändert. Die Chauffeure werden über die Änderung aber nicht informiert, sodass der erste Wagen der Kolonne an der Lateinerbrücke – wie ursprünglich geplant – in die Franz-Josef-Straße Richtung *Čaršija* einbiegt. Der zweite Wagen mit dem Thronfolgerpaar folgt ihm. Als der Irrtum bemerkt wird, stoppt die Kolonne und die Wagen, die keinen Rückwärtsgang besitzen, werden zum Kai zurückgeschoben. In dem Gewirr kommt das Auto mit dem Thronfolger vor dem Kaffeehaus zum Stillstand, in dem Princip sitzt. Dieser stürzt auf die Straße, zieht seine Pistole und feuert aus kurzer Entfernung zweimal auf Franz Ferdinand. Die erste Kugel trifft die Herzogin, die zweite den Erzherzog. Princip schluckt das Zyankali, das seine Wirkung verfehlt. Und bevor er sich erschießen kann, wird er verhaftet. Der Wagen mit den beiden Opfern ist bereits auf dem Weg zum nahegelegenen *Konak*, wo nur noch der Tod des Ehepaars festgestellt werden kann.[610]

Nicht alle Details der Geschichte sind geklärt, aber so ungefähr muss es gewesen sein: eine Abfolge von Torheiten, Schlampereien und Zufällen. Dass der Zeitpunkt des Besuchs von Franz Ferdinand in Sarajevo auf den 28. Juni gelegt wurde, war entweder eine Provokation (was nicht sehr wahrscheinlich ist) oder eine Dummheit. Die – zugegebenermaßen sehr vage formulierten – Warnungen des serbischen Gesandten in Wien vor einem möglichen Anschlag auf Franz Ferdinand blieben unbeachtet. Der für Bosnien-Herzegowina

---

610 Zum Ablauf des Attentats vgl. u. a. Dedijer: Sarajevo 1914, S. 519 ff.; Clark, Christopher: The Sleepwalkers. How Europe Went to War in 1914, London 2012, S. 367 ff. Zu den zahlreichen Werken, die sich mit dem Attentat beschäftigen, vgl. die Auswahl im Literaturverzeichnis (die Arbeiten von Aichelburg, Bogićević, Brook-Shephard, Cassels, Gutsche, Remak, Würthle).

zuständige Finanzminister, Ritter von Biliński, wurde angeblich auf Wunsch des Thronfolgers über Einzelheiten des Besuchsprogramms nicht informiert.[611] Attentäter, Waffen und Munition konnten trotz eines dichten österreichisch-ungarischen Spitzelnetzes ungehindert die serbisch-bosnische Grenze bis nach Sarajevo passieren. Die Schutzvorkehrungen in der Stadt waren so oberflächlich, dass Verschwörungstheoretiker an ein Komplott denken könnten. „Wie unzulänglich müssen die Einrichtungen der Polizei in einer Stadt sein, wo die Bomben nur so herumfliegen wie die Federbälle auf einem Spielplatze für Kinder", kommentierte die „Neue Freie Presse" in Wien.[612] Und die für Sicherheitsfragen zuständige Spezialeinheit war am Bahnhof im Westen der Stadt zurückgelassen worden. Dass die Besuchstour des Thronfolgers nach dem ersten Attentat fortgesetzt wurde, bleibt unverständlich. Ebenso, dass die Fahrer über die Änderung der Route nicht informiert wurden. Dass der offene Wagen mit dem Thronfolger in dem Durcheinander just an jenem Ort zum Stillstand kam, wo Princip sich aufhielt, der das Attentat schon aufgegeben hatte, war purer Zufall. Die Ermordung der Gräfin war nicht geplant (ein „Kollateralschaden"). Das Ganze klingt wie die holprig konstruierte Geschichte eines mittelmäßigen Kriminalschriftstellers.

Am Abend des 28. Juni sowie am folgenden Tag kam es in Sarajevo zu pogromartigen antiserbischen Ausschreitungen. Serbische Schulen, Häuser, Klubs und Geschäfte wurden demoliert und geplündert. Die Stimmung war so aufgeheizt, dass Landeschef Potiorek über Stadt und Landbezirk Sarajevo das Standrecht verhängte. Die Gerüchte über die Hintergründe des Attentats überschlugen sich. Politiker, Militärs und öffentliche Meinung waren überzeugt, dass serbische Regierungskreise in die Vorbereitung des Attentats involviert gewesen und für die Tat verantwortlich seien – ein Vorwurf, der bis heute nicht zweifelsfrei bewiesen und eher unwahrscheinlich ist.[613]

---

611 In seinen Erinnerungen erhebt Biliński schwere Anschuldigungen gegen Potiorek und betont seine eigene Unschuld: Biliński: Bosna i Hercegovina u uspomenama Leona Bilinskoga, Sarajevo 2004, S. 85 ff.
612 Ausgabe vom 30. Juni 1914.
613 Zwar waren die serbische Regierung und Ministerpräsident Nikola Pašić über den illegalen Grenzübertritt zweier bewaffneter Bosnier informiert, schienen jedoch vom Attentat selbst nichts gewusst zu haben. Außerdem war Pašić alles andere als ein Vabanque-Spieler. Die Kontakte der Attentäter zur „Schwarzen Hand" dagegen sind unstrittig, aber die „Schwarze Hand" war nicht die Regierung. Feststeht, dass es am Vorabend des Ersten Weltkriegs zu einer tiefen Entfremdung zwischen den militärischen und Geheimdienstkreisen um Dimitrijević-Apis und der vorsichtiger taktierenden politischen Führung gekommen war, zu einer Entfremdung, die schließlich im Sommer 1917 an der Saloniki-Front zur Verurteilung von Apis durch ein serbisches Militärgericht und zu seiner Hinrichtung führte. Der von Wien nach Sarajevo zur Untersuchung des Attentats entsandte Sektionsrat Friedrich Wiesner telegrafierte am 13. Juli 1914 an das Außenministerium: „Mitwisserschaft serbischer Regierung an der Leitung des Attentats oder dessen Vorbereitung und Beistellung der Waffen durch nichts erwiesen oder auch nur zu vermuten. Es bestehen vielmehr Anhaltspunkte, dies als ausgeschlossen anzusehen." Die Österreichisch-Ungarischen Dokumente zum Kriegsausbruch. Hg. Staatsamt für Äußeres in Wien, Berlin 1923, Bd. I, Dok. 17. Wiesner hat zehn Jahre später seine

Das Attentat verhalf der „Kriegspartei" um Generalstabschef Hötzendorf in Wien zu starkem Auftrieb, nicht zuletzt deshalb, weil Franz Ferdinand, der der „Friedenspartei" angehört hatte, nun tot war.[614] Weder Hötzendorf noch der Kaiser scheinen dem ermordeten Thronfolger besonders nachgetrauert zu haben. Doch der Mord bot den für einen Präventivschlag gegen Belgrad eintretenden Kreisen einen willkommenen Anlass, um „Serbien durch eine Kraftäußerung für immer unschädlich zu machen", wie Außenminister Berchtold auf der Sitzung des gemeinsamen Ministerrats der Doppelmonarchie am 7. Juli 1914 formulierte. Die Geschichte der letzten Jahre habe gezeigt, „daß diplomatische Erfolge gegen Serbien zwar das Ansehen der Monarchie zeitweilig gehoben, aber die tatsächlich bestehende Spannung in unseren Beziehungen zu Serbien sich nur noch verstärkt hätten. Weder unser Erfolg in der Annexionskrise noch jener bei der Schaffung Albaniens (…) hätten an den tatsächlichen Verhältnissen etwas geändert". Der österreichische Ministerpräsident, Graf Stürgkh, und der gemeinsame Finanzminister, Ritter von Biliński, pflichteten Berchtold bei. „Wenn (…) der Weg einer vorhergehenden diplomatischen Aktion gegen Serbien aus internationalen Gründen betreten werde", so Stürgkh, dann „müsste dies mit der festen Absicht geschehen, dass diese Aktion nur mit einem Krieg enden dürfe!" Denn der „Entscheidungskampf" mit Serbien sei „früher oder später unvermeidlich", wie Biliński hinzufügte. Und obwohl sich alle Anwesenden auf der Sitzung am 7. Juli darüber im Klaren waren, „daß ein Waffengang mit Serbien den Krieg mit Rußland zur Folge haben" und damit den Automatismus des gesamten europäischen Bündnissystems in Bewegung setzen könnte, behauptete sich – nicht zuletzt unter dem Eindruck der „rückhaltlosen Unterstützung des deutschen Reiches" – ein „monomaner Wille zum Krieg".[615] Trotz der Warnungen des ungarischen Ministerpräsidenten Tisza vor der „furchtbaren Kalamität eines europäischen Krieges" kamen die Mitglieder des Ministerrats zu dem Schluss, „daß ein rein diplomatischer Erfolg (…)wertlos wäre und daß daher solche weitgehenden Forderungen an

---

Einschätzung aufgrund weiterer Informationen modifiziert und das österreichische Ultimatum an Serbien zwar gerechtfertigt, jedoch bekräftigt, dass sein Telegramm von 1914 „der serbischen Regierung weder direkt noch indirekt eine Mitschuld an dem Morde imputierte, sondern daß es, in strenger Anlehnung an die Ergebnisse der Erhebungen und meiner Meldung, nur von der Mitschuld einzelner Beamter und Offiziere an der Mordtat ausging und hieraus die Konsequenzen zog." Wiesner: Die Mordtat von Sarajevo und das Ultimatum, in: Reichspost, 28. 6. 1924, S. 2 f. Auch der von Würthle 1978 publizierte Quellenbericht und seine Monografie aus demselben Jahr bringen keine stichhaltigen Belege für eine Beteiligung der serbischen Regierung an Vorbereitung und Durchführung des Attentats. Würthle: Dokumente zum Sarajevoprozess, und ders.: Die Spur führt nach Belgrad.

614 Zur Rolle der Armee auf Österreich-Ungarns Weg in den Krieg vgl. Kronenbitter, Günther: „Krieg im Frieden". Die Führung der k.u.k. Armee und die Großmachtpolitik Österreich-Ungarns 1906–1914, München 2003.
615 So Sösemann, Bernd: Die Bereitschaft zum Krieg, Sarajevo 1914, in: Demandt, Alexander (Hg.): Das Attentat in der Geschichte, Köln 1996, S. 295–320.

Serbien gestellt werden müßten, die eine Ablehnung voraussehen ließen".[616] Am Abend des 23. Juli übergab der österreichische Gesandte in Belgrad, Baron Giesl, ein auf 48 Stunden befristetes Ultimatum, in dem u. a. eine Beteiligung österreichischer Organe an den Untersuchungen in Serbien zur Aufklärung des Attentats gefordert wurde. Heute ist eine solche Forderung kein Tabu mehr, damals galt sie als unzumutbare Einschränkung staatlicher Souveränität (nicht nur in Serbien). Obwohl sich Belgrad zur Erfüllung fast aller anderen Forderungen des Ultimatums bereit erklärte, gaben sich die Kriegstreiber in Wien damit nicht zufrieden, sodass Giesl am Abend des 25. Juli die serbische Hauptstadt verließ. Kaiser Wilhelm II., der nach Kenntnisnahme der serbischen Antwortnote erklärte, dass damit „jeder Kriegsgrund" fortgefallen sei, und die Begrenzung der österreichisch-ungarischen Strafmaßnahme auf eine temporäre Besetzung Belgrads vorschlug, stieß damit nicht nur auf den versteckten Widerstand des Auswärtigen Amtes und der Militärs in Berlin, sondern auch auf die Ablehnung des gemeinsamen Ministerrats und des Generalstabschefs Hötzendorf in Wien. Da die Bereitschaft zur friedlichen Lösung der Krise fehlte und sich Österreich-Ungarn der Rückendeckung Deutschlands, Serbien der Unterstützung Russlands und dieses der Hilfe Frankreichs sicher waren, löste die österreichische Kriegserklärung vom 28. Juli 1914 an Serbien in rascher Folge den Kriegseintritt der wichtigsten europäischen Staaten und somit den Ersten Weltkrieg aus, in dessen Verlauf rund siebzehn Millionen Soldaten und Zivilisten starben, vier Kaiserreiche zusammenbrachen und die politische Landkarte Europas von Grund auf umgestaltet wurde.

Bleiben noch zwei Fragen zu beantworten: Was ist aus den Attentätern geworden? Und wie wird die Bedeutung ihrer Tat beurteilt? Alle Attentäter und viele ihrer Helfer wurden in den Tagen nach dem Mordanschlag verhaftet. Nur Mehmedbašić konnte fliehen.[617] Am 24. September 1914 erhob die Staatsanwaltschaft in Sarajevo Anklage gegen 25 Personen, die der Täterschaft oder Mittäterschaft bei Vorbereitung und Ausführung des Attentats beschuldigt wurden. Die Staatsanwaltschaft warf den fünf Hauptangeklagten (Princip, Čabrinović, Grabež, Čubrilović und Popović) vor, „daß sie auf Anstiften von Mitgliedern des bekannten Vereins ‚Narodna Odbrana' in Belgrad, woher sie mit Sprengstoff gefüllte Bomben, herrührend aus dem staatlichen Arsenal in Kragujevac, Browning-Pistolen und Munition, sowie Unterweisung im Handhaben dieser Dinge empfangen hatten, am 28. Juni 1914 in Sarajevo in vereinbarter Verbindung und in Gemeinschaft mit dem (entwichenen) Muhamed Mehmedbašić mit diesen Bomben und Pistolen bewaffnet und an ver-

---

616 Protokoll der Sitzung vom 7. 7. 1914, in: Protokolle des Gemeinsamen Ministerrats der Österreichisch-Ungarischen Monarchie (1914–1918). Hg. Miklós Komjáthy, Budapest 1966, S. 141–150.
617 Er wurde 1917 im Prozess gegen den Führer der „Schwarzen Hand" wegen Beteiligung an einem angeblichen Mordkomplott gegen den serbischen Prinzregenten und späteren jugoslawischen König Alexander zu 15 Jahren Haft verurteilt und 1919 amnestiert.

Abb. 24: Der Attentäter Gavrilo Princip

schiedenen Standorten aufgestellt, gleichzeitig Seiner k.u.k. Hoheit dem Erzherzog-Thronfolger Franz Ferdinand und seiner Gemahlin Ihrer Hoheit Herzogin Sofie von Hohenberg auflauerten in der Absicht, sie zu töten…"[618] Gavrilo Princip sagte vor Gericht aus, dass er die Tat nicht bereue und sich auch nicht als Verbrecher betrachte; er habe lediglich einen Tyrannen ermordet. Er erklärte, dass er ein Serbe und Revolutionär sei, dass er Österreich-Ungarn hasse und dessen Untergang herbeisehne. Niemand habe ihn zur Tat angestiftet; eine offizielle Verbindung zu Serbien habe nicht bestanden. Der Tod der Herzogin tat ihm leid, der Schuss habe dem Landeschef Potiorek gegolten. Da stand er also: Gavrilo Princip, ein heranwachsender schmächtiger Mann, voller Wut über die erbärmlichen Verhältnisse, die er gesehen und erlebt hatte, beseelt von der Hoffnung auf eine bessere, gerechtere Welt, voller Emotionen und Fantasien sowie durchdrungen von einem unersättlichen Geltungsdrang. Das Gericht kam im Verlauf der Verhandlung zu der Überzeugung, „daß der Aufenthalt des Princip, Čabrinović und Grabež in Belgrad und das Lesen der dortigen Zeitungen und Broschüren, in welchen der Haß gegen die Oesterreichisch-Ungarische Monarchie öffentlich geschürt und zum Kriege gegen sie zur Befreiung der Südslawen gereizt wird (…) imstande war, in ihnen den Geist unversöhnlicher Feindschaft gegen die Oesterreichisch-Ungarische Monarchie sowie die Idee zu erwecken, sich zum Frommen der Südslawen zu opfern und zwecks Befreiung erwähnter Länder durch Krieg und deren Angliederung an das serbische Königreich das Attentat auszuführen".[619] Am 28. Oktober fiel das Urteil: 16 Angeklagte wurden des Hochverrats, des Meuchelmords oder der Beihilfe für schuldig befunden, 9 wurden freigesprochen. Von den 16 Schuldigen wurden fünf zum Tod durch den Strang verurteilt,[620] während die anderen eine Kerkerhaft zwischen 7 und 20 Jahren verbüßen sollten. Da die Hauptbeteiligten am Attentat, Princip, Čabrinović und Grabež, nach österreichischem Recht noch nicht volljährig waren, entgingen sie der Todesstrafe. Zur Abbüßung ihrer 20-jährigen Haft wurden sie in die böhmische Festung Theresienstadt überstellt, wo sie alle drei vor Ende des Weltkriegs unter menschenunwürdigen Bedingungen an Tuberkulose zugrunde gingen.

---

618 Anklageschrift, abgedruckt bei Brandenburg: Der Sarajevo-Prozeß, S. 7.
619 Urteil im Sarajevoer Hochverratsprozeß, ebda. S. 57–168; hier S. 103.
620 Danilo Ilić, Veljko Čubrilović (der Bruder von Vaso Čubrilović, der zu 16 Jahren Kerker verurteilt wurde), Nedjo Kerović, Miško Jovanović und Jakov Milović.

INTERPRETATIONEN UND KONTROVERSEN

In der internationalen Forschung besteht Konsens darüber, dass das Attentat von Sarajevo nicht Ursache, sondern Anlass für den Ersten Weltkrieg war. Ursache waren die Rivalitäten zwischen den Großmächten: das Weltmachtstreben des Deutschen Kaiserreichs, die Spannungen mit Großbritannien und Frankreich, die Konkurrenz zwischen Österreich-Ungarn und Russland usw. „Und so weiter" bedeutet, dass es auch nach hundert Jahren intensivster Forschung (wer kann die Arbeiten noch zählen, die über die Ursachen des Großen Krieges geschrieben wurden?) viele offene Fragen und unzählige unterschiedliche Deutungen gibt. Und auch die „Erinnerungen" damaliger Akteure verhüllen mehr als sie enthüllen. Mit Sarajevo haben die Hintergründe des Krieges jedenfalls wenig oder nichts zu tun. Viele Autoren ziehen daher eine scharfe Trennlinie zwischen Ursache und Anlass. Aus dem, was geschehen ist, schließen sie auf das, was geschehen *musste* (früher oder später), wobei der Anlass nebensächlich wird. Wenn es nicht das Attentat von Sarajevo gewesen wäre, wäre es eben ein anderer Anlass gewesen. Und wenn man keinen Anlass gefunden hätte, hätte man ihn immer noch erfinden können (wie z. B. zu Beginn des Zweiten Weltkriegs). Mit seinem 1961 erschienenen Buch „Griff nach der Weltmacht", in der die Kriegsschuldfrage von 1914 im Mittelpunkt steht, löste Fritz Fischer mit der nach ihm benannten Kontroverse eine der wichtigsten historiografischen Debatten der westdeutschen Nachkriegszeit aus. Doch der Name Gavrilo Princip taucht auf 700 Seiten nicht ein einziges Mal auf. Nicht einmal eine Fußnote war er wert.[621] Andere Autoren haben Bedenken gegen eine so saubere Trennung von Anlass und Ursache. In Michael Salewskis Gesamtdarstellung des Ersten Weltkriegs aus dem Jahr 2003 fehlt Princips Name zwar im Register, taucht aber an einer Stelle des Textes auf, verbunden mit folgendem Kommentar: „Der 28. Juni 1914 ist vielleicht der größte Schicksalstag des 20. Jahrhunderts, ungeachtet all jener bereits behandelten strukturellen Notwendigkeiten und Kausalitäten – Stichwort: ‚Urkatastrophe'. Häufig wird argumentiert, wäre es nicht die Ermordung des österreichischen Thronfolgerpaares gewesen, so hätte ein beliebiges anderes Ereignis den großen Krieg auslösen können, und die Definition der ‚Kriegsreife' weist in die nämliche Richtung. Aber die eigentliche Frage lautet ja anders: Woher wollen wir wissen, daß es nach dem 27. Juni 1914 ein anderes Ereignis von ähnlicher

---

621 Im Unterschied zu Fischer und vielen anderen räumt z. B. Christopher Clark in seinem viel gelobten Werk: The Sleepwalkers: How Europe Went to War in 1914, London [u. a.] 2012, den Ereignissen in Serbien und auf dem Balkan einen zentralen Platz in seiner Darstellung ein. Im Widerspruch zum Mainstream steht auch das Werk von McMeekin, Sean: July 1914: Countdown to War, London 2013. Abweichend von den meisten Autoren, die in erster Linie den Militarismus im Deutschen Kaiserreich und in der Doppelmonarchie für den Ersten Weltkrieg verantwortlich machen, weist McMeekin (ähnlich wie Clark) Russland und Frankreich ein hohes Maß an Mitschuld zu und kritisiert, dass Großbritannien die heraufziehende Katastrophe zu lange unterschätzt habe.

Abb. 25: K.u.k. Gedenkmarken aus dem Jahr 1917 für die Opfer des Attentats. Auf der Marke links Skizze einer Sophie von Chotek gewidmeten Kirche, die aber nie gebaut wurde.

Qualität wie jenes vom 28. Juni überhaupt gegeben hätte? Wir rechnen das ja bloß hoch, wir jonglieren mit Wahrscheinlichkeiten, keinen Realitäten. Wir können einfach nicht wissen, was geschehen wäre, hätte es diesen abscheulichen Doppelmord nicht gegeben. Ich versage mir alle Spekulationen, aber der Mörder Gavrilo Princip und die Terroristen der ‚Schwarzen Hand' sind mitschuldig am Ersten Weltkrieg, mitverantwortlich für 10 Millionen Tote [ohne Zivilisten], und es ist ganz und gar unverständlich, wollte man dem Attentäter in Sarajevo Denkmäler errichten."[622]

Bevor ich auf Denkmäler zu sprechen komme, muss ich noch eine andere Streitfrage erwähnen. Sind Attentate unter bestimmten Voraussetzungen „legitim"? Darüber wird seit der Antike kontrovers diskutiert. Einige verneinen die Frage aus Prinzip. Andere machen ihre Antwort von der Art der Voraussetzungen abhängig. Ein Attentat (oder missglücktes Attentat), mit dem ein Massenmord oder eine ähnliche Katastrophe verhindert oder gestoppt werden soll, gilt als legitim, und die Attentäter oder Widerstandskämpfer werden als Helden gewürdigt. Dieser Maßstab gilt für das Attentat von Sarajevo aber nicht. Wie auch immer man die österreichisch-ungarische Herrschaft in Bosnien bewerten mag, dem eben genannten Kriterium wurde sie nicht gerecht. Ganz abgesehen davon, dass Franz Ferdinand zwar Thronfolger, aber nicht Herrscher, dass er persönlich schroff und autoritär gewesen sein mag, aber kein Tyrann und dass er nicht – wie zeitgenössische serbische und russische Medien behaupteten – der „Kriegspartei" angehörte, sondern deren Gegner war. Franz Ferdinand war weder Dionysios noch Caesar. Und Hitler war er schon gar nicht. Im Kern geht es stets um dieselbe Frage: Heiligt der Zweck die Mittel? Ziel des Attentats war die Befreiung von österreichisch-ungarischer Herrschaft und die Vereinigung der Südslawen in einem gemeinsamen Staat. Beides wurde erreicht. Die Realität im ersten jugoslawischen Staat hat Gavrilo aber nicht mehr erlebt. Er hat nicht erlebt, wie sein jugendlicher Enthusiasmus und

---

622 Salewski, Michael: Der Erste Weltkrieg, Paderborn 2003, S. 84 f. Auch Clark argumentiert gegen den historischen Determinismus, gegen die These, dass auch ohne Attentat alles so hätte kommen müssen, wie es gekommen ist. Clark: Sleepwalkers, S. 361 ff.

die Befreiungsrhetorik mit der Wirklichkeit kollidierten. Sofern der neue Vielvölkerstaat, der in vielerlei Hinsicht an den habsburgischen Vielvölkerstaat erinnerte, nicht seinen Vorstellungen entsprochen hätte, wäre dann das nächste Attentat fällig geworden? Über das Opfer konnte man streiten. Stand der jugoslawische König Alexander stellvertretend für die Missstände im neuen Staat (so wie Franz Ferdinand stellvertretend für die Missstände in der Doppelmonarchie gestanden war)? Oder waren diejenigen (vornehmlich Kroaten) verantwortlich, die das neue Jugoslawien als „Völkerkerker" interpretierten (so wie Princip die Habsburgermonarchie als „Völkerkerker" verstanden hatte)? Das tödliche Attentat auf König Alexander im Oktober 1934 stand für die erste, das Attentat auf oppositionelle kroatische Parlamentarier und den Führer der Kroatischen Bauernpartei, Stjepan Radić, am 20. Juni 1928, fast genau vierzehn Jahre nach dem Attentat von Sarajevo, für die zweite Variante. Stets heiligte der Zweck die Mittel. Das Mittel blieb stets gleich, die Zwecke dagegen und ihre Bewertung änderten sich.

Insbesondere im sozialistischen Jugoslawien wurden Gavrilo und seine Gesinnungsgenossen als Helden verehrt.[623] Das Gedenken an die Opfer war dagegen schon vorher aus dem öffentlichen Raum verbannt worden.[624] Am Ort des Attentats entstand nach dem Zweiten Weltkrieg ein Princip-Museum bzw. ein Museum des Jungen Bosnien, die Lateinerbrücke wurde in Princip-Brücke umbenannt. Vor dem Museum, dort wo die tödlichen Schüsse gefallen waren, wurden Gavrilos Fußabdrücke in den Stein des Trottoirs eingelassen. Passanten konnten in die Fußstapfen des Helden treten und ein Erinnerungsfoto schießen. Eine Gedenktafel zollte den Attentätern Dank für ihre Befreiungstat. Nach dem Ende Jugoslawiens und des Bosnienkriegs veränderte sich die Perspektive. Da der Zweck diskreditiert worden war, konnte auch das Mittel zu seiner Erreichung nicht mehr heilig sein. Die Fußstapfen verschwanden. Die Princip-Brücke wurde in Lateinerbrücke zurückbenannt, das Princip-Museum in ein Museum zur habsburgischen Geschichte in Bosnien

---

623 Im Königreich Jugoslawien hatte man sich dagegen sehr zurückgehalten. Das Attentat war international als barbarischer Akt verurteilt worden. Die „Schwarze Hand" war seit 1917 geächtet, und die Ermordung eines Thronfolgers stand im Königreich Jugoslawien nicht hoch im Kurs. 1930 war an der Stätte des Attentats in demonstrativer Abwesenheit offizieller Vertreter des Staates eine Gedenktafel angebracht worden. Sie wurde von den Nazis im April 1941 entfernt und Hitler zu seinem 52. Geburtstag geschenkt.

624 Zum dritten Jahrestag des Attentats hatte die Habsburgermonarchie an der Lateinerbrücke ein zwölf Meter (!) hohes Denkmal zu Ehren Franz Ferdinands und Sophies errichten lassen (Spomenik umorstvu), an welchem die Passanten um ein kurzes Gebet für die Opfer des Anschlags gebeten wurden. Das Monument bestand aus zwei Säulen, einer großen Platte mit den Figuren des ermordeten Ehepaars sowie einer Nische für Trauerkerzen und Blumen. Am Ende des Weltkriegs ließ die Belgrader Regierung das Monument abbauen, und der Altar des Denkmals wurde gesprengt. Die Platte mit den Figuren des Thronfolgerpaars kam in die Sarajevoer Kunstgalerie, wo sie heute noch verstaubt. In den letzten Jahren wurden gelegentlich Pläne zu einer Wiedererrichtung des Denkmals diskutiert. Vgl. Trost, Ernst: Das blieb vom Doppeladler. Auf den Spuren der versunkenen Donaumonarchie, Wien 1966, S. 332.

umgewandelt (vgl. Farbabb. 18) und die ehemalige Gedenkplatte durch eine neue mit einer denkbar nüchternen Inschrift ausgetauscht.[625] Aber das rötlich gefärbte Wasser der Miljacka, das Besucher gelegentlich an das Attentat erinnert hatte,[626] veränderte sich nicht. Und auch die Kapelle für die „Vidovdan-Helden" auf dem Friedhof in Koševo (im Nordwesten Sarajevos) blieb unverändert. Während viele Serben Gavrilo nach wie vor als Helden verehren, ist er für viele Muslime/Bosniaken nur noch ein Terrorist. Und für eine dritte Gruppe ist er weder Held noch Terrorist, sondern Geschichte – zumeist vergessene Geschichte. Man mag für den Zorn Gavrilos und seiner Mittäter Verständnis haben und mag sie bedauern. Aber Helden? Infolge der Inflation von Selbstmordattentätern hat sich das Verständnis von Helden verändert. Verändert hat es sich auch, weil wir in einer Zeit leben, die als postheroisch eingestuft wird. Die „spektakuläre", „ruhmreiche" Tat ist vielen suspekt geworden: Nicht jeder selbstdeklarierte Zweck ist heilig, und nicht jeder als „heilig" ausgegebene Zweck heiligt jedes Mittel.

---

[625] De Voss, David: Searching for Gavrilo Princip, in: Smithsonian magazine, August 2000, S. 42–53; Miller, Paul B.: Compromising Memory: The Site of the Sarajevo Assassination, Wilson Center, Meeting Report 333: http://www.wilsoncenter.org/publication/333-compromising-memory-the-site-the-sarajevo-assassination; Gunzburger Makaš, Emily: Museums and the History and Identity of Sarajevo, in: http://www.academia.edu/2211357/Museums_and_the_History_and_Identity_of_SarajevoEAUH_Prague_2012; Snel, Guido: The footsteps of Gavrilo Princip: The 1914 Sarajevo assault in fiction, history, and three monuments, in: Cornis-Pope, Marcel/Neubauer, John (Hg.): History of the literary cultures of East-Central Europe: junctures and disjunctures in the 19th and 20th centuries, Amsterdam, Philadelphia 2004, S. 216–228.

[626] Rebecca West, die in der zweiten Hälfte der 1930er-Jahre Jugoslawien bereiste, schreibt in ihrem berühmten Reisebericht „Black Lamb and Grey Falcon": „‚Look', I said, ‚the river at Sarajevo runs red. That I think a bit too much. The pathetic fallacy really ought not to play with such painful matters.' – ‚Yes, it is as blatant as a propagandist poster', said my husband. We were standing on the bridge over which the Archduke Franz Ferdinand and his wife would have driven on the morning of June the twenty-eighth, 1914, if they had not been shot by a Bosnian named Gavrilo Princip, just as their car was turning off the embarkment." West, Rebecca: Black Lamb and Grey Falcon. A Journey Through Yugoslavia, Edinburg 2006 (Erstausgabe 1942), S. 297.

3. SARAJEVO IN JUGOSLAWIEN
(1918–1992)

3.1. DER ABSTURZ (1919–1941)

Obwohl Sarajevo von den Kämpfen nicht direkt betroffen war, ging der Erste Weltkrieg an der Stadt nicht spurlos vorüber. Die wehrfähigen Männer, sofern sie sich nicht durch Flucht entzogen und Anschluss an das serbische Heer oder die paramilitärischen Formationen (Tschetniks) gefunden hatten, wurden zur kaiserlichen Armee eingezogen. Das politische Leben in der Stadt erstarb. „Die beste Politik ist keine Politik", lautete die Devise des neuen und letzten Landeschefs, Baron Stjepan Sarkotić, eines Kroaten. Der Landtag und der Stadtrat wurden aufgelöst. Proserbische Vereine und Organisationen mussten ihre Tätigkeit einstellen. Serben, die in irgendeiner Weise verdächtig erschienen, wurden verhaftet und oft nach zweifelhaften Gerichtsverfahren hingerichtet.[627] In weiten Teilen des Landes veranstalteten die aus Muslimen und Kroaten zusammengesetzten „Schutzkorps" eine regelrechte Hetzjagd auf Serben. Es herrschte ein Klima von Angst, Repression und Zorn.[628] Der Krieg entzweite die Menschen, auch wenn es – gerade in Sarajevo – Bestrebungen gab, die antiserbischen Barrieren zu überwinden.[629] Doch schließlich – nach vielem Leid, nach vielen Toten und Verwundeten – war alles vorbei: Am 6. November 1918 wurde Sarajevo von der serbischen Armee befreit, und die Menschen atmeten auf. Einige Tage später veranstalteten führende Muslime der Stadt einen festlichen Empfang zu Ehren der serbischen Armee.[630] Doch nun schlug das Pendel in umgekehrter Richtung aus. Nun waren es vor allem Muslime, die sich den Racheakten serbischer „Freiwilliger" und dem harschen Regiment der

---

[627] Insgesamt sollen während des Ersten Weltkriegs rund 5.500 prominente Serben aus Bosnien-Herzegowina verhaftet worden sein, von denen viele in Internierungslagern an Misshandlungen starben und andere hingerichtet wurden. Vgl. Skarić/Hadžić/Stojanović: Bosna i Hercegovina, S. 156 ff.
[628] Donia: Sarajevo, S. 127 ff.
[629] So stieß die Inhaftierung von Serben, denen keine Schuld nachgewiesen werden konnte, bei einigen Muslimen auf offenen Protest. Vgl. Nametak, Alija: Sarajevski Nekrologij, Zürich 1994, S. 15 f.
[630] Purivatra: JMO, S. 30.

serbischen Armee ausgesetzt sahen.⁶³¹ Und viele fragten sich, ob Bosnien-Herzegowina eine befreite Provinz oder Feindesland war.

VOM ÖSTERREICHISCH-UNGARISCHEN ZUM JUGOSLAWISCHEN „VÖLKERKERKER"

Doch dann ging alles sehr schnell. Am 1. Dezember 1918 verkündete der serbische Prinzregent Alexander Karadjordjević in Belgrad die Gründung des „Königreichs der Serben, Kroaten und Slowenen". Wie das untergegangene Österreich-Ungarn, war auch dieser neue Staat ein Gebilde besonderer Art. Das begann schon mit dem Namen. Nach amtlicher Lesart gab es im neuen Staat, der sich aus den ehemaligen Königreichen Serbien und Montenegro (in den Grenzen von 1913, also unter Einschluss Makedoniens und Kosovos) sowie den vormals habsburgischen Gebieten („Slowenien", Dalmatien, Kroatien-Slawonien, ehemaliges Südungarn/Wojwodina und Bosnien-Herzegowina) zusammensetzte, e i n Volk mit drei „Stämmen". Doch auf einen gemeinsamen Namen für das eine Volk hatte man sich nicht einigen können. Man hätte es „jugoslawisch" nennen können, aber diese Bezeichnung war nicht vermittelbar. Die Politiker aus dem früheren Serbien bestanden darauf, dass der Name „Serben" in der Volks- und Staatsbezeichnung erhalten bleiben müsse. So entstand das „dreinamige Volk" (troimeni narod), das – nach amtlicher Lesart – eine Sprache sprach „Serbisch-Kroatisch-Slowenisch", eine Sprache, die es weder damals noch später gab. Die Montenegriner waren aus dem Volksnamen herausgefallen, die Makedonier galten als „Südserben" und von den bosnischen Muslimen erwartete man, dass sie sich früher oder später zum Serben- oder Kroatentum bekennen würden. Erst nachdem König Alexander am 6. Januar 1929 seine persönliche Diktatur verkündet hatte, wurde aus dem „Königreich der Serben, Kroaten und Slowenen" das „Königreich Jugoslawien". Doch in der Zwischenzeit war so viel Porzellan zerschlagen worden, dass dieser obrigkeitliche Akt das Jugoslawentum nicht mehr retten konnte (falls Alexander dies jemals beabsichtigt hatte). Eine jugoslawische Nation war weit und breit nicht in Sicht. Ebenso wie Österreich-Ungarn war auch Jugoslawien de facto ein Vielvölkerstaat – in den Augen der Kritiker ein „Völkerkerker", in dem keines der Völker eine absolute Mehrheit besaß.⁶³²

---

631 Banac, Ivo: The National Question in Yugoslavia. Origins, history, politics, Ithaca-London 1984, S. 149 f.
632 In den beiden Volkszählungen von 1921 und 1931 wurde nicht zwischen Serben, Kroaten, Slowenen usw. unterschieden. Die zahlenmäßige Stärke der heutigen Nationen lässt sich daher nur durch Kombination mit anderen Indikatoren (allen voran mit der Religionszugehörigkeit) ermitteln. 1931 gehörten 83,8 % der Gesamtbevölkerung von 13,9 Millionen zur amtlichen jugoslawischen Nation. Der Rest verteilte sich auf Minderheiten wie Deutsche, Albaner, Ungarn usw. Die Serben (einschließlich der Montenegriner) stellten mit 42,7 % die stärkste Gruppierung (die Serben im ehemaligen Serbien machten dagegen nur 22,0 % aus),

Der ursprüngliche Staats- und Volksname war lediglich ein Symptom, hinter dem sich die Büchse der Pandora verbarg. In den Verhandlungen, die während des Weltkrieges zwischen Vertretern der serbischen Exilregierung und Repräsentanten der habsburgischen Südslawen geführt worden waren, hatte man sich zwar im Juli 1917 auf der Insel Korfu darauf verständigt, in Anwendung des nationalen Selbstbestimmungsrechts ein Königreich der Serben, Kroaten und Slowenen unter der serbischen Dynastie Karadjordjević zu errichten. Aber die meisten anderen Fragen waren offengeblieben. Die Verfassung des künftigen Staates sollte durch eine „zahlenmäßig qualifizierte Mehrheit" in der Verfassungsgebenden Versammlung verabschiedet werden. Was jedoch unter einer „zahlenmäßig qualifizierten Mehrheit" zu verstehen war, blieb ungeklärt. Ungeklärt blieb vor allem, ob der künftige Staat ein Zentralstaat oder ein Bundesstaat oder etwas Drittes sein solle. Und obwohl niemand wusste, worauf er sich einließ, hatten die bei Kriegsende in den historischen Landesteilen formierten „Nationalräte" (unter dem Eindruck innerer und äußerer Bedrohung)[633] eine zügige Vereinigung mit dem aus dem Weltkrieg als Sieger hervorgegangenen Königreich Serbien beschlossen.

Am traditionsreichen St. Veitstag, am 28. Juni 1921, genau sieben Jahre nach dem Attentat von Sarajevo, wurde im Belgrader Parlament die erste Verfassung des neuen Staates mit einfacher (überwiegend serbischer) Mehrheit gegen den Willen der gewählten Vertreter von Kroaten und Slowenen verabschiedet.[634] Was immer die in Korfu beschlossene „qualifizierte Mehrheit" sein mochte – die einfache Mehrheit bedeutete sie nicht! Die St.-Veits-Verfassung erhob den amtlich deklarierten nationalen Unitarismus (ein Volk mit drei Namen) in den Rang eines Verfassungsprinzips und verknüpfte ihn nach dem Motto „Eine Nation – ein Staat" mit einer zentralistischen Verwaltungsgliederung. Der Staat sollte nach geografischen, wirtschaftlichen und sozialen Gesichtspunkten in Distrikte – entsprechend etwa den französischen Departements – eingeteilt werden, die jeweils höchstens 800.000 Einwohner umfassen durften. An der Spitze eines Distrikts stand der vom König ernannte Großgespan, während sich die – ursprünglich als Ausgleich zum Zentralismus gedachte – Selbstverwaltung auf lokale Angelegenheiten unter Aufsicht der Zentrale beschränkte.[635] Diese Verwaltungsgliederung, die sich nur Schritt für Schritt realisieren ließ, zielte auf die Beseitigung

---

gefolgt von den Kroaten mit 23,1 %. Die bosnischen Muslime repräsentierten mit 5,3 % die viertstärkste Bevölkerungsgruppe (nach den Slowenen mit 8,1 %). Vgl. Petrićević, Jure: Nacionalnost stanovništva Jugoslavije, Brugg 1983, S. 29 f. Von der Bevölkerung der ehemaligen Provinz Bosnien-Herzegowina waren 1931 44,25 % Orthodoxe, 30,90 % Muslime, 23,58 % Katholiken und 1,27 % andere. Purivatra: JMO, S. 359.

633 Soziale Unrast im Gefolge der russischen Oktoberrevolution von 1917 und territoriale Forderungen Italiens.
634 Gligorijević, Branislav: Parlament i političke stranke u Jugoslaviji (1919–1929), Beograd 1979, S. 109 ff.; Imamović: Historija Bošnjaka, S. 495 ff. Wichtige Dokumente aus dem Kampf um die Verfassung sind abgedruckt in Jugoslavija 1918–1984. Zbirka dokumenata. Hg. Branko Petranović/Momčilo Zečević, Beograd 1985 S. 164 ff.
635 Einzelheiten bei Ferhadbegović: Prekäre Integration, S. 68 ff.

der historischen Provinzen ab. Entstehen sollte ein einheitlicher, nach „objektiven" und „rationalen" Kriterien gegliederter Verwaltungsraum, der die unterschiedlichen historischen Prägungen in den verschiedenen Landesteilen zum Verschwinden bringen sollte: eine Nation, ein Staat, eine pyramidenförmig von oben nach unten gegliederte Verwaltung, ein einheitlicher Herrschaftsraum. Bosnien-Herzegowina als Provinz, als Verwaltungseinheit, wie sie Jahrhunderte bestanden hatte, gab es nicht mehr. Und Sarajevo – nach Belgrad, Zagreb und Subotica die viertgrößte Stadt im neuen Königreich – war nur noch die Hauptstadt eines der insgesamt 33 Distrikte des neuen Staats bzw. der sechs Distrikte Bosniens. Doch ein gemeinsames bosnisches Dach fehlte. Zwischen der Zentrale in Belgrad auf der einen sowie den Distrikten und Kommunen auf der anderen Seite gab es keine Zwischeninstanz mehr – mit weitreichenden Folgen für die gesamte Region. Obwohl Bosnien und Sarajevo im geografischen Zentrum des neuen Staates lagen, rückten sie politisch, wirtschaftlich und kulturell an dessen Rand: Das geografische Zentrum wurde zur Peripherie. Und es sollte noch schlimmer kommen. Nach Einführung der Königsdiktatur radikalisierte der Monarch die Verdrängung der früheren Landesteile. Mit einem am 3. Oktober 1929 erlassenen Gesetz wurde das „Königreich Jugoslawien" ohne Rücksicht auf nationale oder historische Gegebenheiten in neun Verwaltungsgebiete (Banate oder Banschaften) eingeteilt, deren Namen jede Erinnerung an die historisch geprägte Vielfalt auslöschen sollten.[636] Mit Ausnahme der Küstenbanschaft wurden die neuen Verwaltungsgebiete nach den jeweiligen Flüssen (Drau, Save, Donau, Vrbas, Zeta, Drina, Morava und Vardar) benannt. Neutraler ging es nicht. Die ehemalige Provinz Bosnien-Herzegowina wurde in vier Teile geteilt. Ihr Territorium erstreckte sich auf die Vrbas-, Drina-, Zeta- und Küstenbanschaft, und Sarajevo wurde Hauptstadt der Drina-Banschaft. Obwohl die Serben nicht einmal die Hälfte der Gesamtbevölkerung Jugoslawiens stellten, verfügten sie nun in sechs der neun Banschaften des Staates (bzw. in drei der vier Banschaften auf dem Territorium Bosnien-Herzegowinas, darunter in der Drina-Banschaft) über eine komfortable Mehrheit. So hatten sich große Teile der Bevölkerung Jugoslawiens den gemeinsamen Staat aber nicht vorgestellt.

Die „nationale (Nicht-)Frage", die seit der Staatsgründung an vorderster Stelle der politischen Agenda stand und nach dem Attentat auf kroatische Abgeordnete im Belgrader Parlament am 20. Juni 1928 das Königreich an den Rand der Unregierbarkeit gebracht hatte, ließ sich auf diese Weise nicht lösen. Weder der (defizitäre) Parlamentarismus der 20er-Jahre noch die Diktatur und die nach Ermordung des Königs 1934 folgenden autoritären Regime der 30er-Jahre sahen sich imstande, die Integration voranzubringen.

Der Parlamentarismus war nicht zuletzt deshalb gescheitert, weil sich die Parteien von Anfang an zum getreuen Spiegelbild des nationalen Neben- und Gegeneinanders entwickelt

---

636 Näheres bei Šarac: Uspostavljanje šestojanuarskog režima, S. 276 ff.

hatten. Die Masse der rund 40 Parteien, die sich Anfang der 20er-Jahre registrieren ließen, waren national („stammlich"), religiös oder regional so deutlich abgegrenzt, dass sie nicht als Gesamtstaatsparteien verstanden werden konnten oder wollten. Musterbeispiele ethnozentrischer Gruppierungen waren die (serbische) Radikale Volkspartei (NRS), die Kroatische (Republikanische) Bauernpartei (HRSS bzw. HSS), die Slowenische Volkspartei (SLS) oder die Jugoslawische Muslimische Organisation (JMO) für die bosnischen Muslime. Von den größeren Parteien fielen nur zwei – die Kommunistische Partei Jugoslawiens (KPJ) und die Demokratische Partei (DS) – aus dem engen nationalen oder regionalen Raster heraus. Die bei den Wahlen 1920 überraschend erfolgreiche KPJ wurde aber schnell verboten, und die DS entwickelte sich mehr und mehr zu einer serbischen Partei. In unserem Kontext ist vor allem die JMO von Interesse, die nahezu die gesamte bosnisch-muslimische Wählerschaft ungeachtet sozialer Unterschiede hinter sich vereinte.[637] Die im Februar 1919 in Sarajevo gegründete Partei, die ab 1923 von Mehmed Spaho geführt wurde, setzte sich in ihrem Programm für die vollkommene Gleichberechtigung aller „Stämme" und Staatsbürger ein, lehnte die Einzelnationalismen und alle Bestrebungen ab, die muslimische Bevölkerung Bosnien-Herzegowinas den widerstreitenden nationalen Interessen von Serben und Kroaten unterzuordnen. Nachdrücklich sprach sie sich für den Erhalt der administrativ-territorialen Einheit Bosniens sowie für eine konfessionell-kulturelle Autonomie der dortigen muslimischen Bevölkerung aus. Den Jugoslawismus verstand sie als nationale Synthese, in der die drei „Stämme" (Serben, Kroaten, Slowenen) ebenso ihren Platz finden sollten wie die bosnischen Muslime, unabhängig davon, ob Letztere eher nach Belgrad oder nach Zagreb „gravitierten" oder – wie die Mehrheit der Muslime – sich für keinen der beiden „Stämme" entscheiden mochten.[638] Auf einer Jahreskonferenz im Oktober 1920 forderte die JMO eine Autonomie für die historischen Landesteile, lehnte aber eine „Stammes"-Autonomie ebenso ab wie den Föderalismus.[639] Mit anderen Worten: Die JMO war zwar keine jugoslawische Partei in dem Sinne, dass sie in allen Teilen des Staates um Wähler geworben hätte, aber sie gehörte zu den wenigen politischen Gruppierungen, die den integralen Jugoslawismus (unter Beibehaltung der historischen Landesteile) ernst nahmen. Da sie aufgrund ihrer konfessionell-regionalen Ausrichtung keine Chance hatte, die Regierung zu stellen, schloss sie wechselnde Bündnisse mit den großen Parteien (und stimmte 1921 auch für die St.-

---

637 Zur Geschichte der Partei vgl. Purivatra: Jugoslovenska Muslimanska Organizacija; zu ihrem Führer vgl. Kamberović: Mehmed Spaho.
638 Zur Position der JMO in der „nationalen Frage" vgl. Purivatra: JMO, S. 388 ff.
639 Im wirtschaftlich-sozialen Teil ihres Programms forderte die JMO neben der Wiedergutmachung des von der muslimischen Bevölkerung nach dem Ersten Weltkrieg in Form von Plünderung oder illegaler Enteignung erlittenen Schadens die Entschuldung des bäuerlichen Kleinbesitzes, die Aufhebung des Kmetenverhältnisses sowie die Erhaltung und Schaffung von Großgrundbesitz.

Veits-Verfassung), was ihr den Vorwurf des Opportunismus einbrachte. Der in Artikel 109 der Verfassung verankerte (aber erst mit jahrelanger Verzögerung umgesetzte) Fortbestand der Scheriatsgerichtsbarkeit war einer der Preise, den die serbischen Radikalen für die Zustimmung der Muslime zahlen mussten.[640] Die Auflösung und Peripherisierung Bosnien-Herzegowinas konnte die JMO freilich nicht aufhalten. In einer Resolution vom Januar 1933 („Sarajevoer Punktationen") verurteilte die Partei den Zentralismus als „Hauptursache der schlechten Verwaltung, der Korruption, der mangelnden öffentlichen Sicherheit, der Nichtbeachtung von Gleichheit und Gleichberechtigung und der Übermacht der Einen über die Anderen" und forderte die Wiederherstellung Bosnien-Herzegowinas, der „ältesten historisch-politischen Einheit im Staat".[641]

Der fehlende Grundkonsens der politischen Eliten über das Gemeinwesen sowie der zunehmend nationalistisch geprägte Parteienpluralismus hatten die Demokratie schnell zur Farce werden lassen. Die Regierungseffizienz war extrem gering. In den zehn Jahren zwischen der Staatsgründung und der Einführung der Diktatur hatten sich 24 Kabinette (zum Teil unter staatsstreichähnlicher Mitwirkung des Monarchen) abgelöst. Die formale Amtsperiode einer Regierung schwankte zwischen einer Woche und knapp einem Jahr und betrug im Durchschnitt nicht mehr als vier Monate. Entsprechend ineffizient war die gesetzgeberische Tätigkeit des Parlaments. Die Verabschiedung wichtiger Gesetzeswerke (zur Agrarreform, zur Vereinheitlichung der Rechts- und Steuersysteme, zur Selbstverwaltung usw.) verzögerte sich von Jahr zu Jahr. In zunehmendem Umfang wurde der Staat mithilfe von Verordnungen und Ministerialerlässen ohne gesetzliche Grundlage regiert. In Kroatien (und in Bosnien) dachte man mit Wehmut an die österreichisch-ungarische Zeit zurück. Selbst ein Großteil der ehemals habsburgischen Serben war frustriert. Der Ton auf allen Seiten wurde rauer. So hieß es z. B. in der regierungsnahen Zeitschrift „Javnost" (Öffentlichkeit) wenige Tage vor dem Attentat im Parlament an die Adresse der kroatischen Opposition gerichtet: „Mit Schweinen kann man nur in ihrer Sprache sprechen."[642] Nach Einführung der Diktatur wurden dann alle politischen Parteien und Vereine auf „stammlicher" (also nationaler) oder konfessioneller Grundlage verboten. Das funktionierte aber ebenso wenig wie es in Bosnien unter dem Kállay-Regime funktioniert hatte. (Die Ähnlichkeiten zwischen dem Regime Kállays und dem Regime Alexanders sind ziemlich verblüffend, auch

---

640 Erst nach Proklamation der Königsdiktatur wurde am 21. 3. 1929 ein Gesetz über Scheriatsgerichte und -richter erlassen, das sich an die österreichisch-ungarische Verordnung von 1883 anlehnte. Zum vorsitzenden Richter am Scheriatsobergericht in Sarajevo ernannte der König den „religiösen Reformer" Abdulah Bušatlić, einen Anhänger des Reis-ul-Ulema Čaušević, von dem noch zu sprechen sein wird. Zur Scheriatsgerichtsbarkeit im ersten Jugoslawien vgl. Karčić: Društveno-pravni aspekt islamskog reformizma.
641 Text der Resolution bei Boban, Ljubo: Kontroverze iz povijesti Jugoslavije, Bd. 1, Zagreb 1987, S. 49.
642 Vgl. Sundhaussen, Holm: Geschichte Jugoslawiens 1918–1980, Stuttgart [u. a.] 1982, S. 68 ff.

wenn sich die Umstände sowie die Ziele verändert hatten und die Zeit nicht stehen geblieben war.)

DIE TEILUNG BOSNIENS 1939

Um die explosive Lage im Inneren Jugoslawiens etwas zu beruhigen, schlossen der jugoslawische Ministerpräsident Dragiša Cvetković und der Führer der Kroatischen Bauernpartei, Vladko Maček, am 26. August 1939, gut zwei Monate nach dem (ungeklärten) Tod des JMO-Führers Mehmed Spaho und wenige Tage vor Beginn des Zweiten Weltkriegs, ein Abkommen (sporazum). Dieser serbisch-kroatische Deal zielte auf die Teilung Bosnien-Herzegowinas zwischen Kroatien und Serbien, wobei die Interessen der Muslime gänzlich ignoriert wurden. Das Abkommen sollte der Beginn einer Neugestaltung des Staates sein, zu der es aber nicht mehr gekommen ist. Der Text der Vereinbarung von 1939 sah die Bildung einer autonomen Banschaft Kroatien vor und durchbrach den bis dato praktizierten staatlichen Zentralismus. Ungeklärt blieben der territoriale Umfang der Banschaft Kroatien, die Verteilung der Kompetenzen zwischen Zentral- und Banschaftsregierung sowie die Finanzierung. Den Kern der neuen Körperschaft bildeten die Save- und Küstenbanschaft (zu Letzterer gehörten auch acht Kreise aus der Herzegowina, darunter Mostar) sowie der Kreis Dubrovnik. Aus dem ehemaligen Bosnien (ohne Herzegowina) wurden der Banschaft vorerst die fünf Kreise Brčko, Derventa, Gradačac, Travnik und Fojnica zugeschlagen.[643] Damit lebten in Kroatien (nach den Ergebnissen der Volkszählung von 1931) nun auch mehr als 150.000 Muslime neben annähernd 800.000 Serben.[644] Der *sporazum* brachte nicht die erhoffte Entspannung in der „nationalen Frage" und stieß sowohl bei kroatischen wie serbischen Nationalisten auf scharfe Ablehnung, von den Muslimen ganz zu schweigen. Was für kroatische Nationalisten zu wenig war, war für serbische Nationalisten (insbesondere für die Tschetnik-Vereine und den Serbischen Kulturclub) schon viel zu viel.[645] Der Versuch, die serbisch-kroatischen Spannungen auf dem Rücken der bosnischen Muslime und über deren Köpfe hinweg zu „lösen", bestärkte bei Letzteren die Forderung nach Wiederherstellung Bosnien-Herzegowinas und dessen territorialer Autonomie, eine Forderung, die in den folgenden Jahren immer stärker in den Vordergrund drängte.[646]

---

643 Boban: Sporazum. Insgesamt gehörten zur Banschaft Kroatien 13 Kreise aus Bosnien-Herzegowina: Brčko, Bugojno, Derventa, Duvno, Fojnica, Gradačac, Konjić, Livno, Ljubuški, Mostar, Prozor, Stolac und Travnik.
644 Vgl. Godišnjak Banske vlasti Banovine Hrvatske 1939–1940, Bd. 1, Zagreb 1940, S. 297.
645 Zur Rolle der Tschetniks in Bosnien-Herzegowina zwischen den Weltkriegen vgl. Šehić, Nusret: Četništvo u Bosni i Hercegovini (1918.–1941.), Sarajevo 1971.
646 Vgl. Begić: Pokret za autonomiju Bosne i Hercegovine. Zur Haltung der JMO vgl. Boban: Sporazum, S. 258 ff.

Ohne hier auf die Geschichte Zwischenkriegsjugoslawiens im Detail eingehen zu können, bleibt festzuhalten, dass die Geburt des neuen Staates eine Fehlgeburt war. Für die Idee eines jugoslawischen Gemeinwesens gab es gute Argumente – wie es für jede Idee, mittels derer bestehende Gräben und Grenzen überwunden werden sollen, gute Argumente gibt –, aber die Art und Weise, in der die Idee (nicht) umgesetzt wurde, ließ das Projekt scheitern. Aus der Rückschau ist es fast unverständlich, wie skrupellos das jugoslawische Einigungskonzept den Machtkämpfen der politischen Eliten geopfert wurde, um schließlich in einem Meer von Grabenkämpfen, Intrigen, Hasstiraden, Inkompetenz und Korruption unterzugehen. Exemplarisch für die Verbitterung über die Belgrader Politik ist der Wandel Svetozar Pribićevićs vom Saulus zum Paulus. Pribićević, ein Serbe aus Kroatien, der die dortigen serbischen Wähler hinter sich scharte, gehörte in der ersten Hälfte der 20er-Jahre wegen seiner kompromisslosen Politik bei der Umsetzung des nationalen Unitarismus und staatlichen Zentralismus zu den bestgehassten Männern bei all denjenigen, die für Dezentralisierung oder Föderalisierung des Staates eintraten. Doch als er erkannte, dass sein jugoslawischer Unitarismus etwas völlig anderes war als der auf das frühere Königreich Serbien fokussierte Unitarismus seiner Koalitionspartner von der Radikalen Partei, vollzog er eine völlige Kehrtwende und verbündete sich Ende 1927 mit seinem bisherigen Intimfeind Stjepan Radić, dem Führer der Kroatischen Bauernpartei. Der Serbe Pribićević wurde damit zu einem der schärfsten Kritiker von König Alexander, dessen „Jugoslawismus" sich mehr und mehr als Großserbismus entpuppte.[647]

SARAJEVOS ABSTURZ IN DIE BEDEUTUNGSLOSIGKEIT

Wenden wir uns nun dem Distrikt Sarajevo und seiner Hauptstadt zu.[648] In der ersten Zeit nach dem Krieg ging es zunächst darum, die aus österreichisch-ungarischer Zeit ererbten politischen Institutionen neu zu besetzen und/oder aufzulösen sowie die Organe der künftigen Selbstverwaltung zu implementieren. Insbesondere der zweite Teil des Umbaus zog sich unerwartet lange hin. Zwar lebte Ende 1918 der Stadtrat von Sarajevo wieder auf, doch dessen Mitglieder wurden ernannt und nicht gewählt. Die Kommunalwahlen dagegen wur-

---

647 Einzelheiten bei Boban, Ljubo: Svetozar Pribićević u opoziciji (1928–1936), Beograd 1973.
648 Der Distrikt Sarajevo umfasste 8.405 qkm. Anfang 1921 wurden dort über 287.000 Menschen gezählt, davon 66.317 in Sarajevo-Stadt (auf einer Fläche von 13 qkm). Prethodni rezultati popisa stanovništva u Kraljevini Srba, Hrvata i Slovenaca, 21. januara 1921, Sarajevo 1924, S. 132. In der Stadt stellten die Muslime mit 35 % die stärkste Gruppe, gefolgt von Katholiken mit 29 %, Orthodoxen mit 25 % und Juden mit 11 %. Ferhadbegović: Prekäre Integration, S. 170. Bei der Volkszählung 1931 lebten in Sarajevo-Stadt 78.173 Einwohner, von denen 37,9 % Muslime, 27,3 % Katholiken, 23,8 % Orthodoxe und 11,0 % Sonstige waren. Definitivni rezultati popisa stanovništva od 31. marta 1931. godine, Bd. 2, Beograd 1938, S. 41.

den immer wieder verschoben. Grund: Die in Belgrad regierende Radikale Partei befürchtete einen Sieg der Jugoslawischen Muslimischen Organisation und versuchte, die Wahlen deshalb so lange wie möglich hinauszuzögern. Erst Ende 1927 wurde ein Gesetz über die Kommunalwahlen in Bosnien verabschiedet. Die ersten Wahlen fanden aber nicht vor Oktober des Folgejahres statt. Und in der Tat ging die Koalition aus JMO und Kroatischer Bauernpartei mit 20 Sitzen als Sieger aus der Stadtwahl hervor, während die Radikalen und fünf kleinere Parteien nur insgesamt 15 Sitze errangen. Die Wahl des Bürgermeister Edhem Bičakčić wurde anschließend von den Verlierern boykottiert. Der nach fast zehn Jahren des Zuwartens erstmals gewählte Stadtrat amtierte gerade einmal 62 Tage (!) und wurde nach Proklamation der Königsdiktatur aufgelöst.[649] Nicht viel besser sah es auf Distriktebene auf. Die ersten Wahlen für die Distriktversammlung fanden sehr spät, am 23. Januar 1927, statt. Es trat ein, was man in Belgrad befürchtet hatte: Die JMO erhielt in einem Wahlbündnis mit zwei weiteren Parteien insgesamt fünfzehn Sitze, während die Radikalen nach einem mit wechselseitigen Beschuldigungen und angeblichen Manipulationen geführten Wahlkampf nur elf Sitze errangen. Der neuen Distriktversammlung waren immerhin rund zwei Jahre Amtszeit vergönnt. Dann endete auch dieses Kapitel der Selbstverwaltung.[650]

Die Misserfolge der zentralistischen Politik waren unübersehbar. Mehmed Spaho, der Führer der JMO, erklärte im September 1927: „Sieben Jahre lang ist hier nichts geschehen; es wurden weder Eisenbahnen noch Straßen gebaut, und hier – in unserem Sarajevo – wurde nicht ein einziges größeres Gebäude errichtet. Der Staat gibt hier nichts aus, aber Steuern werden hier im selben Umfang, vielleicht in einem größeren Umfang, bezahlt als an anderen Orten. Wir erheben unsere Stimme gegen diese Ungerechtigkeiten, die besonders gegen Bosnien-Herzegowina gerichtet sind, und verlangen, dass sie korrigiert werden."[651] Die Wirtschaft in Sarajevo, namentlich die Textilindustrie und das Handwerk, stand Ende der 20er-Jahre vor dem Kollaps. Selbst der vom König ernannte Obergespan für den Distrikt Sarajevo, Milan Nikolić von der Radikalen Partei, der sein Amt 1923 oder 1924 angetreten hatte, nahm kein Blatt vor den Mund. Über seine ersten Eindrücke von Land und Leuten hatte er nach Belgrad berichtet: „Die Bevölkerung sei loyal, aber rückständig, ihr primäres Ziel sei die Verbesserung der materiellen Situation, keiner strebe nach einer größeren Freiheit. Zur Untermalung zitierte er einen älteren Muslim, der sich noch an die türkische Verwaltung erinnern konnte: ‚Es ist gut, mein Herr. Wir vertrauen in Gott, dass es besser wird. Wenn es nur nicht diese große Freiheit gäbe.' Sein [Nikolićs] Eindruck war, dass die Bewohner für keinen abstrakten, politischen Freiheitsbegriff kämpfen wollten. Ihr

---

649 Donia: Sarajevo, S. 149 ff.
650 Ferhadbegović: Prekäre Integration, S. 168 ff.
651 Zit. nach Donia: Sarajevo, S. 150.

primäres Interesse (…) liege an der Befreiung von Armut."[652] Doch die Befreiung von Armut ließ auf sich warten.[653] Als die Distriktversammlung Ende Februar 1927 eröffnet wurde, zeichnete Nikolić in seinem Referat ein überaus düsteres Bild: „Noch im laufenden Jahr 1927 bestellten die Bauern das Ackerland überwiegend mit Pflügen aus Holz (…) oder mit der Hacke. Nur eine kleine Anzahl an Pflügen war halb (…) oder ganz aus Eisen. Nur 12 % der produktiven Landfläche konnten überhaupt als Ackerland genutzt werden. Als ein großes gesundheitliches Problem hob Nikolić die endogene Syphilis hervor, die besonders in den östlichen Bezirken [der Gespanschaft] wütete. Auch kulturell war der Distrikt stark rückständig und verzeichnete nur 100 Grundschulen – davon 15 in Sarajevo selbst. (…) [B]ei der Anzahl höherer Schulen lag Sarajevo weit abgeschlagen hinter anderen jugoslawischen Städten. Auf dem Hochschulsektor war die Situation noch schlimmer. Es gab keine Fakultät, keine Hochschule. Nur das von Österreich-Ungarn begründete Landesmuseum wirkte als einzige Forschungseinrichtung, war jedoch wegen der starken finanziellen Belastung von der Schließung bedroht. Die Analphabetenrate erreichte erschreckende Maße. In einzelnen Bezirken konnten über 80 % der Bevölkerung weder lesen noch schreiben. Die Wohnsituation bezeichnete Nikolić als desaströs, die Versorgung mit Trinkwasser ebenfalls."[654] Auch andere zeitgenössische Berichte zeichnen ein Bild von Armut und Perspektivlosigkeit. Für 567 von 603 Kindern einer Sarajevoer Grundschule, die Mitte der 30er-Jahre nach ihren größten Wünschen befragt wurden, standen Essen und Bekleidung an vorderster Stelle.[655] Kurzum: Die Lage in Sarajevo und Umgebung (wie in Bosnien insgesamt) war nach der Befreiung von kolonialer Herrschaft nicht besser als vor der Befreiung. Eher deutlich schlechter.

---

652 Gemäß der Paraphrase bei Ferhadbegović: Prekäre Integration, S. 169.
653 Angesichts der sozialen Unruhen auf dem Lande hatte Prinzregent Alexander in einem Manifest vom 6. Januar 1919 eine „gerechte Lösung" der Agrarfrage versprochen. Die ersten Schritte dazu erfolgten mit einer Regierungsverordnung vom 25. Februar desselben Jahres, die die Kmeten zu freien Eigentümern des von ihnen genutzten Bodens erklärte. Die endgültige Übertragung der Eigentumsrechte (mit Entschädigung der bisherigen Großgrundbesitzer, die überwiegend vom Staat finanziert wurde) erwies sich jedoch als langfristiger Prozess. Erst das Gesetz über die Liquidierung der Agrarreform vom 19. Juni 1931 übertrug das enteignete Land endgültig auf die bezugsberechtigten Personen. Die Umverteilung des Bodens, die nicht (!) von einer grundlegenden Agrarreform begleitet wurde, erwies sich ökonomisch als Desaster. Die Kapitalausstattung der Kleinbetriebe war völlig unzureichend, entsprechend gering war die Produktivität, die in vielen Fällen nicht einmal ausreichte, um die bäuerliche Familie ernähren zu können. Zur Beschaffung von Saatgut mussten sich die Bauern bei Wucherern verschulden, wodurch sie weiter an den Rand des Überlebens gedrückt wurden: ein Teufelskreis. In den landwirtschaftlich „passiven" Regionen Bosnien-Herzegowinas nahm daher die Landarmut sprunghaft zu.
654 Nach Ferhadbegović: Prekäre Integration, S. 183.
655 Bilbija, Vladeta/Tadić, Brando: Nezaposlenost u bosanskoj čaršiji, Sarajevo 1936; hier nach Ćerić: Muslimani, S. 180.

Nach den Recherchen von Donia und Ferhadbegović leisteten sowohl der Stadtrat von Sarajevo (der ernannte wie der gewählte) als auch die Distriktversammlung bzw. der von ihr eingesetzte Ausschuss (eine Art lokaler Regierung) eine an den Problemen der Menschen orientierte Politik und suchten nach konsensfähigen Lösungen jenseits parteilicher, ethnischer und religiöser Grenzen. „Angesichts der enormen Herausforderungen und Widrigkeiten, denen sich die Distriktsverwaltung zu stellen hatte, sind ihre Ergebnisse beeindruckend", schreibt Ferhadbegović. „Mit Elan versuchte der Ausschuss seine Vorhaben durchzusetzen, die Wirtschaft anzukurbeln, Erziehungsmaßnahmen und allgemeine soziale und hygienische Zustände zu verbessern. Nach den ersten zwei Jahren der Selbstverwaltungspraxis gelang es ihm, sich als eine fähige Behörde mit ‚verantwortungsbewussten Beamten' und komplett ausgestatteten Räumlichkeiten zu konstituieren. Sichtbare Erfolge bestätigten die Richtigkeit des politischen Kurses. Punktuell räumte die Selbstverwaltung einzelne Barrieren aus dem Weg zum Wachstum: eine bessere finanzielle Ausstattung hätte der Distriktsverwaltung geholfen, eine tiefere Spur zu hinterlassen. Bemerkenswert bleibt, dass sie sich als sachorientierte Institution profilieren konnte und weitgehend abseits nationaler Streitigkeiten agierte."[656]

Doch die (kurzlebigen) Selbstverwaltungsorgane stießen immer wieder an sehr enge Grenzen. Gegen den Willen des zu ihrer Beaufsichtigung eingesetzten Obergespans und damit der Zentralregierung und ohne finanzielle Unterstützung aus Belgrad konnten sie wenig ausrichten. Bosnien und Sarajevo standen aber auf der Prioritätenliste der Regierung ganz weit hinten. Die Situation verschlimmerte sich, als Anfang der 30er-Jahre die Weltwirtschaftskrise über Jugoslawien hereinbrach. Nicht nur der hoch verschuldete Staat, sondern auch mehr als drei Millionen Kleinbauern (einschließlich der Familienangehörigen) standen vor dem Bankrott. Jetzt rächte sich, dass die Regierung jahrelang eine systematische Aufbauarbeit versäumt und lokale Initiativen blockiert hatte. Weder die politische Befreiung noch die Befreiung von Armut waren vorangekommen. Es lohnt sich nicht, die vielen Defizite aufzuzählen, unter denen vor allem Bosnien-Herzegowina zu leiden hatte. Insbesondere der Abstieg Sarajevos war dramatisch. Die Stadt verlor viele ihrer Funktionen und Institutionen. Selbst der Amtssitz des *Reis-ul-Ulema* wurde 1930 von Sarajevo nach Belgrad verlegt, verbunden mit der Abschaffung der kulturellen Autonomie für die bosnischen Muslime, die Österreich-Ungarn 1909 eingeführt hatte. Neu geschaffen wurde stattdessen die Islamische Glaubensgemeinschaft (Islamska vjerska zajednica, IVZ)[657] für alle Muslime Jugoslawiens, deren führende Repräsentanten vom König ernannt wurden (wie zu Zeiten

---

656 Ferhadbegović: Prekäre Integration, S. 250.
657 Ende der 60er-Jahre wurde die Institution umbenannt in „Islamische Gemeinschaft" (Islamska zajednica, IZ).

des Kállay-Regimes).[658] Protest und Rücktritt des *Reis-ul-Ulema* Džemaludin Čaušević nutzten nichts. „Die Zeit der Autonomie und Legitimität gehörte definitiv der Vergangenheit an."[659] Čauševićs Nachfolger Ibrahim Maglajlić musste seine Geschäfte künftig von Belgrad aus und unter Kontrolle des Justizministers führen. Erst 1936 vollzog die Regierung von Milan Stojadinović, an der auch führende Muslime beteiligt waren, eine Kehrtwende und verlagerte den Amtssitz zurück nach Sarajevo.[660]

Am Erhalt von Sarajevos osmanischem Erbe bestand in Belgrad ohnehin kein Interesse. Viele traditionelle Objekte wurden in der Zwischenkriegszeit entweder beseitigt oder aus Finanznot dem Verfall preisgegeben, Moscheen zerstört, alte Friedhöfe aufgelassen.[661] Eine aktualisierte Stadtplanung gab es nicht; sie stammte noch aus österreichisch-ungarischer Zeit. Die beiden seit den 1930er-Jahren in Sarajevo tätigen Stadtplaner, der Slowene Dušan Grabrijan und der Kroate Juraj Neidhardt, die unter dem Einfluss von Le Corbusier und dessen Algier-Projekt die Modernität der „orientalischen" Architektur bzw. des „türkischen Hauses" in Bosnien entdeckten, waren von der Morbidität des alten Marktviertels schockiert. „Die *Baščaršija* ist tot", erklärten sie dezidiert. „Gar nicht zu reden von den unhaltbaren hygienischen Zuständen! Wo immer man in einen Innenhof (*avlija*) schaut – überall stinkt es vermodert und muffig, und eine Menge Ungeziefer kriecht herum, selbst am helllichten Tag." „Die heutige *Baščaršija* ähnelt kranken Lungen voller Löcher. Es gibt dort leere Flächen von abgebrannten Herbergen und verschiedene Residenzen sowie Trümmer von allmöglichen Bädern und Wohnhäusern, die in einem solchen Bazar keinen Platz haben." Auch chirurgische Eingriffe könnten nicht mehr helfen. Grabrijan und Neidhardt plädierten daher für den Abriss der *Baščaršija*! Ausgenommen waren die wichtigsten, aus Stein gebauten historischen Denkmäler.[662] Das Hauptaugenmerk der beiden Stadtplaner galt der Modernisierung Sarajevos sowie der Anlage neuer Trabantenstädte, die eingebunden werden sollten in das Konzept eines „jugoslawischen Ruhrgebiets" im mittelbosnischen Becken mit seinen zahlreichen Bodenschätzen.[663] Da aber sowohl das Geld für einen Abriss der *Čaršija* wie für die Umsetzung des neuen Masterplans fehlte, blieb vorerst alles beim Alten.

Die in österreichisch-ungarischer Zeit eingeleiteten Debatten über die „Türken" und den „Orient" auf der einen sowie über „Islam und Westen" und „Islam und Modernisierung" auf der anderen Seite hielten auch in der Zwischenkriegszeit unvermindert an. Noch immer

---

658 Einzelheiten bei Jahić: Islamska zajednica, S. 348 ff.
659 Ebda., S. 354.
660 Ebda., S. 526.
661 Koštović: Sarajevo izmedju dobrotvorstva i zla, S. 169–185.
662 Grabrijan, Dušan/Neidhart, Juraj: Sarajevo i njegovi trabanti. Arhitektonsko-urbanistička razmatranja uoči nacrta za regulaciju grada Sarajeva, in: Tehnički vjesnik 7–9 (1942), zit. nach Alić: Transformations of the Oriental, S. 116 f.
663 Einzelheiten bei Alić: Transformations of the Oriental, S. 119 ff.

faszinierte der „europäische Orient" mit seinen frappierenden Gegensätzen zwischen Armut und Lebens- sowie Farbenfreude der Sarajevoer.[664] So sahen es zumindest die Fremden, während sich serbische Nationalisten den „Orientalismus"-Diskurs zu eigen machten. Nach den Worten des bosnischen Serben Čedomil Mitrinović zeichneten sich seine „asiatischen" Landsleute vor allem durch Faulheit, Verlogenheit, Großspurigkeit, Fatalismus und Hang zur Homosexualität aus. Deshalb schlug er eine „soziale De-Islamisierung" vor. Das beste Mittel dazu sei die Eheschließung zwischen Muslimen und Serben. Falls das nicht funktioniere, bleibe nur eine Lösung übrig: kurz, sauber und unerbittlich. Die Volksliedsänger hätten davon gesungen. Und täten es heute noch. „Wir werden sie [die Lösung] hier nicht wiederholen, wir alle kennen sie ..."[665]

MUSLIMISCHE DISKURSE

Während Leute wie Mitrinović unter der Bürde ihres Chauvinismus litten, versuchten die Betroffenen, ihre Position in einer Welt von Veränderungen neu (oder alt) zu definieren. In groben Umrissen lassen sich fünf muslimische Diskursgruppen unterscheiden, die nicht immer eindeutig abgrenzbar sind und sich partiell überlappen, aber unterschiedliche Optionen der Selbstfindung verfolgten: 1. der konservative Flügel der *Ulema*, 2. die „gemäßigten Konservativen", 3. die „religiösen Reformer", 4. die weltliche Intelligentsia und 5. die panislamischen „Erneuerer".[666] Über die Konservativen gibt es naturgemäß wenig Neues zu berichten und von der fünften Gruppe wird anschließend noch zu sprechen sein. Vertreter der dritten und vierten Gruppe („religiöse Reformer" und weltliche Intelligentsia)

---

664 Die bereits einmal zitierte Rebecca West ließ sich bei ihrem Besuch in Sarajevo 1937 von dieser fremden Welt gefangen nehmen: „The costumes which we regard as the distinguishing badge of an Oriental race, proof positive that the European frontier has been crossed, are worn by people far less Oriental in aspect than, say, the Latins; and this makes Sarajevo look like a fancy-dress ball. There is also an air of immense luxury about the town, of unwavering dedication to pleasure, which makes it credible that it would hold a festivity on so extensive and costly a scale. This air is, strictly speaking, a deception, since Sarajevo is stuffed with poverty of a most denuded kind. (...) But the air of luxury in Sarajevo has less to do with material goods than with the people. They greet delight here with unreluctant and sturdy appreciation. They are even prudent about it, they will let no drop of pleasure run to waste. It is good to wear red and gold and blue and green: the women wear them, and in the Moslem bazaar that covers several acres of the town with its open-fronted shops there are handkerchiefs and shawls and printed stuffs which say ‚Yes' to the idea of brightness..." West: Black Lamb and Grey Falcon, a. a. O., S. 297 f.
665 Mitrinović, Čedomil: Naši muslimani: Studija za orijentaciju pitanja bosansko-hercegovačkih muslimana, Beograd 1926, S. 138, 172. Hier nach Banac, Ivo: The National Question in Yugoslavia. Origins, History, Politics, Ithaca, London 1984, S. 372.
666 Die folgenden Ausführungen orientieren sich am Überblick von Bougarel: Farewell to the Ottoman Legacy? und Karić: Islamic Thought. Vgl. auch Jahić: Islamska zajednica, S. 290 ff.

prangerten die „Rückständigkeit" (zaostalost) der bosnischen Muslime und der islamischen Welt an, für die sie die rückwärtsgewandten „Turbanträger" (ahmedijaši) und die ländlichen *Hodžas* verantwortlich machten.[667] Während die Vertreter der jungen Intelligentsia (unter ihnen Dževad-beg Sulejmanpašić und Edhem Bulbulović), die sich 1928 um den Verein „Reforma" scharten,[668] die nationale „Unentschiedenheit" der Muslime als Ausweis von „Rückständigkeit" werteten und für die nationale Affirmation als Serben oder Kroaten warben, sympathisierten die „religiösen Reformer" um Mehmed Džemaludin Čaušević, Fehim Spaho und Abdulah Bušatlić mit dem Jugoslawismus-Projekt.[669] In vielen anderen Punkten stimmten beide Gruppen überein, wenn auch mit graduellen Unterschieden. Sie forderten eine Reform des muslimischen Schulsystems und des Stiftungswesens, stimmten für die Abschaffung oder eine Reform der Scheriatsgerichte und traten für die „Verwestlichung" der Kleidung (z. B. Hut statt Fez), die Aufhebung des Verschleierungsgebots für Frauen und deren Emanzipation ein oder akzeptierten diese zumindest.

Die bedeutendste Persönlichkeit unter den religiösen Reformern war Čaušević (1870–1938), der 1913 zum *Reis-ul-Ulema* gewählt worden war.[670] Unermüdlich ermahnte er seine Glaubensgenossen, sich der Moderne, dem Fortschritt und der Wissenschaft zu öffnen. „Die Welt schreitet voran, und sofern wir uns nicht dem Geist der Zeit anpassen, werden wir überrannt. In der Vergangenheit haben wir oft geschlafen, damit müssen wir jetzt aufhören. Während wir Rat bei den Mausoleen (Türben), bei den Toten suchten, während wir erwarteten, dass die Kalifen und das Kalifat unseren Glauben beschützen, sind andere… in die Berge eingedrungen und zum Kern der Erde vorgestoßen, haben Bodenschätze geho-

---

667 Der Topos von der „Rückständigkeit" der Muslime und des Islam zieht sich durch alle Diskurse bosnisch-muslimischer Intellektueller (Reformer wie Erneuerer) seit dem ausgehenden 19. Jahrhundert, von der österreichisch-ungarischen Zeit bis zu Alija Izetbegović und seiner „Islamischen Deklaration", von der in Kapitel 3.5. zu sprechen sein wird. Die ruhmreiche Vergangenheit wird mit der aktuellen Rückständigkeit konfrontiert. Und aus diesem Kontrast wird die Notwendigkeit zur Reform abgeleitet.

668 Zum Verein vgl. Ferhadbegović, Sabina: Fes oder Hut? Der Islam in Bosnien zwischen den Weltkriegen, in: Wiener Zeitschrift zur Geschichte der Neuzeit 5 (2005), 2, S. 69–85. Bulbulović war ein radikaler Vertreter der muslimischen Reformer. Er kritisierte die Vorstellung, dass der Koran die Quelle allen Wissens sei und verstand Religion ausschließlich als Beziehung zwischen Gott und Mensch, „nichts sonst". Der Islam an sich sei sehr liberal. Er sei ein Feind von Diktatur und Absolutismus und verabscheue Gewalt. „Der Koran stellt ausdrücklich fest, dass der Islam eine Religion der Vernunft ist und appelliert beständig an Bewusstsein und Reflexion." Bulbulović: Sveislamski kongres i pitanje hilafeta, Sarajevo 1926, S. 5 f.; hier nach Karić: Islamic Thought, S. 439.

669 Selbst innerhalb einer Familie wurden unterschiedliche nationale Optionen wahrgenommen. Fehim Spaho, der Bruder des JMO-Chefs, der von 1938 bis zu seinem Tod 1942 als Reis-ul-Ulema tätig war, pflegte eine pro-kroatische Orientierung, sein anderer Bruder Mustafa erklärte sich als Serbe, während der JMO-Chef Mehmed Spaho jugoslawisch ausgerichtet war.

670 Zu seinem Leben und Wirken vgl. Karić, Enes [u. a.] (Hg.): Reis Džemaludin Čaušević – prosvjetitelj i reformator, 2 Bde., Sarajevo 2002; Karić, Enes: Mehmed Džemaludin Čaušević, Sarajevo 2008.

ben, die Wälder ausgebeutet und sind reich geworden."⁶⁷¹ „Die Katholiken, Orthodoxen und Juden kümmern sich … um die Erziehung ihrer Jugend, um die Unterstützung ihrer Armen, aber wir Muslime bleiben regungslos, als ob wir in der arabischen Halbinsel schliefen und uns nicht in dieser Ecke Europas befänden."⁶⁷² Čaušević trat für eine Trennung von Religion und Wissenschaft ein und forderte eine Verweltlichung der Schulen: „Am besten ist es, wenn alles Religiöse zu den Moscheen, den Kirchen und den Religionsbüchern der verschiedenen Konfessionen gehört und wenn in unseren öffentlichen Schulen, die sich an alle Bürger richten, Nation und Wissenschaft von all dem befreit werden, was zu den Gebetshäusern und Religionsbüchern gehört."⁶⁷³ Seiner Überzeugung nach verbot der Islam den Frauen nicht, den Schleier abzulegen, oder Männern, einen Hut zu tragen – darin stimmte Čaušević mit den Intellektuellen überein, er forderte diese aber zugleich auf, öfter in die Moschee zu kommen, „damit ich zu ihnen predigen kann und sie die Gelegenheit erhalten, von der Predigerkanzel (minbar) zu sprechen". Čaušević fühlte sich allein dem Text des Korans und den Worten und Taten des Propheten (hadis/hadit) verpflichtet, während er die Lehrmeinungen islamischer Autoritäten nicht für allgemeinverbindlich und zeitlos hielt. Seine Glaubensbrüder und -schwestern forderte er auf, ihren Verstand zu benutzen und sich nicht auf das Auswendiglernen und Nachbeten von Lehrmeinungen zu beschränken. Es war insbesondere die „muslimische Frauenfrage", die immer wieder für Aufregung sorgte. Auf einem Kongress muslimischer Intellektueller in Sarajevo Anfang September 1928 erklärte ein Anhänger Čaušević's: „Entschleierung oder Verschleierung ist keine Scheriats- oder Islamfrage, sondern eine Brot- oder soziale Frage. Zur Zeit haben wir hier in Sarajevo ca. 1.000 unserer Frauen, die ihr Brot in den Fabriken verdienen. In unserer Provinz ist das Leben unerträglich. Der Mann stirbt und hinterlässt fünf Töchter. Die Mutter erkrankt, und die Mädchen dürfen nicht in einem Geschäft arbeiten. Ent- oder Verschleierung der Frauen ist keine Frage mehr, sondern eine Tatsache – sie entschleiern sich."⁶⁷⁴

Diese Positionen versetzten die Konservativen in Rage. Sie machten Čaušević und die anderen Reformer, darunter den Vorsitzenden des Scheriatsobergerichts in Sarajevo, Abdulah Bušatlić, dafür verantwortlich, dass im Alltag – jenseits der politischen Grabenkämpfe – die festen Religionsgrenzen stellenweise zu erodieren begannen. Zum ersten Mal zeichnete

---

671 Zit. (und übersetzt) nach Bougarel: Farewell to the Ottoman Legacy?, S. 332.
672 Nach ebda., S. 337 f.
673 Nach ebda, S. 327 Ähnlich argumentierte der Scheriatsrichter Bušatlić. Vgl. Bušatlić, Abdulah H.: Pitanje muslimanskog napredka u Bosni i Hercegovini: Povodom poznatih izjava g. Reisuleme i drugih. (Iskrena i otvorena riječ), Sarajevo 1928.
674 Zit. nach Džaja: Politische Realität, S. 198. Zu den entschiedenen Befürwortern der Entschleierung gehörte auch der bereits erwähnte Dževad-beg Sulejmanpašić mit seiner Schrift „Muslimansko žensko pitanje, jedan prilog njegovu rješenju" (Die muslimische Frauenfrage, ein Beitrag zu ihrer Lösung), Sarajevo 1918. Zu den Debatten über die „Frauenfrage" vgl. auch Karić: Islamic Thought, S. 426 ff.

sich in Ansätzen ab, was als Merkmal der Geschichte Sarajevos von alters her gilt: ein interkulturelles Miteinander, das sich nicht nur in Kleidung und Gewohnheiten, sondern auch in einer partiellen Säkularisierung der Gemeinschaftskonzepte, in zivilgesellschaftlichem Engagement und interkonfessionellen Eheschließungen niederschlug. Das System von Parallelgesellschaften wurde durch die Vorstellung vom „gemeinsamen Leben" (zajednički život) aufgeweicht. Die Konservativen waren entsetzt und sahen ihre muslimische Identität bedroht. Wie in österreichisch-ungarischer Zeit, so blieben der Glaubenswechsel von Muslimen sowie interreligiöse Eheschließungen zwar auch im ersten Jugoslawien eine Ausnahme, aber sie wurden als Menetekel eines drohenden Identitätsverlusts gedeutet. Entsetzt waren nicht nur die betagten Konservativen, entsetzt war auch die Gruppe jüngerer Muslime („gemäßigte Traditionalisten"), die den „Reformismus" (reformaštvo) ebenso verabscheuten wie die aus ihrer Sicht verkrusteten Positionen der älteren *Ulema*-Generation. Ihr führender Kopf war Mehmed Handžić (1906–1944), der an der al-Azhar-Universität in Kairo studiert und dort Kontakt zur 1928 von Hasan al-Banna gegründeten Muslimbruderschaft aufgenommen hatte. Handžić war als Professor an der Gazi-Husrev-beg-Medresse und an der Scheriats-Hochschule tätig und gehörte zu den Begründern der Vereinigung „El-Hidaje" (Der rechte Weg) mit einer gleichnamigen Zeitschrift, die von 1936–1945 (?) in Sarajevo erschien.[675] Gleich den Reformern öffneten sich auch die „gemäßigten Traditionalisten" gegenüber der Wissenschaft, grenzten sich aber deutlich vom „materialistischen" und „korrupten" Westen ab und verurteilten den moralischen „Verfall" in der muslimischen Gesellschaft: den Besuch von Kinos, Theatern, westliche Kleidung, den Genuss von Alkohol, den vorehelichen Geschlechtsverkehr, interkonfessionelle Eheschließungen usw. Sie waren es auch, die Elemente aus dem Bosniaken-Konzept Kállays aufgriffen und eine bosnisch-muslimische (protonationale) Identität beförderten.

Das Scheitern des Jugoslawismus sowie die zunehmende Politisierung der katholischen und orthodoxen Kirche verschoben die Gewichte der innermuslimischen Diskurse zugunsten der Verfechter einer Abgrenzungsstrategie. Geradezu symptomatisch war, dass der jahrelange Unterstützer des Reformflügels, Fehim Spaho, der als Nachfolger Bušatlićs den Vorsitz des Scheriatsobergerichts und 1938 das Amt des *Reis-ul-Ulema* übernahm, in einer Deklaration vom 26. Dezember 1938 die Eheschließung von Muslimen mit Nicht-Muslimen untersagte und Zuwiderhandelnden die Exkommunikation androhte.[676] Er folgte damit ähnlichen Vorbehalten der katholischen und orthodoxen Kirche, sodass die Bestrebungen zur religiösen Segregation (bei den Religionsführern!) einen neuen Höhepunkt er-

---

675 Zu El-Hidaje vgl. Redžić: Bosnia and Hercegovina, S. 86 f.
676 Zur Rechtfertigung Spaho, Fehim: Mješoviti brakovi, in: Glasnik Islamske vjerske zajednice 4 (1938), 1, S. 1–10; ferner Handžić, Mehmed: Mišljenja islamskih učenika koji su bili protiv mješovitih brakova, Sarajevo 1938.

reichten. Weiter als die gewandelten Reformer und die „gemäßigten Traditionalisten" gingen jene Studenten und Jungakademiker, die ab 1939 das Netzwerk der „Jungen Muslime" (Mladi muslimani) aufbauten und sich für den Pan-Islamismus begeisterten.[677] Von ihnen und von Handžić wird im Folgenden noch zu sprechen sein. Die Vielzahl der Diskurse belegt eindringlich, dass der Islam in Bosnien viele Gesichter aufwies und dass ein Ende der Identitätssuche nicht einmal annähernd abzusehen war.[678]

3.2. SARAJEVO ALS DOPPELT BESETZTE STADT (1941–1945)

> A.: Merkwürdig. Seit ich in SARAJEVO bin, suche ich Walter und finde ihn nicht. Und jetzt, wo ich gehen muss, weiß ich, wer er ist.
> B.: Sie wissen, wer Walter ist!? Sagen Sie mir sofort seinen Namen!
> A.: Ich werde ihn Ihnen zeigen.
> Sehen Sie diese Stadt? (*Er zeigt auf Sarajevo*)
> Das ist Walter.[679]

Bevor wir uns Walter zuwenden können, stellt sich die Frage: Wie kam der Zweite Weltkrieg nach Sarajevo? Ich werde dies so kurz wie möglich beantworten, da eine ausführliche Darstellung den Rahmen des Buches sprengen würde. Nach Hitlers Überfall auf Polen und dem Beginn des Weltkriegs hatte das Königreich Jugoslawien, das seit dem Ersten Weltkrieg ein enger Verbündeter Frankreichs gewesen war, seine Neutralität erklärt. Hitler verfolgte in Jugoslawien keine territorialen Interessen. Das „Kleinstaatengerümpel" in Südosteuropa

---

677 Dazu ausführlich Behmen, Omer (Hg.): Mladi Muslimani 1939–1999. Sarajevo 2001.
678 Vgl. dazu die sehr lesenswerten Ausführungen von Burić: Become mixed, der sich vor allem mit der Frage interreligiöser Eheschließungen im ersten und zweiten Jugoslawien beschäftigt. Burić, Sohn muslimisch-kroatischer Eltern in Mostar, wurde zu Beginn des Bosnienkrieges als Jugendlicher dazu gezwungen, sich mit der „Problematik" gemischter Ehen und der daraus resultierenden „Identitätsakrobatik" auseinanderzusetzen. Dies war der Anstoß für seine historische Dissertation an der University of Illinois. Zur Zwischenkriegszeit vgl. seine Kapitel 2 und 3, S. 39–123.
679 Schlussszene aus dem jugoslawischen Partisanenfilm „Walter verteidigt Sarajevo" (Valter brani Sarajevo) von Hajrudin Krvavac aus dem Jahr 1972 mit Velimir Bata Živojinović in der Hauptrolle. A.: Ein Wehrmachtsoffizier. B.: Ein Gestapo-Mann. Dialog in deutscher Sprache mit serbokroatischem Untertitel. Der inhaltlich eher anspruchslose Heldenfilm war in Jugoslawien und darüber hinaus (z. B. in China) äußerst populär. Es sei „einer der meist gesehenen Kriegsfilme aller Zeiten". Levi, Pavle: Disintegration in Frames: Aesthetics and Ideology in the Yugoslav and Post-Yugoslav Cinema, Stanford 2007, S. 65. Selbst Sarajevoer, die kein Deutsch können, kennen die zitierten Zeilen auswendig. Die Szene ist unzählige Male nachgesprochen worden. Die 1980 in Sarajevo gegründete Rockband „Rauchen verboten" (Zabranjeno pušenje) brachte ihr erstes Album unter dem Titel „Das ist Walter" heraus. Die Schlussszene sowie der gesamte Film sind im Internet einsehbar. Ebenso der erste Titel des Albums „Das ist Walter" sowie verschiedene Nachahmungen der Filmszene.

interessierte ihn nicht, zumal sein Kumpan Mussolini die Mittelmeerländer als italienischen „Lebensraum" für sich beanspruchte. Als Lieferant von Agrarprodukten und Rohstoffen spielte Jugoslawien dagegen in der deutschen Kriegswirtschaftsplanung eine wichtige Rolle. Das „Dritte Reich" hatte die wirtschaftliche Notlage Jugoslawiens nach der Weltwirtschaftskrise genutzt, um das Land mit Clearingverträgen eng an sich zu binden und die politische Position Frankreichs zu unterminieren. Die von Hitler gewünschte „Ruhe auf dem Balkan" geriet jedoch schnell aus dem Lot. Seit der Jahreswende 1939/40 beschäftigte sich Mussolini – eifersüchtig auf den erfolgreicheren „Achsenpartner" – mit dem Gedanken eines „Parallelkrieges" zum Ausbau der italienischen Machtstellung an der Adria. Hitler konnte ihn vorerst bremsen, aber nur für einige Monate. Neues Ziel von Mussolinis Ambitionen wurde Griechenland. Am 28. Oktober 1940 marschierten italienische Verbände von albanischem Territorium in Griechenland ein, woraufhin britische Truppen Kreta besetzten und die griechischen Küstengewässer gegen Landungsversuche verminten. Überraschenderweise konnten die Griechen den italienischen Angriff abwehren, sodass Mussolinis Blitzkrieg scheiterte: eine „Schlappe" für das Prestige der „Achse Berlin–Rom". Hitler musste nun nolens volens seinem Bündnispartner zu Hilfe kommen und die rumänischen Erdölquellen vor britischen Luftangriffen aus dem griechischen Raum sichern. In der Weisung Nr. 20 vom 13. Dezember befahl er dem Oberkommando des Heeres, einen deutschen Angriff auf Griechenland für das kommende Frühjahr vorzubereiten. Jugoslawien fiel damit als Durchzugsraum eine neue strategische Bedeutung zu. In den folgenden Monaten versuchte Berlin mit territorialen Offerten auf Kosten Griechenlands und massivem diplomatischem Druck, Belgrad zur Aufgabe seiner Neutralitätspolitik zu zwingen. Am 25. März 1941 schließlich unterzeichnete die jugoslawische Regierung im Wiener Schloss Belvedere den Beitritt ihres Landes zum „Dreimächtepakt", ohne damit aber eine militärische Verpflichtung einzugehen. Zwei Tage später wurde sie durch einen Putsch serbischer Generäle mit Unterstützung des britischen Geheimdienstes gestürzt. Hitler schäumte vor Wut über das „serbische Verschwörerpack" und ließ seinen antiserbischen Affekten aus dem Ersten Weltkrieg freien Lauf. Noch am selben Tag gab er Befehl, den bevorstehenden Feldzug gegen Griechenland auf Jugoslawien auszuweiten und dieses „als Staatsgebilde zu zerschlagen". Nach Hitlers Überzeugung war „damit zu rechnen, daß bei unserem Angriff die Kroaten sich auf unsere Seite stellen werden", wofür ihnen „eine entsprechende politische Behandlung (spätere Autonomie)" sichergestellt werden sollte („Führer-Weisung Nr. 25").[680]

In den frühen Morgenstunden des 6. April begann der Balkanfeldzug, und am 15. April erreichten die ersten deutschen Truppen Sarajevo, das schon vorher sporadisch bombardiert

---

680 Zu Einzelheiten vgl. Olshausen, Klaus: Zwischenspiel auf dem Balkan. Die deutsche Politik gegenüber Jugoslawien und Griechenland vom März bis Juli 1941, Stuttgart 1973.

worden war.⁶⁸¹ Zwei Tage später wurde im zerbombten Belgrad die „bedingungslose Kapitulation" der jugoslawischen Streitkräfte unterzeichnet. Nun ging es um die Aufteilung der „Beute". Hitler wollte den Besatzungsaufwand für die Wehrmacht so gering wie möglich halten, da er die Truppen für den Russlandfeldzug brauchte. Daher sollte Jugoslawien durch „politische Zugeständnisse an die Kroaten" sowie in Erfüllung der italienischen, ungarischen und bulgarischen Gebietsansprüche „als Staat" ausgelöscht werden. Nach aufreibenden und zum Teil langwierigen Verhandlungen zwischen den Verbündeten wurde das Land in ein buntes Mosaik besetzter, annektierter und scheinsouveräner Gebilde zerschlagen. Eine einheitliche und umfassende Zielsetzung oder gar ein vorgefasster Plan war nicht zu erkennen. Die „Neuordnung" war das Ergebnis von Improvisationen und konfliktbeladenen Kompromissen zwischen den verschiedenen „Erwerberstaaten". An ihr war wenig neu und noch weniger war in Ordnung, wie der britische Historiker Alan Milward in einem anderen Zusammenhang einmal formuliert hat.

ESKALATION DER GEWALT IM KROATISCHEN USTASCHA-STAAT

Schon eine Woche vor der jugoslawischen Kapitulation hatte der Zagreber Rundfunk am 10. April, unmittelbar vor dem Osterfest, folgende Meldung ausgestrahlt: „Gottes Vorsehung und der Wille unseres Verbündeten sowie der mühevolle jahrhundertelange Kampf des kroatischen Volkes und die große Opferbereitschaft unseres Führers Ante Pavelić und der Ustascha-Bewegung in der Heimat und im Ausland haben es gefügt, dass heute, vor der Auferstehung des Gottessohnes, auch unser unabhängiger Staat Kroatien aufersteht…"⁶⁸² Die unter Aufsicht des deutschen Sondergesandten, SS-Standartenführer Edmund Veesenmayer, vorbereitete Erklärung wurde von Slavko Kvaternik, einem ehemaligen k.u.k. Offizier, verlesen. An die Spitze des durch „Gottes Vorsehung" und Hitlers Waffen „auferstandenen" Kroatien gelangte Ante Pavelić. Aus Berliner Sicht war er bestenfalls zweite Wahl. Wunschkandidat Hitlers war der Chef der Kroatischen Bauernpartei, Vladko Maček. Erst als dieser sich der Kollaboration versagte, kam auf Fürsprache des „Duce" der noch im italienischen Exil weilende Pavelić zum Zug: eine fatale Fehlentscheidung.

Pavelić war Führer („Poglavnik") der kroatischen Ustascha-Bewegung,⁶⁸³ einer faschistoiden Terror-Organisation, die Anfang 1929 – nach Verkündung der Königsdiktatur – im Exil gegründet worden war und das Ziel verfolgte, die staatliche Selbstständigkeit Kroatiens „mit allen möglichen, legalen und illegalen Mitteln" zu erkämpfen. „Messer, Revolver,

---

681 Zur Eroberung Sarajevos vgl. Redžić: Bosnia and Hercegovina, S. 6 ff.
682 Narodne novine (Zagreb) vom 11. 4. 1941. Vgl. auch Hory, Ladislaus/Broszat, Martin: Der kroatische Ustascha-Staat 1941–1945, Stuttgart 1964, S. 53.
683 Ustaša (Pl. Ustaše) bedeutet Aufständischer.

Bombe und Höllenmaschine", so Pavelić 1932, „sind die Idole, die dem Bauern die Früchte seines Bodens, dem Arbeiter das Brot und Kroatien die Freiheit zurückbringen werden."[684] Im künftigen Staat, der sich über das „ganze völkische und historische" Gebiet der Kroaten erstrecken sollte, sei nur das kroatische Volk berechtigt zu herrschen; alle Nicht-Kroaten seien von den Staatsgeschäften auszuschließen, da an diesen nur mitwirken dürfe, wer „nach Herkunft und Blut Mitglied des kroatischen Volkes" ist.[685] Zu den Hauptfeinden der Ustascha-Bewegung gehörten die „serbische Staatsgewalt" als eigentlicher Schöpfer und Träger des jugoslawischen Staats, die „internationalen Freimaurer" und das Judentum, das die nationale Selbstständigkeit Kroatiens nicht wünsche, da es vom „nationalen Chaos" profitiere.[686]

Bei der Grenzziehung des neuen kroatischen Staates konnte Pavelić 1941 zwar nicht verhindern, dass er seinem langjährigen Schutzpatron Mussolini „urkroatische" Gebiete in Dalmatien abtreten musste (was seine anfängliche Popularität schlagartig abstürzen ließ), doch dafür wurde ganz Bosnien-Herzegowina Teil des „Unabhängigen Staates Kroatien" (USK). Innerhalb von gut sechs Jahrzehnten änderte Bosnien damit zum vierten Mal seine staatliche Zugehörigkeit. Der USK war freilich weder ein Staat im rechtlichen Sinn noch war er unabhängig oder kroatisch. Völkerrechtlich war Jugoslawien nach der Kapitulation seiner Armee ein besetztes Gebiet. So auch der USK. Die einseitige Erklärung Hitlers und seiner Komplizen, dass Jugoslawien als Staat „erloschen" sei (debellatio), stand im Widerspruch zum Völkerrecht. Dasselbe gilt für die einseitige Übertragung von Hoheitsrechten in einem Teil des Besatzungsgebiets Jugoslawien an eine kollaborierende Partei und deren „Staat". Nicht nur rechtlich, sondern auch tatsächlich war der USK ein (zumindest teilweise) besetztes Gebiet. Denn unabhängig von der diplomatischen Anerkennung durch die „Achsenmächte" blieb ein Teil der deutschen und italienischen Truppen im Land.[687] Die Demarkationslinie beider Besatzungsmächte verlief mitten durch Kroatien und Bosnien. Sarajevo lag auf der deutschen Seite. Hinzu kommt, dass das Ustascha-Regime während der gesamten Dauer seiner kurzen und turbulenten Existenz das Machtmonopol nie auf dem gesamten Territorium des USK geltend machen konnte (am wenigsten in Bosnien) und

---

684 Zit. nach Krizman, Bogdan: Pavelić i Ustaše, Zagreb 1978, S. 85.
685 Ustascha-„Grundsätze" (načela), abgedruckt ebda., S. 117–119.
686 Quellennachweise und weitere Einzelheiten bei Hory-Broszat: Ustascha-Staat, S. 28 f.
687 Zwar hatte das Oberkommando der Wehrmacht auf eine Anfrage des italienischen Generalstabschefs Guzzoni („ob auch in dem zu bildenden Staat Kroatiens eine Besatzungstruppe vorgesehen ist") am 17. April verneinend geantwortet. Doch teilte es eine Woche später mit, dass auf Anweisung Hitlers Kroatien „bis auf weiteres durch deutsche Truppen besetzt zu halten" sei. Belege bei Sundhaussen, Holm: Wirtschaftsgeschichte Kroatiens im nationalsozialistischen Großraum 1941–1945. Das Scheitern einer Ausbeutungsstrategie, Stuttgart 1983, S. 86, Anm. 385. Was zunächst als Provisorium gedacht war, blieb bis Kriegsende eine Dauereinrichtung.

sein Herrschaftsgebilde mit fortschreitender Kriegsdauer zur bloßen Fiktion verkam. Von einem Staat konnte somit keine Rede sein. Und dass der USK nicht unabhängig war, versteht sich von selbst. Ebenso wenig konnte von einem kroatischen Nationalstaat gesprochen werden. Unter den ca. 6,5 Millionen Einwohnern des USK (Kroatien plus Bosnien-Herzegowina) befanden sich nur wenig mehr als 50 % Kroaten, annähernd 2 Millionen Serben, über 800.000 bosnische Muslime, mehr als 150.000 Deutsche und 35.000–40.000 Juden. Der Rest verteilte sich auf Angehörige mehrerer ethnischer Gruppen (Magyaren, Slowaken, Slowenen u. a.).[688] Aus dem nationalautoritären Vielvölkerstaat Jugoslawien, der den Vielvölkerstaat Österreich-Ungarn abgelöst hatte, war nun der nationaltotalitäre Vielvölkerstaat Kroatien hervorgegangen.

Um wenigstens den Anschein eines „Nationalstaats" zu wahren, verbreitete die Ustascha-Propaganda die Losung, dass die bosnischen Muslime „eigentlich" Kroaten seien. In Anlehnung an den „Vater des Vaterlandes", Ante Starčević (1823–1896), deklarierte Pavelić die Muslime zum „reinsten Teil" der kroatischen Nation. Er war besessen von der Idee, die „Kroaten islamischen Glaubens" für seinen Staat zu gewinnen, und versuchte, den politisch aktiven Teil der „Jugoslawischen Muslimischen Organisation" an die Ustascha-Bewegung zu binden. Einige ihrer pro-kroatischen Funktionäre traten der Ustascha bei und erhielten einflussreiche Posten in Staat und Verwaltung.[689] Ihrem Beispiel folgte ein kleinerer Teil der Parteimitglieder, während die Mehrheit nach den desolaten Erfahrungen im ersten Jugoslawien zwar auf eine Verbesserung ihrer Lage hoffte, sich aber abwartend verhielt und misstrauisch blieb. Der autonomistische und der pro-serbische Flügel der muslimischen Führungsschicht standen dem neuen Staat dagegen von Anfang an ablehnend gegenüber und setzten sich für eine Loslösung von Kroatien ein.[690]

Wie Hitler ein „judenfreies" Europa anstrebte, so strebte Pavelić ein „serbenfreies" Großkroatien an. Offiziell teilte Pavelić die Serben in zwei Kategorien ein. In einem Gespräch mit Hitler am 6. Juni 1941 versuchte er diesem weiszumachen, dass die Angehörigen der Ostkirche nicht einfach und in ihrer Gesamtheit Serben seien, da es sich in der Mehrheit „eigentlich" um Kroaten handle, die in der Vergangenheit (unfreiwillig) zur Orthodoxie

---

688 Bei diesen Angaben handelt es sich um Schätzwerte, die auf der Extrapolation der Volkszählungsergebnisse vom März 1931 beruhen. Da im ersten Jugoslawien nicht nach dem nationalen Bekenntnis der Bevölkerung, sondern nur nach Konfession und Sprache gefragt worden war, ist die ethnische Gliederung des USK nur näherungsweise zu ermitteln. Hinter der Bezeichnung „Juden" verbergen sich „Konfessionsjuden", eine unbekannte Zahl von „Abstammungsjuden", die konvertiert waren, sowie jüdische Flüchtlinge aus anderen Ländern. Zu Einzelheiten vgl. Sundhaussen: Wirtschaftsgeschichte Kroatiens, a. a. O., S. 98 ff.
689 Džafer und Osman Kulenović, Hakija Hadžić, Ademaga Mešić u. a.
690 Zur Rolle der Muslime im kroatischen Nationalismus vgl. ausführlich Kisić Kolanović: Muslimani i hrvatski nacionalizam.

konvertiert seien.[691] Es wurde daher unterschieden zwischen („richtigen") Serben, die sich „unrechtmäßig" auf dem „historisch-völkischen" Territorium der Kroaten aufhielten und von dort wieder verschwinden mussten, und Pravoslawen (Orthodoxen), die „eigentlich" Kroaten seien. Letztere wurden nicht als Serben oder Angehörige der serbisch-orthodoxen Kirche, sondern als Anhänger des *griechisch*-orthodoxen oder des *griechisch-orientalischen* Glaubens bzw. als „pravoslawische Kroaten" apostrophiert. Um die durch Annahme des „falschen" Glaubens eingetretene „Verunreinigung der kroatisch-völkischen Substanz" rückgängig zu machen und den „objektiven" Nationsmerkmalen wieder zu ihrem Recht zu verhelfen, musste die Geschichte (nicht zum ersten und nicht zum letzten Mal) durch Umtaufen oder Zwangstaufen „korrigiert" werden, während die „richtigen" Serben vertrieben werden sollten.[692] Unklar blieb, nach welchen Kriterien Serben von „pravoslawischen Kroaten" unterschieden werden konnten. In der Praxis spielte dies aber ohnehin keine Rolle, zumal es keinen festen Plan zur Umsetzung der Ustascha-Ziele gab, sondern nur eine Vielzahl von unkoordinierten Ad-hoc-Maßnahmen.[693]

Dem Verbot der kyrillischen Schrift und der serbischen Vereine folgten die Zerstörung und Plünderung orthodoxer Kirchen und Klöster. Zahlreiche Priester, darunter der Zagreber Metropolit Dositej, verschwanden in Gefängnissen oder Konzentrationslagern. Die katholische Presse („Katolički list", „Glasnik Biskupije Bosanske i Srijemske", „Katolički tjednik", „Nedelja" u. a.) propagierten die „Re-Katholisierung" der Pravoslawen. Es kam zu Massen- und Zwangstaufen. Um die Verfolgung von Gegnern jeder Art, insbesondere von Serben und Kommunisten, zu „legalisieren" (Pavelić war in seinem bürgerlichen Beruf Advokat gewesen und gefiel sich nun in der Rolle des Gesetzgebers), wurden unmittelbar nach Gründung des USK zahlreiche Gesetzesdekrete erlassen.[694] An erster Stelle stand die Verordnung zum „Schutz von Volk und Staat" vom 17. April 1941. Darin heißt es in

---

691 Protokoll der Unterredung zwischen Hitler und Pavelić 7. 6. 1941, in: Akten zur deutschen auswärtigen Politik 1918–1945 (ADAP), Serie D, Bd. 12, Dok. 603.

692 Biondich: Religion and Nation hat die bisherige (oft polemische) Literatur über Zwangstaufen im USK einer kritischen Würdigung unterzogen. Auf der Basis umfangreichen Quellenmaterials zeigt der Autor, dass die Ustasche anfangs infolge ihrer rassistischen Einstellung gegenüber den Serben an Konversionen nicht interessiert waren. Diejenigen, die konvertierten, taten dies zumeist aus eigenem Entschluss bzw. aus Furcht vor Repressionen. Erst im Herbst 1941 ging das Regime zu Zwangsumtaufen über, die aber den Erwartungen – schon infolge der Aufstandslage – nicht gerecht werden konnten.

693 Die Ethnopolitik des Ustascha-Regimes und die ethnischen Säuberungen sind Gegenstand zahlreicher Arbeiten, auf die hier nicht eingegangen werden kann. Vgl. die kürzlich erschienene Studie von Korb, Alexander: Im Schatten des Weltkriegs. Massengewalt der Ustaša gegen Serben, Juden und Roma in Kroatien 1941–1945, Hamburg 2013, insbes. S. 129 ff.

694 Die amtliche Zusammenstellung der Gesetze und Verordnungen des USK (Zbornik zakona i naredaba Nezavisne Države Hrvatske, ZbZiN) (Band 1–3, Zagreb 1941–43) geben einen Einblick in die menschenverachtende Politik des Regimes.

Punkt 1: „Wer auf irgendeine Weise die Ehre und Lebensinteressen des kroatischen Volkes beleidigt oder beleidigt hat oder wer auf irgendeine Weise die Existenz des USK oder der Staatsorgane gefährdet, mag die Tat auch nur Versuch bleiben, macht sich des Verbrechens des Hochverrats schuldig."[695] Auf diese schwammig formulierten Straftaten, die der Untersuchung durch die „außerordentlichen Volksgerichte" unterlagen, stand die Todesstrafe. Damit wurde dem Ustascha-Terror Tür und Tor geöffnet – einem Terror, dem nicht nur diejenigen anheimfielen, die mit der Waffe gegen den neuen Staat kämpften, sondern auch alle, die sich in der Vergangenheit „unkroatisch" (nehrvatsko) verhalten hatten.[696] Bereits im April wurden Angehörige der serbischen Führungsschicht (Beamte, Lehrer, wohlhabende Kaufleute etc.) verhaftet. Am 7. und 8. Mai folgte die erste Massenexekution von Serben im Kordun, bei der 535 Männer ermordet wurden. Drei Tage später wurden 150 Serben in Glina erschossen; und so ging es weiter, Schlag auf Schlag. Massenmord, Vertreibung und Flucht dezimierten die serbische Bevölkerung. Das Ergebnis dieser Gewaltorgien faßte Pavelić in einem Gespräch mit dem deutschen Diplomaten Edmund Veesenmayer Anfang 1943 in den Worten zusammen: „Zur Gründungszeit des Staates hatten wir etwa 30 % Serben, nun haben wir durch die Verdrängung und Massakrierung nur noch 12–15 %. Die in diesem Zusammenhang erfolgten Exzesse haben irgendwie doch für den kroatischen Staat positive Auswirkungen gehabt."[697]

Parallel zum Völkermord an den Serben setzte die Entrechtung der Juden und Roma ein. In einem Gesetzesdekret über die „Rassenzugehörigkeit" vom 30. April 1941 wurden die Begriffe „Jude" und „Zigeuner" definiert.[698] Die Bestimmungen glichen weitgehend denen der „Nürnberger Gesetze".[699] Ein zweites Dekret vom selben Tag über den „Schutz des arischen Blutes und die Ehre des kroatischen Volkes" verbot Ehe und Geschlechtsverkehr zwischen Kroaten und „Nichtariern".[700] Und das dritte Dekret über die Staatsangehörigkeit machte einen grundsätzlichen Unterschied zwischen Staatsbürgern (državljanin) und Staatsangehörigen (državni pripadnik). Kroatischer Staatsbürger konnte nur sein, wer „arischer Abstammung" war und „durch sein Verhalten bewiesen hat, daß er nicht gegen die Freiheitsbestrebungen des kroatischen Volkes sowie bereit und willig ist, dem kroatischen Volk und dem USK treu zu dienen".[701] Der rechtlichen Ausgrenzung und Erniedrigung der Juden

---

695 ZbZiN, Bd. 1, Nr. 13 (S. 8).
696 Ebda., Nr. 295 (S. 212 f.).
697 Zit. nach Zöller, Martin (Hg.): Der Fall 7. Das Urteil im Geiselmordprozeß, gefällt am 19. Februar 1948 vom Militärgerichtshof V der Vereinigten Staaten von Amerika, Berlin 1965, S. 35.
698 ZbZiN, Bd. 1, Nr. 76 (S. 42 f.). Vgl. auch Ammon, K.: Die kroatische Judengesetzgebung im Überblick, in: Die Judenfrage 7 (1943) 74 ff.
699 Vgl. die Gegenüberstellung bei Hilberg, Raul: The Destruction of the European Jews, London 1961, S. 454.
700 ZbZiN, Bd. 1, Nr. 77 (S. 43 f.).
701 Ebda., Nr. 75 (S. 42).

und Roma sowie der Plünderung ihres Eigentums folgte im Herbst 1941 die Deportation in die Konzentrationslager, sofern sich die Betroffenen nicht dem Widerstand angeschlossen hatten oder in die italienische Besatzungszone geflohen waren, wo sie bis zur Kapitulation Italiens sicher waren. Insgesamt wurden 20.000–25.000 Juden in kroatischen Lagern, allen voran im Konzentrationslager Jasenovac, ermordet.[702] Auch die große Mehrheit der Juden in Sarajevo fiel dem Holocaust zum Opfer. Mehr als vierhundert Jahre jüdischer Geschichte in der Stadt fanden damit ihr Ende. Etwa 7.000 Juden aus verschiedenen Teilen des USK, die dem Tod zunächst entgangen waren, wurden 1942/43 (vereinzelt auch noch 1944) mit Zustimmung der Ustascha-Regierung zu ihrer Ermordung nach Auschwitz „ausgesiedelt". Am 22. April 1944 versicherte der Gesandte Kasche dem Auswärtigen Amt: „Die Judenfrage ist in Kroatien in weitem Maße bereinigt …"[703]

Über die unendliche Geschichte von Verfolgung, Massenmord und Holocaust im USK ist viel (aus unterschiedlichen Perspektiven und mit unterschiedlichen Schwerpunkten) geschrieben worden. Mit den einschlägigen Titeln ließe sich mühelos eine umfangreiche Bibliografie füllen. Auch über die Rolle der katholischen Kirche im Ustascha-Staat, über die Positionen des Zagreber Erzbischofs Alojzije Stepinac, des Vatikans und Pius XII. wird seit Jahrzehnten leidenschaftlich gestritten. Das Verhältnis zwischen Ustascha-Bewegung und katholischer Kirche war überaus zwiespältig, denn für die Ustasche war der Katholizismus nicht als Religion, sondern als nationales Merkmal der Kroaten von Bedeutung. Die Religion selbst interessierte sie wenig.[704] Entsprechend ambivalent gestaltete sich das Verhältnis zur katholischen Geistlichkeit.[705] Die Kirche hat nach dem Krieg wenig getan, um ihre Vergangenheit im Ustascha-Staat aufzuarbeiten. Darauf kann hier aber nicht eingegangen werden. (Über den katholischen Bischof von Sarajevo, Ivan Šarić, wird weiter unten noch kurz zu sprechen sein.)

Werfen wir nun einen Blick auf die Entwicklung in Bosnien-Herzegowina.[706] Zur Enttäuschung der Muslime wurde die ehemalige Provinz als Verwaltungseinheit nicht wiederhergestellt. Das heißt: Sarajevo erlangte seine Stellung als Hauptstadt Bosniens nicht zurück, sondern war lediglich Verwaltungssitz einer Großgespanschaft (mit dem mittelalterlichen

---

702 Sundhaussen, Holm: Jugoslawien, in: Benz, Wolfgang (Hg.): Dimension des Völkermords. Die Zahl der jüdischen Opfer des Nationalsozialismus, München 1991, S. 311–330; insbes. S. 321 ff.
703 Zit. nach ebda., S. 326. Zum Holocaust in Kroatien vgl. u. a. Goldstein, Ivo: Holokaust u Zagrebu, Zagreb 2001; Vulesica, Marija: Kroatien, in: Benz, Wolfgang/Distel, Barbara (Hg.): Der Ort des Terrors. Geschichte der nationalsozialistischen Konzentrationslager, Bd. 9, München 2009, S. 313–336.
704 Vgl. Biondich: Religion and Nation.
705 Vgl. Grünfelder, Anna: Katholische Kirche und Ustaša-Herrschaft 1941–1944, in: Südost-Forschungen 69/70 (2010/11), S. 182–227.
706 Zu Bosnien im Zweiten Weltkrieg vgl. u. a. Redžić: Bosnia and Hercegovina; Hoare: Genocide and Resistance; Dulić: Utopias of Nation. Zur Kriegsgeschichte Sarajevos vgl. Greble: Sarajevo, 1941–1945.

Namen „Vrhbosna"), eine von insgesamt 22 Großgespanschaften des USK. Wie die Politiker im Königreich Jugoslawien, so versuchten auch die Politiker des Ustascha-Staats, die Erinnerung an die frühere Provinz auszulöschen. Die Kroaten (Katholiken) stellten dort mit 22,2 % nur die drittstärkste Bevölkerungsgruppe nach Serben und Muslimen.[707] Lediglich in der kompakt kroatisch besiedelten Westherzegowina, wo der rechte Flügel der HSS und verschiedene katholisch-klerikale Vereine über eine starke Anhängerschaft verfügten, war es den Ustasche schon vor dem Kriege gelungen, Stützpunkte und Geheimzirkel aufzubauen. Die Mitglieder der ersten Ustascha-Banden, die zusammen mit ehemaligen Exilanten die serbische Bevölkerung in Bosnien-Herzegowina terrorisierten, waren in der Westherzegowina angeworben worden und radikalisierten sich innerhalb kürzester Zeit. Unter Führung lokaler Ustascha-Funktionäre entstanden im Mai und Juni 1941 zahllose „wilde" Formationen der Ustascha-Miliz („divlje Ustaše"), die unter dem Kommando der berüchtigten Terroristen Ivo Herenčić und Mijo Babić ihrem Fanatismus freien Lauf ließen und unbeschreibliche Gewaltorgien feierten. Im Fokus ihres Terrors stand die serbische Bevölkerung, die teilweise ermordet wurde, teilweise in das deutsche Besatzungsgebiet nach Serbien floh oder dorthin vertrieben wurde, teils in den Wäldern und Bergen Anschluss an den Widerstand suchte. Die „wilden Ustasche", die nach Angaben Slavko Kvaterniks im August 1941 25.000–30.000 Personen zählten,[708] wurden nicht nur für die Bevölkerung Bosnien-Herzegowinas, sondern auch für die zivilen Behörden des neuen Staats und die regulären Ordnungskräfte zur Plage, sodass es zur ersten Krise im Ustascha-Machtsystem kam.

Schon Anfang Juni 1941 hatte der mit Sondervollmachten des „Poglavnik" in die Herzegowina entsandte General Vladimir Laxa berichtet, dass die Unruhen und die Niedergeschlagenheit der Bevölkerung „zum größten Teil durch das grausame und unmenschliche Vorgehen der ‚sog. Ustasche' hervorgerufen wurde. Zur Zeit des ‚Ustascha-Regimes' [gemeint sind die ‚wilden Ustasche'] war kein Beamter, kein Offizier, kein Bürger, waren weder Frauen noch Kinder bei Tag oder Nacht ihres Lebens sicher".[709] Und in einem Lagebericht der Zagreber Informationsstelle des deutschen Auswärtigen Amtes vom 8. August 1941 steht zu lesen: Die „ständigen Übergriffe der Ustascha-Miliz, die abzustellen der Regierung trotz aller scharfen Drohungen nicht gelungen ist" hätten dazu geführt, dass das Regime von einem „nicht unbeträchtlichen Teil der kroatischen Bevölkerung" abgelehnt würde, und zwar

---

707 Serben: 43,9 %, Muslime: 31,1 %. Petričević, Jure: Nacionalnost stanovništva Jugoslavije. Nazadovanje Hrvata i manjina, napredovanje Muslimana i Albanaca, Brugg 1983, S. 30.
708 Aussage Kvaterniks vor jugoslawischen Untersuchungsorganen nach Kriegsende, Archiv des Militärhistorischen Instituts, Belgrad (A-VII), NDH, k. I.o.9, f. 2, d. 6 (Bl. 62 f.).
709 Bericht General Laxas Nr. V.T. 40 vom 5. 6. 1941 an den Oberbefehlshaber des kroatischen Heeres, A-VII, NDH, k.84, f. 3, d. 55. Zu den von den Ustasche im Sommer 1941 in der Herzegowina verübten Massaker vgl. Dulić: Utopias of Nation, S. 124 ff.; Korb: Im Schatten des Weltkriegs, a. a. O., S. 278 ff.

"nicht nur von den Anhängern der Maček-Partei, sondern auch von kroatischen Nationalisten, sogar von alten Anhängern der Ustascha".[710]

Um der ausufernden Disziplinlosigkeit zu begegnen, sah sich Pavelić Anfang August 1941 genötigt, die Auflösung der „wilden" Ustasche und eine pauschale Amtsenthebung derjenigen Funktionäre anzuordnen, die für die Bewaffnung der Banden und das ausgebrochene Chaos verantwortlich waren.[711] Tatsächlich konnte ein Teil der illegalen Gruppen von General Laxa entwaffnet werden, ein anderer Teil wurde in die Armee integriert, während der Rest, darunter die berüchtigte „Schwarze Legion" (Crna legija) unter dem Kommando von Jure Francetić, im Rahmen der Ustascha-Milizen weiterhin die Bevölkerung terrorisierte. Das energische Vorgehen der kroatischen Landwehr unter Laxas Befehl gegen die „wilden" Ustasche (unter Führung Rukavinas, Herenčićs, Francetićs u. a.) in der Umgebung von Gospić und Sarajevo, in der Herzegowina und Lika löste nach Aussage Slavko Kvaterniks selbst bei Pavelić Wut und Empörung aus und weckte den Hass vieler Ustascha-Führer gegen die Armee.[712] Zum Bedauern des „Deutschen Generals in Agram/Zagreb", Glaise-Horstenau, entschloss sich Pavelić daher nach kurzer Zeit zur Amtsenthebung seines Sonderbevollmächtigten Laxa.[713] Auch ein anderer General der kroatischen Landwehr, der ehem. k.u.k. Offizier Prpić, wurde wegen seines Einschreitens gegen die Ustascha-Willkür aus Mostar abberufen[714] und entging zwei Jahre später nur knapp einem von Anhängern Herenčićs ausgeführten Attentat.[715] Das Problem der „wilden Ustasche" bestand aus Sicht des Regimes nicht darin, dass sie exzessive Gewalt ausübten (im Gegenteil: es war die Ustascha-Führung, die mit Hetzpropaganda, repressiven Gesetzen, der Einrichtung von Arbeits- und Konzentrationslagern usw. die für die Ausübung von Massengewalt erforderlichen Rahmenbedingungen schuf). Das Problem war, dass die „wilden Ustasche" der Kontrolle durch die Führung zu entgleiten drohten. Als Bestandteil der Ustascha-Milizen konnten sie dagegen das Morden (offenbar mit Billigung Pavelićs) weiter fortsetzen.

Für die Erosionserscheinungen in der „Ustascha-Bewegung" war das Wüten der „wilden" Banden aber nur ein Symptom unter anderen. Selbst diejenigen Teile der Gesellschaft, die die Gründung des USK zunächst begrüßt und mit Erwartungen auf eine bessere Zukunft

---

710 Bericht eines V-Manns der Informationsstelle III vom 7. 8. 1941 an AA, Politisches Archiv des Auswärtigen Amtes (PA/AA), Staatssekretär, Jugoslawien, Bd. 3.
711 Novi list (Zagreb), 10. 8. 1941; Telegramm des deutschen Gesandten in Zagreb, S. Kasche, vom 11. 8. 1941 an AA, PA/AA, Staatssekretär, Kroatien, Bd. 2, Bl. 26; Fernschreiben Glaise-Horstenaus Nr. 443 vom 9.,8.,1941 an OKW/WFSt, Militärarchiv (MA), 75834, fol. 117–119.
712 Aussage Kvaterniks vor jugoslawischen Untersuchungsorganen nach Kriegsende, Archiv des Militärhistorischen Instituts, Belgrad (A-VII), NDH, k. I.o.9, f. 2, d. 6 (Bl. 47, 54 f., 63–65).
713 Schreiben Glaise-Horstenaus Nr. 285/41 vom 15. 9. 1941 an OKW/Abt. Ausl., MA, 75834, fol. 159 f.
714 Fernschreiben Glaise-Horstenaus Nr. 443 vom 9. 8. 1941 an OKW/WFSt, ebda., fol. 117–119.
715 Aussage Kvaterniks, a. a. O. (Bl. 90).

verbunden hatten, verloren jedes Vertrauen in die neuen Machthaber. „Die schmale Basis, die wir der Regierung Pavelić bei der Gründung des Staates gaben, erweist sich immer mehr als Fehler", schreibt Glaise-Horstenau Anfang November 1941 an das Oberkommando der Wehrmacht.[716] Ende Januar 1942 fügt er hinzu: „Einig sind sich alle Volksteile mit verschwindenden Ausnahmen in der entschiedenen Ablehnung der Ustascha-Bewegung als staatstragender Einheitspartei. Der Haß gegen sie ist kaum mehr zu überbieten. Repräsentanten der Bewegung machen sich durch Überheblichkeit, Willkür, Raffsucht, Korruption stets aufs Neue unbeliebt. Zudem hören auch Untaten, Raub und Mord nicht auf. Keine Woche vergeht, in der nicht eine ‚Säuberungsaktion' durchgeführt wird, bei der ganze Dörfer samt Frauen und Kindern daran glauben müssen."[717]

„Jeder Lausejunge, aber auch jedes kriminell evidentierte Individuum", so ein Mitarbeiter Glaise-Horstenaus, „kann in diesem Staate Ustascha werden und als solcher soviel Waffen besitzen, als ihm nur beliebt."[718] Infolge der Ausschreitungen des „ärgsten Gesindels der Straße" verlor das Regime in der Bevölkerung jeden Rückhalt (von unbeirrbaren Fanatikern natürlich abgesehen). „Um ganz sicherzugehen", so noch einmal der Mitarbeiter Glaise-Horstenaus im April 1942 anlässlich des ersten Jahrestages der USK-Gründung, „müßte die Ustascha mindestens 95 % des kroatischen Volkes hinter Schloß und Riegel setzen. Von der Richtigkeit dieser Behauptung könnte sich der dazu berufene deutsche Gesandte [Siegfried Kasche] sehr leicht überzeugen, wenn er seine Informationen nicht ausschließlich von der Ustascha beziehen würde."[719] Glaise-Horstenau selbst – anfänglich ein begeisterter Befürworter des kroatischen Staates – konstatierte Mitte Februar 1943:

„In der Tat ist die von Haus aus äußerst schwach fundierte Ustascha-Bewegung mit ihrer wahnsinnigen Ausrottungspolitik und ihren Greueltaten zum Symbol der mißglückten Staatsschöpfung geworden. War es an sich keine leichte Sache gewesen, einem Staate, der kein Nationalstaat, sondern ein Nationalitätenstaat ist, schematisch die Form des ‚Führerstaats' zu geben, so hat inzwischen die staatstragende Totalitätspartei bei allen Völkern und Bekenntnissen jeden Boden verloren, und das ominöse U mit der Terrorbombe zwischen den Beinen[720] wirkt auch weiterhin als Gesslerhut... Die Ustascha ist ein abgespieltes Klavier, aus dem sich für uns kaum mehr halbwegs klangvolle Töne werden herauslocken lassen."[721]

---

716 Fernschreiben Glaise-Horstenaus Nr. 771 vom 4. 11. 1941 an OKW/Abt. Ausl., MA, 75834, fol. 222 f.
717 Zit. nach Fricke, Gert: Kroatien 1941–1944. Der „Unabhängige Staat" in der Sicht des Deutschen Bevollmächtigten Generals in Agram, Glaise v. Horstenau, Freiburg 1972, S. 69.
718 Zit. nach ebda., S. 36.
719 Zit. nach ebda., S. 79, Anm. 190.
720 Anspielung auf das Ustascha-Wappen.
721 Zit. nach Fricke: Kroatien 1941–1944, a. a. O., S. 118.

In einer geharnischten Denkschrift vom 27. Februar 1943 verlangte der deutsche „Oberbefehlshaber Südost", Generaloberst Alexander Löhr, die Absetzung des Ustascha-Regimes und die sofortige Ernennung eines „Reichssonderbeauftragten und Befehlshabers der deutschen Truppen" mit einem Militärverwaltungsstab zur Ausübung der vollziehenden Gewalt. Löhr begründete seine Forderung u. a. mit der Ermordung von 400.000 (??) Pravoslawen durch die Ustasche, dem dadurch hervorgerufenen Aufstand und dem völligen Prestigeverlust der Pavelić-Regierung.[722] Wie in vielen anderen Fällen, so erwies sich Hitler auch in diesem Fall als unbelehrbar. Die blindwütige Agonie des Ustascha-Staates dauerte daher bis Kriegsende an. Und betroffen war insbesondere Bosnien-Herzegowina.

EIN KRIEG AN VIELEN FRONTEN

Infolge seiner zentralen geografischen Lage, seiner ethnisch gemischten Bevölkerung, des Ustascha-Terrors und der zur Führung eines Guerillakrieges idealen Umgebung (Gebirge und Wälder) entwickelte sich Bosnien zum dramatischsten Kriegsschauplatz Jugoslawiens. Hier stießen das Ustascha-Regime, die beiden Widerstandsbewegungen, die drei großen Glaubensgemeinschaften und die beiden – oft uneinigen – Besatzungsmächte Deutschland und Italien unmittelbar aufeinander. Hier wurden Kriege an vielen Fronten geführt, zwischen äußeren und inneren Feinden: zwischen Besatzungsmächten und Ustascha-Regime auf der einen und Widerstandsbewegungen auf der anderen Seite, zwischen Kroaten, Serben und Muslimen, zwischen Kommunisten und Antikommunisten, Faschisten und Antifaschisten. Das heißt: Der Krieg zerfiel in eine Vielzahl von Kriegen. Zum Kampf gegen die Okkupation kamen ein ethnischer und ein weltanschaulicher Krieg. Die Ethnizität oder das, was darunter verstanden wurde, konnte man sich nicht aussuchen, die Weltanschauung schon. Doch scheinen politische Überzeugungen bei der breiten Masse der Bevölkerung eher eine untergeordnete Rolle gespielt zu haben. Lokale Dynamiken, Opportunismus, Überlebensstrategien oder die Aussicht auf Beute waren meist wichtiger als Überzeugungen. Und Seitenwechsel waren an der Tagesordnung. Aus Antikommunisten wurden Kommunisten, aus Feinden Verbündete, aus Verbündeten Feinde, aus Opfern wurden Täter und aus Tätern Opfer. In diesem Knäuel von wechselnden Allianzen und Gegnerschaften, von prozesshaften, situativen und lokalen Verschiebungen in den Feindbildern und Bedrohungsszenarien konnten sich „einfache" Menschen im Kampf um ihr Überleben leicht verheddern.[723]

---

722 Denkschrift Löhrs vom 27. 2. 1943, Nürnberger Dokumente, NOKW-376.
723 Nach Kriegsende wurde die Komplexität im sozialistischen Jugoslawien dann auf eine simple Dichotomie von Gut und Böse, von Widerstandskämpfern einerseits sowie Besatzungsmächten und Kollaborateuren andererseits reduziert. Das war überschaubar.

Der Widerstand setzte sich aus zwei sehr unterschiedlichen Bewegungen zusammen: den traditionellen serbischen Tschetnikverbänden hier und den kommunistischen Partisanen dort.[724] Zeitweilige Bestrebungen zu einer Zusammenarbeit gegen den äußeren Feind zerschellten an unüberwindbaren weltanschaulichen (und anderen) Gegensätzen. Der Führer der Tschetnik-Bewegung, Draža Mihailović, verstand sich als militärischer Arm der jugoslawischen Exilregierung, der er seit Anfang 1942 als Kriegsminister und Kommandant der „Jugoslawischen Armee in der Heimat" angehörte. Seine Strategie beruhte auf einer Kombination von nationaler Widerstandsbewegung auf der einen und einem erwarteten alliierten Großangriff im Balkan-Raum auf der anderen Seite. Ohne Anlehnung an alliierte Armeen erschien ihm ein offensiver Guerillakrieg wegen der damit verbundenen zivilen Opfer (als Folge von Repressionen) zu riskant. Entsprechend dieser Vorstellung galt es, eine starke Organisation für die Endphase aufzubauen und die Bevölkerung (man muss hinzufügen: die *serbische* Bevölkerung) vor den Terrorakten der Ustasche und möglichen Vergeltungsmaßnahmen der Besatzungsmächte zu bewahren. Mihailovićs nach außen hin „unpolitische" Haltung war aber zutiefst politisch und zielte nicht nur auf die Restauration des alten Regimes unter serbischer Führung, sondern auch auf die Etablierung eines ethnisch homogenen Großserbien innerhalb des künftigen Jugoslawien ab.[725] Auch wenn die konkreten Ziele (darunter die Umsiedlung oder Vertreibung von rd. 2,7 Millionen Menschen aus Großserbien) gegenüber der nicht-serbischen Bevölkerung kaschiert wurden, war die nationalistische Stoßrichtung offensichtlich. Die Folge war eine wesentliche Zuspitzung der nationalen Gegensätze zwischen Serben auf der einen sowie Kroaten und bosnischen Muslimen auf der anderen Seite. Ebenso wie die Ustasche die Tschetniks mit dem serbischen Volk identifizierten, setzten die Tschetniks Kroaten und bosnische Muslime mit den Ustasche gleich.

Dem großserbischen Programm der Tschetniks setzten die Kommunisten unter Führung Titos ihre Vision eines neuen Jugoslawien entgegen. Sie beinhaltete die Anerkennung und Gleichberechtigung der jugoslawischen Nationen auf der Grundlage von „Brüderlichkeit und Einheit" sowie den Umbau Jugoslawiens zu einem (multinationalen) Bundesstaat. Die von den Kommunisten ebenfalls angestrebte „sozialistische Revolution" wurde nach außen tunlichst in den Hintergrund gerückt. Der Abwartetaktik Mihailovićs stand die of-

---

724 Auf die nahezu uferlose Literatur über Widerstand und Kollaboration in Jugoslawien kann hier nicht eingegangen werden. Vgl. zusammenfassend Sundhaussen, Holm: Besetzte jugoslawische Gebiete Kroatien, Serbien, Montenegro und Bosnien-Herzegowina, in: Ueberschär, Gerd R.: Handbuch zum Widerstand gegen Nationalsozialismus und Faschismus in Europa 1933/39 bis 1945, Berlin-New York 2011, S. 255–268.
725 Vgl. das Memorandum von Mihailovićs Berater Moljević, Stevan: Homogena Srbija vom 30. 6. 1941, in: Zbornik dokumenata i podataka o Narodnooslobodilačkom ratu jugoslovenskih naroda, Bd. XIV, Buch 1, S. 1–10; weitere Einzelheiten u. a. bei Tomasevich Jozo: War and Revolution in Yugoslavia, 1941–1945: The Chetniks, Stanford/Ca. 1975, S. 166 ff.; Radovanović, Jovan: Dragoljub Draža Mihailović u ogledalu istorijskih dokumenata, 2. Aufl., Beograd 2004, S. 21 ff.; Dulić: Utopias of Nation, S. 109 ff.

fensive Strategie und Taktik der kommunistischen Partisanen ohne Rücksicht auf Verluste gegenüber. Während die Tschetnik-Bewegung in der Regel nur Serben anzog, stand die Tito-Bewegung Angehörigen aller Nationen und Nationalitäten offen. Nicht nur Männern, sondern auch Frauen. Die tiefen nationalpolitischen und weltanschaulichen Gegensätze zwischen Tschetniks und Partisanen rückten die Gegnerschaft gegen die gemeinsamen Feinde (Besatzungsmächte und Ustascha-Regime) mehr und mehr in den Hintergrund. Da es keinen Grundkonsens über die Nachkriegsordnung gab, spielte der Kampf um die künftige Macht von Anfang an für beide Seiten eine entscheidende Rolle. Tschetniks wie Partisanen waren überzeugt, dass die „Achse" den Krieg früher oder später verlieren würde. Das stand außer Frage. Entscheidend war, wie es danach weitergehen sollte. Beide Widerstandsbewegungen gingen schon ab Ende 1941 zu einer Doppelstrategie gegen die äußeren wie inneren Gegner über. Je mehr die Tito-Bewegung durch ihre pausenlosen Aktionen die Besatzungsmächte reizte und die Bevölkerung über nationale Grenzen hinweg zu mobilisieren versuchte, desto bedrohlicher erschien Mihailović die Gefahr für die serbische Nation und desto vordringlicher wurde der Kampf gegen den inneren Gegner. Und sobald die militärische Überlegenheit der Tito-Bewegung offenkundig war (und die Alliierten obendrein ihre Unterstützung für Mihailović infolge von dessen Passivität gegen Ende 1943 zurückzogen), erhielt die Erledigung des inneren Gegners unbedingten Vorrang vor dem Kampf mit dem äußeren Feind. Das Ergebnis waren vielfältige, mehr oder minder weitreichende lokale oder regionale Aktionsbündnisse der Tschetniks mit den Besatzungsmächten und ihren Kollaborateuren – den Ustascha-„Erzfeind" nicht ausgenommen! Waren die Tschetniks damit zu Kollaborateuren geworden? Kurzfristig und taktisch: Ja (die Dokumente lassen keinen Zweifel daran); langfristig und strategisch: Nein (da die Ziele der Besatzungsmacht Deutschland und des Ustascha-Regimes auf der einen sowie der Tschetniks auf der anderen Seite entgegengesetzt waren und blieben). Wichtiger als die Frage „Kollaboration oder Widerstand" ist daher die Frage nach den langfristigen Zielen von Tschetniks und Partisanen, die – wie erwähnt – unterschiedlicher nicht sein konnten.

Die „wahnsinnige Ausrottungspolitik" der Ustasche, die Hunderttausende von Serben mit dem Leben bezahlten, löste eine Welle serbischer Vergeltungsmaßnahmen gegen die Zivilbevölkerung aus. Aus dem „Verrat" ihrer Gegner sowie aus ihrer eigenen historischen und aktuellen Opferrolle leiteten die Tschetniks die Berechtigung, ja sogar die Pflicht zu Vergeltung und Rache ab. Die Rache war ein wesentlicher Bestandteil der Tschetnik-Ideologie: „Sich nicht rächen, heißt so viel wie die Minderwertigkeit der [eigenen] Rasse anzuerkennen. Nur die kollektive und organisierte Rache wird die Wirkung der Rassenrache erzielen. Die Rache ist ein Problem der Ehre der serbischen Rasse ..."[726]

---

726 Mihailović-Anweisung, in: Die Organisation der Aufstandsbewegung des Draža Mihailović im ehem. jugo-

Was bedeutete das für die Muslime?[727] Die Situation der Muslime hatte sich seit Gründung des USK gefährlich zugespitzt. Die Tatsache, dass das Ustascha-Regime sie als „Blume des kroatischen Volkes" für sich vereinnahmte und dass sich eine Reihe von Muslimen an den Gräueltaten der Ustasche beteiligten, stempelte sie in den Augen der Tschetniks zu Erzfeinden. Die Ustasche versuchten, diesen Gegensatz weiter zu vertiefen, indem sie bei ihren Ausschreitungen gegen die Serben in mehreren Fällen muslimische Trachten anlegten und die Muslime damit in tödliche Gefahr brachten. Am 14. August 1941 verabschiedete der Hauptausschuss der Vereinigung El-Hidaje in Sarajevo unter Federführung von Mehmed Handžić ein Memorandum, in dem die muslimische Geistlichkeit die Verfolgung und Vertreibung von Serben, Juden und Roma scharf verurteilte, sich von den daran beteiligten muslimischen „Kriminellen" distanzierte und die USK-Behörden aufforderte, die Gewaltakte zu unterbinden.[728] In den folgenden Wochen und Monaten verfassten Muslime in mehreren bosnisch-herzegowinischen Städten Resolutionen ähnlichen Inhalts.[729] Die Sarajevoer Resolution vom 18. Oktober trug die Unterschrift von 108 muslimischen Notabeln.[730] Vertreter der Regierung, unter ihnen der stellvertretende Ministerpräsident, der Muslim Džafer Kulenović, versuchten vergeblich, die Unterzeichner zur Zurücknahme ihrer Unterschrift zu bewegen. Der Kommandant der Ustascha-Verbände in Sarajevo, Jure Francetić, drohte gar, die Unterzeichner in ein Konzentrationslager einzuweisen. Aber an den Verhältnissen änderte sich nichts. Weder die Verbrechen der Ustasche noch die Racheakte der Tschetniks hörten auf. Mehr noch: In den Augen vieler Ustasche galten nun auch die Muslime als illoyal und gerieten damit zwischen alle Fronten. Die Lage wurde unerträglich; jeder verdächtigte jeden. Über die Verschwörungstheorien muslimischer Honoratioren berichtete der Leiter der Sarajevoer Außenstelle des deutschen Polizeiattachés im November 1942: „Die Mohammedaner behaupten, dass hinter allem Unglück und Bösen in Bosnien die Absicht der katholischen Kirche, die Orthodoxen und die Mohammedaner sich gegenseitig abschlachten zu lassen, stecke.[731] Die bosnischen Franziskaner und die

---

slawischen Raum, Manuskript vom Juli 1943, in: Militärgeschichtliches Forschungsamt (Freiburg): HGr. F, Box 9/229, Nr. 66 135/5, S. 49.

727 Zum Folgenden vgl. neuerdings Hoare: Bosnian Muslims in the Second World War.

728 Vgl. Onder, Cetin: 1941 Resolutions of El-Hidaje in Bosnia and Herzegovina as a Case of Traditional Conflict Transformation, in: European Journal of Economic and Political Studies 3 (2010), 2, S. 73–83.

729 In Prijedor am 23. September, in Sarajevo am 18. Oktober (und erneut am 1. Dezember), in Mostar am 21. Oktober, in Banja Luka am 12. November, in Bijeljina am 2. Dezember, in Tuzla am 11. Dezember und in Zenica am 26. Mai 1942.

730 Text der Resolution in Dautović, Ferid: Kasim ef. Dobrača – život i djelo, Sarajevo 2005, S. 215 ff. Vgl. auch Greble: Sarajevo, 1941–1945, S. 126.

731 In der Tat enthielt die Sarajevoer Resolution vom 18. Oktober 1941 die Anschuldigung, dass „viele Katholiken" die Muslime für die Verbrechen an den Serben verantwortlich machten und dass sie die Untaten als Ergebnis wechselseitiger Abrechnungen zwischen Muslimen und Pravoslawen interpretierten.

katholische Weltgeistlichkeit seien in Bosnien fast die einzigen gewesen, die die Ustascha-
banden organisierten und auf die Serben los liessen. Nur ihnen habe man es zu verdanken,
dass die unbewusste Hefe der mohammedanischen Masse durch Mord und Plünderung
einen tiefen Abgrund zwischen dem Islam und dem Pravoslawentum ausgehoben habe,
und das nur zum Nutzen der katholischen Pläne. Nach erreichtem Erfolg versucht nun
die katholische Kirche mit Hilfe des Kroatischen Staates, der nur eine Expositur Roms sei,
die Mohammedaner durch Tschetnikbanden auszurotten."[732] Diesen Bericht darf man gewiss nicht wörtlich nehmen, richtig aber ist, dass die Muslime Ziel zahlreicher Racheakte
wurden und (gemessen an ihrer Bevölkerungszahl!) den höchsten Anteil an Kriegstoten in
Bosnien zu verzeichnen hatten. In einem 1990 veröffentlichten Dokumentenband sprechen
die Herausgeber, Vladimir Dedijer und Antun Miletić, gar von einem „Völkermord" an
den bosnischen Muslimen.[733] Angesichts dieser Situation strebten immer mehr muslimische
Persönlichkeiten eine Herauslösung Bosnien-Herzegowinas aus dem kroatischen Staatsver-
band an und setzten dabei auf die Unterstützung durch die deutsche Besatzungsmacht.
Am 1. November 1942 wurde im Namen eines muslimischen „Volkskomitees" ein anony-
mes Memorandum an Adolf Hitler gesandt, worin außer der Aufstellung einer bewaffneten
Legion („Bosnische Wache") die Gründung einer politisch-administrativen Einheit („Ge-
spanschaft Bosna") unter einem von Hitler zu ernennenden Gouverneur gefordert wurde.
Die Ustasche sollten das autonome Gebiet verlassen, während man mit den Serben einen
Modus Vivendi zu finden hoffte. Die Verfasser betonten ihre Verbundenheit mit Deutschland und behaupteten, dass die Muslime gotischer Abstammung seien[734] Eine Realisierung
dieses Plans wurde zwar von der politischen Führung des Reichs zunächst nicht ernsthaft in
Betracht gezogen, um italienische und Ustascha-kroatische Empfindlichkeiten zu schonen,
wirkte jedoch anscheinend bei dem Anfang 1943 vom Reichsführer-SS, Heinrich Himmler,
vorangetriebenen Plan zur Aufstellung einer muslimischen SS-Division mit.

DIE MUSLIMISCHE SS-DIVISION „HANDSCHAR"

Unterstützt wurde Himmlers Plan vom „Großmufti von Jerusalem", Muhamed Emin al-
Husseini (al-Husaini), einem notorischen Antisemiten aus Palästina. Husseini lebte seit

---

732 Bericht von Rudolf Treu vom 27. 11. 1942, A-VII, NA, k. 40-G, f. 3, d. 51.
733 Dedijer/Miletić: Genocid. Nach Berechnung verschiedener Autoren beliefen sich die demografischen Verluste
     der bosnischen Muslime während des Weltkriegs auf 114.000 Personen; die Zahl der Kriegstoten auf 80.000–
     100.000 (das waren fast 10 % der muslimischen Bevölkerung von 1941 bzw. 8–10 % der Bevölkerungszahl, die
     die Muslime 1948 ohne Kriegseinwirkung erreicht hätten. Ebda., S. 542 f. Vgl. auch die Dokumentensamm-
     lung von Čekić (Hg.): Genocid. Der Band enthält 177 Dokumente unterschiedlicher Provenienz.
734 Greble: Sarajevo, 1941–1945, S. 163 f.

1941 im Berliner Exil, wurde von Himmler zum SS-Gruppenführer ernannt und warb bei seinem Besuch in Sarajevo und Banja Luka im April 1943 für die Zusammenarbeit der Muslime mit dem „Dritten Reich" und die Formierung der SS-Division.[735] Ob und inwieweit durch Husseinis Engagement der Antisemitismus in Bosnien und Sarajevo befördert wurde, ist eine offene Frage.[736] Unter völliger Missachtung der kroatischen „Souveränität" und anknüpfend an die Tradition der bosnisch-herzegowinischen Regimenter aus der k.u.k.-Zeit sowie an bestimmte mit dem Nationalsozialismus sympathisierende Tendenzen im internationalen Islam setzten Himmler und SS-Obergruppenführer Gottlob Berger ihren Plan gegen den erbitterten Widerstand der Zagreber Regierung und des deutschen Gesandten Kasche durch. Himmler war von der Idee einer bosnisch-muslimischen SS-Division so fasziniert, dass er „immer wieder auf die prachtvollen Bosniaken und ihren Fez" zu sprechen kam.[737] Und auch Berger geriet ins Schwärmen: „Durch die Aufstellung einer muselmanischen SS-Division dürfte erstmalig eine Verbindung zwischen Islam und Nationalsozialismus auf offener, ehrlicher Grundlage gegeben sein, da diese Division bluts- und rassemäßig vom Norden, weltanschaulich-geistig dagegen vom Orient gelenkt wird."[738] Dass Himmler mit den Werbungen in Bosnien auch ein politisches Ziel anvisierte, ließ er im internen Kreis durchblicken. „Später einmal" müsse in Bosnien eine „SS-Wehrgrenze" geschaffen werden, „etwas anderes käme nicht in Frage".[739] Obwohl die Ustascha-Regierung die Werbungen zu behindern versuchte, gingen diese zügig voran. Ende 1943 zählte die muslimischen Division – die „13. Waffengebirgsdivision der SS ‚Handschar' (kroatische Nr. 1)" – über 21.000 Soldaten („Muselgermanen"),[740] die nach erfolgter Ausbildung in

---

735 Vgl. u. a. Hory/Broszat: Der kroatische Ustascha-Staat, a. a. O., S. 154 ff.; Redžić: Muslimansko autonomaštvo, S. 92 f. Zur Rolle al-Husseinis vgl. Gensicke, Klaus: Der Mufti von Jerusalem und die Nationalsozialisten, Darmstadt 2007, sowie die umstrittene Biografie aus der Feder von Dalin, David G./Rothman, John F.: Icon of Evil. Hitler's Mufti and the Rise of Radical Islam, New York 2008.
736 Am 29. März 1941, wenige Tage vor Hitlers Balkanfeldzug, hatte die muslimische Vereinigung Gajret in Sarajevo zu einer Versammlung eingeladen, auf der die „destruktive Tätigkeit" der Juden diskutiert wurde. Diese hätten das Gerücht verbreitet, dass die Muslime im Fall des deutschen Angriffs als fünfte Kolonne fungieren würden. Damit seien sie „zu weit gegangen" und müssten „ein für allemal gestoppt" werden. Vgl. Greble: Sarajevo, 1941–1945, S. 35, 39. Der amerikanische Journalist Savich berichtet (ohne Quellenangabe) von einer Wanderausstellung über „Die Entwicklung des Judentums und seine zerstörerische Tätigkeit in Kroatien vor dem 10. 4. 1941. Lösung der Judenfrage im USK", die im September 1942 in der (ehem.) sephardischen Synagoge in Sarajevo gezeigt wurde. Rund 22.000 Sarajevoer sollen die Ausstellung besucht haben. Wie sich die Besucher zusammensetzten, wissen wir nicht. Savich, Carl: The Final Solution to the Jewish Question in Croatia and Bosnia, 2. 1. 2013: http://serbianna.com/blogs/savich/archives/2136
737 Zit. nach Hory-Broszat: Der kroatische Ustascha-Staat, a. a. O., S. 155, Anm. 421.
738 Erlass des Reichssicherheitshauptamts vom 19. 5. 1943, Bundesarchiv (BA), NS 19/279 (Folder 281).
739 Zit. nach Hory-Broszat: Der kroatische Ustascha-Staat, a. a. O., S. 157.
740 Die Bezeichnung erwähnt Glaise-Horstenau in einem Brief vom 13. 8. 1943, nach Hory/Broszat: Der kroatische Ustascha-Staat, S. 158.

Südfrankreich ab Ende Februar 1944 zur Aufstandsbekämpfung im USK eingesetzt wurden. „Ein nicht unbeträchtlicher Teil der Division setzte sich aus den Angehörigen einer muselmanischen Miliz zweifelhaften Rufes zusammen, die von dem ehemaligen Major Hadži Effendić [Muhamed Hadžiefendić] geleitet wurde ..., der (...) von Vertretern der Wehrmacht schlechtweg als ‚Räuberhauptmann' charakterisiert wurde.[741] Immerhin war es unter dem Eindruck des Besuchs von Großmufti Husseini auch gelungen, namhaftere und einflußreiche muselmanische Persönlichkeiten, so z. B. Hafid [Hafiz] Muhamed Pandža aus Sarajevo, für die SS-Werbung zu gewinnen. Pandža war führendes Mitglied der obersten bosnisch-muselmanischen kirchlichen Selbstverwaltungskörperschaft (*Ulema Medžlis*), und ‚jeder wußte' – so berichtete später ein Angehöriger der Division –, daß das, was von Pandža empfohlen und geführt wird, etwas wirklich Islamisches und Heimatliebendes darstellt'."[742]

Die Mitglieder der SS-Division „Handschar/Handžar" unter dem Kommando des „volksdeutschen" Generals der Waffen-SS, Artur Phleps, zeichneten sich vor allem durch ihre Grausamkeit aus. Während einer in Hitlers Hauptquartier am 6. April 1944 abgehaltenen Lagebesprechung wies Himmlers Verbindungsoffizier auf die erschreckende Wildheit von Mitgliedern der 13. SS-Division gegenüber gefangenen Partisanen hin: „Sie bringen sie nur mit dem Messer um. (...) Es kommen auch Fälle vor, wo sie dem Gegner das Herz herausschneiden." Worauf Hitler brüsk entgegnete: „Das ist wurst!"[743] Doch schon bald zeigten sich in der Division „Handžar" Auflösungserscheinungen.[744] Wie überall in Bosnien. Die Willkürherrschaft der SS gegenüber der „bandenverdächtigen" Zivilbevölkerung in ihren Operationsgebieten, die Konflikte mit der Ustascha-Regierung, die Spannungen zwischen SS und deutscher Wehrmacht, die Dezimierung der Tschetniks sowie und vor allem die überwältigenden militärischen Erfolge von Titos „Volksbefreiungsbewegung" leiteten im weiteren Verlauf des Jahres 1944 die militärisch-politische Wende in Bosnien-Herzegowina ein. Auch viele Muslime kämpften in den Reihen der Partisanen.[745] Das Gegenstück zur SS-Division Handschar war die im September 1943 aufgestellte 16. Muslimische Kampfbrigade in Titos „Volksbefreiungsarmee", die u. a. auch gegen die Handschar-Division zum Einsatz

---

741 Der größte Teil von „Hadžiefendićs Legion"(5.000–6.000 Milizionäre) lief im Herbst 1943 zu den Partisanen über.
742 Hory/Broszat: Der kroatische Ustascha-Staat, S. 157.
743 Hitlers Lagebesprechungen: Die Protokollfragmente seiner militärischen Konferenzen 1942–1945. Hg. Helmut Heiber, Stuttgart 1962, S. 560.
744 Dennoch ging Gottlob Berger in der zweiten Jahreshälfte 1944 an die Aufstellung einer 2. Muslimischen SS-Division, die die offizielle Bezeichnung „23. Waffengrenadierdivision der SS ‚Kama' (kroat. Nr. 2)" erhielt, aber nie völlig aufgestellt werden konnte. Ein Bericht, demzufolge während des Bosnienkrieges 1992–1995 die Division Handžar eine Wiederauferstehung feierte, sorgte für heftige Kontroversen im Internet.
745 Vgl. u. a. Imamović: Historija Bošnjaka, S. 540 ff.

kam und von der (im Unterschied zur SS-Division) in neueren Publikationen kaum noch die Rede ist.

SARAJEVO ZWISCHEN BESATZUNG, EIGENSINN UND WIDERSTAND

In Sarajevo als wichtigstem Stützpunkt der Wehrmacht und des Ustascha-Regimes in Bosnien, als zweitgrößter Stadt des USK sowie als multiethnischem und multikulturellem Zentrum spiegelten sich die Prozesse, Ambivalenzen, Spannungen und Widersprüche der gesamten Region wie in einem Brennglas wider. Gleich Bosnien war Sarajevo besetzt im doppelten Sinn: besetzt von Hitler-Deutschland und besetzt vom Ustascha-Regime. Und beide verhielten sich wie Besatzer: Sie machten sich die Stadt zu eigen, versuchten, einflussreiche Vertreter der kroatischen und muslimischen Stadtbevölkerung zu kooptieren, verfolgten, unterdrückten und ermordeten diejenigen, die ausgeschlossen werden sollten, und zwangen der Stadt ein neues Gepräge auf. Während große Teile Bosnien-Herzegowinas nur zeitweilig (mitunter gar nicht) vom Ustascha-Regime beherrscht wurden, entweder weil sie in der italienischen Besatzungszone lagen (bis zur Kapitulation Italiens im Herbst 1943) oder weil sie von den Aufständischen kontrolliert wurden oder weil sie Operationsgebiet der Besatzungsmächte waren, blieb Sarajevo bis zum April 1945 fest im Griff der Besatzer. Und anders als das Umland war die Stadt kein Kriegsschauplatz.

Gut eine Woche nach dem Einmarsch deutscher Truppen war am 24. April 1941 der neue Verteidigungsminister des USK, Slavko Kvaternik, begleitet von Ustascha-Funktionären, Polizisten und Milizen, in Sarajevo eingetroffen, um die Stadt in Besitz zu nehmen. Ohne Mitwirkung von Teilen der Bevölkerung war dies allerdings unmöglich. Zwar nahm die Zahl der Ustasche zunächst zu, blieb aber weit hinter den Erwartungen zurück. Nach Angaben eines Insiders gab es 1941 in der Stadt 2.500 Ustasche, darunter 150 Muslime.[746] Einer von ihnen, Atif Hadžikadić (der sich als muslimischer Kroate verstand), wurde Bürgermeister, sein Stellvertreter, Petar Jurišić, kam aus den Reihen der (katholischen) Bosnier. Zu den uneingeschränkten Befürwortern des neuen Staats gehörten der Erzbischof von Sarajevo, Ivan Šarić, und der Pfarrer Božidar Bralo, ein enger Vertrauter der Ustascha-Führung. Für Šarić und Bralo war das Kroatentum ohne Katholizismus nicht vorstellbar, und die „Re-Katholisierung" der „historisch-kroatischen" Länder (darunter Bosniens) nahm einen vorrangigen Platz in ihrem Denken ein. Aber nicht alle Katholiken in Sarajevo teilten die symbiotische Verbindung von Katholizismus und Kroatentum und nicht alle wollten die Beziehungen zu den anderen Religionsgemeinschaften in der Stadt abbrechen lassen.[747]

---

746 Vgl. Greble: Sarajevo 1941–1945, S. 123.
747 Ebda., S. 40 ff., 198 f.

Die Kulturpolitik der Ustasche beschleunigte den Prozess der Entfremdung zwischen Stadtbewohnern und Regime. Die Ustasche waren bestrebt, die Kultur Sarajevos zu „kroatisieren", genauer gesagt: zu „ustaschisieren". Das Bild, das Ustascha-Funktionären vom künftigen Sarajevo vorschwebte, war das Gegenbild dessen, was Sarajevo im Laufe der Jahrhunderte geworden war. Die neue Straßennamen (Adolf-Hitler-, Ante-Pavelić-, Slavko-Kvaternik-, Ante-Starčević-Straße usw.), die Umbenennung des Landesmuseums in Kroatisches Staatsmuseum, des Nationaltheaters in Kroatisches Staatstheater, die „Purifizierung" („Kroatisierung") der in Sarajevo gesprochenen Sprache, die angestrebte (aber schnell zurückgenommene) Umbenennung der Stadt (Sarajvo statt Sarajevo), die Entweihung und Plünderung sakraler Gebäude (allen voran der Synagogen und der orthodoxen Kirchen) – all dies hatte für alteingesessene Sarajevoer nichts mehr mit ihrer Stadt zu tun. Die alte sephardische Synagoge am Rand der *Čaršija* wurde vollständig geplündert, diente anschließend als Gefängnis für Juden und danach als Magazin. In Gefahr war auch die wertvolle sephardische Haggada, der „Schatz von Sarajevo", der im Landesmuseum aufbewahrt wurde. Der damalige Kurator des Museums, Derviš Korkut, ein bosnischer Muslim, versteckte das Buch bei einer Hausdurchsuchung vor dem Zugriff der deutschen Besatzungsmacht und brachte es an einem entlegenen Ort in Sicherheit. Die Rettung der Haggada ist eine wunderbare Erzählung über das Zusammenwirken von Menschen unterschiedlicher Nationalität und Religion zur Bewahrung eines einmaligen Kulturguts.[748]

Wie anderenorts, so gingen die Ustasche auch in Sarajevo sofort dazu über, alle zu verfolgen, die „unkroatisch" waren oder die sie dafür hielten. Serbische Priester und ihre Familien wurden verhaftet und zumeist ermordet, unter ihnen der Metropolit Petar Zimonjić. Die Juden wurden diskriminiert. Ihre Synagogen (unter Mitwirkung der Deutschen) entweder zweckentfremdet oder demoliert und geplündert. Anfang September 1941 begannen Ustascha-Polizei und Gestapo mit der Deportation der Sarajevoer Juden, die über Zwischenstationen in das berüchtigte Todeslager Jasenovac gebracht wurden, wo die meisten von ihnen ermordet wurden. Viele Juden versuchten, sich der Diskriminierung und Deportation durch einen Glaubenswechsel zu entziehen. Sie traten entweder zum Katholizismus oder zum Islam über. Genaue Zahlen gibt es nicht. Die amerikanische Historikerin Emily Greble, die sich eingehend mit der Kriegsgeschichte Sarajevos beschäftigt hat, spricht von etwa 2.000 Juden (d. h. einem Fünftel der jüdischen Gemeinde), die zwischen April und Oktober 1941 konvertierten. Im Herbst 1942 informierten einige Muslime in einem anonymen Memorandum den deutschen Kommandanten der Stadt, dass die katholische Kirche 3.800 Sarajevoer Juden aufgenommen habe, um sie „gegen Euere [Hitlers] Bestimmungen"

---

[748] Einzelheiten bei Bakaršić, Kemal: Never-Ending Story of C-4436 A.K.A. Sarajevo's Haggada Codex, in: Wiener Slawistischer Almanach, Sonderband 52 (2001), S. 267–289.

zu retten. Dies aber hätte den „jüdischen Verrätern" nicht geholfen.[749] Nach den Rassegesetzen des USK änderte der Glaubenswechsel nichts an der Zugehörigkeit zur Rasse (auch wenn es in der Praxis immer wieder Ausnahmen gab). Der Übertritt zum Katholizismus oder zum Islam konnte daher die Konvertiten nicht dauerhaft vor Verfolgung schützen. Viele von ihnen wurden früher oder später ebenfalls verhaftet und verschleppt.

Auch einige Serben wechselten die Religionsgemeinschaft. Doch blieb der Übertritt von Serben zum Katholizismus oder Islam in Sarajevo eine Ausnahmeerscheinung. Die in den Augen der Ustasche besonders belasteten Serben (Kommunisten oder Anhänger der großserbischen Idee) schlossen sich entweder den Widerstandsgruppen in den Bergen und Wäldern rings um Sarajevo an oder wurden von den Ustasche im Spätsommer 1941 zur Abschreckung öffentlich hingerichtet. Zu einer Massenverfolgung der Serben in Sarajevo kam es allerdings nicht. Einerseits weil die serbische Gemeinde zu groß und ihre Vertreibung aus der Stadt (die nur gegen den Willen der deutschen Besatzer hätte durchgeführt werden können) mit unkalkulierbaren Risiken verbunden war. Andererseits weil führende Vertreter der Muslime – wie oben erwähnt – gegen die Massenverfolgung von Serben scharf protestierten. Während die Deportation der vergleichsweise kleinen jüdischen Gemeinde von vielen Muslimen mit Gleichmut (vielleicht auch mit Zustimmung) hingenommen wurde, war das Verhältnis zu den Serben von existenzieller Bedeutung für die Muslime. Die anhaltende Misswirtschaft der Ustasche und die von Tag zu Tag wachsende Unzufriedenheit der Muslime mit dem Regime stärkten nicht nur deren Autonomiebestrebungen (in Anlehnung an das „Dritte Reich"), sondern führten auf lokaler Ebene auch zu einer Rückbesinnung auf die interkonfessionelle Zusammenarbeit und Solidarität, wie sie in österreichisch-ungarischer und jugoslawischer Zeit praktiziert worden war. Pavelić konnte sich angesichts der massiven Kritik, die seine Verfolgungspolitik bei deutschen und italienischen Vertretern ausgelöst hatte, dieser Entwicklung nicht widersetzen und sah sich zu Zugeständnissen gezwungen. Im Juli 1942 wurde der bisherige Bürgermeister von Sarajevo, Hadžikadić, durch Mustafa Softić, einen der Unterzeichner der Sarajevoer Resolution vom Oktober des Vorjahres, ersetzt. Softić suchte nicht nur Kontakt zum SS-Hauptquartier in Sarajevo, wo er sich über die Misswirtschaft der Ustasche beschwerte, sondern war auch bestrebt, die Serben in der Stadt als Verbündete im Kampf für seine Autonomiepläne zu gewinnen. Im Dezember 1942 kündigte er die Ernennung des „pravoslawischen Kroaten" Milivoje Simić zum stellvertretenden Bürgermeister an. Damit rückte die pragmatische Lösung gemeinsamer Probleme über konfessionelle Grenzen hinweg in den Mittelpunkt der Stadtverwaltung.

---

749 Text des Memorandums in: Bundesarchiv (BA), AA, Pol. Abt., Politische Lage in Kroatien, Bd. 1. Anlage zum Schreiben des OKW/Abt. Ausl./Abwehr, Nr. 1971/42 gKs. vom 28. 12. 1942. Vgl. auch Džaja: Politische Realität, S. 230; Greble: Sarajevo, 1941–1945, S. 93, 95. Die Zahl der Konvertiten ist wahrscheinlich stark übertrieben.

Und Probleme gab es genug. Infolge des Bürgerkriegs in weiten Teilen Bosnien-Herzegowinas (und insbesondere infolge der Tschetnik-Massaker an Muslimen in Ostbosnien) strömten massenhaft Flüchtlinge in die Stadt. Bereits im Winter 1941/42 hatte sich die Situation dramatisch zugespitzt. Der Flüchtlingskrise folgte eine Versorgungskrise, die auch der Verbreitung von Krankheiten Vorschub leistete. Die Spannungen zwischen Flüchtlingen und Alteingesessenen nahmen zu. Private Hilfsorganisationen versuchten zwar, die Notlage zu lindern, stießen aber schnell an ihre Grenzen. Anglo-amerikanische Luftangriffe auf die Stadt ab Ende 1943 spitzten die Situation weiter zu. Sarajevo stand vor dem Kollaps. Bei Kriegsende sollen über 50.000 Flüchtlinge (das waren mehr als die Hälfte der alteingesessenen Stadtbevölkerung) in Lagern und privaten Unterkünften gehaust haben.[750]

Sowohl Tschetniks als auch Partisanen versuchten während des Krieges, den Widerstand in Sarajevo zu organisierten. Die Tschetniks stießen dabei auf unverhohlene Ablehnung. Anders als viele Serben auf dem Land waren die Serben von Sarajevo zumeist nicht bereit, sich mit dem großserbischen Projekt zu identifizieren. Und die Tschetnik-Gräuel an Muslimen in Ostbosnien stießen nicht nur serbisch orientierte Muslime, sondern auch die serbische Stadtbevölkerung ab. Diejenigen Serben, die den extremen Nationalismus der Tschetniks teilten, hatten Sarajevo dagegen bereits verlassen, sodass die Tschetnik-Emissäre, die anschließend in der Stadt Anhänger zu werben suchten, stets mit leeren Händen zurückkehrten.[751] Aber auch die Partisanen taten sich schwer. Zwar gab es in Sarajevo bei Kriegsbeginn eine gut organisierte illegale Gruppe von knapp 300 Kommunisten, die sich aber infolge von Verhaftungen und von Aktivitäten außerhalb der Stadt stark verringerte, sodass der Widerstand in Sarajevo fast zum Erliegen kam. Im September 1943 übernahm Vladimir Perić – genannt „Walter"[752] – das Amt des Parteisekretärs in der Stadt. Unter den Augen der deutschen und kroatischen Sicherheits- und Polizeiorgane blieben seine Möglichkeiten jedoch sehr begrenzt.

Das nahende Kriegsende verwandelte Sarajevo in einen Hexenkessel.[753] Zwischen Spätherbst 1944 und Frühjahr 1945 setzten Deutsche und Ustasche in Sarajevo alles in Bewegung, um einen „totalen Krieg" führen zu können. Für den Rückzug der deutschen Heeresgruppe E aus Griechenland erhielten Bosnien als Transitraum und Sarajevo als Hauptstützpunkt eine herausragende strategische Bedeutung, insbesondere nachdem die alternative Route über Belgrad nach Einnahme der Stadt durch die Rote Armee und die jugoslawische „Volksbefreiungsarmee" im Oktober 1944 abgeschnitten worden war. Den Winter über passierten deutsche Truppen Sarajevo. In enger Zusammenarbeit mit den Ustascha-Einheiten wurden alle Ressourcen der Stadt für den Krieg mobilisiert. Mitte Feb-

---

750   Donia: Sarajevo, S. 183 f.
751   Ebda., S. 184 ff.; Greble: Sarajevo, 1941–1945, S. 196.
752   Diesen Decknamen hatte auch Tito zeitweilig in den 1930er-Jahren verwendet.
753   Das Folgende nach Greble, S. 220 ff. (mit Quellen und Literatur).

Abb. 27: Denkmal für den „Volkshelden" Vladimir Perić-Valter westlich der Altstadt

ruar 1945 befahl Hitler, das zur „Festung" erklärte Sarajevo mit allen Mitteln gegen die aus dem Umland auf die Stadt vordrängenden Einheiten der „Volksbefreiungsarmee" zu halten. Pavelić entsandte einen seiner engsten Vertrauten, General Vjekoslav „Maks" Luburić, nach Sarajevo, um jedweden Widerstand mit brutaler Gewalt zu brechen. Luburić, ein Katholik aus Mostar, gilt als einer der schlimmsten Sadisten des Ustascha-Regimes und hatte als Kommandant des Konzentrationslagers Jasenovac bereits traurige Berühmtheit erlangt. Von Mitte Februar bis Anfang April übte er seine Herrschaft in einer zentral gelegenen Villa in Sarajevo, dem „Haus des Terrors", aus, wo die in die Fänge der Verfolger geratenen Menschen gefoltert und ermordet wurden. Und fast jeder konnte in die Fänge der Verfolger geraten. Unsicherheit und Angst verbreiteten sich in der ganzen Stadt. Am 28. März ließ Luburić im Stadtteil Marijin dvor 85 Menschen an Bäumen öffentlich aufhängen. Um den Hals trugen sie ein Schild mit der Aufschrift „Lang lebe der Poglavnik". Anfang April schließlich räumten die letzten deutschen und Ustascha-Einheiten Sarajevo, nachdem sie zwanzig Kommunisten, darunter Parteisekretär Vladimir Perić-Walter, hingerichtet hatten. Kroatische Nationalisten in exponierter Stellung (darunter der katholische Erzbischof Šarić) sowie bekannte Ustascha-Sympathisanten hatten die Stadt bereits verlassen. Und am 6. April zog die „Volksbefreiungsarmee" in Sarajevo ein.

Mit dem am Anfang des Kapitels erwähnten Film „Walter verteidigt Sarajevo" von 1972 wurde Vladimir Perić zur Symbolfigur des Widerstands in Sarajevo. Und die Stadt wurde damit um einen Mythos reicher (Abb. 27). Aber Sarajevo war nicht Walter. Es war keine Hochburg des kommunistischen Widerstands und konnte es unter den gegebenen Umständen auch schwerlich sein. Erst ein Vierteljahrhundert nach Kriegsende wurde ihm diese Bedeutung zugeschrieben. Und es dauerte noch einmal weitere zehn Jahre, bis eine Kommission des Verbands der Veteranen eine Liste der Kriegsopfer von Sarajevo vorlegte. Demnach hatten 10.961 Sarajevoer den Krieg mit ihrem Leben bezahlt, darunter 7.092 Juden (65 % aller Kriegsopfer). Die übrigen – an erster Stelle Serben, gefolgt von Muslimen – waren Opfer der Terrorherrschaft geworden oder waren als Widerstandskämpfer gefallen.[754] Dass die Kriegstoten erst 35 Jahre nach Kriegsende ermittelt wurden, wirft ein bezeichnendes Licht auf die Erinnerungskultur im sozialistischen Jugoslawien.[755] Im Zentrum standen die Helden (wie Walter), nicht die Opfer. Sofern überhaupt von einer „Trauerarbeit" gesprochen werden kann, galt sie den gefallenen Partisanen, während die (lange Zeit als „passiv" marginalisierten) Opfer lediglich als anonyme Masse behandelt wurden, die dazu diente, das Ausmaß der Kriegsverluste zu dokumentieren. Wer die Opfer waren, spielte – wenn überhaupt – nur eine untergeordnete Rolle. Während es Partisanendenkmäler überall gab, waren Denkmäler für die Opfer sehr viel seltener (insbesondere wenn es sich dabei um Muslime handelte).[756] Und oft genug umgab die Opfer eine Mauer des Schweigens, insbesondere dann, wenn die Täter nicht in das vorgegebene Schema von „Kollaboration und Widerstand" passten, weil sie während des Krieges die Seiten gewechselt hatten, von „Kollaborateuren" (und Tätern) zu „Widerstandskämpfern" geworden waren und nach dem Krieg als ehemalige Partisanen wichtige Positionen in der Gesellschaft innehatten.[757] Die Aufklärung der während des Krieges begangenen Verbrechen hätte die saubere Trennmauer zwischen Gut und Böse an vielen Stellen durchlöchert. Denn neben Idealisten und Gut-

---

754 Einzelheiten bei Donia: Sarajevo, S. 201 f.
755 Ausführlich dazu Karge, Heike: Steinerne Erinnerung – versteinerte Erinnerung? Kriegsgedenken in Jugoslawien (1947–1970), Wiesbaden 2010.
756 Einer der führenden Kommunisten Bosnien-Herzegowinas, der Muslim Džemal Bijedić, hat in den 60er-Jahren auf das Fehlen von Denkmälern für muslimische Opfer hingewiesen. Vgl. Kamberović: Stav političke elite o nacionalnom identitetu, S. 182.
757 Dass es in den Reihen der Partisanen auch viele Überläufer gab, die vorher bei den Tschetniks oder in anderen Formationen gekämpft hatten und eventuell auch an Massenverbrechen beteiligt gewesen waren und die nach Übertritt zu den Partisanen weiterhin nationalistische oder rassistische Vorurteile pflegten, ist unstrittig. Bergholz hat am Beispiel einer Massentötung von Muslimen in der Umgebung von Kulen Vakuf (Nordwestbosnien) gezeigt, wie daran beteiligte Täter, die sich später den Partisanen anschlossen, nach dem Krieg alles unternahmen, um die Aufklärung der Verbrechen zu verhindern. Bergholz, Max: The Strange Silence. Explaining the Absence of Monuments for Muslim Civilians Killed in Bosnia during the Second World War, in: East European Politics and Societies 24 (2010), 3, S. 408–434.

gläubigen gab es Fanatiker, Sadisten, Mitläufer und Opportunisten in allen Lagern (wie auch sonst in allen Gesellschaften). Was die Kriegsparteien voneinander unterschied, waren weniger die Verhaltensweisen ihrer Mitglieder (was nicht heißen soll, dass es keine Unterschiede gab) als die jeweiligen Programme und Zielsetzungen. Den exklusiven großkroatischen und großserbischen Zielen von Ustaše resp. Tschetniks standen die inklusive jugoslawische Programmatik der Kommunisten (ihr Konzept von „Brüderlichkeit und Einheit") und die defensiven Autonomiebestrebungen der Muslime gegenüber – Unterschiede, die größer nicht hätten sein können.

3.3. AUFSCHWUNG IM SOZIALISMUS (1945–1991)

DAS ZWEITE JUGOSLAWIEN

Obwohl es bei den Führern der drei großen Religionsgemeinschaften in Sarajevo viele Vorbehalte gegenüber den Kommunisten gab, scheint ein großer Teil der Bevölkerung die Befreiung der Stadt durch die „Volksbefreiungsbewegung" begrüßt zu haben.[758] Vier schwere Kriegsjahre gingen damit zu Ende. Zu den Toten, Verletzten und Flüchtlingen kam eine große Zahl traumatisierter Menschen. Der Wunsch, das Kriegsgeschehen hinter sich zu lassen, war allgemein, ebenso wie der Wunsch nach einem Neuanfang. Und es war die KPJ, die den Neuanfang auf ihre Fahnen geschrieben hatte. Das Versprechen sozialer und nationaler Gleichberechtigung, der Wahlspruch „Brüderlichkeit und Einheit", der Entwurf einer gerechten Gesellschaft sowie die Sehnsucht nach etwas, was es noch nicht gab, nach einem Nicht-Ort (Utopia), war auch für viele derjenigen anziehend, die über Marxismus und Leninismus nicht viel wussten. Und das war sicher die Mehrheit. Die rechtliche Gleichstellung der Frauen und das ihnen erstmals verliehene Wahlrecht mögen gewiss nicht in allen Teilen der Gesellschaft Zustimmung gefunden haben, aber in der Stadt war die Befürwortung stärker als auf dem Land. Die Bekämpfung der Armut, die Alphabetisierung und die Modernisierung im weitesten Sinne wurden als Ziele verstanden, die einen Ausweg aus der desolaten Situation der Zwischenkriegszeit eröffnen sollten: Es herrschte Aufbruchsstimmung.

Die Weichen für das künftige Jugoslawien waren bereits während des Krieges gestellt worden. Geburtsort war das von Bergen umrahmte zentralbosnische Städtchen Jajce, im Mittelalter Sitz der bosnischen Könige, wo am 29. November 1943 der „Antifaschistische Rat der Volksbefreiung Jugoslawiens" (AVNOJ) zu seiner zweiten Sitzung zusammengetreten war. Das aus der KPJ-geführten Widerstandsbewegung hervorgegangene „Kriegs-

---

758 Zur Stimmung vgl. Donia: Sarajevo, S. 204 f.

parlament", dem außer Kommunisten auch „progressive" Politiker der Vorkriegsparteien angehörten, erklärte sich zum obersten gesetzgebenden und ausführenden Organ im Lande, verwarf das Konzept einer ethnisch-jugoslawischen Nation aus der Zwischenkriegszeit und verkündete stattdessen die volle Gleichberechtigung von Serben, Kroaten, Slowenen, Makedoniern und Montenegrinern. An die Stelle der einen Nation traten damit fünf Nationen, die in einer Föderation aus sechs Republiken zusammenleben sollten. Eine der Republiken war Bosnien-Herzegowina, das als administrativ-territoriale Einheit wieder auferstehen sollte – mit Sarajevo als neuer/alter Hauptstadt.[759] Während die übrigen fünf Republiken (Slowenien, Kroatien, Serbien, Montenegro und Makedonien) jeweils als Kernland einer Titularnation konzipiert wurden, war dies im Falle Bosnien-Herzegowinas unmöglich, denn eine bosnische Nation gab es nicht und war im Unterschied zur makedonischen Nation auch nicht geplant. Da aber eine Aufteilung Bosniens zwischen Serbien und Kroatien, wie sie im „sporazum" von 1939 angedacht worden war, ohne Inkaufnahme neuer Minderheitenprobleme bzw. ohne Gewaltanwendung gegenüber der Bevölkerung unmöglich war, verstand die KPJ Bosnien-Herzegowina als serbisch-kroatische Republik, als Republik zweier Staatsvölker mit drei Glaubensbekenntnissen.[760] Mit anderen Worten: So wie es im neuen Jugoslawien keine jugoslawische Nation mehr gab (sondern nur jugoslawische Staatsbürger), so gab es in Bosnien-Herzegowina keine bosnische Nation. Über die daraus resultierenden Schwierigkeiten wird an anderer Stelle noch zu sprechen sein.[761]

Sarajevo war also wieder Hauptstadt Bosnien-Herzegowinas. Zuständig für die Stadtverwaltung war der „Städtische Volksbefreiungsausschuss" (Gradski narodni oslobodilački odbor), dessen Mitglieder von der provisorischen Landesregierung für Bosnien-Herzegowina unter Berücksichtigung der politischen Einstellung und des Konfessionsschlüssels ernannt worden waren. Vordringlichste Aufgaben waren die Beseitigung der Kriegsschäden, die Unterbringung und Versorgung der Flüchtlinge sowie die symbolische Präsentation der neuen Machtverhältnisse. Die Bevölkerung der Stadt hatte sich von schätzungsweise 90.000 Personen zu

---

759 Einen entsprechenden Beschluss hatte bereits am 25. November der „Antifaschistische Rat der Volksbefreiung Bosnien-Herzegowinas" in Mrkonjić Grad gefasst. Der 25. November wird bis heute im bosniakisch-kroatischen Teil Bosniens als Nationalfeiertag begangen.

760 In der Verfassungsgebenden Versammlung wurde Bosnien-Herzegowina Anfang 1946 als Bindeglied zwischen Serben und Kroaten definiert und darauf verwiesen, dass große Teile der muslimischen Bevölkerung national noch unentschieden seien. Filandra: Bošnjačka politika, S. 207.

761 Während Staatsbürger und Nation in vielen westlichen Ländern als Synonyme verstanden werden, wurde in Jugoslawien – ebenso wie in Deutschland und anderen Ländern Mittel- und Osteuropas – deutlich zwischen Staatsbürgern und Nation (=Volk im Sinne einer vermeintlichen Abstammungsgemeinschaft) unterschieden. Staatsbürger gelten als politische Kategorie, während das „Volk" als ethnische Kategorie verstanden wird. Im zweiten, sozialistischen Jugoslawien gab es also offiziell nur Jugoslawen im Sinne der Staatsbürgerschaft. Eine „Anomalie" waren jene Leute, die sich seit den 1960er-Jahren bei Volkszählungen als „Jugoslawen" deklarierten, als eine Bevölkerungsgruppe, die es offiziell gar nicht gab.

Beginn des Krieges auf annähernd 110.000 Personen vergrößert. Darunter befanden sich viele Muslime, die vor dem Tschetnik-Terror in Ostbosnien geflohen waren. Ihre Versorgung mit Wohnraum und Lebensmitteln stellte die Stadtverwaltung vor riesige Probleme, die mit großer Energie und Pragmatik angegangen wurden. Zur Bewältigung der Kriegsfolgelasten kamen die Kontrolle über die Gesellschaft und die strukturellen Weichenstellungen für die Zukunft.[762]

In den ersten Monaten nach Kriegsende konnten die ethno-religiösen Vereine aus der Vorkriegszeit ihre Tätigkeit wieder aufnehmen. Auch die Aktivitäten der Glaubensgemeinschaften wurden zunächst nicht behindert. Dies sollte sich aber bald ändern. Maßgebend für die erste Phase der Religionspolitik im sozialistischen Jugoslawien war nicht allein der grundsätzliche Atheismus der Kommunisten, sondern auch die Bekämpfung der katholischen und orthodoxen Kirche als Förderer und Träger des Nationalismus sowie des (national indifferenten) Islam als besonders „rückständiger und modernisierungsfeindlicher" Religion. Der politische Katholizismus bei den Kroaten sowie die politische Orthodoxie bei den Serben, die sich im ersten Jugoslawien gegeneinander in Stellung gebracht hatten,[763] galten (durchaus zu Recht) als Bedrohung für den angestrebten innergesellschaftlichen Frieden. Das Bekenntnis zu einer Glaubensgemeinschaft, das bereits für die Zwischenkriegszeit nicht immer mit Frömmigkeit gleichgesetzt werden darf, galt nicht zuletzt als nationales Bekenntnis und wurde von beiden christlichen Kirchen auch in diesem Sinn inszeniert. Im Fall des Katholizismus, der sich als Universalreligion versteht, war die nationalistische Verengung vor allem eine Folge der Auseinandersetzungen in der Zwischenkriegszeit und der Konfrontation während des Zweiten Weltkrieges. Im Fall der Orthodoxie wurde die Nähe von Nation und Religion durch die historische Rolle der Kirche unter osmanischer Herrschaft und das Autokephalie-Prinzip gefördert. Während die vormoderne orthodoxe Kirche eine autokephale *Territorial*kirche gewesen war, verstand sie sich seit der serbische Nations- und Nationalstaatsbildung im 19. Jahrhundert zunehmend als *National*kirche, obwohl diese Transformation im Widerspruch zu den heiligen (pan-orthodoxen) Kanones stand.[764] Spätestens seit der Zwischenkriegszeit hatten sich somit die katholische Kirche der Kroaten und die orthodoxe Kirche der Serben als agonale Nationalkirchen positioniert.

Der Atheismus der Kommunisten und der Antikommunismus der Glaubensgemeinschaften bedingten sich wechselseitig. Ziel der Kommunisten war die Säkularisierung von Staat und Gesellschaft. Zwar garantierte die Verfassung von 1946 (Art. 25) die *private* Re-

---

762 Vgl. Donia: Sarajevo, S. 210 ff.
763 Vgl. Buchenau, Klaus: Orthodoxie und Katholizismus in Jugoslawien 1945–1991. Ein serbisch-kroatischer Vergleich, Wiesbaden 2004, S. 54 ff. Die Anfänge des politischen Katholizismus reichen allerdings bereits in das Ende des 19. Jahrhunderts zurück.
764 Zu Einzelheiten vgl. Sundhaussen, Holm: Dorf, Religion und Nation. Über den Wandel vorgestellter Gemeinschaften im Balkanraum, in: Journal of Modern European History 9 (2011), 1, S. 87–116.

ligionsfreiheit, doch der Aktionsradius der Glaubensgemeinschaften wurde an allen Ecken und Enden beschnitten. Die Trennung von Kirche und Staat leitete die Verbannung des obligatorischen Religionsunterrichts aus den Schulen sowie die Schließung vieler religiöser Bildungseinrichtungen, Vereine und Verlage ein. Die standesamtliche Ehe wurde obligatorisch (was in vielen anderen europäischen Ländern seit Langem der Fall war). Damit fielen die religiösen Barrieren bei der Eheschließung zwischen Angehörigen verschiedener Glaubensgemeinschaften, bei der Scheidung und im Erbrecht. Die Scheriatsgerichte mussten ihre Tätigkeit 1946 einstellen. Ab 1950 durften muslimische Frauen keinen Schleier (*zar* und *feredža*) mehr tragen. Zuwiderhandelnden drohten drei Monate Haft oder eine Geldstrafe von 20.000 Dinar. Wer Frauen oder Mädchen zum Schleiertragen nötigte, konnte zu bis zu zwei Jahren Zwangsarbeit oder zu einer Geldstrafe von bis zu 50.000 Dinar verurteilt werden.[765] Die Mektebs, die einführenden Koran-Schulen, wurden geschlossen. 1952 wurden auch die Sufi-Orden verboten und ihr Eigentum konfisziert. Allerdings nicht vom Staat, sondern von der Islamischen Gemeinschaft (Islamska zajednica, IZ), die damit ihre Vorrangstellung unter den Muslimen festigte.[766] Im Zuge der Agrarreform verloren die Glaubensgemeinschaften und die muslimischen Stiftungen obendrein fast ihren gesamten Grundbesitz. Ihre Tätigkeit wurde staatlich streng überwacht; tatsächliche oder vermeintliche Verstöße gegen den Religionsfrieden unterlagen harten Strafen usw.[767] Auch die ethno-religiösen Vereine der Muslime, Serben und Kroaten in Sarajevo wurden 1949 verboten. Die Jungen Muslime, die sich 1939 als panislamisch orientierte Studentengruppe formiert hatten, wurden pauschal der Kollaboration mit dem Ustascha-Regime beschuldigt (ein Vorwurf, der ziemlich abwegig war) und vor Gericht gestellt. Alija Izetbegović, der spätere Präsident des unabhängigen Bosnien, und einige seiner Gesinnungsgenossen wurden im März 1946 zu Haftstrafen zwischen einem und vier Jahren verurteilt. In den folgenden Jahren gerieten immer mehr Jungmuslime in die Fänge des Repressionsapparats. In einem Schauprozess im August 1949 wurden vier Hauptangeklagte zum Tode verurteilt und rund 250 Jungmuslime erhielten Haftstrafen zwischen zwei und zwanzig Jahren. Sehr viel größer war die Zahl derjenigen, die ohne Gerichtsverhandlung zu „gesellschaftlich nützlicher Arbeit" gezwungen wurden.[768]

---

765 Karčić: Društveno-pravni aspekt islamskog reformizma, S. 240.
766 Wie bei den Katholiken zwischen Kirchenhierarchie und Franziskaner-Orden bestand auch bei den Muslimen in Jugoslawien eine Rivalität zwischen IZ und Sufi-Bruderschaften. Sorabji: Muslim Identity, S. 162 f.
767 Zur Religionspolitik vgl. u. a. Buchenau: Orthodoxie und Katholizismus, a. a. O., S. 103 ff.; Radić, Radmila: Država i verske zajednice 1945–1970, Bd. 1, Beograd 2002; Popovic, Alexandre: L'Islam balkanique. Les musulmans du sud-est européen dans la période post-ottomane, Berlin 1986, S. 348 ff.; Malcolm: Bosnia, S. 195 f.; Cvitković, Ivan: Savez komunista Jugoslavije i religija, Sarajevo 1984.
768 Bećirović: Islamska zajednica, S. 478 ff.

Mit der rigorosen Verfolgung der drei großen Glaubensgemeinschaften[769] begann ein Prozess nachhaltiger Säkularisierung, der gerade in Sarajevo mit seiner religiös gemischten Bevölkerung Leben und Alltag verändern sollte. Der Glaube wurde zur Privatangelegenheit.[770] Erstmals in der Geschichte Sarajevos nahm die Interkulturalität damit konkrete Gestalt an.

In den frühen 50er-Jahren – nach dem Bruch zwischen Tito und Stalin und nach den ersten Ansätzen zur Entwicklung eines eigenen jugoslawischen Wegs zum Sozialismus – endete die Phase massiver Repression gegen die Religionen. Das „Gesetz über die rechtliche Stellung der Glaubensgemeinschaften" von 1953 leitete einen allmählichen Wandel in der Religionspolitik ein. Zwar versuchte der Staat auch weiterhin, über die „Bundeskommission für religiöse Fragen" und entsprechende Kommissionen auf Republikebene den Einfluss der Glaubensgemeinschaften zu kontrollieren und zu neutralisieren, war aber nur bedingt erfolgreich. Doch in den großen Städten, darunter in Sarajevo, trat die Religion als primäres Kriterium gesellschaftlicher Zuordnung in den Hintergrund. Religion war nur noch ein – und nicht unbedingt das wichtigste – Merkmal, um zu bestimmen, wer was ist. Das gefiel weder den Religionsführern noch denjenigen, die die Religionszugehörigkeit zu politisch-nationalen Zwecken zu instrumentalisieren suchten.

DAS DRITTE SARAJEVO UND SEIN OSMANISCHES ERBE

Sarajevo erlebte nach dem Zweiten Weltkrieg seine dritte Aufschwungphase (nach dem Aufbruch in österreichisch-ungarischer Zeit und nach dem Aufbruch in der Glanzzeit des Osmanischen Reiches). Wer sich in Sarajevo von der Altstadt im Osten nach Westen bewegt, kann die Spuren der verschiedenen Epochen im Stadtbild deutlich und unverwechselbar erkennen: Dem osmanischen Teil folgt der österreichisch-ungarische und dem österreichisch-ungarischen der jugoslawisch-sozialistische Teil: drei Epochen mit unterschiedlichen Baustilen, Stadtkonzepten sowie politischen und gesellschaftlichen Visionen. Die Urbanisierung, die überall in Jugoslawien bis zum Ende des Zweiten Weltkriegs schleppend verlaufen war, gewann nach 1945 eine neue Dynamik. Im Zuge dieses dritten Urbanisierungsprozesses nahmen Bevölkerungszahl und Areal Sarajevos rapid zu. Die Einwohnerzahl der Stadt vergrößerte sich von etwa 100.000 bei Kriegsende auf 362.000 im Jahr 1991. Rechnet man die (teilweise noch ländlich geprägten) Munizipien hinzu, die dem Großraum Sarajevo nach Kriegsende angegliedert wurden, so kommt man für 1991 auf mehr als eine halbe Million Einwohner. Sowohl in der Stadt wie im gesamten Großraum Sarajevo stellten 1991 die

---

769 Die vierte Religionsgemeinschaft, die jüdische Gemeinde in Sarajevo, die durch den Holocaust drastisch dezimiert worden war, schrumpfte nach dem Krieg weiter, da viele Überlebende nach Israel auswanderten.

770 Auf Beschluss des Bundes der Kommunisten von 1959 wurde die Erfassung der Religionszugehörigkeit sogar aus den Volkszählungsformularen gestrichen. Cvitković: Savez komunista, S. 103 f.

Muslime mit rund 50 % die stärkste Bevölkerungsgruppe, mit deutlichem Abstand gefolgt von den Serben mit 26 % bzw. 30 %, während der Anteil der Kroaten jeweils bei knapp 7 % lag (Tabelle 6, S. 366).

Schwerpunkte des Stadtausbaus nach 1945 waren die Schaffung von Wohnraum, die Anlage von Kultur-, Wissenschafts- und Freizeiteinrichtungen sowie die Neugestaltung des Regierungs- und Verwaltungssektors. Ein städtischer Entwicklungsplan wurde erst 1965 verabschiedet, sodass die vorangegangenen Baumaßnahmen oft punktuell und unkoordiniert ausfielen. Die ersten neuen Wohnblöcke im sozialistischen Stil entstanden Ende der 40er-Jahre (Grbavica und Čengić Vila im Westen). Ästhetisch waren sie keine Bereicherung der Stadt, aber den dort lebenden Menschen boten sie einen Komfort, den die meisten von ihnen vorher nicht gekannt hatten. 1947 wurde das Stadion in Koševo eröffnet, und 1969 folgte das Sport- und Kulturzentrum Skenderija. Von besonderer Bedeutung für die Stadt war ihre Entwicklung zu einem Museums-, Wissenschafts- und Kulturzentrum, dessen Anfänge auf die österreichisch-ungarische Zeit zurückgingen, aber im ersten jugoslawischen Staat zum Stillstand gekommen waren. Die Liste der neuen Institutionen war beeindruckend: das Museum der Revolution (heute: Historisches Museum Bosnien-Herzegowinas), gegründet 1945, die National- (und Universitäts-)Bibliothek, eingerichtet 1945 (später verlagert in das frühere Rathaus von Sarajevo), die Kunstgalerie Bosnien-Herzegowinas, deren Anfänge auf das Jahr 1946 zurückgehen, das Staatsarchiv, das seine Tätigkeit 1947 aufnahm, das Historische Archiv von Sarajevo, gegründet 1948, die Universität von Sarajevo, die 1949 ihre Tore öffnete, das Museum der Stadt aus demselben Jahr, die 1951 ins Leben gerufene Wissenschaftsgesellschaft von Bosnien-Herzegowina, aus der 1966 die Akademie der Wissenschaften und Künste hervorging (mit einem Zentrum für Balkanologische Forschungen), die Musik-Akademie (1955), das Historische Institut (1959), das Literatur- und Theatermuseum Bosnien-Herzegowinas (1961), die Akademie für bildende Künste (1972; seit 1981 im Gebäude der ehemaligen Evangelischen Kirche am linken Miljacka-Ufer) sowie eine Reihe anderer Einrichtungen: alles in allem ein imposantes Netzwerk von Wissenschaft, Kultur und Bildung, dessen Bedeutung oft weit über die Grenzen Bosnien-Herzegowinas hinausreichte.[771]

Ungelöst blieb zunächst die Frage, wie man mit dem osmanischen Erbe Sarajevos umgehen sollte. Dieses Erbe war nicht nur nationalorientierten Serben und Kroaten, sondern auch dem sozialistischen Regime ein Dorn im Auge. Je nach Perspektive galt es als Symbol von Fremdherrschaft, orientalischer Rückständigkeit und religiöser Präponderanz, als materialisierte Erinnerung an Unterdrückung, islamische Vorherrschaft und Obskurantismus, kurz: als Last einer dunklen Vergangenheit, die der neuen Ära des Sozialismus und des

---

771 Vgl. Donia: Sarajevo, S. 229 ff.

Abb. 26: Der „Orient als Inspiration". Skizze der Architekten Dušan Grabrijan und Juraj Neidhardt

Fortschritts weichen musste. Unmittelbar nach Kriegsende wurde eine „Abriss-Kommission" eingesetzt, die die Beseitigung der *Baščaršija* lenken sollte. Ihrem Wirken fielen in den folgenden fünf Jahren 246 kleine Läden und Werkstätten im alten Marktviertel zum Opfer, begleitet von Protesten prominenter Bürger der Stadt.[772] Zwar gab es bereits ein Amt für Denkmalschutz, aber dessen Aktivitäten konzentrierten sich auf Erhalt oder Restauration einzelner Objekte. Sein Durchsetzungsvermögen war lange Zeit gering. Selbst den Abriss des ältesten *Derwisch*konvents in Sarajevo, der Isa-beg Tekija in Bentbasa im Jahr 1957 konnte das Amt nicht verhindern. Ob und um welchen Preis ein ganzes Viertel mit oft baufälligen, feuergefährdeten und unhygienischen Buden – das Relikt einer ungeliebten Vergangenheit – geschützt werden sollte, war höchst umstritten. Zumindest in den ersten stürmischen Aufbruchsjahren nach 1945. Erst die Abkehr vom sozialistischen Realismus nach dem Bruch mit Moskau, die Umkehr in der Religionspolitik in den 50er-Jahren und die Einsicht, dass das osmanische Erbe nicht nur ein Magnet für Touristen, sondern auch ein Identitätspfeiler für die bosnischen Muslime war, leitete ein vorsichtiges Umdenken ein, obwohl es noch bis Mitte der 70er-Jahre dauerte, bis ein Konsens gefunden wurde.

Die bereits erwähnten Stadtplaner und Architekten Dušan Grabrijan und Juraj Neidhardt setzten sich in einer wegweisenden Veröffentlichung von 1957 vehement für die Achtung und Bewahrung des lange verdrängten oder perhorreszierten osmanischen Erbes ein. „Während wir im letzten halben Jahrhundert alle signifikanten Überreste aus römischer Zeit studiert haben, haben wir nichts für die Architektur unserer jüngeren Vergangenheit getan. Es ist der letzte Augenblick, etwas dafür zu tun, die Prinzipien zu schützen, zu studieren und zu entziffern, die unsere sind, die gut und zeitgemäß sind, und sie in das aktuelle Leben zu übertragen. Warum? Weil sie menschlich sind, weil sie für die Verbindung mit der

---

772 Bejtić: Stara Sarajevska čaršija, S. 61.

Natur stehen, weil sie die Nachbarn respektieren, weil sie demokratisch, unprätentiös und unpathetisch sind."[773] In Anlehnung an Le Corbusier verstanden Grabrijan und Neidhardt die *Baščaršija* und das „türkische Haus" als „Quelle für eine moderne Architektur" und als „Inspiration", wobei sie die religiösen Konnotationen ignorierten. Selbst die sakralen Bauwerke betrachteten sie ausschließlich unter dem Gesichtspunkt von Form, Funktionalität und universalen geometrischen Prinzipien der Raumgestaltung. Nicht die religiöse, sondern die ästhetische Qualität stand im Vordergrund. Charakteristisch für ihre Sichtweise war die Interpretation der *Abdesthana* in traditionellen Häusern. Die *Abdesthana* diente primär der rituellen Waschung vor dem Gebet. Davon wollten Grabrijan und Neidhardt nichts wissen, ihnen diente die *Abdesthana* als Beleg für hohe hygienische Standards.[774] Auch den für Frauen reservierten Teil des Hauses (*haremluk*) unterzogen sie einer Neuinterpretation. Im Unterschied zu ihrem früheren eigenen Verständnis des *haremluks* als exotischem Mittelpunkt des Hauses schrieben sie diese Deutung nun naiven und uninformierten ausländischen Besuchern zu. „Europäer sind geneigt, den *Harem* als Nährboden sinnlicher Genüsse zu betrachten, während er in Wirklichkeit nichts anderes ist als derjenige Teil des Hauses, der für die Familie reserviert ist."[775] Im Vordergrund aller ihrer Überlegungen standen rationale und pragmatische Aspekte, die auch mit dem sozialistischen System vereinbar waren. Sie lösten das bosnisch-osmanische Erbe aus einer kontrovers diskutierten Vergangenheit und interpretierten es als Werkzeug zur Gestaltung einer modernen Architektur. Neidhardt und Grabrijan versuchten, ein Konzept zu entwickeln, das die verschiedenen (muslimischen, serbischen, kroatischen und sozialistischen) Narrative miteinander versöhnen sollte. Zu diesem Zweck trennten sie das architektonische vom religiösen Erbe, indem sie Letzteres neutralisierten. Sie betonten die einheimischen (bosnischen) Elemente der orientalischen Architektur, rückten die Funktionalität und Modernität des traditionellen Hauses in den Vordergrund und konzipierten eine „Neue *Čaršija*", die alle Bevölkerungsgruppen berücksichtigen und alle Perioden der Geschichte, von den ältesten Zeiten bis zur Gegenwart, vom Feudalismus bis zum Sozialismus (als Endziel) versinnbildlichen sollte. Neidhardt und Grabrijan wollten das architektonische Erbe von Muslimen, Orthodoxen, Katholiken und Juden bewahren, aber es mit neuem Sinn füllen: mit der Erinnerung an den „Volksbefreiungskrieg", der Präsentation einer säkularisierten Vergangenheit und den Bedürfnissen einer sozialistischen Moderne. Dieser Vision folgend, wiesen sie den Bauten der Gazi-Husrev-beg-Stiftung eine neue Bestimmung zu: der *Derwisch*konvent (*hanikah*) sollte ein ethnografisches Museum, die *Medresse* eine Bibliothek, der Husrev-beg-*Bezistan* ein nationales

---

773 Grabrijan & Neidhardt: Architecture of Bosnia and the Way Towards Modernity, S. 13.
774 Hierzu und zum Folgenden vgl. Alić: Transformations, S. 207.
775 Grabrijan & Neidhardt: Architecture of Bosnia and the Way Towards Modernity, S. 181; Alić: Transformations, S. 208.

Restaurant und der *Hamam* ein Weinkeller werden. Der Brusa-*Bezistan* war als Befreiungsmuseum vorgesehen. Zu den künftigen neuen Museen, einem Kino und Amphitheater sollte im Westen der *Čaršija* ein modernes, repräsentatives Bauwerk als Symbol des sozialistischen Fortschritts hinzukommen, in dem das Balkan-Institut oder die Akademie der Wissenschaften untergebracht werden könnte. Und für den Zugang vom österreichisch-ungarischen Teil der Stadt in die „Neue Čaršija" planten Neidhardt und Grabrijan ein monumentales Portal, das den Besucher auf einen spektakulären Rundgang zur Würdigung Bosniens und des Sozialismus, zur Glorifizierung von Sarajevos reicher und vielgestaltiger, wenn auch ihres ursprünglichen Sinns entleerter Vergangenheit einstimmen sollte. Das Projekt wurde allerdings nie realisiert. Stattdessen konzentrierte man sich in der Folgezeit auf die Sanierung der Altstadt. Was jedoch von Grabrijans und Neidhardts Vision blieb, war eine (partielle) Neubewertung des osmanischen Erbes, dessen autochthon-bosnische Komponenten in den Vordergrund traten, während die „orientalische" Konnotation verblasste oder zumindest verblassen sollte.

3.4. DIE NATIONSWERDUNG DER MUSLIME

Parallel zur Umdeutung des osmanischen Erbes vollzog sich ein neuer Nationsbildungsprozess. Denn noch immer war unklar, wie die bosnischen Muslime national zu klassifizieren seien. Offiziell galten sie als Glaubensgemeinschaft. Aber das beantwortete nicht die Frage nach ihrer Nationalität. Bei den Volkszählungen von 1948 und 1953 waren ihnen zur Selbstdeklaration zwei unterschiedliche Optionen angeboten worden: „unentschiedene Muslime" (1948) und „unentschiedene Jugoslawen" (1953). Darüber hinaus hatte es ihnen freigestanden, sich als Serben oder Kroaten zu deklarieren. Doch die große Mehrheit der Muslime wollten weder Serben noch Kroaten sein, und unentschieden wollten sie ebenfalls nicht sein. Was also tun? Das Kállaysche Konzept einer überkonfessionellen bosnischen oder bosniakischen Nation war nach wie vor nicht konsensfähig. Weniger als je zuvor! Bosnische Serben und bosnische Kroaten hatten sich längst dagegen entschieden. Und auch viele bosnische Muslime betrachteten eine überkonfessionelle bosniakische Nation als Angriff auf ihre Identität. Nach langwierigen Diskussionen im Bund der Kommunisten kam es bei der Volkszählung von 1961 zu zwei bedeutsamen und merkwürdigen Neuerungen.[776] Neben den eingeführten Bezeichnungen für Nationen und nationale Minderheiten („Nationalitäten")[777] wurden den Befragten zwei zusätzliche Optionen angeboten: „Musli-

---

776 Zum Folgenden vgl. auch Höpken: Die jugoslawischen Kommunisten und die bosnischen Muslime. Džaja: Politische Realität, S. 235–261.
777 Zur Vermeidung des Begriffs „Minderheit" wurde der Begriff „Nationalität" (narodnost) eingeführt. „Nati-

me (ethnischer Zugehörigkeit)" und „Jugoslawen". Erstmals erhielten die Muslime damit die Möglichkeit, sich als ethnische Gruppe zu definieren, obwohl das Verhältnis von ethnischer Gruppe zu Nation und Nationalität völlig offenblieb. Die „Muslime (ethnischer Zugehörigkeit)" waren weder eine Nation noch eine nationale Minderheit, sondern etwas dazwischen. Aber was? Niemand konnte darauf eine Antwort geben. Das erklärt wohl auch, warum die Zahl der Muslime 1961 gegenüber der vorangegangenen Zählung von 1953 zurückging (!) und warum sich knapp 8,5 % der Bevölkerung Bosnien-Herzegowinas, darunter überwiegend Muslime, nun als „Jugoslawen" deklarierten. Aber auch die Jugoslawen gab es als Nation oder Nationalität nicht. Es gab nur jugoslawische Staatsbürger; doch das waren alle. Gewiss kann man das Bekenntnis zum Jugoslawentum im Sinne Ernest Renans als „plébiscite de tous les jours" verstehen, als subjektives Bekenntnis zu einer Nation, die jedoch gemäß Beschlusslage des Bundes der Kommunisten keinen Platz in Jugoslawien hatte. Denn nach Auffassung der jugoslawischen und anderer Kommunisten ist die Nation eine objektive Kategorie. Und wenn sie eine objektive Kategorie ist, kann sie keine subjektive Kategorie sein. Oder doch? Das Dilemma blieb ungelöst. Bosnien war in dieser Hinsicht ein Jugoslawien im Kleinen: So wie es in Jugoslawien keine Jugoslawen gab, so gab es in Bosnien keine Bosnier (jeweils verstanden als Nation). Die Parteitheoretiker bekräftigten 1966, dass das Jugoslawentum, das am Anfang des Jahrzehnts von einigen führenden Politikern noch als „Avantgarde" einer künftigen Nation verstanden worden war, „nicht als ethnische Kategorie" zu betrachten sei.[778] Sie wollten alles vermeiden, was an das offizielle Nationskonzept des ersten Jugoslawien und den damals propagierten nationalen Unitarismus (gekoppelt an einen staatlichen Zentralismus) erinnert hätte. Und da die 1960er-Jahre nach heftigen innerparteilichen Flügelkämpfen im Zeichen einer „Föderalisierung der Föderation" standen, d. h. einer deutlichen Stärkung der Länder gegenüber dem Bund, entwickelten sich „Unitarismus" und „Zentralismus" zu Totschlagargumenten. Das betraf auch den nationalen Jugoslawismus. Einer der führenden Politiker Bosniens, der Muslim Džemal Bijedić, der über Jahrzehnte hinweg höchste Ämter auf Republik- und Bundesebene innehatte, wurde in den 60er-Jahren nicht müde, gegen Jugoslawismus als nationale Kategorie und gegen ein nationales Bosniertum zu Felde zu ziehen. „Warum sollten wir zum Beispiel die Unterschiede aufheben, die zwischen unseren Völkern sei es in historischer, sei es in kultureller oder sprachlicher Hinsicht bestehen? Gerade diese Verschiedenartigkeiten sind unser Reichtum, und wir müssen sie pflegen."[779] Bijedić kritisierte die „muslimische

---

onalitäten" waren diejenigen Bevölkerungsgruppen, die außerhalb Jugoslawiens einen eigenen Nationalstaat hatten.
778 Zit. nach Cvetković-Sander, K.: Sprachpolitik, a. a. O., S. 182.
779 Zit. nach Kamberović: Bijedić, S. 159.

Flucht in das Jugoslawentum" (muslimanski bijeg u jugoslovenstvo).⁷⁸⁰ „Wir müssen von der Tatsache ausgehen, dass die Serben in Bosnien und der Herzegowina Teil der serbischen Nationalität sind, die Kroaten der kroatischen und dass die Muslime weder Serben noch Kroaten, sondern ebenfalls eine eigene nationale Individualität sind mit ihrer Geschichte, ihrer Kultur, ihren Wünschen, ihren Bestrebungen und Gefühlen ebenso wie Serben und Kroaten. Allerdings muss man folgende und sehr wichtige Feststellung hinzufügen: alle drei Völker in Bosnien und Herzegowina leben zusammen, müssen zusammenleben und das ist die beste Lösung für sie. (…) Ihre nationalen Individualitäten müssen geachtet werden…"⁷⁸¹ Nicht nur Bijedić, sondern auch andere bosnische Kommunisten bekämpften nun das Jugoslawentum, das sie als eine Art sozialer Krankheit brandmarkten. Die Jugoslawen hätten ihre ethnischen Wurzeln verloren, ohne neue zu finden, und seien in einem moralischen und psychologischen Vakuum gelandet. Ihr asoziales und destruktives Bekenntnis zum Jugoslawentum sei ein Schuss in den Ofen.⁷⁸² Auch das Konzept einer bosnischen Nation (Bosanci) stieß auf Ablehnung. Branko Mikulić, ein führender bosnischer und jugoslawischer Politiker, begründete die Ablehnung damit, dass die Herzegowiner nicht bereit seien, sich als Bosnier zu deklarieren, die Bewohner der ehemaligen bosnischen Militärgrenze (Krajina) betrachteten sich als „Krajišnici", die Serben als Serben, die Kroaten als Kroaten usw.⁷⁸³ Auf der XVII. Sitzung des Zentralkomitees des Bundes der Kommunisten Bosnien-Herzegowinas wurden Ende Januar 1968 die Muslime (mit serbokroatischer Muttersprache) schließlich als eigene Nation anerkannt.⁷⁸⁴ Proteste blieben nicht aus. So erregte sich z. B. der Belgrader Historiker Jovan Marjanović, Mitglied des serbischen Zentralkomitees, über „die sinnlose [!] Verkündung einer muslimischen Nation in Jugoslawien".⁷⁸⁵ Auch Muslime, die nicht religiös waren, überkam ein Unbehagen, sich als Muslime zu deklarieren. Aber das half nichts. Bei der Volkszählung von 1971⁷⁸⁶ schnellte die Zahl der „Muslime" (diesmal „im

---

780 Ebda., S. 155.
781 Ebda., S. 159; vgl. auch S. 167.
782 Ćerić, Selim: O Jugoslovenstvu i bosanstvu: prilog pitanju jugoslavenska nacionalnost ili jugoslovenski patriotizam, Sarajevo 1971, S. 90; hier nach Burić: Becoming mixed, S. 161. Bei Kindern aus gemischten Ehen plädierte Ćerić zwar für die Respektierung ihrer Entscheidung zugunsten des Jugoslawentums, hielt es aber für wünschenswert, den Betroffenen die Bedeutung der modernen Entwicklung einer Nation zu erklären. Nach Burić, ebda.
783 Husić, Dževad: Javno svjedočenje Branka Mikulića, Sarajevo 1991, S. 54 f.; nach Kamberović: Stav političke elite o nacionalnom identitetu, S. 176 f.
784 Zu den Diskussionen vgl.: Sedamnaesta i dvadeseta sjednica CKSKBiH i diskusije o nacionalnom pitanju. Bearb. Husnija Kamberović, in: Rasprave o nacionalnom identitetu Bošnjaka, S. 241–295.
785 Zit. nach Höpken: Die jugoslawischen Kommunisten und die bosnischen Muslime, S. 200.
786 Die Vorbereitung der Erhebungsbögen war eine hochpolitische Angelegenheit und wurde auf der Führungsebene des BdKJ lebhaft diskutiert. Dabei ging es um die Frage, wie man die Muslime (als nationale Kategorie) bezeichnen soll, wie man sie gegenüber anderen Muslimen in Jugoslawien abgrenzen kann, wie die angebote-

Sinn der Volkszugehörigkeit") sprunghaft in die Höhe, während die Zahl der „Jugoslawen" in Bosnien-Herzegowina drastisch fiel (eine Entwicklung, die sich bei der Zählung von 1981, nach Titos Tod, aber wieder umkehrte; vgl. Tabelle 5, S. 365).

1948 wurde das Wort „Muslim" mit kleinem „m" geschrieben, ebenso wie „Katholik", „Pravoslawe" und die meisten Substantive kleingeschrieben werden. In den Formularen von 1961, 1971 und 1981 wurde es mit großem „M" geschrieben, gleich allen anderen Nations- und Nationalitätsbezeichnungen. Seither gab es Muslime mit kleinem „m" und mit großem „M" sowie deren Schnittmenge. Die „M/m"s waren (südslawische) Muslime im ethnischen oder nationalen Sinn, die ihren Glauben praktizierten. Aber nicht alle Muslime in Jugoslawien gehörten zu den „M"s (z. B. nicht die muslimischen Albaner). Und bei Weitem nicht alle, die zu „den M"s gehörten, waren gläubige Muslime. Viele waren Atheisten oder gaben sich so (wie z. B. die Mitglieder des Bundes der Kommunisten), andere waren religiös indifferent. Natürlich lässt sich der Religionshintergrund der Muslime als Nation nicht leugnen, aber das unterscheidet sie nicht von Serben und Kroaten oder von vielen anderen Nationen, deren aktuell lebende Mitglieder teils religiös, teils nicht religiös sind, die sich aber dessen ungeachtet derselben – über Jahrhunderte hinweg religiös geprägten – Kultur verbunden fühlen. In den Augen der jugoslawischen Parteifunktionäre waren die „Muslime" (mit großem „M") eine säkulare Nation (wie Serben, Kroaten usw., die – allen Auguren zum Trotz – ein ähnlich ethnoreligiöses Gemeinschaftsverständnis[787] pflegen wie die bosnischen Muslime). Die Gleichsetzung der „Muslime" mit Religion galt fortan als politisch unkorrekt, „laienhaft". Doch für viele Kroaten, Serben und andere „Laien" blieben die Muslime in Bosnien-Herzegowina – unter Berufung auf eine (imaginierte) gemeinsame Abstammung – Teil ihrer jeweiligen Nation (also Kroaten resp. Serben islamischen Glaubens) bzw. „nur" eine (abtrünnige) Religionsgemeinschaft, der auch diejenigen zugerechnet wurden, die nicht religiös waren. Der Name „Muslimani" sorgte daher bei „Laien" für anhaltende Konfusion, die erst durch eine (ihrerseits umstrittene) Namensänderung aus dem Weg geräumt wurde: 1993, nach Beginn des Krieges in Bosnien, benannten sich die „Muslime" in „Bosniaken"

---

nen Optionen auf dem Erhebungsbogen angeordnet werden sollen (erst die bisherigen fünf Nationen, dann die Muslime, dann die Nationalitäten oder alle nunmehrigen Nationen in alphabetischer Reihenfolge), ob es sich bei den Muslimen um eine objektive oder subjektive Kategorie handelt und ob man die Option „Jugoslawe", die als subjektive Kategorie verstanden wurde, nicht ganz aus dem Fragebogen streichen solle. Vgl. Miladinović, Srdjan: Postanak muslimanske nacije, in: http://www.trebinje,info/forum/php?topic=523.0;wap2. Wann Miladinović seinen Beitrag verfasst hat, ist nicht zu erkennen. Er beruft sich auf verschiedene Sitzungsprotokolle der BdKJ-Führung, die bisher (?) der Öffentlichkeit nicht zugänglich gewesen seien.

787 Unter „ethnoreligiös" verstehe ich eine Gemeinschaft (Nation), bei der die Religionszugehörigkeit – unabhängig vom praktizierten Glauben – als konstitutives Merkmal der Gemeinschaft (als nationaler „Ausweis") gilt. Der serbische Soziologe Pantić hat diese areligiöse „Religiosität" als „weltliche Religiosität" bezeichnet. Pantić, Dragomir: Svetovna religioznost. Pokušaj empirijskog istraživanja, in: Kultura 78/79 (1987), S. 99–121.

(Bošnjaci) um. Für viele kam der Namenswechsel überraschend und war durchaus gewöhnungsbedürftig. „Eingeschlafen sind wir als Muslime, aufgewacht sind wir als Bosniaken", wie ein Journalist treffend formulierte.[788]

Damit war die Frage der nationalen Zuordnung nach rund einem Jahrhundert voller Schwankungen gelöst. Fortan gab es Bosniaken und Bosnier (im regionalen Sinn). Während (fast) alle Bosniaken auch Bosnier sind, sind nur etwa 43 % der Bosnier auch Bosniaken. Fasst man die Ergebnisse der Diskurse seit den 60er-Jahren zusammen, so ergibt sich folgendes Begriffstableau:

Bosanac = Bosnier im *regionalen* Sinn (alle, die in Bosnien beheimatet sind)

musliman (mit kleinem „m") = Muslim im *religiösen* Sinn

Musliman (mit großem „M") = Muslim im *ethnischen oder nationalen* Sinn (unabhängig von praktizierter Religiosität)

Bošnjak = sei 1993 Eigenbezeichnung der Muslime im nationalen Sinn (nicht zu verwechseln mit dem *über*konfessionellen Konzept Kállays)

Bošnjaštvo = Gesamtheit der Bosniaken: Bosniakentum

bosanski = bosnisch: Sprache der Bosniaken (nicht: bosniakisch!); bosnische Kroaten sprechen kroatisch, bosnische Serben serbisch.

srpskohrvatski = serbokroatisch: spätestens seit Anfang der 90er-Jahre politisch unkorrekte, zum Absterben bestimmte Bezeichnung der Sprache von Serben, Kroaten, Muslimen/Bosniaken und Montenegrinern

---

3.5. ISLAMISCHE „WIEDERGEBURT"?

Wenden wir uns noch einmal den Muslimen im religiösen Sinn zu. Ihre Glaubensgemeinschaft profitierte in den 60er- und 70er-Jahren nicht nur von der Liberalisierung der kommunistischen Religionspolitik, sondern auch von den zunehmend enger werdenden Beziehungen Jugoslawiens zu den islamischen Staaten der Blockfreien Bewegung. Insbesondere während der Amtszeit des unter muslimischen Würdenträgern heftig umstrittenen *Reis-ul-ulema* Sulejman Kemura von 1957 bis 1975 erlebte die Islamische Gemeinschaft (Islamska zajednica, IZ) einen deutlich erkennbaren Aufschwung, der gelegentlich als „islamische

---

788 Zit. nach Dick: Aus Muslimen werden Bosniaken, S. 109. Die Umbenennung ging zurück auf das Votum eines Kongresses „bosniakischer Intellektueller" in Sarajevo Ende 1992. Umstritten war der Namenswechsel vor allem aus zwei Gründen. Vielen fiel der Verzicht auf die Bezeichnung „Muslim" schwer, während andere für ein „offenes" Bosniaken-Konzept (im Sinne von Kállays überkonfessionellem Nationsmodell) plädierten. Zu Letzteren gehörte Adil Zulfikarpašić, der uns später noch beschäftigen wird.

Wiedergeburt" bezeichnet wird.[789] Gab es 1949 in Bosnien 677 aktive Moscheen mit Minarett, so waren es 1970 bereits 1.074.[790] Kemura arbeitete eng mit den staatlichen Organen zusammen, nutzte diese Zusammenarbeit aber nicht nur zu seinem persönlichen, sondern auch zum Vorteil seiner Glaubensgemeinschaft. Die Intensivierung der Kontakte Jugoslawiens mit dem islamischen Ausland blieb nicht ohne Auswirkungen auf die Entwicklung des Islam in Bosnien. Das galt sowohl für den Ausbau der institutionellen Infrastruktur mittels ausländischer Spenden (für Moscheen, Bildungsstätten und Presse) als auch für die islamischen Diskurse in Bosnien, bei denen insbesondere seit 1970 eine immer stärkere Anbindung an das islamische Denken außerhalb Jugoslawiens (nicht zuletzt dank des intensiven Studentenaustauschs mit islamischen Ländern wie Ägypten, Jordanien, Syrien u. a.) zu beobachten war.[791] Die fortschreitende „Privatisierung" des Islam in Bosnien konnte aber auch Kemura nicht aufhalten. Viele bosnische Muslime zeigten sich gegenüber den Lehren und Bräuchen des orthodoxen Islam indifferent. Das war wohl nicht nur eine Folge der vorangegangenen staatlichen Repression, sondern mag auch zu tun haben mit der Bedeutung, die heterodoxe *Sufi*-Orden über Jahrhunderte hinaus in Bosnien gespielt hatten. Wie an anderer Stelle erwähnt, zeichneten sich viele der *Sufis* bzw. *Derwische* durch Volksnähe, ein hohes Maß an religiöser Toleranz, eine mystische Gotteserfahrung und häufig auch durch Distanz gegenüber der strengen Scharia aus. Die jahrhundertelange Koexistenz mit Christen und Juden sowie vielfältige Formen religiösen Synkretismus („prijepodne Ilija – poslijepodne Alija"; vormittags der Hl. Elias, nachmittags Allah) verliehen dem Islam in Bosnien ein besonderes Gepräge, das immer wieder Spannungen mit dem orthodoxen Islam auslöste. Für einen großen Teil der bosnischen Muslime war die Religionsausübung zur Privatsache geworden, die sie – wenn überhaupt – recht unkonventionell handhabten. Ihre Aufwertung zur Nation scheint diesen Trend religiöser Entspanntheit eher gestärkt als geschwächt zu haben. 1985 bezeichneten sich nur 17 % der Muslime als gläubig.[792]

Ende der 80er-Jahre – in einer deutlich zugespitzten Situation -waren es 37 %, doch gaben 61 % der jüngeren Generation an, niemals eine Moschee zu besuchen.[793] Ob unter

---

789 Vgl. Irwin, Zachary: The islamic Revival and the Muslims of Bosnia-Hercegovina, in: East European Quarterly 17 (1984), 4, S. 437–458; Sorabji, Cornelia: Mixed Motives: Islam, Nationalism and Mevluds in an Unstable Yugoslavia, in: Fawzi El-Solh, Camillia/Mabro, Judy (Hg.): Muslim Women's Choices, Oxford 1994, S. 108–127.
790 Balić: Unbekanntes Bosnien, S. 21; Šukrić, Nijaz: Islamska zajednica u Bosni i Hercegovini nakon oslobodjenja, in: Hadžijahić (Hg.): Islam i Muslimani, S. 153–168; hier S. 159.
791 Omerika, Armina: Islam in Bosnien-Herzegowina im 20. Jahrhundert und das Netzwerk der Jungmuslime (1941–1983) (Druck in Vorbereitung), hier nach dem Manuskript, S. 235.
792 Vgl. Poulton, Hugh: The Balkans: Minorities and States in Conflict, London 1991, S. 43; Malcolm: Bosnia, S. 222.
793 Pantić, Dragomir: Religioznost gradjana Jugoslavije, in: Bačević, Ljiljana (Hg.): Jugoslavija na kriznoj pre-

diesen Umständen von einer „islamischen Wiedergeburt" in Bosnien (über die kleine Gruppe von Geistlichen und einigen Intellektuellen hinaus) gesprochen werden kann, erscheint zweifelhaft.

Zu denjenigen, die sich durch den Rückgang der Religiosität alarmiert fühlten, gehörten die „Jungmuslime" (Mladi Muslimani). Nach ihrer Entlassung aus der Haft bauten sie ihr Netzwerk im Stillen wieder auf, doch blieb ihr Einfluss auf die muslimische Bevölkerung gering. 1970 verfasste Alija Izetbegović gemeinsam mit anderen Jungmuslimen (und im engen Kontakt zur Muslimbruderschaft in Ägypten u. a. Ländern) die „Islamische Deklaration", für die er 1983 (zusammen mit zwölf anderen muslimischen Intellektuellen) zu vierzehn Jahren Haft verurteilt wurde. Das Gericht warf der „Gruppe" Pläne zur Errichtung eines islamischen Staats und feindliche Propaganda vor.[794] Das Verfahren wurde 1984 vom Obersten Gerichtshof für Bosnien-Herzegowina und im Jahr darauf vom Bundesgerichtshof in Belgrad erneut aufgerollt. Ein Teil der Anklagepunkte wurde fallengelassen, die Haftstrafen reduziert.[795] Nach heutigem Kenntnisstand war der (von einer extrem einseitigen Medienkampagne begleitete) Prozess von 1983 ein politischer Schauprozess mit fabrizierten Anklagen. Ziel war es, die Existenz eines muslimischen Nationalismus und einer islamistischen Bedrohung „nachzuweisen" und zugleich die Entschlossenheit der bosnisch-herzegowinischen Führung zu dokumentieren, die Dissidenten in ihrer Republik mit allen Mitteln zu bekämpfen.[796]

Die Deklaration wurde erstmals 1990 vollständig in serbokroatischer und englischer Sprache veröffentlicht.[797] Die Tatsache, dass zuvor nur Auszüge oder aus dem Zusammenhang gerissene Textstellen kursierten, hat die kontroverse Diskussion über die Deklaration

---

kretnici, Beograd 1991, S. 254; Pantić, Dragomir: Prostorne, vremenske i socijalne koordinate religioznosti mladih u Jugoslaviji, in: Mihailović, Srećko (Hg.): Deca krize. Omladina Jugoslavije krajem osamdesetih, Beograd 1990, S. 222.

794 Zum Prozess vgl. Zulfikarpašić, Adil (Hg.): Sarajevski proces. Sudjenje muslimanskim intelektualcima 1983. godine. Sabrani dokumenti, Zürich 1987. (Eine zweite, von Abid Prguda herausgegebene Auflage erschien in Sarajevo 1990.) Anklageschrift, S. 37–51; Fünf der Verurteilten (aber nicht Izetbegović) hatten im Januar 1983 heimlich an einer internationalen Islam-Konferenz in Teheran teilgenommen.

795 Izetbegović verbüßte eine Haftstrafe von fünf Jahren. Das Urteil des Bundesgerichts ist abrufbar unter: http://www.slobodanpraljak.com/MATERIJALI/RATNI%20DOKUMENTI/islamska%20deklaracija/VERDICT_OF_THE_FEDERAL_COURT.pdf

796 Vgl. Danilović, Rajko: Sarajevski proces 1983, Tuzla 2006. Danilović ist ein Belgrader Anwalt, der sich eingehend mit politischen Prozessen in Jugoslawien, in denen er wiederholt als Verteidiger der Angeklagten aufgetreten ist, beschäftigt hat. Siehe seine Monografie: Upotreba neprijatelja. Politička sudjenja u Jugoslaviji 1945–1991, Beograd 2002.

797 Im Internet abrufbar unter: http://www.scribd.com/doc/14683785/Islamska-deklaracija-Alija-Izetbegovi (serbokroatische Fassung); http://www.scribd.com/doc/13113767/Alija-Izetbegovics-Islamic-Declaration1990 (engl. Fassung). Die englische Übersetzung ist mittlerweile gelöscht. Eine stark gekürzte deutsche Ausgabe erschien unter dem Titel: Die islamische Ordnung, Berlin 1993.

jahrelang beeinflusst. Vorweg bleibt festzuhalten, dass es sich um einen Appell zur religiösen Erneuerung der islamischen Welt handelt. Ziel der panislamischen Erneuerung ist es, die Muslime von ihrem Minderwertigkeitsgefühl, von Armut und Unbildung sowie von diktatorischen und korrupten Regimen zu befreien. Die Verfasser behaupten die „Inkompatibilität von Islam mit nicht-islamischen Systemen. Es kann weder Frieden noch Koexistenz zwischen der islamischen Religion und nicht-islamischen gesellschaftlichen und politischen Institutionen geben".[798] Diese Formulierung liest sich wie eine Bestätigung dessen, was Samuel Huntington 1993 unter dem Begriff „Clash of civilizations" zusammenfasste.[799] Der kroatische Religionshistoriker Vjekoslav Perica hat Izetbegović deshalb als „Sarajevoer Radikalen" tituliert.[800] Ein genauerer Blick auf die Deklaration lässt freilich Zweifel an dieser Interpretation aufkommen. Der zitierte Satz bezieht sich auf Staaten/Gesellschaften mit einer „islamischen Ordnung". Kritisiert wird das Bestreben, in diesen Staaten „nicht-islamische (westliche) Institutionen zu etablieren, die im Widerspruch zur islamischen Ordnung stünden. Diese kann nach Auffassung der Autoren aber nur in Staaten eingerichtet werden, in denen die Muslime die Mehrheit der Bevölkerung stellen. Wo dies nicht der Fall sei, werde die islamische Ordnung auf bloße Machtausübung reduziert und könne in Gewalt ausarten![801] Ob Izetbegović darauf spekulierte, dass die bosnischen Muslime aufgrund ihrer stärkeren Geburtenrate in einigen Jahrzehnten die Bevölkerungsmehrheit in ihrem Land stellen würden, wissen wir nicht. Bosnien und Jugoslawien werden in der Deklaration nicht ein einziges Mal erwähnt. Erwähnt werden jedoch religiöse Minderheiten. Dazu heißt es: „Die nichtmuslimischen Minderheiten in einem islamischen Staat genießen religiöse Freiheit und jeglichen Schutz, vorausgesetzt, dass sie loyal sind. Muslimische Minderheiten in einer nichtislamischen Gemeinschaft – vorausgesetzt, dass ihnen die Freiheit garantiert wird, ihre Religion zu praktizieren, frei zu leben und sich zu entwickeln – müssen loyal sein und alle Verpflichtungen gegenüber dieser Gemeinschaft erfüllen außer denen, die dem Islam und den Muslimen schaden."[802] Die Beziehungen zwischen Islam und anderen Religionsgemeinschaften sollen nach den Grundsätzen der Religionsfreiheit, des Verbots von Aggressionskriegen und Verbrechen sowie wechselseitiger Kooperation und Reziprozität gestaltet werden. Verwiesen wird auf die lange Praxis des Zusammenlebens zwischen Muslimen, Christen und Juden im Osmanischen Reich.

---

798 In der englischen Fassung, S. 30
799 Huntington, Samuel: The Clash of Civilizations?, in: Foreign Affairs 72 (1993), 3, S. 21–49; ders.: The Clash of Civilizations and the Remaking of World Order, New York 1996. Zur Kritik vgl. u. a. Bieber, Florian: The Conflict in former Yugoslavia as a „Fault Line War"?, in: Balkanologie 3 (1999), 1, S. 33–48.
800 Perica, Vjeskoslav: Balkan Idols. Religion and Nationalism in Yugoslav States, Oxford 2002, S. 77.
801 In der englischen Fassung, S. 49 f.; in der serbokroatischen Fassung, S. 39.
802 Ebda.

Irritierend klingt die Forderung der Autoren nach Überwindung des nationalstaatlichen Prinzips zugunsten einer „großen islamischen Föderation von Marokko bis Indonesien, vom tropischen Afrika bis Zentralasien".[803] Wie dieser Bundesstaat (oder Staatenbund?) aussehen sollte und welche Länder dazugehören, lässt die Deklaration offen. Kurzum: Die politischen Zielvorstellungen bleiben überaus vage und inkohärent (ähnlich wie das Programm der panislamischen Bewegung insgesamt, die nach 1860 aufkam und bis heute keine einheitlichen politischen Ziele entwickelt hat).[804]

Im Zentrum der Deklaration steht der Appell zur religiösen Erneuerung. Kritisiert wird „die natürliche Neigung des Menschen, die erste und schwierigste Phase des Djihad (*džihad*) – den Kampf gegen sich selbst – zu vermeiden. Es ist schwierig, Menschen zu erziehen, und noch schwieriger, sich selbst zu erziehen. [Aber] definitionsgemäß bedeutet religiöse Erneuerung: bei sich selbst, bei dem eigenen Leben zu beginnen".[805] Im Unterschied zu der vom blinden ägyptischen Scheich Umar Abd ar-Rahman seit den 70er-Jahren (nach Erscheinen der „Deklaration"?) vorgenommenen Reduzierung des Djihad auf den bewaffneten Kampf („kleiner Djihad"), der zum Hauptziel der Terrornetzwerke wurde, steht in der „Deklaration" die Selbstläuterung der Gläubigen, der „große Djihad", im Mittelpunkt. „Fundamentalistisch" ist der Appell insofern, als er eine grundlegende innere Umkehr der Muslime fordert. Nicht mehr und nichts anderes. In dieser Hinsicht unterscheidet er sich nicht von ähnlichen Appellen christlicher Religionsführer. Jede Form von Gewalt wird ausdrücklich und wiederholt abgelehnt. Dass die „Islamische Deklaration" auf Wertvorstellungen basiert, die denen säkularisierter Gesellschaften mit Trennung von Staat und Religion widersprechen, ist offenkundig. Und sofern man diese ganzheitliche Sicht als „Islamismus" definiert, war die „Deklaration" islamistisch. Aber ein Aufruf zum Religionskrieg oder zur Schaffung eines islamischen Staats in Bosnien war sie nicht.

Dasselbe gilt für Izetbegovićs Hauptwerk „Islam Between East and West" von 1980.[806] Auch dies ist keine politische Schrift im engeren Sinn. Es ist eine moralphilosophische Abhandlung über den Platz des Islam in der modernen Welt, ein Plädoyer für den Islam als „dritten Weg" zwischen rein religiösen (Christentum, Hinduismus, Buddhismus) und rein materialistischen Philosophien (Sozialismus, Kapitalismus), ein Plädoyer für den Islam als integrale Weltsicht und Vermittler zwischen den alten Kulturen und dem modernen Westen. Der Islam sei keine vorgefertigte Lösung, sondern eine Methode, etwas, was

---

803 In der englischen Fassung, S. 60; im serbokroatischen Original, S. 48.
804 Vgl. Schulze, Reinhard: Islamischer Internationalismus im 20. Jahrhundert. Untersuchungen zur Geschichte der islamischen Weltliga, Leiden [u. a.] 1990; Landau, Jacob M.: The Politics of Pan-Islam. Ideology and Organization, Neuausgabe, Oxford [u. a.] 1994.
805 Izetbegović, a. a. O. (engl. Fassung,), S. 54; (serbokroat. Fassung), S. 43.
806 Die erste englische Ausgabe erschien 1984 in Indianapolis/Indiana (danach mehrere Neuauflagen).

man für sich selbst entdecken müsse. Izetbegović sieht viele Parallelen zwischen der englischen/angelsächsischen Kultur (in Abgrenzung zu Kontinentaleuropa) und dem Islam. Herbert Spencers „Education" von 1861 hätte auch von einem muslimischen Intellektuellen geschrieben werden können! Wie in der „Islamischen Deklaration", so wird auch in diesem Werk deutlich, dass Izetbegović den Westen und die Moderne nicht ablehnt, sondern sich gegen eine schematische Übernahme westlicher Modelle, einen bloßen Transfer, verwahrt.[807] All dies hat nicht verhindern können, dass Izetbegovićs Kritiker unter Berufung auf seine Schriften, die sie offenbar zumeist nicht gelesen hatten, ein islamisches Feindbild konstruierten, das in den 90er-Jahren zur vollen „Blüte" gelangte. Von einem islamischen „Fundamentalismus" oder einer „islamischen Wiedergeburt" konnte in Bosnien bis weit in die 80er-Jahre hinein wohl keine Rede sein.

3.6. FINIS IUGOSLAVIAE

Als Tito, der „Schöpfer des neuen Jugoslawien", der „Sieger über Hitler und Stalin" und der „Initiator der Blockfreien Bewegung", im Mai 1980 kurz vor seinem 88. Geburtstag starb, hinterließ er eine politische Führungsschicht, die vor allem die Interessen ihrer jeweiligen Republik im Auge hatte, für die die Losung „Brüderlichkeit und Einheit" nur noch ein Lippenbekenntnis war und die sich als unfähig erwies, die schwere Krise der 80er-Jahre zu lösen. Auf den ersten Blick ging es den Menschen in Jugoslawien besser als je zuvor in ihrer Geschichte. Jahrelang hatten sie über ihre Verhältnisse gelebt, hatten mehr importiert als exportiert, ihr Konsum hatte eine bisher unbekannte, nahezu westlichen Standards entsprechende Höhe erreicht. Kultur und Unterhaltungsindustrie blühten. Aber die Republiken, Gemeinden, selbstverwalteten Unternehmen und Privatbürger hatten gigantische Schulden im In- und Ausland angehäuft. Und irgendwann mussten die offenen Rechnungen beglichen werden: damit stand Jugoslawien am Rand des Bankrotts. Die Situation erschwerend kam hinzu, dass es weder im ersten noch im zweiten Jugoslawien gelungen war, das Wohlstandsgefälle zwischen Norden und Süden, zwischen Slowenien, Kroatien und der Wojwodina auf der einen sowie Bosnien-Herzegowina, Montenegro, Makedonien und Kosovo auf der anderen Seite auszugleichen.[808] Die Ungleichheiten schürten die Verteilungskämpfe zwischen den Republiken und Autonomen Provinzen und spielten eine Schlüsselrolle im Auflösungsprozess Jugoslawiens. Wiederholt beschwerten sich bosnisch-herzegowinische Politiker über die (angebliche) Benachteiligung ihrer Republik im innerjugoslawischen Finanzausgleich, bei der Investitionspolitik des Bundes oder bei der Preispolitik. Hatte die

---

807 Zu den beiden Schriften vgl. auch Malcolm: Bosnia, S. 219–221.
808 Das engere Serbien repräsentierte in etwa den jugoslawischen Durchschnitt.

Bosnien-Herzegowina aus dem Föderationsfonds für die unterentwickelten Gebiete Jugoslawiens im Jahrfünft 1966–1970 noch 30,7 % der Mittel erhalten, so waren es von 1981–1984 nur noch 24,4 %.[809] Der politische Wille im Bund der Kommunisten Jugoslawiens, durch Kompromisse einen gemeinsamen Ausweg aus der großen Krise zu finden, schwand mehr und mehr, sodass der jugoslawische Staat, von den meisten Bürgerinnen und Bürgern unbemerkt und entgegen ihren politischen Präferenzen, auf eine Zerreißprobe zusteuerte. Aber noch wollte das niemand wahrhaben.[810]

Die Olympischen Winterspiele, die am 8. Februar 1984 feierlich in Sarajevo eröffnet wurden, passten in dieses Szenario. Sie waren der letzte und grandiose Abglanz einer zu Ende gehenden Epoche – für viele Sarajevoer der Höhepunkt ihrer Stadtgeschichte. Selbst das Wetter spielte mit: Gerade noch rechtzeitig fielen Unmassen von Schnee. Die wunderbar aufpolierte Stadt und die sie umgebenden Berge (Igman, Trebević, Jahorina und Bjelašnica) mit ihren Wintersportstätten hüllten sich in paradiesisches Weiß. Siebzig Jahre nach dem Attentat auf Franz Ferdinand präsentierte sich Sarajevo in einem neuen Licht und setzte dem Erinnerungsort 1914 den Erinnerungsort 1984 entgegen. Niemand konnte zu diesem Zeitpunkt ahnen, dass der Berg Trebević am südlichen Stadtrand mit seiner Bob- und Rodelbahn einige Jahre später als Artilleriestellung fungieren oder dass das Stadion in Koševo, wo die Spiele eröffnet und bejubelt worden waren, ein Friedhof sein würde.

---

809 Vgl. Džaja: Politische Realität, S. 256 f.
810 Vgl. u. a. Sundhaussen, Holm: Jugoslawien und seine Nachfolgestaaten 1943–2011. Eine ungewöhnliche Geschichte des Gewöhnlichen, Wien-Köln-Weimar 2012, S. 205 ff.

4. DAS POSTJUGOSLAWISCHE SARAJEVO
(1992–2013)

4.1. DER BOSNIENKRIEG: EIN ÜBERBLICK

Sechs Jahre nach den Winterspielen in Sarajevo fanden im Verlauf des Jahres 1990 in allen Republiken Jugoslawiens die ersten Mehrparteienwahlen seit 1927 statt. Unter dem Eindruck des Zusammenbruchs der sozialistischen Systeme im östlichen Europa musste der Bund der Kommunisten Jugoslawiens auf Föderations- und Republiksebene sein bisheriges Machtmonopol aufgeben. Die Wahlkämpfe in den sechs Republiken waren begleitet von nationaler Rhetorik und zielten auf eine Polarisierung der Menschen entlang ethnonationaler Linien ab. Die Ergebnisse der Wahlen in Bosnien-Herzegowina vom Dezember 1990 entsprachen annähernd der nationalen Zusammensetzung der Bevölkerung.[811] Die meisten Stimmen erhielt die muslimische „Partei der Demokratischen Aktion" (SDA) unter Führung des 1989 aus der Haft entlassenen ehemaligen Jungmuslims Alija Izetbegović (86 Parlamentssitze), gefolgt von der „Serbischen Demokratischen Partei" (SDS) unter Vorsitz des aus Montenegro stammenden, in Sarajevo als Psychiater tätigen Radovan Karadžić (72 Sitze) und dem bosnisch-herzegowinischen Ableger der „Kroatischen Demokratischen Gemeinschaft" (HDZ) mit Stjepan Kljuić an der Spitze (44 Sitze).[812] Bei den Wahlen zum Stadtrat von Sarajevo war der Sieg der drei nationalen Parteien allerdings nicht so eindeutig wie bei den landesweiten Wahlen. Die nicht-nationalen Kräfte (Reformsozialisten und Sozialdemokraten) gewannen zusammen immerhin 35 % der Sitze. Da aber weder SDA, SDS oder HDZ mit ihnen koalieren wollten, gerieten sie ins Abseits. Die drei nationalen Parteien teilten die politischen Ämter in der Stadt und in den zehn Munizipien des Großraums Sarajevo unter sich auf. In der Abwehr der nicht-nationalen Parteien waren sie sich einig –

---

[811] Nach den Ergebnissen der Volkszählung von 1991 setzten sich die Bürger und Bürgerinnen Bosnien-Herzegowinas wie folgt zusammen: knapp 44 % Muslime, gut 31 % Serben, 17 % Kroaten, 5,5 % Jugoslawen und 2 % andere; vgl. Tabelle 5.

[812] Arnautović, Suad: Izbori u Bosni i Hercegovini 90'. Analiza izbornog procesa, Sarajevo 1996, S. 103 ff. Von den restlichen 38 Sitzen gingen die meisten (20) an den Bund der Kommunisten.

28. Politische Akteure im Bosnienkrieg: Alija Izetbegović und Radovan Karadžić

so uneinig sie sich in allen anderen Punkten auch waren. Bürgermeister von Sarajevo wurde Muhamed Kreševljaković von der SDA, der Sohn des Historikers Hamdija Kreševljaković.[813] Allerdings täuschten die Wahlergebnisse in Bosnien eine nationale Geschlossenheit vor, die zu diesem Zeitpunkt (noch) nicht existierte. Innerhalb der SDA gab es neben einem radikal-islamischen auch einen gemäßigten, „liberalen" Flügel. Und die SDA stand in einem Spannungsverhältnis zu den säkularen und zivilgesellschaftlichen Gruppierungen der Muslime (um Adil Zulfikarpašić, Muhamed Filipović u. a.). Die national moderaten Kroaten in Zentralbosnien unterschieden sich deutlich von ihren radikalisierten Landsleuten in der Westherzegowina unter Führung von Mate Boban, der auf Initiative Tudjmans Stjepan Kljuić als Chef der bosnisch-herzegowinischen HDZ ablöste. Und auch das serbische Lager war noch keineswegs einheitlich. Ein Großteil der in den Städten lebenden Serben hatte nicht die SDS, sondern Sozialdemokraten, Sozialisten und Reformer gewählt. Die siegreichen Parteien ähnelten mehr Sammelbecken auf der Grundlage des kleinsten gemeinsamen Nenners als programmatischen und demokratischen Parteien. Die nationale Homogenisierung stand noch am Anfang, aber die Weichen waren gestellt. Verabredungsgemäß bildeten die drei nationalen Parteien mit ihren mehr oder minder gemäßigten bzw. radikalen Flügeln zunächst eine gemeinsame Regierung, die aber von Anfang an zerstritten war und bald erodierte. Präsident der Republik wurde Alija Izetbegović, obwohl er weniger Stimmen erhalten hatte als sein innerparteilicher Konkurrent Fikret Abdić, der das Amt aus bisher unge-

---

813 Donia: Sarajevo, S. 262 f.

klärten Gründen nicht antrat.[814] Die weitere Entwicklung in Bosnien war (wie konnte es anders sein?) untrennbar verbunden mit der Entwicklung außerhalb Bosniens (vor allem in Serbien und Kroatien): mit den Auseinandersetzungen über die künftige Gestalt Jugoslawiens (Re-Zentralisierung vs. Konföderalisierung), der Verschiebung der Machtbalance innerhalb Jugoslawiens zugunsten der serbischen Seite und der Frage, wie sich der erstarkte Nationalismus in Serbien und Kroatien auf Bosnien auswirken würde. Izetbegović verfolgte eine Politik der Äquidistanz gegenüber Serbien und Kroatien, was seine Gegenspieler in beiden Republiken nicht daran hinderte, über „Lösungen" zulasten Bosniens und der Muslime nachzudenken. Am 25. März 1991 traf sich der Präsident Serbiens, Slobodan Milošević, mit dem neuen Präsidenten Kroatiens, Franjo Tudjman, in der Staatsdomäne Karadjordjevo in der Wojwodina. Damit begegneten sich zwei Männer, die höchst unterschiedlich waren und dennoch viele Ähnlichkeiten aufwiesen. Auf der einen Seite Tudjman, ein ehemaliger Partisan, der sich zum Nationalisten aus Überzeugung gewandelt hatte. Auf der anderen Seite der sechzehn Jahre jüngere Milošević, ein ehemaliger Apparatschik des Bundes der Kommunisten, von dem man nicht wusste, ob er überhaupt eine feste Überzeugung hatte und der den Nationalismus je nach Opportunität einsetzte: mal lautstark, mal dosiert, mal gar nicht. Beide waren machtbesessen, beide errichteten autoritäre Regime, beide verfolgten expansionistische Ziele und beide kannten keine Skrupel, wenn es um die Realisierung ihrer Ziele ging. Tudjman musste allerdings infolge seiner schwächeren Position vorsichtiger agieren als Milošević, der die „Jugoslawische Volksarmee" hinter sich wusste. Das Gespräch in Karadjordjevo fand unter vier Augen statt. Zeugen gab es nicht. Über den Inhalt der Unterredung existieren unterschiedliche Versionen. Stipe Mesić, der sich später mit Tudjman wegen dessen Bosnienpolitik überwarf und nach Tudjmans Tod vom Februar 2000 bis Februar 2010 kroatischer Staatspräsident war, sowie andere hochrangige kroatische Politiker ebenso wie der letzte jugoslawische Ministerpräsident Ante Marković (ebenfalls ein Kroate) haben bei verschiedenen Gelegenheiten (so auch vor dem Haager Kriegsverbrechertribunal) bekräftigt, dass Milošević und Tudjman eine Teilung Bosnien-Herzegowinas (etwa in Anlehnung an den serbisch-kroatischen „sporazum" von 1939) ins Auge gefasst hätten.[815] Tudjman

---

814 Zur Entwicklung vgl. u. a. Malcolm: Bosnia, S. 213 ff.; Donia: Sarajevo, S. 249 ff.; Cohen, Lenard J.: Broken Bonds. Yugoslavia's Disintegration and Balkan Politics in Transition, Boulder-San Francisco-Oxford 1995, S. 139 ff.

815 Marković erklärte am 23. 10. 2003 im Verfahren gegen Milošević vor dem Haager Tribunal: „At my initiative, I had a meeting with Milošević in Belgrade and with Tudjman in Zagreb. According to my custom, I spoke to both of them very openly. The results of these talks were that both of them confirmed to me that they had agreed to divide up Bosnia and Herzegovina. Milošević told me this very soon. Tudjman needed much more time to admit this and to say that they had reached an understanding about it. They did not have identical interpretations of this agreement. Milošević said that Bosnia and Herzegovina was an artificial entity created by Tito, that it could not survive, and that most of the Muslims were in fact Orthodox who

und Milošević haben diese Version stets bestritten. Aber ihr Dementi besagt nicht viel, denn selbst wenn es zu einer Absprache zulasten Bosniens gekommen sein sollte, hätten sie dies nicht öffentlich zugeben können. Höchstwahrscheinlich gab es jedoch keine Vereinbarung, sondern nur einen Gedankenaustausch, der bei Tudjman den *Eindruck* hinterließ, er könne sich mit Milošević auf Kosten Bosniens arrangieren. Dass er einem solchen Deal nicht abgeneigt war, hat er bei mehreren Gelegenheiten zu erkennen gegeben.[816] Anlässlich eines Treffens mit seinen engsten Beratern und kroatischen Vertretern aus Bosnien-Herzegowina am 27. Dezember 1991 wies er darauf hin, „dass nun die Gelegenheit bestehe, den kroatischen Staat auf Kosten von Bosnien und Herzegowina zu erweitern: ‚Es ist Zeit', sagte Tudjman, ‚das kroatische Volk in den weitest möglichen Grenzen zu versammeln...'".[817] Außerdem schien Tudjman nach dem Gespräch in Karadjordjevo und einem weiteren Gespräch im kroatischen Tikveš am 15. April davon überzeugt gewesen zu sein, dass Milošević sich nicht in die inneren Angelegenheiten Kroatiens einmischen würde. Ob Milošević ein Arrangement mit Tudjman ernsthaft erwogen hat oder den politisch noch unerfahrenen kroatischen Präsidenten in Sicherheit wiegen wollte, wohl wissend, dass Tudjman ein Großkroatien ebenso herbeisehnte wie Milošević ein Großserbien, muss offenbleiben. Dass angesichts der dramatischen Entwicklung in Jugoslawien unterschiedliche Optionen für die

---

had been forced to change their religion. When I asked him directly or, rather, I asked both of them directly, ‚Do you think', that's what I said to Milosevic, ‚do you think that this will be so simple? Do you think you will be able to do this without bloodshed, without blood up to the knees?' Milošević said he didn't believe that. He said that Bosnia and Herzegovina anyway has a majority of Serbs and Croats in the population so that there would be no conflict, and that they had envisioned an enclave for the Muslims, the two of them, and that the Muslims could live in that enclave. I asked the same question of Tudjman. I said to him, among other things, ‚Do you think that people who will be born and who will die to the sound of gunfire, that this will not transform Bosnia and Herzegovina into a kind of Palestine? How many victims will there be? How much destruction? How much will be ruined?' Tudjman thought this would not be the way things would happen. He said, ‚Europe will not allow a Muslim state in its heart. We will gain the support of European. And as for your fears that there will be war there, all I can say is Bosnia fell silently ', because in history Bosnia once fell without an armed struggle, so there is this saying in our language that Bosnia fell with a whisper. Tudjman said that the Muslims were anyway Catholics who had been forced to adopt Islam. So each of these men admitted and thought this was something quite normal"; http://www.icty.org/x/cases/slobodan_milosevic/trans/en/031023ED.htm, S. 28026 f.

816 Auch der letzte amerikanische Botschafter in Jugoslawien bestätigt dies: „Tuđman admitted that he discussed these fantasies with Milošević, the Yugoslav Army leadership and the Bosnian Serbs and they agreed that the only solution is to divide up Bosnia between Serbia and Croatia. " Zimmermann, Warren: Origins of a Catastrophe: Yugoslavia and its destroyers, New York 1996, S. 182; vgl. auch Mahmutćehajić, R.: Denial of Bosnia (458), S. 47 f. Ivo Lučić, kroatischer Politiker und Historiker aus der Westherzegowina bestreitet dagegen energisch, dass Tudjman und Milošević über eine Teilung Bosniens gesprochen hätten. Lučić, Ivo: Karadjordjevo: politički mit ili dogovor?, in: Časopis za suvremenu povijest 35 (2003)1, S. 7–36.
817 Zit. nach Del Ponte, Carla: Im Namen der Anklage. Meine Jagd auf Kriegsverbrecher und die Suche nach Gerechtigkeit, Frankfurt/M. 2010, S. 59.

Zukunft durchgespielt wurden, darf als sicher vorausgesetzt werden. Aber ziemlich unwahrscheinlich ist, dass Milošević im Frühjahr 1991 und in den nachfolgenden Monaten bereit gewesen wäre, auf die serbischen Siedlungsgebiete in Kroatien zu verzichten, selbst wenn er dafür einen Großteil Bosniens erhalten hätte. Ebenso wenig war Tudjman bereit, freiwillig auf territorialen Zugewinn in Bosnien-Herzegowina zu verzichten, zumal er Bosnien als „artifizielles" Gebilde betrachtete. Und wenn dem so ist, dann trug Tudjman neben Milošević an der bevorstehenden Tragödie in Bosnien ein gerüttelt Maß an Mitverantwortung, obwohl aus dem Deal Milošević-Tudjman letztlich nichts wurde.[818]

Am 25. Juni 1991 erklärten die Parlamente von Slowenien und Kroatien die Unabhängigkeit ihrer jeweiligen Republik, nachdem sich alle Versuche zerschlagen hatten, Jugoslawien als Staatenbund zu erhalten. Zwei Tage später begannen die postjugoslawischen Kriege. Den Auftakt bildete der Einsatz der „Jugoslawischen Volksarmee" zur „Sicherung der Grenze" im Norden Jugoslawiens, der auf energischen Widerstand der slowenischen Territorialverteidigung stieß und unter Vermittlung der Europäischen Gemeinschaft nach zehn Tagen mit einem Waffenstillstand endete. Die Volksarmee zog sich daraufhin aus Slowenien nach Kroatien zurück, wo bereits seit Monaten bewaffnete Konflikte zwischen Serben und Kroaten ausgetragen wurden. Seit Spätsommer 1991 herrschte in Kroatien offener Krieg. Dank der Zusammenarbeit zwischen Volksarmee, einheimischen serbischen Milizen, paramilitärischen Banden und „Spezialeinheiten" aus Serbien konnte innerhalb kurzer Zeit etwa ein Drittel des Territoriums der Republik Kroatien abgetrennt und zur „Serbischen

---

818 Zur Kritik an Tudjmans Bosnienpolitik vgl. auch Glaurdić: The Hour of Europe. Western Powers and the Breakup of Yugoslavia, New Haven-London 2011, S. 150 ff. In einer Rezension des Buches hat Mladen Barać die Thesen Glaurdićs als unakzeptabel und absurd qualifiziert – in: Časopis za suvremenu povijest 44 (2012), 2, S. 500 ff. –, woraufhin Glaurdić in einer Replik seinen Standpunkt bekräftigt hat: ebda. 44 (2012), 3, S. 747 ff. Zur Verteidigung Tudjmans vgl. auch Sadkovich, James J.: Franjo Tudjman and the Muslim-Croat War of 1993, in: Review of Croatian History 2 (2006), 1, S. 207–245. Im Zentrum von Sadkovichs Ausführungen steht der bosniakisch-kroatische Krieg von 1993/94, von dem noch zu sprechen sein wird, aber seine Ausführungen sind grundsätzlicher Art. Viele der von ihm vorgebrachten Argumente sind ernst zu nehmen. Aber der entscheidende Punkt ist, dass Sadkovich Bosnien-Herzegowina die Qualität einer eigenen historischen Provinz abspricht. „So rather than a single, continuous political, social, economic, and cultural entity, Bosnia and Herzegovina was in reality a fissiparous set of regions lying on a political and cultural fault line, with constantly shifting populations and a succession of rulers, both local and foreign, making it more than a little difficult to rule" (S. 232). So kann man es sehen, aber das gilt auch für viele andere Regionen, nicht zuletzt für Kroatien selbst. Ähnlich wie Tudjman betrachtet auch Sadkovich Bosnien-Herzegowina als künstliches Gebilde der Tito-Zeit und beruft sich immer wieder auf den sporazum von 1939 und die damals geschaffene Banschaft Kroatien. „...the 1939 province was a legal enitity within a recognized state, established by royal decree and an amendment to Yugoslavia's 1931 constitution" (S. 238). Folgt man dieser Argumentation, dann reicht es also, wenn hinter verschlossenen Türen und über die Köpfe der Betroffenen hinweg ein Deal ausgehandelt wird, der anschließend von einem autoritären Regime einen quasi-konstitutionellen Anstrich erhält.

Republik Krajina" ausgerufen werden, aus der die kroatische Bevölkerung floh oder vertrieben wurde. Das war der Beginn der ethnischen Säuberungen im ehemaligen Jugoslawien. Mit Abschluss eines Waffenstillstands und Stationierung von UN-Friedenstruppen wurde diese Situation eingefroren, sodass sich die Volksarmee einem neuen Tätigkeitsfeld zuwenden konnte. Damit rückte Bosnien ins Visier. Nachdem sich die dortigen Serben bereits in einem Referendum am 9. November 1991 zu mehr als 90 % für den Verbleib bei „Jugoslawien" ausgesprochen hatten, folgte am 29. Februar und 1. März 1992 eine Volksabstimmung über die Unabhängigkeit Bosnien-Herzegowinas, die von den Serben boykottiert wurde. Rund 94 % derjenigen, die zu den Urnen gingen (Muslime und Kroaten) bzw. gut 62 % aller Stimmberechtigten sprachen sich für die Unabhängigkeit ihrer Republik aus, da sie nicht in einem von Milošević dominierten Rest-Jugoslawien verbleiben wollten. Demgegenüber berief sich der Führer der bosnischen Serben, Radovan Karadžić, auf das Selbstbestimmungsrecht, das für ihn gleichbedeutend war mit dem Recht auf Vereinigung mit Serbien. Wieder standen sich unterschiedliche „Selbstbestimmungsrechte" gegenüber. Und wieder (wie im ersten Jugoslawien) stand die Existenz Bosnien-Herzegowinas als Einheit auf dem Spiel. Am 3. März proklamierte Bosnien-Herzegowina seine Unabhängigkeit, die am 6. April von den Staaten der Europäischen Union anerkannt wurde (wie zuvor bereits die Unabhängigkeit Sloweniens und Kroatiens). Die USA folgten einen Tag später. Auch Kroatien, dessen Präsident die Teilungspläne nicht aufgegeben hatte, erkannte den neuen Staat an!

Bosnien-Herzegowina und seine gemeinsame Regierung befanden sich zu diesem Zeitpunkt bereits in einem Prozess der Auflösung.[819] Schon im Verlauf des Jahres 1991 hatten Politiker der „Serbischen Demokratischen Partei" (SDS) in verschiedenen Teilen der Republik autonome serbische Gebiete („Bosnische Krajina", „Herzegowina" und „Romanija") ausgerufen, die sich im Januar 1992 zur „Serbischen Republik Bosnien-Herzegowina" zusammengeschlossen hatten. Auch bosnisch-kroatische Politiker gingen ihre eigenen Wege. Am 18. November 1991 verkündeten sie in der Ortschaft Grude (in der Westherzegowina) die Gründung einer „Kroatischen Gemeinschaft Herceg-Bosna". Deren Vertreter erklärten auf der erwähnten Sitzung mit Tudjman am 27. Dezember in Zagreb: „Die Kroatische Gemeinschaft Herceg-Bosna erteilt Herrn Dr. Franjo Tudjman, dem Präsidenten der Republik Kroatien und der Kroatischen Demokratischen Union, die volle Legitimität, um die Interessen der Kroatischen Gemeinschaft Herceg-Bosna gegenüber internationalen Akteuren sowie bei zwischenparteilichen und -staatlichen Verhandlungen über die Festlegung der

---

819 Im April verließen die Mitglieder der SDS die gemeinsame Regierung, sodass die SDA zur dominierenden Kraft in der Regierung wurde. Vgl. Boras, Franjo: Kako je umirala Socijalistička Republika Bosnia i Hercegovina, Mostar 2002, S. 24 ff., 92 f.

endgültigen Grenzen der Republik Kroatien zu vertreten."⁸²⁰ Wie die SDS sprengte somit auch der bosnisch-herzegowinische Ableger der HDZ den Rahmen der Republik. Und Alija Izetbegović? Dieser war spätestens seit Anfang 1992 entschlossen, für den Erhalt Bosnien-Herzegowinas notfalls auch mit militärischen Mitteln zu kämpfen. Als Staatspräsident trug er Verantwortung für die *gesamte* Republik und ihre Bürgerinnen und Bürger, unabhängig von deren Nations- und Religionszugehörigkeit. Aber ob und wie eine *bosnische* Politik mit der von ihm angestrebten *„islamischen Renaissance"* vereinbar war, blieb offen. Ein integrierendes, religions- und nationsübergreifendes Konzept, das eine Trennung von Politik und Religion zur Voraussetzung gehabt hätte, konnte oder wollte er nicht anbieten. Vielleicht war dies unter den gegebenen Umständen auch nicht möglich. Aber einen Versuch wäre es wert gewesen. In Reaktion auf wechselnde politische Konstellationen und militärische Kräfteverhältnisse äußerte Izetbegović zu unterschiedlichen Zeitpunkten unterschiedliche Optionen, die von bürgerlich-liberal bis zu islamisch reichten und sich schwer auf einen Nenner bringen lassen.⁸²¹

Es war vor allem Adil Zulfikarpašić⁸²² von der liberalen „Muslimisch-bosniakischen Organisation" (MBO), einer Splitterpartei, die bei den Wahlen vom November 1990 nur 1,1 % der abgegebenen Stimmen erhalten hatte, der einen Ausgleich mit den Serben in Bosnien suchte. „Die drei politischen Parteien [SDA, SDS und HDZ] erinnerten an Blinde und Taube, eingesperrt in einen dunklen Raum, wo jeder ein anderes Gebet spricht, eine andere Geschichte erzählt, doch niemand zuhört oder bereit ist zuzuhören. Ich erkannte, dass die Situation so gefährlich war, dass sie dramatische Züge annahm und sich immer schneller in Richtung Katastrophe entwickelte."⁸²³ Nach Absprache mit Izetbegović führten

---

820   Nach Lucić, Predrag (Hg.): Stenogrami o podjeli Bosne, Split-Sarajevo 2005, S. 81 f.
821   Sabrina Ramet hat vermutlich recht, wenn sie schreibt: „Das Programm der SDA war… für sich genommen nicht islamisch fundamentalistisch und kann genauso wenig als liberaler Kosmopolitismus bezeichnet werden – es war eher ein opportunistischer Mix aus beidem, zusammen mit einigen spontanen und unzusammenhängenden Ideen, die sich zu einem wenig zusammenpassenden Paprika-Eintopf vermischten, zu dem so viele Gewürze hinzugefügt worden waren, um den unterschiedlichen Geschmack verschiedener Wählerschaften zu treffen, dass man das Ergebnis am besten als ein sehr scharfes Gericht beschreiben kann, das wirklich schwer verdaulich ist!" Ramet, Sabrina P.: Die drei Jugoslawien. Eine Geschichte der Staatsbildungen und ihrer Probleme, München 2011, S. 565 f.
822   Zulfikarpašić (1921–2008) entstammte einer einflussreichen Beg-Familie, kämpfte während des Zweiten Weltkriegs bei den Tito-Partisanen (rund 40 seiner Familienmitglieder wurden von Tschetniks ermordet) und war nach dem Krieg kurzzeitig stellvertretender Handelsminister. Aus Enttäuschung über die Behandlung der bosnisch-muslimischen Frage durch die Kommunisten ging er 1946 ins Exil (nach Zürich) und kehrte im Frühjahr 1990 nach Bosnien zurück. Nach anfänglicher Zusammenarbeit mit Izetbegović trennte er sich von diesem, gründete eine eigene Partei und setzte sich für ein überkonfessionelles „Bosniakentum" ein.
823   Zit. nach Djilas/Gaće: Zulfikarpašić, S. 207.

Zulfikarpašić und der Vizepräsident der MBO, Muhamed Filipović, Mitte Juli 1991 Gespräche mit den Repräsentanten der bosnischen Serben (Radovan Karadžić, Nikola Koljević und Momčilo Krajišnik) und danach mit Milošević in Belgrad. Die dabei erzielte Übereinkunft über eine friedliche Lösung wurde von Izetbegović abgelehnt, bevor sie überhaupt getestet werden konnte.[824] Nun steuerte alles auf einen Krieg zu, auf den sich nicht nur serbische und kroatische, sondern auch muslimische Gruppierungen seit Monaten insgeheim vorbereitet hatten. Dank Unterstützung aus Belgrad und durch die „Jugoslawische Volksarmee" besaßen die Führer der SDS dabei allerdings einen enormen Vorteil, während die rechtmäßige Regierung Bosnien-Herzegowinas sich auf die Territorialverteidigung, auf Milizen und paramilitärische Einheiten (Patriotische Liga, Grüne Barette) stützte und eine reguläre Armee erst aufbauen musste.[825]

Obwohl es bis Kriegsausbruch keinerlei konkrete Anzeichen für eine Bedrohung oder Benachteiligung der bosnischen Serben gegeben hatte, ergriffen ihre Führer sofort nach der bosnischen Unabhängigkeitserklärung eine als „präventiv" etikettierte Offensive zum Erhalt Jugoslawiens bzw. dessen, was sie unter „Jugoslawien" verstanden.[826] Wie die Serben in Kroatien, die Serben in Kosovo, die Kroaten in Bosnien, die Albaner in Serbien usw. ließen auch sie sich treiben von der Angst, eine (vermeintlich diskriminierte) Minderheit zu werden (noch dazu in einem künftigen „islamistischen" Staat). Nachdem sie sich in die Bedrohung hineingesteigert hatten, stürzten sie sich in eine „Vorwärtspanik".[827] Schon Ende März 1992 hatten serbische Einheiten Bijeljina und Zvornik erobert und waren von diesen beiden strategisch wichtigen Punkten an der bosnisch-serbischen Grenze in Richtung Banja Luka (nach Westen) und in die Ostherzegowina (nach Süden) vorgestoßen. Ziel ihrer Offensive war es, Serbien durch zwei Landkorridore mit diesen beiden Hauptsiedlungsgebieten der

---

824 Die Hintergründe sind bis heute nicht ganz klar. Vgl. u. a. Ramet, Sabrina P.: Die drei Jugoslawien, a. a. O., S. 569 f.; Pejanović, M.: Through Bosnian Eyes, S. 46 f.; Sundhaussen: Jugoslawien und seine Nachfolgestaaten, a. a. O., S. 327 f.

825 Einzelheiten bei Hoare: How Bosnia Armed.

826 Der amerikanische Soziologe und Anthropologe Anthony Oberschall hat dies am Beispiel der Ereignisse im nordwestbosnischen Distrikt Prijedor verdeutlicht: „Muslims and Serbs had lived in peace before the conflict erupted. The Serbs were neither a numerical minority, nor discriminated against. They not only had a share of power, but they had the biggest share, and they were well armed. Why, then, did Serbs fear their fellow citizens in Prijedor? A cartoon from this period expresses the puzzle well. It shows a bearded Serb paramilitary, armed to the teeth, with guns, handgrenades, ammunition belt, knives, waving a machine gun, looking worried, and yelling at the top of his voice, ‚I am being threatened!'. There was no anarchy, no state breakdown in Prijedor. The Serbs used the police and military of a functioning government to subdue the non-Serbs." Oberschall, Anthony: Manipulation of ethnicity: from ethnic cooperation to violence and war in Yugoslavia, in: Ethnic and Racial Studies 23 (2000), S. 986.

827 Zum Phänomen der „Vorwärtspanik" vgl. Collins, Randall: Dynamik der Gewalt. Eine mikrosoziologische Theorie, Hamburg 2011, Kapitel 3, S. 130 ff.

Serben in Bosnien-Herzegowina zu verbinden, was angesichts der serbischen Übermacht an schweren Waffen mühelos gelang.[828]

Anfang April legten die Serben dann einen Belagerungsring um Sarajevo. Damit begann die längste Belagerung einer Stadt im 20. Jahrhundert, von der weiter unten noch zu sprechen sein wird.[829] Am 12. Mai 1992 proklamierte eine Versammlung der bosnischen Serben die „Serbische Republik von Bosnien-Herzegowina/Republika Srpska (RS)" und wählte Radovan Karadžić zum ersten Präsidenten mit Amtssitz in Pale (östlich von Sarajevo, am Rand des viel besungenen Romanija-Gebirges). Karadžić, Jahrgang 1945, geboren in einem montenegrinischen Dorf, Psychiater und Freizeit-Poet, war als Vorsitzender der SDS zum politischen Führer der bosnischen Serben avanciert. Mehrere Mitglieder seiner erweiterten Familie hatten sich während des Zweiten Weltkriegs den Tschetniks angeschlossen und waren von den Partisanen ermordet worden. Obwohl Radovan bis zu Beginn des bosnischen Krieges in einer psychiatrischen Klinik in Sarajevo tätig gewesen war und vielfältige Beziehungen zu bosnischen Muslimen gepflegt hatte, hegte er einen tiefen Groll gegen die Stadt, deren multiethnisches und multireligiöses Gepräge ihm fremd geblieben war.

Die serbische Kriegsstrategie des bewaffneten Aufstands einer durch Bedrohungsszenarien verängstigten und aufgehetzten Bevölkerung und des Einsatzes der „Volksarmee" unter Hinzuziehung paramilitärischer Einheiten und „Wochenend-Krieger" aus Serbien funktionierte in Bosnien noch wirksamer als in Kroatien. Im Mai 1992 zieht sich die „Jugoslawische Volksarmee" offiziell aus Bosnien nach Serbien und Montenegro zurück. Dabei überlässt sie einen Großteil ihrer Waffen und Ausrüstungen den bosnischen Serben. 60.000 Soldaten und Offiziere bosnisch-serbischer Herkunft wechseln die Uniform und bilden fortan zusammen mit 35.000 Freischärlern die Armee der bosnischen Serben unter dem Kommando von General Ratko Mladić, eines 1942 in einem kleinen Dorf bei Kalinovik, südlich von Sarajevo, geborenen Serben, der eine steile Karriere in der Jugoslawischen Volksarmee und bereits einen Einsatz auf dem kroatischen Kriegsschauplatz hinter sich hat. Mladić gilt als fähiger Soldat und egozentrische Persönlichkeit, aufgewachsen ohne Vater, welcher im Zweiten Weltkrieg von den Ustasche ermordet worden war.

Entscheidenden Anteil an der Gewalteskalation hatten die paramilitärischen Einheiten. Mitte Mai 1992 berichtete ein langjähriger Mitarbeiter des UN-Flüchtlingshilfswerks:

---

828 Zu den ethnischen Säuberungen in Zvornik vgl. die Fallstudie von Müller, Stephan: Zvornik. Das Modell einer ethnischen Säuberung, in: Südosteuropa 44 (1995), 5, S. 290–309.

829 Die für die Belagerung verantwortlichen serbischen Generäle, Stanislav Galić und Dragomir Milošević (nicht verwandt mit Slobodan Milošević), wurden vom Haager Tribunal am 30. 6. 2006 resp. am 12. 12. 2007 zu lebenslanger bzw. zu 33 Jahren Jahren Haft verurteilt. http://www.icty.org/x/cases/galic/acjug/en/061130_Galic_summary_en.pdf und http://www.icty.org/x/cases/dragomir_milosevic/tjug/en/071212_Milosevic_Dragan_summary_en.pdf

„Ich dachte, ich hätte schon alles gesehen, aber was in Bosnien geschieht, übersteigt jede menschliche Vorstellungskraft." Er fügte hinzu: „Ich habe Freischärler gesehen, die in die Dörfer fuhren, nicht um mit bewaffneten Kontrahenten zu kämpfen, sondern nur um die Bevölkerung mit Angst und Schrecken zu terrorisieren und durch Drohungen zu vertreiben …" In Sarajevo und anderen Städten seien unkontrollierte Scharfschützen im Einsatz, die auf alles feuerten, was sich auf den Straßen bewege.[830] Nach einem Bericht des Strafrechtsexperten Cherif Bassiouni an den UN-Sicherheitsrat operierten in Bosnien zwischen Sommer 1991 und Ende 1993 neben regulären Armeen und Polizeieinheiten mindestens 83 identifizierte paramilitärische Banden, darunter 56 serbische (mit 20.000–40.000 Kämpfern), 13 kroatische (mit 12.000–20.000 Mitgliedern) und 14 bosniakische (mit 4.000–6.000 Kriegern).[831] Einige Einheiten waren in eine einheitliche Befehlsstruktur eingebunden, andere agierten mehr oder minder autonom unter dem Kommando lokaler „warlords". Sie zogen marodierend durch die Dörfer, plünderten, brandschatzten, folterten, vergewaltigten und töteten. Was alle Einheiten der jeweiligen Konfliktpartei – ungeachtet der polyzentrischen Kommandostruktur – vereinte, war die jeweilige nationalistische Agenda, der sie sich aus Überzeugung verbunden fühlten oder die sie benutzten, um ihre eigenen Ziele (Bereicherung und/oder das Ausleben von Gewaltfantasien) zu realisieren. Raubökonomie und ethnische Säuberungen gingen oft Hand in Hand.[832] Zu den bekanntesten serbischen Spezialeinheiten gehörten die „Weißen Adler", die „Tschetniks", die „Serbische Freiwilligengarde", die „Roten Barette" und die „Skorpione".[833] Auf kroatischer und bosniakischer Seite kämpften die „Kroatischen Verteidigungskräfte" (Hrvatske obrambene snage, HOS) sowie die „Grünen Barette" (Zelene beretke)[834] und ausländische Mudžahedin.

---

830 In Bosnien herrscht nackter Terror, in: Der Tagesspiegel vom 16./17. 5. 1992.

831 UN, Commission of Experts' Final Report (S/1994/674) von Ende April 1994: http://www.ess.uwe.ac.uk/comexpert/report_toc.htm, Annex III A: Special Forces. Vgl. auch Oberschall: Manipulation of ethnicity, a. a. O., S. 998. Die Mitglieder der irregulären Einheiten setzten sich zusammen aus ehem. Armeeangehörigen, Mitgliedern der Territorialverteidigung und lokaler Polizeieinheiten, aus Zivilisten, Kriminellen, Hooligans, Emigranten, ausländischen Freiwilligen und Söldnern.

832 Vgl. Bougarel: Zur Ökonomie des Bosnien-Konflikts. Diese Entwicklung wurde noch dadurch gefördert, dass auch die Soldaten in den regulären Verbänden nicht regelmäßig bezahlt werden konnten und Plünderungen als Ersatz geduldet wurden.

833 Berühmt-berüchtigte Organisatoren bzw. Führer serbischer Spezialeinheiten waren Franko („Frenki") Simatović (Jg. 1950), Chef der Spezialeinheiten des Serbischen Innenministeriums („Rote Barette"), Vojislav Šešelj (Jg. 1954), Begründer der Serbischen Radikalen Partei und Organisator der Šešelj-Einheiten (Tschetniks), sowie Željko Ražnatović („Arkan") (Jg. 1952), Kommandant der „Serbischen Freiwilligengarde" („Arkans Tiger"), die sich v. a. aus Hooligans des Belgrader Fußballclubs „Roter Stern" zusammensetzte.

834 Eine paramilitärische Einheit, die von der SDA finanziert und in der zweiten Jahreshälfte 1992 in die Armee von Bosnien-Herzegowina integriert wurde.

4.1. DER BOSNIENKRIEG: EIN ÜBERBLICK

Der Krieg zog über den Rahmen des ehemaligen Jugoslawien hinaus Freiwillige, Söldner und Abenteurer aus vielen Ländern an. Zu ihnen gesellten sich christliche Überzeugungstäter aus Russland und Griechenland, die sich am „heiligen Krieg" der Serben beteiligten, sowie islamische „Gotteskrieger", die an der Seite der Muslime fochten. Die Mudžahedin gerieten schnell in den Focus der Feindpropaganda, auch wenn zwischen christlichen und islamischen „Glaubenskriegern" kein grundsätzlicher Unterschied bestand. In der islamischen Welt hatten die Ereignisse in Bosnien eine Welle der Solidarisierung ausgelöst.[835] Ausländische Islamisten witterten nun, nachdem im April 1992 der islamische Staat Afghanistan proklamiert worden war, eine Chance, in Bosnien Fuß fassen und ein neues Zentrum für ihre terroristischen Aktivitäten aufbauen zu können. Über ihre Teilnahme am Bosnienkrieg und ihre Verbindungen zum Terrornetzwerk Al-Qaida bzw. zu den radikalislamischen Taliban existieren widersprüchliche Informationen. Die Angaben über die Zahl der ausländischen Djihadisten in Bosnien, die vorwiegend aus arabischen Ländern (Ägypten, Saudi-Arabien, Algerien und Jordan) stammten und vorher in Afghanistan gegen die Sowjetunion gekämpft hatten, schwanken zwischen mehreren Hundert und etwa 3.000.[836] Am 13. August 1993 ordnete der Generalstab der regierungstreuen bosnischen Armee die Formierung einer Einheit „El Mudžahid" im Rahmen des 3. Korps an, um die Aktivitäten der „Gotteskrieger" kontrollieren zu können.[837] Da es der bosniakischen Seite aber nicht an Soldaten, sondern an Waffen fehlte, war der Einsatz der Mudžahedin umstritten, zumal deren radikalislamisches Gedankengut den einheimischen Muslimen fremd blieb und ihr brutales Vorgehen das Image Bosniens nachhaltig beschädigte. Dass islamische „Gotteskrieger" (ausländische wie einheimische) an schweren Kriegsverbrechen beteiligt waren, ist mittlerweile zweifels-

---

[835] Vgl. Schindler, John R.: Unholy Terror: Bosnia, al-Qa'ida, and the rise of global jihad, St. Paul/Mn 2007, S. 147 ff. Zu den Spenden aus der islamischen Welt und zum Waffenschmuggel nach Bosnien vgl. Pomfret, John: How Bosnia's Muslims Dodget Arms Embargo, in: Washington Post, 22. 9. 1996; Bromley, Mark: United Nations Arms Embargoes. Their Impact on Arms Flows and Target Behaviour. Case study: Former Yugoslavia, 1991–96, Stockholm: International Peace Research Institute (SIPRI) 2007, S. 9–12.

[836] Vgl. Azinović, Vlado: Al-Kai'da u Bosni i Hercegovini – mit ili stvarna opasnost? Sarajevo 2007. Das von Radio Free Europe herausgegebene Buch ist im Internet abrufbar unter: http://www.slobodnaevropa.org/specials/al_kaida/index.htm (ohne Seitenzählung). Azinović kommt zu dem Schluss, dass ohne den Krieg in Bosnien-Herzegowina und ohne das internationale Waffenembargo, das die militärische Schwäche der bosniakischen Seite zementierte, Bosnien nicht zum Schauplatz radikalislamischer Aktivitäten geworden wäre. Zu den Mudžahedin in Bosnien vgl. auch Huntington, Samuel: The Clash of Civilizations and the Remaking of World Order, New York 1996; hier nach der Paperback-Edition von 2003, S. 285 ff.

[837] In der regulären bosnischen Armee gab es sehr unterschiedliche Gruppierungen. Auf der einen Seite die Angehörigen der früheren Jugoslawischen Volksarmee und der bosnischen Territorialverteidigung, von denen viele säkular eingestellt waren, und andererseits religiöse Bosniaken und Islamisten, die sich nach Kriegsbeginn zur Armee gemeldet hatten.

frei belegt.[838] Izetbegović, der als Staatspräsident auch den Oberbefehl über die bosnische Armee innehatte, hat das Einsickern ausländischer „Gotteskrieger" nicht verhindert. Und er hat auch nicht verhindert, dass diejenigen Serben und Kroaten, die sich für Bosnien als Staat entschieden hatten und in der bosnischen Armee dienten, immer mehr marginalisiert wurden. Selbst die wenigen Nicht-Bosniaken in militärischen oder politischen Spitzenämtern, wie der serbischstämmige General Jovan Divjak („Onkel Jovo") oder der bosnische Serbe Mirko Pejanović, Mitglied der Staatspräsidentschaft, stießen mit ihren Protesten bei Izetbegović oft auf taube Ohren.[839]

Fassen wir die erste Phase des Krieges kurz zusammen: Seit Sommer 1992 beherrschen die Serben mehr als zwei Drittel des Staates Bosnien-Herzegowina. Das Territorium, über das die rechtmäßige bosnische Regierung und die von der SDA aufgebauten parallelen Netzwerke noch eine Kontrolle ausüben, zerfällt dadurch in mehrere ost- und westbosnische Enklaven, den zentralbosnischen Raum und die kroatisch dominierte westliche Herzegowina.

Bevor auf die Belagerung Sarajevos eingegangen wird, soll der weitere Verlauf des Bosnienkrieges in aller Kürze skizziert werden. Ich bin mir bewusst, dass jedem Satz ein Gegen-Satz und jedem Gegen-Satz ein Satz gegenübergestellt werden könnte/müsste, aber dafür ist hier nicht der Platz. Die Nachrichten über Massenmorde, Vergewaltigungen, die Zustände in Lagern, über Vertreibungen und Flüchtlingsströme schreckten die internationale Öffentlichkeit allmählich auf. „Rest-Jugoslawien" (Serbien und Montenegro) war aus den Vereinten Nationen ausgeschlossen und im Mai 1992 mit Sanktionen belegt worden, nachdem bereits vorher mit der UN-Resolution 713 ein Waffenembargo über den ehemals jugoslawischen Raum verhängt worden war (womit das bestehende militärische Ungleichgewicht vorerst perpetuiert wurde). Im Juni 1992 beschloss der UN-Sicherheitsrat die Entsendung von „Blauhelmen" nach Bosnien-Herzegowina. Sie sollten die Zivilbevölkerung schützen und durch ihre bloße Anwesenheit die Kriegsparteien zwingen, die Beschlüsse der internationalen Organisation einzuhalten. Im Oktober 1992 verhängten die UN ein militärisches

---

838 Der letzte Oberkommandierende der bosnischen Armee, Rasim Delić, wurde vom Haager Kriegsverbrechertribunal am 15. 9. 2008 zu drei Jahren Haft verurteilt, weil er es unterlassen hatte, die Kriegsverbrechen ausländischer Djihadisten bzw. der Einheit „El Mudžahid" an kroatischen und später serbischen Kriegsgefangenen (1993 resp. 1995) zu verhindern oder die Schuldigen zu bestrafen: http://www.icty.org/x/cases/delic/tjug/en/080915_Delic_summary_en.pdf. Zu den Verbrechen (aus serbischer Sicht) vgl. Andjelic, Suzana: War Crimes: „The Vozuca Case", Six Years Later, in: Pogledi vom 13. 9. 2001: http://www.pogledi.rs/izetbegovic/articles/3-2001.php

839 Divjak, der aus Protest gegen Übergriffe der Regierungstruppen in Sarajevo bereits Ende Mai 1993 Izetbegović seinen Rücktritt aus dem militärischen Führungsstab angeboten hatte, legte in einem Brief an Izetbegović vom 18. 11. 1997 seinen Rang als Brigadegeneral nieder, nachdem neue Dokumente über Verbrechen der regierungstreuen Truppen in Sarajevo bekannt geworden waren. Pismo Jovana Divjaka predsjedniku Aliji Izetbegoviću: http://www.camo.ch/pismo-predsjedniku.htm. Zu Pejanović vgl. dessen Memoiren: Through Bosnian Eyes: The Political Memoirs of a Bosnian Serb, Sarajevo 2002.

Flugverbot über Bosnien-Herzegowina, mit dessen Überwachung die NATO beauftragt wurde. Aber alle diese Maßnahmen konnten die Kriegsverbrechen und Menschenrechtsverletzungen nicht stoppen. Die Zivilbevölkerung (insbesondere die muslimische, aber auch die serbische und kroatische) sah sich unerträglichen Misshandlungen ausgesetzt.[840] Im April und Mai 1993 wurden daher – erstmals in der Geschichte der Vereinten Nationen – sechs „Schutzzonen" für die Zivilbevölkerung („safe areas") in Sarajevo, Tuzla, Bihać, Srebrenica, Žepa und Goražde eingerichtet und die „Blauhelme" mit deren Überwachung beauftragt. Die ohnehin schon mit Flüchtlingen überfüllten „Schutzzonen" zogen neue Flüchtlingsströme in der trügerischen Hoffnung auf Schutz an. Die Stationierung der Schutztruppen und das (noch unerprobte) Schutzzonenkonzept erwiesen sich als völliger Fehlschlag. Die UN-Soldaten waren nicht in der Lage, Entscheidungen der internationalen Gemeinschaft durchzusetzen und hatten keinen Kampfauftrag. Zur Entsendung von internationalen Bodentruppen bestand dagegen keine Bereitschaft. Die Einnahme der „Schutzzone" von Srebrenica im Juli 1995, bei der Tausende muslimischer Männer von der bosnisch-serbischen Armee unter Kommando von Ratko Mladić sowie von paramilitärischen Banden ermordet wurden („Völkermord von Srebrenica"), erwies das UN-Konzept vollends als „humanitäre Katastrophe".

Auch die diplomatischen Friedensbemühungen der internationalen Gemeinschaft zur Lösung des bosnischen Knotens blieben erfolglos. Im Frühjahr 1993 brach ein muslimisch-kroatischer Krieg, ein Krieg im Krieg aus.[841] Die bosnischen Kroaten riefen Ende August die „Kroatische Republik Herceg-Bosna" aus und bekundeten den Willen, diesen „Staat" mit Kroatien zu vereinigen. Bei der Verfolgung dieses Ziels begingen auch sie ethnische Säuberungen. Und die Bosniaken machten keine Ausnahme. Unter dem Eindruck der Massenverbrechen an der muslimischen Bevölkerung entwickelte sich in der Führung der SDA ein zunehmend exklusiver muslimischer Nationalismus, der Bosnien ausschließlich als Land der Muslime begriff bzw. als Land der Bosniaken (wie sich die Muslime seit Anfang 1993 bezeichneten). Auch hier kam es zu ethnisch motivierten Kriegsverbrechen. Der UN-Menschenrechtsbeauftragte Tadeusz Mazowiecki beschuldigte alle drei Krieg führenden Parteien, das Mittel der ethnischen Säuberungen einzusetzen, wies jedoch der serbischen Konfliktpartei den Hauptteil und die Hauptverantwortung zu.[842] Nun spaltete sich auch noch das bosniakische Lager. Am 27. September 1993 proklamierte Fikret Abdić die „Autonome Provinz Westbosnien", eine kleine Region um die Stadt Velika Kladuša, die ihrer-

---

840 Allerdings waren die Grenzen zwischen Zivilisten und Kombattanten in vielen Fällen weder klar noch stabil.
841 Einzelheiten bei Shrader: The Muslim-Croat Civil War in Central Bosnia, der die Ereignisse vor Ort für den Krieg im Krieg verantwortlich macht, die langfristigen Pläne zur Teilung Bosniens dagegen in den Hintergrund rückt.
842 Eine Kompilation der 17 Berichte Mazowieckis ist abrufbar unter: http://www.bergfiles.com/i/bf-58770cf5h32i0

seits Teil der Sicherheitszone und Enklave Bihać war: eine Enklave innerhalb der Enklave. Als Führer der Autonomen Region schloss Abdić einen Separatfrieden mit den bosnischen Serben und vereinbarte mit Kroatien einen Verzicht auf militärische Gewaltanwendung. Seine Milizen kämpften fortan gegen die Regierungstruppen: Muslime gegen Muslime. Eine politische Gesamtlösung für Bosnien-Herzegowina rückte in immer weitere Ferne. Nur den kroatisch-bosniakischen Konflikt konnte eine amerikanische Initiative im März 1994 beilegen. In Washington schlossen Bosniaken und Kroaten Frieden und gründeten die „Föderation Bosnien-Herzegowina". Aber noch immer standen über 70 % des bosnisch-herzegowinischen Territoriums unter serbischer Herrschaft. [843]

Eine grundlegende Änderung der Lage zeichnete sich erst im Frühsommer 1995 ab. Bereits im Mai hatte die mittlerweile aufgerüstete kroatische Armee Westslawonien zurückerobert und startete Anfang August eine Großoffensive gegen die serbisch kontrollierten Gebiete in Kroatien. Innerhalb weniger Tage wurde die „Serbische Republik Krajina" von den Kroaten eingenommen und ein Waffenstillstand unterzeichnet, der den Serben freien Abzug zusicherte. 150.000 bis 200.000 Serben flüchteten daraufhin aus der Krajina nach Serbien und Bosnien. Mitte August waren fast alle Serben aus der dreieinhalb Jahre zuvor proklamierten Serbischen Krajina geflohen oder vertrieben. Auch in Bosnien-Herzegowina bahnte sich eine militärische Wende an. Zwar konnte das bosnisch-serbische Militär mit der Einnahme der ostbosnischen UN-Schutzzonen Srebrenica und Žepa im Juli einen letzten (Schein-)Erfolg erringen, aber die militärische Kooperation zwischen bosnischen Regierungstruppen und kroatischer Armee im Nordwesten Bosnien veränderte die militärische Lage innerhalb weniger Wochen von Grund auf. Die „Autonome Provinz Westbosnien" kollabierte im August. Ihre Milizionäre gerieten in Gefangenschaft, während Abdić unter dem persönlichen Schutz von Franjo Tudjman unbehelligt nach Kroatien entkam. In gemeinsamen Offensiven erzielten kroatische Truppen und bosnische Regierungsarmee bedeutende Geländegewinne, während die NATO Luftangriffe gegen serbische Stellungen im Raum Sarajevo, Tuzla und Pale flog. In dieser Situation startete der amerikanische Sonderbevollmächtigte Richard Holbrooke eine neue Friedensinitiative. Nach Inkrafttreten eines Waffenstillstands im Oktober trat in Dayton (Ohio) am 1. November eine Friedenskonferenz zusammen, auf der Milošević, Tudjman und Izetbegović – völlig abgeschirmt von der Außenwelt – ein Abkommen paraphierten, das am 14. Dezember 1995 in Paris formell unterzeichnet wurde. [844]

Die Opferbilanz des Bosnienkrieges ist nach wie vor umstritten. Nur langsam lichtet sich der Nebel über den wahren, halbwahren und unwahren Behauptungen. Eine wichtige Rolle dabei spielt das in Sarajevo ansässige „Research and Documentation Center", eine Nicht-

---

843 Zu den internationalen Friedensbemühungen vgl. u. a. Calic: Krieg in Bosnien-Herzegowina, S. 181 ff.
844 Einzelheiten im Kapitel 4.3.

Regierungsorganisation unter Leitung von Mirsad Tokača. Das Zentrum hat in jahrelanger Arbeit eine Datenbank erstellt, in der die Kriegstoten namentlich erfasst sowie Ort und Umstände ihres Todes dokumentiert werden. Im Juni 2007 veröffentlichte es „The Bosnian Book of the Dead" (Bosanska knjiga mrtvih) und Anfang 2013 präsentierte es eine überarbeitete Fassung unter demselben Titel in vier Bänden mit einem Gesamtumfang von rund 4.000 Seiten.[845] Die Zahl der namentlich erfassten Kriegstoten in Bosnien-Herzegowina belief sich nach diesen Recherchen auf 95.940 Personen, davon 57.701 Kombattanten (= 60,1 %) und 38.239 Zivilisten (= 39,9 %). Knapp 10.000 Tote waren Frauen. Aufgeschlüsselt nach nationaler Zugehörigkeit waren fast 65 % aller Kriegstoten Bosniaken, darunter über 50 % Zivilisten. Der Anteil der Serben belief sich auf 26 %, darunter knapp 17 % Zivilisten. Die Kroaten stellten 8,8 % der Kriegsopfer, von denen knapp 30 % auf Zivilisten entfielen. Hinzu kam eine kleine Zahl von Opfern anderer Nationalität. Unter allen Zivilopfern waren die Bosniaken mit 81,3 % mit Abstand am stärksten vertreten, gefolgt von den Serben mit 10,9 % und den Kroaten mit 6,5 %, während von den Kombattanten 53,6 % auf die Bosniaken, 36,0 % auf die Serben und 10,3 % auf die Kroaten entfielen. Diese Zahlen stießen sofort nach ihrer Veröffentlichung (wie nicht anders zu erwarten war) auf scharfe Kritik von serbischer Seite.[846] Sie mögen in dem einen oder anderen Detail korrekturbedürftig sein und sind sicher noch unvollständig. Aber hinsichtlich Quellen und Methode stellen sie bislang die mit Abstand solideste Schreckensbilanz dar.

Zu den Toten kamen Zehntausende von Invaliden, eine unbekannte Zahl vergewaltigter Frauen, Menschen, die zeitweilig in Lagern eingepfercht und misshandelt worden waren, sowie mehr als zwei Millionen Flüchtlinge und Vertriebene (innerhalb wie außerhalb Bosniens). Gut die Hälfte der Bevölkerung lebte nicht mehr dort, wo sie dreieinhalb Jahre zuvor zuhause gewesen war.

---

845 Die Publikation war mir noch nicht zugänglich. Die folgenden Angaben stützen sich auf Medienberichte, u. a. Novalić, Nedžad: „Bosanska knjiga mrtvih": Početak, a nikako kraj istraživanja broja poginulih u proteklom ratu, in: Novo Vrijeme, 31. 1. 2013; Filipović, Nadan: Statistički podaci iz „Bosanske knjige mrtvih", in: BH Magazin, 25. 1. 2013; Hoare, Attila: What do the figures for the Bosnian war-dead tell us?: http://greatersurbiton.wordpress.com

846 Der Direktor des Belgrader „Instituts zur Erforschung der serbischen Opfer im 20. Jahrhundert", Milivoje Ivanišević, griff die Dokumentation des Sarajevoer Zentrums, in dem Bosniaken und Serben zusammenarbeiten, als „skandalös" an. Er monierte, dass die serbischen Opfer von denjenigen evidentiert worden seien, unter denen die Serben gelitten hätten, und interpretierte die (finanziell angeblich von der NATO unterstützte) Veröffentlichung als Fortsetzung der feindlichen Haltung gegenüber den Serben. Jedes Volk müsse seine Opfer selber ermitteln. Es sei absurd, wenn z. B. Deutsche die ausländischen Opfer des Nationalsozialismus dokumentierten. Dazu hätten sie kein „Recht"! Ivanišević, Milivoje: „Bosanska knjiga mrtvih" je falsifikat po meri neprijatelja, in: http://www.srbel.net/2013/02/05/milivoje-ivanisevic-bosanska-knjiga-mrtvih-je-falsifikat-po-meri-neprijatelja/?lang=lat

4.2. DIE BELAGERUNG SARAJEVOS

> „Hat sich nicht das kurze 20. Jahrhundert im wesentlichen zwischen zwei Brücken von Sarajevo abgespielt? Es begann bekanntlich am 28. Juni 1914 auf der Lateinerbrücke mit der Ermordung des österreichischen Thronfolgerpaars. (…) [Es] endete am 6. April 1992 in Sarajevo, vier Brücken flußabwärts von der Lateinerbrücke. An diesem Tag wurden auf der Vrbanjabrücke Suada Dilberović und Olga Sučić ermordet. Sie demonstrierten gegen einen Krieg, der offiziell mit ihrer Ermordung begann. Wieder zwei Opfer, wieder eine Brücke in Sarajevo und wieder ein Krieg, mit dem etwas Neues begann."[847]

Über den Beginn des Bosnienkrieges kursieren zwei unterschiedliche Versionen: eine serbische und eine bosniakische. Schauplatz ist in beiden Fällen Sarajevo. Von serbischer Seite wird der 1. März 1992 als Beginn der Kämpfe in der Stadt und als Auftakt für den Bosnienkrieg genannt. An diesem Tag soll der Muslim Ramiz Delalić (Spitzname: Ćelo/Glatze) auf eine serbische Hochzeitsgesellschaft vor der Alten orthodoxen Kirche am Rand der *Čaršija* geschossen haben. Der Vater des Bräutigams, Nikola Gardović, wurde getötet, ein Priester verletzt. Anlass für die Attacke war eine Fahne mit dem serbischen Wappen. Nach der Tat errichtete die Polizei Barrikaden, doch der mutmaßliche Täter wurde merkwürdigerweise nicht gefasst. Der Verdacht, dass er von höchster Stelle geschützt wurde, lässt sich schwer aus dem Weg räumen. Während der Belagerung der Stadt avancierte Delalić zum Kommandanten der 9. Bergbrigade und soll enge Verbindungen zur Unterwelt unterhalten haben. Erst 2004 klagte ihn die Staatsanwaltschaft in Sarajevo wegen des Mordes an. Doch bevor das Verfahren zum Abschluss gebracht werden konnte, wurde der Angeklagte am 27. Juni 2007 vor seiner Wohnung in Sarajevo von unbekannten Tätern (angeblich aus Kreisen der Unterwelt) ermordet. Zwanzig Jahre nach Kriegsbeginn erklärte ein junger bosnischer Serbe: „Die Geschichte, so wie ich sie kenne, sagt, dass der Krieg mit der Ermordung eines serbischen Hochzeitsgasts begann."[848] Das ist sicher nicht richtig.

Die zweite Version: Am 5. April – einen Tag vor der Anerkennung Bosnien-Herzegowinas durch die EU – lief ein von bosnisch-serbischen Politikern gestelltes Ultimatum zur Zurücknahme der von Izetbegović am Vortag angeordneten Mobilisierung der Territorialverteidigung sowie der Polizeireserve ergebnislos ab. In der Stadt kam es an diesem und am

---

[847] Karahasan, Dževad: Berichte aus der dunklen Welt, Frankfurt/M., Leipzig 2007, S. 212 f. Der Vorfall, von dem Karahasan berichtet, ereignete sich verschiedenen Berichten zufolge bereits am 5. April.

[848] Kinder des Krieges: Deutsche Welle, 6. 4. 2012.

Abb. 29: Die 1992 in Brand gesteckte Universitäts- und Nationalbibliothek

nächsten Tag zu großen Friedensdemonstrationen, an denen bis zu 100.000 Menschen beteiligt gewesen sein sollen. Die Stimmung war ausgelassen. Niemand glaubte ernsthaft, dass es in Sarajevo Krieg geben könne. Doch dann feuerten Scharfschützen in die Menge und töteten auf der Vrbanjabrücke (westlich der Altstadt) die muslimische Medizinstudentin Suada Dilberović und die Kroatin Olga Sučić, die – dieser Version zufolge – die ersten Opfer des Bosnienkrieges waren. Sechs serbische Verdächtige wurden festgenommen, kamen aber im Austausch gegen den von Serben als Geisel genommenen Leiter der bosnischen Polizeiakademie wieder auf freien Fuß. Woher die Schüsse abgefeuert wurden – aus dem Holiday Inn, damals Hauptquartier der SDS, oder den benachbarten Zwillingstürmen, im Volksmund „Momo und Uzeir" genannt – (vgl. Farbabb. 19), konnte nie restlos geklärt werden. Unbestreitbar dagegen ist, dass die Schüsse am 5. April und am nächsten Tag, als die Demonstrationen fortgesetzt wurden, den Beginn eines Krieges markierten, den die Mehrheit der Sarajevoer für unmöglich gehalten hatten – ungeachtet vieler Anzeichen, die lange zuvor erkennbar gewesen waren.[849]

---

849 Dazu gehörten die verstärkte Präsenz der „Jugoslawischen Volksarmee" in Bosnien sowie rings um Sarajevo (angeblich, um eventuelle Unruhen zu verhindern), die Anlage von Geschützstellungen (getarnt als Übun-

Am internationalen Flughafen in Butmir und in verschiedenen Teilen der Stadt kam es zu heftigen Gefechten. Auf den Bergen rings um Sarajevo zogen Verbände der „Jugoslawischen Volksarmee" Hunderte Artilleriegeschütze, Panzer und Mörser zusammen. Und innerhalb kürzester Zeit wurden die zentralen Teile der Stadt eingeschlossen, vom Flug-, Straßen- und Eisenbahnverkehr abgeschnitten (Farbabb. 20). Der Großraum Sarajevo war damit gespalten. Der unter Regierungskontrolle stehenden Stadt im engeren Sinn standen die Peripherien und Vororte – „Serbisch-Sarajevo" – gegenüber. Die Blockade der Stadt dauerte 1.425 Tage, bis zum 29. Februar 1996, als die Regierung nach Übernahme des Stadtteils Ilijaš und Öffnung der Straße von Sarajevo nach Zenica und Tuzla den Belagerungszustand offiziell für beendet erklärte:[850] 1.425 Tage, in denen die Stadt nur durch den von UN-Schutztruppen übernommenen Flughafen, eine Luftbrücke zur Versorgung mit Hilfsgütern und einen Mitte 1993 fertiggestellten knapp 1.000 Meter langen, niedrigen und engen Tunnel unter dem Flughafengelände (von Dobrinja nach Butmir)[851] notdürftig mit der Außenwelt verbunden war, 1.425 Tage unbeschreiblichen Leids für die Menschen. Die Luftbrücke dauerte rund dreieinhalb Jahre: die längste Luftbrücke in der Geschichte. Ohne sie, ohne den Tunnel, durch den Versorgungsgüter, Waffen, Munition und Menschen geschleust wurden, und ohne die (wenigen) UN-geschützten Lkws, die Sarajevo auf dem Landweg erreichten, wäre das Überleben in der Stadt unmöglich gewesen. Die Verteidiger waren den Belagerern zwar personell deutlich überlegen, litten jedoch unter dem Mangel an schwerem Kriegsgerät, an Gewehren und Munition,[852] sodass sie außerstande waren, den Belagerungsring zu durchbrechen (obwohl sie einige Höhenstellungen unter ihre Kontrolle brachten). Die Belagerer waren waffentechnisch dagegen bestens ausgerüstet, aber personell zu schwach, um die Stadt erobern zu können. Das Resultat war ein dreieinhalbjähriger Albtraum. In einem umfangreichen Bericht einer vom UN-Sicherheitsrat eingesetzten Expertenkommission zur Untersuchung der Kriegsverbrechen im ehemaligen Jugoslawien werden die Ereignisse in Sarajevo für die Zeit vom 5. April 1992 bis zum 28. Februar 1994 Tag für Tag aufgelistet.[853] Im Durchschnitt schlugen täglich 329 Granaten in der Stadt ein.

---

gen!), die Tatsache, dass einige Serben nicht mehr am Arbeitsplatz erschienen und die Stadt vor Kriegsbeginn verlassen hatten, sowie das Auftreten von Leuten im Tschetnik-Look mit Bart und Tschetnik-Kappe („Šajkača") (angeblich Soldaten der „Volksarmee"!). Vom vorausgegangenen Krieg in Kroatien ganz zu schweigen!

850 Faktisch hatte die Belagerung Ende 1995 aufgehört.

851 In Butmir bestand Anschluss an eine von Regierungstruppen kontrollierte Straße über den Berg Igman. Teile des Tunnels sind heute ein Museum.

852 Zu Beginn des Krieges „liehen" sich die Regierungstruppen vier Kanonen aus dem „Museum der Revolution" aus, die von Tito-Partisanen während des Zweiten Weltkriegs benutzt worden waren. Nach Kriegsende wurden die Kanonen an das Museum zurückgegeben.

853 Final report of the UN Commission of Experts: S/1994/674, Annex VI: Study of the battle and siege of

Höhepunkt bildete der 22. Juli 1993, an dem 3.777 Granateneinschläge gezählt wurden. Sie hinterließen eine Spur der Verwüstung. Die Strom-, Wasser- und Gasversorgung wurde unterbrochen, der öffentliche Verkehr lahmgelegt, der Hauptbahnhof, das Post- und Telegrafenamt, die Radio- und Fernsehstation, das Verlagsgebäude der Tageszeitung „Oslobodjenje" in Nedžarici (Novi Grad, unterhalb des Berges Mojmilo), verschiedene Krankenhäuser, Regierungsgebäude, Militäreinrichtungen, zahlreiche Hotels (u. a. das Holiday Inn), die Zwillingshochhäuser „Momo und Uzeir" sowie weit mehr als 100.000 Wohnungen wurden beschädigt oder zerstört. Von den umliegenden Bergen aus konnten die Soldaten des „Sarajevo-Romanija Korps", das die Stellungen von der „Jugoslawischen Volksarmee" nach deren offiziellen Rückzug aus Bosnien übernommen hatte, die Bewegungen der Menschen im Tal genau (an vielen Stellen mit bloßem Auge) beobachten und im Kampf gegen die Langeweile mal eine Granate abfeuern, mal einzelne Passanten ins Visier nehmen. Der verlustreichste Granateneinschlag, der weltweit für Empörung sorgte, ereignete sich am Mittag des 5. Februar 1994 an einem ungewöhnlich warmen Wintertag: Eine Mörsergranate schlug in den überfüllten Markale-Marktplatz am Rand der Altstadt ein und tötete 68 Menschen; 144 wurden verletzt.[854] Zu diesem und anderen Granatenangriffen kamen die alltäglichen Aktivitäten der Heckenschützen. Traurige Berühmtheit erlangte die „Allee der Scharfschützen" (Sniper Alley): der Boulevard des „Drachen von Bosnien" (Zmaj od Bosne) (damals Straße des Vojvoden Radomir Putnik), der das Stadtzentrum mit Neu-Sarajevo verbindet. Aus Hochhäusern oder von den Bergen her machten Heckenschützen Jagd auf Passanten, die den Boulevard in der einen oder anderen Richtung überqueren mussten, auf Menschen, die „gestern noch zu Europa gehört" hatten.

Vom ersten Tag der Belagerung an wurde deutlich, dass sich die Angriffe der Männer auf den Bergen nicht nur und nicht in erster Linie gegen die Kämpfer auf der Gegenseite und ihre militärischen Objekte richteten, sondern gleichermaßen gegen die Zivilbevölkerung

---

Sarajevo (S/1994/674/Add. 2 (Vol. II) vom 27. 5. 1994, 10 Teile; abrufbar unter: http://www.ess.uwe.ac.uk/comexpert/VI-01.htm

854 Nach den Recherchen des Haager Kriegsverbrechertribunals (ICTY) wurde die Granate von serbischen Stellungen abgefeuert (während Vertreter der serbischen Seite von einem bosniakischen Täuschungsmanöver sprachen). Der zuständige serbisch-bosnische General Stanislav Galić wurde vom ICTY Ende 2003 zu zwanzig Jahren Haft verurteilt. Ende November 2006 nach Abschluss eines Berufungsverfahrens, in dem es abermals um die Herkunft der Granate ging, verlängerte das Gericht Galićs Haftstrafe auf lebenslänglich: http://icty.org/x/cases/galic/acjug/en/gal-acjud061130.pdf Nach dem Anschlag forderte die NATO ultimativ die Einrichtung einer 20 km breiten waffenfreien Zone um Sarajevo und drohte mit Luftangriffen. Am 28. Februar 1994 schossen Flugzeuge der Allianz erstmals vier serbische Kampfflieger ab. In den folgenden Monaten griffen NATO-Flugzeuge von Fall zu Fall wegen Verletzung des Flugverbots oder der waffenfreien Zone um Sarajevo weitere serbische Ziele (auch) am Boden an, was von den bosnischen Serben mit Vergeltungsschlägen gegen die Zivilbevölkerung in der Stadt beantwortet wurde.

sowie gegen religiöse und kulturelle Objekte der Muslime und Kroaten. Den Belagerern ging es um die systematische Eliminierung des kulturellen Erbes ihrer Gegner. „Systematisch" heißt, dass es sich nicht um „Kollateralschäden" oder um bloße Zerstörungswut handelte, obwohl auch diese nicht ausgeschlossen werden können, sondern um ein planvolles Vorgehen. Mit der Zerstörung von sakralen Gebäuden, Denkmälern, Archiven, Museen und Bibliotheken sollte die bisherige kulturelle Präsenz der Feinde, sollte das islamisch-orientalische ebenso wie das katholisch-okzidentale Erbe und alles, was daran erinnern konnte, ausgelöscht werden. Zahlreiche Moscheen und Teile der Altstadt wurden zerstört oder beschädigt. Schon am 17. Mai 1992 fiel das Orientalische Institut einem Bombenangriff zum Opfer. Alle seine Sammlungen, darunter Protokollbücher des Kadi-Amts in Sarajevo, osmanische Steuerregister und mehr als 5.200 islamische Kodices gingen in Flammen auf. Einige Monate später, am 25. August 1992, vernichtete ein Angriff auf die National- und Universitätsbibliothek (das ehemalige Rathaus, Vijećnica) rund 1,5 Millionen Bücher. Die Feuerwehrleute wurden von den Pyromanen durch Dauerbeschuss daran gehindert, den Brand zu löschen. András Riedlmayer spricht in diesem Zusammenhang vom größten Einzelfall einer absichtlichen Bücherverbrennung in der modernen Geschichte[855] (Abb. 29).

Wie verhielten sich die Menschen in der Stadt? Schlüssig lässt sich diese Frage kaum beantworten. Wie immer gab es solche, die sich würdig, und andere, die sich unwürdig verhielten. Beides hatte mit Nation oder Religion nichts zu tun. So wenig wie es *die* Bosniaken, *die* Serben, *die* Kroaten oder *die* Muslime, *die* Christen usw. gab und gibt, so wenig gab und gibt es *die* Sarajevoer. Auch sie setzten sich aus unterschiedlichen Gruppierungen zusammen (nicht nur in nationaler Hinsicht), agierten und reagierten, wie Menschen überall in vergleichbaren Situationen reagieren: nicht schlechter, manchmal besser und vor allem nicht einheitlich. „So ist der Krieg. So sind die Leute hier, genauso wie überall auf der Welt."[856] Die Zusammensetzung der Bevölkerung veränderte sich während des Kriegs dramatisch. Ein namhafter Teil der alteingesessenen Sarajevoer verließ die Stadt. „Früher brauchte ich von meiner Wohnung bis zum Kaffeehaus eine halbe Stunde, weil ich an jeder Ecke einen Bekannten getroffen habe. Jetzt schaffe ich den Weg in fünf Minuten", schreibt Zlatko Dizdarević.[857] Viele Sarajevoer blieben, weil sie bleiben wollten oder bleiben mussten. „Wenn wir nicht gerade zusehen müssen, wie wir unsere Haut retten können, vergeht

---

855   Riedlmayer, András: Destruction of Cultural Heritage in Bosnia and Herzegovina, 1992–1996. A Post-war Survey of Selected Municipalities, Cambridge/MA 2002, S. 19.
856   Dizdarević: Alltag des Krieges, S. 92.
857   Ebda., S. 11. Dizdarević, der aus ausländischen Zeitungen erfahren haben will, „daß ich Moslem bin" (S. 10), war leitender Journalist bei der Tageszeitung „Oslobodjenje". In seinem „Tagebuch", das mit mehreren Preisen ausgezeichnet wurde, berichtet er über seine Eindrücke im ersten Kriegsjahr 1992. Das Buch ist aus der Perspektive eines Eingekesselten geschrieben, der voller Verbitterung, Wut und Zynismus beschreibt, was um ihn herum und in ihm vorgeht.

Abb. 30: Sarajevo während der Belagerung

unser Alltag mit Gesprächen über die Leute, die hier leben, und über die Menschen, die aus dem einen oder anderen Grund nicht mehr da sind. Über die, die noch hier sind, erfahren wir auf einmal viel mehr als früher. Wir entdecken Geschichten, die uns jahrelang nur ein Achselzucken entlockt hätten. Wir nehmen die Probleme, die uns in der Vergangenheit beschäftigt haben, anders wahr. Wir merken, wie falsch manche Freundschaften waren und wie es uns drängt, andere wieder anzuknüpfen, die uns hier und jetzt in einem völlig neuen Licht erscheinen."[858] Zu denen, die blieben, kam ein Strom von Flüchtlingen (vornehmlich aus Ostbosnien), die in der Stadt Schutz suchten. Die schwedische Anthropologin Ivana Maček erwähnt, dass bis 1994 die Hälfte der 600.000 Vorkriegseinwohner den Großraum Sarajevo verlassen hätte, während 150.000 „displaced persons" aus Ostbosnien in der Stadt eingetroffen seien. Das heißt, dass von den 450.000 Bewohnern im Jahr 1994 zwei Drittel alteingesessen und ein Drittel Neuankömmlinge waren.[859] Zu den Neuankömmlingen

[858] Dizdarević: Alltag des Krieges, S. 27.
[859] Maček: Sarajevo, S. 86. Die Autorin beruft sich auf Schätzungen des Flüchtlingshilfswerks der Vereinten Nationen. Der von ihr erwähnte UNHCR-Bericht war mir nicht zugänglich. Wie verlässlich die darin

gehörten auch Muslime aus dem Sandžak, jener Region, die nach den Balkankriegen zwischen Serbien und Montenegro aufgeteilt worden war. Ein serbischer Zeuge spricht von 80.000 Sandžakliern, die zwischen Oktober 1990 und Kriegsbeginn nach Bosnien-Herzegowina und vornehmlich nach Sarajevo gekommen und die die Schlimmsten unter allen Muslimen gewesen seien.[860] Innerhalb des Großraums Sarajevo kam es ebenfalls zu starken Bevölkerungsverschiebungen zwischen den bosniakisch und serbisch kontrollierten Teilen, zwischen Sarajevo-Stadt und „Serbisch-Sarajevo". Doch wissen wir nicht, wie viele Bosniaken in den serbisch beherrschten Vierteln und Ortschaften des Großraums (z. B. in Ilidža, Grbavica, Vogošća oder in Pale) oder wie viele Serben in den Vierteln unter Regierungskontrolle verblieben. Die SDS-Führung hatte die Serben bei Kriegsbeginn aufgefordert, die bosniakisch kontrollierten Stadtviertel zu verlassen.[861] Aber nicht alle waren der Aufforderung gefolgt. Es heißt, dass etwa 50.000 ausharrten.[862] Ebenfalls wissen wir nicht, wie viele Kroaten Sarajevo verließen und wie viele blieben. Die Beziehungen der Alteingesessenen zu den neu eingetroffenen Flüchtlingen aus Ostbosnien, die vor allem aus Dörfern und Kleinstädten stammten, gestalteten sich nicht ohne Spannungen. So wie auch das Verhältnis zwischen denen, die in der Stadt ausharrten, und denen, die gegangen waren oder gehen wollten, Risse aufwies. Ein Scherz in Sarajevo lautete: Wenn die Belagerung aufgehoben wird, werden diejenigen, die in der Stadt geblieben sind, versuchen wegzugehen und diejenigen, die die Stadt verlassen haben, werden versuchen zurückzukehren. Wenn sich beide auf halbem Weg begegnen, werden die einen über die anderen sagen: „Schau dir diese Idioten an!"[863] Auch unter denen, die blieben, taten sich vielfältige Gräben auf: zwischen Politikern und Normalbürgern, zwischen denen, die sich unter dem Druck der Ereignisse und der Propaganda oder infolge traumatischer Erfahrungen entlang ethnoreligiöser Abgrenzungen in verschiedene nationale Lager spalteten und sich wechselseitig hassten, und denen, die der Hasspropaganda trotzten, die sich Solidarität und Hilfsbereitschaft über nationale und religiöse Grenzen hinweg bewahrten (oft unter Einsatz ihres Lebens) – die waren, meist unbekannten Helden von Sarajevo. Immer wieder mussten Menschen auch ihre Identität verbergen, sich neue Namen zulegen und ihre persönlichen Dokumente fälschen, um überleben zu können. Manche verloren gleich mehrere Identitäten auf einen Schlag. Diejenigen, die vor dem Krieg Jugoslawen und Kommunisten (nicht Funktionäre, sondern

---

enthaltenen Angaben sind, lässt sich ohnehin kaum überprüfen. Für die Kriegszeit muss außerdem zwischen dem Großraum Sarajevo und denjenigen Stadtteilen unterschieden werden, die während der Belagerung unter Regierungskontrolle standen.

860 Aussage 71/00246 von G. R., in: Bojić, Dušica (Hg.): Stradanje Srba u Sarajevu. Knjiga dokumenata. (Suffering of the Serbs in Sarajevo. Documents), Beograd 1996, S. 69. Auch diese Angabe ist ungesichert.
861 Donia: Sarajevo, S. 322.
862 Sell: Serb Flight from Sarajevo, S. 182.
863 Maček: Sarajevo, S. 92.

einfache Parteimitglieder) gewesen waren und aus einer gemischten Ehe stammten, verloren alles, womit sie sich identifiziert hatten: Sie waren plötzlich ein Nichts. Gräben taten sich auf zwischen denen, die die Stadt verteidigten, und denjenigen, die vom Krieg profitierten, wobei die Grenzen fließend blieben und der Wechsel von dem einen in das andere „Lager" oder die Zugehörigkeit zu beiden „Lagern" keine Seltenheit darstellte. Bei Schwarzgeschäften mit dem Feind spielten Nationalität oder Religion keine Rolle. Weder die Belagerer noch die Verteidiger bildeten eine einheitliche Gruppe. Denn der Ausnahmezustand setzte nicht nur Opfer- und Verteidigungsbereitschaft, sondern auch Rachegefühle, Willkür und viel kriminelle Energie frei. In den bosniakischen wie serbischen Teilen des Großraums kam es (zumindest in den ersten anderthalb Jahren) zu ähnlichen Erscheinungen: zu Willkür, Gewalt und Raub. Und auch die Opfer waren immer dieselben: Es waren immer die „Anderen" (mal Bosniaken, mal Serben, mal Kroaten).

Unter der Überschrift „Sarajevo – eine Stadt stirbt" berichtete der Journalist Dietrich Willier am 23. Juli 1993: „Ein ganzes Kriegsjahr lang galt schon als Ketzer, wer nur davor warnte, der ethnische Haß könnte bald auch das Herz dieser Stadt vergiften ... Mit der Arroganz verwöhnter Städter hatten viele die ‚ungebildeten' muslimischen Flüchtlingsmassen aus Ostbosnien und die vierschrötigen Krieger aus dem Sandžak auch dann noch verachtet, als sie doch längst die Hälfte der Bevölkerung Sarajevos ausmachten. Verständnislos, sentimental und ohnmächtig sahen sie zu, wie stadtbekannte Kriminelle und zwielichtige Geschäftsleute, wie Dealer und geflohene Habenichtse im serbischen Bombenhagel die einflußreichsten Posten und Pfründen in der bosnischen Armee und der Militärpolizei Sarajevos unter sich aufteilten. ‚Jetzt ist es zu spät', glaubt der Muslim und Chefredakteur des einzigen unabhängigen Rundfunksenders der Stadt, Adil Kulenović, ‚jetzt ist die Angst vor uns selbst größer als die vor den serbischen Angreifern. Selbst wenn die Serben das Schießen einstellten: Der Krieg ginge doch weiter im Innern der Stadt'."[864] In seinem Roman „Der Cellist von Sarajevo"[865] ergänzt der kanadische Autor Steven Galloway: „Es ist kein Geheimnis, dass es Auseinandersetzungen zwischen denen gibt, die die Stadt um jeden Preis verteidigen wollen, und anderen, die der Meinung sind, die Prinzipien, die Grundgedanken, derentwegen es sich lohnte, um Sarajevo zu kämpfen, dürften nicht preisgegeben werden, nur um die Stadt an sich zu retten. Im Mittelpunkt des Ganzen stehen die Kriminellen. Als der Krieg ausbrach, waren sie die

---

864 Die Zeit Nr. 30 vom 23. 7. 1993; hier zit. nach Okuka, Miloš/Rehder, Petra (Hg.): Zerrissenes Herz. Reisen durch Bosnien-Herzegowina 1530–1993, München 1994, S. 148 f.

865 Der „Cellist von Sarajevo" ist Vedran Smailović (Jg. 1956), der während der Belagerung in zerstörten Gebäuden und auf Beerdigungen Tomaso Albinonis Komposition „Adagio g-Moll" spielte (Farbabb. 21). Ende 1993 konnte er Sarajevo verlassen. In Galloways Roman steht nicht der Cellist, sondern stehen die Menschen um ihn herum im Vordergrund. Der Autor des Bestsellers hat die Geschichte frei ausgestaltet. Und Smailović hat ihn beschuldigt, seinen Namen und seine Identität gestohlen zu haben. Doch kann man Galloway nicht abstreiten, dass er die Situation in der belagerten Stadt sorgfältig und einfühlsam recherchiert hat.

Einzigen, die etwas vom Kämpfen verstanden, vom richtigen Kampf, und sie haben sofort die Verteidigung der Stadt übernommen.[866] Mit der Zeit waren sie nicht mehr in den Griff zu bekommen, und für diejenigen, die keine Kriminellen waren, wurde es immer schwerer, über die Profitgier, die Gesetzesverstöße und anderes Unrecht hinwegzusehen."[867]

Für diejenigen Stadtbewohner, die nicht am Schmuggel verdienten und die nicht auf einflussreichen Posten saßen, gestaltete sich der Alltag zum Alptraum oder – wie einige sagten – zur „Imitation von Leben". Anthropologen, wie Ivana Maček, oder anthropologisch interessierte Journalisten, wie Barbara Demick, haben versucht, die Praktiken in der belagerten Stadt jenseits von Schwarz-Weiß-Stereotypen zu dokumentieren.[868] Herausgekommen ist ein facettenreiches, oft widersprüchliches Bild, das im Spannungsverhältnis zu dem steht, was wir in Friedenszeiten als „normal" betrachten. Wenn sich angesichts von Tod und Zerstörung auflöst, was dem Leben Halt verleiht, wenn Ungewissheiten zur Gewissheit, Selbstverständlichkeiten zum Außergewöhnlichen werden, wenn Überleben das Ergebnis von Improvisationen ist, dann kehrt sich alles von oben nach unten. Vordringlichste Aufgabe während der Belagerung war die Beschaffung von Brot, Wasser und (während der eiskalten Wintermonate) von Heizmaterial. Der Weg zur Bäckerei oder zu einer Pumpe konnte lebensgefährlich sein, wenn man Stellen passieren musste, die im Visier der Scharfschützen lagen. Ob diese schossen und auf wen sie schossen, war unkalkulierbar: Sarajevoer Roulette. Mitunter gab es Umwege, die beschwerlich waren und viel Zeit kosteten, und mitunter gab es nicht einmal Umwege. Die Hilfsorganisationen der Religionsgemeinschaften – Merhamet (muslimisch), Dobrotvor (orthodox), Caritas (katholisch) und La Benevolencija (jüdisch) – versuchten, mit ihren begrenzten Ressourcen den Menschen zu helfen, vorrangig denen, die die „richtige" Nationalität oder den „richtigen" Glauben

---

866 In dem oben erwähnten Bericht der UN-Expertenkommission heißt es: „At the beginning of the siege, a score of men with criminal backgrounds formed groups to defend the city. Among these men were Musan Topalovic (a.k.a. Caco) and Ramiz Delalic (a.k.a. Celo). Caco, a 29 year-old former musician ultimately commanded the BiH army's 10th Mountain Brigade. Celo commanded the Ninth Brigade. Both men reportedly controlled gangs operating on the Bosnian Serb siege line, bringing truckloads of contraband over the bridges across the Miljacka river separating Grbavica from the city centre. On 26 October 1993, the BiH government initiated a crackdown against these commanders, surrounding their headquarters in separate stand-offs. Caco was killed during the course of his capture and Celo was reported to have given himself up." Final report. Annex VI, part 1.

867 Galloway: Der Cellist von Sarajevo, 2. Aufl., München 2010, S. 139 f.

868 Demick: Rosen von Sarajevo. Der Titel der deutschen Übersetzung des amerikanischen Originals „Logavina Street" erinnert an die Granateneinschläge in den Straßen von Sarajevo, die mit rotem Kunstharz gefüllt wurden und mittlerweile wieder verblassen. Die Logavina-Straße führt nördlich von der Baščaršija in die auf den Hügeln gelegenen Wohnviertel. In der Straße lebten 240 Familien, vornehmlich Bosniaken, aber auch Serben und Kroaten. 43 Menschen wurden während der Belagerung durch Kugeln oder Granaten getötet, die vom gegenüberliegenden Berg Trebević abgefeuert wurden.

hatten. Nur Benevolencija half ohne Ansehen der Nation oder Religion.[869] Viele Sarajevoer lernten schließlich, mit dem Tod zu leben, hielten trotzig an gewohnten Alltagspraktiken fest (auch wenn diese unter den gegebenen Bedingungen ihren Sinn verloren hatten) oder entwickelten neue Routinen und setzten der permanenten Bedrohung von den Bergen eine irreal anmutende „Normalität" im Tal entgegen. Zu dieser Normalität gehörten Konzerte, Ausstellungen, Theateraufführungen und „Events" aller Art, darunter auch eine Gedenkveranstaltung zum 530. Jahrestag der Stiftungsurkunde Isa-beg Isakovićs bzw. der Gründung Sarajevos. Das kulturelle Leben während der Belagerung wurde unter Mitwirkung einheimischer und ausländischer Künstler vielfältiger, kosmopolitischer und innovativer als es je zuvor gewesen war (und vermutlich auch so schnell nicht wieder sein wird). Die in jeder Hinsicht exzeptionelle Situation zog zahlreiche Prominente an, denen ein Blitzbesuch im belagerten Sarajevo internationale Bewunderung und Publizität garantierte. Die Sarajevoer Künstlergruppe FAMA unterstützte sie mit einem „Survival Guide", einem Baedeker für die belagerte Stadt.[870] Ivan Lovrenović, Cheflektor beim Verlag Svjetlost, der es schaffte, im Frühjahr 1993 Sarajevo zu verlassen, schreibt über den Katastrophentourismus: „Sarajevo stirbt – und empfängt Gäste! Nie ist in Friedenszeiten eine größere Menge verschiedenster Menschen in diese Stadt gekommen. Präsidenten, Botschafter, Minister, Intellektuelle, Sängerinnen, Priester, Generäle, Humanisten, Händler, Theaterregisseure, Photoreporter, Reporter ohne Grenzen, Ärzte ohne Grenzen, Spione ohne Grenzen… Sie alle kommen und gehen, alle schaffen sie es, irgendwie nach Sarajevo und wieder herauszukommen. Sie tun, was den Bürgern Sarajevos verwehrt wird."[871] Anfang Dezember 1992 traf auch der Friedensnobelpreisträger Elie Wiesel in Sarajevo ein. „Er absolvierte eine halbstündige Stadtbesichtigung und begab sich daraufhin nach Lukavica, ins Domizil [des serbischen Oberbefehlshabers] Mladić, wo er neun Zehntel seines Aufenthalts in Sarajevo verbrachte. Er hat uns auf liebenswürdige Weise getadelt, daß wir ‚ähnliche Dinge begangen haben wie die dort drüben'."[872]

Obwohl der Krieg die Menschen zermürbte und entzweite, Misstrauen säte und das Denunziantentum förderte, brachte er diejenigen, die geblieben waren, auch näher. Vor Ort – im selben Wohnviertel, in derselben Straße oder im selben Schutzkeller – waren es die gemeinsamen Erfahrungen und die gleiche Not, die das Verhältnis der Menschen zueinander prägten und die häufig im Widerspruch zu den großen nationalen Narrativen standen. Die Serben, die im belagerten und beschossenen Teil der Stadt lebten, waren denselben Ge-

---

869 Vgl. u. a. Serotta, Edward: Überleben in Sarajevo. „La Benevolencia": wie eine jüdische Gemeinde zum Zentrum der Hilfe und Hoffnung für die Bewohner der Stadt wurde, Wien 1994.
870 Prstojević, Miroslav: Sarajevo Survival Guide, New York 1993. Auszüge aus dem originellen „Reiseführer" finden sich im Internet unter: http://www.friends-partners.org/bosnia/surintro.html
871 Ivan Lovrenović: Sarajevo stirbt und empfängt Gäste, in: Die Zeit, 10. 9. 1993.
872 Dizdarević: Alltag des Krieges, S. 198.

fahren ausgesetzt wie Bosniaken, Kroaten u. a. Dem Hass im nationalistischen Lager stand die Solidarität auf lokaler Ebene entgegen (nicht immer und überall, aber doch in vielen Fällen). Schon im Juni 1992 gründete eine Gruppe von Sarajevoer Serben ein Bürgerforum, aus dem später der Serbische Bürgerrat (Srpsko gradjansko vijeće, SGV) hervorging. Dessen Protagonisten standen stellvertretend für ein „anderes Serbentum": Sie forderten ein Ende der Belagerung und Gewalt, setzten sich für ein multiethnisches Sarajevo und Bosnien ein und stellten Menschenrechte und Zivilgesellschaft über nationale Exklusivität.[873] Ihr Engagement ähnelte Don Quijotes Kampf gegen die Windmühlen.

Über die Gewalt, den Hass, das Böse ist viel und Bewegendes geschrieben worden, aber es gab auch die andere Seite, die weniger gut dokumentiert ist: Solidarität, Hilfsbereitschaft und Mitleid über nationale Grenzen hinweg.[874] Stellvertretend erwähnt sei jener serbische Taxifahrer Mile Plakalović, der Verletzte quer durch die Stadt und den Geschosshagel ins Krankenhaus fuhr oder Hungernden Nahrung brachte, ohne je nach Nationalität oder Religion zu fragen. Aus der Perspektive von unten waren es vor allem „die da oben", die das Leben in der Stadt und in Bosnien zerstört hatten. Wer die treibenden Kräfte waren, blieb natürlich umstritten. Jeder in Sarajevo hat seine eigene Kriegsgeschichte. Viele liegen in gedruckter Form vor, als Tagebücher, Briefe oder Zeugenaussagen. Inhaltlich weisen diese Geschichten – unabhängig von nationaler und/oder religiöser Zugehörigkeit der Erzähler – viele Ähnlichkeiten auf: die Bedrohung durch Scharfschützen und Granaten, der Kampf gegen Hunger, Durst und Kälte, der Umgang mit Stromausfällen und Dunkelheit, der Mangel an Medikamenten, die Erfahrung, von der Welt abgeschnitten zu sein, die Verbitterung über die internationale (Un)Gemeinschaft, über die „(UN)parteilichkeit" der UNPROFOR usw., aber eben auch Hass, Verzweiflung oder Trauer und immer wieder Verlust und Entfremdung; viele Ähnlichkeiten, die allerdings unterschiedlich kontextualisiert und interpretiert werden und häufig in national exklusive Opfernarrative münden.[875] Wie der Zweite Weltkrieg, so gleicht auch der Bosnienkrieg einem Puzzle, dessen Teile sich aus national(istisch)er Perspektive nie und nimmer zu einem Ganzen fügen lassen.

---

873 Vgl. Pejanović, Mirko: Through Bosnian Eyes. The Political Memoir of a Bosnian Serb, West Lafayette 2004, S. 187 ff. Pejanović gehörte während des Krieges als führendes Mitglied der „Demokratischen Sozialistischen Allianz" zeitweilig dem Präsidium Bosnien-Herzegowinas an und nahm an mehreren internationalen Friedensverhandlungen teil.

874 Svetlana Broz, eine Enkelin Titos, geboren 1955 in Belgrad, begab sich bei Beginn des Bosnienkriegs als Kardiologin nach Sarajevo. In der Folgezeit führte sie eine Vielzahl von Interviews durch, die die andere Seite des Krieges beleuchten. Broz: Good People in an Evil Time, Sarajevo 2002

875 Zahlreiche Beispiele in Mitrović, Momčilo (Hg.): Sarajevska raskršća (Dnevnik i kazivanja izbelica/The Crossroads of Sarajevo (Diary and testimonies of refugees), Beograd 1995; Bojić, Dušica (Hg.): Stradanje Srba u Sarajevu. Knjiga dokumenata/Suffering of the Serbs in Sarajevo, Document Book (Records), 2. erw. Aufl., Beograd 1996.

BELAGERER UND VERTEIDIGER

Wer waren die Krieger auf beiden Seiten der Front? Und wie wurden sie zu Kriegern? Eine generelle Antwort darauf gibt es abermals nicht. Im Folgenden sollen zwei Personen zu Wort kommen, von denen der eine aufseiten der Belagerer, der andere aufseiten der Verteidiger kämpfte. Beide hatten vor dem Krieg ein unauffälliges, zufriedenes Leben geführt, beide wurden von den Ereignissen überrumpelt und beide wurden in einen Gewaltstrudel hineingerissen, der außerhalb ihrer Vorstellungswelt gelegen hatte. Ich beginne mit dem „Fall Herak": Am 7. Februar 1993 eröffnete das Militärgericht im belagerten Sarajevo einen Prozess wegen Völkermords. Es war der erste Prozess dieser Art seit Ende des Zweiten Weltkriegs. „Mein Name ist Borislav Herak", gab der Angeklagte zu Protokoll, „geboren in Sarajevo…1971. (…) Wo ich gewohnt habe, lebten Serben, Muslime und Kroaten. Noch zuletzt, als der Beschuss kam, richteten wir gemeinsame Wachen ein, alle zusammen… Als noch Friede war, gingen wir mit den Muslimen aus. Zu Weihnachten kamen sie zu mir, zum Bajram ging ich zu ihnen. Wir waren eine richtige Clique."[876] Dem Serben Herak werden 32 Morde und 16 Vergewaltigungen (davon 12 mit anschließender Tötung der Opfer) vorgeworfen. Im März 1993 spricht das Gericht ihn sowie den Mitangeklagten Streten Damjanović schuldig. Das Urteil: Tod durch Erschießen. Im Juli und Dezember 1993 wird das Urteil in zweiter und dritter Instanz bekräftigt, ohne dass es zum Vollzug kommt.

Der Prozess gegen Herak und Damjanović wies viele und schwere Verfahrensmängel auf. Er wurde in Eile und unter ungewöhnlichen Umständen durchgeführt. Es gab keine Zeugen für die angeblichen Morde, und die Leichen konnten nicht gefunden werden. Das Urteil stützte sich im Wesentlichen auf Heraks Geständnis, das dieser jedoch Anfang 1996 widerrief: Sein Geständnis sei unter Folter zustande gekommen. Er sei zwar Zeuge von Tötungen und Vergewaltigungen gewesen, habe aber nicht selbst daran teilgenommen. Auch Damjanović zog sein Geständnis wieder zurück und belastete Herak. Zwei Personen, die nach Heraks Aussage von Damjanović ermordet worden waren, tauchten plötzlich wieder auf. In einem dritten Mordfall wurden Ermittlungen gegen neue Tatverdächtige aufgenommen. Die Zweifel am Prozess gegen Herak und Damjanović verdichteten sich. Im Februar 2000 ordnete die Menschenrechtskammer für Bosnien-Herzegowina eine Wiederaufnahme des Verfahrens gegen Damjanović an, der freigesprochen wurde. Eine Neuverhandlung des Falls Herak wies die Kammer dagegen zurück. Da mittlerweile die Todesstrafe in Bosnien abgeschafft worden war, wurde Heraks Urteil in eine 20-jährige Freiheitsstrafe umgewandelt. Im August 2012 wurde er aus der Haft entlassen.

---

876   Zit. nach: „Eine Kugel in den Rücken, wo das Herz ist", in: Die Zeit, Nr. 25 v. 18. 6. 1993: http://www.zeit.de/1993/25/eine-kugel-in-den-ruecken-wo-das-herz-ist

Im Folgenden geht es nicht um die juristische Seite des „Falls Herak" und auch nicht um die nationale Zuordnung des Beschuldigten. Der Fall ist in anderer Hinsicht interessant:

1. Er zeigt nahezu exemplarisch, wie schnell aus Nachbarn Feinde werden können. Es gibt keinerlei Hinweis darauf, dass Borislav vor Kriegsbeginn Muslime und Kroaten gehasst hätte, dass er nationalistisch indoktriniert oder psychisch krank gewesen wäre. Die Zugehörigkeit zur „Clique" war ihm wichtiger als die nationale oder religiöse Zuordnung der Cliquen-Mitglieder.

2. Beschuss und Belagerung Sarajevos trafen ihn völlig überraschend. „Ich fühlte nur, dass meine Welt zu Bruch ging, dass etwas verloren war, was ich noch nicht genau benennen konnte. (…) Meine Welt war plötzlich eine andere, mit neuen Gesetzen, die mir Angst machten." Niemand wusste, was passiert war. Fast niemand. Doch dann kamen die „Erklärungen", die wieder Ordnung in die Welt brachten und die Unsicherheit beseitigten. „Ich hatte einen Verwandten. Er war in der (…) Serbischen Demokratischen Partei. Er sagte zu mir, sie würden mich und den Alten sofort umbringen, weil wir Serben sind, sie würden uns erschießen." Für Borislav ist der Verwandte eine Vertrauensperson, die mehr weiß als er selbst und deren „Informationen" er nicht überprüfen kann/will.

3. Borislav weiß nun, dass er bedroht ist. Er ist bedroht, weil er Serbe ist. Er weiß, dass „sie" – die Muslime oder „Türken" – ihn und „den Alten" umbringen werden. So wie im Zweiten Weltkrieg. Borislav weiß nicht viel über den Zweiten Weltkrieg. Doch er hat davon gehört, dass es Massaker gab. Bisher hatten diese zu einer fernen, unwirklichen Vergangenheit gehört, mit der er nichts zu tun gehabt hatte. Nun „kehrte die Vergangenheit zurück" und lieferte eine „Erklärung" dafür, was vor sich ging und was noch geschehen würde. Borislav begreift, dass er aufwachen muss und dass „die Geschichte sich wiederholt". Nachdem er sich freiwillig bei einer Militäreinheit gemeldet hat, erklärt ihm der Kommandant, dass sein Vater ermordet und das Haus, in dem er gelebt hatte, zerstört worden sei. Damit begannen die Opferfantasien und der Hass. Später stellte sich heraus, dass der Vater lebte und das Haus unzerstört war.

4. Borislav weiß, dass er sich, seine Familie und sein Volk verteidigen muss. Auch gegen die Mitglieder seiner früheren Clique. Gewalt und Krieg haben eine neue Ordnung geschaffen. Die Regeln, nach denen Borislav bisher gelebt hatte, verlieren ihre Gültigkeit. Es gibt klare Fronten, die Unsicherheit ist verschwunden. Die Verteidigung ist Notwehr und Ehrensache. Mit Kriegsverbrechen oder gar mit Genozid hat sie nach Borislavs Auffassung nichts zu tun.

5. Dass die „Verteidigung", u. a. in Form von Vergewaltigung und anschließender Tötung der Opfer (egal, ob Borislav daran beteiligt war oder nicht), sonderbare Formen annimmt, merkt er nicht. Herak wird zum Rädchen in einer Gewaltspirale. Und materiell geht es ihm besser als je zuvor. Er hat ein Haus, einen Fernseher sowie Frauen und Mädchen.

4.2. DIE BELAGERUNG SARAJEVOS

Der zweite Ex-Krieger, der hier zu Wort kommen soll, ist der Bosniake Dževad Šubašić. Er war Mitglied bei den „Grünen Baretten". Im Sommer 1997 wurde er von meiner Kollegin Natalija Bašić in Sarajevo interviewt. Dževad ist zu diesem Zeitpunkt 37 Jahre alt, Kriegsinvalide, verheiratet, Vater von zwei kleinen Kindern und betreibt eine Kneipe (kafana). „Die Tatsache", schreibt Bašić, „dass jemand Sarajewo verteidigt hat, sicherte ihm lange Zeit nicht nur Mitgefühl, sondern oft ein unangreifbares, fast mythisches Ansehen. Die Einheiten der ‚Grünen Barette', Krieger der ersten Stunde, waren gefeierte Helden gewesen, aber sie verloren ihre Rolle als Vorkämpfer und Kompatrioten je länger der Krieg dauerte mehr und mehr. Aus den ‚tapferen Kämpfern' gegen den serbischen Nationalismus waren in der Öffentlichkeit schließlich ‚Räuber und feige Mörder von Zivilisten' geworden."[877] Dževad ist in Sarajevo geboren, dort hat er Kindheit und Jugend verbracht. Es ist „seine" Stadt. Wie Herak gehörte auch er zu einer Clique von Straßenjungs. „Ich war mit Leuten befreundet, darunter gab es Serben und Kroaten und alles. Wir waren Sarajevoer (Sarajlije), die Nation spielte keine Rolle. Meine erste Freundin, in die ich mich verliebt habe, war eine Serbin." Mit Wehmut denkt Dževad an Sarajevo vor dem Krieg und an Tito-Jugoslawien zurück: „Wir hatten etwas, woran wir glauben konnten. Wir glaubten an etwas, alles war fein. Der Lebensstandard war fein: Eltern konnten ihren zwei, drei Kindern eine Zukunft bieten, es wurde gearbeitet, es wurden Häuser gebaut, Kinder bekamen eine Ausbildung, der Lebensstandard war fast auf europäischem Niveau." „Aber nachdem Tito gestorben war, kamen irgendwelche neuen Kretins, Affen, die alles verdrehen wollten, die im Grunde aus uns Tiere machten, die töten, die sich verteidigen müssen. (…) [I]m Grunde war es in Jugoslawien viel zu schön gewesen, bis ungefähr 1984/85. Damals begannen diese unbekannten Leidenschaften zu erwachen, als Leute anfingen, Lieder zu singen, die zu Lebzeiten von Genosse Tito verboten waren, als sie anfingen, sich der Kirche zuzuwenden, Gräber auszuheben, die 1948/49 zugeschüttet worden waren. Und dann fing es an, dieses nationale Erwachen. Zuerst bei den Serben, und zwar, seien wir realistisch, schon lange vor dem Krieg! Und dann kam das nationale Erwachen bei den Kroaten und bei uns Bosniaken, weil jeder seine Nation in Ehren hält und liebt." „Wir haben diesen Krieg nicht gewollt", fährt Dževad fort, „weil wir nicht bereit waren zu diesem Krieg. (…) Wir waren dazu nicht in der Lage, weil, sieh mal, ich war 31/32 Jahre alt, als ich in den Krieg gezogen wurde, verstehst du, und ich war nicht bereit, zu töten, ich war nicht bereit, auf einen Menschen zu schießen, aber… Ich war, ich war zu dieser Zeit, zu dieser Zeit war ich nicht einmal bereit, darüber nachzudenken, wer da ein Kreuz trägt oder auch ein anderes Kreuz, ob jemand, jemand einen (Halb-)Mond oder Stern trägt. Mich interessierte es nicht, weil wir so gelebt

---

877 Bašić, Natalija: Krieg als Abenteuer. Feindbilder und Gewalt aus der Perspektive ex-jugoslawischer Soldaten, Gießen 2004, S. 254. Zu den folgenden Zitaten ebda., S. 253–277.

hatten, so erzogen waren. Dieser ganze Jahrgang der 1961 Geborenen, weißt du, wir waren so erzogen worden, daß es mich wirklich nicht interessiert hat…" „Aber als die ehemalige JNA [Jugoslawische Volksarmee], als sie anfing, die Kroaten anzugreifen, da haben wir begriffen, daß wir als nächstes dran sein werden. Vor allem, weil die JNA anfing, ja sie fing schon früher an, Bunker um unsere Stadt herum anzulegen. Wir machten Ausflüge dort oben hin und da haben wir es gesehen und fragten auch: ‚Hey, was macht ihr?' Es hieß: ‚Reserveübungen'. (…) Dann wurden Schützengräben ausgehoben, und du fragst dich einfach: ‚Wozu denn das?' Der Krieg ist weit weg in Kroatien; er wird nicht nach Bosnien-Herzegowina kommen, wieso auch, es gab hier Kroaten, Muslime… Unmöglich, daß der Krieg wieder zu uns kommt. Es gab ja auch kein Auseinanderbrechen, nichts. Sobald du aber nach oben kamst, erzählte dir ein Kapitän, einer der rasiert war, erzählte: ‚Wir üben!' Und dann, wenn du dich umschautest, sahst du 20 Bärtige! Reservisten mit Bärten, die schon gekommen waren, die bereit waren. Sie hoben die Schützengräben aus. Deshalb mußten wir aufwachen." „Es ging langsam los, wir hatten keinen Haß, vielleicht Angst. Haß? Wir hatten niemanden zu hassen, wir hatten keinen Grund, eher schon Angst, wer oder was ist stärker. In Kroatien wurde gemordet. Ich hatte direkt um uns und um unsere Familien Angst. Das war kein Haß, keine Sekunde lang! (…) Wir dachten, daß die JNA ihre Arbeit korrekt macht, daß sie Jugoslawien als Ganzes erhalten will – ja, selbstverständlich, wo käme man denn hin, Aufstände und Aufruhr gibt es überall, aber daher kam auch die Angst, was aus uns werden wird." „Und dann haben wir uns formiert, haben Waffen gesammelt, hauptsächlich gekauft. Damals war die Polizei gegen uns, und der Staat und eigentlich alle. Aber wir haben das alles langsam und heimlich gemacht, haben Gruppen gebildet, hatten viele Gruppen. (…) Es war jedenfalls eine bestimmte Anzahl von Leuten, und glaube mir, daß wir, die sich selbst überlassen waren, wußten, was die Serben, die in Sarajevo waren, die, die nie ganz astrein waren, was die vorhatten! Wir haben Serben aufgespürt, die hier waren, weil sie sich national äußerten. Man selbst will sich dann auch national äußern!"

Ob Dževad Kriegsverbrechen begangen hat, wissen wir nicht. Er und seine Leute mussten jedenfalls „hart kämpfen", was immer das heißen mag. Wie alle Ex-Krieger, die interviewt wurden, schweigt auch er über die Gewalt, an der er selbst beteiligt war. Aus seiner Sicht hat er sich und seine Nächsten nur verteidigt. „Ich hasse insbesondere Leute, die Kinder getötet haben. (…) Sie (die Serben) hatten modernste Waffen. Sie konnten keinen Fehler gemacht haben. Niemals hätte eine Granate auch nur zufällig vor dem *markale* [Markthalle in Sarajevo] einschlagen können. Die Četniks haben diesen Haß in uns erzeugt, daß wir hassen, uns verteidigen." Zum Hass kam bald auch die Verbitterung, die Verbitterung über diejenigen Landsleute, die vom Krieg profitierten. „Aber wenn du in die Stadt hinabgestiegen bist, vor allem in die Cafés: Die Männer liefen mit ihren Freundinnen herum, hatten Spaß; sie trugen die modernste Kleidung, die es gab…" Der Invalide Dževad ist frustriert; er, der Sarajevo verteidigt hat, fühlt sich an den Rand gedrängt und rechnet sich zu den Verlierern des Krieges. Natalija Bašić kommentiert abschließend: „Der Veteran, der seiner Sichtweise zufolge den heroischen Widerstand gegen die ‚Aggression der Četniks' mit dem Verlust von persönlicher Integrität und Ehrgefühl bezahlen mußte, sieht Sarajevo noch immer als ‚belagerte Stadt' an, diesmal durch die neuen Institutionen der SDA und durch ihre privilegierte Gefolgschaft..."[878]

„Man kann nicht mehr sagen, welche Version der Lüge die Wahrheit ist", schreibt Galloway in seinem Roman „Der Cellist von Sarajevo". „Jetzt, nach allem, was geschehen ist, weiß Dragan Isović, dass es das Sarajevo, an das er sich erinnert, die Stadt, in der er aufgewachsen ist, auf die er stolz und in der er glücklich war, wahrscheinlich nie gegeben hat. Wenn er sich umsieht, kann er kaum noch sehen, was einst war oder vielleicht war, und mehr und mehr kommt es ihm so vor, als wäre hier niemals irgendetwas anderes gewesen als die Männer auf den Bergen mit ihren Gewehren und Geschützen. Irgendwie kommt ihm das auch nicht richtig vor, doch es gibt nur diese beiden Möglichkeiten."[879] „Man kann nicht mehr sagen, welche Version der Lüge die Wahrheit ist. Ist das wahre Sarajevo die Stadt, in der Menschen glücklich waren, einander gut behandelt, ohne Hass miteinander gelebt haben? Oder ist das wahre Sarajevo die Stadt, wie er sie heute sieht, in der die Menschen einander töten, wo Kugeln und Granaten von den Bergen herabfliegen und die Häuser einstürzen? Dragan kann sich nur immer wieder die Frage stellen. Er glaubt nicht, dass es darauf eine Antwort gibt."[880]

Bei allem, was wir nicht wissen oder nicht genau wissen, bleibt eine Tatsache bestehen: Es waren definitiv nicht die Panzer und Artilleriegeschütze der Bosniaken, die auf den Bergen rings um Sarajevo postiert waren. Und dass aus diesen Stellungen heraus auf die Stadt geschossen wurde, auf Zivilisten (Bosniaken, Serben und Kroaten) sowie auf nicht-militärische Objekte, steht ebenfalls fest. Daran ändert auch der Umstand nichts, dass nicht in allen Fällen zweifelsfrei rekonstruiert werden kann, woher ein Geschoss kam. Aber ungeachtet aller Ungewissheiten, aller Zweifel und mancher Ungereimtheiten bleibt unbestreitbar, dass Sarajevo eine belagerte Stadt war. Und wer die Belagerer waren bzw. wer sie kommandierte, wissen wir auch. Die These, „alle Konfliktparteien" waren gleichermaßen schuld, mit der die Untätigkeit der internationalen Gemeinschaft und der „UNparteiischen" gerechtfertigt wurde, ist ebenso beliebig und unakzeptabel wie die These, dass es auf allen Seiten Schuldige gab, richtig ist.

---

878 Ebda., S. 274.
879 Galloway: Der Cellist von Sarajevo, a. a. O., S. 37.
880 Ebda., S. 227.

SARAJEVO: EIN ORT DES HASSES?

Gemäß den noch nicht abgeschlossenen Untersuchungen des oben erwähnten Dokumentationszentrums starben in Sarajevo als Folge der Belagerung 13.950 Menschen, darunter 705 Kinder sowie mehr als 3.500 Bürgerinnen und Bürger serbischer Nationalität, von denen 1.100 Zivilisten waren.[881] Über die Invaliden (50.000?), die vergewaltigten Frauen, die Voll- und Halbwaisen sowie die schwer traumatisierten Menschen liegen keine verlässlichen Zahlen vor.

Hat Ivo Andrić mit seiner eingangs zitierten Passage also recht behalten? Miljenko Jergović (Jg. 1966) ist ein in Sarajevo geborener Schriftsteller, der 1993 aus der belagerten Stadt nach Zagreb floh. In seinem Erzählband „Sarajevo Marlboro" findet sich ein Brief, der an Andrićs „Brief aus dem Jahre 1920" erinnern soll. „Von Anfang an war mir klar", schreibt der Autor des Briefes, ein Schwarzer, der fünfzehn Jahre vor Kriegsbeginn nach Sarajevo gekommen war und die Stadt nun verlässt, „dass der Hass in den Bergen nicht auf die Flüche zurückgeht. Und auch auf sonst nichts, was wir mit Bosnien verbinden. Der Hass, den ich dort kennengelernt habe, war immer persönlich und für das kollektive Böse ungeeignet. Bosnier sind nachtragend und hassen leidenschaftlich, aber völlig unkoordiniert. Da musste jemand mit Artilleriegeschützen, Panzern und Flugzeugen kommen und den Hass organisieren. (…) Das Morden in diesem Krieg (…) wirkte auf mich so technologisch und diszipliniert, wie ich es in Bosnien nie zuvor erlebt hatte." Und an anderer Stelle: „Ausländische Berichterstatter sprachen von dem ‚jahrhundertealten Hass' und undurchschaubaren Stammesfehden, und den Bosniern verging die Lust, dagegen anzureden. (…) [Aber] mit jedem Tag wurde aus der Mär vom bosnischen Hass Realität, die Mär vom Land eisiger Konflikte Wirklichkeit. Und da niemand etwas für die Wahrheit tat, verlor sie ihre Funktion als Argument. Ich glaube nicht, dass sie erwähnt wird, wenn einmal die Geschichte dieses Krieges geschrieben wird. Nicht einmal in einer Fußnote. Die Wahrheit wird, wenn sie jemand ausspricht, von Serben, Kroaten und Muslimen als Beleidigung empfunden. Die Serben haben

---

881 Weitere 2.202 Opfer hatten zur bosnisch-serbischen Armee gehört, 230 waren aufseiten der Verteidiger gefallen. Filipović: Statistički podaci iz „Bosanske knjige mrtvih", siehe oben. Die Zahl der getöteten Kinder wird in vielen Berichten deutlich höher angegeben. Der bereits einmal erwähnte Mirko Pejanović, ein Sarajevoer Serbe, der für ein multiethnisches Bosnien kämpfte, hatte 1994 – nach Gründung der bosniakisch-kroatischen Föderation – ein Gespräch mit Milošević in Belgrad. „To begin with I told him about the Serbs living in the cities of the Federation, the lives and problems of the Serbs who had remained to live together with Bosniaks and Croats in Sarajevo, Tuzla, Mostar, Zenica, and other cities. As for Serbs in the Federation, I gave him all the available statistics and facts of their situation after two years of war. I did not miss the opportunity to point out that the large number of Serbs killed in the war should be taken into account. I stressed that, of the 80,000 to 100,000 Serbs remaining in the Federation, the highest death toll was in the cities, chiefly as the result of shelling by Karadžić's forces." Pejanović: Through Bosnian Eyes, S. 204.

die Lunte gelegt und Verbrechen begangen, die anderen haben in ihrer Not angefangen, wie diese zu denken und zu handeln. Alles Weitere war ein Reflex und eine Katharsis des Bösen, aber es hat nichts mit dem früheren Bosnien und Sarajevo zu tun. Jedenfalls nicht mit dem Bosnien und Sarajevo, wie ich es erlebt habe."[882]

4.3. DIE NACHKRIEGSZEIT

DAS NEUE BOSNIEN

Das Dayton-Abkommen von Ende 1995 beendete nicht nur den Krieg, sondern stellte auch die Weichen für die Nachkriegszeit. Bosnien-Herzegowina mit der Hauptstadt Sarajevo blieb als souveräner Staat in seinen anerkannten Vorkriegsgrenzen sowie als Staat dreier konstitutiver Völker (Bosniaken, Serben, Kroaten und „andere")[883] erhalten. Aber der Gesamtstaat setzt sich seither aus zwei Teilen (Entitäten) zusammen, aus der (bosniakisch-kroatischen) „Föderation Bosnien und Herzegowina" (Federacija Bosne i Hercegovine, FBiH) und der „Serbischen Republik" (Republika Srpska, RS) mit der (heutigen) Hauptstadt Banja Luka. Die bosniakisch-kroatische Föderation umfasst 51 %, die Serbische Republik 49 % des Gesamtterritoriums.[884] Der strategisch wichtige Distrikt Brčko an der Save, der das serbisch dominierte Gebiet im Nordwesten von den serbischen Gebieten im Osten Bos-

---

882 Jergović, Miljenko: Sarajevo Marlboro. Erzählungen, Frankfurt/M. 2009, S. 163–167. Der schon mehrfach zitierte Dževad Karahasan lässt den Briefschreiber aus Andrićs Erzählung, Max Löwenfeld, 17 Jahre nach Abfassung des ersten Briefs (also 1937) erneut zur Feder greifen. Der Adressat ist mittlerweile tot, und das Kapitel trägt die (verwirrende) Überschrift „Briefe aus dem Jahr 1993". Dort wiederholt Max Löwenfeld jene Passage, die in der Einleitung des vorliegenden Bandes abgedruckt ist, und fährt fort: „Das schrieb ich im April 1920, überzeugt, im Recht zu sein, verzweifelt, weil ich mein Land verlassen mußte, und sicher, daß seine Zerrissenheit und Schwäche, vor der wir alle und eben auch ich fliehen, aus dem Mangel an Einheit rührt, der sich vollkommen deutlich in den vier beschriebenen Zeitrechnungen zeigt. Inzwischen denke ich nicht mehr so, ich bin im Gegenteil sicher, daß es sich genau anders herum verhält, als ich damals dachte. Ich fürchte, daß ich heute genauso weit von der Wahrheit entfernt bin wie damals und überhaupt immer, wenn ich mir meiner Sache so sicher bin. Deswegen schreibe ich Dir aus heiterem Himmel, vielleicht erahnst Du die Wahrheit irgendwo in der Mitte zwischen meinen beiden Äußerungen. (...) Damals hatte ich zweifellos recht, zweifellos gleicht das bosnische Hochzüchten von Unterschieden oft genug dem Haß und ist manchmal identisch mit Haß, aber das ist kein Grund, auf seine Stadt zu verzichten und zu gehen, denn es bedeutet nur, daß wir einander wichtig und gegenwärtig sind. Mit diesem Haß ist es wie mit dem Schmerz: Ich rechtfertige und beschönige ihn nicht, ich kämpfe dagegen, so gut ich kann, aber ich vergesse nicht, daß der Mensch lebt, solange er Schmerzen empfinden kann." Karahasan: Berichte aus der dunklen Welt, a. a. O., S. 106–113.
883 „Bosniacs, Croats, and Serbs, as constituent peoples (along with Others)", heißt es in der Präambel zur Verfassung (Annex IV des Dayton-Abkommens).
884 Seit dem Jahr 2000 wird der Distrikt Brčko als Kondominium beider Entitäten verwaltet.

niens trennt, erhielt einen Sonderstatus, über den später entschieden werden sollte. Der Großraum Sarajevo wurde zwischen beiden Entitäten geteilt. Die zentralen Munizipien der Stadt (Zentrum, Altstadt, Neustadt und Neu-Sarajevo) sowie fünf weitere Munizipien gehören zum Kanton Sarajevo, einem der zehn Kantone der FBiH. „Ost-Sarajevo", das bis 2004 „Serbisch-Sarajevo" hieß, ist Bestandteil der RS.[885] Fast 40 % der Fläche des früheren Großraums Sarajevo gehören nun zu „Ost-Sarajevo" mit Pale als Hauptort. Zur Überwachung und notfalls gewaltsamen Durchsetzung des militärischen Teils des Friedensvertrags wurde eine 60.000 Mann starke internationale Friedenstruppe (Implementation Force, IFOR, später umbenannt in Stabilisation Force, SFOR) unter Führung der NATO stationiert. Die Kontrolle über die Implementierung des zivilen Teils des Abkommens fiel in die Zuständigkeit eines „Hohen Repräsentanten" der internationalen Gemeinschaft.[886] Aus der Perspektive derjenigen, die am meisten unter dem Krieg gelitten hatten, der Bosniaken, war Dayton eine Enttäuschung, da der Vertrag das Ergebnis der vorangegangenen Gewalt durch Sanktionierung der beiden Entitäten zumindest teilweise festschrieb. Aber auch die radikalen Flügel der bosnischen Serben und Kroaten konnten ihre Ziele, die Aufteilung Bosnien-Herzegowinas und den Anschluss ihrer Gebiete an die jeweilige „Mutterrepublik", nicht erreichen. Ein Novum in der modernen Geschichte bzw. eine Kehrtwende gegenüber dem, was jahrzehntelang mit internationaler Duldung praktiziert worden war, stellte das vertraglich festgeschriebene Rückkehrrecht der Flüchtlinge und Vertriebenen sowie die Restitution ihres Eigentums dar – eine mit hohen Erwartungen befrachtete Regelung, die in einem offensichtlichen Spannungsverhältnis zur ethnischen Teilung Bosnien-Herzegowinas stand.[887]

Die Geschichte des Landes seit dem Dayton-Abkommen weist neben einer Reihe von Fortschritten vor allem viele Blockaden auf. Ein Großteil der politischen Eliten setzt den Krieg mit anderen Mitteln fort. Das Dayton-Abkommen war erfolgreich bei der Beendigung der Gewalt, aber es war ungeeignet für die Staatsbildung. Die Situation in Nachkriegsbosnien mit seinen drei Staatsnationen gleicht in mancher Hinsicht derjenigen im Jugoslawien der 80er-Jahre (wenn auch mit teilweise vertauschten Rollen). Wie es in Jugos-

---

885 In „Ost-Sarajevo" leben knapp 65.000 Einwohner. Das 1.426 qkm große Gebiet setzt sich zusammen aus 1. Ost-Ilidža, 2. Ost-Novo Sarajevo, 3. Ost-Stari Grad, 4. Trnovo (etwa 1/3 des früheren gleichnamigen Munizipiums), 5. Pale, 6. Sokolac (nördl. von Pale).

886 Die wichtigsten Bosnien betreffenden Dokumente von 1995/96 finden sich in einer Veröffentlichung des Office of the High Representative: Bosnia and Herzegovina: Essential Texts, (Zagreb o. J.; ca. Ende 1996). Der vollständige Text des Dayton-Abkommens ist abrufbar unter: http://www.ohr.int/dpa/default. asp?content_id=379

887 Vgl Sundhaussen, Holm: Von „Lausanne" nach „Dayton": Ein Paradigmenwechsel bei der Lösung ethnonationaler Konflikte, in: Europa und die Europäer. Quellen und Essays zur modernen europäischen Geschichte. Festschrift für Hartmut Kaelble zum 65. Geb. Hg. Rüdiger Hohls/Iris Schröder/Hannes Siegrist, Stuttgart 2005, S. 409–414.

lawien keine jugoslawische Nation gab, so gibt es in Bosnien keine bosnische Nation. Und wieder geht es um die Funktionsfähigkeit eines schwachen Staates, um die Verteilung der Macht zwischen dem Gesamtstaat und seinen Teilen, um den nationalen Proporz und um die Lösung drängender Wirtschafts- und Sozialprobleme. Vor allem aber geht es um die Rivalitäten der politischen Cliquen von Bosniaken, Serben und Kroaten. Und wiederum ist es die Bevölkerung, die die Zeche für die Machtkämpfe der „Eliten" begleichen muss.

Die in Annex IV des Dayton-Abkommens verankerte Verfassung erwies sich bald als größtes Hindernis auf dem Weg zur Staatsbildung. Sie enthält noch weniger Klammern für den Gesamtstaat als die jugoslawische Verfassung von 1974 und gewährt den gesamtstaatlichen Organen – dem dreiköpfigen Staatspräsidium (bestehend aus einem Bosniaken, einem Serben und einem Kroaten, die sich im Vorsitz abwechseln), dem Zweikammerparlament[888] sowie der Regierung in Sarajevo nur sehr begrenzte Zuständigkeiten und Handlungsspielräume, und zwar in den Bereichen Außenpolitik, Außenhandel, Zoll- und Geldpolitik sowie einiges mehr. Demgegenüber erhielten die beiden Entitäten mit jeweils eigenen Präsidenten, eigenen Parlamenten und eigenen Regierungen weitreichende Kompetenzen, die ihnen ein hohes Maß an Unabhängigkeit sichern. Während die Republika Srpska zentralistisch organisiert ist, gliedert sich die bosniakisch-kroatische Föderation in zehn Kantone, die ihrerseits weitreichende Autonomierechte besitzen. Zu den zwei Entitäten kommt der Distrikt Brčko an der Save mit einem Sonderstatus. Politische Entscheidungen werden somit auf vier Ebenen getroffen: 1. auf der Ebene des Gesamtstaats, 2. auf der Ebene der beiden Entitäten (und des Distrikts Brčko), 3. auf der Ebene der Kantone (in der bosniakisch-kroatischen Föderation) und 4. auf der Ebene der Verwaltungsbezirke. Oberhalb dieser vier Ebenen agiert ein Vertreter der internationalen Gemeinschaft auf einer politischen Metaebene.

Der „Hohe Repräsentant" für Bosnien-Herzegowina wird vom „Friedensimplementierungsrat" (Peace Implementation Council, PIC) ernannt, der sich aus Vertretern von 55 Staaten zusammensetzt. Von Ende 1995 bis 2013 haben sich sieben Politiker (alle aus EU-Staaten) mit unterschiedlichen Konzepten in diesem Amt abgelöst. Eine langfristig angelegte Strategie gab es nicht. Aufgrund der Beschlüsse des „Friedensimplementierungsrats" auf einer Tagung in Bonn im Dezember 1997 besitzt der Hohe Repräsentant weitreichende Vollmachten („Bonn Powers"), die es ihm erlauben, Gesetze zu erlassen, neue Behörden zu

---

888 Das Parlament besteht aus einer Abgeordnetenkammer (Predstavnički dom) mit 42 direkt gewählten Abgeordneten, davon 28 aus der Föderation und 14 aus der Republika Srpska. Das Oberhaus (Dom naroda) besteht aus 5 bosniakischen und 5 kroatischen Mitgliedern, die vom Parlament der Föderation, und 5 serbischen Mitgliedern, die vom Parlament der RS ernannt werden. Das Oberhaus besitzt ein Vetorecht gegenüber Gesetzen der Abgeordnetenkammer, sofern eine Mehrheit der jeweiligen bosniakischen, kroatischen oder serbischen Vertreter der Auffassung ist, dass damit vitale Interessen ihrer Nation gefährdet werden.

gründen und demokratisch gewählte Politiker sowie andere Amtsträger zu entlassen, wenn ihre Handlungen gegen Buchstaben und Geist des Dayton-Abkommens verstoßen. Hat der Hohe Repräsentant damit zu viel oder zu wenig Macht? Sofern er von seinen „Bonn Powers" Gebrauch macht, was er wiederholt getan hat (insbesondere der Brite Paddy Ashdown, von Mai 2002 bis Januar 2006), zieht er sich die oft erbitterte Gegnerschaft und/oder Obstruktion von Teilen der bosnisch-herzegowinischen Politiker zu. Greift er nicht ein, droht dem ohnehin fragilen Gesamtstaat eine fortschreitende Desintegration. Was immer er tut oder nicht tut – er steht stets in der Kritik. Die Absicht der internationalen Gemeinschaft, das „Office of High Representative" (OHR) 2007 abzuschaffen, wurde nach dem Scheitern einer Verfassungsreform auf unbestimmte Zeit verschoben und an einige (bisher unerfüllte) Bedingungen geknüpft.

Der verschachtelte Staatsaufbau (eine Konföderation mit zwei Entitäten, von denen eine ihrerseits eine Föderation ist), die Vielzahl von (Staats-)Präsidenten, Parlamenten, Ministerpräsidenten und Regierungen (14 Regierungen und Hunderte Minister und Vizeminister bei einer Gesamtbevölkerung von weniger als vier Millionen Menschen), ferner die internationalen Akteure: der „Friedensimplementierungsrat" (PIC) bzw. sein kleinerer Lenkungsausschuss (Steering Board), der Hohe Repräsentant (der lange Jahre auch die EU vertreten hat) sowie der im Frühjahr 2011 mit erweiterten Vollmachten eingesetzte „Special Representative" der EU für Bosnien-Herzegowina (der schrittweise die Aufgaben des Hohen Repräsentanten übernehmen soll), die Bosnien-Mission der OSZE, die friedenssichernden Truppen der EU (EUFOR), die im Dezember 2004 die NATO-geführte SFOR abgelöst haben, das NATO Hauptquartier in Sarajevo, das für die Reform der bosnischen Armee zuständig ist, sowie eine Reihe weiterer Institutionen mit speziellen und/oder Ad-hoc-Aufgaben – bei gleichzeitig schwacher Zivilgesellschaft (ungeachtet unzähliger lokaler und internationaler NGOs) - haben einen Institutionen-Moloch hervorgebracht, der wenig oder gar nicht koordiniert, schwer durchschaubar und noch schwerer zu steuern ist. Die große Schar derjenigen, die von diesem Moloch leben, blockieren alle Reformen, die ihren einträglichen Job überflüssig machen könnten. Kein anderer Staat in Europa hat einen derartig aufgeblasenen und kostspieligen Staatsapparat wie Bosnien, der annähernd 50 % des Bruttoinlandsprodukts verschlingt. Viele Politiker – unabhängig von ihrer Nations- oder Religionszugehörigkeit – erinnern an die Ajanen aus spätosmanischer Zeit, die vor allem den Erhalt ihrer Privilegien im Kopf hatten. Das Oberhaupt der kleinen jüdischen Gemeinde in Sarajevo, Jakob Finci, klagte im November 2005: „Wir haben 86 politische Parteien, 14 Parlamente, 14 Regierungen, Hunderte und Aberhunderte von Politikern, aber nicht einen einzigen Staatsmann, der an das Land als Ganzes denkt."[889]

---

889 Zit. nach Traynor, Ian: A country with 14 governments where children refuse to cross ethnic divide, in:

Im Zentrum der politischen Auseinandersetzungen steht das Verhältnis des Gesamtstaats zu seinen beiden „Entitäten". Wiederholt hat die internationale Gemeinschaft, allen voran die US-Administration, auf eine Reform der Dayton-Verfassung gedrängt, um den Gesamtstaat zu stärken und den Wildwuchs des öffentlichen Sektors einzudämmen. Während bosniakische Politiker diese Initiativen unterstützten, sofern ihre eigenen Posten davon nicht betroffen sind, und am liebsten beide Entitäten ganz abschaffen würden, leisten kroatische Politiker aus den Reihen der „Kroatischen Demokratischen Gemeinschaft Bosnien-Herzegowinas" (HDZ BiH) und der von ihr 2006 abgespaltenen „Kroatischen Gemeinschaft 1990" (HDZ 1990) sowie die Politiker aus der Republika Srpska nachhaltigen Widerstand. Mehrfach haben kroatisch-nationalistische Politiker die Einrichtung einer dritten (kroatischen) Entität (ähnlich der während des Bosnienkrieges zeitweilig existierenden „Republik Herceg-Bosna") und damit die Auflösung der bosniakisch-kroatischen Föderation gefordert, denn sie fühlen sich von den Bosniaken majorisiert.[890] Als die OSZE im Jahr 2000 das bis dahin geltende strikt ethnische Wahlprinzip (die Bürgerinnen und Bürger konnten nur Kandidaten ihrer eigenen Volkszugehörigkeit wählen) aufhob, fürchtete die HDZ um ihren Einfluss. Am 1. März 2001 erklärte ihr Vorsitzender, Ante Jelavić, der von 1999–2001 Mitglied des dreiköpfigen bosnischen Staatspräsidiums war: „Von heute an ist die Föderation eine rein bosniakische, ohne Kroaten. Die Autoritäten in Bosnien sind illegal, unrechtmäßig. Wir werden uns weder an ihnen beteiligen, noch werden wir ihre Entscheidungen anerkennen."[891] Der damalige Hohe Repräsentant, der Österreicher Wolfgang Petritsch, setzte daraufhin Jelavić wegen Verstoßes gegen die Gesamtstaats- und Föderationsverfassung sowie gegen das Dayton-Abkommen ab.[892] (Später wurde Jelavić wegen Veruntreuung von Geldern in Abwesenheit zu zehn Jahren Haft verurteilt.) Und als bei den Wahlen Anfang Oktober 2006 Željko Komšić als kroatischer Vertreter in das bosnische Staatspräsidium gewählt wurde, löste dies bei der HDZ BiH einen Sturm der Empörung aus. Der Kroate Komšić war der Kandidat der Sozialdemokratischen Partei (SDP), eine der wenigen multiethnischen Parteien in Bosnien-Herzegowina, die von vielen Bosniaken gewählt worden war, und setzte sich gegen den Kandidaten der HDZ durch. Die HDZ BiH argumentierte, dass Komšić nicht „die Kroaten" repräsentieren könne, da er primär von Bosniaken gewählt worden sei, und drohte eine Trennung der kroatischen Siedlungsgebiete

---

The Guardian, 18. 11. 2005: http://www.guardian.co.uk/world/2005/nov/18/warcrimes.iantraynor?INTCMP=SRCH

890 Ende 2003 standen den 73 % Bosniaken in der Föderation nur knapp 22 % Kroaten gegenüber. Die Serben stellten mit 4,5 % eine kleine Minderheit. Hinzu kamen 1 % „Sonstige". Vgl. die Quellenangabe zur Tabelle 7.

891 Zit. nach Robson, Tony: Bosnien-Herzegowina steht vor dem Zerfall, 20. 4. 2001: http://www.wsws.org/de/2001/apr2001/bosn-a20.shtml

892 Text der Entscheidung: http://www.ohr.int/decisions/removalssdec/default.asp?content_id=328

von Bosnien-Herzegowina an.[893] Aber anders als zu Tudjmans Zeiten ging die (mittlerweile auf EU-Kurs umgeschwenkte) Schwesterpartei HDZ in Kroatien nun auf Distanz zu den kroatischen Nationalisten in Bosnien.[894]

Auch die Politiker der Republika Srpska (RS) lehnen den Gesamtstaat ab: nicht nur die Vertreter der von Karadžić gegründeten SDS oder der Serbischen Radikalen Partei (SRS), sondern auch die Anhänger des „Bundes Unabhängiger Sozialdemokraten" (Savez Nezavisnih Socijaldemokrata, SNSD) unter Führung von Milorad Dodik. Dodik galt lange Zeit als pragmatischer und kooperationsbereiter Politiker, der die nationalistischen Hardliner von der Macht verdrängt hatte, von 1998–2001 sowie von 2006–2010 Ministerpräsident der RS war und seit Oktober 2010 das Amt des Präsidenten bekleidet.[895] Doch seine politischen Erfolge haben ihn verändert. Immer mehr neigt er dazu, die RS als seinen Privatstaat zu verstehen. Die von den USA und der EU geforderte Verfassungsreform lehnt Dodik entschieden ab. Das Reformprojekt war erstmals im April 2006 ganz knapp im bosnisch-herzegowinischen Parlament gescheitert (es fehlten zwei Stimmen zur erforderlichen Zweidrittelmehrheit) und hatte den anschließenden Wahlkampf nationalistisch aufgeladen. Alle Bemühungen, die Verfassungsreform erneut auf den Weg zu bringen, sind seither fehlgeschlagen.[896] Eine Stärkung des Gesamtstaats (die eine Voraussetzung für die Mitgliedschaft Bosnien-Herzegowinas in der EU ist) kommt für Dodik nach wie vor nicht infrage.[897] Im Gegenteil: Bei verschiedenen Gelegenheiten drohte er offen mit einer Abspaltung der RS von Bosnien, z. B. anlässlich der Unabhängigkeitserklärung Kosovos am 17. Februar 2008 (nach dem Muster: Wenn Kosovo sich von Serbien abspaltet, kann sich auch die RS von Bosnien abspalten).[898]

Die Parteienlandschaft Bosniens ist extrem zersplittert[899] und befindet sich infolge von

---

893 Vgl. u. a.: Kroaten weiter gegen Wahlergebnis, 5. 10. 2006: http://volksgruppen.orf.at/kroatenungarn/aktuell/stories/56778. In der Tat sind kroatische Nationalisten gegenüber serbischen und bosniakischen Nationalisten benachteiligt, weil sie keine eigene „Entität" haben und sich in der bosniakisch-kroatischen Föderation nicht gegen die bosniakische Wählerschaft (egal ob diese nationalistisch oder gemäßigt wählt) durchsetzen können.
894 Vgl. Kroaten in Bosnien weiter gespalten, 2. 10. 2006: http://volksgruppen.orf.at/kroatenungarn/aktuell/stories/56692
895 Nachdem er am 28. Februar 2006 zum Ministerpräsidenten gewählt worden war, startete er eine Kampagne gegen Korruption und Kriminalität. Betroffen waren v. a. Funktionäre und Günstlinge der bis dato regierenden Serbischen Demokratischen Partei. Dodik erwarb sich dadurch den Ruf eines Reformers. In der Folgezeit besetzte er die führenden Posten dann mit seinen eigenen Gefolgsleuten.
896 Zu Einzelheiten vgl. International Crisis Group. Europe Briefing No. 68 vom 12. 7. 2012: Bosnia's Gordian Knot: Constitutional Reform.
897 Serben-Führer Dodik warnt vor Zerfall Bosniens, 12. 10. 2009: http://www.euractiv.de/erweiterung-und-partnerschaft/artikel/serben-fhrer-dodik-warnt-vor-zerfall-bosniens-002219
898 Vgl. u. a. Simon, Susanne: Bosnien droht der Zerfall. Serbische Teilrepublik will Kosovo in die Unabhängigkeit folgen, in: Welt online, 3. 11. 2007: http://www.welt.de/welt_print/article1326461/Bosnien_droht_der_Zerfall.html
899 Zu den Kommunalwahlen 2012 traten 383 Parteien, Bündnisse und unabhängige Kandidatinnen und Kandidaten an.

Abspaltungen, Neugründungen und Zusammenlegungen in permanenter Veränderung. Gerüchte über illegale Parteienfinanzierung, Stimmenkauf und andere Formen des Wahlbetrugs reißen nicht ab. Viele verstehen den Beruf des Politikers als Weg aus der Arbeitslosigkeit. Die Korruption blüht,[900] und wechselseitige Blockaden sowie überraschende Seitenwechsel gehören zum politischen Alltag. Nach den Parlamentswahlen vom Oktober 2010 dauerte es 16 Monate, bis eine Regierung gebildet werden konnte, die schon kurz nach ihrer Konstituierung wieder in eine Krise fiel. Bosniakische, serbische und kroatische Politiker haben – unter Aufsicht der internationalen Gemeinschaft! – Bosnien-Herzegowina in die Karikatur eines Staates verwandelt.

Die Geschichte der Nachkriegszeit weist aber auch einige Fortschritte auf, die auf längere Sicht – sofern sie nicht boykottiert oder rückgängig gemacht werden – zur Stabilisierung des Staates beitragen könnten. Dazu gehören die Einrichtung eines bosnischen Gerichtshofs, einer Sonderstaatsanwaltschaft zur Verfolgung von Kriegsverbrechen sowie eines gemeinsamen Justizministeriums. Nachdem 2004 auch ein Verteidigungsministerium gegründet worden war, erfolgte die Zusammenlegung der bis dahin getrennten Armeen, ebenso wie die der Geheimdienste. Die Grenz- und Zollbehörden wurden vereinheitlicht. Und im April 2008 billigte das bosnische Parlament die von der EU seit Langem geforderte und von der Republika Srpska immer wieder blockierte Polizeireform.[901] Damit wurde der Weg frei für den Abschluss eines Stabilisierungs- und Assoziierungsabkommens mit der EU im Juni. Obwohl das Abkommen bis Februar 2011 von allen EU-Staaten ratifiziert wurde, trat es bislang nicht in Kraft. Grund war und ist die Unfähigkeit der bosnisch-herzegowinischen Politiker, ein Urteil des Europäischen Gerichtshofs für Menschenrechte umzusetzen. Am 22. Dezember 2009 hatte der Gerichtshof einer Klage von Jakob Finci, Präsident der Jüdischen Gemeinschaft von Bosnien-Herzegowina, und Dervo Sejdić, einem prominenten Vertreter der Roma, stattgegeben. Finci und Sejdić hatten beklagt, dass die Minderheiten durch die Verfassung und das Wahlrecht diskriminiert würden. Konkret ging es um das dreiköpfige Staatspräsidium und das 15-köpfige Oberhaus, die laut Verfassung ausschließlich aus den Reihen der drei „konstitutiven" Nationen gewählt bzw. ernannt werden. Der Gerichtshof in Straßburg sah darin eine Verletzung der Minderheitenrechte. Seine Entscheidung betraf nicht nur Juden, Roma und andere Minderheiten, sondern auch diejenigen, die sich nicht als Bosniaken, Serben oder Kroaten, sondern als Bosnier definieren, die es offiziell nicht gibt, und damit von der Wahl ins Staatspräsidium oder der Mitgliedschaft im Oberhaus

---

900 Vgl. Transparency International Bosna i Hercegovina (Hg.): Monitoring ispunjenosti medjunarodnih i evropskih obaveza BiH u oblasti borbe protiv korupcije. Juni 2012: http://www.ti-bih.org/5405/monitoring-ispunjenosti-medjunarodnih-i-evropskih-obavaza-bih-u-oblasti-borbe-protiv-korupcije/

901 Das Parlament in Banja Luka hatte die Polizeireform am 13. 9. 2005 abgelehnt, woraufhin die EU die Verhandlungen über ein Stabilisierungs- und Assoziierungsabkommen mit Bosnien ausgesetzt hatte.

ausgeschlossen sind.⁹⁰² Eine Inkraftsetzung des Assoziierungsabkommens schied unter diesen Umständen aus. Seither (bis Frühjahr 2013) hat sich in dieser Frage nichts mehr bewegt. Neben der Verletzung der Minderheitenrechte bemängelte die EU-Kommission in ihren Fortschrittsberichten außerdem eine Vielzahl weiterer Defizite (bei der Verfassungsreform, der Implementierung des Rechtsstaats, der Bekämpfung der Korruption und des organisierten Verbrechens usw.).⁹⁰³ Die wirtschaftlich-soziale Situation Bosniens ist äußerst prekär (geringe Durchschnittslöhne und hohe Arbeitslosigkeit). Das Bruttoinlandsprodukt pro Kopf der Bevölkerung betrug 2010 nur 30 % des EU-Durchschnitts.⁹⁰⁴ Und angesichts des politischen Stillstands haben sich viele Geberländer und potenzielle Investoren frustriert zurückgezogen. Selbst auf längere Sicht ist eine Mitgliedschaft Bosnien-Herzegowinas in der EU nicht zu erwarten.⁹⁰⁵ Die Stimmung in der Bevölkerung – über nationale - und Entitätsgrenzen hinweg – schwankt zwischen Resignation und Zorn.

Eine Bilanz der im Dayton-Abkommen (Annex VII) verankerten Rückkehr von Flüchtlingen und Vertriebenen fällt ebenfalls gemischt aus. In den Jahren 1996–1998 hatte die Rückkehrwelle ihren Höhepunkt erreicht, fiel dann aber zurück und versiegte ab 2005 fast gänzlich. Insgesamt sollen bis dahin nach Schätzungen des UNHCR insgesamt rund eine Million Flüchtlinge oder „displaced persons" – etwa die Hälfte aller Betroffenen – in ihre früheren Wohnorte in Bosnien-Herzegowina zurückgekehrt sein, darunter über 447.000 Personen in Gemeinden, in denen sie nicht die – derzeitige – nationale Mehrheit repräsentieren („minority returns").⁹⁰⁶ Die Zahl der Rückkehrer in die bosniakisch-kroatische Entität belief sich zwischen 1996 und 2006 auf 737.000 Personen, darunter 152.000 Serben.⁹⁰⁷ Dieses Ergebnis blieb weit hinter den Forderungen und Erwartungen zurück. Zwei Punkte sollten dabei

---

902 Vgl. Claridge, Lucy: Discrimination and political participation in Bosnia and Herzegovina. Sejdic and Finci v. Bosnia and Herzegovina: Minority Rights Group International, Januar 2010. Ausführlich Hodžić, Edin/Stojanović, Nenad: New/Old Constitutional Engineering? Challenges and implications of the European Court of Human Rights decision in the case of Sejdić and Finci v. Bosnia and Herzegovina, Sarajevo 2011.

903 Vgl. den Kommissionsbericht Bosnia and Herzegovina 2012 progress report: http://ec.europa.eu/enlargement/pdf/key_documents/2012/package/ba_rapport_2012_en.pdf

904 Bosna i Hercegovina u brojkama, S. 24.

905 Auch eine Mitgliedschaft in der NATO scheidet aus, solange die beiden Entitäten nicht bereit sind, die auf ihren Territorien befindlichen militärischen Einrichtungen in das Eigentum des Gesamtstaats zu überführen. Einen Überblick über die aktuelle politische Entwicklung gibt Woehrel, Steven: Bosnia and Herzegovina: Current Issues and U.S. policy. Congressional Research Service. Report for Congress, 24. 1. 2013.

906 UNHCR: Returns to Bosnia and Herzegovina reach 1 million. Briefing Notes, 21. 9. 2004: http://www.unhcr.org/414ffeb44.html. Wirklich verlässlich sind die Zahlen allerdings nicht. Vgl. auch UNHCR: Returnee Monitoring Study: Minority returnees to Republika Srpska. Sarajevo 2000; Ito, Ayaki: Politicisation of minority return in Bosnia-Herzegovina, in: International Journal of Refugee Law 13 (2001), 1–2, S. 98–122; Jansen, Stef: Troubled locations: Return, the life course, and transformations of „home" in Bosnia-Herzegovina, in: Focaal – European Journal of Anthropology 49 (2007), S. 15–30.

907 Stanovništvo Federacije Bosne i Hercegovine 1996–2006. Hg. Federalni zavod za statistiku, Sarajevo 2008, S. 33 ff.

berücksichtigt werden: 1. Die Vorstellung, die ethnischen Säuberungen könnten mehr oder minder vollständig oder zumindest zum größten Teil wieder rückgängig gemacht werden, war von Anfang an illusorisch und stand in einem Spannungsverhältnis zur Schaffung zweier ethnisch definierter Entitäten. Gemessen an dieser Illusion war Dayton ein Fehlschlag. 2. Etwa die Hälfte der Flüchtlinge und Vertriebenen hat während des Krieges in anderen Teilen Bosniens Schutz gesucht, die andere Hälfte ist auf eine Vielzahl von Ländern in der ganzen Welt verstreut. Unabhängig von der Obstruktion lokaler Behörden in Bosnien und den immensen Schwierigkeiten bei der Lösung der Eigentumsfragen[908] werden wohl viele Flüchtlinge niemals nach Bosnien oder – sofern sie in Bosnien geblieben sind – an ihren vormaligen Heimatort zurückkehren wollen. Das liegt einerseits an den traumatischen Erfahrungen der Kriegszeit und der andauernden ethnischen Polarisierung der Bevölkerung. Zum anderen liegt es an den Erfahrungen, die die Flüchtlinge an ihren Zufluchtsorten (im In- oder Ausland) gesammelt haben, z. B. beim Wechsel vom Land in die Stadt oder in eine andere Gesellschaft und Kultur. Diese Menschen sind nicht mehr dieselben wie vorher, und viele wünschen aufgrund ihrer neuen Lebenserfahrung kein Zurück zum Status quo ante. Die desolate wirtschaftliche Lage in Bosnien bietet obendrein keinen Anreiz für eine Remigration aus dem Ausland. Vor diesem Hintergrund sind die Rückkehrerzahlen besser als ihre Bewertung und Dayton war ein Erfolg.[909] Insgesamt ist die Bevölkerung Bosnien-Herzegowinas infolge des Krieges sowie infolge von Flucht oder Abwanderung ins Ausland deutlich geschrumpft. 2010 betrug die ortsanwesende Bevölkerung 3,84 Millionen Menschen (gegenüber 4,38 Millionen 1991) und war damit auf das Niveau in der ersten Hälfte der 70er-Jahre gesunken.[910]

DAS NEUE SARAJEVO

Sarajevo als Hauptstadt des Gesamtstaats und Hauptstadt der Föderation Bosnien-Herzegowina ist nicht mehr die Stadt, die es vor dem Krieg war. Äußerlich hat sich wenig verändert. Der Wiederaufbau der schwer zerstörten Stadt ging mit internationaler Hilfe zügig voran. Die kulturelle Substanz, d. h. die verschiedenen Baustile und Zeitschichten, wurden wiederhergestellt, und Sarajevo erhielt seine vormalige Aura zurück. Fast alle historisch bedeutsamen Bauwerke stehen mittlerweile unter Denkmalschutz, auch wenn die finanziellen Mittel zur Restauration oder zum Unterhalt oft fehlen.[911] Um die Bedürfnisse der „Inter-

---

908 Vgl. Philpott, Charles: Though the Dog is Dead, the Pig Must Be Killed: Finishing the Property Restitution to Bosnia-Hercegovina's IDPs and Returnees, in: Journal of Refugee Studies 18 (2005), 1, S. 1–24.
909 Toal/Dahlman: Bosnia Remade, S. 305.
910 Bosna i Hercegovina u brojkama, S. 5 f.
911 Im Herbst 2012 schloss das Landesmuseum seine Pforten. Auch andere kulturelle Einrichtungen in Sarajevo sind von Schließung bedroht oder bereits geschlossen.

nationalen" und der Touristen zu befriedigen, entstanden nach dem Krieg neue Hotels, Restaurants und Andenkenläden. Das Sarajevo von heute gilt vielen Besuchern als kosmopolitische Stadt. Im kleinen Maßstab zwar, aber mit allem was dazugehört: eine Stadt der Festivals und Events. Der internationale „Sarajevoer Winter" (Sarajevska zima), der Ende 1984 erstmals veranstaltet wurde, ist mit seinen zahllosen Aufführungen und Ausstellungen ein beliebter Treffpunkt von Künstlerinnen und Künstlern aus aller Welt. Und mit dem Sarajevoer Filmfestival, das während der Belagerung 1994 mit Unterstützung ausländischer Produzenten, Regisseure und Filmverleiher aus der Taufe gehoben wurde, hat Sarajevo sich zu einer renommierten Filmhauptstadt aufgeschwungen. Auf eine bereits längere Tradition (seit Anfang der 1960er-Jahre) blickt das internationale Theaterfestival MESS (Malih i eksperimentalnih scena) zurück, das älteste und bedeutendste Theaterfestival in Südosteuropa überhaupt, das jedes Jahr im Oktober über die Bühne geht. Zu erwähnen sind ferner die Internationale Buchmesse im April, das Jazz-Festival im November und die „Baščaršija Nächte" (Baščaršijske noći) im Juli. Zu den Skurrilitäten gehört die „bosnische Kitschparade" (Kindjurijada), eine schrille Kostüm- und Faschingsparty, die im Sommer zelebriert wird. Dem „Kosmopolitismus" sind aber auch enge Grenzen gesetzt, nicht nur was die interethnischen Beziehungen, sondern auch was tief sitzende Vorurteile betrifft: Ein für Ende September 2008 in Sarajevo geplantes Festival für sexuelle Minderheiten (Queer festival) musste infolge von Krawallen abgebrochen werden.

Wenn ich geschrieben habe, dass Sarajevo nicht mehr das ist, was es vor dem Krieg war, so bezieht sich das vor allem auf die Zusammensetzung der Bevölkerung, die sich seit Kriegsbeginn radikal verändert hat. Zu den dramatischen Verschiebungen unmittelbar vor und während der Belagerung kamen Flucht und Vertreibung bei und nach Kriegsende. Die Aufteilung des vormaligen Großraums zwischen dem Kanton Sarajevo und „Serbisch-Sarajevo" nach Unterzeichnung des Dayton-Abkommens führte zu weiteren ethnischen Säuberungen. Dass Milošević bei den Friedensverhandlungen der Übergabe serbisch kontrollierter Munizipien an die Föderation zugestimmt hatte, löste bei Politikern der RS einen Sturm der Empörung aus.[912] Da sie die Übergabe nicht verhindern konnten, forderten sie die serbische Bevölkerung auf, diejenigen Stadtteile bzw. Vororte im Großraum Sarajevo zu verlassen, die an die Föderation fallen sollten (Vogošća, Ilijaš, Ilidža, Hadžići) und forcierten eine ethnische Selbstsäuberung. Alles was nicht niet- und nagelfest war, wurde von Banden weggeschleppt, der Rest zerstört. Zurück blieben riesige Schutthaufen, sodass die Bewohner oft keine andere Wahl hatten, als ihre Heimat zu verlassen. Diejenigen, die blieben (insbesondere in den Vororten), sahen sich Racheakten und Schikanen von der anderen Seite

---

912 US-Unterhändler Richard Holbrooke zitiert Milošević mit den Worten: „Izetbegovic has earned Sarajevo by not abandoning it. He is one tough guy. It's his." Holbrooke: To End a War, New York 1998, S. 291.

Abb. 31: Gasthaus in der Čaršija

ausgesetzt, die eine weitere Fluchtwelle zur Folge hatten.[913] Viele serbische Alt-Sarajevoer verkauften ihr Eigentum in der Stadt und siedelten in die farblos-moderne Trabantenstadt „Ost-Sarajevo" um. Dort sind sie unter sich. Auch Sarajevo-Stadt ist auf dem Weg zu einer ethnisch homogenen Bevölkerung und droht, seine „Seele" zu verlieren.[914] Noch achtzehn (!) Jahre nach Kriegsende gibt es keine verlässlichen Angaben über die Zusammensetzung der Bevölkerung Sarajevos und Bosniens. Es kursiert eine Vielzahl glaubwürdiger und unglaubwürdiger Schätzungen, die oft mehr Fragen aufwerfen als beantworten. 2002 wurde in der Föderation (aber nicht in der RS) eine Volkszählung durchgeführt, deren Ergebnisse im Jahr darauf veröffentlicht wurden, in allen folgenden Statistiken jedoch nicht mehr auftauchen (stattdessen wird – wenn überhaupt – auf die Zählung von 1991 verwiesen). Die Bevölkerung im Kanton Sarajevo soll sich demnach im Jahr 2002 aus 76,5 % Bosniaken, 13,1 % Serben, 7,0 % Kroaten und 3,4 % „anderen" zusammengesetzt haben.[915] Bis vor Kurzem konnte man im Internet auch eine Statistik über die nationale Zusammensetzung der Bevölkerung in den zehn Kantonen der Föderation für Ende 2003 finden, die nun aber ebenfalls verschwunden ist. Die Daten für Sarajevo habe ich in Tabelle 7 (S. 352) zusammengestellt. Zwar ist der Kanton Sarajevo nicht mit dem Großraum Sarajevo vor dem Krieg identisch (das gilt auch für Sarajevo-Stadt), aber ein Vergleich der Daten von 2003 mit denen von 1991 (vgl. Tabelle 6, S. 366) lässt die gewaltigen Veränderungen in Umrissen erkennen. Aus den Muslimen von einst sind die heutigen Bosniaken geworden. Die Jugoslawen, die vor dem Krieg 13 % der Stadtbevölkerung stellten, gibt es nicht mehr. Und die Vielzahl von kleineren Bevölkerungsgruppen, die 1991 noch gesondert ausgewiesen wurden (ich habe sie in der Tabelle 6 lediglich aus Gründen der Platzersparnis zusammengefasst), sind nun in der Kategorie „andere" aufgegangen. Angaben zur Zahl der Roma, Juden usw. existieren daher nicht. Während die Muslime 1991 in Sarajevo-Stadt und im Großraum rund 50 % der Bevölkerung stellten, soll der Anteil der Bosniaken Ende 2003 in Sarajevo-Stadt bei 77 % und im gesamten Kanton bei 73 % gelegen haben. Die Serben sind zu einer kleinen Minderheit geschrumpft (von 25,5 % auf 7,5 % in der Stadt und von 29,8 % auf 4,5 % im Kanton), während sich der Anteil der Kroaten in der Stadt fast verdoppelt und im Kanton mehr als verdreifacht hat (von 6,7 % auf 12,0 % in der Stadt und von 6,6 % auf 21,6 % im Kanton). Mit anderen Worten: Fast 95 % der Bewohner des Kantons und 89 % der Bewohner von Sarajevo-Stadt sind Bosniaken und Kroaten, gehören also zu einer der beiden konstitutiven Nationen der Föderation. Die Gesamtbevölkerung in

---

913 Sell: Serb Flight from Sarajevo; Donia: Sarajevo, S. 338 f.
914 Hedges, Chris: Sarajevo is at Peace, but Its Old Zest is Lost, in: New York Times, 10. 8. 1999.
915 Federacija Bosne i Hercegovine. Kanton Sarajevo u brojkama, Sarajevo 2003. Die Veröffentlichung war mir nicht zugänglich. Hier zitiert nach Markowitz: Sarajevo, S. 83. Vgl. dies.: Census and Sensibility in Sarajevo, Tabelle 3, S. 51.

Sarajevo-Stadt war 2003 deutlich geringer als 1991 (298.000 gegenüber 362.000 Personen). Wie gesagt: Diese Daten sind nicht eins zu eins vergleichbar, sondern bieten lediglich eine grobe Orientierung. Für Mitte 2012 berechnete das Statistische Amt in Sarajevo die Bevölkerung des Kantons auf 440.744 Menschen, davon 310.571 in Sarajevo-Stadt. Zur nationalen Zusammensetzung machte das Amt keinerlei Angaben. Serbische Autoren zeichnen ein düsteres Bild: Von einer halben Million Serben, die vor dem Krieg auf dem Territorium der Föderation gelebt hätten, seien nur etwa 50.000 übriggeblieben, zumeist alte und kranke Menschen. In Sarajevo sei die Zahl der Serben von 160.000 vor dem Krieg auf etwa 15.000 Anfang 2012 zurückgegangen. Es bestehe damit die Gefahr, dass es bald keine Serben mehr in der Föderation geben werde.[916] Welche Zahlen richtig und welche falsch sind, werden erst die Ergebnisse einer für Herbst 2013 angesetzten Volkszählung ergeben, sofern diese nicht auf den Sankt-Nimmerleins-Tag verschoben wird.[917] (Eine Volkszählung gehört zu den „heiklen" und „sensiblen" Themen, an denen Bosnien-Herzegowina wahrlich nicht arm ist. Gelegentlich ist in diesem Zusammenhang von einer „Fortsetzung des Genozids" mittels Gesetzgebung die Rede.[918] Umstritten ist vor allem, ob Bürgerinnen und Bürger nach ihrer Nationalität, ihrer Religion oder ihrer Muttersprache befragt werden sollen/dürfen, was in vielen Ländern nicht der Fall ist. Und wenn ja: Welche Antwort-Optionen werden vorgegeben? Sind Mehrfach-Antworten erlaubt? Oder werden die Befragten gezwungen, sich entsprechend den vorgegebenen Kategorien eindeutig – und möglicherweise im Gegensatz zu ihrem Selbstverständnis – zu deklarieren?)

Viele alteingesessene Sarajevoer empfinden sich mittlerweile als Minderheit in der Stadt und hegen starke Vorbehalte gegenüber den neuen Sarajevoern, vor allem gegenüber den in Bosnien verbliebenen ehemaligen Djihadisten (Mudžahedin) und den Sandžakliern, aber auch gegenüber den „bäuerlichen" und „rückständigen" ehemaligen Flüchtlingen aus Ostbosnien. Diese Gruppenbildungen durchlöchern sogar die ethnonationalen Grenzen. Alteingesessene Serben oder Kroaten stehen den alteingesessenen Bosniaken mitunter näher als bosniakische Zuwanderer, die als „aggressiv" und „ungehobelt" gelten, als „Fremdkörper" in der urbanen Welt Sarajevos.[919] Dieses Phänomen ist nicht neu. In der Phase der stürmischen Urbanisierung nach dem Zweiten Weltkrieg waren bereits mehrere Wellen von Zuwanderern in die Stadt geschwemmt worden, die nach Auffassung der Alteingesessenen erst lernen

---

916 Knežević, Boris: Od pola miliona u FBiH ostalo 50.000 Srba, in: Press Online Republika Srpska, 31. 1. 2012: http://pressrs.ba/sr/vesti/vesti_danas/story/9058/Od+pola+miliona,+u+FBiH+ostalo+50.000+Srba.html
917 Nach kontroversen und langwierigen Verhandlungen verabschiedete das Parlament Bosnien-Herzegowinas auf Druck der EU Anfang 2012 ein Gesetz über die Abhaltung einer Volkszählung. Stichdatum war zunächst der 31. März, das dann auf September und schließlich auf Oktober 2013 vertagt wurde.
918 National Congress of the Republic of Bosnia-Herzegovina, 10. 7. 2012: Bosnia's Census, a continuation of genocide by legalization: http://www.bosnia.org.uk/news/news_body.cfm?newsid=2859
919 Zu den wechselseitigen Wahrnehmungen und Stereotypen vgl. Stefansson: Urban Exile.

mussten, sich richtig zu benehmen, sich korrekt zu kleiden usw. Mittlerweile betrachten sich viele der ehemaligen Zuwanderer oder ihre Nachkommen als Alteingesessene und hegen gegenüber den Neuzuwanderern ähnliche Vorbehalte wie sie ihnen einst entgegengebracht wurden. Identitätskrisen und Identitätswechsel, Integrations- und Abgrenzungsprozesse gehören zum Alltag einer durch Krieg geschundenen Stadt, deren Bevölkerung sich neu konstituieren, neu erfinden muss.[920] Das dauert, und am Ende wird sich zeigen, ob es den „spirit" von Sarajevo, den „Sarajevski duh" tatsächlich noch (oder wieder) gibt.

Die politische, wirtschaftliche und soziale Situation in Sarajevo-Stadt und im Kanton unterscheidet sich nicht grundsätzlich (allenfalls graduell) von derjenigen in der Föderation und in Bosnien insgesamt: eine stark zersplitterte, instabile Parteienlandschaft, deren Funktionäre die Posten untereinander aufteilen (politisch ist das überbürokratisierte Sarajevo somit tiefste Provinz),[921] ein unter ständiger Finanznot leidender öffentlicher Sektor, unzureichende Investitionen infolge verschleppter Reformmaßnahmen, geringe Löhne, hohe Arbeitslosigkeit und große soziale Unterschiede zwischen Neureichen und Bevölkerungsmehrheit. Kein Wunder also, dass die Jugo- und Tito-Nostalgie auch in Sarajevo heimisch sind. Tito ist allgegenwärtig. Eine der Hauptstraßen im Zentrum trägt seinen Namen, ebenso wie die dort befindliche Übernachtungsstätte „Hostel Tito 46". Hinter dem Historischen Museum Bosnien-Herzegowinas gibt es ein sehr populäres „Caffe Tito". Im Mai 2002 wurde ein Tito-Verein in Sarajevo gegründet. Tito-Bilder finden sich allerorts. Die Tito-Nostalgie steht für das, was die Menschen mit der Situation vor dem Krieg verbinden und was sie nun vermissen, sie steht für Multikulturalität und Weltoffenheit wie zur Zeit der Winterolympiade von 1984, als die Bevölkerung Sarajevos nicht entlang nationaler und religiöser Trennlinien gespalten war. Sie ist nicht allein eine Verklärung der Vergangenheit, sondern auch und vor allem eine Ablehnung der perspektivlosen Gegenwart, ein Protest gegen die aktuelle Politik.

Mittlerweile mehren sich Anzeichen, dass ein Teil der Bürgerinnen und Bürger aufzuwachen beginnt. Protestaktionen durchkreuzen die ethnoreligiöse Segregation. Bosniakische, serbische und kroatische Kriegsveteranen haben die gleichen Probleme im Kampf gegen ihre Marginalisierung; und viele Arbeiter in beiden Entitäten wehren sich gegen soziale Benachteiligung. Dabei kommt es zu Solidarisierungen über nationale Grenzen hinweg. Die im Mai 2011 eingeführte Ausgabe von Identifikationsnummern für alle Bürger wurde vom Verfassungsgericht gestoppt. Die Politiker erwiesen sich als unfähig, das Gesetz ent-

---

920 Vgl. die eindringlichen Beobachtungen von Markowitz: Sarajevo: A Bosnian Kaleidoscope.
921 Die Regierung des Kantons Sarajevo setzte sich 2013 aus einem Ministerpräsidenten und zwölf Ministern zusammen, die acht verschiedenen Parteien angehörten. Auch die 28 Mitglieder des Stadtrats von Sarajevo vertreten acht verschiedene Parteien, unter denen die Sozialdemokraten die mit Abstand stärkste Gruppierung stellen.

sprechend den Vorgaben des Gerichts zu modifizieren, sodass Neugeborene ab Februar 2013 keine Identitätsnummer mehr erhielten. Immer mehr Menschen sind deshalb wütend auf die Politiker. Doch neben Stillstand und Blockaden gib es mitunter auch Bewegungen. Im Frühjahr 2013 wurde erstmals seit 22 Jahren ein Nicht-Bosniake, der Kroate Ivo Komšić von der Sozialdemokratischen Partei, zum Bürgermeister von Sarajevo gewählt und damit die strikte Ethnisierung der Politik unterlaufen. Das Parlament der Föderation bekannte sich im Sommer 2013 zur Notwendigkeit einer Verfassungsreform, um den Wildwuchs von Institutionen in der bosniakisch-kroatischen Entität zu beschneiden und die Regierungseffizienz zu erhöhen. Ob dieser Einschätzung Taten folgen werden, bleibt abzuwarten.

4.4. ISLAMISCHE GEMEINSCHAFT UND ISLAMISTEN

Was ist eigentlich aus der in den 1980er- und 1990er-Jahren sowie erneut nach „Nine-Eleven" als Menetekel beschworenen Entwicklung Bosnien-Herzegowinas zu einem islamisch-fundamentalistischen Staat bzw. zu einem Sammelbecken islamistischer Terroristen geworden? Unbestreitbar ist, dass das religiöse Bewusstsein bei den Muslimen in Bosnien seit den 80er-Jahren und vor allem infolge der während des Krieges vorangetriebenen ethnischen Polarisierung, die bei allen drei Konfliktparteien (nicht nur bei Muslimen) hochgradig religiös konnotiert war, zugenommen hat.[922] Der Kriegsbeginn 1992 markierte einen tiefen Einschnitt. Die Zeit danach lässt sich in zwei Abschnitte unterteilen: von 1992 bis 2002 und von 2002 bis zur Gegenwart. Es waren zunächst vor allem islamische Staaten (Saudi-Arabien, Iran, Pakistan, Kuwait u. a.), die die bedrängte bosnische Regierung und die Bosniaken finanziell und materiell unterstützten. Ihre in Bosnien aktiven Hilfsorganisationen leisteten aber nicht nur humanitäre Hilfe, sondern verbreiteten auch islamistisches Gedankengut, schmuggelten Waffen ins Land und stellten Verbindungen zu international agierenden Terrornetzwerken her. Ein bei Kriegsende angefertigter Bericht des amerikanischen Geheimdienstes CIA an das US-Außenministerium stellte fest, dass ungefähr ein Drittel der mehr als fünfzig in Bosnien aktiven islamischen Hilfsorganisationen Kontakte zu Terrororganisationen (Al-Qaida, Taliban u. a.) unterhielten. Eine wichtige Vermittlerrolle spielten die nach Bosnien eingeschleusten Mudžahedin, von denen sich viele nicht nur als Kämpfer, sondern auch als Prediger betätigten. Einige der Mudžahedin sind nach Kriegsende in Bos-

---

922 Zur Bedeutung der Religion und religiöser Symbole im Bosnienkrieg vgl. u. a. Sells: The Bridge Betrayed und Velikonja, Mitja: In Hoc Signo Vinces: Religious Symbolism in the Balkan Wars 1991–1995, in: Religion in Eastern Europe 21 (2001), 5, S. 8–25. Zum Folgenden vgl. auch den Überblick von Karčić: Islamic Revival.

nien geblieben und erhielten die bosnische Staatsbürgerschaft.[923] Mit Unterstützung der in Saudi-Arabien basierten Al-Haramain-Stiftung beteiligten sie sich am Aufbau der „Aktiven Islamischen Jugend" (Aktivna Islamska Omladina, AIO), die radikalislamische (salafistisch-wahhabitische) Lehren verbreitete, den Sufismus bekämpfte und für eine Kehrtwende im bosnischen Islam eintrat.[924] Nach dem 11. September 2001 geriet Bosnien daher in den Ruf, ein Schlupfwinkel für islamistische Terroristen zu sein. Der von US-Präsident Bush proklamierte „Kampf gegen den Terrorismus" wurde auch von serbischen und kroatischen Medien propagandistisch ausgeschlachtet. Einheiten der SFOR schoben Verdächtige über die bosnische Grenze ab und beschlagnahmten Unterlagen im Gebäude der „Saudischen Hohen Kommission", weil diese im Verdacht stand, Kontakte zu terroristischen Netzwerken zu unterhalten. Der bosnische Ableger der Al-Haramain-Stiftung wurde vom Sicherheitsrat der UN auf eine Schwarze Liste gesetzt und 2002 verboten.[925] Die AIO musste ihre Tätigkeit im Jahr darauf einstellen. Einige ihrer Mitglieder fanden Unterschlupf bei der Jugendorganisation der SDA. Über weitere radikalislamische Aktivitäten in Bosnien gibt es nur noch spärliche und oft widersprüchliche Informationen.[926]

Unbestreitbar ist, dass der Einfluss der Islamischen Gemeinschaft (Islamska zajednica, IZ) in Bosnien-Herzegowina nach Kriegsbeginn und nach der Wahl Mustafa Efendi Cerićs zum Oberhaupt (*Reis-ul-ulema*) im April 1993 deutlich gewachsen ist.[927] Islamische Schulen erfreuen sich regen Zulaufs, und *Imame* nehmen wichtige Positionen im Staatsapparat, in der Armee und Diplomatie ein. Solange Izetbegović an der Spitze der Partei der Demokratischen Aktion (SDA) stand (bis 2001), gab es enge personelle Verbindungen zwischen IZ und SDA, die sich unter Izetbegovićs Nachfolger aber lockerten. Die Produktion und Verbreitung religiöser Schriften sind seit den 90er-Jahren enorm gestiegen. Mehrere islamische

---

923 Vgl. Kohlmann, Evan F.: The North African Mujahideen network of the Western Balkans, in: Innes, Michael A. (Hg.): Bosnian Security after Dayton, New York 2006, S. 96–113.

924 Latin, Ena: Suspicious Islamic Missionaries: Active Islamic Youth, in: SETimes v. 30. 6. 2003: http://www.setimes.com/cocoon/setimes/xhtml/en_GB/features/setimes/articles/2003/06/030630-ENA-001. Vgl. auch Documentation Centre of Republic of Srpska. Bureau of Government of RS for Relations with ICTY (Hg.): Islamic Fundamentalist's Global Network. Modus Operandi. Model Bosnia, Banja Luka 2002.

925 Security Council Committee pursuant to resolutions 1267 (1999) and 1989 (2011) concerning Al-Qaida and associated individuals and entities. Narrative Summaries of Reasons for Listing: http://www.un.org/sc/committees/1267/NSQE07102E.shtml

926 Einzelheiten in International Crisis Group. Europe Briefing No. 70 vom 26. 2. 2013: Bosnia's Dangerous Tango: Islam and Nationalism: http://www.crisisgroup.org/en/regions/europe/balkans/bosnia-herzegovina/b070-bosnias-dangerous-tango-islam-and-nationalism.aspx. Der Bericht enthält einen Anhang über terroristische Aktivitäten in Bosnien und im Ausland (1997–2011), die (zu Recht oder Unrecht) mit Bosniaken in Verbindung gebracht werden.

927 Zum Folgenden vgl. u. a. Alibaši, Ahmet: Traditional and Reformist Islam in Bosnia and Herzegovina. Cambridge Programme for Security in International Society (C-SIS). Working Paper 2, Sarajevo 2003.

Staaten sowie die „laizistische" Türkei versuchen, mit Spenden für sakrale Einrichtungen ihren und den Einfluss des Islam in Bosnien zu festigen. Und schließlich trifft zu, dass man nach Dayton in Sarajevo mehr Frauen mit Kopftuch oder Gesichtsschleier sehen kann (wenn auch weniger als in Berlin oder Brüssel) und mehr Muslime das Freitagsgebet besuchen als vor dem Krieg.

Auf der anderen Seite sind sich nahezu alle unvoreingenommenen Beobachter einig, dass das Bekenntnis zum Islam bei vielen Bosniaken weniger mit Religiosität als mit Nationalität und kultureller Identität zu tun hat. Das Bekenntnis zum Islam ist Bestandteil des Nationalstolzes und eines neuen Selbstbewusstseins. War es in den 70er-Jahren politisch korrekt, Islam und Nation, Muslime mit kleinem und großem „m/M", auseinanderzuhalten, so ist seit den 90er-Jahren das Gegenteil korrekt. Xavier Bougarel, einer der besten Kenner des Islam in Bosnien, spricht von einer „Instrumentalisierung" und „Nationalisierung des Islam".[928] Šaćir Filandra, Professor für Politikwissenschaft an der Universität Sarajevo, sieht es ebenso: Der Islam sei zum Medium der nationalen Homogenisierung der Bosniaken und zum Mittel für die Entwicklung ihres nationalen Bewusstseins geworden.[929] Die Versuche, eine „Reislamisierung" der muslimischen Bevölkerung von oben durchzuführen und ihre Alltagsgewohnheiten zu verändern, seien dagegen gescheitert, so Bougarel. Die Rechtsgutachten (fetwa) Mustafa Cerićs (etwa zum Verbot von Alkohol oder Schweinefleisch) wurden weitgehend missachtet. Aber die Religion als Abgrenzungskriterium blieb wichtig: Nicht nur als nationaler Ausweis, sondern auch zur symbolischen Markierung des Raums oder als Teil der individuellen Karriereplanung und des sozialen Prestiges. Viele gehen in die Moschee, um gesehen zu werden. Mancher vormalige Kommunist ist auf diesem Wege zum „Gläubigen" geworden und hat seinen Platz in der gesellschaftlichen Hierarchie gerettet. Der Volksmund nennt die Wendehälse „Wassermelonen" (lubenice): außen grün, innen rot.[930] Schließlich steht das Bekenntnis zum Islam aber auch in einer Wechselbeziehung zum Bekenntnis der Orthodoxen und Katholiken. Das eine ist vom anderen nicht zu tren-

---

928 Bougarel, Xavier: Kako je panislamizam zamijenio komunizam, in: Dani Nr. 109 vom 2. 7. 1999: http://www.bhdani.com/arhiva/109/feljton09a.htm; ders.: L'islam bosniaque.
929 Filandra, Šaćir: Islam je postao medij nacionalne homogenizacije Bošnjaka, in: Dani vom 27. 11. 2009: http://bhmuslimmonitor.info/ba/aktuelnosti/islam-je-postao-medij-nacionalne-homogenizacije-bo-n.html
930 In seinem 1995 erschienenen Roman „Konačari" schreibt Nenad Veličković über die Wendehälse: „Die plötzlich fromm gewordenen einstigen Kommunisten verabschieden sich jetzt mit salam und ciao. Papa sagt, dass sie früher Kommunarden waren und jetzt Somunarden sind. Dieser Ausdruck stammt vom Wort Somun, der Bezeichnung für einen runden, oben eingeritzten Brotfladen. Der Somun ist ein beliebtes Gebäck der gläubigen Muslime während ihres Fastenmonats Ramadan. – Seit einigen Tagen beobachte ich, dass die Nachbarn ihre uralten Titel wieder annehmen, was die Theorie bestätigt, dass am Übergang vom Sozialismus zum Kapitalismus das Mittelalter steht." Zit. nach Richter, Angela: Die erinnerte Stadt. Sarajevo-Projekte in der südslavischen Dramatik und Prosa, in: Die Welt der Slaven 46 (2001), S. 355.

nen. Die Bekenntnisse provozieren sich wechselseitig. Und unvergessen ist, dass die Opfer der ethnischen Säuberungen primär nach ihrer Religionszugehörigkeit ausgesucht wurden, unabhängig davon, ob sie gläubig waren oder nicht.

Der Wahhabismus bzw. das Salafitentum ist der großen Mehrheit der Bosniaken (bislang) fremd geblieben, obwohl seine Verbreitung mit finanziellen oder anderen Wohltaten verknüpft wurde, wofür vor allem die verarmte Bevölkerung auf dem Lande empfänglich ist. Die finanzielle Unterstützung Saudi-Arabiens beim Wiederaufbau der im Krieg zerstörten oder beschädigten Moscheen, der niederen und höheren Koranschulen oder verschiedener Stiftungseinrichtungen wurde dankend angenommen, doch Neubauten wie die monumentale König Fahd-Moschee am Westrand von Sarajevo (Farbabb. 25) werden von vielen als Fremdkörper empfunden. Sie passen nicht zur bosnisch-muslimischen Tradition. Auch die strengen religiösen Regeln der Wahhabiten stehen im Gegensatz zur gewohnten Alltagspraxis der in religiösen Fragen eher legeren bosnischen Muslime.[931] Vor allem lässt sich der Wahhabismus schwer oder gar nicht in das nationale Narrativ der Bosniaken einfügen. Mit der Geschichte und den Traditionen Bosniens hat das saudi-arabische Salafitentum nichts zu tun.

Vielmehr sind es gerade die autochthonen Elemente des bosnischen Islam, die die Grundlage für Mustafa Cerićs Vision eines „europäischen Islam" bilden. Die etwa 30 Millionen Muslime, die in Europa leben, unterteilt Cerić in drei Gruppen: die eingeborenen Muslime, die muslimischen Immigranten in Westeuropa und die gebürtigen Muslime (die Nachkommen der Immigranten). Die erste Gruppen bilden die Balkan-Muslime (in Bosnien, Albanien, Kosovo, Makedonien, Bulgarien), die seit Jahrhunderten in Europa beheimatet sind. Ihnen fällt eine wichtige Brückenfunktion bei der Formierung eines „europäischen Islam" zu. In Reaktion auf den Anschlag in New York vom 11. September 2001, auf das Massaker in Madrid vom März 2004 und den Bombenanschlag in London vom Juli 2005 veröffentlichte Cerić Anfang 2006 eine „Deklaration der europäischen Muslime".[932] Darin wird Europa als „Haus des Friedens und der Sicherheit, basierend auf dem Prinzip des Gesellschaftsvertrags" definiert. Die „gemeinsamen europäischen Werte" (Rechtsstaat, Toleranz, Demokratie, Menschenrechte) seien auch die Wertvorstellungen der europäischen Muslime. In einem Anfang 2008 veröffentlichten Aufsatz bekräftigte Cerić, dass Europa weder das „Haus des Islam" (dāru-l-islām) noch das „Haus des Krieges" (dāru-l-harb), sondern das „Haus des Gesellschaftsvertrags" (dāru-l-sulh) sei und forderte eine gemeinsame

---

[931] Vgl. Schmidt-Häuer, Christian: Auf Seelenfang in Bosnien, in: Zeit online, 12. 7. 2011: http://www.zeit.de/2002/12/200212_saudisinbosnien_xml/

[932] Declaration of European Muslims: http://www.rijaset.ba/index.php?option=com_content&task=view&id=45&Itemid=240

Autorität für die europäischen Muslime, einen *Reis-ul-ulema* für Europa.[933] Ćerić gehörte auch zu den Unterzeichnern eines offenen Briefes („A Common World Between Us and You"), den führende muslimische Geistliche aus verschiedenen Ländern im Oktober 2007 an die Würdenträger der christlichen Kirchen in der ganzen Welt richteten. Darin wiesen sie auf die Gemeinsamkeiten zwischen Islam und Christentum hin und warben für den interreligiösen Dialog.[934]

In Bosnien selbst hat Ćerić allerdings während seiner Amtszeit als *Reis* eine Strategie der ethnoreligiösen Polarisierung verfolgt. Seine Anhänger halten ihm zugute, dass er einen wichtigen Beitrag zur Festigung der bosniakischen Identität geleistet habe. Kritiker aus den Reihen der säkular orientierten Bosniaken werfen ihm dagegen vor, den Islam in Bosnien politisiert zu haben. Seine Neigung, Bosnien als Nationalstaat der Bosniaken zu verstehen (da bosnische Serben und bosnische Kroaten ja bereits einen Nationalstaat außerhalb Bosniens haben), mag vor dem Hintergrund dessen, was in den 90er-Jahren geschehen ist, verständlich sein, doch für die Gestaltung von Gegenwart und Zukunft ist sie alles andere als hilfreich. Gleichwohl hat Ćerić jede Kritik an seiner Politik als „Islamophobie" zurückgewiesen.[935]

Kurzum: Der Islam in Bosnien, der schon in den vorangegangenen Jahrhunderten nicht einheitlich war, gliedert sich auch heute in verschiedene Strömungen, unter denen die radikalislamische – damals wie heute – eine Minderheit repräsentiert. Dass es auch in Bosnien zur Radikalisierung einzelner Muslime kommen kann,[936] ist selbstverständlich ebenso wenig auszuschließen wie für viele andere Länder, in denen Muslime als Mehrheit oder Minderheit leben.

---

933 Ćerić, Mustafa: The challenge of a single Muslim authority in Europe, in: European View (2007), 6, S. 41–48.
934 Vgl. http://www.acommonword.com/. Nach Ablauf seiner zweimal siebenjährigen Amtszeit wurde Ćerić im November 2012 von Husein Kavazović, vormals *Mufti* von Tuzla, als *Reis-ul-ulema* abgelöst.
935 Vgl. den von Wikileaks zugänglich gemachten, vertraulichen Bericht der US-Botschaft in Bosnien „Good Bosniaks – Bad Bosniaks" vom 27. 1. 2009: https://dazzlepod.com/cable/09SARAJEVO103, ferner International Crisis Group. Europe Briefing No. 70 vom 26. 2. 2013: Bosnia's Dangerous Tango, a. a. O. Zu den Islamophobie-Vorwürfen der IZ vgl. IZ u Bosni i Hercegovini. Rijaset: First Report on Islamophobia: 2004–2010 und Second Report on Islamophobia 2011: http://www.rijaset.ba/images/stories/Za-download/The First Report on Islamophobia-2004-2010.pdf resp. The Second Report…-2011.pdf
936 Für Aufregung sorgte ein bewaffneter Anschlag auf die US-Botschaft in Sarajevo im Oktober 2011, der von einem aus dem serbischen Teil des Sandžaks gebürtigen Muslim ausgeführt wurde. Der Terrorist wurde zu 18 Jahren Haft verurteilt.

STATT EINES ENDES

Fast zwei Jahrzehnte sind seit Kriegsende vergangen. Schrecken und Heroik sind der Normalität gewichen. Aber es ist eine andere Normalität als vor dem Krieg. Noch ist unklar, wie es mit der Geschichte Sarajevos weitergeht. Wird die Stadt einen Teil ihrer Multi- und Interkulturalität zurückgewinnen? Oder wird sie sich in Richtung ethnischer, religiöser und kultureller Homogenität entwickeln? Erstarrt das vielfältige äußere Erscheinungsbild zum Museum[937] oder kann es mit Leben erfüllt werden? In den fünfeinhalb Jahrhunderten seines Bestehens hat die Stadt Höhen und Tiefen, Erfolge, Misserfolge und Tragödien erlebt, lange Phasen, in denen die Menschen friedfertig miteinander lebten, und Augenblicke, in denen sie übereinander herfielen, Zeiten der Kooperation und Zeiten von Misstrauen und Hass. Die Geschichte Sarajevos mit seinen vier Glaubensgemeinschaften zeigt geradezu exemplarisch, dass Solidarität und Hass unabhängig sind von der Zugehörigkeit zu einer bestimmten Glaubensgemeinschaft oder Nation. Sie hängen ab von zeitlich wechselnden Interessenlagen, von Kämpfen um Ressourcen und Deutungshoheit, von Bedrohungsszenarien und Imaginationen unterschiedlicher Art. Religion und Nation dienen nur dazu, Gefolgschaft und Solidarität zu generieren, die Gemeinschaft nach innen zu festigen und nach außen abzuschotten. Das funktioniert nicht immer, aber in Krisensituationen, in Situationen der Verunsicherung funktioniert es ziemlich gut. Auch in Normalzeiten spielen Gruppenzugehörigkeiten eine wichtige – einmal unsichtbare, einmal offen zur Schau getragene – Rolle. Deshalb wird die Geschichte Sarajevos als Geschichte seiner ethnoreligiösen Gemeinschaften geschrieben, also als Geschichte von Gruppen, ihres Mit- und Gegeneinanders oder auch des Wechsels von einer Gruppe zur anderen. Das ist insofern berechtigt, als Menschen in Gruppen leben und agieren und viele (nicht alle und immer) die Praktiken der Gruppe befolgen. Es ist auch deshalb berechtigt, weil wir zumeist über die Einzelnen – von wenigen „großen" Namen abgesehen – noch weniger wissen als über die Gruppe, zu der sie gehören. Und selbst wenn wir über die Einzelnen sehr viel mehr wüssten, als dies der Fall ist, kämen wir aus Gründen der Überschaubarkeit gar nicht umhin, Gruppen zu bilden. Also tun wir das, was wir tun können. Wir können – soweit die Quellen es erlauben – die Macht- und Rechtsverhältnisse sowie die wirtschaftlichen, sozialen und kulturellen Kontexte rekonstruieren, in denen Gruppen und

---

937 Ein Teil des Erbes befindet sich unter dem Dach des 1949 gegründeten Museums Sarajevo mit seinen fünf Dependancen: Brusa-Bezistan, Judenmuseum, Svrzina-Haus, Despić-Haus und Museum Sarajevo 1878–1918.

Einzelne agierten (und die sie mitunter durchbrachen). Wir können die Wandlungsprozesse rekonstruieren, die das, was gestern als „selbstverständlich" und „rechtens" galt, heute als „abwegig" und „unrecht" erscheinen lassen. Und wir können fragen, wie die Wandlungsprozesse zustande gekommen sind und wer ihre Akteure waren. Das alles macht aber nur Sinn, wenn vier Aspekte beherzigt werden: 1. Die Gruppen von heute sind nicht deckungsgleich mit den Gruppen von gestern, auch wenn sie sich gleich wähnen und ihre Akteure nicht müde werden, eine geradlinige, mehr oder minder bruchlose Kontinuität zu postulieren. Anknüpfungen über Brüche hinweg: warum nicht? Aber so zu tun, als gäbe es keine Brüche, führt in eine Welt der Illusionen. 2. Gruppen, insbesondere Großgruppen wie Religionsgemeinschaft und Nation, sind in sich nicht homogen, sondern setzen sich ihrerseits aus Untergruppen zusammen (z. B. entsprechend sozialem Status oder hinsichtlich der Bedeutung, die Teile der Gemeinschaft ihrer Gruppenzugehörigkeit beimessen). 3. Der Mensch gehört in der Regel nicht nur einer Gruppe, sondern mehreren Gruppen gleichzeitig an. Religionsgemeinschaft und Nation sind zwei davon. Ihr Stellenwert sowie der Stellenwert anderer Gruppenbildungen verwandtschaftlicher, lokaler, regionaler, professioneller, kultureller oder anderer Art (die oft quer zu religiösen und nationalen Abgrenzungen verlaufen) befinden sich in steter Veränderung. Im Vergleich zur Religionszugehörigkeit spielte die ethnische Zugehörigkeit in früheren Jahrhunderten nur eine marginale Rolle. Islam, Orthodoxie, Katholizismus und Judentum waren bis ins 19. Jahrhundert hinein transterritorial. Sie waren weder an ein bestimmtes Territorium, geschweige denn an eine bestimmte (noch nicht existierende) Nation geknüpft. 4. Als soziales Wesen gehört der Mensch zu Gruppen, geht aber nicht zwangsläufig darin auf. Zwar gibt es Situationen, in der die Zugehörigkeit zu einer bestimmten Gruppe (z. B. zur Religionsgemeinschaft oder zur Nation) alle anderen Zugehörigkeiten überlagert oder zu überlagern scheint, aber selbst in solchen Situationen gibt es genügend Leute, die sich der „Gruppenlogik" – aus welchen Gründen immer – entziehen oder die infolge situativer und prozesshafter Faktoren ihre Gruppenzugehörigkeit infrage stellen, Abgrenzungen überwinden oder ausschließlich ihren persönlichen Vorteil im Auge haben. Zum Verständnis der Geschichte Sarajevos sind also nicht allein die dort lebenden Gruppen *an sich* ausschlaggebend, sondern die Akteure und Prozesse, welche die Aktionsfelder abstecken, in denen sich Individuen zurechtfinden müssen oder gegen die sie sich zur Wehr setzen.

Sarajevo ist weder ein zeitloses Modell für Toleranz noch für Hass. Es ist ein Ort, an dem über Jahrhunderte hinweg Menschen unterschiedlicher Zuordnung beheimatet waren. Das führte einerseits dazu, dass sich die Bewohner der Stadt ihrer Gruppenzugehörigkeit stärker bewusst waren (mit allen darin lauernden Konfliktpotenzialen) als Menschen, die in einer eher homogenen Umgebung aufwuchsen. Es führte andererseits dazu, dass Alltagspraktiken des Miteinanders (z. B. das viel beschworene Konzept der „Nachbarschaft") lebenswichtig sein konnten. Dieses fragile, stets vom Umkippen bedrohte Wechselspiel von Abgrenzung und Miteinander, Wettstreit und Zusammenarbeit ist zwar nicht einzigartig, aber die lange Kohabitation von Muslimen, Orthodoxen, Katholiken und sephardischen Juden in Sarajevo ist doch etwas Besonderes, eher Ausnahme als Normalfall.

Vielfalt und Interaktion unter sich verändernden politischen und kulturellen Rahmenbedingungen sind die zentralen Achsen, um die herum sich die Geschichte Sarajevos entfaltet hat. Es ist eine Geschichte des Neben-, Mit- und Gegeneinanders, eine Geschichte von Multikulturalität und Interkulturalität in variierenden Kombinationen. Nach den bisher bekannten Quellen hat es in Sarajevo über Jahrhunderte hinaus keine Pogrome und keine Religionskriege gegeben, die ihren Ursprung in der Stadt gehabt hätten. Konflikte gab es und in spätosmanischer Zeit häuften sie sich, aber erst mit Nationalisierung der Religion und Sakralisierung der Nation seit dem 19. Jahrhundert wurde ein explosives Modell der Abgrenzung in die Stadt getragen, das es in dieser Form vorher nicht gegeben hatte. Für zunehmend große Teile der Stadtbevölkerung rückte die Stadt als Bezugspunkt einer Gemeinschaft (zumindest zeitweilig) in den Hintergrund. Auch der Genius loci, von dem wir immer noch nicht wissen, ob es ihn gibt oder nicht, hat die Städter dagegen nicht immunisieren können.

Haben Sarajevo und Bosnien noch die Chance, das zu sein oder wieder zu werden, was unter dem Begriff „spirit of Bosnia" (duh Bosne) apostrophiert wird? Können sie sein oder wieder werden, was oft mit ihnen assoziiert wurde: Brücken? – Brücken zwischen Ost und West, Brücken zwischen Religionen und Kulturen? „Von allem, was der Mensch in seinem Selbsterhaltungstrieb errichtet und baut, nichts ist meinen Augen besser und wertvoller als Brücken", um noch einmal den literarischen Brückenbauer Ivo Andrić zu Wort kommen zu lassen. „Sie sind wichtiger als Häuser, noch universaler als Tempel. Allen gehörig und gegenüber jedem gleich, immer bewusst errichtet an einem Ort, an dem sich die größte Zahl menschlicher Bedürfnisse überkreuzt, dauerhafter als andere Bauwerke; sie dienen nichts von dem, was geheim oder böse ist. (…) Und wenn ich an Brücken denke, so tauchen in meiner Erinnerung nicht jene auf, die ich am häufigsten überquert habe, sondern jene, die meine Aufmerksamkeit und meinen Geist am häufigsten angezogen und begeistert haben. Allen voran, die Brücken von Sarajevo. [Die Brücken] über die Miljacka, deren Strombett das Rückgrat von Sarajevo bildet; sie sind wie steinerne Rippen. (…) [A]lles, womit sich das Leben offenbart – Gedanken, Anstrengungen, Ansichten, Lächeln, Worte, Seufzer – all das strebt nach dem anderen Ufer als seinem Ziel, wo es erst seinen wahren Sinn erhält. All das muss etwas überwinden und überbrücken: Unordnung, Tod oder Sinnlosigkeit. Denn alles ist Durchgang, eine Brücke, deren Enden sich in der Unendlichkeit verlieren und demgegenüber alle irdischen Brücken nur Kinderspiele, blasse Symbole sind. Und all unsere Hoffnung ist auf der anderen Seite."[938]

---

938 Andrić, Ivo: Mostovi, in: Spirit of Bosnia 1 (2006), 1: http://www.spiritofbosnia.org/bs/volume-1-no-1-2006-january/bridges

ANHANG

TABELLEN 5 BIS 7

Tabelle 5: Nationale/ethnische Zusammensetzung der Bevölkerung Bosnien-Herzegowinas (1948–1991)

	1948	1953	1961	1971	1981	1991
Muslime[1]	788.403	891.800	842.248	1.482.420	1.630.033	1.898.963
In %	*30,73*	*31,32*	*25,69*	*39,57*	*39,52*	*43,38*
Serben	1.136.116	1.264.372	1.406.057	1.393.148	1.320.738	1.365.093
In %	*44,29*	*44,40*	*42,89*	*37,19*	*32,02*	*31,19*
Kroaten	614.123	654.229	711.665	772.491	758.140	759.906
In %	*23,94*	*22,97*	*21,71*	*20,62*	*18,38*	*17,36*
Jugoslawen	-	-	275.883	43.796	326.316	242.032
In %	*-*	*-*	*8,42*	*1,70*	*7,91*	*5,53*
Andere	26.635	37.389	42.095	54.256	89.029	111.039
In %	*1,04*	*1,31*	*1,28*	*1,45*	*2,16*	*2,54*
Juden (abs.)	?	310	381	708	343	426
Insgesamt	**2.565.277**	**2.847.790**	**3.277.948**	**3.746.111**	**4.124.256**	**4.377.033**

[1] Die Muslime wurden in den ersten fünf Volkszählungen unter unterschiedlichen Bezeichnungen ausgewiesen: „unentschiedene Muslime" (1948), „unentschiedene Jugoslawen" (1953), „Muslime (ethnische Zugehörigkeit)" (1961), „Muslime im Sinn der Volkszugehörigkeit" (1971), „Muslime" (1981 und 1991).

Das natürliche Bevölkerungswachstum in Bosnien-Herzegowina nahm in den Nachkriegsjahrzehnten kontinuierlich ab. Es betrug je 1000 Einwohner 1955: 23,7, 1965: 21,0, 1975: 13,4, 1985: 10,1 und 1989: 8,1. Ähnliche, z.T. etwas höhere Zuwachsraten, wiesen Montenegro und Makedonien auf. In Slowenien, im engeren Serbien und in Kroatien war die Zuwachsrate deutlich geringer. Eine Ausnahme bildete die Autonome Provinz Kosovo, wo sie 1955 25,4 und 1989 noch 22,4 betrug.

Quellen: (1948–1981): Jugoslavija 1918–1988. Statistički godišnjak. Hg. Statistisches Amt Jugoslawiens. Beograd 1989, S. 45; (1991): Etnička obilježja stanovništva. Rezultati za republiku i po opštinama. Hg. Statistisches Amt Bosnien-Herzegowinas. Sarajevo 1993, S. 10.

Tabelle 6: Bevölkerung von Stadt und Großraum Sarajevo 1991

Absolut

Sarajevo-Stadt	Bevölkerung insges.	Muslime	Serben	Kroaten	Jugoslawen	Andere
1. Centar	79.286	39.761	16.631	5.428	13.030	4.436
2. Stari Grad	50.744	39.410	5.150	1.126	3.374	1.684
3. Novi Grad	136.616	69.430	37.591	8.889	15.580	5.126
4. Novo Sarajevo	95.089	33.902	32.899	8.798	15.099	4.391
Zusammen 1–4	**361.735**	**182.503**	**92.271**	**24.241**	**47.083**	**15.637**
Großraum (ohne 1–4)						
5. Vogošća	24.647	12.499	8.813	1.071	1.730	534
6. Ilijaš	25.184	10.585	11.325	1.736	1.167	371
7. Ilidža	67.937	29.337	25.029	6.934	5.181	1.456
8. Hadžići	24.200	15.392	6.362	746	841	859
9. Trnovo	6.991	4.790	2.059	16	72	54
10. Pale	16.355	4.364	11.284	129	396	182
Zusammen 1–10	527.049	259.470	157.143	34.873	56.470	19.093

In v.H.

Sarajevo-Stadt	Bevölkerung insges.	Muslime	Serben	Kroaten	Jugoslawen	Andere
1. Centar	100,00	50,15	20,98	6,85	16,43	2,59
2. Stari Grad	100,00	77,66	10,15	2,22	6,65	3,32
3. Novi Grad	100,00	50,82	27,51	6,50	11,40	3,75
4. Novo Sarajevo	100,00	35,65	34,59	9,25	15,87	4,61
Zusammen 1–4	**100,00**	**50,45**	**25,50**	**6,70**	**13,01**	**4,32**
Großraum (ohne 1–4)						
5. Vogošća	100,00	50,71	35,75	4,34	7,01	2,16
6. Ilijaš	100,00	42,03	44,96	6,89	4,63	1,47
7. Ilidža	100,00	43,18	36,84	10,20	7,62	2,14
8. Hadžići	100,00	63,60	26,28	3,08	3,47	3,54
9. Trnovo	100,00	68,81	29,45	0,22	1,02	0,77
10. Pale	100,00	26,68	68,99	0,78	2,42	1,11
Zusammen 1–10	100,00	49,23	29,81	6,61	10,71	3,62

Hinweis: Der Großraum Sarajevo von 1991 ist nicht identisch mit dem heutigen Kanton Sarajevo.
Quelle: Etnička obilježja stanovništva 1991. Hg. Zavod za statistiku BiH. Sarajevo 1993, S. 15.

Tabelle 7: Bevölkerung[a] von Stadt und Kanton Sarajevo Ende 2003 (Schätzung)

Absolut

Sarajevo-Stadt	Bevölkerung insges.	Bosniaken	Serben	Kroaten	Jugoslawen	Andere
1. Centar	68.067	52.086	8.934	4.731	-	2.316
2. Stari Grad	38.211	35.196	2.018	780	-	217
3. Novi Grad	116.832	93.747	13.161	7.327	-	2.597
4. Novo Sarajevo	74.402	49.213	11.497	9.541	-	4.151
Zusammen 1–4	297.512	230.242	35.610	22.379	-	9.281
Kanton (ohne 1–4)						
5. Vogošća	19.966	17.750	1.642	454	-	120
6. Ilijaš	15.325	13.443	1.076	646	-	160
7. Ilidža	47.924	38.915	5.839	3.027	-	143
8. Hadžići	20.133	18.605	709	406	-	413
9. Trnovo	836	797	39	-	-	-
Zusammen 1–9	401.696	319.752	44.915	26.912	-	10.117

a = ortsanwesende Bevölkerung

In v.H.

Sarajevo-Stadt	Bevölkerung insges.	Bosniaken	Serben	Kroaten	Jugoslawen	Andere
1. Centar	100,0	76,5	13,1	7,0	-	3,4
2. Stari Grad	100,0	92,1	5,3	2,0	-	0,6
3. Novi Grad	100,0	80,2	11,3	6,3	-	2,2
4. Novo Sarajevo	100,0	66,1	15,5	12,8	-	5,6
Zusammen 1–4	100,0	77,4	7,5	12,0	-	3,1
Kanton (ohne 1–4)						
5. Vogošća	100,0	88.9	8,2	2,3	-	0.6
6. Ilijaš	100,0	87,0	7,0	4,2	-	1,0
7. Ilidža	100,0	81,2	12,2	6,3	-	0,3
8. Hadžići	100,0	92,4	3,5	2,0	-	2,1
9. Trnovo	100,0	95,3	4,7	-	-	-
Zusammen 1–9	100,0	72,9	4,5	21,6	-	1,0

Hinweis: Teile des früheren Großraums Sarajevo gehören seit 1995 zu Ost-Sarajevo (in der Republika Srpska), das sich seinerseits aus sechs Munizipien zusammensetzt: Ost-Ilidža, Ost-Novo Sarajevo, Ost-Stari Grad, Trnovo (etwa 1/3 des früheren gleichnamigen Munizipiums), Pale, Sokolac (nördl. von Pale). Ost-Sarajevo ist Teil der Region Sarajevo-Romanija, einer der sieben Regionen der Republika Srpska. Quelle: Statistika stanovništva Federacije Bosne i Hercegovine za 2003 godinu, nach: http://www.sdnt.byethost6.com/StanovsnistvoFederacijeDecembar 2003.htm. (Die Seite, die am 1.6.2013 noch abrufbar war, ist danach aus dem Internet verschwunden.)

ZEITTAFEL

	Osmanische Periode 1462–1878
1434 (?)	Die Osmanen besetzen die Burg Hodidjed östl. des späteren Sarajevo.
1462	Stiftungsurkunde Isa-beg Isakovićs (Gründung Sarajevos)
1463	Eroberung Zentralbosniens durch Sultan Mehmed II.; Einrichtung des Sandžaks Bosnien, der zunächst nur einen Teil des heutigen Bosnien-Herzegowina umfasst.
1463	28. 5.: Schutzbrief Mehmeds II. für die bosnischen Franziskaner
1464 (?)	Steuerprivileg Mehmeds II. für die Muslime im Raum Sarajevo
1483	Eroberung der Herzegowina; Einrichtung des Sandžaks Herzegowina (1470)
1521–1541	Gazi Husrev-beg Statthalter (sandžakbeg) von Bosnien (mit zwei kurzen Unterbrechungen)
1530	Bau der Husrev-beg-Moschee
1531	11. 12.: Erste Stiftungsurkunde Gazi Husrev-begs
1537	8. 1.: Zweite Stiftungsurkunde Gazi Husrev-begs
1553	Der Verwaltungssitz des Sandžaks Bosnien wird von Sarajevo nach Banja Luka verlegt.
1580	Gründung des Ejalets (Paschaluks) Bosnien, das sich bis Ende des 17. Jahrhunderts auch auf Gebiete außerhalb des heutigen Bosnien-Herzegowina erstreckt.
Um 1581	Errichtung der sephardischen Synagoge
Um 1592	In Sarajevo wird ein erstes Kaffeehaus eröffnet.
1639 (?)	Sarajevo wird Verwaltungssitz des Ejalets Bosnien.
1660	Der türkische Reisende Evlija Čelebi besucht Sarajevo.
1693	Sarajevo wird Sitz des orthodoxen Bistums (Eparchie) „Dabrobosanska".
1697	24. 10.: Zerstörung Sarajevos durch die Truppen des Prinzen Eugen von Savoyen
1699 (?)	Travnik wird anstelle Sarajevos Hauptstadt Bosniens (mit zwei kurzen Unterbrechungen bis Ende 1850).
1747–1757	„Jahrzehnt der Anarchie" in Sarajevo (Rebellion der Brüder Morić)
1827	Der Widerstand der Janitscharen in Sarajevo gegen die Auflösung ihres Korps wird gebrochen, die Anführer werden hingerichtet, das Korps aufgelöst.
1831	Ein Brand zerstört große Teile des Husrev-beg-Stiftungskomplexes (Wiederaufbau 1832–1835).
1831–1832	Eine bosnische Autonomiebewegung unter Führung von Husein Gradaščević rebelliert gegen die „Hohe Pforte" und wird militärisch niedergeschlagen.
1839	3. 11.: Hatt-ı Şerif von Gülhane: Beginn der Reformperiode (Tanzimat) im Osmanischen Reich. In Bosnien hält der Widerstand gegen die Reformen an
1842/43	Sarajevo erhält ein erstes Postamt.

1850–1852	General Omer-paša Latas schlägt den Aufstand der bosnischen Ajanen nieder und stellt die Herrschaft der „Hohen Pforte" in Bosnien wieder her. Sarajevo wird erneut Hauptstadt Bosniens.
1852	25. 5.: Ein Großbrand vernichtet die Čaršija und umliegende Mahale.
1856	18. 2.: Hatt-i Hümayun des Sultans Abdulmedžid (Abdülmecid) I., in dem u. a. die rechtliche Gleichstellung aller Glaubensgemeinschaften bekräftigt wird. Umgestaltung (Säkularisierung) des Rechtssystems; Beschränkung der Scharia auf Familienrecht
1865	Bosnien wird Vilajet und erhält eine neue Verwaltungsstruktur.
1866	Eröffnung der Vilajets-Druckerei, der ersten Buchdruckerei in Sarajevo
1872	2. 8.: Einweihung der orthodoxen Metropolitankirche in Sarajevo
	Österreichisch-ungarische Epoche 1878–1918
1878	13. 7.: Im Vertrag des Berliner Kongresses (Art. XXV) wird Österreich-Ungarn mit der Besetzung und Verwaltung der Provinzen Bosnien und Herzegowina beauftragt. Formal bleiben die Provinzen unter Oberhoheit des Sultans.
1878	19. 8.: Einmarsch der österr.-ungar. Truppen unter General Josip Filipović in Sarajevo
1878	22. 8.: Erstes vorläufiges Statut für die Stadt Sarajevo
1879	19. 8.: Großbrand in Sarajevo
1879/80	Veröffentlichung eines Stadtentwicklungs(Regulierungs)plans (Schwerpunkt Baščaršija)
1881	2. 11.: Teile der Stadt werden von der Miljacka überschwemmt.
1882	14. 1.: Josip Stadler wird erster Erzbischof des römisch-katholischen Erzbistums Vrhbosna mit Sitz in Sarajevo.
1882	26. 8.: Johann Freiherr von Appel wird Armeekommandant in Bosnien und Chef der dortigen Landesregierung (bis 1903).
1882	4. 10.: Einweihung eines Bahnhofs in Novo Sarajevo und Eröffnung der Schmalspurstrecke Sarajevo-Zenica (mit Anschluss an die 1879 fertiggestellte Strecke Zenica-Brod) (insges. 271 km)
1882	17. 10.: Ernennung von Mustafa Hilmi ef. Omerović (Hadžiomerović) zum ersten Reis-ul-Ulema
1882	12. 12.: Eröffnung des ersten modernen Hotels („Europa")
1882–1903	Benjamin von Kállay ist als k.u.k. gemeinsamer Finanzminister Österreich-Ungarns zugleich für die Kontrolle der Zivilverwaltung Bosniens zuständig.
1883	10. 12.: Sarajevo erhält eine Stadtverwaltung mit Gemeinderat und Magistrat (erste Wahl des Gemeinderats nach einem Zensuswahlrecht am 15. 3. 1884).
1884–1889	Bau der römisch-katholischen Kathedrale in Sarajevo

1888	1. 2.: Eröffnung des bosnisch-herzegowinischen Landesmuseums in Sarajevo
1. 1. 1885	Erste von Pferden gezogene Straßenbahn
1. 10. 1886	Fertigstellung des Palasts der Landesregierung von Bosnien-Herzegowina
1886–1897	Regulierung der Miljacka
1889–1890	Bau und Eröffnung der ersten modernen Wasserleitung
1891	Ein Brand zerstört Teile der Baščaršija; Verabschiedung eines Stadtentwicklungsplans für Sarajevo (Erweiterung des Plans von 1879); Eröffnung des ersten Gymnasiums
1. 8. 1891	Eröffnung der Eisenbahnlinie Sarajevo-Konjić, des letzten Teilstücks der Narentabahn vom Adriahafen Metković durch das Tal der Neretva/Narenta nach Sarajevo
Juli 1893	Verabschiedung eines neuen Stadtentwicklungsplans
3./4. 4. 1895	Beginn der elektrischen Straßenbeleuchtung
1. 5. 1895	Erste elektrische Straßenbahn in Sarajevo
20. 4. 1896	Eröffnung des Rathauses
1896–1903	Aufbau der städtischen Kanalisation
1901	Beginn der Straßenasphaltierung
1903	Gründung der muslimischen Gesellschaft „Gajret" (mit proserbischer Orientierung)
13. 7. 1903	Tod Benjamin Kállays; Nachfolger (bis 1912) wird István Freiherr Burián von Rajecz.
13. 8. 1905	Kaiser Franz Joseph billigt das Statut für die kulturelle Autonomie der Serben in Bosnien.
1906	Dezember: Gründung der Muslimanska narodna organizacija (MNO)
1907	Oktober: Gründung der Srpska narodna organizacija (SNO)
1907	November: Gründung der Hrvatska narodna zajednica (HNZ)
1908	6. 10.: Österreich-Ungarn annektiert Bosnien; Annexionskrise
1909	Österr.-ung. Statthalter in Bosnien-Herzegowina wird Marijan Varešanin
1. 5. 1909	Inkrafttreten des religiösen und kulturellen Autonomiestatus für die bosnischen Muslime
1910	20. 2.: Verkündung des Landesstatuts für Bosnien-Herzegowina
1910	15. 6.: Erste Sitzung des Bosnischen Landtags (Sabor); (fehlgeschlagenes) Attentat von Bogdan Žerajić auf den österr.-ung. Statthalter Varešanin
1911	10. 5.: Oskar Potiorek wird zum Armeeinspektor in Sarajevo und (als Nachfolger von Varešanin) zum Landesregierungschef ernannt.
1914	28. 6.: Attentat von Sarajevo: Ermordung des Erzherzogs Franz Ferdinand
6. 2. 1915	Auflösung des Landtags

	Im ersten Jugoslawien 1918–1943/45
1918	2. 11.: Konstituierung einer Nationalregierung für Bosnien-Herzegowina, die die Vereinigung mit Serbien beschließt
1918	1. 12.: Proklamierung des „Königreichs der Serben, Kroaten und Slowenen" (Kgr. SHS) in Belgrad
1919	Februar: Gründung der „Jugoslawischen Muslimischen Organisation" (JMO) in Sarajevo, der stärksten muslimischen Partei in der Zwischenkriegszeit
1924	Gründung der muslimischen Gesellschaft „Narodna uzdanica" (mit prokroatischer Orientierung)
1924	25. 2.: Infolge der neuen Verwaltungsgliederung des „Kgr. SHS" verliert Sarajevo den Status der Hauptstadt Bosniens und wird Verwaltungssitz des Gebiets (oblast) Sarajevo.
1929	3. 10.: Durch eine Verwaltungsreform wird das Territorium Bosnien-Herzegowinas auf vier Banschaften verteilt. Sarajevo wird Hauptstadt der Drina-Banschaft.
1939	„Verständigung" (sporazum) Cvetković-Maček über die Gründung einer Banschaft Kroatien, der auch Teile von Bosnien-Herzegowina zugeschlagen werden
1941	27. 3.: Sturz der jugoslawischen Regierung durch einen Putsch serbischer Generäle; Hitler erteilt die Weisung zum Angriff auf Jugoslawien.
1941	6. 4.: Beginn von Hitlers Balkanfeldzug; deutsche Flugzeuge bombardieren Sarajevo.
1941–1945	Bosnien-Herzegowina ist Teil des „Unabhängigen Staates Kroatien".
1943	25. 11.: Der „Antifaschistische Rat der Volksbefreiung Bosnien-Herzegowinas" (ZAVNOBiH) beschließt die Gründung einer Republik Bosnien-Herzegowina im künftigen, sozialistischen Jugoslawien.
1943	29. 11.: Der „Antifaschistische Rat der Volksbefreiung Jugoslawiens" (AVNOJ) legt im bosnischen Jajce den Grundstein für das zweite Jugoslawien.
6. 4. 1945	Sarajevo wird von Titos Partisanen befreit.
	Im zweiten Jugoslawien 1945–1992
1949	Gründung des Stadtmuseums (Muzej Grada Sarajeva)
1963	Die Muslime werden als Nation in der bosnischen Republikverfassung verankert (1968 in der jugoslawischen Bundesverfassung).
1974	Annahme eines umfassenden Stadtentwicklungsplans für den Großraum Sarajevo
1984	15. 2.: Eröffnung der Olympischen Winterspiele in Sarajevo
1984	Prozess gegen Alija Izetbegović
1987	Der Agrokomerc-Skandal erschüttert die politische Stabilität Bosniens.
1992	29. 2./1. 3.: Referendum über die Unabhängigkeit Bosnien-Herzegowinas
1992	3. 3.: Bosnien erklärt seine Unabhängigkeit

	Im Bosnienkrieg 1992–1996
1992	4./5. 4.: Einnahme des internationalen Flughafens durch die Jugoslawische Volksarmee; Beginn des Bosnienkriegs; erste Gefechte in Sarajevo
1992	6./7. 4.: Anerkennung Bosnien-Herzegowinas durch die EU und die USA
1992	2. 5.: Beginn der Blockade Sarajevos
1993	April/Mai: Der UN-Sicherheitsrat erklärt Sarajevo und fünf weitere Städte zu UN-Schutzzonen.
1995	14. 12.: Das in Dayton ausgehandelte Friedensabkommen für Bosnien-Herzegowina wird in Paris unterzeichnet.
29. 2. 1996	Offizielles Ende der Belagerung Sarajevos

GLOSSAR DER „TURZISMEN"

Liste der in der Arbeit verwendeten Begriffe türkischen, arabischen oder persischen Ursprungs in der in Bosnien gebräuchlichen Form (i. d. R. nach dem Wörterbuch von Škaljić: Turcizmi)

Abdest =	rituelle Waschung vor dem Gebet
Abdesthana =	Ort für rituelle Waschungen
Abdul(l)ah =	muslimischer männlicher Name; Diener Gottes
Aga (aǧa) =	Offiziersrang bei den Janitscharen, dann allgemein Bezeichnung für höhergestellte Persönlichkeiten, Notabeln, Großgrundbesitzer
Ahdnama =	Urkunde
Ajan =	Angehöriger der Notabeln- bzw. Honoratiorenschicht, angesehener Mensch
Akča =	kleine osmanische Silbermünze
Arzuhal →	mahzar
Ašikovati, ašikovanje =	Liebeswerben
Asper =	kleine osmanische Silbermünze
Avariz =	außerordentliche Abgaben an den Staat
Avlija =	Innenhof
Bajram =	religiöser Feiertag der Muslime
Bajraktar =	Fahnenträger
Bašča =	Garten
Baščaršija =	Hauptmarkt

Bašeskija =	aus dem Janitscharendienst ausgeschiedener Soldat, Veteran
Beg (bey) =	osmanischer Ehrentitel; Befehlshaber eines Sandžaks (Sandžakbeg); -beg wird häufig auch dem Namen einer angesehenen Person angehängt, obwohl diese kein Beg ist.
Beglerbeg =	oberster militärischer und ziviler Befehlshaber einer größeren Verwaltungsprovinz
Berat =	Sultansdekret, -urkunde
Bezistan =	überdachter Markt; Markthalle
Čaršija =	Markt, Bazar
Ćefil =	Bürge
Ćehaja =	Vorsteher einer Zunft (esnaf)
Ćeif =	gute Laune; Wille
Čibuk =	Tabakpfeife mit langem Stiel
Čiftluk =	ursprünglich Bauernhof, später Gutswirtschaft
Ćuprija =	Brücke
Daira =	um einen Hof gruppierte Kaufmannsmagazine unter einem gemeinsamen Dach und mit einem gemeinsamen Eingang
demir pendžer =	Fenster mit eisernem Gitter
Defter =	(Steuer-)Register
Derviš (Derwisch) =	Mitglied eines islamischen Ordens
Devširme =	Knabenlese
Dirhem =	osmanische Silbermünze
Divan (Diwan) =	Das Wort hat mehrere Bedeutungen, u. a. bezeichnet es den Verwaltungsstab des osmanischen Statthalters in Bosnien sowie eine Art Sofa/Sitzbank im Haus.
Djaur(in) (Giaur) =	Ungläubiger, Nicht-Muslim
Dućan =	Kaufmannsladen, Werkstatt
Džabija =	Person, die die Einkünfte einer Stiftung einsammelt
Džamija =	Moschee
Džemat =	Wohnviertel
Džihad (Djihad, Dschihad) =	Glaubenskrieg
Džizija →	Harač
Esnaf =	Zunft, Gilde

Eškija (Pl.) = Aufständische, →Hajduken
Ejalet (Eyalet) = osmanische Großprovinz, bestehend aus mehreren Sandžaks
Evlija = heiliger Mensch

Feredža = Ganzkörperschleier (Burka)
Ferman = Erlass, Dekret des Sultans
Fildžan = eine kleine Kaffeetasse ohne Henkel

Gazi = Held, Sieger, Glaubenskrieger
(Giaur) → Djaur

Hadži = Mekkapilger
Hajat = Vorraum
Hajduk = Räuber, Rebell
Hamam = osmanisches Bad
Han = osmanische Herberge
Hanikah = Derwischkonvent (tekija) mit Internat für Derwische
Handžar = großes, krummes Messer; krummer Dolch; langer, dreischneidiger Dolch
Harač = Kopfsteuer, die von Nicht-Muslimen entrichtet wurde
Harem = Bereich für die weiblichen Mitglieder im „türkischen" Haus; abgegrenzter Bereich neben einer Moschee
Haremluk = Bereich der Frauen im Wohnhaus; familiärer Wohnbereich
Has = Stabspfründe zur Versorgung der Gouverneure
Hatib = Vorbeter in der Moschee beim Freitagsgebet
Hatihumajun = feierliche Urkunde des Sultans
Hatišerif = wie *hatihumajun*
Hijab = islamisches Kopftuch
Hidžra (Hidschra) = Auswanderung Mohammeds von Mekka nach Medina (i.J. 622).
Hodža
(Hodscha) = Lehrer an einer niederen islamischen Schule (Mekteb)

Ibrik = kupferne Wasserkanne mit langem Hals
Ilmija = muslimische Geistlichkeit
Iltizam = Steuerpacht
Imam = Vorbeter in der Moschee
Imaret (Imare) = Armenküche
Janičar (Janjičar)
(Janitschar) = Angehöriger der kasernierten Bodentruppe
Kadija (Kadi) = Scheriatsrichter

Kamarija =	eine Art Balkon zum Innenhof (avlija)
Kanun =	Gesetze und Verordnungen der osmanischen Zentralgewalt
Kanunnama=	Gesetzessammlung; Gesetzbuch
Kapija =	Tür, Tor
Karavan-saraj (Karawanserei) =	ummauerte, zweigeschoßige Herberge
Kasaba =	Kleinstadt
Kiraethana=	Lesehalle
Komšiluk =	Nachbarschaft
Konak =	Residenz einer angesehenen Persönlichkeit
Mahala =	Wohnviertel, Stadtteil, Bezirk, Straße
Mahzar (Mazar) =	kollektive Bittschrift (Petition) der Bevölkerung an den Sultan oder die Zentralgewalt
Medžlis =	Rat, Ausschuss
Mezar =	Grabstein
Medresa (Medresse) =	islamisches theologisches Seminar (Hochschule)
Mekteb =	niedere Koranschule
Mesdžid =	kleines muslimisches Gebetshaus
Mevlevija =	Angehöriger des von Mevlana Dželalud-din Rumi gegründeten Derwischordens
Mezra =	Ackerland
Mihrab =	die nach Mekka gerichtete Gebetsnische in einer Moschee
Mil(l)et =	Religion(sgemeinschaft); Volk
Mimber =	die aus Holz geschnitzte Kanzel in einer Moschee
Minder =	Sitzauflage, Sitzkissen auf einer Sitzbank, einem Sofa (sećija); mitunter auch die Sitzbank selbst
Muafiyet =	dauerhafte oder zeitweilige Befreiung (der muslimischen Bevölkerung) von staatlichen Abgaben
Muafnama =	Brief eines Sultans betreffend Steuerbefreiung
Muderis =	Professor an einer höheren islamischen Lehranstalt (Medrese)
Mufti, Muftija =	ranghöchster islamischer Geistlicher in einer Region
Muhtar =	Vorsteher (Ältester) eines Wohnviertels (mahala)
Mula (Mulla) =	islamischer Gelehrter; Kadi in größeren Städten; vom Sultan verliehener Ehrentitel
Mulk =	Land im unbeschränkten Privateigentum
Mulknama =	Urkunde des Sultans, mit dem das uneingeschränkte Privateigentum an Boden verliehen oder bestätigt wird
Murtat =	Verräter; Renegat

Musafirhana =	Gasthaus zu wohltätigem Zweck, wo Reisende Unterkunft und Nahrung erhalten
Mušebak =	Holzgitter an einem Fenster
Muselim (oder muteselim) =	Vertreter des Gouverneurs in einer bestimmten Region (sandžak); Vorsteher, eine Art Bürgermeister
Mutevelija =	Verwalter einer frommen Stiftung
Muvek(k)it =	Astronom, der im 19. Jh. auch für die Berechnung der Uhrzeit zuständig war
Muvekithana =	Raum oder kleines Gebäude des Astronomen
Nahija =	administrative Einheit
Nišan =	islamischer Grabstein
Nizam =	das neue, im 19. Jh. eingeführte osmanische Heer; allg.: neue Ordnung
Odžak =	Herd, Haus, Familie
Ocaklik timar =	Timar, das in der Familie erblich war
Paša (Pascha) =	Titel höchster osmanischer Würdenträger
Pašaluk =	Verwaltungsprovinz unter dem Befehls eines Paschas
Raja (Reaya) =	steuerpflichtige Untertanen
Reis-ul-ulema =	geistliches Oberhaupt der Muslime in Bosnien (zeitweilig Jugoslawien)
Ruždija =	niedere (weltliche) Schule in spätosmanischer Zeit
Šadrvan =	Brunnen für die rituelle Reinigung im Hof einer Moschee
Sahat-kula =	Uhrturm
Sandžak =	osmanische Verwaltungsprovinz
Saraj (Serail) =	Residenz des Sultans oder der Gouverneure
Sebilj =	öffentlicher Brunnen in Form eines Kiosks
Sećija =	Sofa, Sitzbank
Šeher =	Stadt
Šejh (Scheich) =	Oberhaupt eines Sufi-Ordens
Sekban =	irreguläre Formationen von Musketieren (aber auch Infanterie allg.)
Selamluk =	männlicher Teil im Wohnhaus (für den Empfang von Gästen)
Semahana =	Raum zur Ausübung des Rituals in einer tekija
Serasker =	Oberkommandierender
Serhat =	Grenzregion (krajina)
Sidžil =	Gerichtsprotokoll, Register
Sofra =	tief liegender runder Esstisch
Spahi =	Angehöriger der osmanischen Reiterei und Inhaber eines Pfründe (timar)

Sufi =	Mitglied einer der asketischen und mystischen Strömungen im Islam
Tabija =	Bastion, Kastell
Tanzimat =	(wörtl. Anordnungen, Neuordnung), bezeichnet die Reformperiode im Osmanischen Reich während des 19. Jahrhunderts
Tarik (Pl. Tarikat)=	Derwischorden, -bruderschaft
Teferič =	Vergnügungsausflug
Tekija (Tekke) =	Derwischkonvent
Timar =	Kleinpfründe zur Versorgung der Reiter (Spahi)TschiftlukČiftluk
Turbe (Türbe) =	muslimisches Mausoleum oder Grabstätte
Ulema (Sg. u. Pl.) =	islamischer Religions- und Rechtsgelehrter
Umma =	transethnische und transterritoriale Gemeinschaft aller Muslime
Vakif =	Begründer einer frommen Stiftung
Vakuf =	Fromme Stiftung nach islamischem Recht
Valija =	Gouverneur, Statthalter einer Provinz
Vilayet=	Großprovinz des Osmanischen Reiches ab 1867 (anstelle des früheren →Ejalets)
Zaim =	Inhaber einer Großpfründe
Zar =	Gesichtsschleier
Zavija →	tekija
Ziamet =	Großpfründe
Zikir, zićir (dhikr) =	Ritual der Derwische
Zimija (dhimmi) =	nicht-muslimischer Untertan; Schutzbefohlener

AUSWAHLBIBLIOGRAFIE

Viele der im Folgenden erwähnten Bücher und Aufsätze sind mittlerweile im Internet abrufbar. Aus Gründen der Platzersparnis habe ich auf die Internetadressen verzichtet bzw. diese nur dann aufgeführt, wenn eine Veröffentlichung ausschließlich im Internet greifbar ist.

Abkürzungen:
ANUBiH = Akademija nauka i umjetnosti Bosne i Hercegovine
GHB = Gazi Husrev-begova biblioteka
God. Društva ist. BiH = Godišnjak Društva istoričara Bosne i Hercegovine
GZM = Glasnik (Godišnjak) Zemaljskog muzeja u Sarajevu; Glasnik Zemaljskog muzeja Bosne i Hercegovine
POF = Prilozi za orijentalnu filologiju (Jg. 1-6/7: Prilozi za orijentalnu filologiju i istoriju jugoslovenskih naroda pod turskom vladavinom)
Prilozi = Prilozi. Contributions. Hg. Institut za istoriju u Sarajevu
SOF – Südost-Forschungen

Adanır, Fikret: The Formation of a „Muslim" Nation in Bosnia-Hercegovina: A Historiographic Discussion, in: Ders./Faroqhi, Suraiya (Hg.): The Ottomans and the Balkans. A Discussion of Historiography, Leiden-Boston-Köln 2002, S. 267–304.

Ademi, Rahman: Osmanski dokumenti o progonu muslimana i nemuslimana iz Bosne polovinom 19. stoljeća, in: POF 60 (2010), S. 241–250.

Ademović, Fadil: Princ palikuća u Sarajevu: provala Eugena Savojskog u Bosnu 1697, Sarajevo 1997.

Adler, Bruno: Im Zeichen der Schwarzen Hand. Die Wahrheit über Serajewo, Stuttgart 1931.

Aichelburg, Wladimir: Sarajevo – das Attentat 28. Juni 1914. Das Attentat auf Erzherzog Franz Ferdinand von Österreich, Wien 1999.

Ajnadžić, Nedžad: Odbrana Sarajevo, Sarajevo 2002.

Al-Arnaut, Muhamed Mufaku: Islam and Muslims in Bosnia 1878–1918: Two Hijras and Two Fatwās, in: Journal of Islamic Studies 5 (1994), 2, S. 242–253.

Albahari, Nisim u. a. (Hg.): Sarajevo u revoluciji. 4 Bde., Sarajevo 1976–1981.

Albahari, Nisim/Čanković, Miodrag (Hg.): Sarajevo u socijalističkoj Jugoslaviji: od oslobodjenja do samoupravljanja (1945–1950), Sarajevo 1988.

Algar, Hamid: The Hamzeviye: A deviant movement in Bosnian Sufism, in: Islamic Studies 36 (1997), 2–3, S. 243–261.

Alić, Dijana/Gusheh, Maryam: Reconciling National Narratives in Socialist Bosnia and Hercegovina. The Baščaršija Project, 1948–1953, in: Journal of the Society of Architectural Historians 58 (1999), 1, S. 6–25.

Alić, Dijana: Transformations of the Oriental in the Architectural Work of Juraj Neidhardt and Dušan Grabrijan. Diss. Univ. of New South Wales, Sydney 2010. (http://de.scribd.com/doc/110896970/Ali%C4%87-Dijana-2010-Transformation-of-the-oriental-in-the-Architectural-Work-of-Juraj-Neidhardt-and-Du%C5%A1an-Grabrijan)

Aličić, Ahmed: Uredba o organizaciji vilajeta 1867. godine – Verordnung über die Organisation der Landesverwaltung aus dem Jahre 1867, POF 12–13 (1962–63), S. 219–235.

Aličić, Ahmed: Uredjenje bosanskog ejaleta do 1878. godine, Sarajevo 1983.

Aličić, Ahmed: Manuskript Ahvali Bosna od Muhameda Emina Isevića (poč. XIX v.), in: POF 32–33 (1982–83), S. 163–198.

Aličić, Ahmed: Pokret za autonomiju Bosne od 1831. do 1832. godine, Sarajevo 1996.

Aličić, Ahmed (Hg.): Sumarni popis sandžaka Bosna iz 1468/69. godine, Mostar 2008.

Andjelić, Neven: Bosnia-Herzegovina: the end of a legacy, London 2003.

Andrić, Ivo: Die Entwicklung des geistigen Lebens in Bosnien unter der Einwirkung der türkischen Herrschaft, Klagenfurt 2011.

Antić, Marina: Historicizing Bosnia. Kosta Hörmann and Bosnia's Encounter with Modernity, in: http://www.academia.edu/200925/Historicizing_Bosnia_Kosta_Hormann_and_Bosnias_Encounter_with_Modernity

Armakolas, Ioannis: Sarajevo no more? Identity and the sense of place among Bosnian Serb Sarajevans in Republika Srpska, in: →Bougarel [u. a.] (Hg.): The New Bosnian Mosaic, S. 79–100.

Asbóth, Johann v.: Bosnien und die Herzegowina. Reisebilder und Studien, Wien 1888.

Aščerić, Ines: Neke napomene o problemima iz historije Isa-begove tekije, in: POF 52–53 (2002/2003), S. 339–350.

Babuna, Aydin: Die nationale Entwicklung der bosnischen Muslime. Mit besonderer Berücksichtigung der österreichisch-ungarischen Periode, Frankfurt/M. 1996.

Bagaric, Oliver: Museum und nationale Identitäten. Eine Geschichte des Landesmuseums Sarajevo, in: SOF 67, 2008, S.144–167.

Bakić, Ibrahim: Nacija i religija, Sarajevo 1994.

Balagija, Abdulselam: Uloga vakufa u verskom i svetovnom prosvećivanju naših muslimana, Beograd 1933.

Balić, Smail: Das unbekannte Bosnien, Köln-Weimar 1991.

Bašagić-Redžepašić, Safvet Beg: Kratka uputa u prošlost Bosne i Hercegovine (1463–1850), Sarajevo 1900.

Bašeskija, Mula Mustafa Šefki: Ljetopis (1746–1804). (Übersetzung und Vorwort von Mehmed Mujezinović), Sarajevo 1968.

Bauer, Hans: Sarajevo. Die Frage der Verantwortlichkeit der serbischen Regierung an dem Attentat von 1914, Stuttgart 1930.

Bećirović, Denis: Islamska zajednica u Bosni i Hercegovini za vrijeme avnojevske Jugoslavije (1945–1953), Zagreb 2012.

Begić, Dana: Pokret za autonomiju Bosne i Hercegovine u uslovima sporazuma Cvetković-Maček, in: Prilozi instituta za historiju radničkog pokreta 4 (1968), 4, S. 177–191.

Begović, Fehim M.: Staro Sarajevo. Ljudi i dogadjaje, Sarajevo 1999.

Begović, Mehmed: Vakufi u Jugoslaviji, Beograd 1963.

Bejtić, Alija: Spomenici osmalijske arhitekture u Bosni i Hercegovini, in: POF 3–4 (1952/53), S. 229–297.

Bejtić, Alija: Bibliografija štampanih radova o spomenicima kulture u Sarajevu, in: Naše starine 4 (1957), S. 213–238 (*enthält die Veröffentlichungen bis 1954*).

Bejtić, Alija: Bibliografija štampanih radova o Sarajevu do kraja 1964. godine, Sarajevo 1964.

Bejtić, Alija: Ali-pašina Mahala u Sarajevu, in: Prilozi 2 (1966), S. 19–58.

Bejtić, Alija: Sijavuš-pašina daira, in: Prilozi za proučavanje istorije Sarajeva 2 (1966), S. 61–102.

Bejtić, Alija: Stara Sarajevska Čaršija – jučer, danas i sutra. Osnove i smjernice za regeneraciju, Sarajevo 1969.

Bejtić, Alija: Ulice i trgovi Sarajeva. Topografija, geneza i toponimija, Sarajevo 1973.

Bejtić, Alija: Srednjevekovni grad Hodidid bio je na Vratniku u Sarajevu, in: ANUBiH Radovi 64, Odeljenje društvenih nauka. 20 (1979), S. 107–116.

Benac, Alojz/Mladenović, Ljubica: Sarajevo od najstarijih vremena do danas. [Bd. 1] Sarajevo 1954. [Bd. 2:] Sarajevo pod austro-ugarskom upravom, Sarajevo 1960.

Bencze, László: The Occupation of Bosnia and Herzegovina in 1878, New York 2005.

Berber, Neval: Unveiling Bosnia-Hercegovina in British Travel Literature (1844–1912), Pisa 2010.

Besarović, Risto (Hg.): Kultura i umjetnost u Bosni i Hercegovini pod austrougarskom upravom, Sarajevo 1968.

Besarović, Risto: Iz kulturnog života u Sarajevu pod austrougarskom upravom, Sarajevo 1974.

Besarović-Džinić, Vesna: Sarajevsko pjevačko društvo „Lira", in: Historijska traganga 2 (2008), S. 93–116.

Bešlagić, Šefik: Nišani XV i XVI vijeka u Bosni i Hercegovini, Sarajevo 1978.

Biblioteka grada Sarajeva (Hg.): Sarajevska zbirka. Bibliografija, Sarajevo 2008.

Bieber, Florian: Post-War Bosnia: Ethnicity, Inequality and Public Sector Governance, London 2006.

Biondich, Mark: Religion and Nation in Wartime Croatia: Reflections on the Ustaša Policy of Forced Religious Conversions, 1941–1942, in: The Slavonic and East European Review 83 (2005), 1, S. 71–116.

Biščević, Vedad: Bosanski namjesnici Osmanskog doba (1463–1878), Sarajevo 2006.

Bliesemann de Guevara, Berit: Staatlichkeit in Zeiten des Statebuilding. Intervention und Herrschaft in Bosnien und Herzegowina, Frankfurt/M. 2009.

Bogićevic, Vojislav (Hg.): Sarajevski atentat 28.VI.1914. Pisma i saopštenja, Sarajevo 1965.

Bogićević, Vojislav (Hg.): Sarajevski atentat. Izvorne stenografske bilješke sa glavne rasprave protiv Gavrila Principa i drugova, održane u Sarajevu 1914. god., Sarajevo (1954).

Bojić, Mehmedalija: Historija Bosne i Bošnjaka (VII–XX vijek), Sarajevo 2001.
Bonìk, Jan/Dimitrijević, Branka/Kudìla, Jiří/Pařík, Karel: architekt evropského Sarajeva = architekt evropskog Sarajeva = achitecte de Sarajevo européen = Architekt des europäischen Sarajevo = the architect of European Sarajevo, Prag 2012.
Boškov, Vančo/Šamić, Jasna: Turski dokumenti o slovenačkom roblju u Sarajevu u XVI vijeku, in: Zgodovinski časopis 33 (1979), 1, S. 5–12.
Bosna i Hercegovina u brojkama 2010. Hg. Agencija za statistiku BiH, Sarajevo 2010.
Bosnien-Herzegovina. Interkultureller Synkretismus. Hg. Moranjak-Bamburać, Nirman, Wien-München 2001 (=Wiener Slawistischer Almanach, Sonderband 52).
Bougarel, Xavier: Islam et politique en Bosnie-Herzégovine. Le Parti de l'Action Démocratique, Paris 1999.
Bougarel, Xavier: Zur Ökonomie des Bosnien-Konflikts: zwischen Raub und Produktion, in: Jean, Françoise/Rufin, Jean-Christoph (Hg.): Ökonomie der Bürgerkriege, Hamburg 1999, S. 191–217.
Bougarel, Xavier: L'islam bosniaque, entre identité culturelle et idéologie politique, in: Ders./Clayer, Nathalie (Hg.): Le nouvel Islam balkanique. Les musulmans, acteurs du post-communisme, Paris 2001, S. 79–132.
Bougarel, Xavier: Bosnie, anatomie d'un conflit, Paris 2006.
Bougarel, Xavier/Helms, Elisa/Duijzings, Ger (Hg.): The New Bosnian Mosaic. Identities, Memories and Moral Claims in a Post-War-Society, Aldershot 2007.
Bougarel, Xavier: Farewell to the Ottoman Legacy? Islamic Reformism and Revivalism in Interwar Bosnia-Herzegovina, in: Nathalie Clayer/Germain, Eric (Hg.): Islam in Inter-War Europe, New York 2008, S. 313–343.
Brandenburg, Erich (Hg.): Der Sarajevo-Prozeß. Deutsche Übers. der Anklageschrift nach dem kroat. Originaltext ... und amtliche deutsche Übers. des Urteils aus dem Haus-, Hof- und Staatsarchiv in Wien, Berlin 1933.
Braum, Carl: Sarajevo 1878. Nach allgemein zugänglichen Quellen und Berichten von Augenzeugen geschildert, Leipzig 1907 (Reprint 2009).
Bringa, Tone: Being Muslim the Bosnian Way: identity and community in a central Bosnian village, Princeton, London 1995.
Brook-Shepherd, Gordon: Die Opfer von Sarajevo: Erzherzog Franz Ferdinand und Sophie von Chotek, Stuttgart 1988.
Bublin, Mehmed: Gradovi Bosne i Hercegovine: milenijum razvoja i godine urbicida. Cities of Bosnia and Herzegovina, Sarajevo 1999.
Bublin, Mehmed: Sarajevo Throughout the History: From a Neolithic Settlement to a Metropolis, Sarajevo 2008.
Burić, Fedja: Dwelling on the Ruins of Socialist Yugoslavia. Being Bosnian by Remembering Tito, in: Todorova, Maria/Gille, Zsusza (Hg.): Post-communist Nostalgia, Oxford-New York 2010, S. 227–243.

Buric, Fedja: Becoming mixed: Mixed marriages of Bosnia-Herzegovina during the life and death of Yugoslavia, Diss. Univ. of Illinois, Urbana 2012. http://www.ideals.illinois.edu/handle/2142/31178

Buturović, Dženana: Morići. Od stvarnosti do usmene predaje, Sarajevo 1983.

Calic, Marie-Janine: Der Krieg in Bosnien-Herzegowina. Ursachen – Konfliktstrukturen – Internationale Lösungsversuche, Frankfurt/M. 1995.

Čanković, Miodrag (Hg.): Sarajevo u socijalističkoj Jugoslaviji: od oslobodjenja do samoupravljanja. Bd. 2: 1950–1963, Sarajevo 1990.

Cassels, Lavender: Der Erzherzog und sein Mörder: Sarajevo, 28. Juni 1914, Wien-Köln-Graz 1988.

Čehajić, Džemal: Gazi Husrev-begov hanikah u Sarajevu, in: Anali GHB 4 (1976), S. 3–7.

Čehajić, Džemal: Derviški redovi u jugoslovenskim zemljama sa posebnim osvrtom na Bosnu i Hercegovinu, Sarajevo 1986.

Čekić, Smail (Hg.): Genocid nad Bošnjacima u Drugom svetskom ratu. Dokumenti, Sarajevo 1996.

Čelebi, Evlija: Opis Sarajeva 1660., in: Ders.: Putopis. Odlomci o jugoslavenskim zemljama. (Übersetzt, kommentiert u. hg. von Hazim Šabanović), Sarajevo 1967, S. 101–125.

Čelić, Džemal (Hg.): Graditelji Sarajeva, Sarajevo 1988.

Čelić, Džemal/Mujezinović, Mehmed: Stari mostovi u Bosni i Hercegovini, Sarajevo 1969.

Čengić, Nihad: Begova džamija kao djelo umjetnosti, Sarajevo 2008.

Ćerić, Salim: Muslimani srpskohrvatskog jezika, Sarajevo 1968.

Cerović, Božo: Bosanski omladinci i Sarajevski atentat, Sarajevo 1930.

Çetin, Önder: Religion, Nation and the Motherland: Bosnian Ulema as the Custodian of Collective Memory through Religious Advices. Draft: http://www.ondercetin.files.wordpress.com/2010/08/onder-cetin_asn-2009.pdf

Chaumette-des-Fossés, Amédée: Voyage en Bosnie dans les années 1807 et 1808, Paris 1822.

Clayer, Nathalie: Netzwerke muslimischer Bruderschaften in Südosteuropa, in: Europäische Geschichte Online (EGO), Mainz 2012-04-26: http://www.ieg-ego.eu/clayern-2011-de

Cohen, Roger: Hearts Grown Brutal: Saga of Sarajevo, New York 1998.

Ćorović, Vladimir: Bosansko-hercegovački trgovci u Dalmaciji (prilog sarajevskoj trgovini s kraja XVIII veka), in: Godišnjica Nikole Čupića 42 (1923), S. 165–177.

Čubrilović, Vaso: Bosanski ustanak 1875–1878, Beograd 1930.

Ćupić-Amrein, Martha M.: Die Opposition gegen die österreichisch-ungarische Herrschaft in Bosnien-Hercegovina (1878–1914), Bern 1987.

Čurčić, Vejsil: Uglednija muslimanska kuća u Sarajevu, in: Narodna starina 6/14 (1927), S. 79–92.

Ćurić, Hajrudin: Muslimansko školstvo u Bosni i Hercegovini do 1918. godine, Sarajevo 1983.

Curipeschitz (Kuripešić), Benedict: Itinerarium oder Wegrayß Küniglich Mayestät potschafft gen Constantinopel zudem Türckischen Keiser Soleyman. Anno 1530. Bearb. von Gerhard Neweklowsky, Klagenfurt 1997.

Čusto, Amra: Kolektivna memorija grada; Vječna vatra i Spomen-park Vraca, in: Historijska traganja 1/2008, S. 101–123.

Čuvalo, Ante: Historical Dictionary of Bosnia and Herzegovina, 2. Aufl., Lanham-Toronto-Plymouth 2007.

David, Marianne/Muños-Basols, Javier: The Sarajevo Haggadah: A Cultural Metaphor for Diaspora Studies, in: http://www.inter-disciplinary.net/wp-content/uploads/2010/06/basolspaper.pdf

Dedijer, Vladimir: Sarajevo 1914, Beograd 1966 (dt.: Die Zeitbombe: Sarajewo 1914, Wien-Frankfurt-Zürich 1967).

Dedijer, Vladimir/Miletić, Antun (Hg.): Genocid nad muslimanima 1941–1945. Zbornik dokumenata i svjedočenja, Sarajevo 1990.

Demick, Barbara: Die Rosen von Sarajevo: Eine Geschichte vom Krieg, München 2012 (Original: Logavina Street: Life and Death in a Sarajevo Neighborhood, Kansas City 1996).

Dick, Christiane: Aus Muslimen wurden Bosniaken. Der Beitrag Adil Zulfikarpašićs zur Konstruktion und Anerkennung des „Bosniakentums", in: Jahrbücher für Geschichte und Kultur Südosteuropas 4 (2002), S. 109–129.

Dizdar, Hamid: Muslimani i krišćani pod turskom vlašću u Bosni i Hercegovini, Sarajevo 1944.

Dizdar, Majo: Sarajevski vakifi i njihovih vakufi 1462.–2001. Od Isa-bega Ishakovića i Gazi Husref-bega do Adil-bega Zulfikarpašića, Sarajevo 2010.

Dizdarević, Zlatko: Der Alltag des Krieges. Ein Tagebuch aus Sarajevo, Frankfurt/M.-New York 1995.

Djilas, Milovan/Gaće, Nadežda: Adil Zulfikarpašić. Eine politische Biographie aus dem heutigen Bosnien, München 1996.

Djumrukčić, M.: Izrada Gneralnog urbanističkog plana, in: →Čanković (Hg.): Sarajevo u socijalističkoj Jugoslaviji,Bd. 2, Sarajevo 1988, S. 387–559.

Donia, Robert: Islam Under the Double Eagle: The Muslims of Bosnia and Hercegovina, 1878–1914, New York 1981.

Donia, Robert/Fine, John V. A. Jr.: Bosnia and Hercegovina. A Tradition Betrayed, New York 1994.

Donia, Robert: Fin-de-Siècle Sarajevo: The Habsburg Transformation of an Ottoman Town, in: Austrian History Yearbook 32 (2002), S. 43–76.

Donia, Robert J.: Sarajevo: A Biography, London 2006.

Dulić, Tomislav: Utopias of Nation. Local Mass Killing in Bosnia and Hercegovina, 1941–1942, Stockholm 2005.

Duraković, Esad: Gazi Husrev-begova vakufnama za medresu u Sarajevu, in: POF 56 (2006), S. 159–175.

Džaja, Srećko M.: Konfessionalität und Nationalität Bosniens und der Herzegowina. Voremanzipatorische Phase 1463–1804, München 1984.

Džaja, Srećko: Od bana Kulina do austrougarske okupacije, in: →Katoličanstvo u Bosni i Hercegovini, S. 37–78.
Džaja, Srećko M.: Bosnien-Herzegowina in der österreichisch-ungarischen Epoche (1878–1918). Die Intelligentsia zwischen Tradition und Ideologie, München 1994.
Džaja, Srećko M.: Die politische Realität des Jugoslawismus (1918–1991). Mit besonderer Berücksichtigung Bosnien-Herzegowinas, München 2002.
Džambo, Jozo: Buchwesen in Bosnien und der Herzegowina (1800–1878). Zum Problem der Lesersoziologie, Frankfurt/M. [u. a.] 1985.
Džambo, Jozo: Iz prve ruke o vojnim pohodu Eugena Savojskog na Bosnu 1697., in: Bosna Franciscana VI (1998), 9, S.137–148.
Džananović, Ibrahim: Primjena šerijatskog porodičnog prava kroz praksu Vrhovnog šerijatskog suda 1914–1946, Sarajevo 2004.
Džanko, Muhidin: Safvet-beg Bašagić-Redžepašić (Mirza Safvet: Vitez pera i mejdana). Intelektualna povijest i ideologijska upotreba djela, Sarajevo 2006.
Džihić, Vedran: Ethnopolitik in Bosnien-Herzegowina. Staat und Gesellschaft in der Krise, Baden-Baden 2010.

[Ergebnisse] Die Ergebnisse der Volkszählung in Bosnien und der Herzegowina vom 10. Oktober 1910, Sarajevo 1912.
Etnička obilježja stanovništva 1991. Hg. Zavod za statistiku Bosne i Hercegovine, Sarajevo 1993.
Evans, Arthur J.: Through Bosnia and Herzegovina on Foot during the Insurrection, August and September 1875, London 1877.
Evetovics, Ivan: Bosnia: Hungary's Orient: Popular Images and Discourse of Bosnia in Hungary, 1878–1918, Saarbrücken 2008.

Fajić, Zejnil: Stanje sakralnih i prosvjetnih objekata u Sarajevu razorenih za vrijeme provale Eugena Savojskog, in: Anali GHB 7–8 (1982), S. 87–108.
Federacija Bosne i Hercegovine u brojkama. Hg. Federalni zavod za statistiku, Sarajevo 2011.
Ferhadbegović, Sabina: Prekäre Integration: serbisches Staatsmodell und regionale Selbstverwaltung in Sarajevo und Zagreb 1918–1929, München 2008.
Filan, Kerima: Women Founders of Pious Endowments in Ottoman Bosnia, in: Buturović, Amila/Schick, Irvin Cemil (Hg.): Women in the Ottoman Balkans. Gender, Culture and History, London 2007, S. 99–126.
Filan, Kerima: Društvena zajednica u Sarajevu 18. stoljeća. (O nemuslimanskom stanovništvu u medžmui Mula Mustafe Bašeskije), in: POF 60 (2010), S. 409–429.
Filandra, Šaćir: Bošnjačka politika u XX. stoljeću, Sarajevo 1998.
Filandra, Šaćir/Karić, Enes: Bošnjačka ideja, Zagreb 2002.
Filipović, Muhamed: Bošnjačka politika. Politički razvoj u Bosni u 19. i 20. stoljeću, Sarajevo 1996.

Filipović, Muhamed: Ko smo mi Bošnjaci?, Sarajevo 2007.
Filipović, Nedim: Neki podaci iz ranije istorije Sarajeva pod Turcima, in: In: God. Društva ist. BiH 4 (1952), S. 5–146.
Filipović, Nedim: Odžakluk timari u Bosni i Hercegovini, in: POF 5 (1955), S. 251–274.
Filipović, Nedim: Napomene o islamizaciji u Bosni i Hercegovini u XV vijeku, in: Godišnjak centra za balkanološka ispitivanja 7 (1970), S. 141–167.
Filipović, Nedim: Osvrt na pitanje islamizacije pod Turcima, in: Radovi ANUBIH, Centar za balkanološka ispitivanja 2 (1976), S. 385–416.
Filipović, Nedim: Ocaklik Timars in Bosnia and Herzegovina, in: POF 36 (1986), S. 149–180.
Filipović, Nedim: Pogled na osmanski feudalizam sa naročitim obzirom na agrarne odnose, in: God. Društva ist. BiH IV (1952), S. 5–146.
Fine, John V. A. Jr.: The Bosnian Church: A New Interpretation, Boulder 1975.
Friedman, Francine: The Bosnian Muslims: Denial of a Nation, Boulder 1996.
Friedman, Francine: Bosnia and Herzegovina: A polity on the brink, London-New York 2004.

Gavranović, Berislav: Bosna i Hercegovina u doba austrougarske okupacije 1878. godine, Sarajevo 1973.
Gazić, Lejla (Hg.): Vakufname iz Bosne i Hercegovine (XV i XVI vijek), Sarajevo 1985.
Gelez, Philippe: Petit guide pour servir à l'étude de l'islamisation en Bosnie et en Herzégovine; avec le recueil des sources connues, ainsi qu'un commentaire sur l'utilisation qui a été faite de celles-ci, Istanbul 2005.
Gelez, Philippe: Se convertir en Bosnie-Herzégovine (c. 1800–1918), in: SOF 67 (2008), S. 86–130; (bosn. Fassung: Vjerska preobraćenja u Bosni i Hercegovini [c. 1800–1918], in: Historijska traganja 2 [2008], S. 17–75).
Gelez, Philippe: Safvet-beg Bašagić (1870–1934). Aux racines intellectuelles de la pensée nationale chez les musulmans de Bosnie-Herzégovine, Athènes 2010.
Gelez, Philippe: Dénombrements et recensements de population en Bosnie-Herzégovine durant le 19e et au début du 20e s. (Teil I), in: Balkanologie 12 (2010), 2; (Teil 2), ebda.: 13 (2011), 1–2 : http://balkanologie.revues.org/index2258.html; http://balkanologie/revues.org/index2271.html
Gelez, Philippe: La spécifité musulmane dans l'évolution démographique de la Bosnie-Herzégovine durant la seconde moitié du XIXe siècle, in: European Journal of Turkish Studies [Online] 12 (2011): http://ejts.revues.org/index4382.html
Gems of 20th century architecture in Bosnia and Hercegovina: Exhibition catalogue. Hg. Commission to Preserve National Monuments, Sarajevo 2013. (http://hmh.ba/documents/dragulji-katalog.pdf)
Gilferding, Aleksandar F.: Putovanje po Hercegovini, Bosni i Staroj Srbiji, Sarajevo 1972.
Gilfond, Henry: The Black Hand at Sarajevo, Indianopolis-N.Y. 1975.

Gjelton, Tom: Sarajevo Daily: A City and Its Newspaper Under Siege, New York 1995.

Grabrijan i Sarajevo. Izabrani članci 1936–42. god. Hg. Džemal Čelić, Sarajevo 1970 = *Prilozi za proučavanje istorije Sarajeva 3 (1970)*.

Grabrijan, Dušan: The Bosnian Oriental architecture in Sarajevo with special reference to the contemporary one, Ljubljana 1984.

Grabrijan, Dušan/Neidhart, Juraj: Arhitektura Bosne i put u suvremeno, Ljubljana 1957.

Grandits, Hannes: Herrschaft und Loyalität in der spätosmanischen Gesellschaft. Das Beispiel der multikonfessionellen Herzegowina, Wien-Köln-Weimar 2008.

Grbelja, Tonči/Marjanović, Mirko/Paškvalin, Veljko (Hg.): Vrhbosna/Sarajevo kroz stoljeća, Sarajevo 2000.

Greble, Emily: When Croatia Needed Serbs: Nationalism and Genocide in Sarajevo (1941–1942), in: Slavic Review 68 (2009), 1, S. 116–137.

Greble, Emily: Sarajevo, 1941–1945. Muslims, Christians, and Jews in Hitler's Europe, Ithaca-NY 2011.

Grijak, Zoran: Politička djelatnost vrhbosanskog nadbiskupa Josipa Stadlera, Zagreb-Sarajevo 2001.

Grijak, Zoran: Die politischen und diplomatischen Umstände der Versuche zur Absetzung des Erzbischofs von Vrhbosna, Josip Stadler aus Sarajevo (1900–1913), in: Review of Croatian History 1 (2005), 1, S. 95–131.

Gunzburger Makaš, Emily: Sarajevo, in: Dies./Damljanovic Conley, Tanja (Hg.): Capital Cities in the Aftermath of Empires. Planning in Central and Southeastern Europe, London 2009, S. 241–257.

Gutsche, Willibald: Sarajevo 1914: vom Attentat zum Weltkrieg, Berlin 1984.

Hadžibegić, Hamid: Džizija ili Harač, in: POF 3–4 (1952–53), S. 55–135.

Hadžibegić, Hamid: Stara pravoslavna crkva u Sarajevu. Po turskim dokumentima u njenom muzeju, in: Naše starine 2 (1954), S.145–150

Hadžibegović, Iljaš: Bosanskohercegovački gradovi na razmedju 19. i. 20. stoljeća, Sarajevo 2004.

Hadžić, Osman Nuri: Borba Muslimana za versku i vakufsko-mearifsku autonomiju, in: →Skarić, Vladislav u. a. (Hg.): Bosna i Hercegovina pod austro-ugarskom upravom, Beograd 1938.

Hadžihasanović, Aziz: Sarajevo – istine i mitovi: o nekim mistifikacijama tzv. turske ere grada, Sarajevo 2001.

Hadžihuseinović, Salih Sidki (Muvekkit): Povjest Bosne, 2 Bde., Sarajevo 1999.

Hadžijahić, Muhamed: Udio Hamzevija u atentatu na Mehmed-pašu Sokolovića, in: POF 5 (1954–55), S. 325–329.

Hadžijahić, Muhamed: Vrhbosna i Sarajevo. Pitanje topografskog smještaja vrhbosanske varoši, Sarajevo 1959.

Hadžijahić, Muhamed: Die privilegierten Städte zur Zeit des osmanischen Feudalismus. Mit bes. Berücksichtigung der Privilegien der Stadt Sarajevo, in: SOF 20 (1961), S. 130–158.

Hadžijahić, Muhamed: Die Anfänger der nationalen Entwicklung in Bosnien und der Herzegowina, in: SOF 21 (1962), S. 168–193.
Hadžijahić, Muhamed: Sarajevska muafnama – Povodom 500-godišnjice, in: God. Društva ist. BiH 14 (1963), S. 67–119.
Hadžijahić, Muhamed (Hg.): Islam i Musliman u Bosni i Hercegovini, Sarajevo 1977.
Hadžijahić, Muhamed: Sinkretistički elementi u islamu u Bosni i Hercegovini, in: POF 28–29 (1978–79), S. 301–329.
Hadžijahić, Muhamed: Bune i ustanak u Bosni sredinom XVIII stoljeća, in: Historijski zbornik 33–34 (1980/81), 1, S. 99–137.
Hadžijahić, Muhamed: Porijeklo bosanskih Muslimana, Sarajevo 1990.
Hadžiselimović, O.: At the Gates of the East: British writers on Bosnia and Hercegovina from the 16th to the 20th centuries, New York 2001.
[Haggadah] Die Haggadah von Sarajevo. Einleitung Cecil Roth, 2. Aufl., Leipzig 1967.
Hajdarević, Rašid: Prihodi i rashodi Gazi Husrevbegova vakufa u Sarajevu za period 1248–1251 (1832–1835), in: Anali GHB 5–6 (1978), S. 23–43.
Hajdarević, Rašid: Defteri sarajevskog esnafa 1726–1823, Sarajevo 1998.
Handžić, Adem: O islamizaciji u sjeveroistočnoj Bosni u 15. i 16. vijeku, in: POF 16–17 (1966–67), S. 5–49.
Handžić, Adem: Značaj muafijeta u razvitku gradskih naselja u Bosni u XVI vijeku, in: Jugoslovenski istorijski časopis 1974, 1–2, S. 60–69.
Handžić, Adem/Hadžijahić, Muhamed: O progonu hamzevija u Bosni 1573. godine, in: POF 20–21 (1970–71), S. 51–70.
Handžić, Adem: O formiranju nekih gradskih naselja u Bosni u XVI stoljeću. Uloga vakufa i države, in: POF 25 (1975), S. 133–168.
Handžić, Adem: O gradskom stanovništvu u Bosni u XVI stoljeću, in: POF 28–29 (1978/79), S. 247–256.
Handžić, Adem: O ulozi derviša u formiranju gradskih naselja u Bosni u XV stoljeću. On the role of Dervishes in the formation of town settlements in Bosnia in the 15th century, POF 31 (1981), S. 169–178.
Handžić, Adem (Hg:): Opširni popis Bosanskog sandžaka iz 1604. godine, T. I/1, Sarajevo 2000.
Hangi, Antun: Die Moslim's in Bosnien-Hercegovina: ihre Lebensweise, Sitten und Gebräuche, Sarajevo 1907. (Autorisierte Übersetzung von Hermann Tausk nach der 2. erw. Aufl. von 1906) (Original: Život i običaji muslimana u Bosni i Hercegovini, 2. erw. Aufl., Sarajevo 1906, mehrere Neuauflagen, zuletzt Sarajevo 2010).
Hartmuth, Maximilian: Between Vienna and Istanbul: Imperial legacies, visual identities, and „popular" and „high" layers of architectural discourse in/on Sarajevo, c. 1900 and 2000, in: Ders./Sindbaek, Tea (Hg.): Images of Imperial Legacy. Modern discourses on the social and cultural impact of Ottoman and Habsburg rule in Southeast Europe, Berlin 2011, S. 79–104.

Hartmuth, Maximilian: The Habsburg Landesmuseum in Sarajevo in Its Ideological and Architectural Contexts: A Reinterpretation, in: Centropa 12 (2012), 2, S. 194–205.

Haselsteiner, Horst: Bosnien-Hercegovina. Orientkrise und Südslavische Frage, Wien 1996.

Hauptmann, Ferdo (Hg.): Borba Muslimana Bosne i Hercegovine za vjersku-mearifsku autonomiju, Sarajevo 1967.

Hauptmann, Ferdo: Die österreichisch-ungarische Herrschaft in Bosnien und der Herzegowina 1878–1918. Wirtschaftspolitik und Wirtschaftsentwicklung, Graz 1983.

Hauptmann, Ferdo: Die Mohammedaner in Bosnien-Hercegovina, in: Adam Wandruszka/Urbanitsch, Peter (Hg.): Die Habsburgermonarchie 1848–1918. Bd. IV: Die Konfessionen, Wien 1995, S. 670–701.

Haveric, Dzavid: Islamisation of Bosnia. Early Islamic Influence on Bosnian Society, Saarbrücken 2008.

Hickok, Michael Robert: Ottoman Military Administration in Eighteenth-Century Bosnia, Leiden-New York-Köln 1997.

Hoare, Marko Attila: How Bosnia Armed, London 2004.

Hoare, Marko Attila: The History of Bosnia: From the Middle Ages to the Present Day, London 2007.

Hoare, Marko Attila: Genocide and Resistance in Hitler's Bosnia: The Partisans and the Chetniks, 1941–1943, Oxford 2007.

Hoare, Marko Attila: The Bosnian Muslims in the Second World War: A History, Oxford 2012.

Holbach, Maude M.: Bosnia and Herzegovina: Some Wayside Wanderings, London 1910.

Höpken, Wolfgang: Die jugoslawischen Kommunisten und die bosnischen Muslime, in: Kappeler, Andreas/Simon, Gerhard/Brunner, Georg (Hg.): Die Muslime in der Sowjetunion und in Jugoslawien. Identität – Politik – Widerstand, Köln 1989, S. 181–210.

Höpken, Wolfgang: Konfession, territoriale Identität und nationales Bewusstsein. Die Muslime in Bosnien zwischen österreichisch-ungarischer Herrschaft und Zweitem Weltkrieg (1878–1941), in: Formen des nationalen Bewusstseins im Lichte zeitgenössischer Nationalismustheorien. Hg. Eva Schmidt-Hartmann, München 1994, S. 233–253.

Hrvačič, Esad: Vakuf – trajno dobro. (Sa posebnim osvrtom na vakufe u Bosni i Hercegovini), Sarajevo 2001.

Husić, Aladin: Neke karakteristike prihvatanja islama u Bosanskom sandžaku početkom 16. stoljeća, in: POF 60 (2010), S. 221–240.

Imamović, Mustafa: Pravni položaj i unutrašnji politički razvitak Bosne i Hercegovine od 1878. do 1914. godine, Sarajevo 1976.

Imamović, Mustafa: Historija Bošnjaka, Sarajevo 1998.

Imamović, Mustafa: Bošnjaci/Bosniaks, Sarajevo 2000.

Imamović, Mustafa: Historija države i prava Bosne i Hercegovine, Sarajevo 2003.

Imamović, Mustafa: Zemaljski statut u ustavnoj historiji Bosne i Hercegovine, Sarajevo 2010.
Isaković, Alija/Popadić, Milosav (Hg.): Pisana riječ u Bosni i Hercegovini od najstarijih vremena do 1918. g., Sarajevo 1982.
Išek, Tomislav: „Napretkova" knjižnica u Sarajevu, in: Časopis za suvremenu povijest 36 (2004), S. 1151–1160.

Jahić, Adnan: Islamska zajednica u Bosni i Hercegovini za vrijeme monarhističke Jugoslavije (1918–1941), Zagreb 2010.
Jakiša, Miranda: Bosnientexte. Ivo Andrić, Meša Selimović, Dževad Karahasan, Frankfurt/M. u. a. 2009.
Jukić, Ivan Frano: Zemljopis i povjestnica Bosne, in: Ders.: Izabrana djela, Zagreb 2001, S. 153–264.
Juzbašić, Dževad: Jezičko pitanje u austrougarskoj politici u Bosni i Hercegovini pred prvi svjetski rat, Sarajevo 1973.
Juzbašić, Dževad: Izgradnja željeznica u Bosni i Hercegovini u svjetlu austrougarske politike od okupacije do kraja Kállayeve ere, Sarajevo 1974.
Juzbašić, Dževad/Duraković, Esad/Gazić, Lejla (Hg.): Prilozi historiji Sarajeva. Radovi sa Znanstvenog simpozija „Pola milenija Sarajeva", Sarajevo 1997.
Juzbašić, Dževad: Politika i privreda u Bosni i Hercegovini pod austrougarskom upravom, Sarajevo 2002. *(Sammlung von 20 Aufsätzen und Diskussionsbeiträgen)*
Juzbašić, Dževad: Die österreichisch-ungarische Okkupationsverwaltung in Bosnien-Herzegowina. Einige Aspekte der Beziehungen zwischen den Militär- und Zivilbehörden, in: Prilozi 34 (2005), S. 81–112.
Juzbašić, Dževad: Die Annexion von Bosnien-Herzegowina und die Probleme bei der Erlassung des Landesstatutes, in: SOF 68 (2009), S. 247–297.
Juzbašić, Dževad: Die Wirtschafts- und Verkehrspolitik Benjamin Kállays in Bosnien-Herzegowina (Hauptmerkmale), in: ANUBiH. Centar za balkanološka ispitivanja: Godišnjak 40 (2011), S. 277–286.

Kadić, Muhamed (Hg.): Sarajevo – grad i regija u vremenu i prostoru 2000. godine: naučni skup, Sarajevo 1982.
Kamberović, Husnija: Prema modernom društvu. Bosna i Hercegovina od 1945. Do 1953. godine, Tešanj 2000.
Kamberović, Husnija: Husein-kapetan Gradaščević (1802–1834). Biografija. Zu dvjestotu godišnjicu rodjenja, Gradačac 2002.
Kamberović, Husnija (Hg.): Sarajevo 1914. Radovi sa znanstvenog skupa Sarajevo 1914 – devedeset godina poslije, in: Prilozi 34 (2005).
Kamberović, Husnija: Begovski zemljišni posjedi u Bosni i Hercegovini od 1878. do 1918, 2. Aufl., Sarajevo 2005.

Kamberović, Husnija: Ubojstvo Franza Ferdinanda u Sarajevu 1914. – devedeset godina poslije, Prilozi 34 (2005), S. 13–22.

Kamberović, Husnija: Mehmed Spaho 1883-1939). Politička biografija, Sarajevo 2009.

Kamberović, Husnija: Stav političke elite o nacionalnom identitetu Muslimana u Bosni i Hercegovini sredinom 1960-ih godina, in: Prilozi 38 (2009), S. 165–191.

Kanton Sarajevo u brojkama. Hg. Federalni zavod za statistiku, Sarajevo 2012.

Kanuni i kanun-name za bosanski, hercegovački, kliški, crnogorski i skadarski sandžak. Bearb. von Branislav Djurdjev [u. a.], Sarajevo 1957.

Kapidžić, Hamdija: Sarajevo u avgustu 1878. god., in: Prilozi za proučavanje istorije Sarajeva 1,1 (1963), S. 117–131.

Kapidžić, Hamdija: Bosna i Hercegovina pod austrougarskom upravom, Sarajevo 1968.

Kapidžić, Hamdija (Hg.): Agrarni odnosi u Bosni i Hercegovini (1878–1918), Sarajevo 1969.

Kapidžić, Hamdija: Naučne ustanove u Bosni i Hercegovini za vrijeme austrougarske uprave, Sarajevo 1973.

Karabegović, Ibrahim: Sarajevo u očima stranih putopisaca od polovine šesnaestog do kraja sedamnaestog stoljeća, in: Prilozi historiji Sarajeva, S. 231–238.

Karamatić, Marko: U doba Austro-Ugarske (1878–1918), in: →Katoličanstvo u Bosni i Hercegovini, S. 79–102.

Karaula, Želko: Sarajevski atentat – reakcije Hrvata i Srba u Kraljevini Hrvatskoj, Slavoniji i Dalmaciji, in: Radovi 43 (2011), S. 255–291.

Karavelić, Vahid/Rujanac, Zijad: Sarajevo: opsada i odbrana = Siege and defense; 1992.– 1995, Sarajevo 2009. (Text bosn. u. engl.)

Karčić, Fikret: Društveno-pravni aspekt islamskog reformizma. Pokret za reformu šerijatskog prava i njegov odjek u Jugoslaviji u prvoj polovini XX vijeka, Sarajevo 1990.

Karčić, Fikret: Islamic Revival in the Balkans, 1970–1992, in: Islamic Studies 36 (1992), 2–3, S. 565–581.

Karčić, Fikret: The Bosniaks and the Challenge of Modernity: Late Ottoman and Hapsburg Times, Sarajevo 1999.

Karčić, Harun: Islamic Revival in Post-Socialist Bosnia and Herzegovina: International Actors and Activities, in: Journal of Muslim Minority Affairs 30 (2010), 4, S. 519–534.

Karić, Enes: Islamic Thought in Bosnia-Herzegovina in the 20th Century: Debates on Revival and Reform, in: Islamic Studies 41 (2002), 3, S. 391–444.

Karić, Enes: Prilozi za povijest islamskog mišljenja u Bosni i Hercegovini XX stoljeća, Sarajevo 2004.

Katoličanstvo u Bosni i Hercegovini, Sarajevo 1993.

Katz, Vera: Život Hrvata u opkoljenom Sarajevu, in: Časopis za suvremenu povijest 2008, 1, S. 269–280.

Kebo, Ozren: Nationale Symbole zwischen Mythos und Propaganda: Das Paradoxon von Sarajevo, in: Melčić, Dunja (Hg.): Der Jugoslawien-Krieg, Opladen 1999, S. 300–307.

Kemura, Šejh Sejfudin: Sarajevske džamije i druge javne zgrade turske dobe, Sarajevo 1910.

Kemura, Šejh Sejfudin: Stara hrišćanska crkva u Sarajevu, in: GZM 23 (1911), S. 297–302.

Kemura, Šejh Sejfudin: Bilješke iz prošlosti bosanskih katolika i njihovih bogomolja po turskim dokumentima, Sarajevo 1916.

Kisić Kolanović, Nada: Muslimani i hrvatski nacionalizam 1941–1945, Zagreb 2009.

Klaić, Vjekoslav: Bosna. Podatci o zemljopisu i poviesti Bosne i Hercegovine. Prvi dio: Zemljopis, Zagreb 1878.

Koller, Markus: Bosnien an der Schwelle zur Neuzeit: Eine Kulturgeschichte der Gewalt 1747–1798, München 2004.

Koller, Markus/Karpat, Kemal H. (Hg.): Ottoman Bosnia. A History in Peril, Madison 2004.

Koštović, Nijazija: Sarajevo izmedju dobrotvorstva i zla, Sarajevo 1995.

Kötschet, Josef: Aus Bosniens letzter Türkenzeit, Wien-Leipzig 1905.

Kötschet, Josef: Osman Pascha, der letzte grosse Wesier Bosniens, und seine Nachfolger, Sarajevo 1909

Kraljačić, Tomislav: Kállayev režim u Bosni i Hercegovini (1882–1903), Sarajevo 1987.

Kreševljaković, Hamdija: Sarajevska čaršija, njeni esnafi i obrti za osmanlijske uprave, in: Narodna starina 6/14 (1927), S. 15–58.

Kreševljaković, Hamdija: Sarajevo u doba okupacije Bosne 1878, Sarajevo 1937 (wieder abgedruckt in: Ders.: Izabrana djela, Bd. IV, Sarajevo 1991, S. 73–167.

Kreševljaković, Hamdija: Džamija i vakufnama Muslihudina Čekrekčije, Sarajevo 1938.

Kreševljaković, Hamdija: Morići. Prilog povijesti Sarajeva, Sarajevo 1938.

Kreševljaković, Hamdija: Vodovodi i gradnje na vodi u starom Sarajevu, Sarajevo 1939.

Kreševljaković, Hamdija: Gradska privreda i esnafi u Bosni i Hercegovine od 1463 do 1851., in: God. Ist. društva BiH 1 (1949), S. 168–209.

Kreševljaković, Hamdija: Prilozi povijesti bosanskih gradova pod turskom upravom, in: POF 2 (1951), S. 115–184.

Kreševljaković, Hamdija: Banje u Bosni i Hercegovini (1462–1916), 2. erw. Aufl. Sarajevo 1952.

Kreševljaković, Hamdija: Stari bosanski gradovi, in: Naše starine 1 (1953), S. 7–44.

Kreševljaković, Hamdija: Sarajevske daire. Prilog proučavanju spomenika turske arhitekture u Bosni, in: Nase starine 1 (1953), S. 163–166.

Kreševljaković, Hamdija: Kapetanije u Bosni i Hercegovini, Sarajevo 1954.

Kreševljaković, Hamdija: Naši bezistani, in: Naše starine 2 (1954), S. 233–244.

Kreševljaković, Hamdija: Saraji ili dvori bosanskih namjesnika, in: Naše starine 3 (1956), S. 13–22.

Kreševljaković, Hamdija: Hanovi i karavan-saraji u Bosni i Hercegovini, Sarajevo 1957.

Kreševljaković, Hamdija: Esnafi i obrti u starom Sarajevu, Sarajevo 1958.

Kreševljakovic, Hamdija: Sarajevo za vrijeme austrougarske uprave (1878–1918), Sarajevo 1969.

Kreševljaković, Hamdija: Collective Guarantee of Sarajevo Christians, 1788, in: POF 36 (1986), S. 105–132. (Originaltext: Ćefilema Sarajevskih kršćana iz 1788, in: POF 3–4 [1952–53], S. 194–214.)

Kreševljaković, Hamdija: Husein-kapetan Gradaščević – Zmaj od Bosne, in: Ders.: Izabrana djela, Bd. 4, Sarajevo 1991, S. 23–48.

Krzović, Ibrahim: Arhitektura Bosne i Hercegovine 1878–1918, Sarajevo 1987.

Krzović, Ibrahim: Arhitektura secesije u Bosni i Hercegovini, Sarajevo 2004.

Kruševac, Todor: Privredne prilike grada Sarajeva za vreme austro-ugarske uprave (1878–1918), in: GDI BiH 8 (1956), S. 175–224.

Kruševac, Todor: Sarajevo pod austro-ugarskom upravom 1878–1918, Sarajevo 1960.

Kubert, Joe: Fax from Sarajevo: A Story of Survival, Milwaukee/Wisc. 1996.

Kuděla Jiří/Dimitrijević, Branka/Vacík, Ivo: Arhitekt Karel Pařík: (04.07.1857–16.06.1942); čeh koji je gradio evropsko Sarajevo = Architekt Karel Pařík: Čech, který stavěl evropské Sarajevo = The architect Karel Pařik: a Czech who built the European Sarajevo, Sarajevo: Ambasada Češke Republike u Bosni i Hercegovini, 2007.

Kulenović, Salih/Jabić, Edin/Husić, Ibrahim: Migracije stanovništva u Bosni i Hercegovini i općini Gračanica u period od 1879. god. do početka Drugog svetskog rata, in: Zbornik radova prirodno-matematičkog fakulteta (Tuzla), Geografija 4 (2009), 6, S. 177–187.

Kurto, Nedžad: Sarajevo: 1462–1992 (Sarajevo MCDLXII–MCMXCII), Sarajevo 1997.

Kurto, Nedžad: Arhitektura Bosne i Hercegovine: razvoj Bosanskog stila, Sarajevo 1998.

Lesić, Josip: Pozorišni život Sarajeva 1878–1918, Sarajevo 1973.

Levy, Moritz: Die Sephardim in Bosnien. Ein Beitrag zur Geschichte der Juden auf der Balkanhalbinsel, Sarajevo 1911 (Reprint Klagenfurt 1996).

Ljubibratić, Dragoslav: Gavrilo Princip, Beograd 1959.

Ljubibratic, Dragoslav: Mlada Bosna i Sarajevski atentat, Sarajevo 1964.

Lockwood, William G.: European Muslims: Economy and Ethnicity in Western Bosnia, New York 1975.

Lovrenović, Dubravko: Bosanski mitovi, in: Erasmus 18 (1996), S. 26–37.

Lovrenović, Dubravko: Stećci. Bosansko i Humsko Mramorje srednjeg vijeka, Sarajevo 2009.

Lovrenović, Ivan: Bosanski Hrvati: esej o agoniji jedne evropsko-orijentalne mikrokulture, Zagreb 2002.

Lučarević, Kerim: The Battle for Sarajevo. Sentenced to Victory, Sarajevo 2000.

Lucić, Ljubo Fra: Franjevačka prisutnost u Sarajevu, in: →Juzbašić (Hg.): Prilozi historiji Sarajeva, S. 239–260.

Maček, Ivana: War Within: Every day Life in Sarajevo under Siege, Uppsala 2000.

Maček, Ivana: „Imitation of life": negotiating normality in Sarajevo under siege, in: →Bougarel [u. a.] (Hg.): The new Bosnian mosaic, S. 39–58.

Madžar, Božo: Pokret Srba Bosne i Hercegovine za vjersko-prosvjetnu samoupravu. Sarajevo 1982.

Magaš, Branka/Žanić, Ivo (Hg.): The War in Croatia and Bosnia-Herzegovina, 1991–1995, London [u. a.] 2001.

Mahmutćehajić, Rusmir: Sarajevo Essays: Politics, Ideology, and Transition, Albany 2003.

Malbaša, Ante: Hrvatski i srpski nacionalni problem u Bosni za vrijema režima Benjamina Kallaya, Osijek 1940.

Malcolm, Noel: Bosnia. A Short History, New York 1994 (Neuaufl. 1996).

Mandić, Mihovil: Postanak Sarajeva, in: Narodna starina 6/14 (1927), S. 1–14.

Markowitz, Fran: Sarajevo: A Bosnian Kaleidoscope, Urbana-Chicago-Springfield 2010.

Markowitz, Fran/Stefansson, Anders H. (Hg.): Homecomings: Unsettling Paths of Return, Lanham/Md. 2004.

Markowitz, Fran: Census and Sensibilities in Sarajevo, in: Comparative Studies in Society and History 49 (2007), 1, S. 40–73.

Matasović, Josip: Princ Evgenij Savojski u Sarajevu 1697, in: Narodna starina 6/14 (1927), S. 96–106.

Matković, Petar: Putovanja po Balkanskom poluostrvo XVI vijeka. Putovanje Katarina Zena godine 1550, Zagreb 1882.

Mehmedović, Ahmed: Gazi Husrev-beg i njegove zadužbine, Sarajevo 2005.

Memić, Nedad: Entlehnungen aus dem österreichischen Deutsch in der Stadtsprache von Sarajevo, Frankfurt am Main [u. a.] 2006.

Mestvica, Mula Muhamed: Popis uzajamnog jamčenja stanovništva u Sarajevu iz 1841. godine, Sarajevo 1970.

Miličić, Budimir: Radnička klasa Sarajeva 1919–1941, Sarajevo 1985.

Milošević, Vlado: Sevdalinka, Banja Luka 1964.

Mladenović, Ljubica: Sarajevo u doba turskog feudalizma, in: →Benac/Mladenović (Hg.): Sarajevo. Bd.1, S. 43–95.

Moranjak-Bamburać, Nirman: On the Problem of Cultural Syncretism in Bosnia and Herzegovina, in: →Bosnien-Herzegovina, S. 5–42.

Muderizović, Riza: Popis sarajevskih zanatlija iz godine 1848, in: GZM 41 (1929), 2, S. 6–32.

Mujezinović, Mehmed: Turski natpisi Sarajeva u XVI vijeku, in: POF 2 (1951), S. 95–114.

Mujezinović, Mehmed: Musafirhana i tekija Isa-bega Ishakovića u Sarajevu, in: Naše starine 3 (1956), S. 245–252.

Mujezinović, Mehmed: Stari Alifakovac u Sarajevu, in: Naše starine 8 (1962), S. 119–138.

Mulaomerović, Jasminko: Muvekkithane, muvekkiti i mjerenje vremena, in: Anali GHB 15–16 (1990), S. 367–381.

Mulić, Jusuf: Sarajewo – Hauptstadt Bosniens und der Hercegovina zwischen Ost und West, in: Heppner, Harald (Hg.): Hauptstädte zwischen Save, Bosporus und Dnjepr. Geschichte – Funktion – Nationale Symbolkraft, Wien u. a. 1998, S.171–191.

Müller, David H./von Schlosser, Julius: Die Haggadah von Sarajevo. Eine spanisch-jüdische Bilderhandschrift des Mittelalters, Wien 1898.

Mušeta-Aščerić, Vesna: Sarajevo i okolina u XV stoljeću: izmedju zapada i istoka, Sarajevo 2005.

Muvekkit →Hadžihuseinović, Salih Sidki.

Nedeljković, Branislav: Sarajevski sidžil iz godine 1555–58. (O jednom važnom izvoru za pravnu istoriju Srba), in: Arhiv za pravne i društvene nauke 1954, Nr. 2, S. 189–199; Nr. 3, S. 419–34.

Neidhardt, Tatjana: Sarajevo kroz vrijeme, 2. Aufl., Sarajevo 2004.

Nezirović, Muhamed: Jevrejsko-španjolska književnost u Bosni i Hercegovini, Sarajevo 1992.

Nikić, Andrija: Katolici u Sarajevu od 1450. do 1919., in: Hrvatska misao 14 (2000), S. 159–205.

Nikić, Andrija: Katolici u Sarajevu do 1918. Acta Catholica Saraviensia usque ad annum 1918, Mostar 2001.

Nilević, Boris: O postanku stare pravoslavne crkve u Sarajevu, in: Historijska traganja 5/2010, S. 81–87

Nuri-Hadžić, Osman: Borba Muslimana za versku i vakufsko-mearifsku autonomiju, - in: →Skarić, Vladislav u.a. (Hg.): Bosna i Hercegovina pod austro-ugarskom upravom. Beograd 1938.

[Occupation] Die Occupation Bosniens und der Herzegovina durch k.k. Truppen im Jahre 1878. Nach authentischen Quellen dargestellt in der Abtheilung für Kriegsgeschichte des k.k. Kriegs-Archivs, Wien 1878.

Okey, Robin: Taming Balkan Nationalism. The Habsburg „Civilizing Mission" in Bosnia, 1878–1914, Oxford 2007.

Omanović-Veladžić, Alma: Iz sarajevske svakodnevnice početkom XIX stoljeća. (Bračni ugovori 1800-1810), in: POF 57 (2007), S. 215–246.

Omanović-Veladžić, Alma: Sarajevska vakufname u Kadićevoj Hronici (1844–1877), in: POF 58 (2008), S. 179–203.

Omanović-Veladžić, Alma: Hasećija Mehmed Memiš-aga Mačković i sarajevska svakodnevnica, in: POF 59 (2009), S. 215–225.

Ortschafts- und Bevölkerungs-Statistik von Bosnien und der Herzegovina nach dem Volkszählungs-Ergebnisse vom 1. Mai 1885 = Štatistika mjesta i žiteljstva Bosne i Hercegovine po popisu naroda od 1. maja 1885. Sarajevo, 1886.

[Österreichisch-ungarische Monarchie] Die österreichisch-ungarische Monarchie in Wort und Bild. Bd. 22: Bosnien und Hercegovina. Wien 1901.

Osti, Josip: Jevreji u Sarajevu i Bosni. 500 godina od progona Jevreja iz Španije. Ljubljana 1993.

Owings, W.A. Dolph/Pribić, Elizabeth/Pribić, Nikola (Hg.): The Sarajevo Trial, 2 Bde., Chapel Hill 1984.

Paić-Vukić, Tatjana: The world of Mustafa Muhibbi, a kadi from Sarajevo, Istanbul 2011 (kroat. Ausgabe: Svijet Mustafe Muhibbija, sarajevskoga kadije, Zagreb 2007).
Pajić, Milenko: Sarajevski gradonačelnici, Sarajevo 1998.
Palavestra, Vlajko: Legends of Old Sarajevo, Sarajevo 1987.
Pejanović, Djordje: Kulturno-prosvetna, humana i socialna društva u Bosni i Hercegovini za vreme austrijske vladavine, Sarajevo 1930.
Pejanović, Djordje: Stanovništvo Bosne i Hercegovine, Beograd 1955.
Pejanović, Mirko: Through Bosnian Eyes: The Political Memoirs of a Bosnian Serb, Sarajevo 2002.
Pekka Pennanen, Risto: Sufism and music in Sarajevo, in: Palva, Heikki/Vikor, Knut S. (Hg.): The Middle East – unity and diversity. Papers from the Second Nordic Conference on Middle Eastern Studies, Copenhagen 1993, S. 146–152.
Peter, Andreas: Blue helmets and black markets: the business of survival in the siege of Sarajevo, Ithaca-NY [u. a.] 2008.
Pinson, Mark (Hg.): The Muslims of Bosnia-Herzegovina, Cambridge 1996.
Pinto, Avram: Jevreji Sarajeva i Bosne-Hercegovine, Sarajevo (1987).
Plaschka, Richard Georg: Aus den Haftakten der Sarajevo-Attentäter, in: Ders.: Nationalismus, Staatsgewalt, Widerstand. Aspekte nationaler und sozialer Entwicklung in Ostmittel- und Südosteuropa, München 1985, S. 276–285.
Prilozi historiji Sarajeva →Juzbašić [u. a.] (Hg.)
Prstojević, Miroslav: Zaboravljeno Sarajevo, Sarajevo 1992.
Purivatra, Atif: Jugoslavenska muslimanska organizacija u političkom životu Kraljevine Srba, Hrvata i Slovenaca, 2. Aufl., Sarajevo 1977.

Rasprave o nacionalnom identitetu Bošnjaka. Zbornik radova. Hg. Husnija Kamberović, Sarajevo 2009.
Rathfelder, Erich: Schnittpunkt Sarajevo: Bosnien und Herzegowina zehn Jahre nach dem Krieg: Muslime, Orthodoxe, Katholiken und Juden bauen einen gemeinsamen Staat, 2. Aufl., [Berlin] 2007.
Redžić, Enver: Muslimansko autonomaštvo i 13. SS divizija: Autonomija Bosne i Hercegovine i Hitlerov Treći Rajh, Sarajevo 1987.
Redžić, Enver: Bosnia and Herzegovina in the Second World War, London 2005, (Original: Bosna i Hercegovina u Drugom svjetskom ratu, Sarajevo 1998).
Redžić, Husref: Studije o islamskoj arhitektonskoj baštini, Sarajevo 1983.
Remak, Joachim: Sarajevo. The Story of a Political Murder, New York 1959.
Renner, Heinrich: Durch Bosnien und die Hercegovina kreuz und quer. Wanderungen, Berlin 1896 (Faksimile Frankfurt/M. 2008).
Ress, Imre: Kállays Konzeption der bosnischen Nation, in: Kiss, Endre/Stagl, Justin (Hg.): Nation und Nationenbildung in Österreich-Ungarn 1848–1938. Prinzipien und Methoden, Wien 2006, S. 59–72.

Riedlmayer, András: Convivencia Under Fire: Book Burning in Bosnia, in: Rose, Jonathan (Hg.): The Holocaust and the Book. Destruction and Preservation, Amherst 2001, S. 266 ff.

Rizvić, Muhsin: Bosansko-muslimanska književnost u doba preporoda 1887–1918, Sarajevo 1990.

Robinson, Guy M./Engelstoft, Sten/Pobric, Alma: Remaking Sarajevo: Bosnian Nationalism after the Dayton Accord, in: Political Geography 20 (2001), S. 957–980.

Rujanac, Zijad: Opsjednuti grad Sarajevo, Sarajevo 2003.

Šabanović, Hazim: Turski dokumenti o Bosni iz druge polovice XV stoljeća, in: Istorijsko-pravni zbornik 2 (1949), S. 177 ff.

Šabanović, Hazim: Bosanski sandžakbeg Skender, in: Istorijski glasnik 1 (1955), S. 111–127.

Šabanović, Hazim: Dvije najstarije vakufname u Bosni, in: POF 2 (1951), S. 5–38.

Šabanović, Hazim: Postanak i razvoj Sarajeva, in: Radovi Naučnog društva Bosne i Hercegovine 13. Odjelj. ist.-filol. nauka 5 (1960), S. 71–115.

Šabanović, Hazim: Krajište Isa-bega Ishakovića. Zbirni katastarski popis iz 1455 godine. Uvod, turski tekst, prevod i komentari, Sarajevo 1964.

Šabanović, Hazim: Teritorijalni širenje i gradjevni razvoj Sarajeva u XVI stoljeću, in: Radovi Naučnog društva Bosne i Hercegovine 26. Odjeljenje istorisko-filoloških nauka 8 (1965), S. 29–53.

Šabanović, Hazim: Bosanski divan, organizacija i uredjenje centralne zemaljske uprave u Bosni pod turskom vlašću do kraja XVII stoljeća, in: POF 18–19 (1968–69), S. 9–43.

Šabanović, Hazim: Književnost muslimana Bosne i Hercegovine na orijentalnim jezicima, Sarajevo 1973.

Šabanović, Hazim: Bosanski pašaluk, Sarajevo 1982.

Šamić, Midhat: Ekonomski život Bosne i Sarajeva početkom XIX vijeka prema gradji francuskih putopisaca, in: God.Društva ist. BiH 1 (1960), S. 111–134.

Šarac, Nedim: Upostavljanje šestojanuarskog režima 1929 godine. Sa posebnim osvrtom na Bosnu i Hercegovinu, Sarajevo 1975.

Sarač-Rujanac, Dženita: Odnos vjerskog i nacionalnog u identitetu Bošnjaka od 1980. do 1990. godine, Sarajevo 2012.

Sarajevo u revoluciji. →Albahari (Hg.).

Sarajevo u socijalističkoj Jugoslaviji od oslobodjenja do samoupravljanja. → Čanković u. a. (Hg.).

Schmid, Ferdinand: Bosnien und die Herzegowina unter der Verwaltung Österreich-Ungarns, Leipzig 1914.

Schwartz, Stephen: Sarajevo Rose. A Balkan Jewish Notebook, London 2005.

Schweiger-Lerchenfeld, Armand Frh. von: Bosnien – Das Land und seine Bewohner. Geschichtlich, geographisch, ethnographisch und social-politisch, Wien 1878.

Šehić, Nusret: Pokret Muslimana za vjersku i vakufsko-mearifsku autonomiju u svjetlu pregovora sa Zemaljskom vladom za Bosnu i Hercegovinu 1901. godine, in: Prilozi 9 (1973), S. 97–159.

Šehić, Nusret: Autonomni pokret Muslimana za vrijeme austrougarske uprave u Bosni i Hercegovini, Sarajevo 1980.

Šehić, Nusret: Sarajevo u prijelomnim danima stvaranja Kraljevstva Srba, Hrvata i Slovenaca, in: →Juzbašić [u. a.] (Hg.): Prilozi historiji Sarajeva, S. 325–333.

Sell, Louis: The Serb Flight vom Sarajevo: Dayton's First Failure, in: East European Politics and Societies 14 (1999), S. 179–202.

Sells, Michael A.: The Bridge Betrayed: Religion and Genocide in Bosnia, Berkeley-Los Angeles 1996.

Serotta, Edward: Survival in Sarajewo. How a Jewish Community Came to the Aid of its City, Wien 1994.

Seton-Watson, R. W.: Sarajevo. A study in the origins of the Great War, London 1926.

[Seton-Watson] S. W., R. W.: The Sarajevo Murder Trial, in: The Slavonic Review 4 (1926), 12, S. 645–656.

Shrader, Charles R.: The Muslim-Croat Civil War in Central Bosnia. A Military History, 1992–1994, College Station/Tex. 2003.

Šišić, Ferdo: Bosna i Hercegovina za vezirovanja Omer-paše Latasa (1850–1852), Beograd 1938.

Skarić, Vladislav: Mula-Mustafa Bašeskija. Sarajevski hroničar 18. vijeka, Sarajevo 1927.

Skarić, Vladislav: Srpski pravoslavni narod i crkva u Sarajevu u 17. i 18. vijeku, Sarajevo 1928.

Skarić, Vladislav: Postanak Sarajeva i njegov teritorijalni razvitak u 15. i 16. vijeku, in: GZM 41 (1929), 2, S. 41–55.

Skarić, Vladislav: Popis bosanskih spahija iz 1123. (1711.), in: GZM 42 (1930), 2, S. 1–100.

Skarić, Vladislav: Izabrana djela. Teil: 1: Sarajevo i njegova okolina od najstarijih vremena do austrougarske okupacije, Sarajevo 1985 (Erstausgabe 1937).

Skarić, Vladislav/Hadžić, Osman Nuri/Stojanović, Nikola: Bosna i Hercegovina pod austrougarskom upravom, Beograd 1938.

Šljivo, Galeb: Omer-paša Latas u Bosni i Hercegovini, 1850–1852, Sarajevo 1977 (2. erw. Aufl. Tešanj 2006).

Šljivo, Galeb: Bosna i Hercegovina 1813–1826, Banja Luka 1985 (3. Aufl. Tešanj 2006).

Šljivo, Galeb: Bosna i Hercegovina 1827–1849, Banja Luka 1988 (2. Aufl. Tešanj 2006).

Šljivo, Galeb: Bosna i Hercegovina 1849–1853, Banja Luka 1990.

Šljivo, Galeb: Bosna i Hercegovina 1854–1860, Landshut 1998.

Šljivo, Galeb: Bosna i Hercegovina 1861–1869, Tešanj 2005.

Šljivo, Galeb: Bosna i Hercegovina 1869–1878, Tešanj 2011.

Smith, David J.: One Morning in Sarajevo: 28 June 1914, London 2008.

Snel, Guido: The footsteps of Gavrilo Princip: the 1914 Sarajevo assault in fiction, history, and three monuments, in: History of the literary cultures of East-Central Europe, Bd. 1, Amsterdam [u. a.] 2004, S. 202–215.

Sorabji, Cornelia: Muslim Identity and Islamic Faith in Sarajevo, Diss. Cambridge o. J. (http://www.dspace.cam.ac.uk/bitstream/1810/240753/1/SorabjiC.pdf)

Sorabji, Cornelia: Bosnian neighbourhoods revisited: tolerance, commitment and Komšiluk in

Sarajevo, in: Pine, Frances/de Pina-Cabral, João (Hg.): On the margins of religion, New York [u. a.] 2008, S. 97–114.

Sorabji, Cornelia: Managing memories in post-war Sarajevo: individuals, bad memories, and new wars, in: The journal of the Royal Anthropological Institute 12 (2006), 1, S. 1–18.

Spaho, Mehmed: Gazi Husrev-beg, Sarajevo 1908.

Spasojević, Boris: Arhitektura stambenih palata austrougarskog perioda u Sarajevu, 2. Aufl., Sarajevo 1999.

Spomenica – 400 godina od dolaska Jevreja u Bosnu i Hercegovinu 1566–1966. Hg. Samuel Kamhi [u. a.], Sarajevo 1966.

Statistika miesta i pučanstva Bosnie i Hercegovine, Sarajevo 1880.

Stefansson, Anders: Urban exile: locals, newcomers and the cultural transformation of Sarajevo, in: →Bougarel [u. a.] (Hg.): The new Bosnian mosaic, S. 59–78.

Stix, Edmund: Das Bauwesen in Bosnien und der Hercegovina vom Beginn der Occupation durch die österr.-ungar. Monarchie bis in das Jahr 1887: eine technisch-statistische Studie, nach amtlichen Quellen, zusammengestellt vom Baudepartement der Landesregierung unter der Leitung des Regierungsrathes Edmund Stix. Hg. v. d. Landesregierung f. Bosnien u. d. Hercegovina, Wien 1887.

Strausz, Adolf: Bosnien: Land und Leute. Historisch-ethnographisch-geographische Schilderung, Wien 1882.

Sućeska, Avdo: Vakufski krediti u Sarajevu, in: God. Pravnog fakulteta u Sarajevu 2 (1954), S. 343–379.

Sućeska, Avdo: Malkana: doživotni zakup državnih dobara o Osmanskoj državi, in: POF 8-9 (1958–59), S. 111–142.

Sućeska, Avdo: Ajani. Prilog proučavanju lokalne vlasti u našim zemljama za vrijeme Turaka, Sarajevo 1965.

Sućeska, Avdo: O nastanku čifluka u našim zemljama, in: God. Drustva ist. BiH 16 (1965), S. 37–57.

Sućeska, Avdo: Die Rechtsstellung der Bevölkerung in den Städten Bosniens und der Herzegowina unter den Osmanen (1463–1878), in: Die Stadt in Südosteuropa. Struktur und Geschichte, München 1968, S. 84–99.

Sućeska, Avdo: Položaj bosanskih muslimana u Osmanskoj državi, in: Pregled 64 (1974), S. 483–509.

Sućeska, Avdo: Bune seljaka muslimana u Bosni u XVII i XVIII stoljeću, in: Simpozijum: Oslobodilački pokreti jugoslovenskih naroda od XVI veka do početka prvog svetskog rata, Beograd 1976, S. 69–100.

Sućeska, Avdo: Sarajevo u bunama sedamnaestog i osamnaestog stoljeća, in: →Juzbašić [u. a.] (Hg.): Prilozi historiji Sarajeva S. 77–81.

Sugar, Peter: Industrialization of Bosnia-Hercegovina, 1878–1918, Seattle 1963.

Tahmiščić, Husein: Poezija Sarajeva. Kulturno nasljedje, Sarajevo 1968.

Thoemmel, Gustav: Geschichtliche, politische und topografisch-statistische Beschreibung des Vilajet Bosnien, das ist das eigentliche Bosnien, nebst türkisch Croatien, der Hercegovina und Rascien, Wien 1867.

Tito i Bosna i Hercegovina. Zbornik radova, Sarajevo 2006.

Toal, Gerard/Dahlman, Carl T.: Bosnia Remade. Ethnic Cleansing and Its Reversal, Oxford 2011.

Tomašević, Dragana (Hg.): Sarajevo gdje je nekad bilo: književna biografija grada 1462–1992, Sarajevo [u. a.] 2005.

Truhelka, Ćiro: Gazi Husrefbeg, njegov život i njegovo doba, in: GZM 24 (1912), S. 91–233.

Truhelka, Ćiro: Volksleben, in:→Österreichisch-ungarische Monarchie, S. 290–370.

Ursinus, Michael: Die Heiratsbeziehungen der muslimischen Bevölkerung von Sarajevo im frühen 19. Jahrhundert – ein Faktor der innerstädtischen Integration, in: Grothusen, Klaus-Detlev (Hg.): Jugoslawien. Integrationsprobleme in Geschichte und Gegenwart, Göttingen 1984, 118–135.

Vakufska direkcija (Sarajevo) (Hg.): The most important monuments of Islamic culture in the town of Sarajevo, Sarajevo 1955.

Velikonja, Mitja: Religious Separation and Political Intolerance in Bosnia-Hercegovina, College Station 2003.

Vinaver, Vuk: Sarajevski trgovci u Dubrovniku sredinom XVIII veka, in: God. Dr. ist. BiH 6 (1954), S. 249–265.

[Volkszählung] Die Ergebnisse der Volkszählung in Bosnien und der Hercegovina vom 10. Oktober 1910, Sarajevo 1912.

Vrankić, Petar: Religion und Politik in Bosnien und der Herzegowina (1878–1918), Paderborn 1998.

Würthle, Friedrich: Dokumente zum Sarajevoprozess. Ein Quellenbericht, in: Mitteilungen des Österreichischen Staatsarchivs, Ergänzungsband 9, Wien 1978.

Würthle, Friedrich: Die Spur führt nach Belgrad: Die Hintergründe des Dramas von Sarajevo 1914, Wien 1978.

York, Norman: Imarets, Islamization and Urban Development in Sarajevo, 1461–1604, in: Ergin, Nina/Neumann, Christoph K./Singer, Amy (Hg.): Feeding people, feeding power: Imarets in the Ottoman Empire, İstanbul 2007, S. 81–96.

Younis, Hana: Skice porodičnog života u Sarajevu posljednih decenija osmanske vladavine, in: Prilozi 36 (2007), S. 33–68.

Živković, Mita: Srbulje u Sarajevu, in: Glasnik Srpskog učenog društva 63 (1885), S. 179–220.

Zlatar, Behija: Podaci o stanovništvu Sarajeva u popisu Bosanskog sandžaka iz 1604. godine, in: Prilozi 17 (1980), S. 227–238.

Zlatar, Behija: Sarajevo kao trgovački centar Bosanskog sandžaka u XVI vijeku, in: POF 38 (1988), S. 225–240.

Zlatar, Behija: Une ville typiquement levantine: Sarajevo au XVIe siècle, in: La culture urbaine des Balkans, Bd. 3: La ville dans les Balkans depuis la fin du Moyen Âge jusqu'au début du xxe siècle. Belgrade-Paris 1991, S. 95–99.

Zlatar, Behija: O sudbini ratnih zarobljenika u Sarajevu u XVI stoljeću, in: POF 40 (1990), S. 259–266.

Zlatar, Behija: Rustem paša, veliki vezir i zet Sulejmana, in: Islamska misao 12.135 (1990), S. 34–36.

Zlatar, Behija: Širenje islama i islamska kultura u Sarajevu i okolini, in: POF 41 (1991), S. 253–267.

Zlatar, Behija: Zlatno doba Sarajeva, Sarajevo 1996.

Zlatar, Behija: Vakuf Gazi Mehmed-bega Isabegovića u Sarajevu, in: POF 55 (2005), S. 217–226.

Zlatar, Behija: Gazi Husrev-beg, Sarajevo 2010.

Zlatar, Behija: Popis vakufa u Bosni u XVI stoljeću, in: POF 20–21 (1970/71), S. 109–158.

Zubčević, Asim: Knjige i njihovi vlasnici prema kassam defterima Sarajevskog suda 1762.–1787., in: POF 60 (2010), S. 431–450.

Žujo, Valerijan [u.a.]: Isa-begova tekija u Sarajevu. Zbornik radova, Sarajevo 2006.

Žujo, Valerijan: Leksikon Sarajeva. Bd. 1: A–J: Bd. 2: K–Ž, Sarajevo 2009.

VERZEICHNIS DER ABBILDUNGEN

ABBILDUNGEN IM TEXT

1. Modell des Derwischkovents von Isa-beg Isaković *(http://www.muzejsarajeva.ba/tekija/eng/vrml.htm)*
2. Husrev-beg Moschee (Querschnitt) *(Stix, Edmund: Das Bauwesen in Bosnien und der Hercegovina)*
3a. Die Mausoleen von Gazi Husrev-beg und seines Verwalters *(http://en.wikipedia.org/wiki/Gazi_Husrev-beg)*
3b. Inskription über dem Eingang zu Husrev-begs Mausoleum *(www.visitsarajevo.biz/sightseeing/attractions/religious-sarajevo/gazi-husrev-beys-mosque/gazi-husrev-beys-tomb/)*
4. Öffentliches WC bei der Beg-Moschee *(Foto H. Sundhaussen)*
5. Husrev-begs Medresse *(Stix, Edmund: Das Bauwesen in Bosnien und der Hercegovina)*
6. Sarajevo als Baum *(Grabrijan - Neidhardt: Arhitektura Bosne i put u suvremeno, S. 4)*
7. Bergsiedlung *(Postkarte o.D., Privatbesitz)*

8. Janitscharen-Agas *(Schweizer, Gerhard: Die Janitscharen. Geheime Macht des Türkenreiches. Salzburg 1979.)*
9. Sarajevo 1697 *(Nikić, Andrija. Katolici u Sarajevu do 1918)*
10. Husein Gradaščević *(http://en.wikipedia.org/wiki/Husein_Gradascevic)*
11. Omer-paša Latas *(http://de.wikipedia.org/wiki/Omar_Pascha)*
12. Hadži Lojo und General Filipović *(http://anno.onb.ac.at/cgi-content/anno?aid=kik&datum=1 8780919&seite=1&zoom=33)*
13. Hadži Lojo, Karikatur aus der Wiener Sonntagszeitung „Die Bombe" vom 25.8.1878 *(http://anno.onb.ac.at/cgi-content/annoshow?call=bom|18780825|1|33.0|0)*
14. Auf dem Marktplatz *(Postkarte, Privatbesitz)*
15. Alter Muslim in der Čaršija *(Postkarte, Privatbesitz)*
16. Bürgermeister Mustaj-beg Fadilpašić *(www.radiosarajevo.ba/novost/92420/mustaj-beg-fadil-pasic-prvi-gradonacelnik-sarajeva#)*
17. Bahnhof *(http://de.wikipedia.org/wiki/Bosnische_Ostbahn)*
18. Synagoge der Ashkenasen *(Postkarte, Privatbesitz)*
19. Strossmayer-Gasse *(Postkarte, Privatbesitz)*
20. Scheriatsrichterschule *(Postkarte, Privatbesitz)*
21. Gasse nördlich der Baščaršija *(Postkarte, Privatbesitz)*
22. Treppe in der Eingangshalle des Rathauses *(Amir Pašić: Arhitektura Bosne i Hercegovine. Austrougarski period (1878-1918), S. 25)*
23. Das Viertel Alifakovac *(Postkarte, Privatbesitz)*
24. Gavrilo Princip *(http://ceweb2.uml.edu/FinalProjects/Jbarl50367/images/franz_ferd_assassin_in_custody.jpg)*
25. Gedenkmarken für die Opfer des Attentats *(http://bs.wikipedia.org/wiki/Filatelija_u_Bosni_i_Hercegovini)*
26. Orient als Inspiration *(Grabrijan – Neidhardt: Sarajevo i njegovi trabanti', Arhitektonsko Urbanistička razmatranja uoči nacrta za regulacije gradaSarajeva', - in: Tehnički Vjesnik, 7–9, Zagreb, 1942)*
27. Vladimir Perić-Valter *(Foto H. Sundhaussen)*
28. Alija Izetbegović, Radovan Karadžić *(http://en.wikipedia.org/wiki/File:Izetbegovic.jpg; http://cdn2.spiegel.de/images/image-26209-galleryV9-gjsq.jpg)*
29. Brand der Universitäts- und Nationalbibliothek *(www.dw.de/schwarze-v%C3%B6gel-%C3%BCber-sarajevo/a-16192268)*
30. Sarajevo während der Belagerung *(http://bigthink.com/strange-maps/182-sarajevo-siege-map)*
31. Gasthaus in der Čaršija *(Foto H. Sundhaussen)*

TAFELTEIL

1. Modell des osmanischen Sarajevo *(Foto H. Sundhaussen)*
2. Kaisermoschee *(http://de.wikipedia.org/wiki/Kaisermoschee)*
3a–c. Husrev-beg Moschee *(Postkarte, Privatbesitz, und Fotos H. Sundhaussen)*
4. Baščaršija-Moschee *(Foto H. Sundhaussen)*
5. Čaršija mit Blick auf Brusa Bezistan *(Foto H. Sundhaussen)*
6. Ziegenbrücke *(Foto H. Sundhaussen)*
7. Haggada von Sarajevo *(http://images.juedische-allgemeine.de/article/6352.jpg; http://bestiarium.net/sarajevo.html)*
8. Alter jüdischer Friedhof *(http://wikimapia.org/5054224/Jevrejsko-groblje-Jewish-cemetery)*
9. Alte orthodoxe Kirche *(Foto H. Sundhaussen)*
10. Djerzelez-Haus *(www.kons.gov.ba/main.php?id_struct=50&lang=4&action=view&id=2581)*
11.a-b. Svrzo-Haus *(http://www.sdnt.byethost6.com/SarajevoZnamenitosti/SvrzinaKuca.jpg; Foto H. Sundhaussen)*
12. Landesmuseum *(Foto H. Sundhaussen)*
13.a-b. Rathaus (Vijećnica) *(Foto H. Sundhaussen)*
14. Muslimisches Viertel *(Postkarte, Privatbesitz)*
15. Šabans Kaffeehaus *(Postkarte, Privatbesitz)*
16. „Mohammedanerinnen auf der Straße" *(Postkarte, Privatbesitz)*
17. Brauerei *(http://upload.wikimedia.org/wikipedia/commons/thumb/a/a9/Sarajevo_brewery_1.jpg/449px-Sarajevo_brewery_1.jpg)*
18. Lateinerbrücke *(Foto Moser B.: http://upload.wikimedia.org/wikipedia/de/thumb/c/ca/Muzej_Sarajeva.JPG/660px-Muzej_Sarajeva.JPG)*
19. Holiday Inn und die Hochhäuser „Momo i Uzeir" *(Foto H. Sundhaussen)*
20. Zeichnung des belagerten Sarajevo *(http://strangemaps.files.wordpress.com/2007/10/survival-map1.jpg)*
21. Cellist von Sarajevo *(http://en.wikipedia.org/wiki/File:Evstafiev-bosnia-cello.jpg)*
22. Muslimischer Friedhof in Alifakovac *(Foto H. Sundhaussen)*
23. Bosniaken-Institut *(Foto H. Sundhaussen)*
24. Heutige Baščaršija *(Foto H. Sundhaussen)*
25. König Fahd-Moschee *(www.spiegel.de/fotostrecke/sarajevo-zurueck-zum-glauben-fotostrecke-50147.html)*

PERSONENREGISTER

A

Abanović, Hazim 42
Abd ar-Rahman, Umar 305
Abdić, Fikret 310, 321, 322
Abdülhamit II. 141
Abdulmedžid I. 118, 125, 126
Abdurahim-paša 120
Adanır, Fikret 114
Adžem Esir Ali 33, 36
Agazade-Azapagić, Teufik A. 190
Ahmed I. 81
Ährenthal, Aloys v. 233
Ajas-beg 29
Alajbegović-Pečevija, Ibrahim 39, 101
Alexander Karadjordjević 242, 246, 250, 256, 258
Aličić, Ahmed 123, 135
Ali Pascha, Mehmed 142
Andrássy, Julius 170, 171, 176, 197
Andrić, Ivo 13, 14, 15, 16, 30, 67, 69, 89, 113, 125, 151, 235, 237, 340, 363, 379, 389
Antim 80
Appel, Johann v. 208, 223
Arić, Ivan 283, 287
Asbóth, Johann v. 136, 207
Ashdown, Paddy 344
Atanasković, Dimitrije 135

B

Babić, Mijo 273
Babinger, Franz 39, 88
Baernreither, Joseph 233
Bali-beg Malkovič 29
Bašagić, Safvet-beg 210, 219
Bašeskija, Mula Mustafa 20, 114, 115, 116, 117
Bašić, Natalija 337, 339
Bassiouni, Cherif 318
Bayezid II. 30, 31, 37, 81

Bejtić, Alija 18, 22
Benetti, Antonio 42
Benić, Bono 93
Berchtold, Leopold 241
Berger, Gottlob 281, 282
Bergholz, Max 288
Besarović, Risto 214
Bičakčić, Edhem 257
Bijedić, Džemal 288, 298, 299
Biliński, Leon v. 240, 241
Bismarck, Otto v. 141, 142, 143, 144
Blau, Otto 87, 89, 128
Blažek, František 227
Blunt, Hendrik 100
Boban, Mate 310
Bogdanović, Bogdan 11
Bogićević, Vojislav 189
Bougarel, Xavier 357
Bourdieu, Pierre 12, 27
Bralo, Božidar 283
Brosch von Aarenau, Alexander 234
Broz, Svetlana 334
Bulbulović, Edhem 262
Burián, István 216
Bušatlić, Abdulah 254, 262, 263, 264
Bush, George W. 356
Butsch, August 223

C

Čabrinović, Nedeljko 238, 239, 242, 243
Caratheodori Pascha, Alexander 142
Castro, Américo 92
Čaušević, Mehmed Džemaludin 210, 260, 262, 263
Čelebi, Evlija 42, 76, 83, 103, 104
Čengić, Smail-aga 122
Cerić, Mustafa 356, 357, 358
Ćerić, Selim 299
Cerri, Urbano 43
Chaumette-des-Fossés, Amédée 57, 89

Chotek, Sophie 238, 243, 246
Clark, Christopher 244
Clayer, Nathalie 75
Čokić, Saja 202
Čolović, Ivan 17
Corvinus, Matthias 24
Čubrilović, Vaso 238, 242, 243
Čurčić, Fehim 239
Cvetković, Dragiša 255

D

Damjanov, Andrej 129
Damjanović, Sreten 335
Danilo 80
Danilović, Rajko 303
Danon, Mosche (Rav) 118
Daville, Jean 89
Davud-beg 29
Dedijer, Vladimir 280
Delalić, Ramiz 324, 332
Deliahmetović, Uzeifa 203
Delić, Rasim 320
Demick, Barbara 332
Dernschwam, Hans 39, 41
Despić, Makso 201, 210
Dilberović, Suada 324, 325
Dimitrijević-Apis, Dragutin 235, 238, 240
Divjak, Jovan 320
Dizdarević, Zlatko 328
Dizdar, Mak 69
Djerzelez, Alija 15
Dodik, Milorad 346
Donia, Robert 18, 201, 229, 174
Dositej 270
Dschalal ad-Din Rumi 74
Dschingis Khan 31
Dušan, Stefan 69
Džabić, Ali 204
Džaja, Srećko 72, 214
Džambo, Jozo 130
Dželaludin-paša 118

E

Eugen von Savoyen 40, 50, 105, 106, 107, 108, 169
Evans, Arthur J. 178

F

Fadilpašić, Mustajbeg 200, 201, 225
Ferdinand I. 22, 32, 39, 59
Ferdinand II. 42
Ferhad-beg 30
Ferhadbegović, Sabina 259
Filandra, Šaćir 357
Filipović, Josip 149, 171, 200
Filipović, Muhamed , 15, 316
Finci, Jakob 344, 347
Firuz-beg 29
Fischer, Fritz 244
Francetić, Jure 274, 279
Franz Ferdinand , 234, 236, 238, 239, 241, 243, 245, 246, 247, 233
Franz Joseph I. 199, 220, 233, 238
Frisch, Max 50

G

Gaćinović, Vladimir 236
Galić, Stanislav 317, 327
Galloway, Steven 331, 339
Gardović, Nikola 324
Gédoyn, Louis 95
Gelez, Philippe 189, 204
Georgiceo, Athanasio 42, 43, 100, 104
Giesl, Wladimir 242
Glaise-Horstenau, Edmund v. 274, 275, 281
Goethe, Johann Wolfgang v. 89
Grabež, Trifko 238, 242, 243
Grabrijan, Dušan , 50, 296, 297, 99
Gradaščević, Husein 121, 122, 123, 126, 140
Greble, Emily 284
Gutenberg, Johannes 130

H

Hadžibegović, Ilija 189
Hadžiefendić, Muhamed 282
Hadžić, Hakija 269
Hadžihasanović, Aziz 17, 70, 137
Hadžijahić, Muhamed 56, 57, 58
Hadžijamaković, Muhamed 146, 147, 149
Hadžikadić, Atif 283, 285
Hadži Lojo 136, 137, 144, 145, 147, 149
Hafiz-paša 145, 146, 147
Halecki, Oscar 169
Hamdi-paša 122
Hamza Balî 94
Handžić, Adem 28
Handžić, Mehmed 264, 265, 279
Hangi, Antun 91, 96, 133, 184, 185, 186
Haveric, Dzavid 66
Hegel, Georg W.F. 174
Heidegger, Martin 13
Heine, Heinrich 231, 236
Hekimoğlu Ali-paša 115
Helfert, Joseph Alexander 123
Herak, Borislav 335, 336, 337
Herder, Johann Gottfried 89
Herenčić, Ivo 273, 274
Hilferding, Alexander 132
Himmler, Heinrich 280, 281
Hitler, Adolf , 265, 266, 267, 268, 269, 270, 276, 280, 282, 283, 284, 287, 306, 246
Hobsbawm, Eric 113
Holbrooke, Richard 322, 350
Holtz, Georg Frh. v. 147, 180
Hörmann, Constantin 27, 206, 208, 237
Horowitz, Eduard v. 208
Hötzendorf, Conrad v. 233, 234, 241, 242
Hrebeljanović, Lazar 232
Huntington, Samuel 304
Husrev-beg 25, 30, 31, 32, 33, 34, 37, 39, 82, 92, 129
Husseini, Muhamed Emin al 280, 281, 282

I

Ilhamija 118
Ilić, Danilo 238, 243
Imamović, Mustafa 189
Irby, Adeline Pauline 132
Isaković, Isa-beg , 24, 27, 28, 29, 32, 71, 82, 100, 23
Isević, Muhamed Emin 117, 118
Ivanišević, Milivoje 323
Iveković, Ćiril Metod 227, 229
Izetbegović, Alija 303, 304, 305, 306, 309, 310, 311, 315, 316, 320, 322, 324, 350, 356

J

Jahja-beg 29
Jeftanović, Dimitrije M. 200
Jeftić, Borivoje 144
Jelavić, Ante 345
Jergović, Miljenko 340
Jörg aus Nürnberg 23
Jukić, Ivan Franjo 67, 126, 139
Jurišić, Nikolaus 59
Jurišić, Petar 283

K

Kadić, Read 144
Kadızade Mehmed 114
Kafka, Franz 84
Kaimi(ja), Hasan 76, 112
Kállay, Benjamin v. , 175, 176, 192, 197, 136, 205, 207, 208, 209, 210, 211, 212, 213, 215, 216, 226, 174, 175
Kamberović, Husnija 209
Kanta-Novaković, Risto 145
Kapetanović, Mehmed-beg 190
Kapetanović, Mehmedbeg 209, 210
Karadžić, Radovan 309, 314, 316, 317, 346
Karadžić, Vuk 80
Karahasan, Dževad , 51, 12, 13, 230, 231
Karl VI. 187

Karpat, Kemal H. 189
Kasche, Siegfried 272, 275, 281
Kavazović, Husein 359
Keller, Johann 226
Kemura, Sulejman 301, 302
Kennan, George F. 232
Kerović, Nedjo 243
Kiepert, Heinrich 128
Kljuić, Stjepan 309, 310
Kocabeg 108, 110
Koljević, Nikola 316
Koller, Markus 116
Komšić, Željko 345
Korkut, Derviš 284
Kosanović, Sava 145
Kötschet, Josef 129, 131, 137, 143, 144
Krajišnik, Momčilo 316
Krauss, Friedrich Salomon 67, 90
Kreševljaković, Hamdija 98, 100, 149
Kreševljaković, Muhamed 310
Kulenović, Adil 331
Kulenović, Džafer 269, 279
Kulenović, Esad 203
Kulenović, Osman 269
Kulin 68
Kuripešić, Benedikt 22, 32, 59, 60, 61, 62, 65, 66, 95
Kutschera, Hugo 208
Kvaternik, Slavko 267, 273, 274, 283, 284

L

Lamberg, Joseph 59
Latas, Omer-paša 125, 126, 129, 135, 137, 139, 140
Latour, Bruno 12
Laveleye, Emil v. 130, 138, 183, 230
Laxa, Vladimir 273, 274
Le Corbusier 260, 296
Leo III. 199
Leonardo da Vinci 31
Levy, Moritz 20, 79, 118, 131
Levy, Rafael 119
Linardović, Franjo 129

Löhr, Alexander 276
Lovrenović, Ivan 333
Luburić, Vjekoslav 287

M

Maček, Ivana 329, 332
Maček, Vladko 255, 267
Mackenzie, Georgina Muir 132
Maglajlić, Ibrahim 260
Mahmud II. 90, 117, 118, 120, 121, 182
Maravić, Marijan 42
Marjanović, Jovan 299
Marković, Ante 311
Markowitz, Fran 17
Martić, Fra Grgo 113, 145, 201
Marulić, Marko 60
Masaryk, Tomas 236
Matasović, Josip 42
Mažuranić, Ivan 122
Mažuranić, Matija 89, 124
Mazhar-paša, Ahmed 134, 144
Mazzini, Giuseppe 236
McMeekin, Sean 244
Mehmed Ağa Halilbašić 116
Mehmed Akif-paša 138
Mehmed Asim-paša 137
Mehmedbašić, Muhamed 238, 242
Mehmed II. 23, 24, 57, 80, 81, 93, 97
Mehmed-paša Kukavica 117
Mehmed Tahir-paša 125
Meić, Ademaga 269
Mérimée, Prosper 89
Mešić, Stipe 311
Michelangelo 31
Mickiewicz, Adam 89
Mihailo Obrenović 136
Mihailović, Draža 277, 278
Mihrimah 38
Mikulić, Branko 299
Miletić, Antun 280
Milošević, Dragomir 317
Milošević, Slobodan 311, 312, 313, 314, 316, 322, 340, 350

Milović, Jakov 243
Mimar Sinan 34
Mitrinović, Čedomil 261
Mladić, Ratko 317, 321, 333
Mohammed 77, 104
Moise, Franjo 129
Morić-Brüder 15, 116, 117
Morosini, Giovanni 42
Muhibbi, Mustafa 20, 87
Mujezinović, Mehmed 20, 114
Mulabdić, Edhem 210
Murad-beg 33, 34
Murad I. 69, 232
Murad II. 23
Murad IV. 76, 108
Mussolini, Benito 266, 268
Mustafa-paša 29
Muvekkit 116, 219

N

Namik-paša 122
Napoleon 119
Neidhardt, Juraj 260, 295, 296, 297
Nemanja, Stefan 68
Nerkesi, Muhamed 88
Neslišah 33
Neweklowsky, Gerhard 61
Nikolić, Milan 257, 258
Nušić, Branislav 144

O

Obilić, Miloš 232
Okić, Tajib 70
Omerović, Hilmi 200
Omer-paša Latas 129
Osman 31
Osmanović, Fata 204
Osterhammel, Jürgen 176

P

Paić-Vukić, Tatjana 20
Paisije 136
Pandža, Hafiz Muhamed 282
Panek, Karel 227
Papoulia, Vasilike 62, 63
Pardo, David 131
Pařík, Karel 227
Pašić, Nikola 240
Patsch, Carl 206
Pavelić, Ante 267, 268, 269, 270, 271, 274, 275, 276, 284, 285, 287
Pejanović, Djordje 189
Pejanović, Mirko 320, 334, 340
Perica, Vjekoslav 304
Perić, Vladimir 286, 287, 288
Petritsch, Wolfgang 345
Petrović, Petar T. 145
Pfeffer, Leo 237
Phleps, Artur 282
Pius II. 69
Pius XII. 272
Plakalović, Mile 334
Popović, Cvetko 238, 242
Pospišil, Josip 227
Potiorek, Oskar 238, 239, 240, 243
Preindlsberger-Mrazović, Milena 222
Pribićević, Svetozar 256
Princip, Gavrilo 236, 237, 238, 239, 240, 242, 243, 244, 245, 246, 247
Prpić, Ivan 274
Puschkin, Alexander 89

Q

Quiclet 102, 103, 104

R

Radić, Antun 140
Radić, Stjepan , 246
Ramet, Sabrina P. 315
Ražnatović, Željko 318

Ranke, Leopold v. 174
Renan, Ernest 298
Renner, Heinrich 9, 46, 221, 227
Reshid Mehmed-paša 122
Rifai, Ahmed 74
Rizvanbegović, Ali-paša 122, 125
Rizvić, Muhsin 15
Roxelane 38
Rudolf, Kronprinz 207
Rukavina, Juraj 274
Rustem-paša 38, 39, 100
Ruždi-paša 118, 119

S

Šabanović, Hazim 124
Sadkovich, James J. 313
Šahdidar 33
Said, Edward 180
Šakir Kutćehahić, Mehmed 130
Salewski, Michael 244
Salihbegović, Šemsibeg 210
Salisbury, Lord Robert A. 141
Salom, Isak 130, 131
Šarić, Ivan 272
Sarkotić, Stjepan 249
Savich, Carl 281
Schmid, Ferdinand 188, 203, 215, 216
Schmid, Heinrich-Felix 16
Schweiger-Lerchenfeld, Adam Frh. v. 180, 182, 183, 185, 186
Sejdić, Dervo 347
Seldžuka 30, 31
Selim I. 31
Selim III. 120
Selimović, Meša 75
Seneca, Lucius Annaeus 19
Šerif Osman-paša 129, 130
Šerifović, Fadil-paša 146
Šešelj, Vojislav 318
Shahdidar 25
Sijavuš-paša d. Ältere 83, 84
Siman 151, 237

Simatović, Franko 318
Simić, Milivoje 285
Sixtus IV. 23
Skarić, Vladislav 42, 71, 139
Skender-beg 29
Skenderova, Staka 132
Smailović, Vedran 331
Softić, Mustafa 285
Sokolović, Mehmed 30, 31, 39, 80, 94
Spaho, Fehim 262, 264
Spaho, Mehmed 253, 255, 257, 262
Spaho, Mustafa 262
Spencer, Herbert 306
Spitzer, Daniel 197
Srvzo, Vejsil 200
Stadler, Josip 192, 199, 203, 204, 205, 218
Stalin, Josef 293, 306
Starčević, Ante 269, 284
Stepinac, Alojzije 272
Stix, Edmund 207
Strausz, Adolf 177
Stürgkh, Karl 241
Šubašić, Dževad 337, 338
Sučić, Olga 324, 325
Sulejmanpašić, Dževad , 263, 217
Süleyman I. 24, 31, 33, 38, 39, 55, 59, 81, 93, 108
Szűcs, Jenő 169

T

Tardić, Juraj 33
Thoemmel, Gustav 109, 127, 128, 134
Timurlenk 31
Tisza, István 241
Tito, Josip Broz 277, 278, 282, 293, 300, 311, 337, 354
Todorova, Maria 180
Tokača, Mirsad 323
Tomaš, Stjepan 22, 67
Tomašević, Stjepan 69
Tönnies, Rudolf 227
Topalovic, Musan 332
Truhelka, Ćiro 9, 103, 206

Tudjman, Franjo 311, 312, 313, 314, 322, 346
Tvrtko I. Kotromanić 69

U

Uskufi, Muhamed 87

V

Vančas, Josip 27, 83, 226
Varešanin, Marijan 238
Veesenmayer, Edmund 267, 271
Veličković, Nenad 357
Vilajetović, Salih. Siehe Hadži Lojo
Visarion 80
Vitek, Aleksandar 227, 229
Vrankić, Petar 205
Vryonis, Speros Jr. 68
Vučilić, Stjepan 92
Vukčić-Kosača, Stjepan 23, 67

W

Wassitsch, Konrad v. 200
Weber, Max 54, 56, 109
Werner, Franz v. [alias Murad-Efendi] 138, 180
West, Rebecca , 247
Wiesel, Elie 333
Wiesner, Friedrich 240
Wilhelm II. 242
Willier, Dietrich 331
Würthle, Friedrich 241

Z

Zeno, Katarino 41
Zimonjić, Petar 284
Zulfikarpašić, Adil 310, 315, 316

böhlau

HOLM SUNDHAUSSEN
GESCHICHTE SERBIENS
19.–21. JAHRHUNDERT

Das Buch behandelt die zweihundert Jahre seit dem ersten serbischen Aufstand gegen die osmanische Herrschaft 1804 bis zum Beginn der Nach-Milošević-Ära. Erstmals werden Politik- und Ereignisgeschichte mit Gesellschafts-, Kultur- und Wirtschaftsgeschichte zu einer Symbiose verbunden. Und erstmals in einer Gesamtdarstellung der neueren Geschichte Serbiens wird kulturwissenschaftlichen Fragestellungen und Ansätzen breiter Raum gewidmet. Serbien, dem eine zentrale Bedeutung für die Stabilisierung des Balkanraumes im 21. Jahrhundert zukommt und wahrscheinlich eine der größten zukünftigen Herausforderungen an die Europäische Union darstellt, hat der Berliner Osteuropaexperte Holm Sundhaussen eine erste umfassende Geschichte gewidmet. 200 Jahre serbische Geschichte werden darin aufgerollt und die Zerreißprobe zwischen Tradition und Moderne in der Nach-Milošević-Ära verständlich gemacht.

2007. 514 S. 67 S/W-ABB., 5 KARTEN, 5 TAB. 170 X 240 MM.
ISBN 978-3-205-77660-4

„Ein Standardwerk zur Geschichte und zu den Mythen Serbiens."
 Neue Zürcher Zeitung/Kultur

BÖHLAU VERLAG, WIESINGERSTRASSE 1, A-1010 WIEN, T: +43 1 330 24 27-0
INFO@BOEHLAU-VERLAG.COM · WWW.BOEHLAU-VERLAG.COM | WIEN KÖLN WEIMAR

ANNA MARIA GRÜNFELDER

ARBEITSEINSATZ FÜR DIE NEUORDNUNG EUROPAS

ZIVIL- UND ZWANGSARBEITERINNEN AUS JUGOSLAWIEN IN DER „OSTMARK" 1938/41–1945

Thema dieser ersten Einzeluntersuchung sind die jugoslawischen „Fremdarbeiter" im Deutschen Reich. Die Studie umfasst die Arbeitsemigration vor dem deutschen Angriff auf Jugoslawien und während des Zweiten Weltkrieges, wie auch die gewaltsame Rekrutierung durch Besatzer und einheimische Kollaborateure. Die Quellen dazu mussten in den Archiven der Nachfolgestaaten des ehemaligen Jugoslawien erst identifiziert werden. Zusätzlich wurden Überlebende des Arbeitseinsatzes in Kroatien befragt.

Das Ergebnis ist die erste Darstellung der (zumeist) gewaltsamen Umstände der Rekrutierung in Jugoslawien und ihres Einsatzes in Österreich. Dieser wird insbesondere vor dem Hintergrund des Luftkrieges und der Partisanentätigkeit in Südkärnten gewertet.

2010. 262 S. BR. 155 X 235 MM | ISBN 978-3-205-78453-1

BÖHLAU VERLAG, WIESINGERSTRASSE 1, A-1010 WIEN, T: +43 1 330 24 27-0
INFO@BOEHLAU-VERLAG.COM, WWW.BOEHLAU-VERLAG.COM | WIEN KÖLN WEIMAR

böhlau

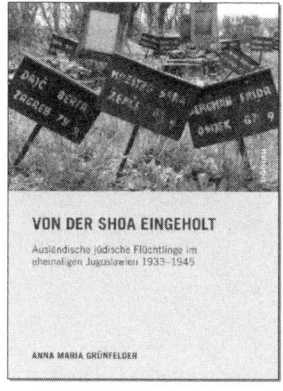

ANNA MARIA GRÜNFELDER
VON DER SHOA EINGEHOLT
AUSLÄNDISCHE JÜDISCHE FLÜCHTLINGE
IM EHEMALIGEN JUGOSLAWIEN 1933–1945

Das Schicksal von ca. 55.000 jüdischen Flüchtlingen, die zwischen 1933 und 1941 in Jugoslawien Zuflucht suchten, wurde von der nicht-jugoslawischen Holocaust- und Exilforschung bisher wenig beachtet, jugoslawische Quellen schon aus sprachlichen Gründen nicht ausgewertet. Anna Maria Grünfelder zeigt auf, wie Flüchtlinge, die nicht rechtzeitig vor dem deutschen Einmarsch in Jugoslawien das Land verlassen konnten, von der „Endlösung" eingeholt wurden. Die Autorin hebt die Bemühungen der italienischen Armeeführung im ehemaligen Jugoslawien um die Rettung von mehreren Tausenden ausländischer Juden hervor, obwohl letzlich nur ca. 200 gerettet werden konnten. Die Mehrzahl fiel den Deutschen in die Hände und wurde in Auschwitz und Bergen-Belsen ermordet.

2013. 272 S. 13 S/W-ABB. BR. 155 X 235 MM. | ISBN 978-3-205-78910-9

BÖHLAU VERLAG, WIESINGERSTRASSE 1, A-1010 WIEN, T: +43 1 330 24 27-0
INFO@BOEHLAU-VERLAG.COM, WWW.BOEHLAU-VERLAG.COM | WIEN KÖLN WEIMAR

böhlau

JOSEF FRANZ THIEL
FREMD – ZU HAUSE
EINE DONAUSCHWÄBISCHE KINDHEIT
1932–1947
MIT CD: PROBEN DER SPRACHE
DER FILIPOWAER

Der Autor beschreibt das dunkelste Jahrzehnt der Donauschwaben an Theiß und Donau. Er geht nicht nur auf die Geschichte dieses seit 200 Jahren in der Batschka ansässigen Kolonistenvolkes ein, sondern schildert auch, wie sich viele seiner Landsleute von Emissären des Dritten Reiches verführen ließen und sich freiwillig zur Waffen-SS meldeten. 1944 kam mit dem Einmarsch der Tito-Partisanen der Umschwung. In zahlreichen Ortschaften wurden Männer liquidiert, andere und junge Frauen wurden zur Zwangsarbeit in die Sowjetunion deportiert, Kinder und Alte kamen ins Konzentrationslager, wo Zehntausende zugrunde gingen. Ab 1947 gelang dann vielen die Flucht über Ungarn in den Westen. Der Autor selbst konnte mit Mutter und Geschwistern nach Österreich entkommen. Sein Fazit: Wir Donauschwaben waren nicht nur Opfer, wir hatten auch Täter unter uns.

2012. 299 S. 9 S/W-ABB. GB. MIT SU. 135 X 210 MM.
ISBN 978-3-205-78634-4

BÖHLAU VERLAG, WIESINGERSTRASSE 1, 1010 WIEN. T: +43 (0) 1 330 24 27-0
BOEHLAU@BOEHLAU.AT, WWW.BOEHLAU-VERLAG.COM | WIEN KÖLN WEIMAR

MIRJANA STANČIĆ

VERSCHÜTTETE LITERATUR

DIE DEUTSCHSPRACHIGE DICHTUNG AUF DEM GEBIET DES EHEMALIGEN JUGOSLAWIEN VON 1800 BIS 1945

(LITERATURGESCHICHTE IN STUDIEN UND QUELLEN, BAND 22)

Vom 18. bis zu den Katastrophen des 20. Jahrhunderts war die deutsche Sprache in Krain, im späteren Slowenien, in Kroatien mit Dalmatien und Slawonien, an der sogenannten Militärgrenze und bis nach Bosnien-Herzegowina, Montenegro und Serbien ein befruchtendes Element kultureller Dynamik. Aus diesen Landschaften, die zugleich Lebenswelten einer bürgerlich-aristokratischen, christlich-jüdischen, deutsch-binnensprachlichen Multikulturalität bezeichnen, stammen Anastasius Grün (Graf von Auersperg) und Roda Roda als die vielleicht namhaftesten Repräsentanten. Aber daneben steht ein buntes Kaleidoskop literarischer Produktivität. Ihren besonderen Reiz gewinnt diese Literatur aus ihrer multiethnischen Offenheit und kulturellen Diversifikation, wobei Wien als polarisches Faszinosum für viele inspirierend war.

2013. 335 S. BR. 155 X 235 MM | ISBN 978-3-205-79460-8

BÖHLAU VERLAG, WIESINGERSTRASSE 1, A-1010 WIEN, T: +43 1 330 24 27-0
INFO@BOEHLAU-VERLAG.COM, WWW.BOEHLAU-VERLAG.COM | WIEN KÖLN WEIMAR

böhlau

HANNES GRANDITS, KARL KASER (HG.)
BIRNBAUM DER TRÄNEN
LEBENSGESCHICHTLICHE ERZÄHLUNGEN
AUS DEM ALTEN JUGOSLAWIEN
(DAMIT ES NICHT VERLORENGEHT..., BD. 51)

Den Menschen des ehemaligen Jugoslawien bescherte das 20. Jahrhundert eine unruhige Geschichte. Sie erlebten die Balkan- und Weltkriege, Partisanenkampf und ethnische „Säuberungen". Sie erfuhren Wirtschaftskrisen, Kommunismus, politische Verfolgung, Landflucht und Industrialisierungspolitik. Sie erinnern sich an die Elektrifizierung ihrer Häuser und an beginnenden Wohlstand. In ihren Erinnerungen lebt die Gründung des alten Jugoslawien 1918, die Ermordung des Königs Alexander 1934, Tito und die Tragödie des Zerfalls Jugoslawiens.

Migration, Abschied von Familien und Freunden, Sehnsucht nach Zuhause und das Leben in der Fremde sind Erfahrungen, die viele Tausende Angehörige jeder Generation im Verlauf dieses Jahrhunderts gemacht haben. Frauen und Männer, Angehörige islamischen, orthodoxen und katholischen Bekenntnisses berichten über ihr Leben und das ihrer Vorfahren. Sie bringen uns ihre individuelle Sichtweise über einen Staat nahe, den es damals galt aufzubauen.

2003. 232 S. 22 S/W-ABB. UND 3 KT. GB. MIT SU. 120 X 200 MM.
ISBN 978-3-205-99230-1

BÖHLAU VERLAG, WIESINGERSTRASSE 1, A-1010 WIEN, T: +43 1 330 24 27-0
INFO@BOEHLAU-VERLAG.COM, WWW.BOEHLAU-VERLAG.COM | WIEN KÖLN WEIMAR